中共察布查尔锡伯自治县委员会
察布查尔锡伯自治县人民政府 主办

CHABUCHAER XIBO ZIZHIXIAN NIANJIAN

察布查尔锡伯自治县年鉴

（2020）

察布查尔锡伯自治县党史研究室（地方志办） 编

河南大学出版社
HENAN UNIVERSITY PRESS
·郑州·

图书在版编目(CIP)数据

察布查尔锡伯自治县年鉴. 2020 / 察布查尔锡伯自治县党史研究室(地方志办)编. -- 郑州 : 河南大学出版社, 2021.6

ISBN 978-7-5649-4774-3

Ⅰ. ①察… Ⅱ. ①察… Ⅲ. ①察布查尔锡伯自治县—2020—年鉴 Ⅳ. ①Z524.54

中国版本图书馆 CIP 数据核字(2021)第 128143 号

责任编辑 时二凤
责任校对 屈琳玉
封面设计 马 龙

出版发行 河南大学出版社
地址:郑州市郑东新区商务外环中华大厦 2401 号 邮编:450046
电话:0371-86059701(营销部) 网址:hupress.henu.edu.cn
印 刷 河南瑞之光印刷股份有限公司
版 次 2021 年 9 月第 1 版 **印 次** 2021 年 9 月第 1 次印刷
开 本 787 mm×1092 mm 1/16 **印 张** 23.25
字 数 595 千字 **插 页** 20
定 价 160.00 元

《察布查尔锡伯自治县年鉴(2020)》编纂委员会

名誉主任：

王沛昭(县委书记)

主　　任：

关桂珍(县委副书记，政府党组书记，县长)

副 主 任：

曲　聪(县委副书记、政法委书记)

高明荣(县委副书记，江苏省盐城援疆工作组组长)

王　勇(县委常委，县人武部政委)

艾尼瓦尔·库尔马纳力(县委常委、统战部部长)

关晓军(县委常委、宣传部部长)

李志强(县委常委，县公安局党委书记、局长)

姚卫国(县委常委，县纪委书记、监委主任)

赵念星(县委常委、组织部部长)

安玉荣(副县长)

成　　员：

叶江明(县纪委副书记、监委副主任)

李　彦(县委办公室主任)

管国华(县政府办公室主任)

孙红雨(县人大办公室主任)

向东安(县政协办公室主任)

雷　霆(县委组织部副部长)

任　峰(县委组织部副部长，县人力资源和社会保障局党组书记)

何　龙(县委宣传部副部长)

朱　涛(县财政局党组书记)

张林云(县党史研究室主任)

罗振宇(县农业农村局党组书记、副局长)

何文军(县扶贫开发办公室党组书记、副主任)

高英胜(县教育局党委副书记、局长)

成武军(县委政法委副书记)

廖　江（县文旅局党组书记）

顾松花（县党史研究室副主任）

注：各乡（镇、场）及县直单位的党政主要领导均为编委会成员。

编审人员：

主　　编：朱　玺

副 主 编：张林云　顾松花

编　　辑：庄　雪　郭志君　柏红花

主　　审：戴剑波　关晓军

1月17日，中共察布查尔锡伯自治县委召开第十三届委员会十次全委（扩大）会议

1月18日，中国人民政治协商会议察布查尔锡伯自治县第十五届委员会第四次会议在县会务中心开幕

1月19日，自治县第十七届人民代表大会第四次会议在县源圃园会议中心开幕

1月30日，察布查尔县召开离退休干部情况通报会并表彰一批老有所为老干部

1 月 21 日，新当选的地方国家工作人员向宪法宣誓

6 月 30 日，庆祝中国共产党成立 98 周年暨表彰大会在察布查尔县会务中心举行

10月1日，察布查尔县伊南工业园区企业员工共庆新中国成立70周年，举行升旗仪式

11月14日，中共盐城市委老干部局向察布查尔县老年大学捐赠教学设备购置经费

7月6日，南京大学苏州校友商会爱心捐赠活动在察布查尔县阔洪奇乡吾日勒克村举行

11月4日，辽宁顺成实业有限责任公司向察布查尔县中小学生捐赠棉服

10月19日，盐城广播电视总台为察布查尔县堆齐牛录乡佛营村10名贫困学生发放慰问金5000元

1月25日，盐城市路桥建设工程有限公司为察布查尔县绰霍尔镇布占村村民送去结对帮扶慰问金

11 月 29 日，“盐察一家亲 共沐书香情”图书捐赠发放仪式在察布查尔县盐城实验学校举行

8 月 7 日，察布查尔县招商引资推介会在新城区源圃园召开，江苏盐城市团委、盐城市青年商会、盐城市企业家、自治县企业家代表参加

11 月 25 日，可克达拉市创锦牧业有限公司增资扩股签约仪式在自治县源圃园举行

4 月 30 日，沈阳市沈北新区区长刘树敏（左一）一行等沈北新区有关领导代表沈北新区区委、区政府为自治县捐赠 50 万元民族文化共建共荣资金

5月5日，河南大学与察布查尔县在县委一楼会议室签订合作框架协议书

5月19日，自治县2万亩（1333公顷）西梅标准化示范园项目签约仪式在县会务中心举行

7月，察布查尔县伊南工业园区拉波尼服装厂忙碌的工作车间

7月30日，盐城市、察布查尔县两地统计局召开合作共建交流会

9月21日，江苏省盐城市大丰区5名爱心人士在自治县开展“小水滴助学行动”

7月3日，江苏省盐城市荣威集团新疆籍务工人员党支部组织党员、入党积极分子前往江苏省阜宁县新四军军部旧址纪念馆和江苏省淮安市周恩来纪念馆参观学习，开展主题党日活动

2 月 24 日，江苏省盐城市阜宁团县委联合新时代文明实践陈集所、欢乐颂志愿者协会、察布查尔青年在阜志愿服务分队，为那里的爷爷奶奶们献上一系列具有民族特色的文艺节目

7 月 16 日，新疆贤真服饰有限公司、伊犁悦然生态农业有限公司两家企业在第六届新疆创新创业大赛（伊犁州赛区）暨伊犁州第五届创新创业大赛中获鼓励奖

自治县各族兄弟姐妹齐聚一堂欢度2019年春节联欢晚会

8月30日，察布查尔县倾力打造的大型交响诗剧《跟着太阳走》在县体育馆首演

10 月 22 日，“儿童艺术启蒙工程”公益慈善项目向察布查尔县赠送“快乐音乐教室”

10 月 17 日，县老年大学教学成果汇报演出暨开学典礼在 1764 主题公园举行

5 月 1 日，2019 年西迁文化旅游节首届“箭乡骑行——伊犁河谷杯”自行车比赛开幕

2 月 16 日，自治县新春庙会在孙扎齐牛录镇锡伯古城举行

2月19日，琼博拉镇举行“小手拉大手”开学典礼表彰大会暨文艺会演

3月6日，伊犁州妇女联合会与州总工会主办的“巾帼展芳华 建功新伊犁”庆祝第109个“三八”国际妇女节活动在县伊南工业园区举办

5 月 1 日，“塞外江南·诗画伊犁”“察布查尔·五月有戏”西迁文化旅游节在县锡伯古城开幕

5 月 10 日，自治县“我和我的祖国”献礼新中国成立 70 周年春季运动会在县初级中学召开，全县 30 所学校 500 余名师生参加活动

4月21日，伊犁天山水泥有限责任公司团支部与团县委、妇联在加尕斯台镇上加尕斯台村开展“守护候鸟，呵护成长”爱心庆生公益志愿者活动

4月22日，团县委联合察布查尔镇团委在果尔敏东街社区红色教育基地组织开展“青春心向党·建功新时代”特别主题团日活动

6月1日，县委党总支与编办党支部在县第二小学开展“民族团结一家亲”联谊送温暖活动

7月25日，在爱新色里镇乌珠牛录村的百年古居院内开展“有朋自南京来 不亦乐乎”锡伯族文化交流及“和先进文化 say hello”主题团日活动

县米粮泉回族民族乡团委组织青年力量走进农田助力乡村振兴

5月1日，县税务局在锡伯古城组织开展“减税降费”政策宣传进景区活动

6 月 18 日，琼博拉镇在克其克博拉村哈塔胡拉草场举办第一届红豆草旅游节

6 月 26 日，果尔敏西街社区党支部和工作队联合州歌舞剧院在社区百姓大舞台上，为社区居民献上一台精彩纷呈的文艺节目

5 月 1 日，县委老干部局、县卫健委在锡伯古城举行“康养武林会”“中天杯”老年人广场舞邀请赛

11 月 11 日，种羊场片区党委在柏尔哈舍里社区举办“舞动青春 筑梦中国”广场舞比赛暨“不忘初心、牢记使命”主题教育、“民族团结一家亲”联谊活动

7 月 18 日，扎库齐牛录乡寨牛录村乡村音乐会现场

9 月 19 日，自治区税务局党委第一巡察组临时党支部、伊犁州税务局第六党支部和自治县税务局第二党支部联合开展“不忘初心履使命 忠诚担当铸税魂”主题党日活动

6月27日，阔洪奇乡琼塔木村36名党员干部先后参观伊宁市规划展览馆、伊犁州博物馆、可克达拉市城市建设、察布查尔锡伯民族博物院，开展“不忘初心、牢记使命”主题教育系列活动

6月28日，堆齐牛录乡舍里木克村组织党员干部和村民党员开展庆“七一”活动，党员们齐唱《没有共产党就没有新中国》，并为5名老党员过政治生日

10月16日，县政府办组织退休老干部相聚在扎库齐牛录乡“小白杨”纪念馆，举办“庆祝新中国成立70周年”、“不忘初心、牢记使命”主题教育暨“关心关爱老干部”联谊活动

6月24日，察布查尔镇乌宗布拉克农村社区组织社区干部、党员、入党积极分子到可克达拉市参观“全国民族大团结雕塑作品展”

11 月 5 日，察布查尔县举行“不忘初心、牢记使命”主题教育知识竞赛

9 月 27 日，县委书记王沛昭（右一）为离退休干部肖昌（中）及其爱人赵文兰（左一）颁发“庆祝中华人民共和国成立 70 周年”纪念章

9月27日，县长关桂珍（右一）、副县长安玉荣（左一）为自治县高级中学特级教师、全国劳动模范和先进工作者、全国优秀教师贺红岩（中）颁发“庆祝中华人民共和国成立70周年”纪念章

9月27日，县高级中学教师学勤（左三）获全国民族团结进步模范个人称号，图为其正在辅导学生

三次援疆带领学生斩获国家级奖项的盐城援疆教师殷德旺（左一）

6 月 26 日，县报社退休职工吴秀芳（右二）获自治区党委宣传部等 6 个部门联合主办的“德耀天山”第六届自治区道德模范殊荣

6 月 25 日，察布查尔县融媒体中心挂牌成立

3 月 2 日，察布查尔县应急管理局挂牌成立

3 月 2 日，察布查尔县自然资源局挂牌成立

4 月 30 日，伊犁哈萨克自治州生态环境局察布查尔县分局举行揭牌仪式

3 月 20 日，县委网信办举行揭牌仪式

11 月 12 日，伊犁州妇联推进“巾帼脱贫行动”暨“靓发屋”授牌仪式在县加尕斯台镇上加尕斯台村举行

10月27—28日，县总工会召开察布查尔锡伯自治县工会第四次代表大会

9月9日，自治县召开第35个教师节表彰大会

6月6日，县委书记王沛昭（左一）在县教育局考试中心调研高考前准备工作

4月4日，自治县举行为烈属、军属和退役军人等家庭悬挂光荣牌启动仪式

7 月 12 日，察布查尔县公安局举办首届警体运动会

5 月 24 日，察布查尔公路管理分局职工清除山体滑落碎石

7月28日，县邮政分公司员工克服连日高温天气，认真做好录取通知书分拣工作

2月，自治县在山区乡村开展“科技之冬”宣传活动

10 月 18 日，在 2019 海峡两岸（江苏）名优农产品展销会上，县供销系统 4 家农民专业合作社参加展会

3 月 20 日，县伊南工业园区在纳吾肉孜节来临之际慰问南疆籍务工人员并送上慰问品

4 月，察布查尔县税务局向贫困户捐赠鸡苗，帮助发展庭院经济

采摘园里务工的各族妇女

孙扎齐牛录镇薰衣草基地

6月8日，县阔洪奇乡举办“展技能、促就业、抓民生、促增收”民族团结联谊暨特色美食评选大赛

坎乡人展示螃蟹抓饭

纳达齐牛录乡的玻璃栈道

纳达齐牛录乡打造的巨幅稻田画

坎乡种植的有机水稻

编辑说明

一、《察布查尔锡伯自治县年鉴(2020)》是由察布查尔县委、县人民政府主办，察布查尔县党史研究室(地方志办)编辑的综合性、资料性县情年刊。

二、《察布查尔锡伯自治县年鉴(2020)》以马克思列宁主义、毛泽东思想、邓小平理论、“三个代表”重要思想、科学发展观、习近平新时代中国特色社会主义思想为指导，坚持辩证唯物主义和历史唯物主义的立场、观点和方法，全面、客观、系统地记述和反映 2019 年察布查尔县自然、政治、经济、文化、社会和生态建设状况，突出时代特征和地方特色。

三、《察布查尔锡伯自治县年鉴(2020)》采用分类编辑法，设编目、分目、条目 3 个结构层次。全书分为 28 个编目，分别为特载、概况、大事记、江苏盐城对口援疆、“访民情、惠民生、聚民心”活动、脱贫攻坚工作、政治、法治、军事、群众团体、农业农村、工业、交通运输・信息业、城建・环保、贸易、经济监督与管理、财政・税收、银行・保险、教育・科技、文旅・报纸、医疗・卫生、社会民生、乡(镇、场)、驻县单位、人物・表彰、媒体中的察布查尔、附录、后记。基本表现形式为条目。条目标题均为黑体字加【】。

四、《察布查尔锡伯自治县年鉴(2020)》采用的资料，除概况、大事记外，均由县直各部门、乡(镇、场)和驻县相关单位提供，并经部门(单位)主管领导审核同意，经县保密办审阅通过。

五、《察布查尔锡伯自治县年鉴(2020)》所用数据均以县统计局公布的数据为准，统计部门未公布的采用各单位审校提供的数据，真实有效。计量单位均采用国家法定标准计量单位，特殊情况保留原统计数据。

六、《察布查尔锡伯自治县年鉴(2020)》条目中少数民族人名尽量使用全名(即加父名)并加注族别，女性加注性别。根据实际需要，使用县、全县、自治县名称。

目　录

脱贫攻坚工作

政　治

中共察布查尔锡伯自治县委员会

县委办公室

县委组织部

群众团体

县总工会

共青团察布查尔锡伯自治县委员会

县妇女联合会

县社会科学界联合会

县文学艺术界联合会

县科学技术协会

县工商业联合会

县残疾人联合会

县红十字会

农业农村

县农业农村局

目　录

工　业

综　述

伊南工业园区

电　力

交通运输·信息业

公路管理

道路运输

公路养护

邮　政

中国电信集团有限公司察布查尔县分公司

中国联合网络通信集团有限公司察布查尔县分公司

中国移动通信集团有限公司察布查尔县分公司

报纸出版

图书发行

医疗 · 卫生

卫生健康

卫计监督

妇幼保健和计划生育

疾病预防控制

退役军人事务

乡(镇、场)

察布查尔镇

爱新色里镇

堆齐牛录乡

种羊场片区

孙扎齐牛录镇

绰霍尔镇

纳达齐牛录乡

良繁场

扎库齐牛录乡

驻县单位

兵团四师六十九团场

都拉塔口岸

天山西部国有林管理局察布查尔分局

人物·表彰

专家工作室

身边的榜样

特　载

贯彻新思想　聚焦总目标
奋力谱写"塞外江南"新伊犁的察布查尔篇章
——在中共察布查尔锡伯自治县第十三届委员会第十五次全委(扩大)会议上的报告

察布查尔县委书记　王沛昭

(2020年1月13日)

同志们:

现在,我受中共察布查尔锡伯自治县第十三届委员会委托,向全会做工作报告。

这次会议的主要任务是:以习近平新时代中国特色社会主义思想为指导,深入贯彻党的十九大和十九届二中、三中、四中全会,庆祝中华人民共和国成立70周年大会,中央经济工作会议,农村工作会议精神,贯彻落实自治区党委九届八次全体会议、经济工作会议和州党委工作会议的工作部署,总结2019年工作,部署2020年任务,动员全县各级党组织和广大党员干部群众,深入学习贯彻习近平新时代中国特色社会主义思想,贯彻落实新时代党的治疆方略,特别是社会稳定和长治久安总目标,以"不忘初心、牢记使命"主题教育为动力,统筹推进稳定改革发展,决胜全面建成小康社会,奋力开创社会稳定和长治久安新局面,谱写"塞外江南"新伊犁的察布查尔篇章。

一、2019年工作回顾

回顾2019年,大事多,喜事多,风险与挑战并存,困难比预想的多,成效比预期的好,我们顶住压力,保持定力,迎接挑战,战胜困难,过得很充实,走得很坚定。一年来,我们蹄疾步稳、勇毅笃行,坚持用习近平新时代中国特色社会主义思想、习近平总书记关于新疆工作的重要讲话和重要指示批示精神武装头脑、奋发有为;坚持聚焦聚力总目标,贯彻新发展理念,保持了社会大局持续稳定,促进了经济平稳健康发展;坚持以党的政治建设为统领,全面加强和改进新时代党的建设,顶石爬坡,苦干实干,推动了各项事业不断进步。预计全年实现生产总值58.56亿元,增长6.4%,规上工业增加值3.45亿元,增长50.5%;一般公共财政预算收入3.23亿元;固定资产投资增长28%;招商引资到位资金16.5亿元;外贸进出口总额3904万美元,增长145.5%;城镇、农村居民可支配收入分别达到27004元、14220元,增长7%、8%;社会消费品零售总额4.56亿元,增长5.5%;城镇登记失业率控制在4%以内。重要经济指标增幅均高于自治州平均水平。

一年来,我们笃学笃信笃行,扎实开展"不忘初心、牢记使命"主题教育。紧扣总要求,落实总任务,把"学"和"改"贯穿全过程,常委带头,358个党组织9580名党员干部学思用贯通、知信行合一,用习近平新时代中国特色社会主义思想武装头脑、指导实践,越学越有信心,越学越有力量,理想信念更加坚定,干事激情更加高涨。重大疾病"绿色通道"、乡镇消防站以及县、乡、村公交“一体化”等一批群众关心、反映强烈的问题得以解决，凝聚了人心，密切了党群干群关系。

一年来，我们保持警钟长鸣、警惕常在，坚决打好“组合拳”，确保了社会大局和谐稳定。始终把维护稳定作为压倒一切的政治任务，保持斗争精神，增强斗争本领，一刻也不放松地聚焦总目标、落实总目标，各项措施坚决贯彻、落实有效。

一年来，我们把握“两个关键点”，落实“一套好机制”，推动经济发展稳中有进。深入落实“两点论”“发展论”，运筹帷幄，迎难而上，坚决打好三大攻坚战，“两不愁三保障”突出问题全面解决，完成18户59人脱贫任务，3188户11605人持续巩固提升，绝对贫困基本消除；生态环境保护制度不断健全，中央环保督察反馈问题年度整改任务全面完成；“三资三化”、债转股确保了违规举债零发生。稳步推进一二三产，察布查尔大米地方标准、追溯体系基本成型，15160公顷特色农业产业效益综合提升；10家农副产品深加工、建筑建材、对外贸易企业陆续落地，“四上”升规企业达20家，创造多项历史之最；仓储物流、生态康养、全域旅游等产业有序推进，全年接待游客183万人次，旅游收入达13.86亿元，分别增长56%、55%。扎实推进乡村振兴，围绕“产业上山、就业进城”，推进特色农业、乡村旅游等产业蓬勃发展，促进了农牧民在产业链上就业、增收；乡村文化活动场所得到提升，群众性文化活动丰富多彩，文化自信不断增强；农村人居环境整治、“院内院外六件事”改善了乡村环境，刷新了乡村“颜值”。着力加强城市工作，“一城四镇”“塞上西湖”规划稳步推进，西迁路、学府路等16条道路全面贯通，基本实现了路路相通、街街相连，“百年老宅”、锡伯古城、“小白杨”纪念馆、汽车文化街景等凸显了历史“年轮”，能栽尽栽、见缝插绿擦亮了城市底色，引水入城、盘活水系使城市灵气更加充沛，老百姓身边的绿意、鸟鸣、水韵渐浓。坚持向改革要动力，医联体、医共体稳步推进，疆内、疆外异地就医实现“一站式”结算；84%行政事项实现网上办理，83项改革任务全面完成。

一年来，我们坚持以人民为中心的发展思想，不断保障和改善民生、增进人民福祉。财政收入的80%以上用于保障改善民生。稳定就业3827人，转移农村富余劳动力4.4万人次。常态开展农牧民(居民)职业技能培训，成功承办自治州冬季大培训工作推进会，1219名群众学到了技能，增强了本领。盐城实验学校建成并投入使用，标准化考场建设完成，高三学子首次在家门口参加高考，高考上线率达97.3%。扎实开展全民健康免费体检工作，持续实施“先诊疗后付费”服务，县域内7所中心卫生院实现医共体全覆盖。完成棚户区改造400户，安居富民房360户。饮食用药安全得到有效保障，城乡居民低保和社会保险实现应保尽保，防灾减灾和安全生产应急救援机制不断健全完善，各族群众获得感、幸福感明显增强。

一年来，我们把民族团结作为最大的群众工作。全面贯彻党的民族政策和宗教工作基本方针，认真落实民族区域自治制度，“民族团结一家亲”和民族团结联谊活动深入开展，1人荣获全国民族团结进步模范个人称号，5416名干部与9571名群众结对认亲，推动各族群众守望相助、深度融合。

一年来，我们强基固本，弘扬正气，坚决守住意识形态主阵地。意识形态领域工作责任不断压紧压实，党管意识形态全面加强。广泛弘扬社会主义核心价值观和中华优秀传统文化，深入开展群众性精神文明创建活动，新思想家喻户晓、深入人心。学好、用好、宣传好“三本白皮书”，“五个认同”不断增强。完成融媒体中心组建、县报社纳入统一管理，互联网管理运用不断完善，主旋律更加响亮，正能量更加强劲，察布查尔抖音粉丝数在疆内县级媒体排名第一。县委讲师团作用发挥明显，主流思想舆论不断壮大，意识形态阵地以及全社会思想上的团结统一更加巩固。

一年来，我们坚持把党的领导作为最大的优势，全面加强和改进新时代党的建设。坚持“书记抓、抓书记”，各级党组织书记管党治党意识全面强化，党建为纲全面发展，想工作、干工作、干好工作的能力显著提高。提拔和使用31名年轻干部，年轻干部的选育工作走在全州前列。“一支部五中心”有效运行，“访惠聚”驻村工作扎实开展，党组织基本全覆盖。2个软弱涣散村级党组织有效整顿，新发展党员394人，4个拆分村、12个农村社区完成组建，基层基础得到巩固，基层党组织的组织力、凝聚力、战斗力不断增强。“基层减负年”各项措施有效落实，县级发文、会议、督查检查考核事项同比分别减少63.58%、51.45%、92%。干部作风持续改进，反分裂和反腐败斗争成效显著，监督执纪“四种形态”有效运用，党员干部纪律规矩意识不断增强，政治生态明显好转。

2019年，县委统揽全局、协调各方作用全面发挥，人大、政府、政协工作显著加强，爱国统一战线得到巩固，群团组织作用充分发挥，兵地军地交流更加密切，对口援疆综合效益不断提升，新兴组织工作有了新进展，各项事业取得了长足进步。

汗水凝结力量，拼搏铸就辉煌。这些成绩的取得，得益于以习近平同志为核心的党中央的关心关怀，得益于自治区、自治州党委的坚强领导，得益于江苏盐城的无私援助，得益于全县各级党组织和广大党员干部的勠力同心，得益于驻县团场及单位的鼎力支持，得益于社会各界人士的关心帮助。在此，我代表县委，向所有支持、关心和帮助察布查尔稳定改革发展的社会各界人士，表示衷心的感谢并致以崇高的敬意！

在看到成绩的同时，我们也清醒地认识到，工作中还存在不少短板和不足，主要表现在：一是对习近平新时代中国特色社会主义思想、新时代党的治疆方略学习贯彻不深入、不全面，存在学用脱节、学而不用、“穿新鞋、走老路”的现象，用新思想指导实践、推动工作的能力有待提高。二是经济发展短板还没有补齐，“两套班子”机制效果不够凸显、“稳定红利”利用不够充分，收支矛盾大的问题依然突出，在一定程度上影响了社会稳定基础，带来了风险。三是作风建设的任务仍然繁重，主体责任、监督责任夯得不够紧，压得不够实，有的党员干部尤其是个别领导干部干事创业情怀不深，担当意识不强，学习研究不透，不作为、慢作为、乱作为的现象依然存在，“一级带着一级干、一级干给一级看”的正向效应仍需加大，消灭干部作风不实这个“最大敌人”依然在路上。四是依法治县的能力有待提升，部分干部用法治思维和法治方式解决问题、推动工作的意识和能力有待提高。对此，我们必须认真对待、全力解决。

回望过去，是为了坚定前行的力量；总结得失，是为了找准拼搏的方向；反思不足，是为了摆正奋斗的姿态。2019年，有汗水，有辛酸，也有不少收获，最主要有五点体会：(1)必须坚定不移落实全面从严治党。坚持不忘初心、牢记使命，把全面从严治党作为所有工作的总抓手、破解难题的“金钥匙”，体现到各个领域，贯穿到各个环节，提高党把方向、谋大局、定政策、促改革的能力和定力，总揽全局，协调各方。(2)必须坚定不移推进全面依法治县。历史教训告诫我们，必须树牢“法律红线不能触碰、法律底线不能逾越”的思想，想问题、干工作都要依法依规，用法治思维、法治方式解决问题、推动工作，事情再急不能急程序，难题再难不能破规矩，做到办事依法、遇事找法、解决问题用法、化解矛盾靠法。(3)必须坚定不移贯彻五大发展理念。牢牢把握稳中求进工作总基调,坚持创新驱动,用新理念、新思维、新方法解决发展中遇到的问题;坚持协调发展,找准各项工作相互融合、相互促进的结合点和平衡点,做到"十个指头弹钢琴";坚持绿色发展,树牢"绿水青山就是金山银山,冰天雪地也是金山银山"理念,尊重自然,顺应自然,保护自然,积极探索绿水青山转换成金山银山的机制与路径;坚持改革开放,发挥区位优势、口岸优势,大力发展外向型经济;坚持以人民为中心,在全面共享、全民共享、共建共享、逐步共享中不断落实好、发展好、维护好广大人民群众的利益。(4)必须坚定不移运用系统思维。事物是普遍联系的,工作是相互关联的,不能就事论事,想干什么干什么,更不能"头痛医头、脚痛医脚"。必须用联系的观点审视问题、谋划工作,既统筹全局,也协同局部,一体推进、全面落实。(5)必须坚定不移走群众路线。始终以人民为中心,善于从人民的实践创造和发展要求中落实政策主张,善于从群众中寻找解决问题的方案和办法,教育群众,宣传群众,组织群众,凝聚群众,真心诚意解决好群众最关心、最直接、最现实的利益问题。坚持从群众中来、到群众中去,从群众中汲取智慧力量,让群众参与其中,最大限度地激发创造热情,我们就会有信心、有底气,干成事、成大业。

同志们,2019 年我们咬定青山不放松,不停地思考研究,不停地归纳总结,不停地实践感悟,我们的思路更加清晰、基础更加牢靠、准备更加充分,察布查尔的各项事业已经蓄势待发,只要我们拿出挑战者的心态、"追梦人"的姿态,只争朝夕,不负韶华,就一定能顺潮而起、乘势而上,在接续奋斗中书写新的辉煌!

二、2020 年工作部署

2020 年,是具有里程碑意义的一年,我们将全面建成小康社会,完成"十三五"规划;2020 年也是脱贫攻坚决胜之年,也是实现社会稳定和长治久安、打造"塞外江南"新伊犁的察布查尔篇章的关键一年,是推进"五大发展格局"的攻坚之年,做好今年的工作,任务繁重,意义重大。我们一定要以居安思危的政治清醒、坚如磐石的战略定力,撸起袖子加油干,以越是艰险越向前的英雄气概、狭路相逢勇者胜的斗争精神,坚定不移抓下去。

总体要求是:以习近平新时代中国特色社会主义思想为指导,全面贯彻党的十九大和十九届二中、三中、四中全会精神,贯彻落实中央经济工作会议精神,贯彻落实习近平总书记关于新疆工作的重要讲话、重要指示批示精神和新时代党的治疆方略,贯彻落实自治区党委九届八次全体会议和经济工作会议精神,聚焦社会稳定和长治久安总目标,决战脱贫攻坚,决胜全面小康,扎实推进社会治理现代化,全力推进"六个伊犁""六个区""五大发展格局"建设,奋力谱写"塞外江南"新伊犁的察布查尔篇章。

目标任务是:生产总值增长 7%,一般公共预算收入增长 10%,固定资产投资(不含农户)增长 20%,社会消费品零售总额增长 7%,外贸进出口总额增长 5.5%,城镇、农村居民人均可支配收入分别增长 10% 以上,居民消费价格指数控制在 3% 以内,人口出生率控制在 9‰,城镇登记失业率控制在 4% 以内。实现社会大局持续稳定,经济发展稳中有进,民生福祉不断改善,脱贫攻坚全面实现,党的建设全面加强,各项事业取得新进步、新突破,"十三五"规划圆满收官。

(一)维护社会大局和谐稳定。始终绷紧稳定这根弦。落实自治区党委"八不"要求,着力打好“三场硬仗”、打赢一场“人民战争”，做到“三个联动”，扎实推进反恐维稳常态化、规范化、法治化，推进“维护稳定样板区”提档升级，实现社会大局持续稳定、长期稳定、全面稳定。

（二）推动经济高质量发展。认真落实“一套好机制”，坚持稳中求进工作总基调，贯彻新发展理念，落实“巩固、增强、提升、畅通”八字方针、“六稳”要求，按照自治区党委“1＋3＋3＋改革开放”工作部署，明确目标，夯实责任，逐月调度，统筹推进“经济发展骨干区”“五大发展格局”建设，推动经济高质量发展。

坚持以底线思维为原则，打赢“三大攻坚战”。聚焦重点任务，打好关键战役。决胜脱贫攻坚战，紧盯“两不愁三保障”，落实“六个精准”，推进“七个一批”“三个加大力度”，强化“九个聚力攻坚”，做实“五个理清楚”，坚持脱贫和防止致贫返贫两手抓、两手硬，健全完善防止返贫监测预警和动态帮扶机制。以产业、就业为核心，持续扶持生态扶贫林、木耳生产基地、牛羊育肥、旅游扶贫等长效扶贫产业发展，年内规划实施“老巴扎”等产业扶贫项目，增添脱贫后劲。坚持“志智”双扶，巩固农牧民培训成果，持续开展普通话学习、技能培训，弘扬自尊、自爱、自强精神，转变观念，扩大就业，激发内生动力。持续开展“回头看”，扎实做好脱贫攻坚普查工作，确保脱贫成果巩固提升。打赢污染防治攻坚战，突出精准治污、科学治污、依法治污，用好全国污染源普查成果，打好蓝天、碧水、净土保卫战，全力做好大气联防联控污染防治工作，持续推进燃煤锅炉改造，控制烟气、粉尘排放；强化河（库、岸）长制落实，加强河流生态保护和饮用水水源地环境整治；有序推进矿山、机井、沙场治理，大力整治非法开采、开垦草场、开采地下水等行为。全面完成第一轮中央环保督察反馈问题整改。打赢防范化解重大风险攻坚战，树牢“过紧日子”的思想，全面压缩一般性支出，强化保工资、保运转、保基本民生，全力推进“三资三化”“六件事”，用好地方政府专项债券，妥善化解存量债务，确保政府零违规举债，坚守住不发生系统性风险的底线。

坚持以产业为支撑，推进一二三产融合发展。以“一产上水平、二产抓重点、三产大发展”为主线，着力优化产业结构，推进产业融合发展、互动发展，加快构建多元发展、多极支撑的产业体系。做优一产，坚持用工业化理念谋划农业，推进农牧业发展标准化、生产机械化和产品品牌化，全面推进一产提质增效。稳步推进土地流转，积极争取高标准农田建设项目，推进农村土地集约化、规模化、标准化，积极争取伊犁国家级农业科技园区核心区建设，大力推广应用良种培育、高效种植等技术，推进农牧业生产标准化。成立农机公司，积极推广应用农机化节本增效的新技术、新机具，巩固全国主要农作物全程机械化示范县成果，突破特色农作物机械化瓶颈，全面提高农业机械化水平。依托察布查尔大米地理标志证明商标和地理标志保护产品，加快以察布查尔大米为重点的区域公用品牌，完善绿色水稻、红花标准体系建设及“二品一标”认证工作，完善质量监管追溯体系建设，提升品牌竞争力和影响力。坚持用改革思维发展农业，着力突破产业壁垒，推进农业与工业、服务业深度融合，支持伊犁河谷农业科技集团发展壮大，积极培育一批新型农业企业，推动一二三产融合发展，促进农业提质增效、迸发活力。坚持用产业化方式经营农业，以统分结合的双层经营体制为基础，完善优化“企业＋合作社＋农户”模式，以龙头企业为引领、农民合作社为纽带、农民土地经营权为基础，提高农业产业化水平，支持创锦犇牛完成上市，帮助天津幸福农业等企业发展壮大，培育一批农牧业龙头企业，实现每个特色产业至少有1家龙头企业、年内州级以上龙头企业达到19家。做大二产，以“粮头食尾”“农头工尾”为抓手，推进农副产品精深加工，拉长产业链，提升价值链，拓宽增收链，年内引进至少6家农副产品深加工企业落地见效。依托天山水泥、金龙水泥等企业，发挥矿产、沙石料资源优势，大力发展新型建材产业，争取建材产业产值增加5%，达到5.85亿元。加快发展电子产品组装、小商品加工、民族手工业、旅游商品加工等劳动密集型产业，推进纺织服饰企业提质增效。紧盯中哈外贸合作重点领域、重要商品，依托都拉塔口岸，支持外贸企业发展壮大。做强三产，依托“交通大格局”、城乡公交“一体化”工程，合理布局乡镇物流集散点，串点成线，连线成网，实现网点全覆盖、城乡一体化。积极推进现代仓储物流中心、伊犁河谷箭乡机械设备物流服务中心建设，大力培育扶持物流服务企业，推广应用物联网、大数据等新兴技术，加快形成现代化物流体系。发挥生态优势，做足康养文章，加快完成米粮泉回族民族乡生态小镇规划修编工作，积极推进“乐龄”康养基地建设，推进康养产业蓬勃发展。以1764文体公园、源圃园温泉酒店为支撑，整合旅游要素，完善服务功能，积极构建游客集散中心。围绕“一带一路”核心区建设，积极发展涉外医疗、酒店、商贸物流、电子商务、信息中介等涉外服务业，推动更深层次、更广范围的对外开放。大力发展夜间经济，依托锡伯古城、1764文体公园、源圃园温泉酒店和县城重点街区等，合理延长经营时间，科学布局产业业态，着力打造一批管理规范、特色鲜明、业态多元的夜市，推动夜间经济健康发展。全力支持民营企业发展壮大，落实县委、政府领导联席民营企业制度，支持帮助民营企业转型升级；搭建民营企业与金融机构的信息沟通平台，有效缓解民营企业融资难、融资贵的压力；积极推进国有企业与民营企业合作，发挥好民营企业生力军作用，支持民营企业改革发展，让民营经济创新源泉充分涌流，让民营经济创造活力充分迸发。

坚持以建设“五大发展格局”为平台，助推产业高质量发展。(1)生态发展大格局。树牢“绿水青山就是金山银山”的理念，围绕“生态建设引领区”建设，努力建设天蓝、地绿、水清的美丽察布查尔。加大生态治理和修复，坚持植树造林，统筹山水林田湖草和湿地系统治理，加大森林、草原、湿地、矿山、沙场的治理修复力度，抚平大地“创伤”，还原自然本色。高标准完成伊昭路、南通路等7条主干线造林工程，补齐条田林网，积极推进植树造林向城乡干道、背街小巷、房前屋后、楼前楼后集中，让村村有树、处处是景、城在林中、人在景中，年内完成植树造林2000公顷。积极落实碳汇交易、土地占补平衡指标交易，培育生态修复产业，实现社会效益、生态效益、经济效益最大化。加强生态保护，实行最严格的生态保护制度、空间用途管制制度和最严格的水资源管理制度，严格执行生态环境保护“一票否决”和环境准入负面清单制度，落实资源高效利用制度，严禁“三高”项目进入察布查尔，从源头上治理污染，切实保护好天际线、水岸线、山脊线、绿地线。严格执行草原生态保护补助奖励政策，实施草原禁牧16667公顷。年内完成自治区级生态县创建工作。培育生态文化，广泛开展生态环境保护的宣传教育，树立“保护环境，人人有责”的社会风尚。建立和完善环境保护机制，把生态道德教育融入课堂、贯穿于国民教育的全过程。培养生态行为方式，鼓励和倡导绿色、低碳消费理念，积极推进垃圾分类、资源循环利用产业发展，营造勤俭节约、节能环保、绿色低碳、文明健康的社会氛围，实现绿色发展。(2)交通发展大格局。加大G218线南移工程、G219线(都拉塔口岸至昭苏县)公路等项目协调力度，加快县城、米粮泉回族民族乡、纳达齐牛录乡路网体系建设，积极推进跨河大桥、S237线和(老)S313线拓宽改造工程落地,完善畅通“四横五纵”交通路网,推动要素聚集、产业集聚。(3)“一体化”发展大格局。坚持以城市一体化发展为核心,保持县城向东、向北发展方向不动摇,积极融入伊宁市、可克达拉市经济圈,承接首府城市溢出功能,构建“一城四镇”,打造“伊南新城”。坚持规划引领,秉持“富规划、穷建设、留白未来”理念,积极推进“多规合一”,完善村镇体系规划,高标准编制“一城四镇”总体规划,以“塞上西湖”为中心,推进南城区“老县城”、东城区“百年历史名镇”、西城区“锡伯风情·温泉古镇”、北城区“江南水乡·荷花小镇”依水相拥、产城融合。坚持“组团式”发展,积极推进以察布查尔镇、爱新色里镇、琼博拉镇、米粮泉回族民族乡、海努克乡为中心的5个“组团式”发展,推进海努克乡撤乡建镇,加快新型城镇化步伐。坚持文化铸魂,严格控制城市建筑风格,把地域特色文化融入建筑、市政设施、园林景观、公共交通之中,继续做好“百年老宅”、卡伦遗址、靖远寺、关帝庙、旧城墙、银顶寺等历史建筑的保护和街景小品、城市景观的挖掘打造,留住历史记忆,彰显城市魅力。完善基础设施,坚持缺什么补什么、什么弱抓什么,统筹推进城乡基础设施和公共服务设施互联互通、共建共享。持续开展“四通”工程,加快构建“一城四镇”相互衔接、生态互补的全域水系生态,加快推进“断头路”扫尾工程,推动查鲁街向西延伸拓宽改造工程,统筹做好供水、供暖、供气、供电、通信、排水规划建设,积极推进垃圾处理、便民服务站、健身器材、消防等公共服务设施进小区,补齐基础设施短板,提升城市功能品质。坚决杜绝“景观亮化工程”过度化等“政绩工程”“面子工程”。(4)全域旅游发展大格局。紧扣“旅游兴疆”战略和“伊犁·国际旅游谷”建设,把旅游产业作为战略支柱产业来培育。全力推进“三带+五镇”城乡旅游发展格局,着力打造稻田画、锡伯古城、万亩薰衣草庄园、白石峰旅游观光带、伊犁河湿地公园、米粮泉生态小镇等一批精品景区景点,优化伊昭公路自驾游、锡伯民俗风情游等特色旅游精品路线。大力实施“旅游+”,推进旅游与各个领域产业联动、融合发展,推动“旅游+交通”,完善重要线路、重点景区公共服务设施,着力解决“三难一不畅”问题,促进畅通旅游;推动“旅游+乡村振兴”,大力发展白石峰旅游观光带、锡伯古城、米粮泉回族民族乡民宿产业和农家乐、牧家乐,让乡村承载美丽乡愁、游客纵享田园风光;推动“旅游+扶贫”,加强骆驼驿站、白石峰景区服务区经营,加快推进旅游扶贫项目建设,带动更多的农牧民在旅游产业链上就业、增收。发挥文旅公司作用,整合优势旅游资源,持续推进旅游“双百”工程,不断丰富旅游产业业态和文化内涵。加大旅游宣传推介力度,举办好西迁节、冰雪节等文旅活动,不断提高旅游知名度,打响“吃在察布查尔、玩在察布查尔”的旅游品牌,力争实现年内旅游人次突破238万,旅游收入增加30%。(5)“大园区”发展大格局。完成伊南工业园区总规修编,优化产业布局,完善基础设施,积极推进与伊宁市、霍尔果斯市、昭苏县等地开展“园区联盟”、共建“飞地园区”,推动产业联动、要素流动、优势互补,落实“一企一策”,年内完成“企升规”2家、“个转企”4家,力争园区年生产总值3.18亿元。

坚持以深化改革为动力,建设服务型政府。坚持全面依法履职,严格遵守宪法法律,把政府活动全部纳入法治轨道,推进政府治理体系和治理能力建设,努力建设职能科学、权责法定、执法严明、公开公正、廉洁高效、守法诚信的法治政府。深化供给侧结构性改革,稳增长,调结构,继续抓好“三去一降一补”,加大“僵尸企业”清理力度,实行涉企收费清单制。稳步推进事业单位改革。持续深化“放管服”

改革,全面实施市场准入负面清单制度,加大落实降税减费政策,实行"多证整合、一照一码"改革,不断优化营商环境。深化行政审批制度改革,继续推进"3550"改革措施,办好政务服务大厅,建设"互联网+政务"服务平台,努力实现"只进一扇门""最多跑一次"目标。支持国有农牧场改革工作。持续深入推进农村产权制度改革,巩固和完善农村基本经营制度,全面完成农村土地承包经营权确权登记和颁证工作,积极推进农村承包地"三权分置"工作,稳步推进粮食收储、国有林场、集体林权等改革。全面深化国有企业改革,完善现代化企业管理制度,建立健全法人治理体系,盘活国有资产,发挥资源优势,优化产品结构,创新经营模式,提升国有企业的发展活力和核心竞争力,完成"三资三化"任务不少于7.8亿元。

坚持以项目投资为突破,拉动经济增长新引擎。坚持把重点项目作为加快发展的"牛鼻子",高质效完成"十三五"规划收官,高标准编制"十四五"规划。紧盯国家政策动态、产业发展趋势、基础设施短板,大力谋划储备一批重大项目,年内争取国家、自治区各类项目资金及政府债券不少于15亿元,完成招商引资18亿元。积极推进伊泰100万吨煤制油转精细化工、新汶一矿项目投资建设,加快生态扶贫林、"塞上西湖"、米粮泉生态小镇、铁路物流、农村人居环境整治试点工程等重点项目的编制申报工作;积极推进城乡供水一体化、南岸干渠扬水灌区、洪海沟水库、伊犁河和察渠防洪提升改造等工程建设,推进城乡公交一体化工程、城乡污水垃圾处理工程。加快南岸干渠35千伏输变电工程、农村电网改造工程规划建设。完善信息通信基础设施建设,提高4G网络基站覆盖面,推进5G网络项目建设,加强信息技术与各行业、产业深度融合,推动"互联网+"带动产业发展。

坚持以乡村振兴战略为总抓手,着力补齐乡村短板。按照"产业兴旺、生态宜居、乡风文明、治理有效、生活富裕"总要求,坚持规划先行,人口、投资向城镇和产业聚集,健全完善党组织领导的自治、法治、德治相结合的乡村治理体系,推进农业农村现代化水平建设。完善基础设施,坚持重点投、投重点,加快推进农村路网体系建设,争取年内新修农村公路60千米,积极争取农田高效节水项目建设,抓好农村安全饮水管网延伸,进一步补齐农村基础设施短板。深入开展农村环境综合整治,按照"安全、整齐、干净、生态、文化"原则,持续推进"院内院外六件事",实施农村垃圾、污水、厕所、粪污治理工程。年内完成乌宗布拉克社区等5个村(社区)污水治理工程和纳达齐牛录村、清泉村片区供排水设施与县城并网接轨。全县安全饮用水巩固提升、卫生厕所普及率分别达到100%、55%,生活污水处理、生活垃圾处理示范村分别达到30%、90%,顺利完成13个环境整治示范村验收工作。壮大特色产业,按照"稳粮、促畜、强果、兴特色"的思路,做精做强有机水稻、绿色蔬菜、红花、食用菌、制种玉米等产业,大力发展以饲草料种植和牛羊育肥为核心的农区畜牧业,壮大林果产业,推进薰衣草、西梅、休闲渔业、水产养殖、油桃、稻蟹共作、稻鸭共作等特色种养业发展,优化产业结构,丰富产业业态。大力培育乡村人才,建立吸引人才、留住人才、用好人才的有效机制。着力培养高素质农民,落实农村实用人才带头人培训计划和"一户一个明白人"培训工程,培育一批"土专家""田秀才"。落实激励政策,畅通人才下乡渠道,鼓励大学生、务工人员返乡创业。繁荣乡村文化,完善乡村文化阵地建设,提升乡村文化服务能力,深入实施"百场演出送基层""千场电影进农村"等文化惠民工程,广泛开展"我和我的祖国""大美新疆·大爱故事"等群众性文化活动,用先进文化引领广大群众转变思想观念、转变生活方式。

（三）保障和改善民生。坚持以人民为中心的发展思想，坚持稳定、发展、民生三位一体，着力解决民生短板，推进民生工程，办好民生实事，建设“民生改善先行区”，让更多的红利惠及于民。

大力促进高质量就业。充分发挥县、乡、村职业技术培训机构和人力资源服务中心作用，不断完善“政府主导、学校承办、企业承载、市场运作、社会联动”的就业培训模式，发挥企业用工与务工人员的劳动服务平台作用，实现城镇新增就业3600人，开发就业岗位3200个。充分发挥江苏淮安、石河子转移就业服务派驻工作组作用，设立克拉玛依务工人员服务管理工作站，不断提升管理服务水平。年内实现稳定就业不少于5000人，其中向疆内外有组织转移就业不少于1000人。全面落实各项就业创业政策，最大限度地解决困难群众就业问题，确保零就业家庭动态清零。

办好人民满意教育。牢牢把握“为谁培养人、培养什么人、怎样培养人”这一根本性问题，坚持政治家办学，落实党组织领导下的校长负责制，持续加强中小学校党的建设，建立完善校长考核考评机制，努力做到一个好校长带出一批好教师、办出一所好学校。健全师德师风建设长效机制，强化教师思想政治教育和业务能力培训，打造又红又专的教师队伍。加大教育投入力度，巩固义务教育均衡发展成果，加快中天幼儿园建设，提高普惠性幼儿园覆盖率。年内新建一所寄宿制初级中学、实施县二小提升改造，让各中小学在相互竞争中提高教学质量，全力打造“一所好高中、一所好初中、一所好小学”。鼓励乡村中小学生进城就学。加强职业教育工作，坚持产学研一体化办学，加快职业教育与市场经济接轨，不断提高职业教育的社会影响力和吸引力。巩固提高国家通用语言文字教学成果，大力实施素质教育，不断提升教育教学质量。

加快发展医疗卫生事业。持续开展城乡居民免费健康体检，加强重大疾病预防控制，全面提升健康服务水平。深化医药卫生体制改革，推进医疗药品、耗材统一平台、统一采购、统一支付。常态化实施“先诊疗后付费”“一站式结算”服务工作。深化自治区中医院与县中医医院、州新华医院与县人民医院医联体合作，继续推动紧密型医共体建设，完成县人民医院和县中医医院整体搬迁。持续开展医疗人才“组团式”援疆工作，打造1—2个知名医疗专业科室。持续开展全民健康素养促进行动，倡导健康生活理念，教育、引导各族群众养成健康的饮食习惯和生活方式。坚持计划生育基本国策，确保违法生育“零发生”。

健全完善社会保障体系。完善城乡低保、养老保险、医疗保险、工伤保险、生育保险、社会救助等体系，扩大社会保险覆盖面。持续推进“五保”老人集中供养、孤儿集中收养，实现残疾人、特困人员、低保户等特殊困难群体应保尽保、应助尽助。中心敬老院全面完工并投入使用。大力发展老龄服务、社会福利和慈善事业，全力维护妇女儿童合法权益。扎实做好退役军人服务管理，维护和保障退役士兵的合法权益。加快实施热电联产供热长输管线工程建设。加大城乡住房保障力度，完成安居富民房407户，城镇棚户区改造462户。

强化安全体系建设。落实安全生产责任制和管理制度，加强应急体系和能力建设，健全公共安全隐患排查和安全预防控制体系，形成“大应急”工作格局。落实安全风险管控措施，对事故易发多发煤矿、非煤矿山、危险化学品、建筑工地、交通运输等行业领域开展专项整治，有效化解风险，坚决防范遏制重特大事故。健全完善县级综合性消防救援队伍联络机制，强化救援队伍训练力度，加强源头预防、综合治理、应急处置能力。狠抓食品药品安全监管，积极推进“互联网＋监管”，牢牢守住安全底线,保障各族群众生命财产安全。

推进文化育民惠民。坚定文化自信,大力弘扬和传播中华优秀传统文化,构筑各民族共有精神家园。常态化开展"我们的中国梦·文化进万家"活动,丰富群众文化生活。加快1764文体公园建设并投入使用,推进"四馆一中心"建设,建立锡伯文化研究开发中心,围绕"文化+产业+旅游",挖掘整理锡伯历史、歌舞、民俗和非物质文化遗产,打造锡伯家园文化品牌。精心保护文物、历史遗迹。加快体育事业发展,抓好全民健身运动,支持射箭运动学校发展。扎实推进歌舞团改革,加大文艺创编团队建设,加强乡村文化能人挖掘培养,深入挖掘特色民族文化资源,创作一批紧扣时代脉搏、贴近群众生活的优秀作品,激发文化发展活力。

(四)巩固发展民族团结工作。高举民族团结伟大旗帜,紧扣"民族团结示范区"建设,全面贯彻党的民族政策,依法保障各民族的合法权益,促进各民族共同团结奋斗、共同繁荣发展。坚持以社会主义核心价值观为引领,深入推进民族团结进步示范乡镇、民族团结进步模范单位创建和"十一进"工作,大力实施民族团结好巷道、好邻居、好居民、好科室等创建微行动,积极培养选树民族团结先进集体和模范个人,引导各族干部群众树牢"三个离不开"思想、增强"五个认同",积极推进34个州级民族团结模范单位创建工作。建立健全各民族交往交流交融长效机制,扎实开展"民族团结一家亲"、民族团结联谊和"三进两联一交友"活动,搭建各民族文化交流平台。持续推进"产业上山、就业进城",加大政策引导力度,鼓励农牧民进城购房、各民族"嵌入式"居住,积极打造一批互嵌式样板小区、村(社区)和示范点,让民族团结之花更加绚烂、常开长盛。

(五)加强意识形态领域工作。牢牢掌握意识形态工作的领导权,坚定不移举旗帜、聚民心、育新人、兴文化、展形象,始终占领思想舆论和文化阵地。贯彻执行《中国共产党宣传工作条例》,扎实开展意识形态领域反分裂斗争教育,持续开展爱国主义教育和社会主义核心价值观教育,发挥好"小白杨"纪念馆等爱国主义教育基地作用,学好用好"三本白皮书",教育引导各族群众树牢正确的"五观"。加强学校思想政治教育,深入开展"三进两联一交友"活动,巩固教育系统"学肃反"成果。认真落实党的知识分子政策,调动积极性、创造性,为各类人才施展才华创造环境。发挥县融媒体中心作用,统筹新型与传统媒体,弘扬主旋律,传播正能量。成立融媒体传媒有限责任公司,探索和建设"媒体+政务、党建、服务",全县一张"智慧服务网"模式。压紧压实意识形态领域工作责任制,严格落实文化产品审读机制,加强网络阵地建设,管住网络,管住文化产品,坚决维护意识形态领域安全。

三、以党的政治建设为统领,深入推进全面从严治党

紧紧围绕总目标,县委扛实主体责任,建立健全县委常委牵头、党委工作部门负责的抓党建工作机制,压实各级党委(党组)抓党建的主体责任、党委(党组)书记的第一责任、分管领导的工作责任,聚力"五大建设",一手抓制度建设,一手抓制度执行,不断完善管党治党的长效机制,以永远在路上的政治定力和持之以恒的韧劲,推动全面从严治党向纵深发展。

加强政治建设。全面强化党委督查作用,聚焦政治责任,对标对表党中央决策部署,自治区、自治州党委工作安排以及县委具体要求,紧扣讲政治这个党员干部的"生命线",严明政治纪律和政治规矩,增强"四个意识",坚定"四个自信",做到"两个维护",始终在思想上、政治上、行动上同以习近平同志为核心的党中央保持高度一致。严格贯彻民主集中制,

进一步规范完善党委(党组)议事规则和决策程序,落实党内政治生活各项制度,切实增强党内政治生活的政治性、时代性、原则性、战斗性,营造风清气正的良好政治生态。

加强思想建设。探索建立“不忘初心、牢记使命”主题教育长效机制,持续用习近平新时代中国特色社会主义思想、党的十九大和十九届四中全会精神、习近平总书记系列重要讲话精神和新时代党的治疆方略武装头脑、指导实践、推动工作。加强党性教育,将党性教育纳入县委党校各类培训必修课,发挥好红色教育基地作用,选拔优秀年轻干部到延安、井冈山等地开展党性教育和党的优良传统教育,不断提升干部素质,增强党性修养。

加强组织建设。持续推进组织全覆盖,配齐配强新拆分村和新成立农村社区党组织班子成员,全面加强学校、医院、企业、社会组织、国有企业的党建工作,深化新兴组织“扩面提质增效”行动,大力推进党支部标准化、规范化建设。着力提升组织力,完善“一支部五中心”“抓乡促村”等机制,拓展网格化管理服务,不断巩固提升农村基层党建成效。坚持抓“两头”带“中间”,持续整顿软弱涣散基层党组织,扎实推进“星级化”创建,力争创建八星级以上村(社区)党组织达到35%左右。强化基层党组织,优化调整“访惠聚”驻村工作队,落实经费保障制度。强化机关党的建设和城市基层党建工作,发挥城市机关党建示范引领作用,优化社区“大党委”格局,推进社区工作者职业化,促进机关党建和城市基层党建工作提质增效。加强基层干部队伍管理,完善教育培养机制,着力培养优秀本土干部,用好用活返乡大学生,壮大村级后备干部队伍。加强干部队伍建设,加大农牧民党员发展和储备力度,坚持政治标准,对新确定的发展对象逐个“政治体检”。稳妥有序处置不合格党员组织处置工作。坚持贯彻新时期好干部标准,把握正确的选人用人导向,注重从复杂环境和反分裂斗争一线、“访惠聚”、脱贫攻坚等“吃劲”岗位选拔使用干部。健全优秀年轻干部的选拔、培育、管理、使用全链条机制,注重在基层一线培养锻炼年轻干部,加大在事业单位中发现培养力度,源源不断选拔使用经过实践考验的优秀年轻干部,统筹做好女干部、少数民族干部和党外干部选育工作。拓宽培养干部渠道,有计划开展年轻干部集中培训、跟班学习、轮岗交流、挂职锻炼,促进干部提升素质、增强本领。高度重视老干部工作,做好关心下一代工作。全面做好公务员职级晋升工作。坚持严管和厚爱相结合,健全容错纠错机制,严格落实“三个区分开来”,为敢于担当、踏实做事、不谋私利的干部撑腰鼓劲。

加强作风建设。围绕“加强党的建设,推进治理体系和治理能力现代化,贯彻新发展理念、推进经济高质量发展,夯实主体责任和监督责任”四个方面的重点任务,聚焦工作落实,狠抓作风转变,持续推进“作风整治年”专项行动,以“四铁”纠治作风顽疾。严格贯彻执行中央八项规定及其实施细则精神,全面落实自治区党委“十改进十不准”“十要十严禁”等要求。持续巩固“基层减负年”成果,落实20条措施,持续推进“基层一张表”专项改革工作,最大限度为基层减负。坚决整治形式主义、官僚主义等突出问题,健全完善干部作风监督考核问责机制,紧盯“关键少数”,深入开展不作为、慢作为、乱作为和损害群众利益问题专项整治,以优良党风凝聚党心民心。自觉接受群众评议和社会监督,为作风建设提供长效保障。

加强纪律建设。坚持一手抓反分裂斗争、一手抓党风廉政建设和反腐败斗争,一体推进“不敢腐、不能腐、不想腐”,深化运用监督执纪“四种形态”,尤其是第一种形态,使批评教育成为常态,关口前移,防患未然。常态化开展党风廉政教育,强化党员干部日常监督管理,让党员干部知敬畏、存戒惧、守底线。坚决将“两面人”深挖严查到底,以案明纪,引为镜鉴,使铁的纪律转化为党员干部的日常习惯和自觉遵循。持续推进纪律监督、监察监督、派驻监督、巡察监督协调联动,运用好审计监督、信访监督,提升监督效能,营造良好的政治生态。

深化对口援疆工作。持续推进“1+4”等援疆工作模式,实现“大援疆”“小援疆”双轮驱动,切实抓好干部人才援疆、产业援疆、教育科技文化援疆、保障改善民生和促进各民族交往交流交融等工作,提高对口援疆综合效益。切实发挥好援疆干部人才作用,任实职,给实权,负实责,坚持政治上高度信任、工作上全力支持、生活上充分照顾、心理上暖心关怀,为援疆干部发挥潜能、施展才华提供广阔的舞台和空间。运用多种途径巩固和加强同返回援疆干部的联系,建立完善常态化联系沟通机制,更好地发挥援疆干部人才的重要作用。新一轮援疆干部要扎实做好交接工作,尽快适应新环境、进入新角色,以饱满的热情投入到工作中,精心谋划,高质量推进援疆工作,以更实举措提高援疆实效、擦亮盐城援疆品牌。

坚持融合发展。持续推进“融合发展大格局”,与伊宁市、霍尔果斯市、可克达拉市、伊宁县、霍城县协同发展,积极融入伊犁河谷城市群“一体化”发展。全力支持驻县团场发展壮大,推进兵地经济、规划、文化、社会、干部人才、基础设施建设、生态环境保护等方面深度融合、共同发展。积极推进军地融合、军民融合,畅通军地对接渠道,促进军地常态、深度对接,深化双拥共建,加快构建军民融合发展新格局。

巩固和加强民主政治。发挥党委总揽全局、协调各方的领导核心作用,支持人大依法行使职权,强化人大对“一府一委两院”监督职能,更好地发挥人大代表作用;支持政府依法行政,提高行政效能,建设人民满意的服务型政府;支持人民政协履行政治协商、民主监督、参政议政职能,充分发挥政协专门协商机构作用,汇聚力量,建言献策;发挥工会、共青团、妇联、工商联等群团组织作用,增进团结共识,凝聚磅礴力量,巩固和发展最广泛的爱国统一战线,握指成拳,凝聚起干事创业的磅礴伟力。

同志们,征程万里风正劲,重任千钧再奋蹄。让我们更加紧密地团结在以习近平同志为核心的党中央周围,在习近平新时代中国特色社会主义思想指导下,在自治区、自治州党委的坚强领导下,全面贯彻落实新时代党的治疆方略,一鼓作气,尽锐出战,决战脱贫攻坚,决胜全面小康,奋力谱写“塞外江南”新伊犁的察布查尔篇章!

政府工作报告

——在察布查尔锡伯自治县第十七届人民代表大会第五次会议上的报告

自治县县长　关桂珍

(2020 年 1 月 17 日)

各位代表,同志们:

现在,我代表察布查尔锡伯自治县第十七届人民政府,向大会报告工作,请予审议,并请各位政协委员和其他列席人员提出意见。

一、2019 年工作回顾

过去一年,我们共同庆祝新中国成立 70 周年,见证了这一伟大的历史时刻,深刻感受了共和国的盛世风华!过去一年,我们斗志昂扬、攻坚克难,在共同奋斗中取得了进步,在共同拼搏中收获了喜悦。我们在自治区、自治州党委、政府和县委的坚强领导下,在县人大、政协和社会各界的监督支持下,高举习近平新时代中国特色社会主义思想伟大旗帜,全面贯彻党的十九大和十九届二中、三中、四中全会精神,扎实开展"不忘初心、牢记使命"主题教育,坚定坚决贯彻落实新时代党的治疆方略,特别是社会稳定和长治久安总目标,围绕自治区党委"1+3+3+改革开放"工作部署,团结带领全县各族干部群众顽强拼搏、奋发实干,各项事业不断取得新成绩,全面建成小康社会取得新进展。

2019 年,预计全年实现生产总值 58.56 亿元,增长 6.4%,实现规上工业增加值 3.45 亿元,增长 50.5%;一般公共财政预算收入 3.23 亿元;固定资产投资增长 28%;招商引资到位资金 16.5 亿元;外贸进出口总额 3904 万美元,增长 145.5%;城镇、农村居民可支配收入达到 27004 元、14220 元,分别增长 7%、8%;社会消费品零售总额 4.56 亿元,增长 5.5%;城镇登记失业率控制在 4% 以内。

"三大攻坚战"协同发力。脱贫攻坚成效显著,坚持"六个精准",推进"七个一批",大力巩固脱贫成效,脱贫攻坚各类反馈问题整改有效落实,全面解决"两不愁三保障",完成 18 户 59 人脱贫任务,已脱贫人口脱贫成果得到巩固提升,贫困人口实现全面脱贫。全力守护绿水青山,持续打好"蓝天碧水净土保卫战",生态环境监管体制机制进一步健全,河湖长制全面实施,中央环保督察反馈意见全面整改,植树造林、污水处理、锅炉整治、生态修复等工作全面推进,生态环境得到进一步改善。重大风险得到有效防范,坚决遏制债务增量,稳妥化解政府债务,实现政府全年"零举债"。

发展质量稳步提升。深入贯彻新发展理念,经济发展稳中有进。积极推进产业发展,创锦犇牛等农牧企业快速发展,制定察布查尔绿色水稻、红花种植地方标准,完善监管追溯体系,农牧业发展标准化、生产机械化、产品品牌化有效推进;农作物总播面积 93373 公顷,特色高效农作物面积 15160 公顷,农村土地流转 18667 公顷,牲畜存栏数 42.21 万头(只)。园区仓储物流规划基本完成,10 家农副产品深加工、建筑建材企业陆续落地,新增外贸企业 3 家。积极推进旅游产业蓬勃发展,完成全域旅游规划编制,"三难一不畅"问题有效解决,旅游服务基础设施日益完善,全年接待游客 183 万人次,旅游收入达 13.86 亿元,分别增长 56%、55%。全面开展人居环境整治,做好"院内院外六件事",乡村环境进一步改善。扎实推进城乡一体化发展,把文化融入城乡规划、建设、管理全过程,"一城四镇""塞上西湖"规划逐步推进,西迁路、学府路等 16 条路全面贯通,街街相连、路路相通、主次干道连接有序的城市路网基本形成。改革发展稳步推进,顺利完成党政机构改革、种羊场办社会职能改革;深化医疗体制改革,县域内 7 所中心卫生院实现医共体全覆盖;持续深化"放管服"改革,推行"最多跑一次",网上可办行政事项 499 项,网上可办率 84%,群众办事更加方便快捷。

社会事业全面进步。始终把民生福祉放在首要位置,及时回应群众所思所想所盼,民生支出占公共财政预算支出的 80% 以上。大力推进就业工作,创新就业模式,实现稳定就业 3827 人,通过"七个一批"吸纳就业 553 人。持续巩固义务教育均衡发展成果,完成盐城实验学校建设并投入使用,师资力量有效加强,教学环境得到优化，教学质量不断提升；顺利完成2019年新设考区高考工作，箭乡学子首次在家门口参加高考，普通高考上线率达97.3%。持续完善社会保障体系，城乡居民低保和社会保险实现应保尽保，基本养老、基本医疗实现参保全覆盖；全面普及医疗惠民政策，全民免费健康体检全覆盖，持续实施“先诊疗后付费”服务，实现疆内、疆外异地就医“一站式”结算。安居惠民稳步实施，完成安居富民工程360户，棚户区改造400户；积极推进“四好农村”公路建设，改造提升农村公路50千米，城际、城区、城乡公交线路进一步完善，新增20辆新能源公交车，506公交线路延伸至伊宁市火车站，15个乡(镇、场)58个村实现农村客运公交化。投入5467万元建设城乡基础设施，人民群众居住条件明显改善。全面深化“1+4”援疆工作机制，投入资金8964万元，实施7大类23个重点项目，援疆专业技术人才填补多项县域技术空白，对口援疆综合效益不断提升。

政府建设不断加强。坚持党的领导贯穿于政府建设的全过程，全面推行依法行政，政府职能持续转变，政务公开全面加强。认真落实县委决策部署，自觉接受人大及其常委会法律监督、人民政协民主监督以及社会各界监督，办理人大代表建议74件、政协委员提案54件，答复率、满意率100%。持续强化作风建设，落实“基层减负年”各项措施，坚决整治“形式主义”“官僚主义”突出问题，认真落实党风廉政建设“一岗双责”，针对“不落实的人、不落实的事”严肃追责问责，形成了干事创业的良好氛围。

一年来，食品药品安全、应急管理、外事、档案、地方志等工作取得了新成绩，工会、共青团、妇联、科协等群团组织作用发挥明显，残疾人、老龄、民兵、气象、红十字会、人防等工作做出了新贡献。

各位代表，过去一年成绩来之不易。这是全面贯彻以习近平同志为核心的党中央治疆方略，特别是社会稳定和长治久安总目标的结果，是自治区、自治州党委、政府总揽全局、科学决策的结果，是县委坚强领导、统筹谋划的结果，是县人大、政协依法监督、参政议政和监委、法检两院积极支持的结果，是全县各族干部群众奋发进取、团结拼搏的结果，是江苏盐城和社会各界无私援助、大力支持的结果，也凝聚着各位人大代表、政协委员的辛勤努力。在此，我代表县人民政府，向全县各族干部群众，向驻县部队、武警官兵、公安干警和消防救援队伍，向驻县团场和驻县单位干部职工，向援疆干部，向人大代表、政协委员，以及所有关心支持参与自治县经济社会发展的社会各界人士，表示衷心的感谢并致以崇高的敬意！

在看到成绩的同时，必须清醒地认识到，我们工作中仍然存在很多亟待解决的问题。一是推动高质量发展的任务仍然繁重，经济发展的方式依然粗放，实体经济不强，创新驱动不足，开放水平不高，营商环境不佳，市场活力不够，经济结构有待进一步优化；二是民生改善的任务仍然繁重，民生领域短板依然存在，巩固脱贫成果的压力依然较大，公共服务和社会保障水平不高，农牧民持续增收潜力有待进一步挖掘；三是依法行政的意识和能力仍需加强，法治思维思考问题、法治方式处理问题的习惯还没有完全形成，行政执法能力和水平上亟待提高，政府行政部门内部监督机制急需加强完善；四是改进干部作风的任务仍然繁重，形式主义、官僚主义的问题依然不同程度存在，创先争优氛围不浓，开拓创新意识不强，发展环境有待进一步提升。

面对这些亟待解决的困难和问题，我们将以对人民高度负责的态度，以铁一般的担当精神、务实高效的作风、扎实有效的措施予以解决，决不辜负全县各族人民的殷切期望。

二、2020年政府工作安排

2020年是全面建成小康社会和“十三五”规划的收官之年，是脱贫攻坚决胜之年，也是实现社会稳定和长治久安总目标、打造“塞外江南”新伊犁的察布查尔篇章的关键之年，做好全年工作意义重大。

根据县委十三届十五次全委（扩大）会议部署，今年政府工作的总体要求是：以习近平新时代中国特色社会主义思想为指导，全面贯彻党的十九大和十九届二中、三中、四中全会精神，贯彻落实中央经济工作会议精神，贯彻落实习近平总书记关于新疆工作的重要讲话、重要指示批示精神和新时代党的治疆方略，贯彻落实自治区党委九届八次全体会议、自治区党委经济工作会议、自治州党委工作会议和县委十三届十五次全委（扩大）会议精神，聚力决胜全面建成小康社会和脱贫攻坚，扎实推进社会治理现代化，全力推进“六个伊犁”“六个区”“五大发展格局”建设，奋力谱写“塞外江南”新伊犁的察布查尔篇章。

2020年主要目标是：社会经济持续健康发展，生产总值增长7%；一般公共财政预算收入增长10%；固定资产投资（不含农户）增长20%；社会消费品零售总额增长7%；外贸进出口总额增长5.5%；城镇、农村居民人均可支配收入均增长10%以上；居民消费价格指数涨幅控制在3%以内；城镇登记失业率控制在4%以内。实现经济发展稳中有序，民生福祉不断改善，生态环境不断优化，脱贫攻坚全面实现，政府自身建设全面加强，各项事业取得新进步，“十三五”规划圆满收官。

实现既定目标任务，既是全县各族群众的共同期盼，也是人民政府的历史使命。我们必须保持政治定力，持续解放思想，深化改革创新，聚力担当实干，强化统筹兼顾，切实改进作风，落实“巩固、增强、提升、畅通”八字方针，扎实做好各项工作。

（一）坚决打赢“三大攻坚战”，决胜全面建成小康社会。聚焦重点任务，打好关键战役。

坚决打赢精准脱贫攻坚战。坚持脱贫攻坚目标和扶贫标准不动摇，防止返贫和产生新的贫困人口，紧盯“两不愁三保障”，落实“六个精准”，推进“七个一批”，推动“三个加大力度”，强化“九个聚力攻坚”，做实“五个理清楚”。坚持“志智”双扶，激发贫困户内生动力，提升就业能力，挖掘增收潜力。推进产业扶贫，扶持生态扶贫林、木耳生产基地、牛羊育肥、旅游扶贫等长效扶贫产业发展，年内规划实施老巴扎等产业扶贫项目，不断拓宽增收渠道。加大对贫困家庭、贫困人口扶持力度，提高基础设施建设投入力度，全面巩固提升脱贫成果。

坚决打赢污染防治攻坚战。牢固树立“绿水青山就是金山银山”的理念，围绕“生态建设的引领区”，持续推进“生态大格局”建设，打好蓝天、碧水、净土、农村人居环境整治四大标志性战役。

打好蓝天保卫战，全力做好大气联防联控区域污染防治工作，持续开展大气污染防治专项行动和散煤燃烧污染防治工作，加强企业排放监测，推进燃煤锅炉改造。

打好碧水保卫战，坚持源头治理，强化“河（湖库）长制”责任落实，加强城镇、园区及重点企业污水处理运行监管，加快各乡（镇、场）污水处理设施建设力度，持续推进城乡黑臭水体排查治理，加强河流生态和饮用水水源地环境整治，完成乌宗布拉克社区等5个村（社区）污水治理工程，大型规模养殖场粪污处理设施配套率达100%。

打好净土保卫战，严格落实《土壤污染防治法》，严格控制农业面源污染，深入推进农药化肥减量、农膜污染治理，加大尾矿库、非正规垃圾填埋场等整治力度,开展危险废物专项执法检查,规范处置工业固废、危险废物和医疗垃圾,积极推进垃圾分类、资源循环利用产业发展,减少土壤污染。

持续推进农村人居环境整治,坚决落实“安全、整齐、干净、生态、文化”的标准和要求,持续做好“院内院外六件事”,大力推进农村垃圾处理、厕所革命和村容村貌改善,因地制宜推进厕所革命,年内卫生厕所普及率达55%,生活污水处理、生活垃圾处理示范村分别达到30%、90%,完成13个环境整治示范村验收工作,支持农牧民群众开展村庄清洁和绿化行动,推进“美丽家园”建设。

全面加强生态建设,进一步完善环境监管体制机制,严禁“三高”项目入驻我县;严厉打击非法采矿、开垦草场、开采地下水等行为,以生态产业化模式开展生态修复,积极落实生态扶贫林碳汇交易、土地占补平衡指标交易;大力开展植树造林,实施S313线、Z762线、X719线等7条主要交通干线植树造林,全面清理被挤占林地,推进各乡(镇、场)农田林网化建设,完成植树造林2000公顷;全面开展城乡背街小巷、房前屋后等绿化工作,建设并发挥好20个乡村绿化示范村带动作用。扎实做好中央环保督察反馈问题整改工作。严格执行草原生态保护奖补政策,实施草原禁牧16667公顷。年内完成自治区级生态县创建工作。

坚决打赢防范化解重大风险攻坚战。认真落实政府监管责任,完善风险防控机制,妥善处理政府与国有企业的债务;依法依规用好政府专项债券;加快“三资清理”进程,加大国有土地、林地、矿产资源、固定资产等国有资产资源及存量资金的清理清查力度,盘活优良资产资源,发挥存量资金效益,加快推进“三资三化”,积极稳妥化解政府隐性债务存量。遵循“有多大能力办多大事”的原则,严把资金、项目审批关,坚决防止变相违规举债,确保全年零违规举债。

(二)培育壮大优势产业,加快完善产业体系。紧紧围绕建设“经济发展的骨干区”,坚持以“一产上水平、二产抓重点、三产大发展”为主线,推动产业结构转型升级,加快产业融合发展进程,着力构建现代产业体系。

一产上水平。坚持用工业化思维谋划农业,以乡村振兴为总抓手,以产业兴旺为目标,持续抓好粮食稳定生产,推动品牌化、标准化、机械化、多元化、产业化、科技化发展进程,全面促进一产提质增效。做优农产品品牌,积极推进绿色水稻、红花标准种植、生产及“二品一标”认证工作,依托国之安第三方监管力量,提升“察布查尔”大米公用品牌建设质量,加大品牌宣传力度,进一步提升品牌市场竞争力和影响力。推进标准化进程,以农田标准化为基础,有序流转农村土地18287公顷,实施高标准农田建设1333公顷,提高土地利用率;推动种植流程标准化,健全完善农作物生产、加工标准体系和农副产品质量标准,严把投入品标准关,规范生长过程管护,提升农作物产量、质量,鼓励引导龙头企业、种植大户标准化生产。提升农作物机械化水平,巩固全国主要农作物全程机械化示范县成果,加强政府引导力度,推广技术含量高、作业能力强的农业机械,打破特色农作物机械化制约瓶颈,提升农业耕作精细化、智能化水平,主要农作物耕种收综合机械化率达到98.8%。推进结构多元化,提升传统水稻、绿色蔬菜、红花、食用菌产业发展水平,完成2400公顷高标准玉米制种基地核心区建设;实施林果提质增效项目,加快低质低效林改造,引进、嫁接优质高效林果品种,栽植蜜脆、西梅、树上干杏等特色林果667公顷,高效特色作物面积达到15333公顷,持续推进林下经济,适度扩大稻蟹共作、稻鸭共作面积。提升产业化水平,大力盘活闲置养殖小区,扶持畜牧合作社发展农区畜牧业,完善优化“企业＋农户”养殖模式，支持生猪养殖企业发展壮大，做好牲畜品种改良，完成改良牛1.8万头、羊22万只；做强牛羊育肥业，完成育肥牛6.25万头、羊30.3万只，牲畜存栏达到40.44万头（只），促进养殖育肥业提质增效；扎实做好重大动物疫病防治，确保畜产品质量安全；发挥企业龙头作用，优化“企业＋合作社＋农户”模式。提升农业科技化水平，加快推进伊犁国家级农业科技园区核心区建设，实施数字农业、智慧农业，提升农业科技含量、发展质量。

二产抓重点。牢牢扭住新型工业化这个“牛鼻子”，大力实施优势资源转化、产业集群带动、园区产业集聚战略，持续推进“园区大格局”。立足于边境县的区位优势，抢抓“一带一路”政策机遇，梳理进出口企业名单和进出口产品目录，争取海关优惠政策，大力发展纺织服装、食品加工、玩具生产、电子配件组装等劳动密集型产业。加强与社会资本合作，启动新型建材产业示范基地建设，积极推进相关生产线项目，争取建材产业产值增加5%，达到5.85亿元。坚持联合办园区，加强与盐城市、周边县市共建“飞地园区”，不断提升园区承载力；完成园区总规修编，强化企业经济运行监测和分析，帮助企业解决生产、用工等实际困难，做实“一企一策”，大力推进天然气和自来水入企工作，不断完善园区基础设施建设，园区年生产值达到3.18亿元，实现“个转企”4家、“企升规”2家。突出园区集聚作用，加大招商引资力度，细化年度招商引资考核任务，进一步健全完善招商引资项目准入部门会商联审制度，为项目落地提供制度保障，撬动社会资本投向经济发展的各个领域，实现招商引资18亿元。

三产大发展。围绕“一带一路”核心区、“对外开放的先导区”建设，大力发展商贸物流，壮大国际商贸物流业实力。依托都拉塔口岸优势及便捷的公路交通体系，用足用好资产资源，科学规划建设进出口贸易生产基地，推进现代仓储物流中心、机械设备物流服务中心和扎库齐牛录乡物流小镇建设，打造伊犁州仓储物流集散地、中转站。以1764主题公园、源圃园温泉酒店为支撑，整合旅游要素，完善服务功能，积极构建游客集散中心。积极推进康养产业蓬勃发展，加快康养康复医疗试点工作，与相关医院建立友好合作关系，挖掘中医、锡医，开发药膳、温泉浴、芳香理疗等个性化疗养方式，完成米粮泉回族民族乡生态小镇规划修编工作，推进康养产业，加快康养基地建设，打造集健康、养生、养老、休闲、旅游等多元化功能为一体的康养基地。积极谋划外贸企业政策导向、优势资源、“一带一路”等内容于一体的信息中介服务平台建设，探索跨国劳务、法律咨询中介服务模式，扩大对外交流合作，不断推动涉外服务业发展。支持发展夜间经济，启动集民生坊、夜市、文化大舞台等为一体的老巴扎建设项目前期工作，着力开发锡伯古城亲子游、夜游、演艺、餐饮及温泉洗浴等旅游产业，适当延长经营时间，促进夜间消费增长。

加快民营经济发展。严格落实县级领导联系民营企业制度，全面优化营商环境，积极构建“清亲新”型政商关系。进一步开放民营企业市场准入，扎实推进清理拖欠民营企业中小企业账款工作，全力支持民营企业转型升级、健康发展；不断深化金融服务，健全完善政银企对接机制，有效解决民营企业融资难、融资贵问题；继续清理、精简涉企收费，降低企业生产运行成本，依法保护民营企业权益，提升民营企业发展信心和动力。

（三）加快推进旅游产业发展，着力培育高质量发展新优势。紧扣“旅游兴疆”战略和“伊犁·国际旅游谷”建设，坚定不移地将旅游业作为战略支柱产业来培育，打造“诗画察布查尔”，着力构建“全域旅游大格局”。加快旅游供给侧结构性改革，围绕自然生态、历史文化、民俗风情及“三带＋五镇”城乡旅游发展格局，优化完善白石峰、锡伯古城、万亩薰衣草产业园、伊犁河湿地公园、稻田画等精品景区景点基础设施、商业业态，突出挖掘打造扎库齐牛录“小白杨”红色旅游资源，积极推进温泉戏水、温泉康养、葡萄果酒庄园、锡伯古城文化旅游融合等项目建设，合理规划布局全域旅游精品线路，推动伊昭公路自驾游、康养旅游产业及特色旅游提档升级。

持续推进“双百”工程，积极研发旅游产品，着力打造1764文体公园、源圃园温泉酒店、锡伯古城民宿、薰衣草观光等旅游产品，加强薰衣草蜂蜜、精油，锡伯刺绣手工艺品、红花籽油等地方特产的包装营销，推出一批富有地域特色的旅游商品。

大力实施“旅游＋”，推进旅游与各个领域产业联动、融合发展。推动“旅游＋交通”，着力补齐“三难一不畅”问题短板，加快推进琼博拉森林公园、米粮泉生态小镇、清水湾湿地公园等旅游公路项目建设，新建城东停车场，规划建设良繁场、乌宗布拉克社区、绰霍尔镇加油站3座，旅游厕所8座。推动“旅游＋乡村振兴”，大力发展白石峰旅游观光带民宿产业、农家乐、牧家乐和老努拉洪大帐，让乡村承载美丽乡愁，让游客纵享田园风光；推动“旅游＋扶贫”，规范骆驼驿站、白石峰服务区运营管理，带动更多的农牧民在旅游产业链上增收、致富。

加快文旅融合发展，创新文化旅游投融资机制，发挥西迁文旅公司作用，整合优势文化旅游资源，形成一批具有较强竞争力和影响力的文化旅游产业业态。

加强旅游市场管理，强化旅游市场监督执法，规范旅游市场经营活动，严厉打击破坏旅游营商环境和市场环境的行为，切实提升旅游服务质量水平。

持续强化宣传营销，积极开展文化旅游“上门推介”，办好西迁节、冰雪旅游、风光摄影等文旅活动，加强努拉洪冬季冰雪旅游宣传推介，不断提高旅游知名度，打响“吃在察布查尔、玩在察布查尔”旅游品牌，力争实现年内旅游人次突破238万，旅游收入增长30％。

（四）统筹城乡一体化发展，推进新时代城市工作。坚持“富规划、穷建设、留白未来”的理念，加快编制国土空间规划，推进“多规合一”，完善提升村镇体系规划，优化城镇整体设计。围绕“伊南新城”的城市定位，坚持县城向东、向北发展，积极融入伊宁市、可克达拉市经济圈。健全城乡融合发展体制机制，完善县城总体规划，全力做好“一城四镇”规划建设，立足康养医疗、历史文化、旅游集散等产业，积极推进南城区“老县城”、东城区“百年历史名镇”、西城区“锡伯风情·温泉古镇”、北城区“江南水乡·荷花小镇”建设，加快社会资本投资进程，启动东城区综合体开发项目。加快新型城镇化步伐，积极推进分别以察布查尔镇、爱新色里镇、琼博拉镇、海努克乡、米粮泉回族民族乡为中心的5个“组团式”发展，年内完成海努克乡撤乡建镇。突出文化传承，严格城市规划建设审批，统一城市建筑风格，因地制宜推进城市改造，挖掘打造一批街景小品，彰显地域文化特色。推动森林城市、田园城镇一体建设，合理规划实施城乡绿化，优化渠系、水系，完善街景美化、亮化等配套设施，坚决杜绝“景观亮化工程”过度化等“政绩工程”“面子工程”。推进城乡基础设施和公共服务设施互联互通、共建共享，进一步改善提升城乡基础设施条件。合理规划供热管网布局，加快建设工业余热长输管网、查鲁街一级热网改造、城市给排水管网工程；实施462户棚户区改造及配套设施项目，推进查鲁街延伸工程；完善城乡公路客运运输网络，积极推进集交通客运、游客服务于一体的新客运站建设项目，全面优化城际、城区、城乡公交运营线路；着力完善住宅小区、广场、公园等公共服务设施，推进县城内基础设施统一规划、统一建设、统一管护，不断提升城市服务功能和品质。

（五）强化项目支撑引领，夯实经济发展基础。坚持把项目建设作为加快经济发展的“动力引擎”，紧盯产业发展政策和投资方向，强化重大项目储备和前期工作，力促生态扶贫林、跨河大桥、铁路物流、“塞上西湖”、米粮泉生态小镇等重点项目列入国家、自治区“十四五”规划。着力构建交通路网，加大 G218 线南移、G219 线、伊宁市大外环等项目协调力度，加快项目建设步伐，积极争取 G577 连接线项目，打通连接东部通道，推进 S237 线、Z766 线拓宽改造工程落地，年内建设完成农村公路 60 千米；着力完善水利设施，积极推进城乡供水一体化，完成农村人居环境整治；改造提升农村电网，启动农配网改造、电力技改大修项目，都拉塔 110 千伏输变电工程年内投运；着力完善通信基础设施建设，不断扩大边远村镇、通信盲区 4G 网络覆盖面，新建通信基站 55 个，积极推动 5G 网络广泛应用，补齐通信网络空白点。

（六）全力深化重点领域改革，不断增强发展动力。持续深化“放管服”改革，加大行政审批改革力度，严格落实“3550”改革措施，年内完成政务服务中心搬迁，做到服务事项全、服务水平优，实现“只进一扇门”“最多跑一次”目标，努力为企业发展、群众办事营造公平公正的法治环境、优质高效的服务环境。深化供给侧结构性改革，巩固“三去一降一补”成果，大力开展“僵尸企业”清理，不断提升供给质量。深化农村集体产权制度改革，抓好农村承包地“三权分置”工作，稳步推进粮食收储、集体林权改革，巩固和完善农村基本经营制度，全面完成农村土地承包经营权确权登记和颁证工作。积极推进事业单位改革。持续深化医药卫生体制改革，建成 9 个紧密医共体，完成县乡远程医疗服务系统。深化国有企业改革，坚持政企分开，切实理顺政府与国有企业的关系，不断完善现代化国有企业管理制度，健全国有企业法人治理结构，加强国有企业人才培养储备，全面提升管理能力水平，推进国有企业高效、稳定运营；进一步强化国有资产管理，充分发挥政策优势及国有企业资源优势，创新经营模式，积极推进国有企业与民营企业合作，提升国有企业发展活力及核心竞争力，完成“三资三化”不少于 7.8 亿元。

（七）扎实做好财税金融工作，着力提升服务保障能力。切实发挥财税金融“杠杆”和“输血”作用，不断提高保障经济高质量发展的能力。牢固树立“过紧日子”的思想，严格财政支出管理，压缩一般性支出，牢牢守住“三保”支出底线，集中有限财力积极支持重点领域、重点项目建设。强化财税征管协调机制，大力挖掘培植税源，夯实招商引税、招商引资工作责任，强化征管手段，加大对各类税种税费的征缴力度，堵塞税收漏洞。

（八）加快社会事业发展，着力保障和改善民生。进一步坚定以人民为中心的发展理念，坚持稳定、发展、民生三位一体，着力解决民生短板，用真心、动真情、下真功，精耕细作民生工程，加快建设“民生改善的先行区”，切实提升群众的幸福感。

着力提高就业质量。以人力资源服务中心为依托，加强就业信息平台建设，强化就业信息互动，不断完善就业服务体系；通过加快纺织服装、新型建材、食品加工等劳动密集型产业发展，扩大就业容量，力争实现新增就业 3600 人，开发城镇就业岗位 3200 个。

优先发展教育事业。坚持正确办学方向，牢牢把握立德树人根本任务，不断完善全过程全方位育人机制，充分发挥政府教育督导作用，建立完善校长考核考评机制，着力夯实党组织领导下的校长负责制，做到一个好校长带出一批好教师、办出一所好学校。持续巩固义务教育均衡发展成果,进一步提升高级中学教育教学质量,启动寄宿制初级中学建设项目,将县二小改造提升为九年一贯制学校,全力打造“一所好高中、一所好初中、一所好小学”。完成中天幼儿园建设并投入使用,实现普惠性幼儿园全覆盖。持续推进教育援疆,配齐配强教研队伍,全面提升教研指导能力和教育教学质量,努力办好人民满意的教育。

提升医疗卫生水平。持续实施全民健康工程,提高免费健康体检服务质量。加大重大传染病、地方病、职业病的预防和救治,将癫痫病、病毒性肝炎等疾病列入城乡居民基本医疗保险门诊慢性病病种,提高门诊报销比例。深化县中医医院、人民医院与自治区中医院、州新华医院医联体合作。年内完成县人民医院和中医医院整体搬迁。推进优质医疗资源下沉基层,提升基层医疗卫生机构的服务能力和管理水平,保障县域内就诊率达到90%以上。持续开展医疗人才“组团式”援疆,打造1－2个知名医疗专业科室。

深入实施文化惠民。坚定文化自信,大力传承和弘扬优秀传统文化,构筑各族群众的精神家园。开展“我们的中国梦·文化进万家”活动,办好以“庆丰收、迎小康”为主题的农民丰收节,广泛开展文化下基层,实施“百场演出送基层”“千场电影进农村”等文化惠民工程;精心保护卡伦、古城墙、银顶寺等历史遗迹和靖远寺、关帝庙、“百年老宅”等文化古迹,深入挖掘地域文化资源,建立锡伯文化研究开发中心,完成“四馆一中心”建设;加快发展特色体育产业,开展全民健身运动,创新“文化＋体育＋旅游”融合发展模式,加快射箭运动学校建设;持续推进歌舞团改革,完成融媒体中心、戏剧大舞台等项目建设,挖掘培养农村文化能人,加大文艺创作,进一步丰富各族群众精神生活。

健全完善社会保障。大力实施全民参保计划,不断扩大社会保险覆盖面,实现残疾人、特困人员、低保户等特殊困难群体应保尽保;落实城乡居民最低生活保障、残疾人两项补贴、高龄津贴。推进“五保”老人集中供养和孤儿集中收养,发展普惠托育服务,健全残疾人帮扶机制,维护妇女儿童权益,完成未成年人救助保护中心、残疾人康复中心项目建设。健全农民工工资支付监控和保障制度,推进企业工资支付诚信体系建设,依法处置拖欠农民工工资案件,切实保障农民工劳动报酬权益。扎实做好退役军人优抚安置、困难帮扶等工作,切实维护退役军人和优抚对象合法权益。全面保障城乡居民住房安全,实施安居富民工程407户,完成老旧小区改造10个。

强化安全体系建设。全面落实安全生产责任制和管理制度,加强应急救援体系和能力建设,健全公共安全隐患排查和安全预防控制体系,扩大气象预警信息覆盖面,提升防灾减灾救灾能力;加强危险化学品、交通运输、煤矿和非煤矿山等重点领域行业安全生产集中整治,坚决防范遏制较大以上事故;加强食品、药品领域监管执法,持续推进明厨亮灶,大力推广“互联网＋监管”模式,保障全县各族群众消费安全。

(九)统筹各方力量,推进融合发展。深入贯彻落实第七次全国对口援疆工作会议精神,衔接好第十批援疆工作,扎实推进产业援疆,加大人才、教育、医疗、科技援疆力度,不断提高对口援疆综合效益。切实发挥好援疆干部人才作用,工作上积极支持,生活上充分照顾,安全上全力保障,为援疆干部发挥优势、施展才华搭建平台。持续推进“融合发展大格局”,与伊宁市、可克达拉市协同发展,积极融入伊犁河谷城市群“一体化”。全力支持驻县团场发展壮大,推进兵地经济、规划、文化、社会、干部人才、基础设施、生态环境保护等方面深度融合、共同发展。

三、加强政府自身建设，打造人民满意的服务型政府

新的形势和任务，对政府自身建设提出新的更高要求。我们将始终坚持用习近平新时代中国特色社会主义思想武装头脑、指导实践、推动工作，以人民为中心，不忘初心，牢记使命，更好发挥政府作用，更加让人民满意，努力当好新时代的答卷人。

全面加强党对政府工作的领导。坚持把党的全面领导作为做好政府工作的根本保证，作为政府工作必须遵循的原则，始终把党的领导贯穿于政府工作全过程、全方面，进一步增强“四个意识”、坚定“四个自信”、做到“两个维护”。全面准确把握新时代党的治疆方略，落实全面从严治党要求，坚决做到党委有部署、政府有行动，确保党中央政令畅通、令行禁止，确保自治区、自治州党委和县委的工作要求不折不扣落到实处。

全面加强政府治理体系和治理能力建设。坚持政府为人民服务、对人民负责、受人民监督，持续创新行政方式、提高行政效能。坚持全面依法履职，把政府活动全部纳入法制化轨道，深入推进依宪施政、依法行政，突出抓好集体学法、规范性文件备案审查、行政执法“三办法”等制度落实，自觉运用法治思维和法治方式推动工作、解决问题，加快建设职能科学、权责法定、执法严明、公开公正、廉洁高效、守法诚信的法治政府。坚持依法、科学、民主决策，主动接受人大法律监督和工作监督、政协民主监督，更加重视社会监督和舆论监督，让权力在阳光下运行。全面落实行政执法责任制和问责制，坚决查处一切违法违规行为，坚决整治一切执法不公正不文明现象，坚决追责所有行政不作为的人员。

全面加强政府作风建设。坚决贯彻执行中央八项规定及实施细则精神，以永远在路上的执着，坚决整治干部作风不严不实的顽瘴痼疾。紧盯突出问题，持之以恒深化“四风”整治，坚决破除形式主义、官僚主义，持续深化转作风、改作风、严作风，坚决以铁的心、铁的手、铁的腕、铁的拳强化作风建设。进一步精简会议文件，清理规范各类督查检查考核，切实为基层减负。进一步改进调查研究，深入基层，深入群众，着力解决民生等领域的问题，推动政府作风根本转变。

全面加强廉洁政府建设。深入推进政府系统党风廉政建设和反腐败斗争，严厉惩治各类腐败行为，推动干部清正、政府清廉、政治清明，营造风清气正的政治生态。着力加强审计监督，严肃查处公共资金资产资源领域腐败问题和违法违规行为；坚决抓好中央脱贫攻坚专项巡视、自治区审计反馈问题整改。紧盯就业、医保、社会救助等重点领域的民生资金管理，坚决整治群众身边的不正之风和腐败问题。

各位代表！实干成就事业，奋斗铸就辉煌。让我们更加紧密团结在以习近平同志为核心的党中央周围，在习近平新时代中国特色社会主义思想指导下，在自治区、自治州党委、政府和县委的坚强领导下，在县人大、政协和社会各界的监督、支持下，团结带领全县各族人民，以更加昂扬的斗志、更加务实的作风，主动迎接挑战，坚持苦干实干，在新时代奋力谱写“塞外江南”新伊犁的察布查尔篇章！

概　况

地理及沿革

【位置面积】 察布查尔县地处新疆西天山支脉乌孙山北麓，伊犁河以南，与伊犁哈萨克自治州首府伊宁市隔河相望，西与哈萨克斯坦接壤，位于北纬 43°17′—43°57′，东经 80°31′—81°43′。全县总面积 41.32 万公顷。

【沿革区划】 察布查尔县自古以来就是祖国领土不可分割的一部分。前 3 世纪前后，察布查尔区域是塞人、大月氏、乌孙的游牧地。前 60 年，西汉设西域都护府，乌孙归其统辖，察布查尔正式纳入汉王朝版图。5—12 世纪，先后有柔然、悦般、西突厥和契丹等部落在此游牧，与中原地区联系逐渐增多。16 世纪以后，成为蒙古准噶尔部政治、宗教的中心。清朝乾隆二十九年(1764 年)，4000 多名锡伯军民从东北跋山涉水，饱经艰辛与磨难，历时一年零三个月西迁至伊犁，戍边屯垦，保家卫国，铸就了伟大的"西迁"精神，为祖国的统一、边疆的稳定做出了不可磨灭的贡献。

1950 年 6 月，宁西县人民政府成立，全县辖 4 区 21 乡。1951 年坎乡由伊宁县划入，设为 5 区，区公所驻坎乡，辖 6 乡。1954 年 3 月，察布查尔锡伯自治县成立，全县辖 7 区 33 乡。1958 年，取消区乡建制，成立 5 个人民公社，实行政社合一的公社委员会、生产大队、生产队体制。1959 年，团结公社四大队划归伊犁地区奶牛场，火箭公社析置城镇公社。1960 年 7 月，团结公社一、二大队合并为前进大队。1962 年，团结公社多兰图和金泉公社一大队划给农四师六十七团，火箭公社的七一、亮星两个大队及郎喀牧场划给城镇公社，海努克、阔洪奇由东光公社析置海努克公社。1966 年，海努克公社更名为向阳公社。1967 年，城镇公社更名为东方红公社。1978 年，火箭公社更名为扎库齐牛录公社。1981 年 1 月，良繁场前哨大队析置纳达齐牛录公社；3 月，东方红公社析置察布查尔镇。1984 年 5 月，撤销人民公社，建立乡(镇)村基层组织。2014 年 10 月，撤销孙扎齐牛录乡建制，设立孙扎齐牛录镇。2018 年 6 月，撤销绰霍尔乡、琼博拉乡、加尕斯台乡建制，设立绰霍尔镇、琼博拉镇、加尕斯台镇。2018 年，县辖 13 个乡(镇)、2 个国营农场，驻县有伊犁州奶牛场、伊犁州平原林场、天山西部国有林管局察布查尔分局和兵团四师六十七团等单位。

【区位优势】 察布查尔县区位优势明显，交通便捷。与哈萨克斯坦边境线长 72 千米，有一个国家一级陆路口岸都拉塔口岸，是国家向西开放的最前沿。北隔伊犁河与伊宁市、伊宁县、霍城县相望，东邻巩留县，南以乌孙山分水岭为界与特克斯、昭苏两县毗连。县城距伊宁市中心 15 千米，距伊宁机场 18 千米，位于伊犁河谷开阔地区，在伊宁半小时经济圈内，交通四通八达。距都拉塔口岸 47 千米，距霍尔果斯口岸 70 千米。全县公路形成以省道 313 线为主通道轴线的"四横四纵"的县域公路网，省道 313 线东起伊犁州首府伊宁市，西至都拉塔口岸，贯穿全境；省道 237 线横穿南北。

【地形地貌】 察布查尔县地势自南向北形成多级阶梯，东窄西宽，南高北低，自东向西渐趋开阔，自南向北逐渐平坦，形状像一面打开的旗帜。有山区、山麓、丘陵、平原、河流阶地和河漫滩等地貌类型。

资　源

【光热资源】 察布查尔县地处亚欧大陆中心，属大陆性北温带温和干旱气候，热量丰富，光照充足，四季分明。全年有效光照时数达2846小时，无霜期177天，积温3800℃，年平均降水量222毫米。

【土地资源】 察布查尔县土地资源丰富，土壤肥沃，地势平坦，可利用的后备资源潜力巨大，适合重大项目用地和集约化、现代化发展。全县有灌溉面积9.26万公顷，伊犁河流域水土开发使自治县新增灌溉面积10万公顷。

【种植业资源】 察布查尔县气候温和，适宜种植各类农作物，是发展绿色有机食品原料的天然之所，也是全疆优质粮、油及特色农业基地。常年稳定种植小麦1.88万公顷，水稻1.14万公顷，蔬菜873.33公顷，红花8700公顷，玉米3.26万公顷，甜菜2006.66公顷，油料9960公顷，瓜果类426.67公顷，其他作物7764公顷。

【畜牧业资源】 察布查尔县牲畜存栏数40.44万头(只)，其中牛5.13万头，羊31.76万只，猪1.29万头。家禽最高饲养量89万羽。牲畜出栏38.2万头(只)。畜牧业以养牛业为核心，全县有优质奶牛2.87万头，奶牛良种率达76%。年育肥牛6万头，育肥羊30万只。2019年，全县肉年产量1.6万吨，奶年产量1.63万吨，蛋年产量0.59万吨。

【林业资源】 察布查尔县林地面积2.99万公顷，森林蓄积量6.46亿立方米，森林覆盖率13.1%。森林按地理分布可分为山区森林、平原林、河谷次生林。山区森林集中分布在乌孙山的红海沟、加尕斯台、乌尔坦、苏阿苏等12个沟系，垂直分布海拔1600－2700米，在山体的阴坡及半阴坡上，林业用地面积3.38万公顷，总蓄积548.28万立方米。平原林以人工林为主，林业用地面积3.45万公顷，活立木总蓄积52.21万立方米。河谷次生林的林业用地面积1.13万公顷，活立木总蓄积2.35万立方米。近几年来，通过退耕还林工程、三北防护林工程、重点公益林保护工程、野生动植物保护区建设、湿地保护与恢复工程、优良苗木培育工程、全民义务植树造林建设工程、社会主义新农村林业建设工程、特色林果业建设工程等，森林的生态效益日益受到重视，平原人工林面积增加，河谷次生林得到有效保护，生态环境得到明显的改善，林业生态建设和产业的发展取得重要进展。经过多年的努力，察布查尔县基本实现农田林网化。造林树种有杨树、榆树、白蜡、小叶白蜡、槐树、柳树等，经济树种有苹果树、梨树、桃树、杏树等。防护林面积1.32万公顷。

【水利资源】 伊犁河由东向西流经察布查尔县北部边界，水量丰富，多年平均流量363立方米/秒，年径流量165亿立方米。察布查尔县水资源由南部13条山沟河水水系、县域倾斜平原特克斯河水的南岸干渠水系、县域中部的伊犁河大河水系和河坝、平原泉水水系以及地下水五个水系组成。全县水资源总量26.2亿立方米，其中南山沟诸河资源量2.73亿立方米，每年引水量(利用量)2.22亿立方米；特克斯河引水量10.74亿立方米；伊犁河引水量8.2亿立方米；泉水资源量0.224亿立方米；地下水动储量4.31亿立方米，其中可开采量为2.6亿立方米，已开采0.48亿立方米，开采系数0.18。

【矿产资源】 自治县矿产资源富集，种类繁多,开发潜力大。目前初步探明的有煤、石灰石、铀、金、铜、铁、铅、锌、锰、重晶石、冰洲石、花岗岩、建筑用沙、黏土等21个矿种,已开发利用13种。现有矿点57处,矿山企业51家,煤矿11家,石灰石矿3个,铀矿、陶瓷黏土矿各2个,水泥用黏土矿、铜矿、重晶石矿、铅锌矿、金矿、锰矿、建筑用石灰石矿各1个。已勘探项目16个,勘探单位11家,勘探面积582.5平方千米。石灰石预测储量10亿吨。煤已探明储量56亿吨,远景储量1500亿吨,占伊犁河谷盆地含煤区预测总资源量的50%以上。察布查尔煤田共含煤12层,煤层平均厚度59.6米,含煤系数16.96%。可采煤层共9层,平均厚度52.75米。含煤地层东西长80千米,南北宽10—30千米,面积1880平方千米。自西向东划分为脱维勒克矿区、伊昭矿区、梧桐沟矿区、阿勒玛勒矿区和杏子沟矿区。煤种为长焰-不粘煤及其过渡类型,杂质含量低,具有低灰、低硫、低磷、高热量、弱含油等特点,是优质的动力用煤、生活用煤和化工原料。

【旅游资源】 察布查尔是伊犁河谷一颗璀璨的明珠。这里有雄壮的乌孙山白石峰(海拔3475米)、灵秀的伊犁河清水湾、生机勃勃的国家一类口岸、全国唯一的锡伯民族博物院(国家AAAA级景区)、全国首家弓箭文化博物馆、国家薰衣草主题文化公园,有国家非物质文化遗产贝伦舞、锡伯刺绣,更有靖远寺、海努克古城、银顶寺遗址等古迹。这里历史文化积淀深厚,戍边屯垦西迁精神世代相传。全县有各类营业旅游企业156家,其中国家A级景区4家(AAAA级1家,AAA级1家,AA级2家),星级宾馆2家,农家乐89家(其中星级农家乐63家,包括4家五星级、20家四星级、24家三星级、15家二星级),旅游开发服务公司3家,旅行社1家,旅游纪念品生产厂家及购物点14家(其中国家级工业旅游示范点1家,2S滑雪场1家)。

经济与社会发展

【基本情况】 2019年,察布查尔县实现地区生产总值(GDP)634834万元,比上年增长6.1%。其中第一产业增加值271197万元,增长7.3%;第二产业增加值94305万元,增长11.4%;第三产业增加值269332万元,增长2.8%。第一产业增加值占地区生产总值比重为42.7%,第二产业增加值比重为14.9%,第三产业增加值比重为42.4%。人均地区生产总值32450元,增长7.3%。居民消费价格上涨1.9%。工业生产者出厂价格下降1.5%。固定资产投资价格上涨2.8%。农产品生产者价格上涨2.6%。2019年自治县贫困发生率降至0%,年末全县未脱贫人口0人,全县投入财政扶贫资金17274万元。

【农牧业生产】 2019年,察布查尔县实现农林牧渔业总产值350287万元,比上年增长13.6%,其中农业产值260163万元,增长15.4%;林业产值9074万元,下降3.4%;牧业产值73670万元,增长4.1%;渔业产值2368万元,下降10.5%;农林牧渔服务业产值5012万元,增长22.3%。农作物总播种面积9.54万公顷,增长5.6%,其中复播面积2053公顷,下降56.7%;粮食(含薯类)播种面积7.51万公顷,增长15.4%;棉花播种面积513.33公顷,下降11.5%;油料播种面积913.33公顷,下降44.8%;甜菜播种面积1506.67公顷,下降24.9%;药材播种面积9793.33公顷,增长6.1%(其中红花播种面积9713.33公顷,增长11.6%);蔬菜播种面积646.67公顷,下降34.9%;瓜果播种面积499.63公顷,下降

17.1%。

【工业生产】 2019年，察布查尔县实现工业总产值16亿元，增长43.4%；实现工业增加值41044万元，增长51.5%。按轻重工业划分，轻工业增加值8785万元，增长37.7%；重工业增加值32259万元，增长35.9%。实现规模以上工业总产值11.74亿元，增长57.4%；实现规模以上工业增加值34621万元，增长51.6%。在规模以上工业中，按轻重工业划分，轻工业增加值6668万元，增长67.9%；重工业增加值27953万元，增长48.2%。规上企业按主要行业分：农副食品加工业3775万元，增长50.3%；纺织服装业2327万元，增长120.2%；非金属制造工业19769万元，增长52.6%；电力、热力生产和供应业5396万元，增长16.8%。

【国内贸易】 2019年，察布查尔县实现社会消费品零售总额125079万元，比上年增长5.7%。按经营地统计，城镇消费品零售额101575万元，增长4.8%；乡村消费品零售额23504万元，增长9.4%。按消费类型统计，餐饮收入额52501元，增长18.1%；商品零售额72578元，下降1.5%。

【旅游业】 2019年，察布查尔县接待游客177.53万人次，比上年增长51.2%；旅游总消费138600万元，增长55.1%。其中，接待国内游客177.52万人次，增长31%；国内旅游消费138565万元，增长23.4%。入境游客163人次，入境旅游消费13.58美元。

【教育】 2019年，察布查尔县有小学21所、中学12所(其中初级中学1所，九年一贯制学校10所，高级中学1所)、幼儿园67所。教职工人数3642人，其中专任教师3172人(其中幼儿园579人，小学1090人，中学1503人)，少数民族教师2290人，女性教师2417人。全县普通高中招生1067人，增长5.9%；在校生3231人，下降0.3%；毕业生1060人，增长1.3%。普通初中招生2208人，增长4.9%；在校生6211人，增长5.4%；毕业生1835人，增长6.1%。普通小学招生2980人，增长0.4%；在校生16658人，增长2.8%；毕业生2393人，增长7.5%。幼儿园招生2450人，下降19.9%；在园幼儿7764人，下降10.6%；毕业生3092人，增长0.5%。小学学龄儿童净入学率100%，小学毕业生升入初中升学率100%，初中阶段适龄少年毛入学率99.7%，高中阶段毛入学率99.6%。

【文化卫生】 2019年，察布查尔县有艺术表演团体1个、文化馆1个、公共图书馆1个(公共图书馆图书藏量10.5万册)、博物馆1个、综合档案馆1个(开放档案7643卷)。拥有广播电台1座、电视台1座。广播综合人口覆盖率95%，电视综合人口覆盖率90%。全县有医疗卫生机构109个，其中县级公立医院2个，专业公共卫生机构3个，乡(镇、场)卫生院17个。卫生机构核定床位数746张，每千人常住人口床位数4.57张；卫生技术人员964人，执业医师237人，注册护士236人。5岁以下儿童死亡率11.47‰。

(朱玺)

大事记

【1月】

1日　伊犁第十三届“雪之恋”冰雪文化旅游节暨察布查尔县扶贫助学冰雪文化旅游系统活动在县源圃园开幕。

是日　江苏荣威娱乐用品有限公司278名新疆察布查尔县籍务工人员举办以“感恩奋进跟党走，携手共圆小康梦”为主题的迎新年主题晚会。

2日　县教育局举行广东省中山市江苏商会捐赠仪式。广东省中山市江苏商会捐助10万元善款资助全县贫困教师20人，为10名优秀教师提供去广东深圳名校学习考察的机会。

3日　琼博拉镇第三十届“科技之冬”林果业实用技术培训班在琼博拉村开班，120余名农牧民参加。

是日　受自治区农业气象台委托，伊犁州气象局、伊犁州农业局、兵团四师科技局为自治县伊香米业有限公司和伊犁科力普农业发展有限公司生产的有机水稻颁发“特优”标志的2018年自治州农产品气候品质认证证书。

4日　自治县召开2019年第一次党建工作领导小组会议。县委书记王沛昭主持，县四套班子领导、党建工作领导小组各成员单位参加会议。

是日　自治县组织干部集中观看“伟大的变革——庆祝改革开放40周年大型展览”网上展馆。展馆采用360度全景和3D模型技术手段，打造出身临其境般的观看体验模式。

5日　自治县召开宣传文化系统扫黑除恶专项斗争部署推进会。

6日　琼博拉镇党委组织开展“民族团结一家亲”融情活动，镇党委班子、各村“两委”干部、“访惠聚”工作队与结亲户亲戚到源圃园欣赏灯展，一起送祝福、话团圆。

是日　县城南农贸综合市场开业。市场位于察布查尔城南新区，经营面积1200万平方米，由伊犁瑞达房地产开发有限公司和伊宁科城物业服务有限责任公司共同管理运营。

7日　县总工会联合伊南工业园区纺织服装产业园联合工会在贤真服饰有限公司工作间现场举办“中国梦·劳动美·新疆美·感党恩”主题宣传教育活动。

是日　县委召开2019年理论学习中心组第1次集体学习。会议听取了爱新色里镇、县交通局等有关反邪教、扫黑除恶、基层党建、脱贫攻坚、乡村振兴等工作开展情况。会议传达学习了近期查处的违纪违法相关教育警示案件及《关于认真做好关心关怀干部心理健康有关工作的通知》等文件。

9日　伊犁州农业技术推广总站研究院亚库甫江专家在绰霍尔镇绰霍尔村开展以“粮食作物栽培技术”为夜明珠“科技之冬”农业专家专题讲座活动。

11日　自治县召开干部大会，专题传达学习州党委工作会议精神。

13日　中国农业科学院农产品加工研究所博士后研究基地和农产品精深加工研发中心揭牌仪式在县农业局举行，关桂珍、赵念星及相关部门负责人参加。

17日　中共察布查尔锡伯自治县委召开第十三届委员会第十次全委（扩大）会议，会议总结2018年工作，部署2019年任务。县委书记王沛昭做题为《贯彻新思想　聚焦总目标　谱写“塞外江南”新伊犁的察布查尔新篇章》工作报告。

18日　政协察布查尔锡伯自治县第十五届委员会第四次会议在县会务中心开幕，应出席委员102人，实到78人，符合法定人数。

18—27 日 县供销社组织参加江苏省盐城市援疆农产品年货展销会。

19 日 自治县第十七届人民代表大会第四次会议在县源圃园会议中心开幕。会议通过总监票人、监票人名单(草案)。表决通过《关于自治县人民政府工作报告的决议(草案)》《关于自治县 2018 年国民经济和社会发展计划执行情况及 2019 年国民经济和社会发展计划草案的决议(草案)》《关于自治县 2018 年财政预算执行情况及 2019 年财政预算草案的决议(草案)》《关于自治县人大常委会工作报告的决议(草案)》《关于自治县人民法院工作报告的决议(草案)》《关于自治县人民检察院工作报告的决议(草案)》。应到代表 169 人,实到代表 148 人。

20 日 县总工会及产业园联合工会在县伊南工业园区纺织服装产业园会议大厅举办“中国梦·劳动美·新疆好·报党恩”主题宣讲活动,新疆拉波尼服饰有限公司 600 多名员工参加活动。

是日 米粮泉回族民族乡阿顿巴村“红领巾小课堂”正式开班,40 多名中小学生参加。驻村工作队为“红领巾小课堂”的学生们提供价值 1500 元的学习用品。

21 日 县委副书记、县长关桂珍在源圃园小会议室主持召开察布查尔县嵌入式居住方案讨论会,刘杉、赵念星等县领导、各乡(镇、场)和相关部门主要负责人参加。

21—26 日 县旅游局组织锡伯古城景区文化演绎队到乌鲁木齐、克拉玛依开展察布查尔旅游专题推介会,向近 300 家旅行社展示县独特的旅游资源,提升“田园诗画　察布查尔”品牌影响力。

22 日 自治县 2019 年寒假教师适岗能力提升培训班开班典礼在县初级中学举行。

23 日 县良繁场农一连组织各族职工开展“厨艺大比拼暨民族团结一家亲”活动。

是日 种羊场首届春节联欢晚会在柏尔哈舍里社区开演,主题为“欢乐和谐中国年　不忘初心跟党走”。

是日 州党委工作会议宣讲报告会分别在县会务中心和坎乡举行。州党委讲师团第二宣讲组讲师吴文娟在县会务中心以《聚焦总目标　聚力新常态　打造“塞外江南”新伊犁》为题进行宣讲。

25 日 县海努克乡向阳村和绰霍尔镇布占村 56 名民族团结结亲户,分别通过结亲牵线单位——县总工会收到江苏仁禾中衡咨询集团和盐城市路桥建设工程有限公司亲戚发来的新春慰问信和每人 1000 元的慰问金。

27 日 县教育系统“党务工作者”培训示范班在县双创园区开班。

28 日 州书画家协会和县文化馆的书法家们到爱新色里镇开展“迎新春送福进万家”活动。

30 日 自治县召开离退休干部情况通报会,通报县 2018 年经济社会发展情况和 2019 年工作思路。会议宣读《关于表彰察布查尔县 2018 年离退休干部先进个人的决定》,播放 24 名受表彰离退休干部先进事迹,县委书记王沛昭等领导为先进个人颁发荣誉证书。

31 日 琼博拉镇与新汶矿业集团伊犁一矿联合举办迎新春“歌唱祖国赞美党”联谊会。

是月 县食品安全委员会办公室、县市场监督管理局在全县开展为期三个月的打击农村假冒伪劣食品专项整治行动。

是月 县西迁文化旅游区在 2018 年度行业评选中获“2018 新疆最佳旅游目的地”称号。2018 年,县旅游人数和旅游收入同比增长 72.4% 和 138.7% 。

【2 月】

2 日 县四套班子领导分组陆续开展春节慰问活动,走访看望退休老干部、老党员、困难群众和公安干警,向各族干部群众送去节日祝福。

4日 县委副书记、县长关桂珍带领县安全生产监督管理局、消防大队、市场监督管理局、住房和城乡建设局、发改委等部门负责人,对人员密集场所重点单位进行安全生产检查,确保春节期间安全生产重点工作落到实处。

5日 县加尕斯台镇文化站、残联、社保站联合开展一场由返乡大学生与村民自编、自导、自演的"我的中国梦——文化进万家"迎新春活动,为村民送上了丰富多彩的文艺节目。

10日 阔洪奇乡召开以"观家乡、谈变化、感党恩、畅未来"为主题的返乡大学生座谈会,40名返乡大学生参加。

是日 种羊场组织各村返乡大学生召开题为"感恩伟大祖国,维护民族团结"座谈会,100余名大学生参加。

11日 中共察布查尔县第十三届纪律检查委员会第四次全体会议召开,会议回顾总结全县2018年纪检监察工作,安排部署2019年工作任务,并动员全县各级党组织、广大党员干部忠诚履职担当,坚定不移推动全面从严治党向纵深发展,为实现社会稳定和长治久安提供坚强保证。会议由县委常委、纪委书记、监委主任姚卫国主持,县委书记王沛昭出席会议并讲话。

14日 种羊场"红十字会"在文化站二楼会议室开展了首届"爱心节"捐款活动,现场60多名各族党员干部职工累计捐款14610元。

15日 由县人社局组织的以"促进转移就业　助力脱贫攻坚"为主题的2019年春风行动招聘会在县人社局四楼召开,参加招聘会有的察布查尔电子商务有限公司、伊犁阜商建材有限公司、伊犁创锦犇牛牧业有限公司、伊犁旭昌食品有限公司等州直21家企业,提供20多个工种517个岗位,300余名求职者参加此次招聘会,现场与企业初步达成意向57人。

是日 县阔洪奇乡召开2018年度党支部书记抓基层党建述职评议会,乡党政班子成员、各村第一书记、党支部书记等56人参会。

是日 县加尕斯台镇召开返乡大学生"我们为什么必须要积极主动学好国家通用语言文字"发声亮剑会。镇党政班子成员、全体机关干部、返乡大学生等90余人参加。

16日 2019年锡伯古城新春庙会在孙扎齐牛录镇举办,社火表演、民族特色美食大比拼、丰富多彩的文艺会演等活动,让古城处处洋溢着喜庆。

19日 琼博拉镇举行"小手拉大手"开学典礼表彰大会暨文艺会演。县政协党组书记、主席哈山·达吾列提汗,琼博拉镇党政班子成员,3所学校师生和新汶矿业集团伊犁一矿员工参加此次活动。

21日 县召开"转作风、改作风、严作风"干部大会,会议分析当前自治县存在的"两大风险",指出干部作风存在的问题和风险,就如何持续改进作风,补齐作风短板,着力解决全县各级党员干部作风不严不实顽瘴痼疾做出安排部署。

是日 县召开深化党政机构改革动员会,会议宣布《察布查尔锡伯自治县机构改革方案》,县委副书记、县长关桂珍主持会议,县委书记王沛昭参会并讲话。

是日 县文化馆在锡伯民族博物院举办非物质文化遗产民俗展活动,进一步提高各族群众保护传承非物质文化遗产意识,弘扬中华优秀传统文化。

是日 县召开自治县贯彻落实中央第六巡视组开展脱贫攻坚专项巡视反馈意见整改工作暨脱贫攻坚工作干部大会。

22日 县开启"河长通"智能巡河新模式,借助于"河长通"APP对伊犁河察布查尔段实行电子化巡河。

23日　县直机关工委召开2018年度基层党组织书记抓党建工作述职评议会议。县直机关各党委、党总支及所属党支部、直属党支部书记和党员干部代表70余人参加会议。

24日　察布查尔青年在盐城阜宁县志愿服务分队联合阜宁团县委、新时代文明实践陈集所、欢乐颂志愿者协会在阜宁县陈集镇康乐残疾人之家，为老人们演出了《快乐春天》《少女的舞姿》《黑走马》等具有新疆特色的舞蹈节目。

27日　县扶贫助学冰雪文化旅游节贫困大学生资助金发放仪式在县教育局举行，发放资助金17万元。

【3月】

1日　县在武装部三楼会议室召开2019年安全生产暨防灾减灾工作会议。会议全面总结了2018年工作，部署了2019年安全生产、消防和防灾减灾救灾等重点任务，为实现自治县社会稳定和长治久安提供坚实的安全保障。

是日　县智能电表用户可享受到无卡远程购电充值业务，体验“足不出户”购电所带来的便捷。

2日　县人民政府召开2019年脊髓灰质炎疫苗补充免疫活动动员会。会议宣读了察布查尔县2019年脊髓灰质炎疫苗补充免疫活动实施方案。县人民政府与各乡(镇、场)人民政府、县直各有关单位签订了2019年脊髓灰质炎疫苗补充免疫工作目标管理责任书，要求分片包干、责任到人，保证村不漏户、户不漏人，杜绝漏服。

6日　伊犁州妇女联合会与州总工会主办的“巾帼展芳华　建功新伊犁”庆祝第109个“三八”国际妇女节活动在县伊南工业园区举办。州党委常委库兰·赛富汗，州总工会党组副书记、主席马志梅，州妇联党组副书记、主席阿勒泰古丽·居马，州妇联党组副书记、副主席刘玉梅，县委副书记、县长关桂珍，县委副书记、援疆工作组组长李强，政府副县长居来提·艾海提等出席活动。活动中，州妇女联合会和州总工会共同为园区的新疆拉波尼服饰有限公司、新疆贤真服饰有限公司、察布查尔锡伯自治县阿克米服饰有限公司和新疆森月坊轻纺制品有限公司四家企业的682名女性职工每人赠送价值60元的两癌保险保单，总价值40920元。

是日　爱新色里镇举办“倾情礼赞新中国，巾帼奋进新时代”——纪念“三八”国际妇女节109周年大型文艺会演和表彰大会。

8日　各族干部群众以丰富多彩的活动庆祝国际妇女节。

是日　县妇联工作会议暨纪念“三八”国际妇女节109周年表彰大会在县会务中心召开。会上，对2018年在全县各条战线上做出突出贡献的“三八红旗手”集体、“巾帼建功”先进集体、“巾帼文明岗”、“三八红旗手”标兵、“三八红旗手”、“巾帼建功”先进个人、“巾帼致富带头人”、“五好文明家庭”、“最美家庭”和“最美母亲”等14个集体、个人和家庭进行表彰奖励。

是日　伊南工业园区庆祝第109个“三八”国际妇女节“新时代　新生活　新形象”主题活动暨表彰大会在服装产业园举行。

10日　自治县在县政府三楼会议室召开2019年农业农村、防汛抗旱暨河长制工作会议。会议对全县2019年农业农村、林业草原、河长制与防汛抗旱等重点工作进行安排部署，并签订相关责任书。县委常委、副县长赵念星出席会议并讲话，全县15个乡(镇、场)政府主要领导及县防汛抗旱领导小组成员单位主要领导参加会议。

是日　召开2019年招商引资工作推进会。

13日　召开党的建设和组织工作、"访惠聚"驻村工作、群众工作、老干部工作、工青妇工作、干部教育培训工作暨党员干部作风整顿推进会。会议采取八会合一的方式,对2018年党的建设及各项工作进行总结,对2019年重点任务进行研究部署。

14日　召开2019年教育工作会议。

17日　共青团广西区委党组成员、副书记黄世芳,社会联络部部长助理彭志荣一行6人调研慰问在自治县服务的5名广西籍西部计划志愿者。

18日　县委召开传达两会精神干部大会暨县委2019年第14次常委(扩大)会议。全国人大代表郭晓红、全国政协委员关芳芳传达学习全国两会精神,会议传达学习自治区常委(扩大)会议精神,传达学习《关于统筹规范督查检查考核工作的通知》《自治区"千村示范、万村整治"工程2019—2020年工作推进方案》等文件精神,县委书记王沛昭对自治县下一阶段的工作进行安排部署。

19日　伊犁州政协副主席拉格瓦·才布格加甫、县政协主席哈山·达吾列提汗以及伊犁州农林牧专家到县琼博拉镇开展调研种植、养殖、林果业等工作开展情况。琼博拉镇党委副书记、镇长卡依沙尔·托坦,以及林牧业负责人等陪同。

20日　全国政协委员关芳芳为县教育局机关干部宣讲全国两会精神。

是日　自治区扶贫办党组成员、副主任李朝阳在县万亩生态扶贫林、乌宗布拉克农村社区等地调研生态扶贫、异地扶贫搬迁工作。

是日　新疆高级人民法院伊犁州分院党组副书记、院长奴尔泰·伊纳亚提一行与县委副书记、县长关桂珍在县人民法院进行座谈,就如何促进县域经济发展、化解重大金融风险等问题进行交流探讨。

是日　察布查尔网络安全和信息化委员会办公室举行揭牌仪式。

是日　县市场监督管理局发出公告,全县所有校园及周边200米范围内,禁止销售"辣条",保障青少年身体健康成长。

21日　自治区人民政府副秘书长,自治区扶贫办党组书记、主任曹志文一行在县调研。

22日　县委老干部局召开自治县老干部政策业务培训会议,来自各乡(镇、场)、县直相关单位、城镇各社区的老干专干和离退休干部党支部书记近100人参加。

25日　县委书记王沛昭,县委常委、副县长赵念星,副县长李春山及相关单位负责人在孙扎齐牛录镇、绰霍尔镇等地就植树造林及城乡环境卫生整治工作进行督导检查。

是日　县委副书记、县长关桂珍一行在县伊南工业园区部分企业检查安全生产、工业原料、生产物料堆放、消防设施配备和维护等安全生产工作。

26日　伊犁哈萨克自治州人大常委会副主任居曼·巴尔夏别克一行在县调研,采用实地察看、查阅档案、座谈交流等形式,重点了解支持企业稳定发展、鼓励支持就业创业、组织开展培训、开展失业人员帮扶、落实各方责任等情况。

是日　江苏援疆伊犁州前方指挥部党委副书记、纪委书记彭忠一行在伊犁悦然生态农业有限公司螃蟹养殖基地调研。县委副书记、援疆工作组组长李强,县人民政府副县长、援疆工作组副组长谢伟等陪同调研。

27日　县委常委班子脱贫攻坚专项巡视反馈意见整改专题民主生活会在会务中心召开,自治区、自治州党委督导组一行及州党委副书记、纪委书记、监委主任吴坚到会指导。

是日　县2019年招商引资工作培训班在政府三楼会议室顺利举办,来自全县乡(镇、场)及招商引资任务单位的负责人等参加。

是日 县标准化考场顺利通过自治区验收。

28 日 县委常委、常务副县长刘杉带领相关部门负责人一行在伊犁创锦犇牛牧业有限公司以座谈会的形式开展调研。

是日 伊犁天山水泥有限责任公司党支部的志愿者们在琼博拉镇克其克博拉村和克其克博拉村小学开展志愿服务活动，志愿者们为家庭困难的学生赠送书包、文具等价值2000元的学习用品。

29 日 伊犁州副州长张菊一行在县扎库齐牛录乡扎库齐牛录村为“小白杨”哨所退伍军人程富胜家挂上“光荣之家”牌匾，并看望慰问“小白杨”母亲富吉梅老人。

是日 县老年大学举办2019年春季班开学典礼，100名老干部学员参加典礼。

是日 县第一小学举办“点燃未来梦，唱响爱国情”主题教育活动。活动表彰一批优秀学生、优秀教师、优秀家长代表。伊犁晖腾制衣有限公司为28名家庭困难学生捐赠校服。

30 日 召开县矿业工作会议，总结2018年度矿山企业情况，通报矿山年检情况及应缴纳相关规费等情况。

是日 县文艺工作者在江苏省盐城市大洋湾生态旅游景区开展文化交流活动。

是月 县文化体育广播电视和旅游局、自然资源局、农业农村局、林业和草原局、商务和工业信息化局、应急管理局6个新组建部门分别挂牌成立。

【4 月】

1 日 伊犁州春季义务植树造林启动仪式在察布查尔县举行，州、县四套班子领导及相关部门(单位)主要负责人参加。

是日 加尕斯台镇阿克亚尔村向广大农牧民宣传普及《中华人民共和国宪法》《中华人民共和国国家安全法》《新疆维吾尔自治区宗教事务条例》《新疆维吾尔自治区去极端化条例》等法律法规。

2 日 伊犁州四套班子领导和近8000名州直机关干部在县阔洪奇乡库木墩村农田高标准防护林基地、生态林扶贫万亩林基地、千亩林示范基地，共同开展义务植树活动，拉开州直春季义务植树活动的大幕。

是日 自治县召开县委政法、宣传思想、统战工作会议。深入学习贯彻习近平新时代中国特色社会主义思想，贯彻党的十九大和十九届二中、三中全会精神，贯彻落实党中央治疆方略和习近平总书记关于新疆工作的重要指示精神，贯彻落实全国、自治区、自治州党委政法工作、宣传思想工作和统战工作会议精神。

是日 县依法治县办举办无纸化学法用法网络管理员培训。

3 日 县残联邀请自治区残联辅助器具资源中心技术人员在县免费为部分肢体残疾人和残疾儿童开展假肢、矫形器筛查和取型适配服务活动。

4 日 举行为烈属、军属和退役军人等家庭悬挂光荣牌启动仪式。县委副书记、县长关桂珍，县委常委、县人武部政委王勇，县委常委、副县长赵念星等参加活动。

10 日 伊犁州人民检察院援疆干部陈小炜为县各级干部就扫黑除恶的基本逻辑和法律适用进行专题培训。

13 日 伊犁州扫黑除恶专项斗争督导调研组在县开展为期两天的扫黑除恶专项斗争督查工作。督查组一行先后到县扫黑办、交通局、运输管理局等，通过召开座谈会、听取汇报、查阅重点线索案卷等方式，督查自治县扫黑除恶专项斗争工作开展情况。

是日 县人民政府党组召开扫黑除恶专题会议，县委书记王沛昭到会指导并从5个方面提出工作要求。

是日 第四师医院内科16名医护人员在种羊场卫生院内开展一场以“兵地融合心连心,服务群众保健康”为主题的义诊活动。

15日 沈阳市政协民族和宗教委员会主任石宝晔一行在县考察调研“锡伯族文化的保护、传承与发展的经验做法”。

16日 县“婚育新风进万家”农牧民领证奖发放仪式在海努克乡切吉村文化广场举办。为在2018年度领取“计划生育父母光荣证”的62户农业户口家庭,每户一次性发放奖励金5000元,共发放31万元,并表彰20位优秀计划生育光荣户“幸福家庭”。

17日 伊犁州副州长梅钰一行在县坎乡伊犁悦然生态农业有限公司蟹苗培育基地调研。

是日 伊犁州关工委副主任、州政府原副州长牛正夫、卡克木·布坎一行在县调研关心下一代工作开展情况。

是日 召开政务服务事项梳理暨“放管服”改革工作推进会。

是日 县人民法院公开宣判一起恶势力团伙案件,依法对叶某等4人分别处以一年至十年有期徒刑。

18—19日 由盐城援疆工作组全额出资援建的标准化考场投入使用,先进的监考设备、规范化的考务流程,使自治县结束无高考考点的历史。

23日 县全面深化改革委员会召开2019年第1次会议,会议审议通过《中共察布查尔锡伯自治县全面深化改革委员会工作规则》《中共察布查尔锡伯自治县全面深化改革委员会专项小组工作细则》《中共察布查尔锡伯自治县全面深化改革委员会办公室工作细则》《察布查尔县贯彻落实党的十九大报告重要改革举措实施(2019—2022年)》《察布查尔县委2019年全面深化改革工作要点》《2019年察布查尔县领导领衔改革任务清单》《察布查尔县委2019年全面深化改革工作要点责任分工表》。

是日 县全面依法治县委员会召开2019年第1次会议,会议审议通过《察布查尔县委全面依法治县委员会工作规则》《察布查尔县委全面依法治县委员会协调小组工作规则》《察布查尔县委全面依法治县委员会办公室工作细则》。

是日 县国家安全委员会召开2019年第1次会议,会议审议通过《关于调整自治县党委国家安全委员会办公室联席会议成员单位的通知》《自治县党委国家安全委员会工作规则》《自治县党委国家安全委员会办公室工作细则》。

24日 县卫生健康委员会在全县范围内开展打击非法行医专项行动。

25日 县人社局联合州人社局和县总工会、团委、妇联、残联共同举办自治县民营企业招聘会活动。共邀请13家企业参加,提供就业岗位1147个,适合高校毕业生岗位数572个,适合建档立卡贫困人员岗位数622个。招聘会签订就业意向协议人数172人,其中高校毕业生61人,发放就业政策宣传材料500余份。

是日 县加尕斯台镇各党支部组织全体党员集体面向党旗向黑恶势力宣誓,党员代表发声亮剑,并签订《扫黑除恶承诺书》。

是日 县第二届少先队鼓号队风采展示大赛在县第三小学举办。经过角逐,县第三小学获第一名。

26日 自治县第一期护边员骨干集中教育培训动员大会召开,100余名来自各乡(镇、场)的护边员参加培训学习。

30日 辽宁省沈阳市沈北新区人民政府区长刘树敏一行代表沈北新区区委、区政府为自治县捐赠50万元民族文化共建共荣资金。

是日 县“青春心向党·建功新时代”纪

念五四运动100周年大会在县会务中心召开。

是日 伊犁哈萨克自治州生态环境局察布查尔锡伯自治县分局举行揭牌仪式。

【5月】

1日 “塞外江南·诗画伊犁”“察布查尔·五月有戏”西迁文化旅游节在县锡伯古城开幕。伊犁州人大常委会党组副书记、主任阿不都沙拉木·沙德克,伊犁州政协党组副书记、主席赛尔建·乌合拜,伊犁州党委副书记、江苏援伊前方指挥部党委书记、总指挥潘道津,伊犁州人民政府副州长叶尔夏提·吐尔逊拜等自治州领导,沈阳市沈北新区人民政府区长刘树敏等领导,县四套班子领导以及驻县企业、新疆各大旅行社代表和社会各界人士参加开幕式。

是日 西迁文化旅游节举行首届“箭乡骑行——伊犁河谷杯”自行车比赛。

是日 县“康养武林会”“中天杯”老年人广场舞邀请赛在孙扎齐牛录镇锡伯古城举行。来自伊犁州直8个县市的10支参赛队和4支表演队参加比赛和演出。此次邀请赛作为“塞外江南·诗画伊犁”“察布查尔·五月有戏”西迁文化旅游节的一项重要活动,600余名观众参加。

2日 自治区政协党组副书记、常务副主席程振山一行在县调研脱贫攻坚工作并召开座谈会,州政协党组成员、副主席拉格瓦·才布格加甫和县委书记王沛昭等一同调研。

是日 县总工会组织县域一线企业职工代表、劳模、“民族团结一家亲”结亲户和扶贫结对户等到锡伯古城观看“塞外江南·诗画伊犁”“察布查尔·五月有戏”西迁文化旅游节活动。

4日 县委组织部召开科级领导干部赴浙江大学研修班行前动员会。参训学员签订责任书并成立班级临时党支部。

是日 县公安局党委举办“不忘初心、牢记使命”主题教育活动暨庆五一、迎五四“利剑杯”篮球友谊赛,来自机关党支部、巡防大队党总支等的代表队参加了篮球比赛。

5日 河南大学与自治县合作签约仪式在县委一楼会议室举行。河南大学党委副书记雷霆,县委副书记、县长关桂珍,县人民政府副县长安玉荣,县人民政府副县长白金参加合作签约仪式。县委常委、宣传部部长关晓军主持仪式。

7日 县教育系统举办“党务知识岗位大练兵”知识竞赛活动。

7—8日 县初级中学联合巩留县张家港实验学校、伊宁市第二十六中学、新源县第二小学、霍城县芦草沟镇中心学校组织开展“创新教学模式 构建高效课堂”五校联盟“同课异构”活动。

8日 位于锡伯古城的格吐肯书院开门迎客。

是日 县扎库齐牛录乡寨牛录村举办寨牛录乡村音乐会,1000余名各族群众观看。

9日 县召开宣传思想工作领导小组2019年第1次会议。会议再次学习《新疆的反恐、去极端化斗争与人权保障》《新疆的文化保护与发展》等文件精神,观看《新疆的反恐去极端化斗争》视频,审议通过《察布查尔县委宣传思想工作领导小组工作规则》《察布查尔县委宣传思想工作领导小组办公室工作细则》。

是日 县召开统战工作领导小组2019年第1次会议。

是日 第四师医院神经内科负责人与县种羊场卫生院负责人签订《关于脑卒中患者共同救治协议》。

是日 县税务局机关委员会开展“加强党的领导 确保减税降费政策落地生根”主题活动。

10日 县“我和我的祖国”献礼新中国成立70周年春季运动会在县初级中学召开,全县30所学校500余名师生参加活动。

11日 县推介会在西安广成大酒店举办,来自西安市政协、西安市贸促会、陕西省著名人物档案协会、陕西省电视台的特约嘉宾,西安市盐城商会、淮安商会的会长和部分成员单位代表,以及西安曲江文旅等企业代表参加推介会。

是日 县2019年高层次人才供需见面会在县委党校三楼会议室召开,吸引疆内外44名高校学子,其中优秀硕士毕业生29人,优秀本科毕业生15人。县委办、县委党校、县委宣传部等12家单位现场选才,提供41个就业岗位。

12日 县初级中学联合县应急管理局、教育局、消防救援大队等相关部门举行防震减灾应急演练活动,2500人参加。

13日 县召开党建工作领导小组2019年第2次会议、“访惠聚”驻村工作领导小组会议、农村基层党建工作会议、城市党建工作会议、群众工作第一季度工作例会。会议审议通过《察布查尔县规范村级“一支部五中心”建设实施方案》、察布查尔县联户长工作补贴经费预测报告、《察布查尔县联户长考核管理办法(试行)》、《察布查尔县村(社区)“两委”干部负面清单管理办法(试行)》、关于社区工作者队伍职业化体系建设报告、《察布查尔县社区工作者岗位管理办法(试行)》、《关于明确察布查尔镇各社区工作者岗位数的通知》、察布查尔县加强农村基层党组织建设23条工作措施、《察布查尔落实党内关怀帮扶12条措施》、《关于推进自治县“访民情惠民生聚民心”驻村工作常态化长效化制度化的责任分解方案》。

16日 县第25期中青班赴江苏省盐城市考察学习。

18日 察布查尔镇各族干部群众在县体育馆举办以“加强民族团结,构建和谐察布查尔”为主题的文艺会演,活动分表彰和文艺会演两个部分。

19日 县党员干部心理健康技能辅导培训班在县委党校三楼会议室举办,95名党员干部参加。

是日 县2万亩(1333公顷)西梅标准化示范园项目签约仪式在县会务中心举行。县委书记王沛昭,县委副书记、县长关桂珍,县直相关部门负责人以及各企业家参加签约仪式,县委常委、副县长赵念星主持签约仪式。县水务投资公司、伊南工业园区供水有限公司、生态扶贫投资发展有限公司分别与河北家乐园集团商贸有限责任公司4家企业签约。自治县2万亩(1333公顷)西梅标准化示范园项目位于南岸干渠2号扬水灌区,由新兴际华伊犁农牧科技发展有限公司、河北家乐园集团和伊犁雯郦农业开发有限公司共同投资建设。项目总投资4.9亿元,建设期5年,主要建设8千米扬水管网和泵房工程、1267公顷田间滴灌工程、23千米田间道路工程、133公顷防风林工程,栽植法兰西西梅1167公顷。

是日 县良繁场在玉察原开展“壮丽70年·奋斗新时代”西迁节文艺会演活动,200余名各族职工参加。

23日 2019“诗画田园·察布查尔”盐城文化旅游推介会暨2019“塞外江南·诗画伊犁文化和旅游推广周”盐城分会场活动在盐城水城酒店二楼峰会厅举办,整个推介活动围绕“新疆是个好地方”“塞外江南·诗画伊犁”“诗画田园·察布查尔”主题,向广大盐城市民推介丰富的察布查尔旅游产品,为打响“吃在察布查尔、玩在察布查尔”旅游品牌,不断推动县域经济向高质量发展起到了积极作用。

24日 察布查尔电子商务有限公司组织召开乡村电子商务服务站点负责人交流研讨会。邀请天津幸福农业开发有限公司总裁江培福、察布查尔投资发展集团有限公司专家顾问团王刚参会并进行交流指导，察布查尔中新建设发展有限公司总经理安浩键、察布查尔电子商务有限公司副总经理侯从民及各乡、村站点负责人等参加。

是日 琼博拉镇党委组织辖区四个村“访惠聚”工作队队长、第一书记、村党支部书记、各站所所长到可克达拉市参观学习城市规划、乡村振兴示范带绿化造林工作，同时参观可克达拉市城市规划馆。当日下午，在琼博拉镇召开乡村振兴工作推进会。

26日 在体育馆举办庆祝环卫工人节活动，表彰优秀环卫工人、先进工作者、优秀环卫标兵等一批先进典型。

27日 召开清理拖欠民营企业账款工作再部署再安排会议。

【6月】

1日 县人大办、县财政局、县党史办驻纳尔洪村“访惠聚”工作队购置250盏锂电台灯，送给各族小朋友作为节日礼物。

2日 召开生态文明建设领导小组2019年第1次会议暨大气联防联控区工作会议。县生态环境局通报县环境空气质量分析情况，解读年度打赢蓝天保卫战行动计划。县委副书记、县长关桂珍对生态文明建设的重要性及大气联防联控工作做出指示，就打好污染防治攻坚战，进一步提升“伊宁市—伊宁县—察布查尔县”大气联防联控区环境工作提出要求。

是日 伊犁州、自治县400余名各族志愿者齐聚在扎库齐牛录乡寨牛录村参加守护察布查尔大渠“哈奋木旦”遗迹的义务劳动，共同修建一条从台地下面通往“哈奋木旦”路宽1米，长700米的人行沙石路。

2—4日 县委组织部、县总工会、县“访惠聚”驻村工作领导小组办公室联合组成四个慰问组，分赴75个村(社区)，看望慰问坚守在基层一线的487名“访惠聚”驻村工作队队员。

4日 伊犁州党委常委、宣传部部长高天山一行在县海努克乡琼博拉克村看望慰问困难残疾人家庭。

6日 县委书记王沛昭带领相关部门负责人到自治县高考考点督导调研高考准备工作。

是日 盐城师范学院·察布查尔县基础教育骨干教师短期培训班启动仪式在县第三小学四楼会议室召开，关桂珍等县领导及相关部门(单位)负责人参加。

7日 盐城援疆工作组全额出资援建的标准化考场正式启用，全县高三应届考生首次在家门口参加高考。

8日 由伊犁州文化馆主办，昌吉州、石河子市、沙湾县和察布查尔县文化馆联合承办的以“天山南北满园春　携手同唱戏曲情”为主题的“第七届新疆非物质文化遗产周”首届戏曲展演，在察布查尔县分会场种羊场文化广场开演，来自种羊场的各族职工群众300余人观看演出。

是日 县阔洪奇乡举办“展技能、促就业、抓民生、促增收”民族团结联谊暨特色美食评选大赛，助力脱贫攻坚，参与群众近800人。

10日 召开上半年工作总结暨行业领域扫黑除恶治乱电视电话部署会。县委副书记、县长关桂珍就2019年下半年工作以及行业领域扫黑除恶治乱工作提出要求。

是日 县委机关工委在县妇幼保健院举办党务工作者学习贯彻习近平新时代中国特色社会主义思想暨“不忘初心、牢记使命”专题培训班。培训为期5天，130余名党务工作者参加培训。

11日 党员干部“转作风、改作风、严作风”暨党性提升培训班在县委党校举行开班仪式，42名学员参加。

12日 召开老干部座谈会，会议通报县社会稳定和经济发展情况。老干部代表们就干部队伍建设、民生改善、环境整治、医疗、教育等方面提出具体意见和建议。

14日 召开2019年创建“自治区卫生县城”推进会,县委副书记、县长关桂珍出席会议并讲话,县直创卫成员单位主要负责人和各乡(镇、场)主要负责人参加会议。

是日 离退休干部党员骨干培训示范班结业典礼在县委党校举行。

18日 琼博拉镇在克其克博拉村哈塔胡拉草场举办第一届红豆草旅游节。

20日 伊犁州教育系统党建思政观摩会在县召开,州人民政府副州长、州党委教育工委副书记叶尔夏提·吐尔逊拜等参加观摩活动。

22日 第三届复旦中山-伊犁箭乡医学论坛暨新技术、新理念培训班在县人民医院隆重开幕。国家医疗队张亮队长专家一行出席论坛,县直3家医疗机构以及15个乡(镇、场)卫生院、县人民医院医护人员参加培训。

25日 县融媒体中心举行挂牌仪式,标志着自治县融媒体中心建设工作全面展开。县委常委、宣传部部长关晓军,政府副县长安玉荣出席揭牌仪式并揭牌。

26日 江苏省内20余名著名的书法、美术、摄影艺术家在县开展“苏伊两地艺术家文化交流活动”。

是日 县种羊场片区党委组织各社区党支部书记和水稻种植大户现场观摩新疆农科院察布查尔县水稻试验站、六十八团主街道绿化管护点、六十八团五连水稻高产示范区观摩点、六十八团十连小龙虾养殖基地和种羊场托布村小龙虾养殖基地等。

是日 吴秀芳获自治区党委宣传部等6个部门联合主办的“德耀天山”第六届自治区道德模范殊荣。

30日 在县会务中心举行庆祝中国共产党成立98周年暨表彰大会。会议由县委副书记、县长关桂珍主持。县委书记王沛昭带领党员重温入党誓词。县委常委、政府副县长赵念星宣读表彰决定。大会对26个先进基层党组织、48名优秀共产党员、26名优秀党务工作者、15个优秀“访惠聚”工作队、6个优秀后盾单位,以及53名优秀“访惠聚”工作队队长、队员进行表彰。

是月 县报社、县委老干部局、教育局、文旅局、住建局等70多家单位积极带领全体党员开展“双报到”活动,到察布查尔镇7个社区进行报道,铭记“深入社区、投身社区、服务社区”宗旨,协助社区开展各项工作及活动。

是月 第九套广播体操培训班在射箭运动学校开班。

【7月】

1日 全县各“访惠聚”驻村工作队与村党支部联合组织开展一系列内容丰富、形式多样的活动,喜迎“七一”,为党献礼,以实际行动同庆党的98岁生日。

3日 江苏省盐城市荣威集团新疆籍务工人员党支部组织党员、入党积极分子前往江苏省阜宁县新四军军部旧址纪念馆和江苏省淮安市周恩来纪念馆参观学习,开展一次别开生面的主题党日活动。

是日 爱新色里镇组织安巴贴村建档立卡贫困户开展人居环境整治“美丽庭院”观摩会暨“志智双扶”工作推进会。

5日 县宣传文化系统工作会议在县委四楼会议室组织召开。县直单位代表、各乡(镇、场)分管宣传工作负责人分别做发声亮剑示范宣讲及“志智双扶”工作汇报发言,县委宣传部各部门分管领导就发声亮剑、“扫黄打非”、审读、群众宣讲、“志智双扶”、精神文明创建、“扫黑除恶”、先进典型选树宣传等工作进行安排部署。

6 日　南京大学苏州校友商会爱心捐赠活动在县阔洪奇乡吾日勒克村举行。南京大学苏州校友商会与阔洪奇乡吾日勒克村签订扶贫协作协议书，并捐助 10 万元消费扶贫、3 万元教育扶贫，为 10 名家庭困难、品学兼优的孩子发放救助资金。

7—15 日　县公安局举办“践行新使命、忠诚保大庆”首届警体运动会，比赛历时 9 天。

8 日　自治区人民检察院党组第一巡视组进驻县人民检察院，并召开动员会，此次巡察是开展以“整治形式主义、官僚主义”为主题的巡察工作。

是日　县委副书记、县长关桂珍调研伊犁悦然生态有限公司螃蟹养殖基地。

9—12 日　县伊南工业园区同县妇联协调组织相关单位一行赴浙江省义乌市调研考察义乌市来料加工市场、义乌市国际商贸城、义乌市陆港电商小镇等。

15 日　自治区耕地精准核查工作领导小组来自治县开展耕地精准核查工作

18 日　察布查尔“供销 e 家”首次与察布查尔锡伯自治县塞威氏农林专业合作社合作，签订 200 余吨的树上干杏采购合同。

是日　县寨牛录乡村音乐会开幕，来自县文艺界的 10 余位艺术家演唱各种歌曲。

19 日　县社科联、统战部联合在县妇幼保健院会场开展“庆祝新中国成立 70 周年，情满察布查尔·爱传万家，讲述身边民族团结感人故事”大赛，26 个单位参赛，县公路段廖静、县检察院范晓茹等获奖。

24 日　召开上半年“访惠聚”驻村工作、群众工作、基层组织建设工作推进会，以视频会议的方式召开到村一级。

25 日　爱新色里镇团委组织返乡大学生、“红领巾”小课堂学生等，开展“有朋自南京来　不亦乐乎”锡伯族文化交流及“和先进文化 say hello”主题团日活动。

是日　海努克乡海努克村村委会组织返乡大学生开展以“我和祖国共成长”为主题的演讲比赛。

是日　县纳达齐牛录乡纳达齐牛录村村民们学习了解有关垃圾分类的问题，特别是日常生活中有害垃圾分类、生活垃圾分类减量办法、果蔬等垃圾如何发酵再利用的问题。

26 日　县米粮泉回族民族乡金河谷正式拉开 1000 平方米的“3D 全息光影奇幻灯光秀”活动。

27 日　伊犁州首届“冰雪嘉年华”在县锡伯古城开幕。

28 日　县司法局举办县人民调解员业务培训班，各行业性、专业性调委会专职调解员，各乡镇专职人民调解员，各村(社区)人民调解员，各司法所工作人员等参加培训。

是日　堆齐牛录乡开展干部职工家属联谊会。

30 日　举行党纪法规和德廉知识测试，34 名副县级及以上党员干部和公职人员在县高级中学参加考试。

31 日　在中国人民解放军建军 92 周年到来之际，县四套班子领导分组开展“八一”走访慰问活动，分别走访慰问驻县部队官兵、武警官兵、公安干警，送上慰问金和慰问品，并致以节日的祝福，共叙军民鱼水情。

【8 月】

3—4 日　盐城市委副书记、市长曹路宝率领盐城市政府代表团在察布查尔县就进一步做好对口援疆工作进行实地考察调研。8 月 3 日，考察团一行到加尕斯台镇努拉洪新村开展“民族团结一家亲”活动，看望慰问在江苏盐城务工的努尔赛力克·迪汗巴依和夏热合古丽·伊力亚斯的亲属，了解他们的生产生活情况。随后，考察团一行实地走访伊犁创锦犇牛牧业有限公司，详细了解良种牛繁育及肉牛养殖、畜产品生产加工及企业带动农牧民增收等情况。在伊南工业园双创产业园，考察团在新疆拉波尼服饰有限公司参观工作车间，详细了解职工的生产效率和园区的服务管理工作。考察团还到盐城市援疆项目县人民医院、县中心敬老院和盐城实验学校建设现场进行实地考察。曹路宝提出，既要加快建设进度，也要抓好学科建设、人才引进和科学管理，为自治县各族群众提供更优质的医疗康养和教育服务。8 月 4 日，盐城市・察布查尔县对口援疆工作交流座谈会在源圃园会议室召开。

3 日 由伊犁州党委老干部局主办，伊犁州老干部活动中心(老年大学)、伊犁州老干部书画学会承办的“不忘初心、牢记使命”壮丽 70 年・奋斗新时代伊犁州老干部书画展在县锡伯民族博物院开幕。

6 日 县委组织部在四楼会议室举行干部作风整治义务监督员聘任仪式暨动员会议。

7 日 县招商引资推介会在新城区源圃园顺利召开。会议邀请江苏盐城市团委、盐城市青年商会、盐城市企业家、察布查尔县企业家代表等参加。

8 日 江苏盐城市潘黄街道主任王海涛一行在察布查尔镇乌宗布拉克农村社区、新城区社区、查鲁西街社区等社区进行考察。

10 日 2019 第十届城市旅游小姐伊犁旅游推广大使总决赛在锡伯古城拉开帷幕，2000 人入城参观。

11 日 海努克乡切吉村“红花小镇富民夜市”举行剪彩仪式，县委副书记、县长关桂珍参加剪彩。

12 日 县妇幼保健院首家专业一站式母婴产后保养中心开业。

13 日 召开公务员职务与职级并行制度工作安排部署暨业务培训会，对全县推行公务员职务与职级并行工作进行了安排部署。全县各行政(参公)单位分管领导和业务骨干等参加会议。

14 日 县委宣传部在初级中学大礼堂内举行“天翼杯・我最喜爱的习总书记的一句话”宣讲比赛颁奖及表彰仪式，近 300 名返乡大学生参加活动。6 月份以来，察布查尔县启动“我最喜爱的习总书记的一句话”宣讲比赛，各乡村举办预赛、初赛，共有 140 余名选手参与比赛，有 8300 余名群众接受教育。活动以赛带学、以赛促学，推动学习习近平新时代中国特色社会主义思想往深里走、往实里走。经过角逐，各乡(镇、场)、县直机关共推送 35 名选手参加决赛。

15 日 由察布查尔县“访惠聚”办公室主办的“时代新人说——我和祖国共成长之脱贫攻坚”主题演讲比赛决赛在县委老干局举行，来自乡(镇、场)和机关工委选派的 20 名干部职工参加比赛。

是日 县委常委、副县长王国明带领察布查尔电子商务有限公司、伊犁雅其娜农业发展有限公司组成的县参展团，在乌鲁木齐市参加中国石油消费扶贫对接会暨 2019 昆仑好客商洽会。

17 日 中华慈善总会・首彩爱心基金会联合上海市胸科医院医学专家组一行 15 人，前往加尕斯台镇等 4 个乡镇回访 2013 年、2016 年免费提供手术的 15 名儿童；对疑似先天性心脏病儿童开展诊断、筛查工作，后期为符合条件的孩子免费提供手术。

18 日 全县各乡(镇、场)引导返乡学生深入开展社会实践活动，组建志愿服务队，开展“红领巾小课堂”活动，开展文艺巡回演出活动，绘制墙画赞美家乡，为建设美丽家乡奉献自己的青春正能量。

20—21 日 江苏省盐城市荣威集团新疆籍务工人员党支部以“不忘初心、牢记使命”主题教育专题组织生活会为契机，开展了“开好一次组织生活会＋观看一场红色影片＋参观一个教育基地”活动，让每一名党员感受一次红色爱国教育的洗礼。

24 日 新疆天利期货经纪有限公司资助大学新生助学金发放仪式在县高级中学举行。新疆天利期货经纪有限公司向考上大学的 10 名学生资助每人 2000 元的爱心款。

26 日 伊犁边境管理支队孙扎齐牛录镇边境派出所在驻地景区“锡伯民俗风情园”开展以“建设壮美新疆共圆法治梦想　献礼祖国 70 周年华诞”为主题的普法宣传活动。

27 日 江苏省盐城市供销合作社党委书记、理事会主任蒋红萍一行在县供销社调研交流，实地参观“供销 e 家”O2O 体验店、农副产品配送中心，并详细了解市场的发展现状和运营情况。

29 日 中国石油资助贫困大学新生发放仪式在察布查尔县高级中学举行，县委常委、副县长王国明，被资助学生及家长代表等参加发放仪式。

30 日 县盐城实验学校正式开学，标志着由盐城出资 2000 多万元援建的九年一贯制学校正式投入使用。

是日 倾力打造的大型交响诗剧《跟着太阳走》在县体育馆首演。该剧通过展现锡伯族西迁这一爱国历史事件，激励各族人民建设美丽边疆，共筑祖国梦想。

【9 月】

4 日 自治区党委副书记、人民政府主席雪克来提·扎克尔在县调研指导工作。

是日 沈阳市人大常委会·察布查尔县锡伯族文化传承保护交流座谈会在源圃园酒店召开。

8—11 日 县供销社组织县域内农民合作社参加在厦门国际会展中心举行的由中国供销集团有限公司、福建省供销合作社等联合主办的以“创新、发展、合作、共赢”为主题的首届“一带一路”农产品农资（电商）交易会。

9 日 自治县举行表彰大会，隆重庆祝第 35 个教师节。县委书记王沛昭，县委副书记、县长关桂珍，县政协主席哈山·达吾列提汗，县委常委、宣传部部长、教育工委副书记关晓军出席表彰大会。会议表彰了 2018—2019 学年“先进集体”“优秀教师”“优秀教育工作者”“优秀班主任”等 100 名教育工作者。

11—27 日 县关工委“腾飞中国　辉煌 70 年”我爱我的祖国巡回宣讲走进自治县中小学校园，唱响新时代爱国奋斗主旋律。

13 日 自治县与扬州大学签订产学研合作协议。

18 日 上午 12 时 00 分至 12 时 19 分，在县城区进行人民防空警报鸣放活动。

20 日 纳达齐牛录乡召开“意识形态”工作调研座谈会。

21 日 江苏省盐城市大丰区 5 名爱心人士在县开展“小水滴助学行动”，为坎乡、琼博拉镇、加尕斯台镇的 10 名贫困家庭儿童送上“温暖包”。

25 日 县文联、老干局、职高、歌舞团组织编排的大型舞蹈在“礼赞新中国，奋进新时代”2019 年伊犁州庆祝新中国成立 70 周年主题晚会中演出。

是日 县应急管理局、县消防救援大队举行消防车辆装备发放仪式，将水带、水枪、灭火服、手套、腰带等价值 12 万余元的消防器材发放至各乡（镇、场）微型消防站人员手中，消防物资的发放为加强农村防火工作、全力构建农村防火屏障打下了坚实的基础。

27 日 学勤（女，锡伯族，县高级中学教师）获全国民族团结进步模范个人称号。

29 日 县委副书记、县长关桂珍带队督导国庆节期间安全生产工作。

是月 察布查尔镇入选“全国重点镇”。

【10月】

1日　自治县隆重举行“十一”升国旗仪式。活动现场,各族干部群众全体肃立、行注目礼、齐唱国歌。全县各单位干部职工、各乡(镇、场)全体干部、村队(社区)全体干部、驻村工作队全员、各族群众等4.2万余人参加升国旗仪式,共庆祖国70华诞。

是日　全县各族干部群众通过电视和网络,认真收听收看中华人民共和国成立70周年盛大的阅兵式活动直播。

是日　“小白杨”纪念馆开馆。

3日　自治县开展“不忘初心、牢记使命”——庆祝新中国成立70周年国庆慰问活动。

6日　自治县“不忘初心、牢记使命”主题教育问题整改分析会在县委一楼会议室召开。县委书记王沛昭主持会议。县委副书记、县长关桂珍,县委常委、宣传部部长关晓军,县委常委、常务副县长刘杉等依次围绕各自分管领域和包联乡镇的调研专题,重点交流研讨调研中发现的需要县级层面解决的问题,分析产生问题的原因,明确进一步改进工作的思路和举措。王沛昭要求以主题教育为契机,在学懂弄通上下功夫,把党中央政策学深悟透,原原本本地学,原汁原味地学;依法依规解决出现的问题,着手解决群众急需解决的困难和诉求。结合实际工作进一步抓好问题整改落实、推动事业发展,以实实在在的工作业绩检验主题教育成效。

8日　县未成年人救助保护中心开工建设。

9日　自治县第一期“不忘初心、牢记使命”主题教育暨基层党支部书记培训班在县委党校开班。县委副书记、政法委书记曲聪做动员讲话,州主题教育第一巡回指导组副组长崔松龄到会指导。

是日　召开“农村土地承包经营权证”首发仪式暨颁证工作推进会。

12日　全国民族团结进步模范个人见面座谈会在县委一楼会议室召开。

15日　召开“不忘初心、牢记使命”主题教育推进会,县委副书记、县长关桂珍主持会议,县委书记王沛昭讲话,州主题教育办第一指导组组长努拉合买提·祖农到会指导。县委副书记、政法委书记曲聪传达自治州主题教育推进会上讲话精神。会上,听取县公安局、县医疗保障局、海努克乡三个单位关于“不忘初心、牢记使命”主题教育工作开展情况。

是日　县医保局组织开展年度首期“邀请政风行风义务监督员进机关”活动。

16日　县人民政府办公室组织退休老干部相聚在扎库齐牛录乡“小白杨”纪念馆,举办“庆祝新中国成立70周年”、“不忘初心、牢记使命”主题教育暨“关心关爱老干部”联谊活动。

是日　盐城市新兴镇党政代表团一行在坎乡对接小援疆工作,并到坎乡杏花村、坎乡阿拉尔村慰问贫困户,送上慰问品和慰问金。

17日　县委书记王沛昭到县老年大学调研指导老年教育工作。

是日　县委副书记、县长关桂珍,副县长李春山一行到察布查尔绿翔热力有限公司调研集中供暖情况,详细了解了供暖企业的供热状态和设备运转情况,认真听取供暖企业相关负责人的工作汇报。

是日　县老年大学教学成果汇报演出暨开学典礼在1764主题公园举行。开学典礼在舞蹈《红红火火大中国》中拉开帷幕,200余名老年大学学员参加典礼。

18日　都拉塔口岸管委会与新疆非创飞节能科技有限公司、新疆察布查尔锡伯自治县都拉塔口岸发展有限公司等企业,举行招商引资项目集中签约仪式。

是日　县人大常委会组织相关人员召开县乡镇“代表之家”建设和运行、代表发挥作用现场观摩会。

是日 县供销系统4家农民专业合作社参加2019海峡两岸(江苏)名优农产品展销会。

19日 盐城广播电视总台党委书记、台长戴为洋一行在县融媒体中心调研对接援疆工作。

是日 《中华民族全家福》专题摄制组在自治县完成锡伯族的拍摄。

22日 伊宁市总工会与县总工会结对共建友好工会协商座谈会在县总工会会议室举行。

是日 中国石油集团公司对口支援自治县电脑捐赠仪式在加尕斯台镇努拉洪布拉克村小学举行,中国石油集团公司分别向努拉洪布拉克村小学和坎乡库勒特克齐村小学捐赠50台价值20余万元的电脑设备。

29日 县电子商务进农村培训(一期)在县源圃园酒店会议大厅举行。中国社会科学院农村发展研究所副研究员、中国国外农业经济研究会副秘书长张瑞娟就《电商扶贫的内涵探析与实践启示》进行讲解,原京东营销总监、北京想象森林科技有限公司创始人陈文利进行了电商创业实操讲解。

是日 县民政局结合州直开展的"阳光福彩行 大爱暖河谷"公益活动,对全县25名留守儿童和留守老人开展捐助活动,每人资助1000元,共资助2.5万元。

是日 由县社科联牵头,在全县开展软件正版化工作,安装正版软件3500套。

【11月】

2日 县残联在三楼会议室举行"践行初心"受助困难残疾人资金发放仪式,为10名残疾人每人发放1000元救助资金。

3日 "庆祝新中国成立70周年献礼——国家级非物质文化遗产锡伯族民歌展演"活动在国家大剧院艺术资料中心上演。现场采用学术阐释和民歌展演相结合的形式,邀请七位锡伯族民间艺术家现场表演,向观众演绎被列为国家级非物质文化遗产的锡伯族民歌。

4日 县"不忘初心、牢记使命"主题教育座谈会在县委一楼会议室召开。县委书记王沛昭,县委副书记、政法委书记曲聪,县委常委、组织部部长赵念星,各乡(镇、场)党委书记、县主题教育各组组长32人参加座谈会。

是日 辽宁顺成实业有限责任公司为察布查尔县、昭苏县中小学生捐赠2万件学生棉服和2万件棉马甲,价值340余万元。

5日 自治县召开"不忘初心、牢记使命"主题教育专项整治工作推进会。

是日 自治县举行"不忘初心、牢记使命"主题教育知识竞赛。竞赛分为初赛和决赛两个环节,24支参赛队72名党员参加初赛,10支代表队参加决赛。

是日 县国土空间规划委员会2019年第三次会议在县委一楼会议室召开。会议听取关于县城供水和察布查尔大渠改造方案、关于城西综合市场建设方案、加油加气站选址方案、关于县生态扶贫林-平原林场建设项目(米粮泉乡阿顿巴村康养小镇旅游公路)等13个议题的汇报,与会领导及各部门一一提出意见和建议。

7日 县人民法院公开审判以马某某为首的涉恶案件,60余名各族群众参加旁听。

9日 县委常委会召开"不忘初心、牢记使命"主题教育对照党章党规找差距专题会议,围绕主题教育总要求,深入学习贯彻习近平总书记关于"不忘初心、牢记使命"重要论述,认真对照党章党规、对照新时代党的治疆方略,以正视问题的自觉和刀刃向内的勇气,全面查找违背初心和使命的问题,明确整改方向和措施。

10日 县人民政府党组召开对照党章党规找差距专题会议。

是日 县委副书记、援疆工作组组长李强在孙扎齐牛录镇开展“不忘初心、牢记使命”主题教育专题党课。

11日 种羊场片区党委在柏尔哈舍里社区文化活动室举办“舞动青春 筑梦中国”广场舞比赛暨“不忘初心、牢记使命”主题教育、“民族团结一家亲”联谊活动。

13日 县教育团工委成立。

是日 县农产品质量安全检验检测中心通过自治区“双认证”首次考核评审。

14日 县四套班子召开党史、新中国史集体学习研讨会。伊犁州主题教育第一指导组组长努拉合买提·祖农到会指导。会前,县处级以上领导通过参加理论学习中心组专题学习和自学方式,认真学习《中国共产党的九十年》等党史、新中国史著作。

15日 伊犁州人大常委会副主任热孜燕·阿不力孜一行在县调研医疗卫生体制改革工作。

是日 乌宗布拉克农村社区举行以“传承经典文化,书写精彩人生”为主题的硬笔书法比赛,增强居民写规范字、用规范字的意识,养成良好的书写习惯,营造社区文化建设氛围。

16日 县人社局组织开展以“金秋送岗位,就业暖人心”为主题的金秋招聘月活动,参加招聘会的企业9家,提供29个工种(财务类、工程类、技术类)等136个岗位,400余名求职者参加招聘会。

17日 中国银行伊犁州分行在察布查尔镇果尔敏西街社区活动室进行“支持社区文化建设捐赠仪式”,为社区捐赠3万元的爱心资金,用于社区的文化阵地建设。

是日 县供电公司通过申请2020年农网改造升级工程,为扎库齐牛录乡村民安装26台400千伏变压器,受益4200多户。

18日 果尔敏东街社区工作队举行“2019年壹家人温暖新疆”温暖包发放仪式,发放募集的壹基金爱心温暖包14个,价值5110元。

是日 县供销e家向昌吉采购商销售400吨察布查尔315大米。

20日 伊犁州副州长张菊一行在县专题调研退役军人服务中心和退役军人服务站“五有”建设。

是日 察布查尔县城镇越胡伦街东二巷居民孙某某建设房屋存在违规占用规划建筑红线违法行为,收到县自然资源局通知后,自行拆除。

是日 县四套班子领导进行十九届四中全会集体学习研讨。

21日 伊犁州党委书记赵天杰到察布查尔镇红石榴社区,向社区居民宣讲党的十九届四中全会精神。

22日 县中医医院在门诊大厅开展“传承中医 弘扬针炎”世界针灸日义诊活动,50多名群众接受治疗。

是日 自治县推动高速公路ETC发行工作领导小组办公室发出关于在全县推广使用ETC业务的倡议书,要求11月底前,机关事业单位公务用车、国有企业车辆、干部职工自有车辆、客运车辆以及救护车、消防车、警车等特种车辆率先安装使用ETC;要求12月底前,货运汽车和社会车辆安装ETC车载设备。

25日 可克达拉市创锦牧业有限公司增资扩股签约仪式在县源圃园4号楼会议室举行。县委书记王沛昭出席签约仪式并讲话。新疆生产建设兵团第四师创锦农业开发有限公司党委书记、董事长袁国军,可克达拉市创锦牧业有限公司董事长顾建峰,昆山均为投资管理有限公司执行代表张灵霖,上海闽疆锦牧企业管理有限公司总经理戴真出席签约仪式。

是日 吉林百嘉足球俱乐部与县射箭运

动学校达成合作意向，共同举行揭牌仪式，并向县射箭运动学校赠送价值 5000 元的器材。

26 日 县职业技术学校举办农牧民冬季大培训开学典礼，500 余人参加，为期 45 天。培训内容包括党的十九届四中全会精神、法律法规、惠民政策以及水暖工、建筑、面点、林果业种植技术等。

是日 查鲁盖路东街社区党支部邀请中国安全教育伊犁站的张涛为社区干部和居民开设一场安全健康教育知识讲座。

27 日 召开脱贫攻坚大排查暨“冬季攻势”工作动员培训会。会议由县委副书记、县长关桂珍主持。县住房和城乡建设局相关负责人通报县住房安全鉴定排查工作开展情况。副县长安玉荣宣读《察布查尔县脱贫攻坚“冬季攻势”工作方案》。县委书记王沛昭对当前和今后一个时期脱贫攻坚工作做出全面、系统的安排部署，并提出三点意见。

28 日 中华社会救助基金会爱心衣橱公益基金项目部部长王晓莉、伊宁市“情暖伊犁”志愿者服务中心理事长程新萍、中华社会救助基金会爱心衣橱公益基金项目部专员马锦辉等一行在海努克乡托普亚尕奇教学点，为孩子们送上御寒衣物。

是日 盐察两地青少年手拉手书信交友活动总结表彰会暨 2019 年启动仪式在县教育局会议室举办。

29 日 盐城图书捐赠发放仪式在县盐城实验学校大礼堂内举行，受赠图书 11 万册，受捐助的各学校代表、乡（镇、场）代表、盐察实验学校师生参加仪式。

30 日 县委组织部举办公务员职务与职级并行工作培训会，对县直、乡（镇、场）公务员职务与职级并行晋升工作进行安排和部署。

是月 扎库齐牛录乡卫生院在全县率先筹建首家智慧签核数字化预防接种门诊。自 2019 年 4 月起，扎库齐牛录乡卫生院争取国家贫困县基层卫生技术服务能力提升项目 40 万元，并通过援疆资金和自筹资金等方式，筹集 91 万元打造智慧化接种门诊。

是月 装载 14.9 吨哈萨克斯坦饼干的货车从都拉塔口岸入境，这是都拉塔口岸自 2017 年以来的首票进口货物。

是月 伊犁州第五届道德模范拟定名单公布，县加克斯台边境派出所民警沙帕尔·艾力坎木（维吾尔族）获第五届自治州道德模范殊荣。

【12 月】

1 日 伊犁州讲师团讲师岳延林在县进行“党的十九届四中全会精神”宣讲报告会。

2 日 县公安局交警大队围绕“守规则除隐患、安全文明出行”主题，全面宣传“122”，营造交通安全宣传氛围。

3 日 县委宣传部组织全县教育系统、文化系统、卫健系统等各行各业的 150 名知识分子代表，在县妇幼保健院会议室召开关于团结凝聚知识分子工作座谈会。

4 日 察布查尔县委讲师团成立，由富春丽担任宣传部副部长、县委讲师团团长。

5 日 援疆助学金发放仪式在县高级中学五楼会议室举行。江苏省盐城市支援察布查尔县工作组 2016 年启动援疆资金资助内地普通高校新疆察布查尔籍大学生项目。2016－2019 年，资助 976 人次，投入资金585.6 万元。

是日 举办宪法法律知识竞赛，来自县公安局等 8 个单位的干部职工 24 名选手参加竞赛。公安局代表队获一等奖，税务局、公路局代表队获二等奖，农业农村局、教育局、住建局获三等奖。

6 日 自治县全面加强机关党建暨城市基层党建工作推进会在会务中心二楼会议室召开。县委书记王沛昭出席会议并讲话。县委副书记、县长关桂珍主持会议。县委副书记、政法委书记曲聪宣读《察布查尔县关于加强和改进县直机关党的建设的实施方案》和《察布查尔县加强城市基层党建工作19条措施》。县公安局、农业农村局、统计局党组织有关负责人就基层党建工作做交流发言。县四套班子领导,法检两院和伊南工业园区党政正职,县直部门(单位)主要负责同志,各乡(镇、场)党政正职、社区党政正职及第一书记参加会议。

8日 县委书记王沛昭到扎库齐牛录乡开发地农村社区调研"冬季攻势"农牧民培训、新成立社区阵地规划、国土资源清理清查等工作。

10日 县中医医院挂牌成为自治区中医医院分院,自治区中医医院与县中医医院融合发展正式启动。

13日 县文旅局在海努克乡足球场举办"我们的中国梦——文化进万家"(山区乡)广场舞大赛。

15日 自治区党委副书记李鹏新在县调研指导工作。

27日 县委常委、人武部政委王勇,副县长沙尔山别克·热合木江一行在爱新色里镇乌珠牛录村,为现役军人孙兆辉家属送去"二等功"喜报和奖励金。

是日 县总工会联合县环卫公司在察布查尔镇伊东路开展积雪清扫劳动技能大赛,60名环卫职工参加比赛,比赛项目包括积雪清扫、打堆、清运,县总工会为参赛选手发放手套。

江苏盐城对口援疆

【盐城援疆工作组负责人】

工作组组长：李强

工作组副组长：谢纬

【内设机构】 2019年是江苏省盐城市援疆的第14年。盐城援疆工作组内设综合协调处、工程规划处、财务审计处、招商服务中心，有援疆干部人才21人。

【工作概况】 2019年，盐城援疆工作组围绕党中央治疆方略以及新疆社会稳定和长治久安总目标，围绕察布查尔县“1＋4”，即“人才＋维稳、教育、卫生、产业”的援疆需求，强化扶贫援疆，深耕产业援疆，放大特色援疆，做优人才援疆，拓展两地交流，狠抓队伍管理，投入援疆资金8964万元（其中民生及基层基础资金7737.82万元），实施七大类23个重点项目。积极争取州本级资金255万元实施3个基层阵地建设项目。

【扶贫援疆】 2019年，盐城援疆工作组优化完善援疆项目规划编制，注重债务风险防范。用于民生改善、脱贫攻坚类资金超7964亿元，占资金总额的90%以上。投入8700万元实施县人民医院整体搬迁、盐城实验学校、敬老院、残疾人托养中心等基建项目。投入131.4万元，对219名在内地普通高校就读的察布查尔籍困难学生进行资助。积极争取省前指产业引导资金215万元用于脱贫攻坚工作。

【产业援疆】 2019年，盐城援疆工作组深耕“稻田蟹”“稻田虾”等特色高效农业，放大螃蟹和小龙虾养殖的示范带动效应。与新疆电视台、《新疆日报》等新闻媒体合作，加大宣传推广力度。与南京大学等江苏高校科研机构合作，提高科学养殖水平，开发稻渔综合种养示范区，持续输入河蟹新品种及江苏先进养殖模式与技术。开展百日招商会战活动，成立多支招商小分队，在西安、宁波、苏州、成都等多地举办招商推介会和恳谈会，拜访各类商会20家、企业50家。积极参加中国东西部合作与投资贸易洽谈会、首届中韩投资贸易博览会等国内大型展会，并成功签约。实现签约3个项目，投资15.28亿元。援疆工作组组长带领县相关部门负责人先后奔赴南京、杭州、苏州、无锡、盐城等地，开展多场专题旅游推介会，共展出县特色旅游产品和商品近百种，并与江苏、上海等地多家旅行社合作，积极推广察布查尔特色旅游线路，制作3期察布查尔旅游专题节目在江苏省电视台《悠游四海》栏目播出。全年接待江苏游客4.1万人次。投入援疆资金180万元，打造以程富胜为原型的“小白杨旧居”项目，9月竣工。

【智力援疆】 2019年，投入援疆资金246万元，安排行政干部培训、医教惠民人才培养等14个干部人才培训培养项目，培训各类人才2319人次。实施第七批青年科技英才计划，从教育、医疗等领域筛选确定10名专业技术人才赴苏培养3个月。结合急需紧缺人才需求，设置引才岗位40个。借助于2019“伊犁英才”高校行引才活动，先后两次赴北京、江苏、湖北、甘肃等省市名校开展专场招聘活动15场次。继续实施对口援疆柔性引才项目，填补察布查尔相关专业技术力量的空白，协调推动4名职业教育老师来县施教，填补察布查尔相关专业师资力量空缺，发挥学科支撑作用。投入550万元援建的145个察布查尔标准化考场在2019年高考正式投入使用，结束察布查尔县无高考考点的历史,升级打造盐察学校“智慧教育云平台”,让察布查尔教师足不出户就能学到盐城先进的教学方法和教育理念,共享各类优质教育资源。援疆医生在各自负责科室积极开展带教查房、病历讨论、示范手术等活动,“师徒”结对 6 对,接诊病人 1000 余例,医疗查房 400 余次,开展病例督查 70 余次,讲课 5 次。援疆医生积极参与布病防治和碘缺乏病宣传活动,进社区义诊 5 次,接诊群众 700 余人次。

【镇村结对“小援疆”模式】 2019 年,盐城援疆工作组深化“镇村结对、部门牵手、平台合作”滴灌式援疆,共同塑造盐城援疆品牌,将援疆结对帮扶从市县延伸至乡村及两地对口职能单位,实现县、乡、村及单位部门、教育卫生、公安系统结对全覆盖的全方位交流体系。“千人帮千户、共同奔小康”的“小援疆”活动持续开展,盐城市党政代表团赴察布查尔开展交流活动,41 个单位和县区、乡镇(街道)在县开展“千人帮十户、共同奔小康”的“小援疆”活动,实现乡镇结对 15 个,村企结对 3 个,校际结对 33 个,医院结对 17 个,帮扶资金 728.17 万元,扶贫结对 127 户,帮扶贫困村 466 人。

【盐城市对口支援察布查尔县工作组领导】 李强(县委副书记)、谢纬(县人民政府副县长)、李晓东(县人民政府党组成员、伊南工业园区管委会副主任)、钱斌(伊南工业园区管委会副主任)、刘益(县委办公室副主任、县财政局副局长)、郑中华(县公安局副局长)、左凌宇(县文旅局副局长)、董建(县住建局副局长)、徐保钰(县商务和工业信息化局副局长)。

【盐城援疆人才】 2019 年,援疆人才共 12 人:杭向阳(县高级中学副校长)、赵闻宇(县高级中学政教处主任、生物教研组组长)、蔡金龙(县高级中学教务处主任、物理教师)、徐维兰(女,县高级中学教科处主任、数学教师)、周海平(县高级中学历史教研组组长)、唐爱国(县高级中学政治教研组组长)、缪新明(县中医医院医生)、杨粉凤(女,县中医医院医生)、崔庆和(县中医医院副院长)、周祝兰(女,县中医医院医生)、陈智勇(县中医医院医生)、李海峰(县中医医院医生)。

(赵英)

“访民情、惠民生、聚民心”活动

【县“访惠聚”办公室负责人】

主任：赵泰峰（县委常委、组织部部长，6月离任）、赵念星（县委常委、组织部部长，7月任职）

常务副主任：何福莲（女，县政协副主席、县总工会主席）

副主任：张亚军（县委组织部副部长、县新兴组织党工委书记，1月离任）、雷霆（县委组织部副部长，1月任职）

专职副主任、综合组组长：陈林（县红十字会会长）

宣传组组长：文新刚（锡伯族，县机关工委科员）

指导组组长：樊志霞（女，县环保局副局长）

【内设机构】 2019年，县“访惠聚”办公室（以下简称县访办）内设综合组、宣传组、指导组，有抽调人员15人。

【驻村工作队情况】 2019年，县访办坚持“大稳定、小调整”原则，下派工作队75个，比上年增加4个；州、兵团、县直共派驻487人，比上年增加10人。精准选任调整第一书记，67名工作队队长兼任第一书记。

【建章立制】 2019年，县访办整合规范“三办一中心”、组织科、“六大办”工作运行，在思想认识、组织架构、领导体系、力量配置、职责分工上同心同向同调，形成工作合力。常态化开展乡镇党委书记述职评议，每周抽点2名乡镇党委书记向县委常委会汇报党建工作。压实后盾单位负责人驻村研判责任，县委书记逢会抽考5名后盾单位负责人，考村情底数，考风险点，考政策业务，使人人有压力、人人增动力。研究驻村工作常态化、长效化、制度化，制定38条责任分解措施，成员单位、后盾单位全年两次书面向县访办报告工作开展情况。县“三办”统筹，对“访惠聚”驻村工作队、乡镇党委、派出单位履职驻村工作、群众工作、基层组织建设进行季度捆绑考核排名，设立红绿黑榜，利用微信公众平台进行公布。规范“早派工、晚研判”工作机制，紧盯风险隐患，实施村级派工“5+X”，研判质效不断提升。依照《察布查尔县联户长考核管理办法》，持续推进联户长工作规范化、制度化、长效化。建立四方联动机制，县领导牵头，乡村党组织、后盾单位、“访惠聚”工作队、住户干部共同研判驻村工作中的短板，剖根源，堵漏洞，建机制，理顺关系、权责、情绪，有效解决基层工作打乱仗、服务不精准等问题。

【督导工作】 2019年，县访办紧紧围绕“访惠聚”队伍建设、“1+2+5”重点工作制定调研指导要点7类38条，办公室每月开展指导工作业务培训，结合阶段性重点工作进行指导派工，召开调研情况研判分析会15次，召开抓乡促村专题推进会12次。对调研发现的问题逐项研判，督促整改，全年对15个乡镇78个村（社区）共开展全覆盖指导5轮，召开乡村谈心谈话会100场次，调研发现共性问题22条、个性问题155条，全部整改销号；梳理特色亮点30个，形成专题调研报告5篇。落实“四个一律”，重用提拔43名优秀工作队队长和队员；15名第一书记、工作队队长被选派浙江大学、南京大学等地接受能力素质提升培训。关心关怀驻村干部，解决驻村干部困难194件，心理疏导 658 人，乡镇、后盾单位走访慰问工作队队员家属 831 户。县访办全覆盖慰问工作队 4 轮次，送去慰问金 14.61 万元、慰问品 600 件。落实住院队员探视制度，探视 39 人。

【宣传工作】 2019 年，县访办聚力传播察布查尔“好声音”，扩大“访惠聚”社会宣传面，上报信息稿 1778 条，其中区级媒体采用 66 条，州级媒体采用 387 条。组织参演“伊犁州红歌大赛”活动获优秀奖；组织开展“时代新人说——我和祖国共成长之脱贫攻坚”演讲选拔赛，驻村干部范晓茹获区级第三名、州级二等奖。

【惠民活动】 2019 年，全县“访惠聚”驻村工作队举行国旗下的宣讲 3300 场次 802710 人次、农牧民夜校 10152 场次 550069 人次，开展普法宣传 2970 场次 246054 人次，开展民族团结联谊 4320 场次 71940 人次、各类文体活动 1514 场次 157985 人次，协助开展“四项活动”2425 场次。慰问困难群众 35189 户，价值 123.66 万元；为群众办实事好事 13120 件，价值 27.65 万元，受益 82758 人次。

【转移就业工作】 2019 年，全县共开展实用技术和劳动技能培训 660 场次 49802 人次。发展引进中小微企业 13 个、专业合作社 89 家、农村电子商务 53 个。协助发放惠民补贴 6226.54 万元，实现转移就业 25896 人次，贫困人口转移就业 5632 人次。

【增收工作】 2019 年，全县各“访惠聚”驻村工作队紧扣“两不愁三保障”，大力实施“135”“431”扶贫机制，落实“六个精准”，推进“七个一批”，推进包村联户帮扶责任制，确保精准扶贫政策措施到户到人。全县 3199 户贫困户，其中县处级领导包 72 户，乡科级领导包 424 户，工作队包 312 户，县乡干部包 2391 户。全县建档立卡贫困户 3199 户 11403 人，未脱贫的 18 户 56 人全部脱贫，贫困发生率由 2018 年的0.05%降至为零；75 支工作队 487 人结对贫困户精准脱贫全覆盖。大力推进“三资”清理、资源盘活、产业发展，拓宽增收渠道，2019 年村集体收入达 2528.7 万元，村均集体收入 40 万元以上。

【基层组织工作】 2019 年，县访办以所驻村党支部为单位，认真学习《习近平新时代中国特色社会主义思想学习纲要》和《习近平关于“不忘初心、牢记使命”重要论述选编》。开展主题教育学习班 1220 场次 65712 人次、交流研讨 398 场次 9754 人次，确定专题调研 39 个，召开组织生活会 75 场次，梳理检视问题 2356 个，完成问题整改 2247 个。完善“一支部五中心＋网格化服务＋积分制管理”机制，注重选优配强基层党组织，扶持壮大干部队伍，协助培养入党积极分子 1991 人，发展党员 262 人，储备村级组织骨干 360 人。培养村“两委”成员 11 人担任合作社、村办企业或其他经济组织负责人。选派 2 名优秀支部书记、30 名创业致富带头人分别参加中组部培训示范班、自治区农村实用人才培训班，推荐 18 名村干部参加州学历素质提升班，大专及以上学历“两委”正副职 65 人(占比 65.65%)。通过走访入户、座谈交流，摸排软弱涣散基层组织实情，形成调研工作台账，确保整顿软弱涣散村党组织“不走样、抓得实”。以“星级化”创建为指导，统筹推进“1＋2＋5”八项任务，带动村“两委”班子按照“五大中心”分工逐人逐级抓落实。持续推进村级阵地改造升级，新建“五小工程”34 个。配套完善村级周转房、村民服务中心、卫生室、活动场地等基础设施，发挥综合功能，增强对党员群众的吸引力和凝聚力。辖区各单位每周定期到社区“双报到”，广泛开展志愿服务活动，推进基层治理和提升群众服务质效。在扎库齐牛录乡、察布查尔镇等6个乡镇成立12个农村社区，织密社会治理体系网，提升基层服务水平。

【先进表彰】

(1) 自治区先进表彰

2019年，自治县“访惠聚”驻村工作队受到自治区表彰的先进驻村工作队7个、先进工作者(队长)6人、先进工作者(副队长)15人、先进工作者(队员)17人、优秀组织单位2个。

自治区先进驻村工作队 伊犁州纪律检查委员会、监察委员会驻海努克乡海努克村工作队，伊犁州人力资源和社会保障局驻察布查尔镇果尔敏西街社区工作队，县委办驻坎乡坎村工作队，县纪律检查委员会、监察委员会驻海努克乡切吉村工作队，县农业农村局驻加尕斯台镇加尕斯台村工作队，县发改委驻坎乡杏花村工作队，县林业和草原局驻坎乡苏阿苏村工作队。

自治区先进工作者(队长) 荣剡(伊犁州党委巡察组正县级巡察专员，海努克乡海努克村工作队队长、第一书记)、袁绍伟(伊犁州人力资源和社会保障局党组成员、副局长，驻察布查尔镇果尔敏西街社区工作队队长、第一书记)、哈迪力·巴依布拉提(县纪委常委、监委委员，驻海努克乡切吉村工作队队长、第一书记)、热皮克·吾甫尔(县农业农村局党组成员、局长，驻加尕斯台镇加尕斯台村工作队队长、第一书记)、吴紫光(县林业和草原局挂职副局长，驻坎乡苏阿苏村工作队队长、第一书记)、戴立平(县发改委党组成员、主任科员，驻坎乡杏花村工作队队长、第一书记)。

自治区先进工作者(副队长) 姚安(伊犁州人社局事业处主任科员，驻察布查尔镇果尔敏西街社区工作队副队长)、靳建辉(伊犁州医疗保障局综合处主任科员，驻坎乡阿勒玛勒村工作队副队长)、丁超(伊犁州人力资源和社会保障局市场处二级主任科员，驻阔洪奇乡阔洪奇村工作队副队长)、阿德利江·阿克江(伊犁技师培训学院学保处副处长，驻琼博拉镇琼博拉村工作队副队长)、马尔旦·司拉义尔(伊犁州国资委党建处处长，驻阔洪奇乡琼塔木村工作队副队长、第一书记)、周春玲(伊犁州住房公积金管理中心党组成员、财务科科长，驻海努克乡托普亚尕奇村工作队副队长)、阿迪娜·阿义顶(伊犁州伊宁卫生学校教务处副主任，驻察布查尔镇乌宗布拉克农村工作队副队长)、亚力坤·帕力塔洪(伊犁州退役军人事务局光荣院副主任科员，驻加尕斯台镇下加尕斯台村工作队副队长)、孙全(县妇幼保健院检验科医生，驻察布查尔镇查鲁西街社区工作队副队长)、吐尔逊·吐尔汗江(县农业农村局南岸干渠灌区管理总站副站长，驻加尕斯台镇加尕斯台村工作队副队长)、蒋建新(县林业和草原局副主任科员，驻坎乡格拉木村工作队副队长)、万国辉(县档案馆副主任科员，驻坎乡坎村工作队副队长)、赵永红(县林业和草原局林管站档案员，驻坎乡苏阿苏村工作队副队长)、师帅(县财政局涉农科科员，驻阔洪奇乡吾日勒克村工作队副队长)、杨昌旭(县委老干部局副主任科员，驻察布查尔镇新城区工作队副队长)。

自治区先进工作者(队员) 朱新伟(伊犁州人大办公厅秘书处四级主任科员，驻加尕斯台镇努拉洪布拉克村工作队队员)、李义国(中国邮政储蓄银行伊犁州分行党委党建部专干，驻爱新色里镇安巴贴村工作队队员)、杜磊(伊犁州都拉塔口岸管委会办公室副主任，驻爱新色里镇纳旦芒坎村工作队队员)、马亚雄(伊犁银保监分局大型银行监管科科员，驻琼博拉镇墩买里村工作队队员)、李江梅(伊犁州纪委监委第八审查调查室副主任，驻海努克乡海努克村工作队队员)、李剑(伊犁州党委编办事业单位登记管理局主任科员,驻阔洪奇乡亚尔胡斯亚尕奇村工作队队员)、范晓茹(县人民检察院院办秘书,驻加尕斯台镇阿克亚尔村工作队队员)、赵龙(县住建局质监站质监员,驻孙扎齐牛录镇孙扎齐牛录村工作队队员)、永晓云(县民政局干部,驻爱新色里镇乌珠牛录村工作队队员)、吴麒麟(县人民法院书记员,驻绰霍尔镇绰霍尔村工作队队员)、徐建武(县发改委价检局科员,驻坎乡杏花村工作队队员)、魏万江(县商务和工业信息化局科员,驻米粮泉回族民族乡克米其买里村工作队队员)、李杰(县司法局基层科科员,驻纳达齐牛录乡清泉村工作队队员)、宋子军(县纪委监委党风政风监督室科员,驻海努克乡切吉村工作队队员)、邹杰彬(县住建局副主任科员,驻孙扎齐牛录镇孙扎齐牛录村工作队队员)、洪豹(县农业农村局畜牧兽医科干部,驻琼博拉镇索墩布拉克村工作队队员)、陈林(县红十字会会长,县"访惠聚"驻村工作领导小组办公室专职副主任、综合组组长)。

自治区优秀组织单位 伊犁州人力资源和社会保障局、察布查尔县农业农村局。

(2) 自治州先进表彰

2019年,自治县"访惠聚"工作队受到自治州表彰的先进驻村工作队6个、先进工作者(队长)8人、先进工作者(队员)44人、优秀组织单位2个。

自治州先进驻村工作队 伊犁州退役军人事务局驻加尕斯台镇下加尕斯台村工作队、伊犁州党委编办驻阔洪奇乡亚尔胡斯亚尕奇村工作队、县检察院驻加尕斯台镇阿克亚尔村工作队、县住建局驻孙扎齐牛录镇阿帕尔村工作队、县林业和草原局驻坎乡格拉木村工作队、县财政局驻察布查尔县阔洪奇乡吾日勒克村工作队。

自治州先进工作者(队长) 巴吾东·买买提(伊犁州伊宁卫校党委委员、副校长,驻察布查尔镇乌宗布拉克农村社区工作队队长、第一书记)、梁波(伊犁州党委编办事业单位登记管理局局长,驻阔洪奇乡亚尔胡斯亚尕奇村工作队队长、第一书记)、沈春雨(县人民检察院挂职副检察长,驻加尕斯台镇阿克亚尔村工作队队长、第一书记)、杨中山(县住建局党组书记、副局长,驻孙扎齐牛录镇阿帕尔村工作队队长、第一书记)、赵伊梅(县卫健委党委委员,县疾控中心党支部书记、副主任,驻察布查尔镇查鲁西街社区工作队队长、第一书记)、加力哈森·陶吾巴尔地(县林业和草原局党组成员、局长,驻坎乡格拉木村工作队队长、第一书记)、黄德渠(县财政局党组成员、副局长,驻阔洪奇乡吾日勒克村工作队队长、第一书记)、关晓菊(县委老干部局老年大学负责人,驻察布查尔镇新城区工作队队长、第一书记)。

自治州先进工作者(队员) 闫玉键(伊犁州人力资源和社会保障局劳动人事争议仲裁院院长,驻察布查尔镇果尔敏西街社区工作队队员)、叶尔博拉提·吐尔逊(伊犁州纪委监委巡察办主任科员,驻海努克乡海努克村工作队队员)、马志明(伊犁州社会保险管理局稽核审计部副主任,驻阔洪奇乡阔洪奇村工作队副队长)、李兆(伊犁技师培训学院教师,驻琼博拉镇琼博拉村工作队队员)、蔚建宏(伊犁旅游发展投资有限责任公司副总经理,驻阔洪奇乡琼塔木村工作队队员)、尹浩宇(伊犁州住房公积金管理中心技术科副科长,驻海努克乡托普亚尕奇村工作队队员)、保尔江·艾达亨(伊犁州退役军人事务局移交安置和就业创业处副主任科员,驻加尕斯台镇下加尕斯台村工作队副队长)、肖开提·阿布都热合曼(伊犁州退役军人事务局光荣院副主任科员,驻加尕斯台镇下加尕斯台村工作队队员)、巴扎尔·巴依道吾来提(伊犁州都拉塔口岸社会事务管理局负责人,驻爱新色里镇纳旦芒坎村工作队副队长)、陈强(县人民检察院技术室科员,驻加尕斯台镇阿克亚尔村工作队队员）、贾真（县政府办公室秘书，驻海努克乡向阳村工作队副队长）、贺佩（县农业农村局水利科水利管理站调度员，驻察布查尔镇安定村工作队副队长）、何成梁（县农业农村局水利科南岸干区分站站长，驻加尕斯台镇巴合提村工作队副队长）、锡文娟（县妇幼保健院副主任护师，驻察布查尔镇查鲁西街社区工作队队员）、艾努尔·托奇别克（县医疗保障局医疗审核员，驻察布查尔镇法里春社区工作队队员）、达尼亚尔·哈尔哈拜（县广播电视台技术部主任，驻堆齐牛录乡佛营村工作队副队长）、郭昕（县农业农村局南岸干渠灌区管理总站干部，驻加尕斯台镇加尕斯台村工作队队员）、永成刚（察布查尔县农业农村局菜篮子办副主任，驻坎乡坎村工作队队员）、雷思静（县委办信息督查科干部，驻坎乡坎村工作队队员）、买买提衣明·库尔班江（县林业和草原局苗圃站检疫员，驻坎乡苏阿苏村工作队队员）、海如拉木·赛都拉木（县委统战部副主任科员，驻阔洪奇乡库木墩村工作队队员）、戴美云（伊犁州生态环境局察布查尔县分局环境监测站站长，驻绰霍尔镇龙沟村工作队副队长）、吴新红（县察布查尔报社编辑，驻纳达齐牛录乡纳达齐牛录村工作队副队长）、张全（县人大常委会法制工委副主任，驻扎库齐牛录乡纳尔洪村工作队副队长）、张圣奎（县应急管理局执法大队安监员，驻察布查尔镇宁古齐牛录村工作队队员）、王维（县纪委监委党风政风室干部，驻海努克乡切吉村工作队队员）、何涛（县农业农村局农机安全监理站监理员，驻孙扎齐牛录镇雀尔盘村工作队副队长）、连育坤（县委组织部干部，驻加尕斯台镇上加尕斯台村工作队队员）、邹娅（县人民医院 ICU 护士，驻堆齐牛录乡舍里木克村工作队队员）、杨万峰（县政法委科员，驻扎库齐牛录乡铁尔曼布拉克村工作队副队长）、赵鸿超（县财政局企业科科员，驻阔洪奇乡吾日勒克村工作队队员）、范书颖（县审计局副主任科员，驻察布查尔镇新城区工作队副队长）、伊金燕（县文旅局歌舞团会计，驻堆齐牛录乡伊车村工作队队员）、李树伟（县交通运输局公路干事，驻阔洪奇乡玉尔坦村工作队队员）、阿有甫江·艾买提（县税务局科员，驻阔洪奇乡玉奇吐格曼村工作队队员）、廖成武（县自然资源局不动产登记中心科员，驻扎库齐牛录乡寨牛录村工作队副队长）、石学松（县民政局社会事务办主任，驻爱新色里镇乌珠牛录村工作队副队长）、乌斯曼江·卡森（县疾病预防控制中心艾滋病科科员，驻爱新色里镇依拉齐牛录村工作队队员）、梁晓佳（县委宣传部文联秘书，驻米粮泉回族民族乡米粮泉村工作队队员）、候杰明（团县委科员，驻种羊场片区管委会巴音村工作队队员）、桑梦炜（县人民法院法官助理，驻种羊场片区管委会柏尔哈舍里社区工作队副队长）、吴凌霄（县市场监督管理局党委委员、主任科员，驻种羊场片区管委会托布社区工作队副队长）、张有平（县市场监督管理局科员，驻种羊场片区管委会托海依社区工作队副队长）、樊志霞（县环保局党组成员、副局长、主任科员，县访办指导组组长）。

自治州优秀组织单位 伊犁州人大常委会机关、中共伊犁哈萨克自治州委员会机构编制委员会办公室。

（3）自治县先进表彰

2019 年，自治县“访惠聚”驻村工作队受到自治县表彰的先进驻村工作队 16 个、先进工作者（队长）7 人、先进工作者（队员）43 人、优秀组织单位 6 个。

自治县先进驻村工作队 伊犁州人大常委会机关驻加尕斯台镇努拉洪布拉克村工作队，伊犁州伊宁卫校驻察布查尔镇乌宗布拉克农村社区工作队，县政府办、扶贫办驻海努克乡向阳村工作队，县民政局驻爱新色里镇乌珠牛录村工作队，县卫健委驻察布查尔镇查鲁西街社区工作队,县人民法院驻绰霍尔镇绰霍尔村工作队,县农业农村局驻琼博拉镇索墩布拉克村工作队,县统战部驻阔洪奇乡库木墩村“访惠聚”工作队,县伊南工业园区、商务和工业化信息局驻米粮泉回族民族乡克米其买里村工作队,县司法局、科技局驻纳达齐牛录乡清泉村工作队,县住建局驻孙扎齐牛录镇孙扎齐牛录村工作队,县委老干部局驻察布查尔镇新城区社区工作队,县文旅局驻堆齐牛录乡伊车村工作队,县交通局、公路局驻阔洪奇乡玉尔坦村工作队,县自然资源局驻扎库齐牛录乡寨牛录村工作队,县政协办、团委、林业和草原局驻堆齐牛录乡种羊场片区管委会巴音社区工作队。

自治县先进工作者(队长) 骆家刚(县人民法院党组书记,驻绰霍尔镇绰霍尔村原工作队队长、第一书记)、关志军(县民政局党组成员、局长,驻爱新色里镇乌珠牛录村工作队队长、第一书记)、吴文浩(县委统战部办公室主任,驻阔洪奇乡库木墩村工作队队长、第一书记)、李济忠(县伊南工业园区党工委副书记,驻米粮泉回族民族乡克米其买里村工作队队长、第一书记)、吴俊明(县司法局党组成员、局长,驻纳达齐牛录乡清泉村工作队队长、第一书记)、金寿(县退役军人事务局局长,驻孙扎齐牛录镇孙扎齐牛录村工作队队长、第一书记)、关南林(县农业农村局副主任科员,驻琼博拉镇索墩布拉克村工作队队长、第一书记)。

自治县先进工作者(队员) 石学军(县人力资源和社会保障局就业培训科科员,驻阔洪奇乡阿尔墩村工作队队员)、张涪新(县人民检察院会计,驻加尕斯台镇阿克亚尔村工作队队员)、马雪艳(县政府办电子政务办科员,驻海努克乡向阳村工作队队员)、吐尔逊江·居马洪(县中医医院门诊医师,驻爱新色里镇依拉齐牛录村工作队队员)、阿布都外力·阿布都扎克尔(县农业农村局水利科技术员,驻加尕斯台镇巴合提村工作队队员)、法婷婷(县供销社机关科员,驻堆齐牛录乡布尔哈茂村工作队队员)、阿依努尔·铁留拜(县教育局教研室教研员,驻察布查尔镇查鲁东街社区工作队队员)、杨忠柱(县妇幼保健院营养师,驻绰霍尔镇博孜墩村工作队队员)、排合尔丁·卡马力丁(县人民法院执行局书记员,驻绰霍尔镇绰霍尔村工作队队员)、唐军荣(县教育局教研员,驻堆齐牛录乡堆齐牛录村工作队队员)、吴秀兰(县教育局教研信息中心干部,驻堆齐牛录乡堆齐牛录村工作队队员)、热孜万古丽·吾布里(县文化馆干部,驻察布查尔镇果尔敏东街社区工作队队员)、庄永强(县农业农村局技术员,驻加尕斯台镇加尕斯台村工作队队员)、况克西(县农业农村局农机监理站科员,驻坎乡阿拉尔村工作队队员)、刘宁(县公安局干部,驻坎乡库勒特克其村工作队队员)、雷娟娟(县农业农村局农业科科员,驻坎乡齐格勒克村工作队队员)、沙拉衣定·衣斯木(县农业农村局农业科干部,驻坎乡齐格勒克村工作队队员)、阿依吐汉·伊不拉因(县农业农村局兽医站品种改良员,驻琼博拉镇克其克博拉村工作队副队长)、阿依鲜古丽·乌麦尔(县农业农村局畜牧科检疫员,驻琼博拉镇克其克博拉村工作队队员)、齐晓娟(县农业农村局畜牧科检疫员,驻琼博拉镇克其克博拉村工作队队员)、阿斯哈提·对森(县教育局教育中心干部,驻孙扎齐牛录镇郎喀村工作队队员)、温朝阳(县商务和工业信息化局干部,驻米粮泉回族民族乡阿顿巴村工作队副队长)、刘正(县网信办副主任,驻米粮泉回族民族乡米粮泉村工作队队员)、徐光新(县人力资源和社会保障局办公室主任,驻米粮泉回族民族乡米粮泉村工作队队员)、顾小芳(县报社编辑,驻纳达齐牛录乡纳达齐牛录村工作队队员)、佟玲(县应急管理局干部,驻察布查尔镇宁古齐牛录村工作队队员)、王琳(县妇联党组书记、主席,驻察布查尔镇宁古齐牛录村工作队副队长）、刘莎（县纪委党风政风监督室科员，驻海努克乡切吉村工作队队员）、肖建国（县住建局规划站档案员，驻孙扎齐牛录镇切提布拉克村工作队队员）、葛勤进（县文旅局歌舞团演员，驻海努克乡琼布拉克村工作队队员）、宋军（县农业农村局农机管理科干部，驻孙扎齐牛录镇雀尔盘村工作队队员）、康瑞（县委组织部组织科科员，驻加尕斯台镇上加尕斯台村工作队队员）、闫玉平（县委组织部绩效办科员，驻加尕斯台镇上加尕斯台村工作队队员）、韩云亮（县住建局监察员，驻孙扎齐牛录镇孙扎齐牛录村工作队队员）、依拉洪·库尔班江（县农业农村局畜牧兽医科技术员，驻琼博拉镇索墩布拉克村工作队副队长）、艾克拜·阿布都热合曼（县残联康复中心主任，驻扎库齐牛录乡铁尔曼布拉克村工作队队员）、张涛（县纪委纪检监察室主任，驻海努克乡乌尔坦村工作队队员）、张涛（县委党校办公室主任，驻加尕斯台镇伊纳克村工作队副队长）、柏雪飞（县公路管理分局政工干事，驻阔洪奇乡玉尔坦村工作队副队长）、克兰·努尔兰（国家税务总局察布查尔县税务局科员，驻阔洪奇乡玉奇吐格曼村工作队副队长）、吕洋（县税务局征收管理股科员，驻扎库齐牛录乡扎库齐牛录村工作队队员）、王建秀（县税务局科员，驻扎库齐牛录乡扎库齐牛录村工作队队员）、吴清和（县自然资源局科员，驻扎库齐牛录乡寨牛录村工作队队员）。

自治县优秀组织单位　县委办公室、县人民检察院、县财政局、县林业和草原局、县住房和城乡建设局、县伊南工业园区。

（高辉）

脱贫攻坚工作

【县扶贫办公室负责人】

党组书记：李炜（9月任职）

党组成员、主任：库吐鲁克·艾山江（维吾尔族，3月离任）、艾嘉琼（女）

纪检组组长：佟学军（锡伯族，12月离任）

【内设机构】 2019年，县扶贫办公室（以下简称县扶贫办）内设项目科、财务室、移民科、保密室、业务科、综合科、整改科，有在职干部28人。

【脱贫成果】 2019年，自治县按照自治区党委工作部署，把脱贫攻坚作为重要的政治任务和政治责任，全县贫困发生率由2018年的0.05%下降为零。

【教育促脱贫】 2019年，县扶贫办党组织把脱贫攻坚工作融入"不忘初心、牢记使命"主题教育活动中，把脱贫攻坚作为主题教育的有效载体，把完成脱贫攻坚任务转变为主题教育的实践过程，统筹维护稳定和脱贫攻坚，夯实基层基础，查薄弱，补短板，持续用力巩固脱贫成果。县委中心组专题开展脱贫攻坚专题学习16次，县、乡、村三级开展专题学习1300余场次，学习人数达3万余人次，做到党员干部全覆盖。

【志智促脱贫】 2019年，县扶贫办制定《察布查尔县2019年脱贫攻坚"志智双扶"思想扶贫实施办法》，着力加强国家通用语言文字培训，利用周一升国旗、农牧民夜校、贫困人口培训班等载体，营造人人学普通话、人人说普通话的氛围。深入实施乡村振兴战略，开展农村环境整治"院内院外六件事""五净一规范"等行动，组织好"四项活动"，倡导公益美德新风。充分发挥科技、农业、妇联等部门作用，有针对性地对贫困户开展常态化的种养业技能培训和创业培训，帮助贫困户提升种养水平。完善乡镇、村（社区）文化活动室、文化大院、足球场、篮球场、文化广场等文化阵地建设，继续做好"东风工程"、"农家书屋"、农村电影放映等活动，放映公益电影712场，公益下乡慰问63场，流动图书服务12场，深入推进文化惠民工程，巩固文化惠民扶贫成果。

【培训工作】 2019年，县扶贫办组织各乡（镇、场）分管扶贫领导、扶贫专干，29个贫困村第一书记、扶贫专干，县直部门分管领导及扶贫专干进行集中培训11期1140人次。由县级扶贫业务骨干组成指导组对乡镇、村和县直部门针对脱贫攻坚责任落实、政策落实、工作落实"三个落实"和专项巡视整改等重点工作压茬指导8次。对存在的短板和弱项，提出落实措施意见，形成工作专报，逐户研判，确保系统、户、档一致。

【培育典型】 2019年，县扶贫办制定《关于进一步加大力度培育提升吐尔汗巴衣·吾格斯巴衣典型暨挖掘一批自强不息典型人物实施方案》，通过培育提升吐尔汗巴衣·吾格斯巴衣典型致富故事。在"察布查尔县零距离"开设《脱贫攻坚》专栏，通过网络、电视等媒体，先后刊登稿件46篇，宣传典型人物40余人，推荐上报全国脱贫攻坚奋进奖1人、贡献奖3人、创新奖1人，全国脱贫攻坚奖候选组织6个。将致富先进的典型人物事迹推广宣传出去，激发贫困群众的内生动力。

【精准排查工作】 2019年，县扶贫办认真落实建档立卡信息数据动态管理，聚焦贫困户和边缘户特别是鳏寡孤独、老弱病残、困境儿童等重点群体，组织力量对所有乡（镇）村（社区）、所有农户及所有行业部门进行拉网式排查。全县建档立卡贫困户主要集中在5个山区乡镇29个重点村。2019年完成18户56人脱贫退出，使全县建档立卡贫困户全部实现脱贫，贫困发生率下降为零。通过实施“七个一批”，落实精准帮扶，实现转移就业5528人，产业扶持1766人，土地清理再分配200户，护边员132人，生态补偿1357人，易地扶贫搬迁后扶持165户663人，综合社会保障兜底1728人。

【精准实施】 2019年，县扶贫办坚持资金精准和项目精准，完善脱贫攻坚项目库，制订2019年度项目实施计划，经过“两上两下”科学确定项目。建立完善扶贫资金常态化监管机制，落实公告公示制度。加快资金拨付进度，实行每月通报情况，开展好资金绩效评价。全年自治区下达财政专项扶贫预算考核资金1.06亿元，实施项目47项，其中基础设施类项目21项，资金5127.83万元；产业发展类项目18项，资金5145.89万元；入户就业奖补类项目4项，资金272.65万元；项目管理费4项，资金30.6万元。投入扶贫资金2329万元建设农村硬化路51.5千米，投入380万元完成农村道路养护工程。投入资金1261.83万元，实施墩买里村、杏花村、托普亚尕奇村等6项贫困村安全饮水提升改造项目。完成29个贫困村道路养护工作。投入资金1040万元实施加尕斯台镇加尕斯台村传统馕标准化馕产业生产园、伊昭旅游扶贫开发基础设施建设项目、察布查尔镇萨尔加孜克村哈萨克民俗旅游特色村寨建设项目等旅游扶贫项目，带动建档立卡贫困户200人就业，实现持续增收。

【“两不愁三保障”】 2019年，县扶贫办坚决贯彻落实总书记视察重庆讲话和解决“两不愁三保障”突出问题座谈会精神，组织各乡（镇、场）、领导小组成员单位，对所有农户“两不愁三保障”落实情况进行全面排查。全县财政收入的80%用于保障改善民生。全县小学、初中入学率100%，建档立卡贫困户和其他生活困难家庭无辍学生，落实“雨露计划”资金35.4万元，资助参加职业教育建档立卡贫困户学生118人。全面实施“先诊疗后付费”制度和一站式结算。出台建档立卡贫困户以及其他困难户参加城乡居民医疗保险个人缴费部分给予40%资助政策，为每名贫困人口补助80元参加商业补充医疗保险，建档立卡贫困户全部参加医疗保险，大病报销比例最高95%，全面落实医疗保障“三个一批”要求，有效防止因病返贫问题。建档立卡贫困户签约服务100%，对符合条件的建档立卡贫困户参加养老保险由财政给予补助。全县29个贫困村按要求完成水质检测，全部达到饮水安全标准。对建档立卡贫困户住房安全完成全面鉴定，逐户发放住房安全等级明白卡。29个贫困村全部实现“五通七有”（五通，即通水、通电、通路、通广播电视、通宽带或通信；七有，即有村“两委”班子且发挥作用、有支撑稳定增收的产业、有村集体经济收入、有村级党组织阵地、有幼儿园、有便民服务中心、有卫生室）。

【贫困人口就业】 2019年，县扶贫办针对建档立卡贫困户开发就业岗位2500个，涉及生态林、保安、保洁、纺织服装等行业。全县建档立卡贫困户具备劳动力5886人，实现就业5608人，其中政府开发岗位就业1405人，有组织转移就业75人，自主就业1178人，季节性务工1303人，家庭发展产业1002人，自主创业270人，集中就业375人。

【产业扶贫】 2019年,全县创建绿色食品原料标准化生产基地3个,其中红花0.67万公顷,小麦1.33万公顷,水稻1万公顷。以发展肉牛、肉羊为抓手,农区突出饲草料种植和育肥,牧区坚持以草定畜、小畜换大畜,全县1017户贫困户养殖繁殖母牛3055头。

【生态扶贫】 2019年,县扶贫办坚持规划引领,邀请国内外顶尖团队规划设计生态扶贫项目,力争用5年时间将察布查尔县2万公顷生态扶贫基地打造成为"生态扶贫百果园""生态扶贫百草园""生态扶贫百花园"。坚持完善基础设施建设,先后实施高效节水灌溉一期工程、二期工程及伊犁河南岸干渠3号扬水灌区水利工程,实施南岸干渠3号扬水灌区一级东泵站工程和生产服务区建设。创新与探索用社会化模式来完成生态扶贫造林,采用认领、认购等模式推广生态扶贫造林。完成造林0.33万公顷,栽植各类苗木430万余株,成活率90%以上。坚持扶贫益贫,坚持"公司+贫困户"的苗木管护管埋模式,确定305户贫困户参与生态扶贫造林。举办滴灌工程使用培训班、林果业病虫害防治培训班、林果业修剪技术培训班,在基地安置就业贫困户熟练掌握林果业种植管护技术、病虫害防治技术、嫁接改造等技术。

【精准数据】 2019年,县扶贫办制定《察布查尔县2019年度扶贫对象动态管理工作方案》,召开2019年度扶贫对象动态管理动员暨业务培训会议,以动态管理工作为重点,统筹推进责任落实、巡视整改等工作,明确工作任务、完成时限。强化工作指导,全县组成10个指导组下沉各乡镇驻乡、驻村帮助指导工作,形成日报告周研判制度,推进工作进度,提升工作质量。县、乡、村三级逐级研判,将家庭年人均纯收入低于5000元、存在返贫风险的脱贫户纳入监测户,对家庭年人均纯收入低于5000元、存在致贫风险的一般农户纳入边缘户,建立台账,跟踪监测,通过走访帮扶工作机制,严防脱贫人口返贫和产生新的贫困人口。县级帮扶干部1957人、乡级帮扶干部419人、村级扶贫干部287人、"访惠聚"工作队175人全部参与信息采集工作。组织县、乡、村业务骨干集中在县委党校封闭式自查自验,通过自设筛选条件方式,自查系统指标,推送至乡镇修正,对前期已研判完的户档再次录入修正,确保从源头防范错误数据及问题产生。

【援疆脱贫】 2019年,江苏省盐城市投入援疆资金8964万元,实施援疆项目21个,其中扶贫项目19个,受益贫困村13个,贫困户127户。选派干部和技术人员65人,培养受援地干部和技术人员1613人;乡镇结对15个,学校结对33个,医院结对17个。

【中石油助脱贫】 2019年,中国石油天然气集团有限公司直接投入资金1270万元,实施帮扶项目3个,通过开展消费扶贫购买贫困地区农产品金额925万元,帮助销售贫困地区农产品金额450万元。转移就业贫困人口125人,实现劳务收入37.5万元;引进企业1个,企业投资109万元,带动贫困人口就业324人。

【结对帮扶工作】 2019年,县扶贫办巩固落实县四套班子、县直部门、乡村党组织、"访惠聚"驻村工作组、驻县企业、农村党员,加上援疆、对口援助、爱心人士等社会力量的"6+X"帮扶工作格局。伊犁州级部门单位26个,定点扶贫贫困村24个,投入资金40多万元;实施产业项目1个,带动贫困人口脱贫25人,资助贫困学生8人;转移就业贫困人口62人,实现劳务收入38万元。县级帮扶部门单位118

个，定点扶贫贫困村 29 个，捐助资金 67.46 万元，培训贫困人口 184 人，资助贫困学生 25 人；转移就业贫困人口 173 人，实现劳务收入 119.5 万元，通过开展消费扶贫购买贫困地区农产品金额 41 万元，帮助销售贫困地区农产品金额 18 万元。

【落实扶贫责任制】 2019 年，县委、县政府每月至少召开一次脱贫攻坚专题会议，分析研究工作落实情况。全年召开扶贫开发领导小组会议 16 次。县委、县政府第一时间召开专题会议听取“两不愁三保障”落实情况，提出坚持聚焦脱贫攻坚目标任务，精准施策，精准发力，持续用力，坚持不懈推进“七个一批”“三个加大力度”，做到真扶贫、扶真贫、真脱贫。十四个专项行动组按照年初脱贫攻坚工作要点部署，由牵头单位每季度召开一次协调联席会议，研究协调专项行动落实。围绕脱贫攻坚责任落实、政策落实、工作落实，梳理明确县、乡、村三级落实清单。对照清单要求，各级党组织书记落实书记遍访行动，县委带头脱贫攻坚专题学习，每月召开专题会议研究脱贫攻坚工作。

【电商脱贫】 2019 年，县扶贫办完成乡级网点 15 个，建设村级服务点 38 个，打造电子商务便利店 2 家，设立本地农副产品专区及贫困户农产品直销区。举办第三十届“科技之冬”电子商务专题培训会 48 场次，培训人员 2721 人。组织县域内企业加入中国扶贫网。县域内通信企业通过为贫困家庭办理免费宽带业务、推出移动电话通话优惠资费套餐等措施，减轻贫困户经济负担。

【队伍建设】 2019 年，县扶贫办坚持按照自治区要求，以机构改革为契机，为县扶贫办配置行政事业编制 20 人，配备党组成员 6 人、挂职 3 人加强班子力量，另行抽调干部充实到扶贫办，工作人员保持在 28 人。各成员单位至少安排 1 名扶贫专干，各乡镇按乡镇不少于 5 人的要求选配干部充实扶贫办，有扶贫任务的村按照不少于 3 人的标准整合力量建立扶贫工作站。县直部门确定扶贫专干 147 人，乡村两级扶贫专干 271 人。

【问题整改】 2019 年，县扶贫办对落实中央第六巡视组脱贫攻坚专项巡视反馈的 41 个问题和中央脱贫攻坚专项巡视指出的 60 个突出问题建立整改台账，按照每季度开展一次清单化调度的要求，持续跟进，落实整改工作。对国家 2018 年脱贫攻坚成效考核反馈问题等整改工作参照中央第六巡视组反馈意见进行整改，建立整改台账，实行一案一卷，每个问题建立整改清单，收集相关印证资料。

（赵生明）

政　治

中共察布查尔锡伯自治县委员会

【中共察布查尔锡伯自治县委员会负责人】

县委书记：王沛昭

县委副书记：关桂珍(女,锡伯族,政府党组书记、县长)、赵泰峰(组织部部长,县人大党组书记,6月离任)、曲聪(县委政法委书记)、李强(援疆干部,12月离任)、高明荣(援疆干部,12月任职)

县委常委：王勇(县人民武装部政委)、艾尼瓦尔·库尔马纳力(哈萨克族,县委统战部部长)、关晓军(锡伯族,县委宣传部部长)、李志强(县公安局党委书记、局长)、刘杉(常务副县长)、姚卫国(县纪委书记、监委主任)、赵念星(县委组织部部长,6月任职)、王国明(政府副县长、工商联主席)

【县委第十三届委员会第十次全委(扩大)会议】 2019年1月17日召开。县委书记王沛昭做题为《贯彻新思想　聚焦总目标　谱写"塞外江南"新伊犁的察布查尔新篇章》的工作报告。会议的主要任务是:以习近平新时代中国特色社会主义思想为指导,认真贯彻落实党的十九大和十九届二中、三中全会,庆祝改革开放40周年大会,中央经济工作会议精神,贯彻落实自治区党委九届五次、六次全体会议,经济工作会议和自治州党委工作会议的工作部署,总结2018年工作,部署2019年任务,动员全县各级党政和广大党员干部群众,贯彻新思想,聚焦总目标,统筹"六个伊犁""六个区""五大发展格局",坚定信念,坚守使命,坚持斗志,奋力谱写"塞外江南"新伊犁的察布查尔新篇章。

【县委常委会议】 2019年,县委召开常委会议20次。

第三次常委会:1月17日召开。研究干部调整方案,共调整7人。

第七次常委会:2月12日召开。研究2名违纪人员处理情况。

第十三次常委会:3月11日召开。研究3名违纪人员处理情况。

第十六次常委会:4月9日召开。研究干部调整方案,共调整10人。

第十八次常委会:4月15日召开。研究2名违纪人员处理情况。

第十九次常委会:4月22日召开。研究3名违纪人员处理情况。

第二十次常委会:5月7日召开。研究4名违纪人员处理情况。

第二十二次常委会:5月13日召开。研究1名违纪人员处理情况。

第二十四次常委会:5月24日召开。研究干部调整方案,共调整32人。

第二十六次常委会:5月28日召开。研究干部调整方案,共调整124人。

第二十八次常委会:6月10日召开。研究审议《关于察布查尔县2019年第一批引进人才拟聘用人选报告》。

第二十九次常委会:6月13日召开。研究干部调整方案,共调整97人。

第三十次常委会:6月27日召开。研究6名违纪人员处理情况。

第三十二次常委会:8月8日召开。研究1名违纪人员处理情况。

第三十八次常委会:10月21日召开。研究2名违纪人员处理情况。

第三十九次常委会:10月21日召开。研

究2名违纪人员处理情况。

第四十三次常委会:11月8日召开。研究3名违纪人员处理情况。

第四十四次常委会:12月2日召开。研究2名违纪人员处理情况。

第四十五次常委会:12月11日召开。研究干部调整方案,共调整2人。

第四十六次常委会:12月31日召开。研究干部调整方案,共调整6人。

【县委常委(扩大)会议】 2019年,县委召开常委(扩大)会议7次。

第二次常委(扩大)会议:1月13日召开。研究中共察布查尔锡伯自治县第十三届委员会第十次全委(扩大)会议以及工作报告(讨论稿)。

第九次常委(扩大)会议:2月25日召开。传达学习《习近平扶贫论述摘编》部分内容,听取了扶贫领域工作专项工作组工作开展情况汇报。

第二十三次常委(扩大)会议:5月21日召开。听取伊南工业园区南疆务工人员管理服务情况汇报。

第二十五次常委(扩大)会议:5月24日召开。传达学习中央、自治区、自治州关于脱贫攻坚文件精神,安排部署县脱贫攻坚工作。

第二十七次常委(扩大)会议:6月3日召开。学习中央有关会议精神,听取扶贫领域腐败和作风问题专项治理工作情况汇报。

第三十七次常委(扩大)会议:10月6日召开。传达学习《中国共产党问责条例》。

第四十二次常委(扩大)会议:10月30日召开。听取2019年自治区专项审计反馈问题整改落实情况,安排部署相关工作。

【外省(区、市)领导专家考察】 2月18日,国家发改委中咨公司农村经济与地区业务部高级工程师、调研组组长王海潮一行在县调研指导。

4月16日,盐城工学院援疆课题调研组在县调研。

5月1日,辽宁省援疆指挥部领导一行在县调研。

5月7日,江苏旅游职业学院调研组一行在县调研。

5月14日,中央扫黑除恶专项斗争第21督导组副组长王兆星一行在县调研指导工作。

5月17日,中组部陈玉明率调研组在县调研指导工作。

5月25日,中央网信办网络安全协调局巡视员阳春艳一行在县调研指导网络安全和信息化工作。

6月8日,江苏省办公厅领导一行在县调研。

6月15日,盐城市盐都区人大常委会主任顾其斌一行在县调研。

6月18日,中国科协老科技工作者专委会调研组一行在县调研指导工作。

6月20日,复旦大学附属中山医院党委书记汪昕在县人民医院四楼会议室召开座谈会。

6月22日,盐城纺织企业代表团在县调研伊南工业园区工作。

6月25日,河北省阳原县考察团一行在县调研黑木耳基地、锡伯古城、薰衣草基地等工作。

6月26日,江苏省文联代表团在县开展苏伊两地艺术家文化交流活动。

6月28日,盐城市人大常委会党政代表团一行在县调研。

6月29日,国家民族事务委员会领导一行在县调研。

7月1日,自治区政协党组副书记、常务副主席程振山在县调研脱贫攻坚工作,并召开座谈会。

7月1—3日,盐城市人大常委会副主任邹毅实一行在县考察调研。

7月4—5日,盐城市文联党政代表团在县调研。

7月10日,国家发展和改革委员会副主任连维良一行在县调研指导伊泰项目建设工作。

7月12—14日,盐城市妇联副主席胡忠秀一行在县考察调研。

7月16日,解放军总医院第八医学中心主任许国宇一行在县考察调研医疗技术工作。

7月17—18日,江苏阜宁县委常委、组织部部长、统战部部长周达虎一行在县考察调研援疆干部工作。

7月19日,徐州市副市长,市公安局党组书记、局长王文生一行在县考察调研社会稳定工作。

7月26—28日,盐城市医改办主任张国瑞一行在县考察医疗卫生保障工作。

8月3—4日,盐城市委副书记、市长曹路宝一行在县考察调研并召开座谈会,盐城市党政代表团出席会议,王沛昭、关桂珍、曲聪、李强、刘杉、赵念星等县领导及相关部门(单位)主要负责人参加。

8月3日,北京九芝堂董事长李振国一行在孙扎齐牛录镇、绰霍尔镇考察调研康养工作。

8月15日,江苏海门市委书记陈勇一行14人在县考察调研对口援疆工作。

8月17—21日,盐城市委党校党委副书记、副校长郭云一行在县考察调研对口援疆工作,并在县高级中学开展"盐城市委党校暨郑巧玲工作室捐资助学"活动。

8月26—29日,盐城政协原副主席肖兰英一行5人在县考察调研对口援疆工作。

8月,江苏省徐州市鼓楼区人民政府区长罗德清一行在县考察调研对口援疆工作。

9月1—2日,盐城市审计局副局长张晓鸣一行6人在县考察调研援疆项目,并对2018—2019年援疆项目审计。

9月7日,江苏省政协原副主席张九汉一行在县调研考察文体工作,并在县射箭运动学校举行捐赠仪式,伊犁州党委副书记,江苏省援伊前方指挥部党委书记、总指挥潘道津出席。

9月9—12日,盐城市公安局副局长王炜一行6人在县考察调研援疆工作。

9月18日,中央新疆办领导在县调研指导工作。

9月20日,扬州大学附属医院党委书记王炜一行在县考察调研并召开座谈会。

10月16日,中央主题教育巡回指导组副组长李金章在县调研。

10月19日,盐城广播电视总台党委书记、台长戴为洋在县对接援疆工作。

10月21日,中国社会艺术协会在县开展"快乐音乐教室"捐赠工作。

11月29日,河南省第19批博士服务团考核组对挂职副县长白金进行期满考核并召开座谈会。

12月26—28日,国家2019年扶贫成效第三方评估工作组开展走访入户现场评估工作。

【自治区领导(部门)调研】 1月8日,自治区扶贫开发办公室机关党委副调研员高峰一行4人在县考核工作。

1月20日,自治区总工会党组成员、教育工会主席索萍一行在县看望慰问劳动模范和困难职工。

2月4—6日,新华社新疆分社副总编辑丁建刚一行4人在县采访。

3月3日,自治区扶贫领域专项督导组一行在县调研指导工作。

3月10日，自治区监察委员会委员、自治区监察厅副厅长、地区群众工作督导组组长雷志农在县督导检查并召开座谈会。

3月16日，自治区群众工作督导组在县检查指导工作。

3月17日，自治区“大棚房”问题专项清理整治行动指导检查组对自治县“大棚房”清理整治工作进行专项检查。

3月18日，自治区纪委监委案件质量评查组在县调研指导工作。

3月19日，自治区高级人民法院伊犁州分院党组副书记、院长奴尔泰·伊纳亚提在县调研指导工作。

3月19日，自治区农村人居环境整治行动督查组在县调研指导工作。

3月21日，自治区扶贫办党组书记曹志文在县调研指导工作。

3月22日，自治区人民政府副主席，公安厅党委副书记、厅长、督察长王明山在县调研指导工作。

4月26日，自治区人大常委会副主任马宁·再尼勒一行在县调研《中华人民共和国水污染防治法》贯彻实施情况。

4月29日，自治区政协党组副书记、副主席程振山在县调研指导脱贫攻坚工作。

4月30日，自治区政协党组副书记、副主席程振山在县会务中心主持召开自治区政协调研脱贫攻坚座谈会。

5月7日，自治区监委委员侍新力一行在县调研指导工作并召开座谈会。

5月7日，自治区群众工作督导组在海努克乡调研指导工作。

5月16日，自治区奶业和农区畜牧业专题调研组在县调研指导工作。

5月21日，自治区北疆前方指挥部在县伊南工业园区双创产业园调研指导工作。

5月21日，自治区供销合作社在县验收供销合作社合作发展基金项目并召开座谈会。

6月24日，自治区扶贫办副主任陈雷一行在县调研。

6月29日，自治区高级人民法院党组成员、副院长逄锦温一行在县开展督导检查工作。

7月5日，自治区中央环保督察反馈意见整改工作督导组在县调研指导矿山生态环境恢复治理工作。

7月8日，自治区党委常委、纪委书记、监委主任杨鑫在县调研。

7月19日，自治区脱贫攻坚指导组一行在县调研指导脱贫攻坚工作。

7月24日，自治区政法委副书记戴光辉一行在县调研指导工作。

7月26日，自治区发改委调研组在县调研“十四五”经济发展规划并在县委一楼会议室召开座谈会。

8月2日，自治区卫健委政策法规和体制改革处处长李林玉在县调研医改工作。

8月20日，自治区文化和旅游厅立法调研组一行在县调研指导工作。

9月1日，自治区党委脱贫攻坚专项督查组在县开展督查工作并在县宾馆会务中心二楼会议室主持召开见面会。

9月8日，自治区人大常委会党组副书记、副主任李学军在县调研指导工作。

9月10日，自治区卫生县城验收组王志耀一行在县开展验收工作。

9月20日，自治区边境管控督导组在县调研指导工作。

10月4日，自治区政府副主席，自治区党委政法委副书记，自治区公安厅党委书记、厅长王明山在县调研指导工作。

10月17—18日，自治区保密工作督导检查组在县开展保密检查。

10月19日，自治区扶贫对象动态管理指

导组在县调研指导。

11月5日,自治区脱贫攻坚验收组在加尕斯台镇上加尕斯台村、加尕斯台村、阿克亚尔村实地验收脱贫攻坚工作。

11月6日,自治区脱贫攻坚验收组在县阔洪奇乡玉其吐格曼村实地验收脱贫攻坚工作。

11月10日,自治区党委巡视办公室领导在县调研指导巡察工作。

11月13日,自治区公安厅国保总队综合执法支队副支队长田文兴在县调研。

11月13日,自治区2019年脱贫攻坚成效考核组在县考核并召开座谈会。

11月14日,自治区扶贫开发成效考核组在县考核并召开座谈会。

11月25—26日,自治区脱贫攻坚大排查暨"冬季攻势"指导组一行在县指导工作。

12月10日,自治区人大常委会党组副书记、副主任李学军在县调研。

12月28日,自治区脱贫攻坚指导组在县调研指导工作。

【自治州领导(部门)调研】 1月1日,伊犁州公安局治安支队政委曾文军一行在县调研。

1月2日,伊犁州军分区政治部主任姚志江一行在县调研指导。

1月3日,伊犁州党委副书记、纪委书记、监委主任吴坚在海努克乡调研慰问。

1月4日,伊犁州党组成员、副州长,州公安局党委书记、局长、督察长高琪主持召开县市公安局局长会。

1月7日,伊犁州党委副书记、纪委书记、监委主任吴坚在县调研。

1月28日,伊犁州军分区安全检查工作组在县检查工作。

2月6日,伊犁州党委书记,兵团四师党委第一书记、第一政委,伊犁军分区党委第一书记,霍尔果斯经济开发区党工委书记赵天杰和伊犁州党委副书记、政法委书记刘新利在县调研指导工作。

2月7日,伊犁州政协副主席刘克华在县调研并召开调研问题反馈会议。

2月10日,伊犁州党委副书记、州长库尔玛什·斯尔江,副州长梅钰一行在县调研"大棚房"清理整治工作推进情况。

2月19日,伊犁州林业局副局长阮丽蓉在县调研指导林业工作。

2月23日,伊犁州人民政府副州长阿不力克木·努兰别克在县调研经济工作。

2月25日,伊犁州党委书记,兵团四师党委第一书记、第一政委,伊犁军分区党委第一书记,霍尔果斯经济开发区党工委书记赵天杰;州党委副书记、政法委书记刘新利;伊犁州党组成员、副州长,州公安局党委书记、局长、督察长高琪;伊犁州政协副主席刘克华在县调研指导工作,并组织召开调研座谈会。

3月3日,州党委常委库兰·赛富汗在县开展"三八"活动。

3月11日,州党委副书记、纪委书记吴坚在县海努克乡海努克村开展调研慰问活动。

3月12日,伊犁州党委书记,兵团四师党委第一书记、第一政委,伊犁军分区党委第一书记,霍尔果斯经济开发区党工委书记赵天杰在县爱新色里镇、堆齐牛录乡调研指导工作。

3月,伊犁州党委常委、宣传部部长高天山在县海努克乡调研指导工作。

4月17日,伊犁州农业农村重点工作专题调研督导组在县调研指导工作并召开座谈会,伊犁州副州长梅钰出席座谈会并讲话。

4月19日,伊犁州政协副主席刘克华在县调研。

4月20日,盐城市农副产品及物流产业考察团在县调研。

5月2日,江苏省对口支援新疆伊犁州前

方指挥部副总指挥、伊犁州副州长何平在县调研考察援疆项目。

5月5—6日，伊犁军分区及伊犁州军地联合检查工作组在县验收民兵整组工作。

5月6日，伊犁州党委组织部副部长左拉·哈森在县阔洪奇乡调研自治县干部队伍及基层组织建设工作。

5月17—18日，伊犁州人大常委会主任阿不都沙拉木·沙德克在县调研脱贫攻坚工作。

6月4日，伊犁州党委常委、常务副州长陶青松在县调研指导经济发展工作。

6月6日，伊犁州党委副书记、州长库尔玛什·斯尔江在县调研高考等工作。

6月8日，伊犁州党委常委、宣传部部长高天山一行在县初级中学高考考点检查指导高考工作。

6月9日，自治州基层减负办在县调研指导基层减负工作并召开座谈会。

6月11日，伊犁州副州长阿布力克木·努兰别克在县调研指导招商引资工作。

6月12日，伊犁州政协副主席刘克华在县调研指导工作并召开座谈会。

6月16日，自治州党委政研室调研组在县调研指导工作。

6月18日，伊犁州军分区纪检工作组在县调研指导工作。

6月20日，自治州群众工作调研组在县调研《基层减负20条措施》落实情况并召开座谈会。

7月3日，伊犁州人民政府副州长，州公安局党委书记、局长高琪在县调研指导工作。

7月8日，自治州国土空间规划编制调研组一行在县调研并召开座谈会。

7月24日，伊犁州党委书记，兵团四师党委第一书记、第一政委，伊犁军分区党委第一书记，霍尔果斯经济开发区党工委书记赵天杰在县调研指导工作。

7月25—26日，州党委组织部调研组组长谭培斌一行在县调研指导工作。

8月12日，州党委常委热孜别克·哈木扎在县调研指导工作。

8月25日，伊犁州党委书记，兵团四师党委第一书记、第一政委，伊犁军分区党委第一书记，霍尔果斯经济开发区党工委书记赵天杰在县调研指导工作。

8月30日，州党委组织部在县考察干部并在县会务中心二楼会议室召开干部大会。

8月31日，伊犁州党委书记，兵团四师党委第一书记、第一政委，伊犁军分区党委第一书记，霍尔果斯经济开发区党工委书记赵天杰在县调研指导工作。

8月，伊犁州党委副书记、州长库尔玛什·斯尔江在县调研指导工作。

10月2日，伊犁州副州长，江苏省援伊前方指挥部党委副书记、副总指挥何平在县调研援疆项目建设情况。

10月8日，州党委常委、纪委书记、监委主任吴坚在县扎库齐牛录乡、察布查尔镇督导调研。

10月11日，州卫健委副主任张志英在县调研。

10月27日，州党委副书记、州长库尔玛什·斯尔江在县调研违建别墅及农村改厕工作。

10月29日，伊犁州党委书记，兵团四师党委第一书记、第一政委，伊犁军分区党委第一书记，霍尔果斯经济开发区党工委书记赵天杰在县调研。

10月，州党委宣传部副部长帕合尔丁·艾合旦木在县调研指导“扫黄打非”工作。

10月，州公安局党委委员、副局长阿布拉希木·阿斯木在县调研。

11月2日，州政府党组成员、副州长，州

公安局党委书记、局长高琪在县调研指导工作。

11月4日,州纪委副书记、监委副主任刘季在县调研。

11月5—6日,州党委常委、政府副州长陶青松在县调研违建别墅清理清查工作并主持召开座谈会。

11月15日,伊犁州人大常委会副主任热孜燕·阿布力孜一行到我县调研医改、医共体工作。

11月19—20日,州政府党组成员、副州长,州公安局党委书记、局长高琪在县调研指导工作。

11月21日,伊犁州党委书记,兵团四师党委第一书记、第一政委,伊犁军分区党委第一书记,霍尔果斯经济开发区党工委书记赵天杰在县调研指导工作。

11月23日,州党委副书记、政法委书记刘新利在县调研。

11月26日,州党委副书记、政法委书记刘新利在县调研。

11月,州政协党组成员、副主席刘克华在县调研。

12月3日,州党委常委、统战部部长帕尔哈德·赛义德在县调研。

12月5日,州政府党组成员、副州长,州公安局党委书记、局长高琪在县调研。

12月12日,州人大常委会副主任热孜燕·阿布力孜在县调研州级农村改厕工作。

12月14日,州政协副主席,州政府党组成员、秘书长潘行科在县调研。

12月16日,州公安局考核组在县调研。

12月21日,自治州绩效考核组在县开展工作并召开见面会。

12月31日,州党委副书记、政法委书记刘新利在县调研。

【县外领导专家调研交流】 6月4日,霍尔果斯市党政代表团在县对接扶贫工作,并召开座谈会。

11月20日,塔城市委常委、政府副市长,沈阳市援疆工作队副队长付贵山在县考察交流。

11月30日,昭苏县观摩团在县职业技术学校、红石榴社区考察调研。

12月19日,尼勒克县冬季大培训工作考察组在县考察调研。

【县委下发的文件】 2月28日,发出《关于〈察布查尔锡伯自治县机构改革方案〉的实施意见》。

3月13日,发出《关于察布查尔锡伯自治县委员会机构编制委员会组成人员任职的通知》。

3月15日,发出《关于自治县县委第六轮巡察组长、副组长授权任职及任务分工的决定》。

3月16日,发出《关于对部分涉及机构改革单位党委(党组)职数设置调整及撤销成立更名的通知》。

6月30日,发出《中共察布查尔锡伯自治县委员会关于表彰先进基层党组织、优秀共产党员和优秀党务工作者的决定》。

9月8日,发出《自治县党委、政府关于表彰教育工作先进集体、优秀教育工作者、优秀德育工作者、优秀班主任、优秀骨干教师、爱岗敬业教师的决定》。

10月15日,发出《关于印发〈察布查尔县公务员职务与职级并行制度实施方案〉的通知》。

【社会稳定】 2019年,县委紧扣建设“维护稳定样板区”,立足基本常态,按照“八不”要求,坚持“稳中求进”总基调,把握“紧、严、细、实、疏”工作原则，常态落实各项维稳措施，确保社会大局持续稳定、全面稳定、长期稳定。认真贯彻自治区党委“六件事”、自治州“5个100%”要求，用心用力解决好关系群众切身利益问题，收集群众困难诉求1113件，办结率97.8%，办实事好事13120件。建立群众困难诉求解决办理机制，创新落实“12345”群众工作机制、“四方联动”机制，梳理汇总群众困难诉求493条，解决470条，累计投入帮扶资金83.92万元。宣传惠民政策，解决生产生活中的实际困难，引导群众感党恩、听党话、跟党走，开展活动3800余场次，群众“五观”、“四个认同”、感恩意识不断增强。全面巩固自治区优秀平安县成果，持续抓好平安创建细胞工程，创建自治区优秀平安乡镇2个，自治州平安乡镇1个。加强普法队伍，建立完善法律公共服务平台，全面加强法律法规咨询服务。

【经济发展】　2019年，县委贯彻落实新发展理念，坚持“稳中求进”总基调，推进经济社会持续健康发展。建立察布查尔有机大米地方标准并发布，水稻、红花、西梅、制种玉米、薰衣草等15160公顷特色农业产业效益良好，特色农业产业结构基本形成。年内引进农副产品深加工企业1家；整合沙场、矿山等资源，推动建筑新型建材产业发展。建立18名县委、政府领导联系21家民营企业和15个商会制度，促进民营企业健康发展。参加第十七届哈萨克斯坦-中国商品展览会、中国进出口商品交易会、中韩投资贸易博览会等国际性展台，新增外贸企业3家，外贸进出口总额2584.88万美元，完成全年任务的153.86%。伊南工业园区仓储物流规划基本完成，伊犁河谷箭乡机械设备物流服务中心正在建设。修订米粮泉回族民族乡生态小镇规划，推进湿地公园康养服务区建设运营。编制完成《察布查尔县全域旅游规划》，以锡伯族文化为重点，持续开展“一月一主题”活动，“时光隧道”、玻璃栈道和天空之境等项目陆续落地，全时段、全方位的旅游格局逐步形成。新建加油加气站2座，新建信号塔9座，旅游服务基础设施日益完善，接待游客161.67万余人次(同比增长67.9%)，旅游收入达12.87亿余元(同比增长53.78%)。坚持“富规划、穷建设、留白未来”，立足伊犁重要生态功能区的定位，初步完成全县国土空间规划修编方案，“一城四镇”规划正在编制，村镇体系规划正在完善。汽车文化街景、锡伯文化街景等独具文化特色的工程建成投用。“百年老宅”、古城墙等历史建筑保护工作稳步推进，“小白杨”纪念馆建设完成，锡伯民俗博物院服务功能明显提升，历史“年轮”越发清晰。

【“三大攻坚战”】　2019年，县委树牢过“紧日子”的思想，积极防范化解债务风险，将有限的资金用在刀刃上、杠杆上，不干没有资金来源的事，确保2019年政府违规“零举债”。推进“三资三化”措施，组建成立3个股份制企业。通过债转股等措施，有效化解债务5.46亿元。积极争取上级项目资金，到位中央和自治区各项资金、政府债券项目135项，到位资金10.51亿元。坚决打赢污染防治攻坚战，完成植树造林2607公顷。南岸干渠3号扬水灌区工程投入使用，助推2万公顷生态扶贫林建设，完成造林3333公顷，栽植各类苗木430余万株，成活率90%以上。统筹县城内外水系脉络，打通堵点、联通断点15个，构建水系网络68个。把“塞上西湖”纳入“一城四镇”规划中，加快新型城镇化发展步伐，构建“城中有湖、湖中有岛、岛上有桥”的特色美景。制定完善《察布查尔县2019年度打赢蓝天保卫战行动计划》《察布查尔县2019年度水污染防治行动计划》，扎实开展大气、水、土壤污染防治，关停“散乱污”企业17家。依法依规清除残垣断壁1894处、违章建筑132处、侵街占道私搭乱建的设施

793处,拆除危房131间、棚圈109个,大力整治占道经营、乱摆乱放、乱倒垃圾、违反交通秩序等现象。坚决打赢脱贫攻坚战,狠抓城乡低保动态管理,实现残疾人、特困人员、低保户等特殊困难群体应保尽保、应助尽助,8929户13250人享受城乡低保。持续巩固脱贫攻坚成效,针对建档立卡贫困户开发就业岗位2500个,每人每月补助100元,就业脱贫5608人。积极发展特色种养殖业,覆盖贫困人口3894户。29个贫困村道路养护工作全部完成,所有乡镇都通上公交车。大力发展旅游扶贫项目,带动建档立卡贫困户200人就业,实现持续增收。推进金融扶贫,审批发放小额贷款802户1763万元。开展有针对性的定点帮扶,技能培训335人,实现就业322人。建档立卡贫困户护边员128人,每月工资2000元。坚持生态扶贫林管护"公司+贫困户"的管理模式,60名护林员和330户贫困户参与生态扶贫造林,扩大扶贫成效,实现生态补偿扶持164人,综合社会保障扶持1879人。

【全面深化改革】 2019年,县委全面梳理改革事项85项,完成改革任务71项。顺利完成党政机构改革,严格落实公务员职务与职级并行制度,事业单位改革有序推进。深化医疗体制改革,实施县域医联体、医共体,推进远程诊疗服务,实现疆内、疆外异地就医"一站式"结算。完成供销合作社综合改革。深化电子政务改革,推行"最多跑一次",网上可办行政事项499项,网上可办率84%。全面落实"3550"改革措施,优化流程,通过"一窗受理、互联互通、信息共享"模式,实现证照办理当日受理、当时出照,推动"放管服"改革向纵深发展。

【民生保障】 2019年,县委坚持以人民为中心,民生优先,民生先动,持续实施"九大惠民工程",各族群众获得感、幸福感、安全感不断提升。持续做好就业工作,实现城镇新增就业3623人,完成全年任务的102%。全县新增累计开发就业岗位3228人,完成任务的100.8%。实现农村富余劳动力转移4.4万余人次,完成100.1%;创收2.91亿元,完成100.3%。实现有组织转移劳动力674人,完成122.54%。通过"七个一批"吸纳就业人数553人,完成目标任务的138.25%。持续提高教育质量,完成15所县直及乡镇中心学校的标准化运动场建设;完成盐城实验学校和初级中学综合楼建设;完成2所学校辅助配套基础设施建设;顺利完成2019年新设考区的高考工作。加强教师队伍建设,引进支教老师48人,116名教师轮岗交流。持续开展"三进两联一交友"活动,32名县级领导、2214名教师与7635名学生结对,培育社会主义核心价值观,2019年普通高考上线率达97.3%。全面普及医疗惠民政策,开展全民健康体检工作,免费体检126406人,完成任务的98.91%。全面巩固建档立卡贫困户"先诊疗后付费""一站式结算"服务,"一站式结算"资金达262万余元。做好公共卫生服务,普及基本卫生科普知识,开展宣讲活动143场次,8万余名群众参与,教育、引导各族群众养成健康的饮食习惯和生活方式。大力实施安居工程,完成安居富民工程360户,对46户进城购买商品房家庭享受安居富民同等补助。完成棚户区改造400户,投入5467万元完善棚户区基础设施建设。扎实推进社会保障体系全覆盖,完成基本养老保险参保7686人,机关养老保险参保7016人,基本医疗保险参保17231人。持续推进援疆工作,实施七大类22个重点项目,投入资金8954万元,其中75%以上投入到扶贫领域。全面深化"1+4"援疆工作机制,引进各类柔性人才28人,培训各类人员2319人次;6名援疆专家医生来察支医,打造特色科室2个,开发新技术、新项目6项;28名教师赴察支教。围绕察布查尔县"一园一城一区"载体建设,实现签约项目3个,实际到位投资15.28亿元。36家单位积极参与"小援疆",共结对帮扶贫困村466人,帮扶资金728.17万元。

【民族团结】 2019年,县委全面贯彻党的宗教工作方针政策,坚持我国宗教中国化方向,依法加强宗教事务管理。发挥驻村管寺管委会作用,加强宗教活动场所及信教群众的教育管理和服务。及时调整领导干部包联宗教活动场所和宗教人士,加大对在职宗教人士思想政治培训力度,组织在职宗教人士参加州级及以上教育培训。扎实开展"民族团结一家亲"及民族团结联谊活动,5416名干部职工结对认亲9571户,开展走访见面10万人次,办实事好事3万余件,惠及各族群众11万余人次。推进嵌入式社会结构和社区环境建设,确定嵌入式样板小区5个,示范点1个。

【意识形态】 2019年,县委坚持党管宣传、党管意识形态不动摇,强化领导权意识、阵地意识、底线意识。深入开展意识形态领域反分裂斗争教育,开展"过中国节日、讲中国故事、为中国梦做贡献"等活动114场次;加大"三本白皮书"宣传力度,广大干部群众"五个认同""四个自信"不断增强,树牢中华民族共同体意识。成立县级融媒体中心,统筹传统和新兴媒体,打造全媒体传播新格局,增强主流媒体的传播力、引导力、影响力和公信力。

【党的建设】 2019年,县委始终聚焦主责主业,以党的政治建设为统领,以全面从严治党为抓手,推进党的建设向纵深发展。坚持正确选人用人导向,提拔重用基层一线、维稳一线、脱贫攻坚"吃劲"岗位经历的干部占91.7%,把一线岗位作为培养历练干部的主阵地。注重年轻干部的选拔配备,构建年轻干部梯次培养体系,少数民族干部担任党政正职43人,选派任用89后年轻干部33人,提拔重用6名85后担任县直部门党政正职。加强对受问责干部的后续管理,创造重新"上"的条件和机会,26名受问责干部走上领导岗位。坚持"引进来"和"走出去"相结合,精准引进高层次紧缺人才,用好用活8名引进人才。实施"刚性+柔性"引才模式,设置刚性引才岗位40个,柔性引才岗位40个。选派23名党政干部到对口援疆省市考察交流、学习培训、进修深造。健全完善"一支部五中心+网格化服务+积分制管理"、基层党建"四张清单""抓乡促村"常态化等19项工作机制。注重选优配强基层党组织,建强队伍,调整村党支部书记19人,招录120名返乡大学生到村工作,38名转为村干部,储备年轻干部360人;新建12个农村社区。加大农牧民党员发展和储备力度,储备入党申请人5255人,入党积极分子1927人,其中农牧民入党申请人4377人,入党积极分子1433人,切实把乡村党组织打造成坚强的战斗堡垒。成立国有企业党委1个,成立7个联合党支部,推进党组织全覆盖。始终坚持问题导向、效果导向,充分运用监督执纪"第一种形态"处理468人次,全年处置问题线索706件,立案224件,结案202件,给予党纪政务处分192人,组织处理470人,移送司法6人,挽回经济损失3000余万元。深化专项治理扶贫领域腐败和作风问题,查处问题93件,给予党纪政务处分22人,组织处理71人,移送司法2人。查处民生领域问题线索50件,清查申报、发放冬小麦补贴履职不力问题,追责61人,追缴资金113万元;严查扶贫开发信息系统录入不力问题,问责党政领导干部5人、直接责任人员65人。办理相关部门移交涉黑涉恶问题线索33件,立案9件,倒查3个乡党委主体责任、3个部门监管责任,有效纠治基层乱象。

【2019年第九批优秀援疆干部人才】 李强(县委副书记)、谢纬(县政府副县长)、李晓东(县政府党组成员、伊南工业园区管委会副主任)、刘益(县委办公室副主任、县财政局副局长)、郑中华(县公安局副局长)、钱斌(县伊南工业园区管委会副主任)、左凌宇(县文化体育广播电视和旅游局副局长)、董建(县住建局副局长)、徐保钰(县商务和工业信息化局副局长)、陈丽(县文化体育广播电视和旅游局副局长)、王洪泉(县高级中学副校长)、杭向阳(县高级中学副校长)、赵闻宇(县高级中学政教处主任、生物教研组组长)、蔡金龙(县高级中学教务处副主任)、杨王根(县高级中学数学教师)、徐维兰(县高级中学教科处副主任)、朱卫情(县高级中学政治教师)、周海平(县高级中学历史教研组组长)、杨日祥(县高级中学历史教师)、唐爱国(县高级中学政治教研组组长)、张冀(县中医医院副院长)、崔庆和(县中医医院副院长)、朱剑峰(县中医医院肛肠科副主任)、杨粉凤(县中医医院妇产科副主任)、焦建东(县中医医院针灸理疗科副主任)、缪新明(县中医医院内三科副主任)、刘学良(县中医医院肛肠科副主任)、周祝兰(县中医医院肛肠科主任)、沙伟(县中医医院消化内科副主任)、李海峰(县中医医院内二科副主任)、仓青松(县中医医院内科副主任)、陈智勇(县中医医院儿科主任)、刘君健(县报社副社长)。

【教师节表彰】 2019年9月10日,县委召开教师节表彰大会,表彰教育工作先进集体3所、先进教育工作者10人、优秀德育工作者12人、优秀班主任20人、优秀骨干教师14人、爱岗敬业教师44人。

教育工作先进集体 察布查尔锡伯自治县第三小学、察布查尔锡伯自治县阔洪奇乡中心校、察布查尔锡伯自治县新城区社区幼儿园。

先进教育工作者 池嘉綦(县第二小学副校长)、郭燕(女,县初级中学教研副主任)、范新光(种羊场中心校总务主任)、伊小梅(女,锡伯族,孙扎齐牛录镇中心校党支部副书记)、史建江(阔洪奇乡琼塔木村小学党支部书记)、唐倩[女,回族,海努克乡切吉村(新村)幼儿园园长]、徐秀丽(女,海努克乡向阳村小学挂职副校长)、齐那尔别克·努尔木合买提(哈萨克族,加尕斯台镇努拉洪布拉克村小学副校长)、艾山江·乌不勒哈斯木(维吾尔族,加尕斯台镇中心校党支部副书记、副校长)、王芳兰(女,青少年活动中心主任)。

优秀德育工作者 马兰(女,回族,县果尔敏西街社区幼儿园副园长)、杨路(女,县第二小学挂职副校长)、张新成(县第三小学德育副主任)、马丽莉(女,回族,县高级中学副校长)、冯晓涛(县高级中学德育副主任)、任江云(女,县初级中学政教处副主任)、杨秀峰(女,锡伯族,爱新色里镇中心校德育主任)、永春燕(女,锡伯族,扎库齐牛录乡中心校德育主任)、张福兰(女,回族,坎乡中心校德育干事)、阿迪拉·阿不力买提(女,维吾尔族,海努克乡向阳村小学德育主任)、古再丽·艾尔肯(女,维吾尔族,琼博拉镇中心校挂职副书记)、杨敏(女,琼博拉镇索墩布拉克村小学德育主任)。

优秀班主任 马晶[女,回族,县中心幼儿园大(1)班班主任]、邢琼琼[女,县第一小学五年级(1)班班主任]、比比努尔·艾比列达[女,哈萨克族,县第二小学四年级(1)班班主任]、范海燕[女,县第三小学四年级(1)班班主任]、赵晓琴[女,锡伯族,县第三小学六年级(6)班班主任]、木拉提·吐鲁别克[哈萨克族,县职业技术学校中职(1)班班主任]、郭松兰[女,锡伯族,县初级中学九年级(5)班班主任]、魏琰[女,县初级中学七年级(12)班班主任]、邓吉平[县高级中学高二(7)班班主任]、塔格尔·妮妮[女,蒙古族,县高级中学高一(19)班班主任]、学红[女，锡伯族，爱新色里镇中心校九年级(5)班班主任]、张玉萍[女，堆齐牛录乡中心校二年级(1)班班主任]、孔凡玲[女，锡伯族，绰霍尔镇中心校三年级(1)班班主任]、关金生[锡伯族，扎库齐牛录乡中心校四年级(1)班班主任]、任春梅[女，米粮泉回族民族乡中心校五年级(1)班班主任]、常燕[女，坎乡库勒特克其村小学五年级(3)班班主任]、其曼古丽·孜亚吾东[女，维吾尔族，加尕斯台镇中心校九年级(3)班班主任]、美合日巴努姆·麦麦提敏[女，维吾尔族，加尕斯台镇阿克亚尔村小学四年级(1)班班主任]、努尔巴努木·曼苏尔[女，维吾尔族，琼博拉镇中心校四年级(1)班班主任]、吾拉尔汗·托合达森[女，哈萨克族，琼博拉镇克其克博拉村幼儿园中(1)班班主任]。

优秀骨干教师　陈金芳(女，县第三小学教师)、郑凤霞(女，县第三小学教师)、毛霞(女，阔洪奇乡中心校教师)、李洁(女，县初级中学教师)、徐常敏(女，县初级中学教师)、周晓参(女，米粮泉回族民族乡中心校教师)、刘敏敏(女，盐城实验学校教师)、陈璐(女，加尕斯台镇中心校挂职副书记)、邵俊华(女，海努克乡向阳村小学挂职副校长)、迪里努尔·库尔班江(女，维吾尔族，坎乡中心校教师)、戴江丽(女，县高级中学教师)、丁建华(县初级中学教师)、徐维兰(女，县高级中学教师)、万春花(女，县高级中学教师)。

爱岗敬业教师　马文学(回族，县第三小学教师)、卡米里·科然木(维吾尔族，琼博拉镇中心校教师)、马少山(回族，阔洪奇乡中心校教师)、贺芳(女，锡伯族，扎库齐牛录乡开发地小学教师)、霍文欣(女，锡伯族，县初级中学教师)、贺忠尔(女，锡伯族，爱新色里镇中心校教师)、杜亚磊(米粮泉回族民族乡中心校教师)、刘继兰(女，盐城实验学校教师)、参都哈西·阿布都哈力可(女，哈萨克族，琼博拉镇索墩布拉克村幼儿园园长)、董洁(女，县职业技术学校教师)、林芝(女，种羊场中心校教师)、古丽曼·阿吾提阿力甫(女，哈萨克族，孙扎齐牛录镇雀尔盘村幼儿园教师)、海新艳(女，回族，加尕斯台镇努拉洪布拉克村小学教师)、郭海燕(女，锡伯族，扎库齐牛录乡中心校教师)、海沙尔·阿尼西(哈萨克族，坎乡库勒特克其村小学教师)、白志华(女，锡伯族，县第一小学教师)、热米拉木·斯力玛洪(女，维吾尔族，加尕斯台镇下加尕斯台村小学教师)、迪纳·艾力亚努尔(女，哈萨克族，琼博拉镇克其克博拉村小学教师)、阿依克沙衣·阿里木江(女，维吾尔族，坎乡中心校教师)、刘春丽(女，海努克乡中心校教师)、永程曦(女，锡伯族，堆齐牛录乡佛营村小学教师)、布都尔新·努尔都列提(女，哈萨克族，乌宗布拉克农村社区幼儿园教师)、阿衣江·托合达生(女，哈萨克族，扎库齐牛录乡查干布拉克村小学教师)、阿迪拉·阿合买提(女，维吾尔族，海努克乡切吉村小学教师)、谭昌江(县高级中学教师)、朱国玉(女，加尕斯台镇中心校教师)、何平(县高级中学教师)、尤西松(县高级中学教师)、杭向阳(县高级中学副校长)、何晓仪(县第三小学教师)、巴克提亚尔·阿布都吉力(维吾尔族，县高级中学教师)、古丽玛尔旦·达吾肯(女，哈萨克族，县第二小学教师)、扎燕燕(女，锡伯族，绰霍尔镇中心校教师)、于苏甫江·木沙(维吾尔族，海努克乡切吉村小学教师)、苏北·胡达拜尔达洪(维吾尔族，海努克乡向阳村小学教师)、关小虎(锡伯族，青少年活动中心教师)、吾勒江·亚得古(女，哈萨克族，孙扎齐牛录镇郎喀教学点教师)、徐馨瑶(女，锡伯族，县中心幼儿园教师)、汪孟江(县教育局人事股主任)、高立(女，乌宗布拉克农村社区小学教师)、韩喜东(阔洪奇乡中心校教师)、关红岩(女，锡伯族，就业基地教师)、许志芳(女，就业基地教师)、侯翠翠(女，就业基地教师)。

县委办公室

【县委办公室负责人】

主任:赵伟

副主任:王枫、陈皓、石盘(援疆干部)

【文秘工作】 2019年,县委办公室(以下简称县委办)秘书科起草上报州党委和州党办文件(察党字、察党办字、察党函)34件,印发各类文件(察党发、察党办发、察党办电)143件,整理下发会议纪要(察党常纪、察党办纪)210件,起草和整理下发领导大事记和讲话(察党办通报)17件,起草县委主要领导汇报材料45份。先后组织筹备县委全委会议15次、干部大会12次、常委会议46次和专题会议164次。

【督察工作】 2019年,县委办督查科围绕重点工作、领导批(指)示精神梳理督查要点和重点事项,开展跟踪督查检查、实地督查、书面督查等形式的督促检查。梳理重点工作督查事项520件,梳理县委主要领导批示需要督办的事项331件,办理批示310件,撰写《督查专报》91期,向县委报告重点工作落实情况500件,向州党委督查室报告重点工作事项20件,转办书记批示文件317件,向县委报告《领导批(指)示查办情况》75期,向州党委督查室报告赵天杰书记批示办理情况7件。狠抓基层减负,将精文减会要求落到实处,2019年应制发重点精简文件799件,已制发624件,同比减少64.98%;从源头控制会议总量,召开会议191场次,同比减少54.2%。

【信息工作】 2019年,县委办紧紧围绕县委中心工作和重大部署,坚持超前策划、精心选题、定期约稿,把信息工作放在社会稳定和长治久安大局中来谋划、思考,充分发挥党委信息主渠道作用,为上级党委和县委了解全县工作、科学决策提供保障。向自治州党委信息处报送信息567条,向县委主要领导呈送《信息要情(专报)》27期、《每日要情》33期,印发约稿通知126期。

【保密工作】 2019年,县委办始终高度重视保密工作,着重加强重点要素管控,抓好涉密人员管理,制定下发《关于进一步做好当前保密工作的通知》,年内通报违规事件3起。扎实开展"保密警示教育年"活动,向公民开展保密宣传,开展全县范围保密专题讲座和培训5次,为重点部门开展送学上门活动6次,利用微信公众平台和通过开展"五法"普法知识竞赛的方式积极向干部职工宣传保密法律法规和保密基本知识。

【接待工作】 2019年,县委办保障服务各类会议364场次,接待服务26场次,确保工作办公正常运转。

【改革办工作】 2019年,县委办围绕全面深化改革,认真履行牵头协调和督促检查职能,梳理改革事项20条84项,统筹创新完善社会治理、巩固发展民族团结、创新宗教事务管理、坚决打好防范化解重大风险攻坚战等事项,确保各项改革任务有序推进。

【信访工作】 2019年,书记信箱共受理172件,办结168件,办结率97.67%;接待县委群众来访58件,答复58件,群众满意率100%;受理人民网《领导留言板》7件,回复7件,办结率100%。

【档案馆工作】 2019年,县委办高度重视档案管理工作，验收58家涉改机关事业单位纸质版档案29687卷、135303件，接受数字化档案29万条目、1013万张扫描图片，95%涉改单位档案已实现档案全文数字化检索检阅。验收10个非涉改机关单位以及乡镇文书、专业档案11646卷(件)，其中案卷3328卷，案件8318件。

【2019年县委办下发的文件(部分)】 1月25日，发出《关于印发〈察布查尔县农村集体产权制度改革实施方案〉的通知》。

2月12日，发出《关于印发〈察布查尔县“大棚房”问题专项清理整治行动工作推进方案〉的通知》。

3月4日，发出《关于印发〈察布查尔县2019年招商引资考核办法〉的通知》。

3月10日，发出《关于切实做好近期农业农村工作的通知》。

3月28日，发出《关于印发察布查尔县贯彻落实自治区党委办公厅、自治区人民政府办公厅〈关于推动旅游业成为新疆战略支柱产业的指导意见〉实施方案的通知》。

4月1日，发出《关于察布查尔县委财经委员会组成人员任职的通知》。

4月23日，发出《关于调整察布查尔县城乡规划建设管理委员会组成人员的通知》。

5月5日，发出《关于调整充实自治县生态文明建设工作领导小组的通知》。

5月20日，发出《关于印发〈察布查尔县社区工作者岗位管理办法(试行)〉的通知》。

6月14日，发出《印发〈关于隆重庆祝中华人民共和国成立70周年广泛组织开展“我和我的祖国”群众性主题宣传教育活动的实施方案〉的通知》。

6月20日，发出《关于印发〈察布查尔县推进产业招商工作责任分解方案〉的通知》。

8月23日，发出《关于印发〈察布查尔县喜迎中华人民共和国成立70周年工作方案〉的通知》。

12月4日，发出《关于印发〈察布查尔县加强和改进县直机关党的建设实施方案〉的通知》。

12月4日，发出《关于印发〈察布查尔县党员干部“学理论、学法律、学业务”冬季大培训夜学实施方案〉的通知》。

12月14日，发出《关于印发〈察布查尔县媒体融合建设方案〉的通知》。

(高国庆)

县委组织部

【县委组织部负责人】

部长：赵泰峰(6月离任)、赵念星(7月任职)

副部长：王小语、程博(5月离任)、雷霆(6月任职)

【内设机构】 2019年，县委组织部内设办公室(调查研究室)、组织一科(党代表联络办、新兴组织科)、组织二科(基层办)、干部科、干部考核科(公务员科)、人才援疆工作科(干部教育培训科)、干部监督科(举报中心)、县委党员教育中心、群众工作科，有在职干部职工28人。

【党员队伍概况】 2019年，察布查尔县有基层党组织360个，其中党委22个，党组34个，工委6个(机关工委、伊南工业园区党工委、国企工委、维稳工委、网信党工委、教育工委)，党总支16个，党支部318个(其中村支部67个，社区支部12个)。

2019年，全县有党员9630人，其中预备党员533人，占5.5%；农牧民党员3755人，占

39%;在职党员4273人,占44.4%;女党员3410人,占35.4%。少数民族党员6485人,占67.3%,其中维吾尔族2103人,占21.8%。31岁以下党员854人,占8.9%;31—35岁党员1165人,占12.1%;36—40岁党员1232人,占12.8%;41—45岁党员1496人,占15.5%;46—50岁党员1425人,占14.8%;51—55岁党员1063人,占11%;56—60岁党员779人,占8.1%;61—65岁党员476人,占5%;66—70岁党员491人,占5.1%;70岁以上党员649人,占6.7%。研究生学历55人,占0.6%;大学本科学历1862人,占19.3%;大学专科学历2884人,占29.9%;中专学历1244人,占12.9%;高中、中技学历1659人,占17.2%;初中及以下学历1926人,占20%。离退休党员1457人,占15.1%。入党申请人5255人,入党积极分子1927人,发展对象28人。全年发展党员394人,其中农牧民党员282人,在职党员112人。

【干部队伍概况】 2019年,全县有党政干部1288人,其中少数民族干部688人,妇女干部496人,副县级以上干部32人,科级干部671人。全县国有事业单位管理人员及专业技术人员有5289人,其中少数民族3772人,占71.3%;女性3500人,占66.2%;高级职称459人,中级职称1272人,初级职称3558人。

全县有村干部490人,其中国家干部担任村支部书记31人,大专及以上学历村干部达到263人;储备年轻后备干部360人。通过“县乡下派、村干部中产生、返乡大学生中培养、调整不胜任岗位”等措施,调整村党支部书记14人;通过个人自荐、联户推荐、基层党组织委任等形式,选优配强联户长3858人,其中农牧民党员联户长约800人,占比20.7%。

2019年,坚持“大稳定、小调整”原则,下派工作队75个,同比增加4个;州、兵团、县直共派驻487人,同比增加10人。精准选任调整第一书记,67名工作队队长兼任第一书记。

【干部人事制度改革】 2019年,根据县委机构改革方案,对涉及机构改革的单位领导干部进行调整,调整142人。坚持党管干部原则,配齐配强党组织书记23人,树立党组织书记作为“一把手”的权威。坚持基层重要导向,始终把政治标准放在第一位,大力倡导在基层一线、维稳一线、群众工作一线选人用人的鲜明导向,提拔重用干部具有一线工作经历的占93.55%。激励干部担当作为,加强对受问责干部的后续管理,10名受问责干部担任更重要的职务,提拔重用6名85后优秀年轻干部担任党政正职,1名90后年轻干部进班子,提拔重用89后干部10人。

【基层组织建设】 2019年,县委组织部提升基层干部能力素质,支持鼓励村干部通过多渠道提升学历水平,推荐18名村干部参加州学历素质提升班,大专及以上学历“两委”正副职48人,占25.4%。

举办基层干部能力素质培训班。先后两次对全县乡村两级干部进行普通话水平摸底测试,对普通话水平较差的112名乡村干部集中开展培训。举办五大中心业务骨干培训班、社区干部初任培训班、村级储备年轻干部培训班等4个县级主体班次,乡镇一级开展其他村干部、农牧民党员培训班143场次,参训2000余人,提高村干部素质能力。

规范干部队伍管理。下发《关于开展村(社区)“两委”班子成员县级部门任职资格联审“回头看”的通知》,完成4轮次村“两委”县级联审,490名村“两委”逐一“过筛子”;规范村党组织书记备案管理及村干部调整报备制度,累计调整党支部书记14人,其他村干部87人,把好干部“入口关”。做好乡镇1/3干部下沉到村工作，213名乡镇干部混合编入村级"五个中心"充实工作力量；大河灌区乡镇40%锡伯族、汉族干部与山区乡50%维吾尔族、哈萨克族干部，连人带编对调交流109人；选派45名后备干部到维稳前沿、乡村一线挂职锻炼。持续推进村级阵地改造升级。坎乡阿拉尔村、海努克乡向阳村、加尕斯台镇伊纳克村、加尕斯台镇巴合提村四个中央党费支持的拆分村阵地，察布查尔镇学府路社区综合服务设施项目建设均建设完毕并投入使用；扶持加尕斯台村、苏阿苏村和琼布拉克村三个经济薄弱村，申报中央、自治区发展壮大集体经济项目，资金合计180万元。

推进基层党组织晋位升级。2019年，全县争创"八星级"及以上村(社区)27个，紧盯8个软弱涣散基层组织，县级领导包联，乡镇书记蹲点，将星级创建纳入"五大中心"同步考核，8个软弱涣散基层组织持续巩固提升。大幅提高基层干部待遇，村"两委"正职标准4700元/月，其他村干部4100元/月，村民小组长1200元/月，"三老人员"生活补贴标准增加455元/月。持续加强经费保障，加强对村级组织经费的监督管理，修订完善村级组织运转经费审批制度，简化流程，加快资金拨付力度，全年核拨村级运转经费及服务群众经费共计2940.4万元。发展壮大村集体经济。开展农村集体"三资"清理清退工作，清理盘活集体土地3940公顷，帮助村集体增收196万元。

开展"不忘初心、牢记使命"主题教育。认真落实自治区《在"不忘初心、牢记使命"主题教育中集中整顿软弱涣散基层党组织实施方案》要求，采取县委、县政府班子成员包联乡镇，通过走村入户的形式对软弱涣散基层党组织情况进行摸排，村村走到，并形成一村一调研工作台账。摸排确定2个软弱涣散村党支部，由县委书记和组织部部长分别包联，集中整顿，全部通过评估验收；组织广大党员干部亮身份、树形象，开展无职党员设岗定责、联系农户、志愿服务、承诺践诺等活动。

健全城市党建区域联动机制。建立县—城镇—社区—网格—联户五级联动体系，制定《察布查尔县进一步完善社区"大党委"工作机制实施方案》，构建以7个社区党组织为核心，80个辖区单位党组织共同参与的社区"大党委"格局。推进社区工作者队伍职业化体系建设，面向社会公开招聘35名社区工作者到社区工作，县级统筹转聘乡镇事业编制、县聘干部39人到5个新成立农村社区，充实社区工作力量，制定《关于加强党群服务中心建设的实施意见》，打造新城区社区、果尔敏东街社区和果尔敏西街社区3个主题突出、特色鲜明的标志性党群服务中心，强化活动阵地保障。制定《关于开展单位党组织、在职党员到社区"双报到"活动的通知》，80个辖区单位党组织4227名党员每月到社区"双报到"并积极开展志愿服务活动。完善城市治理体系。在扎库齐牛录乡、察布查尔镇、纳达齐牛录乡、孙扎齐牛录镇、米粮泉回族民族乡、绰霍尔镇6个乡镇城乡结合部成立12个农村社区(其中新建4个，村社合一8个)，织密社会治理体系网，提升基层服务水平。

【干部监督】 2019年，县委组织部成立人事档案中心，设专人专岗负责。按照"凡提四必"要求，落实干部人事档案任前审核，按照干部人事档案专项审核要求，对215名干部做任前审核。按照职务与职级并行要求，对408名干部档案进行任前审核。严格出国(境)政审工作，办理审批因私出国(境)15件。受理办理举报件9件。严格执行《领导干部报告个人有关事项规定》和《领导干部个人有关事项报告查核结果处理办法》两项法规，坚持对填报对象做到教育培训全覆盖，对全县15个乡(镇、场)党委委员、组织干事，各县直机关70名科级干部个人有关事项报告专题培训。

【人才援疆】 2019年,自治县确定刚性引才岗位40个,报名200多人,40多人到县参加引进人才供需见面会,签订引进人才协议书8人。依托对口援疆渠道,围绕全县重点领域、重大项目和重点产业设置柔性引才岗位40个,吸引江苏省各地26名专家、技术骨干援疆服务。编制16个人才项目申请投入援疆资金246万元,分批次培训各类人才2600人次,其中外出培训学习7次187人。选派维稳、金融、规划业务的3名骨干参加第七批赴江苏盐城180天"科技英才"培养计划,选派中小学校长及骨干教师50人、优秀医疗人才16人赴盐城市交流学习。组织援疆干部开展"民族团结一家亲"活动5场次,发放援疆干部医疗补贴5.8万元,发放生活津、补贴51.79万元,机构改革后及时调整重用3名援疆干部。组建"察布查尔县顾秋丽特色农牧业工作室""察布查尔县人民医院程海泉中医工作室""察布查尔县管小平水产养殖工作室"3个县级工作室,累计帮带提升30名本地专业技术人才。

【干部教育培训】 2019年,自治县将政治建设摆在首位,确保党员教育培训扎实开展。结合提升组织力、乡村振兴、脱贫攻坚等重点工作,开展党员培训班20期,培训党员2414人,占全县党员总数的23.85%。

举办习近平新时代中国特色社会主义思想和党中央治疆方略专题培训班19期,各级干部人才3635人参学。举办"不忘初心、牢记使命"主题教育培训班2期,各村党支部书记293人参学。根据州党委组织部《伊犁州基层干部国家通用语言文字学习培训测试标准》文件要求,举办村干部能力素质提升班两期,培训80人,提高基层干部国家通用语言水平。结合实际制定印发《察布查尔县2018—2022年干部教育培训实施方案》,规范培训内容、培训主体、培训制度,量化各级党员干部培训指标,实施教学评估、办班质量评估。建设占地6500平方米(其中主展馆面积为910平方米)的"小白杨"戍边文化党性教育基地,打造以"小白杨"故乡戍边文化纪念馆、"小白杨"兵栈和"小白杨"母亲富吉梅老人旧居为主的三大板块展馆。

将伊犁州领导干部在线学习、新疆干部网络学院平台情况纳入绩效考核硬指标,做好59名县处级领导、乡镇党政正职及425名科级干部网络学习的日常管理督促工作。依托援疆项目资金,以行政干部、教育、医疗、专业技术人才四大类培训为主,精准编制16个援疆项目,充分用实246万元援疆资金,走出去培训212人,本地培训2918人。

【远程教育】 2019年,县委组织部落实专人专管长效机制,确保智能系统学习规范有效。结合农牧民夜校、党日活动等"规定动作",突出政策法规、普通话、种养殖技术培训等,全县79个基层远教站点全部完成自治区下发的套餐任务,累计组织集中培训12385场次,累计时长417750分钟,受教育党员干部群众459445余人次。

【学习教育】 2019年9月,第二批"不忘初心、牢记使命"主题教育开展后,51名县处级领导干部(含"访惠聚"驻村工作队19名党员领导干部)、9580名党员干部参加主题教育,全县上下坚持将学习贯彻习近平新时代中国特色社会主义思想、新时代党的治疆方略,特别是社会稳定和长治久安总目标贯穿始终,将学习教育、调查研究、检视问题、整改落实贯穿主题教育全过程,紧紧围绕理论学习有收获、思想政治受洗礼、干事创业敢担当、为民服务解难题、清正廉洁做表率的目标,高标准、严要求推进"不忘初心、牢记使命"主题教育全面开展。

县四套班子领导集中、县直单位（部门）归口集中，分段错时压茬开展为期 7 天的集中学习，开展专题交流研讨 7 次、交流发言 224 人次。组织全县党员干部累计开展革命传统、形势政策、先进典型、警示教育 1117 场次，受教育党员干部 43031 人次，选树先进典型 9 人。结合学习成效，县委书记带头为全县领导干部讲党课，其他班子成员结合分管工作、调研成果及工作实际，突出针对性，在分管领域、包联乡镇讲专题党课 46 次。

全县各单位各部门通过个别访谈、设立意见箱、新媒体留言等方式广泛听取意见，深刻检视剖析问题，并建立问题清单，逐一对照整改。县四套班子梳理检视问题 87 条，班子成员梳理检视问题 221 条，各级党组织梳理检视问题 2356 条，并一一落实到位。全县各单位各部门坚持边学边改、边查边改，即知即改、立行立改，整改领导班子和领导干部存在的问题 768 个，并切实整改到位。

【群众工作】　2019 年，自治县始终坚持问题导向，按照"思想盯着做、困难盯着帮"的思路，举全县之力，上下联动，通过组团服务解决群众困难诉求。依托"一支部五中心＋网格＋积分"机制，落实常态化走访任务，走访群众 495928 户次。在"两结对、两固定"包联干部结对帮扶全覆盖的基础上，常态力量 1742 人与 3718 个重点家庭结对帮扶全覆盖，县科级 535 人与 1320 个重点家庭结对帮扶全覆盖，做到"三个"全覆盖。创新"四方联动"（县包乡领导牵头，工作队、乡村党组织、派出单位、涉及单位共同参与）机制化解群众困难诉求，做到矛盾早发现、早解决，化解在基层。收集群众困难诉求 1113 件，办结率 97.8%；办实事好事 13120 件，受益群众 82758 人次。推进乡村综合治理。实施乡村振兴战略，开展农村环境整治院内院外"六件事""五净一规范"等行动，发动群众 44.42 万人次，清理垃圾 9787.44 吨。实施美丽庭院建设 4585 户，推进"三区"分离 14285 户、厕所革命 11527 户。

【信息调研】　2019 年，县委组织部干部撰写组织工作信息 85 篇，拍摄图片稿件 27 张，撰写网评文章 53 条，完成《基层组织建设防止和克服形式主义、官僚主义研究》《加强领导班子思想政治建设调研》《做好群众工作，厚植党在新疆的执政基础》3 篇调研报告，组织开展信息研讨会 2 次，研究讨论并形成信息稿件 21 篇。

【公务员管理】　2019 年，自治县完成 319 名公务员转隶、72 名干部的调入调出工作，召开 2 次人事领导小组会议；完成 20 名公务员的招录、考察以及 2 名社区工作人员和 5 名"天池计划"工作人员录用为公务员工作；完成 60 名离退休人员退休审批及工资核算、审批、退休证发放工作；完成 1300 名公务员的年度考核和定等、公务员系统的维护和审核工作。完成全县干部的高定工资的调整、乡镇工作补贴纳入公务员工资等工作。

公务员职务与职级并行工作情况。完成全县 681 名综合管理类公务员（参照公务员）职级套改工作（其中套转四级调研员 14 人，二级主任科员 98 人，四级主任科员 255 人，一级科员 306 人，二级科员 8 人）以及全县综合管理类公务员首次晋升工作。

【绩效考核】　2019 年，自治县绩效考核工作分 2 次实施，即日常考核和年度考核，参与考核人数为 120 人，考核范围为 15 个乡镇和 54 个县直部门。考核优秀等次 24 个，其中乡镇优秀等次 5 个，县直部门优秀等次 19 个；良好等次35个,其中乡镇良好等次8个,县直部门良好等次27个;合格等次18个,其中乡镇合格等次2个,县直部门合格等次16个。按照优秀等次15000元、良好等次13000元、合格等次11000元标准,全县8493人(含在职在编6828人、县聘1665人)绩效奖励金全部发放到位。

县委宣传部

【县委宣传部负责人】

部长:关晓军(锡伯族)

副部长:何龙(女)、库尔班江·阿不力米提(维吾尔族)

社科联主席:郭新刚(锡伯族)

文联主席:袁辉

【内设机构】 中共察布查尔锡伯自治县委员会宣传部(以下简称县委宣传部)是县委主管意识形态方面工作的职能部门,为正科级单位。2019年县委宣传部有行政编制6人,其中领导职数3人;有机关工勤事业编制1人。

内设机构办公室(自治县国防教育工作领导小组办公室)负责机关日常运转工作和内外联系、综合协调;新闻科(自治县突发公共事件应急新闻中心办公室)负责统筹指导全县新闻舆论宏观管理业务和新闻队伍建设,负责组织全县重大新闻宣传报道活动;文艺文明科负责对文化艺术工作的宏观指导协调和文艺队伍建设,组织协调文艺产品创作生产的引导和管理,指导推动协调群众文化建设和对外文化交流工作,统筹协调中华优秀传统文化传承发展工程有关工作。

【理论武装】 2019年,县委宣传部以新时代中国特色社会主义思想武装全党、教育群众,统一思想、凝聚力量。一是抓好党委(党组)理论学习中心组和党员干部理论学习建设,把《习近平谈治国理政》第一卷、第二卷和《习近平新时代中国特色社会主义思想学习纲要》作为理论学习中心组长期必学篇目,组织县委理论学习中心组学习25次,每月下发理论学习中心组学习计划,编发辅助学习资料《察布查尔县理论学习中心组导刊》21期,把准理论学习方向,确保重点突出、内容全面。二是用好“学习强国”平台,加强干部培训。高标准完成管理员、通信员、评论员“三支队伍”建设工作,定期通报学习情况,确保党员干部应入尽入、应学尽学,做到广覆盖、常应用、深学习。全县472个党组织“学习强国”学习平台注册党员干部群众学员10067人。三是深化“习近平新时代中国特色社会主义思想进万家”活动,开展“我最喜爱的习总书记的一句话”宣讲比赛,140余名选手参加,宣讲114场次,受众8300人。结合“访惠聚”驻村工作、“民族团结一家亲”活动、“两个全覆盖”活动,面对面微宣讲186421场次,受众554489人次,推进新思想“飞入寻常百姓家”。

【宣传教育】 2019年,县委宣传部开展县、乡、村三级大学习,结合“不忘初心、牢记使命”主题教育,将“三本白皮书”纳入形势政策教育内容;组织宣传、党校、社科联等专业力量开展集中教育大培训,系统解读,重点讲解,覆盖全县县直机关、乡村常态及下沉力量2774人。在乡镇印发“三本白皮书”原文基础上,根据州党委要求,以户为单位,发放《伊犁日报“三本白皮书”特刊》共5万份,确保群众学习资料全覆盖;结合“两个全覆盖”工作一对一学习引导,在人员集中日开展集中学习,开展1649场次,受众124534人次。分类重点宣教,结合释法宣教工作,划定乡村宣教重点群体,并随机上门抽问,有效督学;县教育系统依托主题班队会、课前德育五分钟等开展专题宣传教育，确保马克思主义国家观、历史观、民族观、文化观、宗教观深入人心，增进“五个认同”。

【核心价值观教育】　2019年，县委宣传部选树先进典型，开展“大美新疆·大爱故事”讲故事大赛、“最美”系列评选等主题活动，开展“志智双扶”思想扶贫活动，选树脱贫典型67人，覆盖全县脱贫攻坚重点乡镇。做好创建工作，持续开展道德模范评选申报工作，申报第五届自治州道德模范7人，2人获得第七届全国道德模范，1人获自治区级民族团结先进典型。组织开展2019年自治区级文明单位、文明村镇“零基启动”工作，6个乡村、16个单位成功申报。加强爱国主义教育，开展“中华优秀传统文化进校园”“我们的节日”“传承红色基因，争做时代新人”主题活动，大力弘扬优秀传统文化，增进“五个认同”。发挥爱国主义教育基地作用，“小白杨”故乡戍边文化展览馆于9月建成开馆，自治区级爱国主义教育基地锡伯民俗博物院全年接待5.6万人次。

【文化活动】　2019年，县委宣传部坚持以人民为中心创作导向，引导各族艺术家、文化能人积极投身“访惠聚”、“民族团结一家亲”、脱贫攻坚第一线、创作“献礼70年跟着太阳走”等一批群众喜闻乐见的文艺精品。抓好村(社区)综合文化中心、乡村文化大舞台等基层文化基础设施建设，加强文化馆、歌舞团等对民间文艺小分队、文化能人的专业指导，推进文化惠民工程，研究建立文化建设目标责任制，管好用好乡村文化阵地。开展各类群众文化活动，开展“我们的中国梦——文化进万家活动”，开展春节联欢晚会、冰雪文化旅游节开幕式、西迁文化旅游节开幕式等各类文艺演出活动66场次，公益下乡慰问演出62场次，图书下乡活动20多次，群众性文化活动日益丰富。

【对外宣传】　2019年，县委宣传部做好庆祝新中国成立70周年重大主题宣传，抓好新闻报道，策划“我和我的祖国”“壮丽70年·奋斗新时代”“新时代新作为新篇章”等主题宣传，刊发相关稿件110篇，开展“爱祖国、游家乡”“同升国旗、同唱国歌”“开学第一课”等宣传教育活动，刊发稿件50篇。加强策划做好新闻外宣，累计接待新华社、《新疆日报》等媒体17批次30名记者，《人民日报》《经济日报》《光明日报》《新疆日报》等自治区级以上媒体刊发县新闻稿件200余篇，其中中央级稿件110余篇。《察布查尔县：红花地里采摘忙》《稻田画新景色》《新疆：西迁节“五月有戏”》在新华社客户端刊发，《稻田画　新景色》阅读量突破100万。“学习强国”刊播察布查尔县旅游、文化、特色农业等图片、视频16条，展示察布查尔良好形象。

【意识形态领域工作】　2019年，县委宣传部常态化开展发声亮剑活动，专题研究下发阶段发声亮剑重点，严格按照“一摆、三触及、一鲜明、六讲”要求，突出重点，抓住要害，领导带头，基层延伸，形成人人喊打、揭批“三股势力”的浓厚氛围。深化教育领域意识形态反分裂斗争，开展“扣好人生第一粒扣子”“开学第一课”主题教育实践活动，依托主题班队会、“课前德育五分钟”等把思想政治教育贯穿教育教学全过程，进一步增进“五个认同”。

2019年，县委宣传部组织开展网络安全宣传周系列活动，受众5.2万人次，提升网民网络安全意识；建立新闻媒体舆情预警协调联动机制和《察布查尔县新闻媒体信息发布“三审三校”工作细则》，及时发现、转办、处置网络舆情28条；发动网民、“人工＋技术”举报清理网络不良信息，举报封堵删除网络有害信息4万余条；推进互联网领域党组织建设，实现县域互联网站党建工作全覆盖，持续巩固和强化党对网络意识形态工作的领导。

2019年,县委宣传部加强党的领导,落实意识形态责任制,切实发挥党的领导核心作用,压紧压实属地管理和主管主办责任,成立县委宣传思想工作领导小组,先后3次召开专题会议研究建设融媒体中心等重大问题,对全县宣传思想工作进行分析研判、统筹指导。坚持守土有责、守土尽责,不断强化各级党委(党组)抓意识形态工作责任制考核问责,落实"一个制度、六张清单"工作机制,定期召开意识形态季度分析研判会,综合分析研判辖区、行业意识形态工作,协调解决重难点问题。

【知识分子工作座谈会】 2019年12月3日,县委宣传部组织全县教育系统、文化系统、卫健系统等各行各业150名知识分子代表,在县妇幼保健院会议室召开关于团结凝聚知识分子工作座谈会。县委常委、宣传部部长关晓军出席会议。会议传达学习习近平总书记在安徽合肥主持召开的知识分子、劳动模范、青年代表座谈会上的重要讲话精神。党内知识分子代表、党外知识分子代表、教师代表、医务工作者代表、文艺界代表分别围绕知识分子如何发挥自身优势起到模范作用,以及对自治县文化、教育、医疗等领域的意见、建议做座谈交流发言。

【阵地建设】 2019年,县委宣传部落实"清源""固边""净网""护苗""秋风"专项行动,完成12个乡镇"扫黄打非"基层站点建设,覆盖率达80%,查办上报"扫黄打非",管住文化,管住课堂,构筑稳固的意识形态安全防线。做好审读工作,落实各乡(镇、场)各单位分级负责审读工作机制,发挥审读专家委员会及5个审读专项小组专业行业优势,全面监督管理精神类文化产品的媒体刊播、出版发行和展示悬挂等工作。持续开展辖区文化市场、基层文化阵地等重要场所审读回头看工作,坚决防止有害出版物流入。

【队伍建设】 2019年,县委宣传部加强政治建设,把讲政治作为第一位的要求,压紧压实宣传文化战线全面从严治党的主体责任、监督责任,严肃党内政治生活,严明政治纪律和政治规矩,增强"四个意识",坚定"四个自信",坚决做到"两个维护"。组织全战线开展增强"四力"教育实践工作,成立自治县宣传思想战线增强"四力"教育实践工作领导小组,县级分管领导任组长,各部门(单位)党组织书记为第一责任人,统一指导、统筹安排教育实践工作,把教育实践工作与"不忘初心、牢记使命"主题教育、"两学一做"、宣传思想战线干部人才队伍培训工作等结合起来,各级全面提升宣传干部政治素质和业务能力,组织宣传文化战线开展业务培训4次。成立县级融媒体中心,统筹传统新兴媒体优势,实现信息资源共享,一次采集,多种生成,多元传播,高效开展"新中国成立70周年大庆"、全国和自治区"两会"等重大主题宣传,增强主流媒体传播力、引导力、影响力、公信力,形成网上网下同心圆。

(王义君)

县委统战部

【县委统战部负责人】

部长:艾尼瓦尔·库尔马纳力(哈萨克族)

副部长:陈万(3月离任)、徐峰(3月任职)、居古拉·铁留汗(女,哈萨克族,3月任职)

伊协秘书长:帕尔哈提·托合达尔(3月离任)、居来提·纳斯尔(3月任职,6月离任)、吐洪塔依·依塔洪(6月任职)

【内设机构】 2019年,县委统战部内设行政办公室、宗教工作领导小组办公室、驻村管寺工作领导小组办公室、去极端化领导小组办公室、民族经济和侨务办公室、民族团结创建办6个办公室,有干部职工15人。

【宗教事务管理】 2019年,自治县认真做好宗教事务管理工作。

一是贯彻落实好宗教事务管理的各项要求。认真贯彻落实《中央、自治区党委〈关于加强和改进新形势下伊斯兰教工作的实施意见〉的工作方案》,充分发挥好宗教工作领导小组协调抓总作用,坚持每季度召开联席会议,实行成员单位定期述职制度,确保职责分工落地见效,发挥成员单位作用、履行职责。强化村(社区)党支部第一书记履行宗教工作第一责任人职责,驻村管寺管委会履行主体责任。加强宗教活动场所、宗教活动、宗教教职人员和信教群众的教育管理服务工作,严格落实村级“一支部五中心”建设的相关要求,驻村管寺工作与“宗教和谐星”创建有机结合,实现宗教工作有效推进。

二是深入开展实现认同教育。加强中国特色社会主义理论的学习宣传教育,深入开展中国梦和社会主义核心价值观教育,深入开展党史、改革开放史、新疆历史和国家通用语言文字以及《新疆的若干历史问题》等“三本白皮书”的学习教育,常态化推进“四进”宗教活动场所,教育引导宗教人士和信教群众树牢正确的“五观”,增强“五个认同”,树牢国家意识、公民意识、法治意识,铸牢中华民族共同体意识。

三是关心关爱宗教人士和信教群众,帮助解决实际困难,协助有关部门落实爱国宗教人士安全保护措施,指定村(社区)红白理事会做好起名、割礼、婚礼、葬礼“四项活动”服务管理。做好宗教人士的关爱帮扶工作。完善“七进两有”“九配备”等公共服务设施,确保运行正常。严格规范解经、讲经活动,落实“四定”要求,指导督促宗教人士完整、准确地讲好、用好“全疆一本经”。

四是充分发挥民主管理组织自我管理作用,落实宗教活动场所治安、消防、财务、环境卫生等民主管理制度。制订宗教活动场所应急和处置突发事件预案,及时化解宗教领域矛盾、处置突发事件。落实宗教活动场所安全防范措施。

【资金争取】 2019年,全县积极争取少数民族发展资金1654万元,其中兴边富民902万元,较少民族发展资金752万元,实施项目9个。

【民族团结进步工作】 2019年,自治县认真做好民族团结进步工作。

一是将民族团结工作纳入重要议事日程。2019年,县委统战部将“民族团结一家亲”和民族团结联谊活动工作纳入每月专题会议,安排部署落实,及时查漏补缺,不断推进工作落地生根。制定下发《2019年察布查尔县民族团结一家亲和民族团结联谊活动工作要点》《察布查尔县贯彻自治州关于推进嵌入式居住的指导意见的实施方案》《关于进一步规范民族团结一家亲和民族团结联谊活动的相关要求》,各乡(镇、场)、单位部门思想高度统一,形成全县一盘棋。

二是深化“民族团结一家亲”和民族团结联谊活动。制定下发《察布查尔县民族团结一家亲和民族团结联谊活动每月一主题》。促进各民族群众之间的交流、交往、交融,自治县各族群众在不同的地点、不同的地方以不同的形式和方式开展联谊活动,凝聚着各族群众的心声,表达着各族群众团结一心,对美好生活的向往,将各族群众紧紧地团结在党和政府周围,不断将民族团结事业推向新高潮。坚持从娃娃抓起,把民族团结贯穿到学校教育、家庭教育、社会教育。

三是坚持民族团结进步宣传教育常态化。深入开展学习十九大报告及习近平总书记系列讲话等宣传教育活动,以身边的各类民族团结先进典型为素材,通过送政策、送法律、送温暖、送文明,举办现场报告会、国旗下宣讲、入户走访、农牧民夜校、一对一帮教、红歌赛、诗歌颂、民族团结演讲比赛、篮球赛等多种形式的寓教于乐的活动,提高群众的辨别能力和自觉防范的意识。

四是把"民族团结一家亲"与脱贫攻坚相结合。围绕促进"民族团结一家亲"活动,把改善民生作为首要任务,保障各族贫困群众的合法权益。提升贫困群众发展能力,转变思想观念,细算经济账,找准致富门路,共同规划庭院,发展庭院经济,进行环境整治,创造优美生活环境。

五是选树典型,深化民族团结宣传教育成果。开展以村(社区)为重点的"双百"活动(一百个以民族团结为主题的微行动,一百个以民族团结为主题的小故事收集整理宣传),通过微行动,积少成多,打造各族群众和谐共生、共同发展的良好环境。2019 年,1 人被评选为全国民族团结进步模范个人。

六是提升民族团结进步创建工作水平。全面贯彻落实《新疆维吾尔自治区民族团结进步工作条例》,开展民族团结"十进"活动。进一步加大民族团结进步进机关、进乡村、进社区、进学校、进警营、进企业、进景区、进活动场所、进团场连队、进窗口单位等"十进"活动。申请上报创建州级民族团结进步模范单位 13 个。

【嵌入式居住】 2019 年,自治县推进建立嵌入式的社会结构和社区环境,确定城镇同文苑小区、园丁小区、石榴苑小区及米粮泉回族民族乡克米其村、阔洪奇乡阿尔墩村 5 个小区(村)为嵌入式样板小区。以孙扎齐牛录镇民族团结进景区为示范点,整合各方面资金,以点带面推进嵌入式居住。在基础设施建设上配套完善示范小区供排水、供热、供气、道路等基础设施建设,为各族群众生产生活提供便利条件。利用各民族传统节日举办各种文化娱乐活动,加强民族交往、交流、交融。制定《察布查尔县贯彻〈自治州关于推进嵌入式居住的指导意见〉的实施方案》,突出以"产业上山、就业下山"的思路推进乡村经济发展和促进民族团结,推进各民族迁移融合居住,形成"你中有我、我中有你"的嵌入式生活格局。

(帕尔哈提·托合达尔)

县机关工委

【县机关工委负责人】

书记:周井泉(3 月离任)、张亚军(3 月任职)

副书记:文新刚(锡伯族,3 月任职)、韩江丽(女,锡伯族,3 月任职)

纪工委书记:王璐(女,3 月离任)

【内设机构】 2019 年,县机关工委内设办公室,有在职干部 5 人。

【党组织概况】 2019 年,县机关工委下属 1 个机关党委、7 个党总支、60 个党支部,有党员 1268 人。

【思想政治建设】 2019 年,县机关工委组织召开会议 4 次;中心组学习 25 次;开展集体讨论 15 次;召开专题座谈会、培训会 3 次,参加人数 154 人。

【组织建设】 2019 年,县机关工委下发《关于切实做好机构改革涉改部门机关党建工作的通知》，结合县直机关实际，审批成立农业农村局、林业和草原局、文化体育广播电视和旅游局、公路管理局4个党总支和农业农村局机关、林草局机关、文旅局机关、应急管理局、医疗保障局、退役军人事务局等14个党支部；撤销农业局、农机局等9个党总支和档案局、信访局、煤炭局、旅游局等32个党支部；完成扶贫办、自然资源局等4个党支部更名工作；完成换届选举或补选、改选2个县直机关党总支和25个党支部。

【党员培训】　2019年，县机关工委举办1期入党积极分子暨党员发展对象培训班，培训学员195人；举办1期党务工作者学习贯彻习近平新时代中国特色社会主义思想暨“不忘初心、牢记使命”专题培训班，培训学员120人；举办2期县直机关“不忘初心、牢记使命”主题教育党员专题培训班，培训学员218人。新发展党员28人，预备党员转正25人。

【主题党日活动】　2019年，县直机关各单位开展主题演讲比赛6场次，主题微党课比赛38场次，讲故事比赛12场次，知识竞赛6场次。党员领导干部讲主题党课162次。

（张文新）

县机构编制委员会办公室

【县机构编制委员会办公室负责人】

主任：向东安（3月离任）、周井泉（3月任职）

副主任：孙辉（3月，任职）、陶伟军（3月任职）

事业单位登记管理局局长：刘新林（6月离任）、张小蓉（女，6月任职）

【内设机构】　2019年，县机构编制委员会办公室（以下简称县编办）有在职干部11人。

【党政机构改革工作】　2019年，自治县认真做好党政机构改革工作。

一是优化调整机构，理顺部门职能。根据自治州党委、政府批复的改革方案，制定印发《关于〈察布查尔锡伯自治县机构改革方案〉的实施意见》《部门机构编制职数框架》，明确机构设置、职责调整、编制核定。共设置党政机构35个，其中县委机构11个，县政府机构24个。（见表1）严格按照自治区印发的《关于地县机构改革有关问题的政策口径》要求，核定部门领导职数和设置内设机构。印发部门“三定”规定，科学界定部门职责，强化内部职责和业务整合，解决职能交叉重叠问题，避免出现政出多门、责任不明、推诿扯皮等现象。

二是执行政策要求，做好人员转隶工作。坚持“编随事走、人随编走”原则。在部门进行梳理的基础上，组织、编办、人事部门根据部门职责调整、编制调整及编制职数框架核定的人员转隶要求，到各部门进行实地核实、沟通协商，确定转隶人员，按程序开展转隶工作，完成改革后35个部门395人的转隶工作。

三是开展摸底清查，做好办公用房调配。根据新党厅字〔2018〕76号文件精神，对自治县各行政事业单位办公用房、服务用房、业务用房、办公用房进行清理清查统计，共巡检45个部门71378.81平方米。根据《党政机关办公用房管理办法》《党政机关办公用房建设标准》，制定印发《察布查尔县党政机构改革办公室用房调配方案》，在班子任命、举行挂牌仪式、人员转隶后完成13个单位的办公用房调配搬迁工作。

四是严格工作要求，做好资产清理划转。共23个部门聘请第三方中介对资产进行清查登记，清查登记25273.42万元，资产划转已全部完成。

五是加强业务指导,做好档案整理移交。根据新党厅字〔2018〕76号文件精神,制定印发《关于做好自治县深化党政机构改革有关档案工作的实施方案》《察布查尔县党政机构改革档案移交处置方案》,按照移交时间节点有序进行档案移交接收工作。完成涉改单位档案的收集整理归档,共计166365卷、134153件、169册。

六是落实纪律规矩,确保改革顺利完成。始终严格执行党政机构改革"六项纪律"。县纪委、组织部、深改办、编办、档案馆、财政局等单位开展联合督查,对各涉改单位档案收集移交、国有资产清查划转、办公用房清查调配、人员转隶、"三定"规定的落实等进行实地指导检查,确保机构、编制、队伍按要求及时调整到位,工作职责平稳衔接,国有资产不流失,档案完整安全。

【事业单位改革工作】 2019年,自治县认真做好事业单位改革工作。

一是吃透精神,明确改革思路。县编办组织干部认真学习党中央党政机构改革方案、自治区《事业单位改革有关政策口径》、自治州《关于推进和规范科级事业单位调整有关事宜的通知》及自治区编办主任会议精神,准确把握事业单位改革要求,明确改革思路。

二是认真梳理,拟订改革方案。结合党政机构改革情况,统筹推进事业单位改革工作。对县直事业单位(除中小学学校、乡镇卫生院)的机构编制、人员、职责进行梳理。按照中央、自治区事业单位改革中"进一步理清和优化职责,强化归口领导和管理,严格规范机构名称,优化事业单位布局,加大小、散、弱事业单位撤并力度,推进职能相近事业单位机构整合"的工作要求,根据自治县社会事业发展需要,结合对相关部门的调研情况以及多次向机构改革领导小组领导请示汇报沟通情况,修改完善自治县事业单位机构整合调整方案。

【重点领域改革工作】 2019年,根据伊犁州编办批复,自治县新成立事业单位8个,即自治县退役军人服务中心、自治县河(湖)长制事务保障中心、察布查尔锡伯自治县文博院、自治县政务服务中心、机要保密技术服务中心、县维稳指挥中心、县人工影响天气服务中心、县融媒体中心。核定县中医医院差额事业编制,满足广大群众不断增长的中医药服务需求和促进中医医院持续健康发展,提升自治县整体医疗服务水平。按照自治县党政机构改革工作要求,将县人民政府办公室(县人民政府法制办公室)的法制工作职责划归县司法局。

【事业单位法人登记管理】 2019年,县编办认真做好事业单位法人登记管理工作。

一是完善事业单位登记管理制度,简化优化服务流程,推进单位登记管理标准化、规范化,实现事业单位法人登记、年检、变更等事项"全流程"网上办理。落实全区登记管理信息"一网公开""一网归集"工作要求,将事业单位法人登记管理事项在新疆政务服务系统进行录入,实现登记信息共享,提高公开性与透明度。

二是做好事业单位法人登记管理日常工作,顺利完成2018年事业单位年检工作,完成166个事业单位法人年度报告公示工作,年检完成率100%。完成42个单位54项事项的变更登记工作,办理注销登记14个。进一步加强对统一社会信用代码规范管理,完成党政机构改革后撤销、合并、新组建、法人变更的机构的统一社会信用代码证办理工作,办理37个单位社会统一信用代码证变更登记,新设立1个。

表 1　2019 年察布查尔县党政机构改革前后单位一览表

	序号	改革前名称	改革后名称	备注
县委	1	中共察布查尔锡伯自治县纪律检查委员会、监察局	中共察布查尔锡伯自治县纪律检查委员会、中共察布查尔锡伯自治县监察委员会	
	2	中共察布查尔锡伯自治县委员会办公室、机要局、保密办	中共察布查尔锡伯自治县委员会办公室	
	3	中共察布查尔锡伯自治县委员会组织部	中共察布查尔锡伯自治县委员会组织部	
	4	中共察布查尔锡伯自治县委员会宣传部	中共察布查尔锡伯自治县委员会宣传部	
	5	中共察布查尔锡伯自治县委员会统一战线工作部	中共察布查尔锡伯自治县委员会统一战线工作部	组建
		察布查尔锡伯自治县民族宗教委员会		
	6	中共察布查尔锡伯自治县委员会政法委员会	中共察布查尔锡伯自治县委员会政法委员会	
	7	中共察布查尔锡伯自治县网络安全和信息化工作委员会办公室	中共察布查尔锡伯自治县委员会网络安全和信息化委员会办公室	
	8	中共察布查尔锡伯自治县委员会直属机关工作委员会	中共察布查尔锡伯自治县委员会直属机关工作委员会	
	9	中共察布查尔锡伯自治县委员会机构编制委员会办公室	中共察布查尔锡伯自治县委员会机构编制委员会办公室	
	10		中共察布查尔锡伯自治县委员会巡察工作领导小组办公室	新设机构
	11	中共察布查尔锡伯自治县委员会老干部局	中共察布查尔锡伯自治县委员会老干部局	
县政府	1	察布查尔锡伯自治县人民政府办公室	察布查尔锡伯自治县人民政府办公室	组建
		信访局（撤销）		
	2	察布查尔锡伯自治县发展和改革委员会	察布查尔锡伯自治县发展和改革委员会	组建
		煤炭局（撤销）		
	3	察布查尔锡伯自治县教育局	察布查尔锡伯自治县教育局	组建
		察布查尔锡伯自治县语委会		
	4	察布查尔锡伯自治县科学技术局	察布查尔锡伯自治县科学技术局	
	5	察布查尔锡伯自治县商务和经济信息委员会	察布查尔锡伯自治县商务和工业信息化局	组建
		察布查尔锡伯自治县招商局（撤销）		
	6	察布查尔锡伯自治县民政局	察布查尔锡伯自治县民政局	
	7	察布查尔锡伯自治县司法局	察布查尔锡伯自治县司法局	
	8	察布查尔锡伯自治县财政局	察布查尔锡伯自治县财政局	
	9	察布查尔锡伯自治县人力资源和社会保障局	察布查尔锡伯自治县人力资源和社会保障局	
	10	察布查尔锡伯自治县国土资源局（测绘局）	察布查尔锡伯自治县自然资源局	
	11	察布查尔锡伯自治县住房和城乡建设局	察布查尔锡伯自治县住房和城乡建设局	
	12	察布查尔锡伯自治县交通运输局	察布查尔锡伯自治县交通运输局	

续表

	序号	改革前名称	改革后名称	
	13	察布查尔锡伯自治县农业局	察布查尔锡伯自治县农业农村局	组建
		察布查尔锡伯自治县畜牧兽医局(撤销)		
		察布查尔锡伯自治县水利局(撤销)		
		察布查尔锡伯自治县农牧机械局(撤销)		
		察布查尔锡伯自治县农业综合开发办公室(撤销)		
		察布查尔锡伯自治县水土开发办公室(撤销)		
	14	察布查尔锡伯自治县文化体育广播影视局	察布查尔锡伯自治县文化体育广播电视和旅游局	组建
		察布查尔锡伯自治县旅游局(撤销)		
	15	察布查尔锡伯自治县卫生和计划生育委员会	察布查尔锡伯自治县卫生健康委员会	组建
		爱卫办、老龄办(撤销)		
	16		察布查尔锡伯自治县退役军人事务局	新设机构
	17	察布查尔锡伯自治县安全生产监督管理局	察布查尔锡伯自治县应急管理局	
	18	察布查尔锡伯自治县审计局	察布查尔锡伯自治县审计局	
	19	察布查尔锡伯自治县市场监督管理局	察布查尔锡伯自治县市场监督管理局	
	20	察布查尔锡伯自治县统计局	察布查尔锡伯自治县统计局	
	21		察布查尔锡伯自治县医疗保障局	新设机构
	22	察布查尔锡伯自治县林业局	察布查尔锡伯自治县林业和草原局	组建
	23	察布查尔锡伯自治县扶贫办公室	察布查尔锡伯自治县扶贫开发办公室	组建
		移民局(撤销)		
	24	察布查尔锡伯自治县公安局	察布查尔锡伯自治县公安局	

(安瑞丽)

县党史研究室(地方志办)

【县党史研究室(地方志办)负责人】

主任:朱玺(3月离任)、张林云(6月任职)

副主任:顾松花(女,锡伯族,6月任职)

【内设机构】 2019年,县党史研究室(地方志)内设办公室、年鉴办,有在职干部5人。

【《中共察布查尔县简史(1949—2012)》评审会召开】 2019年12月19日,《中共察布查尔县简史(1949—2012)》评审会在伊宁市召开。评审会邀请自治州党史和地方志方面的领导专家和其他地州专家30余人。会议严格按照规定流程进行各项议程,县党史研究室(地方志办)负责人详细介绍本县简史编撰工作情况。与会领导、专家逐一发言,对县简史评审稿认真审议,认为《中共察布查尔县简史(1949—2012)》评审稿以马克思列宁主义、毛泽东思想、邓小平理论、“三个代表”重要思想、科学发展观、习近平新时代中国特色社会主义思想为指导,运用辩证唯物主义和历史唯物主义的立场、观点、方法,全面客观地反映察布查尔县地方党委及各级党组织在各个历史时期贯彻执行党中央的路线、方针、政策情况，充分体现出各个历史时期在政治建设、经济建设、文化建设、社会建设、生态文明建设以及党的建设等方面的重大举措，实事求是地总结了正反两方面的经验，体现了县域地方党史的特色和亮点。能够认真贯彻落实新疆若干历史问题研究座谈纪要精神和国务院“三本白皮书”精神，政治观点正确，符合党的路线方针政策，特别是民族宗教政策和国家法律法规；篇章设置较为科学，基础资料较为扎实，内容编排有序；文体文风端正，编辑加工得当；符合中共中央《关于加强地方党史工作的意见》精神，达到《新疆地方党史基本著作编撰规范》的要求，是一部具有较高质量的评审稿。评审委员会一致同意，《中共察布查尔县简史（1949—2012）》通过评审，并从政策要求、时代特色、章节调整、史料运用、地方特色、历史背景等方面公正客观地对评审稿提出许多宝贵的修改意见和建议。

【《察布查尔锡伯自治县年鉴(2019)》出版发行】

2019 年 4 月，县党史研究室（地方志办）启动《察布查尔锡伯自治县年鉴（2019）》编写工作，至 9 月完成送审定稿工作，12 月底由河南大学出版社出版发行，全书 51.2 万字，收录照片 72 张。该年鉴采用分类编辑法，设编目、分目、条目 3 个结构层次，基本表现形式为条目。全书分为 27 个编目，分别为特载、概况、大事记、江苏盐城对口援疆、“访民情、惠民生、聚民心”活动、脱贫攻坚工作、政治、法治、军事、群团组织、农业、工业、交通运输・信息业、城建・环保、贸易、经济管理与监督、财政・税收、金融・保险、教育・科技、文旅・档案・报纸、医疗・卫生、民族宗教、社会民生、乡（镇、场）、驻县单位、附录、后记。年鉴所采用的资料，除概况、大事记外，均由县直各部门、乡（镇、场）和驻县相关单位提供，并经州县部门（单位）主管领导审核同意，经县保密办审阅通过。

【《伊犁年鉴》(2019)供稿工作】 2019 年，县党史研究室（地方志办）按照伊犁州党史研究室（地方志办）要求，撰写《伊犁年鉴》（2019）中“察布查尔”资料，提供察布查尔县简介、年鉴材料、图片等，文字约 8000 字，图片资料 30 张。

【察布查尔-盐城志鉴工作交流座谈会举行】

2019 年 3 月 22 日，察布查尔-盐城志鉴工作交流座谈会在江苏省盐城市行政中心举行。座谈围绕“方志援疆”主题，自治县副县长白金一行到盐城对接交流，盐城市地方志办公室主任茆贵鸣、副主任王海燕，方志处、年鉴处及相关处室负责同志参与接待及座谈。会上，白金对盐城市志办一直以来给予自治县援建工作的关心和支持表示感谢，并希望盐城市志办继续支援自治县史志事业，促成县年鉴等地情书籍编纂发行。双方围绕中指组字〔2018〕10 号、苏志办〔2017〕61 号文件精神，结合察盐两地工作实际，就县级综合年鉴大纲编订、资料征集、编纂业务指导、出版发行等环节进行深入交流，盐城市志办还对政策支持、人员支持、资金支持等方面提出许多意见和建议。王海燕指出，盐察两地亲如一家，“方志援疆”更是一项重要的政治任务，盐城市志办将主动跟进，推进两地交流合作，积极帮助察布查尔县 2020 年圆满完成“两全目标”任务。盐城市志办向自治县赠送市级年鉴及部分县区年鉴优秀成果。

（朱玺）

县委党校

【县委党校负责人】

校长：赵泰峰（兼，7 月离任）、赵念星（兼，7 月任职）

常务副校长:孙珉玫(女)

副校长:居来提·纳色尔(维吾尔族,3月离任)、李海峰(女,3月任职)

【内设机构】 2019年,县委党校内设教科研办、党建办、办公室、电大办。有在职教职工19人,其中正式在编11人(南疆支教2人),县聘(高层次引进人才)2人,自聘6人(大学生志愿者1人);研究生学历4人,本科学历6人,专科学历6人,中专及以下学历3人。

【工作职能】 察布查尔县委党校从事县直机关党员、干部与农村基层党员干部教育和培训工作,是县委的重要部门之一。主要职能是承担对党员、干部和入党积极分子的马克思主义理论、党的方针政策及党政管理知识的培训。主要任务是培训、轮训自治县各级党员领导干部、中青年后备干部及村组社区干部和理论骨干;协同组织人事部门对学员在校期间的表现进行考核考察;围绕区域发展中出现的新情况、新问题开展社会科学研究;宣传马克思列宁主义、毛泽东思想、中国特色社会主义理论体系及党的基本路线、方针和政策。

【校舍建设】 2019年,县委党校校园占地面积1.93公顷。教学楼建筑面积2848平方米,包含3间100平方米的多媒体教室、5间70平方米的教室、1间200平方米的多媒体教室、1间可容300人参会的多功能报告厅、1间100平方米的机房、1间200平方米的图书室、7间办公室。2栋学员公寓楼建筑面积8160平方米,公寓楼餐厅可容纳130余人就餐。有教学电脑40台、办公台式电脑19台、笔记本电脑1台、多功能复印机2台、打印机10台、电视机6台、公务车1辆。

【干部培训】 2019年,县委党校举办各类培训班次25期2196人。其中主体班4期211人,包括县综合素质能力提升培训班3期187人(9个月),县第25期中青年后备干部培训班24人(45天)。非主体轮训班21期1985人,包括农村妇女党员学习贯彻习近平新时代中国特色社会主义思想示范班1期150人;“转作风、改作风、严作风”专题培训班3期203人;县干部能力素质提升专题轮训班2期272人;县科级干部学习习近平新时代中国特色社会主义思想研修班1期30人;心理健康辅导技能专题培训班1期89人;村级储备年轻干部培训班1期71人;离退休干部党员骨干培训示范班1期58人;教育系统少先队辅导员培训班1期57人;村“两委”正职及储备干部专题培训班3期274人;“不忘初心、牢记使命”主题教育暨党支部书记轮训示范培训班2期263人;退役军人党员示范培训班1期61人;县直机关“不忘初心、牢记使命”主题教育党员培训班2期260人;教育系统“不忘初心、牢记使命”党员示范培训班1期100人。

【科研工作】 2019年,县委党校教师公开发表论文4篇,结项2项,为州党校课题。积极参加全疆党校(行政学院)系统第十九届理论研讨会及科研评奖活动,研究论文获一等奖1项、二等奖2项、三等奖2项;县委党校获全区党校系统优秀科研组织奖,孙珉玫和侯桂芳获优秀科研管理工作者荣誉称号。

【主题宣讲】 2019年,县委党校围绕党的十九大及十九届四中全会精神、“三本白皮书”、去极端化、民族团结、家风建设、现代伦理及惠民政策等内容赴县直机关、乡(镇、场)宣讲60场次,受众7266人次。

【电大成人教育】 2019年,县委党校电大工作站招录新生164人,在籍学员732人,毕业

1344人，努力提升村干部和政法队伍学历水平。

（浦杰）

县委网信办

【县委网信办负责人】

主任：潘锦（女，4月任职）

副主任：刘正（4月任职）、汪丽梅（女，4月任职）、张新国（4月兼任）

【内设机构】 2019年，县委网信办内设综合科、互联网党建宣传科、网控中心，有在职干部19人。

【网络安全】 2019年，县委网信办形成《舆情参阅》6期、《舆情专报》8期，做到早发现、早预判，提出舆情应对措施。按季度撰写属地舆情分析报告，以及针对"华春莹怒斥土耳其外交部发言人造谣""结合牛结节性皮肤病疫情线上线下舆情报告""关于察布查尔县涉暖气舆情情况报告""关于察布查尔县绿岛熙园小区停暖舆情情况报告"等舆情进行分析研判，提出下一步工作建议，为县委主要领导决策部署提供依据，积极发挥网信办参谋助手的重要作用。紧盯互联网，在消除网络杂音、噪声上持续发力，对重点领域，监测重点平台，盯紧重点账号和重点人员，加强有害信息举报，对恶意造谣、传谣人员坚决落地查人、予以打击。全年累计举报35609条。

针对网络、手机失泄密案事件频发，干部群众网络安全意识不强问题，制定下发《加强网络安全管控、规范单位信息发布的实施方案》《察布查尔县网络安全事件应急保障预案》，结合实际开展"网络安全宣讲""提升网络安全意识"专题培训，累计培训55场次、5000余人次。

【网络宣传】 2019年，县委网信办管理和运营"察布查尔县零距离"平台，保持运营期间不间断推送图文信息，策划开展"互联网＋扶贫""互联网＋公益""互联网＋旅游"等网络文化活动，实现与网友时时互动。全年累计发文3000多条。打造原创品牌《啄木鸟》专栏，成为走好网上群众路线的重要载体，受到干部群众的关注和肯定。

2019年探寻"互联网＋公益"活动新切入点。一是10月29—30日开展新疆网络公益观摩活动。察布查尔县作为观摩点之一，借助于电子商务平台，开展网络扶贫现场观摩会，迎接全疆各地（州、市）党委网信办、网络公益组织、网络社会组织、互联网企业、新闻媒体代表等90余人。二是开辟"网络公益＋旅游"新模式。在伊犁第十三届"雪之恋"冰雪文化旅游节暨察布查尔县扶贫助学冰雪文化旅游系列活动中，"察布查尔县零距离"平台发布《首届大美丝路助力脱贫送温暖灯展》等稿件6篇，总阅读量10496人次。其间，门票收入均用于资助自治县在读的237名贫困大学生。活动门票销售10040张。三是积极发挥新媒体作用，打造"互联网＋公益"品牌。县文明办、"察布查尔县零距离"通过新媒体平台特向全县发出"爱心小屋"网络公益活动，为户外工作人员提供温暖及便利服务。有30余家商铺参与活动并贴有"爱心小屋"标识。县委网信办联合县扶贫局、民政局等单位共同开展"互联网＋公益"之"点亮微梦想、携手暖童心"活动。呼吁全县各单位、社会公益组织积极参与。收集捐赠衣物350余件、学习用品150余个。四是新媒体平台创造新形式网络直播。1月31日，在县体育馆举行的县春晚现场直播"金猪贺岁　和美迎春"现场，首次通过中国移动"和商务直播"平台同步直播，让广大群众在家看察布查尔春晚直播。据不完全统计,有2.5万+的网友通过“察布查尔县零距离”春晚直播通道观看春晚,实时参与评论1000人次,点赞4.2万人次。“察布查尔·五月有戏”西迁文化旅游节直播现场有26137人次通过“察布查尔县零距离”微信公众号春晚直播通道观看,点赞23897万人次。五是传承中华优秀传统文化,开设《网络中国节》专栏。“察布查尔县零距离”开设《网络中国节》专栏,围绕春节、清明、中秋、重阳等中华传统节日,做好节日宣传工作,提高各族群众对中国传统文化的认识,坚定文化自信。“察布查尔县零距离”刊发《网络中国节》专栏专题稿件31篇,累计浏览量达3万人次,其中《网络中国节·春节》专题稿件浏览量9398人次,点赞101人次,营造了良好的节日氛围。

(郭会来)

县委老干部局

【县委老干部局负责人】

局长:孔菲菲(女,锡伯族,3月任职)

副局长:艾斯卡提·买买提(哈萨克族,3月任职)、王璐(女,3月任职)

【所属事业单位】 2019年,县委老干部局所属事业单位有老干部管理服务中心、关心下一代工作委员会办公室、老年大学,有在职干部12人。

【离退休干部情况】 2019年,全县有离休干部12人(异地管理2人)、离休工人1人、退休干部2655人(副县级及以上退休干部33人)、离退休干部党员1152人。

【党组织建设】 2019年,全县建有离退休干部党支部26个(其中乡镇13个,县直13个)、党小组12个。撤销2个老干党支部,改选5个作用发挥不明显的老干党支部。

【落实政治待遇】 2019年,县委老干部局落实离退休干部听报告、参加重要会议,组织就近就地参观考察、重大节日走访慰问制度。春节期间,走访慰问离休干部(工人)及遗孀、副县级以上退休干部及遗孀90人,发放慰问金4.99万元;“十一”走访慰问各条战线离退休干部20人,发放慰问金1.2万元。8月,组织475名离退休干部开展“我看新中国成立70周年新成就”座谈访谈。10月,组织副县级以上离退休干部党员、乡(镇、场)、各单位退休干部党员代表及县关工委“五老”宣讲团成员近百人在扎库齐牛录乡“小白杨”故乡戍边文化纪念馆开展“不忘初心、牢记使命”主题教育活动。

【落实生活待遇】 2019年,县委老干部局落实离休干部医疗费25万元,落实12名离休干部、1名离休工人医疗周转金8.6万元,落实24名无固定收入离休干部遗孀2018—2019年取暖费6.24万元。4月18日,邀请新疆维吾尔自治区第六人民医院专家到老干部活动中心为老干部、老年大学学员开展健康养生讲座。

【离退休干部通报会】 2019年1月30日,全县离退休干部情况通报会暨迎新春团拜会在县源圃园召开。县委副书记、县长关桂珍通报2018年自治县经济社会发展情况,县委书记王沛昭做重要讲话。会议对2018年全县各行业涌现出的34名离退休老干部进行表彰,原县四套班子老领导,县关工委“五老”宣讲团成员,各单位老干部代表150多人参加通报会并一同观看离退休老干部文艺演出。6月12日,县老干部座谈会在县会务中心召开。120

多名离退休干部代表、老干部工作领导小组成员单位主要负责人参加会议，县委副书记、组织部部长、人大党组书记赵泰峰代表县委、县政府通报自治县社会稳定和经济发展情况，听取老干部意见和建议。（见表 2）

【举办专题培训班】 2019 年 3 月 22 日，全县老干部政策业务培训会在县老干部活动中心举办，各乡（镇、场）（含城镇各社区）、县直相关单位老干部工作者和老干党支部书记近 100 人参加培训。6 月 11－14 日，学习习近平新时代中国特色社会主义思想离退休干部党员专题培训班开班，80 名乡（镇、场）退休干部党员参加。10 月 10 日，离退休干部党员“不忘初心、牢记使命”专题党课在县老干部活动中心举办，县处级以上离退休干部党员，各乡（镇、场）、县直单位退休干部党员代表及县关工委“五老”宣讲团成员近百人听课。

【老干部工作调研】 2019 年 10 月 14－19 日，县委老干部局就如何整合社区资源，就近就地为老干部提供服务及发挥老干部作用，对察布查尔镇 8 个社区进行调研，形成《关于加强城市社区离退休干部党建工作几点思考》专题调研报告。

【老干部文体活动】 2019 年，县委老干部局组织开展“倾情礼赞新中国，巾帼奋进新时代”“三八”妇女节庆祝活动、“康养武林会”“中天杯”老年人广场舞邀请赛、“壮丽 70 年　阔步新时代・端午节”暨民族团结一家亲活动、离退休干部党员骨干培训示范班党员政治生日活动、“我最喜爱的习总书记的一句话”演讲比赛 5 场次。8 月，选送节目《请回答，1978 年的你》参加伊犁州庆祝新中国成立 70 周年老干部诗歌朗诵会，“不忘初心、牢记使命”壮丽 70 年・奋斗新时代伊犁州老干部书画展在锡伯民族博物院展出。

【关心下一代】 2019 年，县关工委以新中国 70 年发展变化为主要内容，组织“五老”宣讲团分别于 3 月、9 月开展庆祝改革开放 40 周年大会精神和“腾飞中国　辉煌 70 年”我爱我的祖国巡回宣讲 70 场（次），受教育师生 11000 人次。12 月，组织“五老”宣讲团成员到县职业技术学校开展党的十九届四中全会精神、改革开放 40 年发展变化和《新疆的反恐、去极端化斗争与人权保障》《新疆的若干历史问题》《新疆的职业技能教育培训工作》宣讲 12 场次，受教育 1580 人（次）。5 月 31 日，伊犁州关工委“迎六一・中华一家亲”中小学生普通话演讲比赛在察布查尔县源圃园举行。全县各中小学校 17 名选手参加比赛，伊犁州关工委向县 60 名贫困学生捐助 2 万元资助金。

【老年大学】 2019 年 3 月 21 日，察布查尔县老年大学举行春季开学典礼，聘任关志坚（锡伯族）为老年大学校长，王淑梅（女）为老年大学副校长，聘任阎向黎（女）、木兰（女，锡伯族）、伊秀兰（女，锡伯族）、关兴红（女，锡伯族）、陈录华为老年大学教师，聘期 1 年。县老年大学老干部活动中心分校区组织学员参加各类比赛、文化下乡、慰问演出 9 场次；选送节目参与察布查尔元旦晚会、纪念锡伯族西迁 255 周年文旅节、第九届新疆・伊犁杏花文化旅游节、伊犁州第三届武术套路比赛、“乐舞・新疆”全国中老年文化艺术节等 12 场（次）。

【群众文化活动中心老年大学分校区成立】 2019 年 9 月，察布查尔县群众文化活动中心老年大学分校区成立，分校区开设舞蹈（广场舞）、太极、合唱、电子琴、豫剧 7 个班，招收学员 230 多名。10 月 14 日，县老年大学教学成果汇报演出暨开学典礼在群众文化活动中心分校区举行,老干部活动中心分校区、群众文化活动中心分校区教师、学员380余人参加。

【“小援疆”工作】 2019年11月11—15日,县委组织部副部长、老干部局局长孔菲菲带领相关负责人一行3人赴江苏省盐城市委老干部局对接“小援疆”工作。11月14日,盐察两地老干部工作对口协作推进会召开,中共盐城市委老干部局向县老年大学捐赠教学设备购置经费6万元。

表2 2019年察布查尔县离退休干部(已去世)基本情况

序号	姓名	性别	民族	出生年月	政治面貌	享受待遇	退休时间	去世时间	原工作单位及职务
1	永德灵	男	锡伯	1957.11	党员	副县	2018.3	2019.1	县人大常委会副县级干部
2	李欣	女	汉	1924.12	党员	副县	1983.11	2019.2	县图书馆馆长
3	阿里木江·依敏江	男	维吾尔	1932.6	党员	副县	1993.6	2019.2	县老龄委主任

(万小华)

县纪委监委

【县纪委监委负责人】

县委常委、纪委书记、监委主任:姚卫国

纪委副书记、监委副主任:关志刚(锡伯族,5月离任)、叶江明(6月任职)、郭熠(女,锡伯族,6月任职)

纪委常委、监委委员:哈迪力·巴依布拉提(哈萨克族)、薛飞(6月任职)

纪委常委:汪鹏飞(6月任职)、强玉涛(6月任职)

监委委员:王文惠(女,6月任职)

【内设机构】 2019年,县纪委监委机关内设办公室(履行行政监察综合职能)、组宣部、党风政风监督室、信访室、案件监督管理室、第一纪检监察室、第二纪检监察室(履行纪检监察干部监督职能)、第三纪检监察室、第四纪检监察室、案件审理室。根据国家监察体制改革工作需要,加强监督力量,向县一级党和国家机关派驻纪检监察组6个,派出纪检监察工委1个。有在职干部79人。

【纪律执行】 2019年,县纪委监委查处违反政治纪律和反分裂斗争纪律案件335件,给予党纪政务处分271人,移送司法14人。始终把违反政治纪律问题作为巡察、派驻、日常工作监督重点,对不聚焦总目标、工作不落实、折扣棚架等失职失责、出现问题的,言出纪随,铁面问责,公开通报典型案例。

【作风建设】 2019年,县纪委监委深入开展作风“转改严”专项活动,以整治形式主义、官僚主义问题为突破口,结合“不忘初心、牢记使命”主题教育活动,查处形式主义、官僚主义问题194件,违反中央八项规定精神案件23人;通报曝光40个单位75人。

【惩治腐败】 2019年,县纪委监委查处扶贫领域问题线索94件,给予党纪政务处分21人,移送司法2人。查处民生领域问题线索57件,对全县违规发放冬小麦补贴问题全面清查,问责领导干部22人,追责经办干部39人,追缴资金113万元。

【细化监督职能】 2019年,县纪委监委开展

各类督查 287 次，发现问题 497 条，下发督查专报 10 期，约谈党组织负责人 28 人，问责领导干部 57 人，函询 21 人，运用“四种形态”分别占比 69.4%、22.4%、5%、3.2%；动态更新完善 36 份县级领导和 682 名乡科级干部廉政档案，回复党风廉政意见 5516 人，对 157 名新任职干部进行集体廉政谈话和任前廉政测试，抓实监督工作。

【廉政警示教育】 2019 年，县纪委监委实行干部日常教育、警示教育、思想政治教育、回访教育“四结合”，开展各类廉政教育、警示教育活动 238 场次，发送廉政短信 3400 多条，运用“箭乡清风”推送党纪箴言 261 篇。选取近 3 年全县查处的 100 起典型案例，编撰成册印发全县，下发通报 27 期。

【完善体制机制改革】 2019 年，县纪委监委根据自治县党政机构改革情况，向全县派驻纪检监察组 6 个，派出纪工委 1 个，划转编制 65 个，实现县直派驻监督全覆盖。健全执纪执法工作机制，制定《案件查办闭环式管理实施办法》，规范审查调查各环节，强化内部流程环环相扣、监督制约，有效增强程序意识，保障案件质量。理顺内设机构职能，明确班子成员分工，完善线索管理机制，优化信访接待流程和反馈机制，突出监督检查和审查调查合力，纪法衔接和法法衔接更加顺畅。

【荣誉称号】 2019 年，县纪委监委被评为伊犁州民族团结创建模范单位。

（朱欣桐、刘玉娜）

察布查尔锡伯自治县人大常委会

【自治县第十七届人大常委会主任、副主任】

主任：王瑞成（锡伯族）

副主任：佟雪琴（女，锡伯族）、张相伟、阿娜尔古丽·斯拉木（女，维吾尔族）、江道列提·吾拉扎洪（哈萨克族）

【自治县第十七届人大常委会委员】 赵泰峰、杨浩、刘华、焦伟（锡伯族）、尤丽吐斯艾依·艾比布拉木（女，维吾尔族）、马燕（女，回族）、巴哈提努尔·祖尔卡力（哈萨克族）、赵曙光（锡伯族）、文金风（女，锡伯族）、安卫刚（锡伯族）、吴丽娟（女，锡伯族）、颜梅华（女）、佟红宇（女，锡伯族）、再乃甫·吐尔逊买买提（女，维吾尔族）、沙恩德克·木汗阿德尔（哈萨克族）、孜阿布阿依·伊吾扎洪（女，维吾尔族）、王正芳、王世成。

【内设机构】 2019 年，县人大常委会内设法制工委、财经民侨工委、教科文卫工委、代表人事工委和办公室，有干部职工 16 人。

【内设机构负责人】

办公室主任：孙红雨

法制工委主任：赵曙光（锡伯族）

法制工委副主任：张全

财经民侨工委主任：帕提曼·夏力甫汗（女，哈萨克族）

财经民侨工委副主任：安卫刚（锡伯族）

教科文卫工委主任：郭红枫（女，锡伯族）

代表人事工委主任：张雪莲（女）

【概况】 2019 年，自治县各级人大代表名额

789 人，实有代表 784 人，其中全国人大代表 1 人(女，锡伯族)，自治区级 3 人(锡伯族 1 人，维吾尔族 1 人，哈萨克族 1 人)，州级 15 人(其中女性 6 人；哈萨克族 4 人，汉族 4 人，锡伯族 4 人，维吾尔族 3 人)，县级 169 人，乡镇级 596 人。

【自治县第十七届人民代表大会第四次会议】 2019 年 1 月 19—21 日召开。听取和审议自治县人民政府、县人大常委会、县人民法院、县人民检察院工作报告，并形成决议；补选产生自治县人大常委会副主任、委员，补选产生自治县人民政府副县长，选举产生自治县监察委员会主任；决定自治县第十七届人民代表大会专门委员会的设立及其组成人员人选；代表提出建议 74 件。

【自治县人大常委会会议】 2019 年，自治县第十七届人大常委会举行 7 次会议。

第十八次会议 1 月 4 日召开。补选 2 名自治县出席伊犁州第十四届人民代表大会代表；听取自治县第十七届人大常委会代表资格审查委员会关于自治县第十七届人民代表大会补选代表的代表资格审查报告。

第十九次会议 1 月 18 日召开。听取和审议关于提请召开自治县第十七届人民代表大会第四次会议的议案，自治县人大常委会工作报告，关于接受鄂玉剑辞去自治县第十七届人大代表职务请求的决议，自治县第十七届人民代表大会代表资格审查委员会关于代表变动情况的说明，自治县第十七届人民代表大会第四次会议主席团和秘书长名单(草案)，关于设立自治县第十七届人民代表大会第四次会议议案审查委员会的决定(草案)，自治县第十七届人民代表大会第四次会议议案审查委员会主任委员、副主任委员、委员名单(草案)，自治县第十七届人民代表大会第四次会议列席人员(草案)，关于代表提出议案及其审议程序的决定(草案)，关于调整 2019 年察布查尔县人民政府部分债务预算方案(草案)的议案。

第二十次会议 3 月 30 日召开。十三届全国人大代表郭晓红传达全国两会精神，听取和审议自治县人大常委会 2019 年工作要点、自治县人大常委会落实组成人员联系本级人大代表及乡镇人大制度的工作方案、自治县人大常委会关于乡镇人大工作的指导意见、《察布查尔锡伯自治县人大常委会组成人员守则》、《察布查尔锡伯自治县人大常委会学习制度(修订稿)》、自治县第十七届人民代表大会个别代表的辞职请求、县人民政府关于设立察布查尔锡伯自治县都拉塔街道办事处的议案、自治县人民法院关于提请确定人民陪审员数额的议案，听取自治县人民政府关于落实机构改革情况的报告，决定任命孙红雨为自治县人大常委会办公室主任，决定任命管国华等 14 名同志为自治县人民政府组成部门负责人。

第二十一次会议 5 月 27 日召开。学习《伊犁河谷生态环境保护条例》，听取和审议自治县创建自治区卫生城市工作情况的报告，修订《察布查尔锡伯自治县人大代表联系选民办法》，听取自治县第十七届人民代表大会代表资格审查委员会关于个别代表的代表资格审查报告、自治县人民政府防范化解地方性债务工作情况的报告、关于办理自治县第十七届人民代表大会第四次会议代表建议情况的报告、制定《察布查尔锡伯自治县实施〈伊犁河谷生态环境保护条例〉办法》情况的报告，任命安银辉等 78 名人民陪审员。

第二十二次会议 7 月 30 日召开。学习《中华人民共和国土地管理法》，听取和审议县人民政府贯彻实施《中华人民共和国土地管理法》《中华人民共和国反家庭暴力法》情况的报告、2018 年本级财政决算及 2019 年上半年财政预算执行情况的报告、2018 年本级财政预算执行和其他财政收支情况审计工作的报告、2019年上半年国民经济和社会发展计划情况的报告、县人民政府关于提请审议2019年察布查尔县人民政府部分债务预算调整方案(草案)的议案,听取县人民政府关于教育督导、脱贫攻坚、大棚房专项清理整治工作情况和自治县监察委员会依法履行职责情况的报告,修订自治县人大代表建议、批评和意见处理规定,听取自治县第十七届人大常委会代表资格审查委员会关于个别代表的代表资格审查报告,决定任命沙依劳·塔卡衣任自治县应急管理局局长,任命叶江明等3名同志为自治县监察委员会组成人员。

第二十三次会议 9月23日召开。学习扶贫工作相关知识,听取和审议县人民政府关于开展脱贫攻坚工作、医共体建设情况的报告,听取自治县公共文化服务体系建设、扫黑除恶阶段性工作、县人民检察院关于检查督查县公安局侦察活动情况的报告,以及自治县第十七届人民代表大会代表资格审查委员会关于个别代表代表资格审查报告。

第二十四次会议 11月30日召开。学习执行工作相关知识,听取和审议自治县人民法院关于执行工作情况的报告,修订《察布查尔锡伯自治县人大常委会议事规则》,听取和审议关于接受阿斯甫江·哈斯木和买苏木·阿斯木辞去自治州第十四届人大代表职务请求的决议、关于接受廖江和顾江伟辞去自治县第十七届人大代表职务请求的决议,听取和审议自治县人大常委会代表资格审查委员会关于杨浩等3名同志代表资格终止的报告,任命李麟善等3名同志为自治县人民法院审判员、李龙为县人民检察院副检察长,决定由李龙代理自治县人民检察院检察长职务。

【执法检查】 2019年,自治县人大常委会坚持以人民为中心的发展思想,加强对《中华人民共和国反家庭暴力法》《中华人民共和国土地管理法》两部法律法规的实施情况进行执法检查,形成检查报告,提请常委会会议审议政府贯彻实施相关法律法规情况报告时参考。

【工作监督】 2019年,自治县人大常委会围绕总目标谋划、开展、推进人大工作,对法院执行工作进行执法检查并提请常委会审议,听取县人民政府落实机构改革情况、扫黑除恶阶段性工作及监委依法履职、检察院监督公安侦察工作情况报告,组织代表广泛开展宪法宣教、民族团结联谊活动5场1200多人次。“三大攻坚战”监督有力增强,审议自治县脱贫攻坚工作情况报告,听取防范化解债务工作情况报告,督促制定《察布查尔锡伯自治县实施〈伊犁河谷生态环境保护条例〉办法》,视察调研乡村环境整洁、生态保护执行落实情况,坚决守住生态底线红线。审查本级财政决算、预算执行和其他财政收支审计及计划执行报告,保障经济计划正常运行。紧贴民生开展监督,审议自治县创建自治区卫生城市工作报告,听取教育督导、医共体建设工作报告,调研住宅小区物业管理、乡镇卫生防疫工作开展情况。

【决定重大事项】 2019年,自治县人大常委会修订《察布查尔锡伯自治县人大常委会议事规则》,做出批准自治县2019年部分债务预算调整方案等5项决议、决定。

【干部任免】 2019年,自治县人大常委会坚持党管干部原则,实行任前法律测试和宪法宣誓,依法任免“一府一委两院”组成人员和组成部门负责人42人次,任命人民陪审员78人,保障全县国家机关依法履职、正常运行。

【专题培训】 2019年3月29日,自治县人大常委会组织农牧民代表,以视频会形式,举办学习全国两会精神培训班，全国人大代表郭晓红专题讲授全国两会精神，县人大常委会领导班子成员出席会议。2019 年 12 月 30 日，组织常委会组成人员、部分人大代表，举办自治区党委人大工作会议精神培训班，王瑞成主任传达学习陈全国书记在自治区党委人大工作会议上的讲话精神，并讲授“深入贯彻落实党的十九届四中全会精神，充分发挥人大代表作用”主题党课，佟雪琴副主任传达学习中央经济工作会议精神。

【代表视察】 2019 年 5 月 6—10 日，自治县人大常委会组织开展指导乡镇人大工作及走访人大代表活动。通过活动，促进乡镇人大依法履职，落实“两个联系”制度，加强“代表之家”建设，推进人大代表工作规范化建设。11 月 22 日，自治县人大常委会组织开展五级(全国、自治区、自治州、自治县、乡镇)人大代表视察活动，为各级人大代表参加人民代表大会依法履行职务做准备。

【议案办理】 2019 年，自治县第十七届人民代表大会第四次会议受理代表建议 74 件，答复率 100%。

【乡镇人大工作指导】 2019 年，自治县人大常委会研究制定乡镇人大工作指导意见，推进乡镇人大工作规范化、制度化。26 个“代表之家”实现“八有”标准，规范开展“五个一”活动；乡镇人大按照每年召开 2 次人代会要求，发挥职能作用；乡镇人大主席列席常委会会议、参加视察调研等活动 120 多人次，工作水平明显提升。

【州人大常委会领导调研】 2019 年 5 月 17—18 日，伊犁州人大常委会主任阿不都沙拉木·沙德克一行 11 人在县调研脱贫攻坚工作，实地查看自治县部分扶贫项目落实和运行情况。

6 月 23 日，伊犁州人大常委会副主任孙鹏一行 8 人在县调研推广使用国家通用语言文字情况。

7 月 19 日，伊犁州人大常委会副主任孙鹏一行 6 人在县调研农村安居推进工作。

8 月 20 日，伊犁州人大常委会副主任努尔兰一行 3 人在县调研贯彻落实《新疆维吾尔自治区去极端化条例》情况。

10 月 2 日，伊犁州人大常委会副主任佟瑞清一行 7 人在县调研《伊犁哈萨克自治州绿化管理条例(草案)》立法情况。

(刘学海)

察布查尔锡伯自治县人民政府

【县人民政府负责人】

县长：关桂珍(女，锡伯族)

常务副县长：刘杉

副县长：赵念星(6 月离任)、王国明、居来提·艾海提(维吾尔族)、安玉荣(女，锡伯族)、李春山、沙尔山别克·热合木江(哈萨克族)、谢纬(12 月离任)、白金(12 月离任)

【县人民政府常务会议】 2019 年，察布查尔县第十七届人民政府召开 6 次常务会议，由县委副书记、县长关桂珍主持召开。

第一次常务会议 2 月 2 日召开。研究审议《察布查尔县 2019 年招商引资考核办法(送审稿)》等 13 项事宜。① 会议决定由县招商局综合考虑各单位职能、机构改革等因素，对《察布查尔县 2019 年招商引资考核办法(送审稿)》进行修改完善后，再次提交政府常务会议研究。② 同意《关于察布查尔县土地整治

（补充耕地）项目新增耕地核定报告的请示》，县国土局严格按照程序办理。③ 同意《关于限期收回种羊场5000亩（约333公顷）国有农用地的请示》，由县国土局依法依规收回位于种羊场的333公顷国有农用地，并重新测算租赁费标准，以招拍挂形式重新公开发包。④ 同意《关于国有农用地管理有关问题的请示》，由县国土局重新测算土地租赁费收费标准，及时追缴新疆巴口香食品有限公司租赁1987公顷国有农用地2018年度土地租赁费，并依法依规收回该地块；由县国土局依法依规收回县林业局租赁的2宗84公顷国有农用地，并重新测算租赁费标准，以公开招拍挂形式重新发包；由县国土局依法依规收回位于种羊场的333公顷国有农用地，并重新测算租赁费标准，以招拍挂形式重新公开发包；由伊南工业园区依法收回位于天山水泥厂以东规划预留工业用地（约10平方千米），并加强监督管理；由县国土局追缴察布查尔森源景观苗木有限公司租赁使用国有农用地6宗1173公顷租赁费，并依法收回该6宗地，全县各单位要全面加强各自领域内国有资产监督管理，严防国有资产流失。⑤ 同意《关于收回绰霍尔镇龙沟村原预制场土地使用权的请示》，由县国土局依法收回原绰霍尔镇龙沟村预制场1.3公顷土地使用权，并由绰霍尔镇龙沟村村委会对原预制场地上建筑物和附着物进行评估后予以补偿。⑥ 原则同意《关于自治县房地产开发改变容积率补缴出让金的请示》，由县国土局依法依规做好出让金收缴工作。⑦ 同意《察布查尔县“一体化”联合作战平台三期设备采购方案》，县政法委严格按照该方案执行。⑧ 同意《关于申请第三方介入审计贝伦舞传承中心建设项目的请示》，由县审计局负责委托第三方审计机构对原察布查尔县地震应急演练基地建设项目进行审计，对2015年10月前完成的察布查尔县地震应急演练基地建设项目进行工程量决算，并由县财政局、国资中心完成建设项目债务化解工作；再由县国资中心将原察布查尔县地震应急演练基地划拨县文广局作为办公阵地使用，并在第三方审计机构的监督下对贝伦舞传承中心建设项目土建、装修工程进行公开招标建设。⑨ 同意《察布查尔县关于深化国有企业改革的实施方案》，由县委国企工委办公室、县国有资产管理中心严格按照方案执行，并加强国有资产管理。⑩ 原则同意《关于调整2019年察布查尔县人民政府部分债务预算方案（草案）的报告》，县财政局严格按照规定办理。⑪ 原则同意《关于霍尔果斯财信融通融资担保公司追偿权纠纷案法院调解意见有关事宜的报告》，由县国有资产投资经营有限责任公司负责监督新疆景丽针织服饰有限责任公司按期偿还农村信用社贷款。⑫ 同意《关于资助全县城乡低保户及建档立卡贫困户人员参加城乡居民基本医疗保险资金的请示》，由县民政局再次对我县城乡低保户17411人及建档立卡贫困户8769人参加城乡居民基本医疗保险个人缴费部分30%予以资助，资助标准为78元/人，共计204.204万元，资金来源为医疗救助专项资金。⑬ 同意《关于申请农业科技示范园基地继续租赁的报告》，合同签订年限为3年，即2020年1月1日至2022年12月31日。

第二次常务会议　2019年4月13日召开。对《察布查尔县矿山地质环境保护与修复治理规划》等16项事宜进行研究审议。① 同意《察布查尔县矿山地质环境保护与修复治理规划》，县自然资源局做好规划上报工作，并按照该规划制订恢复治理方案。② 原则同意开滦（集团）有限责任公司伊宁煤田南部加尕斯台梧桐沟煤矿区详查探矿权转让变更，变更后的探矿权人为察布查尔矿业投资有限公司；县国资中心负责严格按照相关规定和程序办理。③ 同意《察布查尔县进出口肉类加工基地项目落地可行报告》,并提交县委常委会研究审议。④ 同意《2019 年招商引资工作暨重大招商引资项目联席会议制度(送审稿)》;将县司法局和政府法律顾问列为项目联席会议成员单位,并在项目落地前做好对企业的法律尽职调查;由县商务和工业信息化局修改完善后提交县委常委会研究审议。⑤ 同意将新 S313 线种羊场段 227 公顷耕地纳入新一轮退耕还林,县林业和草原局负责做好组织实施。⑥ 同意对 X719 线、S237 线、资源路、孙扎齐牛录镇五条交通主干道两侧枯死木予以采伐;对树木存活率鉴定后,方可对枯死树木进行采伐,并做好清运和补植工作,确保环境美观。⑦ 会议未通过《察布查尔锡伯自治县中小学布局调整规划(草案)》《察布查尔县乡村小规模学校建设(草案)》《察布查尔县乡镇寄宿制学校建设(草案)》,由县教育局负责,按照"优化资源整合"的原则,对方案进行修改完善后,报县人民政府研究。⑧ 同意将察布查尔县体育馆划拨给青少年校外活动中心管理使用,由县教育局负责加强监督管理,切实发挥资产效益,并于 2019 年采暖期前完成体育馆内供暖设施安装工作。⑨ 同意《察布查尔县 2019 年争取项目资金目标任务的分解方案(送审稿)》,并由县政府办公室印发执行;县发改委统筹负责该项工作,并与各责任单位签订责任书,督促抓好落实,每月月底将工作开展情况上报县人民政府。⑩ 同意海努克乡乌尔坦村更名为向阳村;由县民政局负责严格按照相关规定和程序办理。⑪ 原则同意设立察布查尔锡伯自治县都拉塔街道办事处;提交县委全委会议研究审议。海努克乡与扎库齐牛录乡地界纠纷由赵念星同志牵头,县民政局、自然资源局负责,坚持客观公正和尊重历史的原则,进一步核实土地性质和界线,如争议区域属于国有土地,由县自然资源局依法经营管理;如争议区域属于集体土地,根据《关于认真贯彻执行乡镇行政界线的通知》,由所属乡镇依法经营管理。察布查尔县与可克达拉市行政界段部分以 Y065 线道路东侧为界,Y065 线道路东侧权属归可克达拉市;由察布查尔县和可克达拉市共同对道路东侧界线进行技术勘测,所形成的勘界报告经双方签字确认后作为《察布查尔县与可克达拉市联合勘定行政区域界线的协议书》的补充协议,双方共同遵守。由县民政局负责做好具体工作。⑫ 原则同意《关于解决察布查尔县接受南疆籍务工人员住房保障、配偶随迁就业、子女就学、户籍落户问题实施方案(送审稿)》;由县人社局对该方案进一步修改完善后提交县委常委会研究审议。⑬ 原则同意《察布查尔县 2019 年度水污染防治行动计划(送审稿)》;由县生态环境局修改完善后提交县委常委会研究。⑭ 原则同意《察布查尔县 2019 年度打赢蓝天保卫战行动计划(送审稿)》;县生态环境局要采取有效措施,建立与周边团场的沟通协调机制,严防烧荒等大气污染现象的发生,推进兵地共同打好蓝天保卫战;由县生态环境局修改完善后提交县委常委会研究。⑮ 同意《关于进一步明确生态环境保护事项和责任的通知(送审稿)》;各责任单位要根据该通知制定工作措施,县生态环境局抓好督促落实;由县生态环境局修改完善后提交县委常委会研究审议。⑯ 原则同意《察布查尔县健康扶贫三年攻坚行动计划(2018—2020 年)》,县卫健委修改完善后由政府办印发执行;由县农业农村局结合自治县凿井数量、可用水量情况和企业用水用途,依法予以办理,严格做好水资源开采利用的监管工作。

第三次常务会议 2019 年 4 月 18 日召开。专题研究自治县脱贫攻坚项目推进工作。会议听取了县扶贫办关于自治县扶贫项目推进情况汇报。会议指出,扶贫项目的实施,是消除贫困、改善民生、逐步实现共同富裕的必然途径,是提高自治县各族群众生产生活水平的必要保障。当前，自治县正处于脱贫攻坚巩固提升的重要阶段，扶贫项目实施的成果，将对自治县农村经济、产业发展、农牧民增收致富起到积极的推动作用，同时也对自治县打赢脱贫攻坚战起到决定性作用。截至目前，自治县已启动实施扶贫项目37项，支付1237.11万元，支付率21%，排名州直中游，项目开工率及资金支付率不高，急需加快推进项目实施进度。会议强调，目前自治县仍存在部分乡镇对扶贫项目研究谋划不够、项目推进缓慢等问题，将影响全县扶贫项目的实施。第二批涉农整合资金8个项目中，海努克乡农贸市场、察布查尔镇排水管网2个项目滞后，将影响4月资金支付；琼博拉镇琼博拉村农田沙石路项目没有及早进行谋划，县扶贫开发领导小组会议还未审议通过。针对上述及类似问题，各乡(镇、场)、县直各有关单位要提高政治站位，树牢“四个意识”，强化责任担当，不断完善脱贫攻坚项目建设，坚持“资金跟着项目走、项目跟着规划走、规划跟着脱贫任务走”的要求，实现措施到户精准、项目安排精准、资金使用精准和脱贫成效精准。县扶贫办、发改委、财政局等单位及各乡(镇、场)要落实好扶贫项目实施的各项职责，加快项目推进，做到项目早开工、早见效、早收益，同时要结合各乡(镇、场)实际，科学谋划一批群众受益明显的扶贫项目，确保项目可行，避免资源浪费，切实让扶贫项目成果惠及更多的各族群众。会议要求：一是由县扶贫办负责，县直各相关单位配合，严格落实自治区文件要求，结合项目投资情况，选择符合要求的招投标形式实施项目，确保项目实施程序合法合规。二是由县扶贫办牵头，各乡(镇、场)及各行业部门负责，结合产业发展，积极谋划自治县未来几年内的扶贫项目，为扶贫项目的储备提供保障。三是由赵念星同志牵头，县扶贫办、自然资源局负责，认真研究堆齐牛录乡伊车村及种羊场巴音村扶贫项目，进行实地勘察，确保项目可行、效益明显。四是由县扶贫办、财政局共同负责，对已实施的扶贫项目，及时拨付项目资金，确保达到自治区资金拨付时序进度。

第四次常务会议　2019年5月15日召开。研究审议察布查尔锡伯自治县与可克达拉市行政界线勘定情况等15项事宜。① 察布查尔县与可克达拉市勘界存在争议的绰霍尔镇布占村2.95公顷土地和原畜牧局7.99公顷土地所有权、使用权问题，我县主张上述2宗土地使用权、所有权归属察布查尔县所有，最终意见以州政府裁定意见为准；会议形成上述意见提交县常委会研究决定。② 同意县民政局关于纳达齐牛录乡、察布查尔镇、堆齐牛录乡命名、更名、撤销街路巷名称的方案，由县民政局严格按照程序办理。③ 同意县民政局《察布查尔锡伯自治县文化旅游交流学会方案(送审稿)》，并根据成立群团组织相关法律法规，按程序办理。④ 原则同意察布查尔县人民医院建设项目后期资金解决方案，由县卫健委、人民医院依法依规并按照维护自治县合法权益的原则，进一步对后期资金解决模式进行全面分析，将相关条款进行修改完善。⑤ 原则同意长输管网建设工程通过社会资本运作模式进行建设，项目建设所需资金以城市建设用地予以抵偿，项目设预算为1.8亿元，以自治县城市建设用地750万元/公顷计算，需抵扣24公顷建设用地至社会资本方进行商业开发，并提交县委常委会议研究。⑥ 原则同意南岸干渠2#扬水灌区1333公顷国有土地使用权以租赁方式划转至国有企业，其中伊南供水公司886.89公顷，水务公司46.44公顷，租赁费22.5万元/公顷，租赁期限为50年，土地租赁所产生的费用由国有企业代偿政府公益性项目农发行货款本金20085万元及利息11157.52万元。会议形成的上述意见，提交县委常委会议研究审议。⑦ 原则同意《察布查尔锡伯自治县中小学布局调整规划方案》《察布查尔县乡村小规模学校建设方案》《察布查尔县乡镇寄宿制学校建设方案》，县教育局严格按照上述3个方案组织实施。⑧ 原则同意《昭苏县与察布查尔县产业融合发展合作协议》，由县伊南工业园区管委会根据会议提出意见，对协议相关合作条款内容进行修改完善后签订。⑨ 由县扶贫办负责，对已通过富民安居建成抗震房的34户173人，在伊宁市、特克斯县等地购房和建房的12户54人及因自身原因未参加避险解困住房建设人员，根据大中型水库移民避险解困相关政策，按照依法依规应享尽享的原则做好具体实施工作；对不符合条件的人员，由涉及乡镇、村做好政策宣传解释工作。⑩ 原则同意海努克乡切吉村退耕还林地凿井4眼，年取水量60万 m^3，并在该项目区具备地表水灌溉条件后由海努克乡人民政府对4眼机井予以封停；由县农业农村局严格按照相关规定办理并做好监督管理工作。⑪ 由县人民政府协调驻县团场，根据《民用爆炸物品安全管理条例》规定，选取1个弹药库长期存放自治县人影作业火箭弹；同意购置专用人影火箭弹保险柜，购置价格为8.5万元，用于作业期间人影作业火箭弹存放。⑫ 同意将位于堆齐牛录乡、察布查尔镇、孙扎齐牛录镇、纳达齐牛录乡1993.2公顷国有农用地以租赁方式向察布查尔投资发展集团有限公司供地，租赁期限为50年；由县自然资源局严格按照租赁方案及相关规定办理，并做好监督管理工作。⑬ 同意将位于爱新色里镇、孙扎齐牛录镇、绰霍尔镇、琼博拉镇、加尕斯台镇、种羊场、堆齐牛录乡、扎库齐牛录乡、海努克乡、阔洪奇乡南岸干渠以南的16275.87公顷国有农用地以租赁方式向察布查尔生态扶贫投资发展有限公司供地，租赁期限为50年；由县自然资源局严格按照租赁方案及相关规定办理，并做好监督管理工作。⑭ 同意《察布查尔锡伯自治县第二次全国污染源普查工作开展情况及整改方案》并报自治州生态环境局；由县生态环境局牵头做好相关整改工作。⑮ 原则同意处置县政府办公室、统计局、教育局、公安局、自然资源局、扶贫办、残联、职业技术学校、人民医院、第一中学、绰霍尔镇中心校、阔洪奇乡中心校相关固定资产，由国资中心严格按照行政事业单位资产处置相关规定执行。

第五次常务会议　2019年7月16日召开。研究审议《2019年中央大中型水库移民后期基金项目资金分配使用方案》等7项事宜。① 原则同意《2019年中央大中型水库移民后期基金项目资金分配使用方案》；由县扶贫办严格按照方案组织实施。② 原则同意察布查尔县生态扶贫林业生产基地一期建设项目立项事宜；由县国有资产管理中心、县投资发展集团公司对项目进行充分论证可行后实施；县国有资产管理中心加强监管，确保资金安全。③ 同意《察布查尔锡伯自治县腾达煤炭开发实业有限责任公司煤矿地面塌陷、采空区地质环境治理恢复实施方案审查意见》《〈察布查尔县孙扎齐牛录镇煤矿地面塌陷、采空区地质环境治理恢复实施方案〉审查意见》；由县自然资源局严格按照恢复治理方案认真组织实施。④ 原则同意《察布查尔锡伯自治县贯彻落实〈伊犁河谷生态环境保护条例〉实施办法（草案）》；由县生态环境局负责，县司法局、政府法律顾问协助，严格对照《伊犁河谷生态环境保护条例》修改完善后，报县人民政府提交县人大常委会议审议。⑤ 同意《察布查尔县工程建设项目审批改革工作实施方案》，由县政府办公室印发执行；并由县住建局牵头严格按照相关要求，结合自治县实际，做好工程建设项目审批改革工作。⑥ 同意《自治县深化医药卫生体制改革重点工作实施方案（送审稿）》《察布查尔县"互联网＋医疗健康"发展实施方案（送审稿）》，由县政府办公室审核后印发执行。

⑦ 同意设立孙扎齐牛录镇旭日社区居民委员会、察布查尔镇平原林场社区居民委员会、扎库齐牛录乡开发地农村社区居民委员会、纳达齐牛录乡工业渠路社区居民委员会，由县民政局严格按照程序和相关规定办理。

第六次常务会议 2019 年 8 月 20 日召开。研究审议《关于察布查尔县加尕斯台沟泄洪渠清淤弃料等 5 个河道清淤项目处置的请示》等 7 项事宜。① 同意由县自然资源局组织实施察布查尔县加尕斯台沟泄洪渠清淤、察布查尔县 6、7、9 号泄洪渠、霍吉尔台沟、洪海沟泄洪通道疏通项目，并依法依规做好项目实施工作。② 同意县教育局《察布查尔县 2019 年普通高中招生录取实施方案（送审）》，在不突破自治州下达的招生任务计划并满足内高内职学生人数的前提下，可适当下调普通高中录取分数线进行招生。③ 同意县民政局关于县域内部分乡镇有关道路命名、更名、维护方案。关于路牌事宜：一是由县国有资产管理中心、住建局负责，清理棚户区已拆迁区域废旧路牌用于新命名、更名道路路牌设置。二是由县民政局牵头，财政局协助，协调通信、金融保险等企业，制作相应路牌，用 2—3 年广告权抵顶企业制作路牌费用。三是由县住建局、民政局协调施工单位，制作新建道路路牌。④ 原则同意县住建局在稳妥化债的原则下，使用伊犁州直反恐维稳基础设施建设 2019 年中央预算资金，用于化解 2016—2018 年公安检查站、警务室项目债务，并提交县委常委会研究。⑤ 同意县住建局《察布查尔县 2019 年棚户区改造项目资金补助方案》，由县住建局负责，严格按照方案依法依规组织实施。⑥ 原则同意将热力专项资金、债券资金用于实施热力长输管网项目，由县财政局规范债券资金使用，债券资金及利息由国有企业负责偿还，并提交县委常委会研究。⑦ 同意县国有资产管理中心对县人民政府办公室、教育局、人社局、科学技术局、纳达齐牛录乡人民政府相关固定资产的处置意见，严格按照行政事业单位资产处置相关规定执行，同时做好纳达齐牛录乡经济发展中心办公楼资产划转工作，依法依规进行租赁。

【县人民政府印发的文件（部分）】 2019 年，县人民政府印发的文件（部分）如下：

1 月 12 日，发出《关于公布察布查尔县第一批非物质文化遗产代表性项目名录的通知》。

2 月 12 日，发出《关于调整部分副县长分工的通知》。

4 月 28 日，发出《关于调整自治县政府班子成员分工的通知》。

8 月 31 日，发出《关于调整县人民政府部分班子成员分工的通知》。

10 月 18 日，发出《关于关停伊泰伊犁矿业有限公司 800 万吨/年煤矿的决定》。

（马俊）

县人民政府办公室

【县人民政府办公室负责人】

主任：管国华（女，锡伯族）

党总支书记：侍国华

副主任：侍国华、张建明、谢利

【内设机构】 2019 年，县人民政府办公室（以下简称县政府办）内设秘书科、行政科、法制办公室、外侨事务办公室，有行政编制 26 人，其中领导职数 4 人。

【文秘机要】 2019 年，县政府办收到中央、自治区、自治州文件 705 件，以政府、政府办名义发文 58 件。自治县依法全面履行政府职能，自觉接受人大及其常委会法律监督、人民政协民主监督以及社会各界监督，认真组织，狠抓落实，按时完成办理工作，办复率100%，各级人大代表、政协委员对办理工作的满意率达到100%。

【行政执法监督】 2019年，自治县不断加强政务公开力度，加深政务公开程度。全年被纳入政务公开平台重点考核的单位46个，其中县直部门31个，乡镇15个。分解落实2019年政务公开重点工作任务，将县人民政府网站三大类46项重点工作分解落实至各责任单位，严格按照要求及时公开相关信息。持续推进土地确权、集体林权制度改革，不断加大"放管服"改革，落实"3550"改革措施，改革成果惠及各族群众。

【电子政务】 2019年，县政府办通过人民政府网站发布政策解读32条。通过"书记信箱""部门信箱"渠道收到群众困难诉求164条，答复162条。全县通过县人民政府网站主动发布政府信息7349条。通过合理设置重点公开栏目、结合实际制定政务公开目录，提升政务公开工作的全面性、针对性，提高政府工作的透明度，保证广大群众的知情权。

【信息督查】 2019年，县政府办上报各类信息112条，采用31条，信息采用率27.7%；通过州长信箱转办群众困难诉求15条，办结率100%；发出督查通知52件；电话督办约352次；督促重要工作会议6件。

【接待工作】 2019年，县政府办接待各级、各类考察团体、检查组等200批2000多人，完成公务接待工作。

【县政府办印发的文件(部分)】 2019年，县政府办印发的文件(部分)如下：

1月5日，发出《关于印发〈察布查尔县第十三届"科技之冬"活动实施方案〉的通知》。

1月22日，发出《关于成立察布查尔县政府办公室财经领导小组的通知》。

1月26日，发出《关于印发〈察布查尔县包虫病等重点寄生虫病防治规划(2016—2020年)〉的通知》《关于调整察布查尔县语言文字工作委员会组成人员及职责分工的通知》。

1月29日，发出《关于印发〈察布查尔县人民政府教育督导委员会运行机制〉的通知》《关于调整察布查尔县招商委员会成员及职责的通知》。

2月12日，发出《关于调整察布查尔县优化县域内中小学布局领导小组的通知》《关于印发〈察布查尔县2019年城乡劳动力组织化培训就业实施方案〉的通知》。

2月25日，发出《关于转发〈关于印发〈开展联合整治"保健市场乱象百日行动工作方案"〉的通知〉的通知》。

3月11日，发出《关于对SZ37线(平原林场至龙沟检查站段)开展环境综合执法的通知》。

3月19日，发出《关于印发〈察布查尔县国家教育统一考试安全突发事件应急处置预案〉的通知》《关于建立察布查尔县大力促进民营经济健康发展部门联席会议制度的通知》。

3月20日，发出《关于印发〈察布查尔县2019年度地质灾害防治方案〉的通知》《关于呈报〈察布查尔县政府办公室职能配置、内设机构和人员编制规定(草案)〉的报告》。

3月27日，发出《关于成立察布查尔县政策性粮食库存数量和质量大清查协调小组的通知》。

4月1日，发出《关于印发〈察布查尔县加强义务教育阶段控辍保学工作实施方案〉的通知》《关于印发〈察布查尔县伊南工业园区绿色金融试点方案〉的通知》。

4月3日，发出《关于印发〈察布查尔县

2019年春季植树造林实施方案〉的通知》。

4月5日，发出《关于印发〈察布查尔县政策性粮食库存数量和质量大清查实施方案〉的通知》。

4月16日，发出《关于印发〈察布查尔县为军烈、军属和退役军人家庭悬挂光荣牌工作实施方案〉的通知》《关于印发〈察布查尔县第三次全国国土调查实施方案〉的通知》《关于印发〈察布查尔县城乡一体化住户调查责任分工〉的通知》。

4月17日，发出《关于规范察布查尔县自然灾害预警和事故信息发布的通知》。

4月21日，发出《关于调整自治县安全生产委员会组成人员的通知》。

4月23日，发出《关于印发察布查尔县2019年项目资金争取目标任务分解方案的通知》。

4月24日，发出《关于进一步规范自治县输配电线廊道安全生产管理的通知》。

4月26日，发出《关于调整自治县绿色食品原料（小麦、红花、水稻）标准化生产基地建设领导小组的通知》。

5月7日，发出《关于印发〈察布查尔县健康扶贫三年攻坚行动计划（2018－2020年）〉的通知》。

5月16日，发出《关于印发〈察布查尔县已闭坑矿山、政策性关闭小煤矿、沙石黏土矿治理恢复方案〉的通知》。

6月1日，发出《关于印发〈察布查尔县2019年度打赢蓝天保卫战行动计划〉等两个文件的通知》。

6月21日，发出《关于印发〈察布查尔县2019—2020年贫困人员城乡居民基本养老保险应保尽保工作方案〉等两个文件的通知》。

6月27日，发出《关于印发〈察布查尔县工程建设项目审批改革工作实施方案〉的通知》。

8月26日，发出《关于转发〈新疆维吾尔自治区行政执法公示办法〉等三个办法的通知》。

8月27日，发出《关于印发〈察布查尔县2019年棚户区改造项目资金补助方案〉的通知》。

9月16日，发出《关于印发〈察布查尔锡伯自治县尘肺病防治攻坚行动方案〉的通知》。

10月30日，发出《关于印发〈察布查尔县创建全国绿色食品原料（小麦、红花、水稻）标准化生产基地建设实施方案〉的通知》《关于印发〈新疆察布查尔伊犁河国家湿地公园建设工作方案〉的通知》。

11月23日，发出《关于印发〈察布查尔县简化10千伏及以下电力工程建设审批流程实施方案〉的通知》。

12月4日，发出《关于修订〈察布查尔锡伯自治县突发环境事件应急预案〉的通知》《关于印发〈察布查尔锡伯自治县重污染天气应急预案〉的通知》《关于印发〈察布查尔县残疾儿童康复救助制度实施方案〉的通知》。

12月10日，发出《关于印发〈察布查尔县今冬明春火灾防控工作方案〉的通知》。

12月15日，发出《关于印发〈察布查尔县2019年"四好农村公路"建设实施方案〉的通知》。

12月21日，发出《关于印发〈察布查尔县公路路域环境综合整治工作实施方案〉的通知》《关于察布查尔公路两侧建筑控制区划定和强化管理的通知》。

（马俊）

中国人民政治协商会议
察布查尔锡伯自治县委员会

【中国人民政治协商会议察布查尔锡伯自治县委员会负责人】

党组书记、主席：哈山·达吾列提汗（哈萨克族）

副主席：何福莲（女）、多尔坤·伊明江（维吾尔族）、赵新俊（锡伯族）、阿斯甫江·哈斯木

(维吾尔族)

【内设机构】 2019年,政协察布查尔锡伯自治县委员会根据县委“三定方案”,下设办公室、专门委员会工作科,有干部职工14人。

【内设机构负责人】

办公室主任:袁辉(3月离任)、向东安(3月任职)

经济专委会主任:钟丽荣(女,5月离任)

专门委员会工作科副科长:轩翠梅(女)

【政协察布查尔锡伯自治县第十五届委员会第四次会议】 2019年1月18—20日举行。会议审议和通过第十五届第三次常委会工作报告和提案工作报告;全体与会政协委员列席自治县人大第十七届第四次会议,听取和讨论自治县人民政府等的工作报告;通过本次会议的各项决议。会议以无记名投票方式选举艾尼瓦尔·库尔马纳力为政协察布查尔锡伯自治县第十五届委员会常务委员。会议应出席政协委员102人,实到78人。

【县政协常务委员会会议】 2019年,政协察布查尔锡伯自治县第十五届委员会召开政协常委会议5次,会议议题涉及增补政协委员、增补政协常务委员会委员、全委会分组讨论情况汇报、乡村环境整治视察情况座谈、庆祝人民政协成立70周年座谈等。

十五届十四次常委会 1月16日召开。县政协党组书记、主席哈山·达吾列提汗主持。会议审议通过县政协第十五届委员会补选委员建议名单,审议通过县政协第十五届委员会常务委员会补选常务委员候选人人选名单,协商讨论《政协察布查尔锡伯自治县第十五届委员会常务委员会工作报告》《县政协提案工作报告》《县政协十五届四次会议日程》,并征求常委意见和建议。

十五届十五次常委会 1月18日召开。县政协党组书记、主席哈山·达吾列提汗主持。会议酝酿增选十五届政协常委有关事项,审议政协察布查尔锡伯自治县第十五届委员会常委候选人建议名单(草案),审议《政协察布查尔锡伯自治县第十五届委员会第四次会议选举办法(草案)》,审议政协察布查尔锡伯自治县第十五届委员会第四次会议选举监票人、监票人建议名单。

十五届十六次常委会 1月19日召开。县政协党组书记、主席哈山·达吾列提汗主持。会议听取各组汇报,审议通过《政协察布查尔锡伯自治县第十五届委员会常委候选人建议名单(草案)》《政协察布查尔锡伯自治县第十五届委员会第四次会议选举办法(草案)》《政协察布查尔锡伯自治县第十五届委员会第四次会议总监票人、监票人建议名单(草案)》,协商讨论《自治县政协十五届四次会议关于提案审查情况的报告》《县政协十五届四次会议关于常务委员会工作报告的决议(草案)》《县政协十五届四次会议关于提案工作情况报告的决议(草案)》《县政协十五届四次会议政治决议(草案)》。

十五届十七次常委会 7月25日召开。县政协党组书记、主席哈山·达吾列提汗主持。会议期间,参会的各位常委紧紧围绕自治县7月初开展的“夏季战役”,结合实地考察所见所闻发表意见和建议,积极为自治县推进乡村环境整治工作建言献策。

十五届十八次常委会 8月27日召开。县政协党组书记、主席哈山·达吾列提汗主持。学习《关于加强人民政协协商民主建设的实施意见》,与会常委和政协历届退休老领导围绕人民政协成立70周年发言。

【提案工作】 2019年,县政协第十五届第四次会议收集提案57件。经审查，立案54件（并案撤案3件），立案率94.7%。其中农业农村方面提案22件，占40.7%；工交财贸方面提案7件，占13%；社会事务方面提案4件，占7.4%；文教卫生方面提案19件，占35.2%；其他类提案2件，占3.7%。与会委员坚持以十九大和习近平新时代中国特色社会主义思想为指导，认真贯彻落实县委第十三届第十次全委（扩大）会议的决策部署，围绕乡村“五大振兴”，坚定不移推进民生改善和文化惠民工程，积极运用提案参政议政、建言献策，有《关于种羊场巴音村农田基础设施建设的提案》《关于解决海努克乡建设综合农贸市场资金的提案》《关于增加公交车班次的提案》《关于加强环境治理，保护生态环境的提案》《关于将精神病患者免费服药纳入医疗救助范围的提案》《关于加强餐饮业监管的提案》等。

【调研工作】　2019年，县政协十五届委员会组织政协委员围绕县委中心和重点工作进行调研，先后开展主题调研7次，协助上级政协开展协商座谈会3次，提出意见、建议22条，为县委、政府科学决策提供参考。

【“不忘初心、牢记使命”主题教育活动】　2019年，县政协十五届委员会紧扣总要求、落实总任务，把学习教育、调查研究、检视问题、整改落实四项重点举措贯穿全过程。政协党组班子成员和干部讲党课10场次，理论研讨54人次，开展调查研究4次，检视整改各类问题75个，政协系统66名党员委员和干部思想上受到洗礼，取得主题教育与履职工作相互促进、共同提升的效果。组织委员收听收看中华人民共和国成立70周年阅兵盛典和庆祝活动盛况，参加全国政协重大专项工作委员宣讲团宣讲报告会、自治区政协传达贯彻中央政协工作会议暨庆祝中国人民政治协商会议成立70周年大会精神等，在自治区党委政协工作会议上做题为《锚定使命任务 更好发挥政协专门协商机构的作用》的大会发言，增强做好新时代政协工作的信心和决心。

【疆外政协调研】　2019年3月7日，河南省商丘市政协党组书记、主席曾昭宝一行12人在县学习考察文化旅游产业发展方面的先进经验和做法，县政协党组书记、主席哈山·达吾列提汗陪同考察并汇报情况。

4月15日，沈阳市政协民族和宗教委员会主任石宝晔一行在县考察调研锡伯族文化的保护、传承与发展的经验做法。

6月16日，青海省政协副主席马海瑛一行12人在县考察调研“加强和创新乡村社会治理”课题。

8月15日，广西壮族自治区党组副书记、副主席黄道伟一行9人在县考察学习“大力推进文化兴边建设，提升边境地区公共文化服务水平”的重要经验和做法。

9月9日上午，湖北省政协党组成员、副主席彭军一行14人在县考察学习“大力推进文化兴边建设，提升边境地区公共文化服务水平”的重要经验和做法。

9月9日下午，海南省政协原副主席、文化研究交流协会会长陈成一行10人在县考察交流如何发挥好“一带一路”建设中丝绸之路经济带核心区的作用，以及在历史文化挖掘、整理和传承方面的诸多好经验和好做法。

【自治区政协调研】　2019年4月29—30日，自治区政协党组副书记、常务副主席程振山一行在县调研脱贫攻坚工作并召开座谈会，州政协党组成员、副主席拉格瓦·才布格加甫和县委书记王沛昭，县政协党组书记、主席哈山·达吾列提汗等领导陪同调研。其间，程振山到县政协看望基层政协干部职工。

【州政协调研】 2019 年 4 月 11 日,伊犁州政协党组成员、秘书长孔令胜一行到县调研"聚焦总目标推进社会稳定基本常态"和推进"打造社会稳定样板区"建设情况。调研组先后到孙扎齐牛录镇孙扎齐牛录村、察布查尔镇乌宗布拉克社区幼儿园和乌宗布拉克农村社区等地实地调研,县政协主席哈山·达吾列提汗等领导一同调研。其间,调研组与自治县领导及相关部门负责人座谈。县委副书记、政法委书记、教育党工委书记曲聪汇报自治县"聚焦总目标推进社会稳定基本常态"和推进"打造社会稳定样板区"建设相关情况。

【疆内政协调研】 2019 年 7 月 18 日,克拉玛依市白碱滩区政协主席冯杰忠一行 8 人在县学习考察维稳工作经验和做法。

8 月 20 日,鄯善县政协副主席马春军一行 9 人在县调研政协工作。

10 月 21 日,博湖县政协副主席刘德云一行 9 人在县调研农村环境整治、乡村庭院经济发展情况。

(轩翠梅)

法 治

县委政法委

【县委政法委负责人】

书记：曲聪

副书记：成武军(3 月任职)、吴永刚

【基本情况】 县委政法委是县委工作机关。县委政法委贯彻落实党中央关于政法工作的方针政策、决策部署以及自治区党委、自治州党委、县委的工作要求，在履行职责过程中坚持和加强党对政法工作的集中统一领导。

县委政法委设党支部 1 个，有支委成员 7 人，专职党务工作人员 2 人，兼职党务工作人员 5 人；有党员 46 人(其中退休党员 1 人)，其中男性党员 36 人，女性党员 10 人；汉族 24 人，锡伯族 14 人，维吾尔族 3 人，哈萨克族 2 人，回族 3 人；本科学历 19 人，大专学历 24 人，中专学历 2 人，高中以下学历 1 人。

【内设机构】 2019 年，县委政法委与县综治办合署办公，内设办公室、综治维稳指导室、执法监督宣教室、政治政策调研室，直接管理察布查尔县流动人口管理办公室，代管察布查尔县法学会。

【维护社会稳定】 2019 年，县委政法委扎实推进维稳工作常态化，确保社会大局持续稳定。进一步理顺机制，维稳党工委、边防委员会、维稳指挥部、边境前沿指挥部等领导机构不断健全，工作机制不断完善，围绕总目标，突出打好“三场硬仗”“一场人民战争”，严格落实“六个抓好”“五个管住”“四个全覆盖”“三个坚决”组合拳措施，深入开展实施“大反思、补短板”百日专项行动，稳定工作步入正轨，“4＋2”“2＋1”项工作有效推进。

【社会面防控】 2019 年，县委政法委完善应急处突预案，强化实战演练，日均开展测警演练 150 余次。全县刑事案件同比下降 20.91%，治安案件同比下降 29%，公共安全事故四项指标(事故起数、死亡人数、受伤人数、经济损失)全面下降。

【边境管控】 2019 年，县委政法委持续深化党政军警兵民“六位一体”管边控边机制，严格落实“四纵三横、六级布防”立体防控体系，扛实边境管控主体责任，与都拉塔口岸、六十七团签订管控责任书，帮助六十七团承担边境管控任务，压实边境管控主体责任、直接责任、具体责任、属地责任、配合责任。突出抓好“人防”核心要素，对护边员开展全面审核和清理，加大护边员培训力度。将“三纵、四纵”防区内护边员力量向边境“一纵、二纵”区域倾斜。投资 4953.67 万元完成技防物防设施。加大《新疆维吾尔自治区边境管理条例》的宣传力度，提高边民的国防安全意识，常态开展清山护边、巡逻查缉、武装拉动。做好各执勤站点冬季物资保障工作。

【维稳指挥部建设】 2019 年，县委政法委严格按照“六个常态化”“六个好”的要求，建强县、乡、村三级维稳指挥部。投资 200 万元新建指挥大厅，优化维稳指挥部办公室、值班主任队伍、图控专业队伍及各专班人员配置，改善维稳指挥部基础条件，完善提升维稳指挥系统，突出实战导向性、协调联动性、调度指向性，研究制订各类实战化应急处置流程演练预案。

【平安建设】 2019年,县委政法委坚持“系统抓、抓系统”,持续抓好平安建设细胞工程,以“平安家庭”创建为抓手,全面提升群众对平安建设的知晓率、参与率和满意率。各平安细胞创建率均达标并得到有效巩固,“平安察布查尔”创建活动深入人心,群众的“三率一感”不断提升。申报创建自治区优秀平安乡镇2个、自治州优秀平安乡镇1个。

【综合治理】 2019年,县委政法委加快智慧乡村建设,全面提升乡村“微治理、大联动”水平。合理优化整合网格,对全县网格进行优化整合,调整网格。坚持把“维稳双联户”作为创新和加强社会治理的细胞工程,推进“维稳双联户”常态化、规范化、制度化。结合实战需求,全力推动“雪亮工程”应用,深化综治视联网、综治9+X、基层维稳力量指挥调度等系统应用,广泛聚合共享内外数据,强化集成应用。

【扫黑除恶专项斗争】 2019年,县委政法委紧紧按照“六个围绕”工作要求,将扫黑除恶与严打攻坚、三资清理、社会治理、全面从严治党结合起来,认真落实“三联三查三公布”工作机制,加强“一案三查”。对所有案件线索进行“回头看”,查办自治区认定涉恶团伙2起8人,自治县自侦案件5起。梳理案件线索135条,其中中央督导组交办线索56条,自治区(公安厅)交办线索2条,自治州交办线索10条,自治县摸排线索67条。办结129条,办结率95.6%,其中中央交办线索办结56条,办结率100%;自治区交办线索办结2条,办结率100%;自治州交办线索办结9条,办结率90%;自治县自查线索办结62条,办结率92.5%。坚持打击、治理、建设一体推进,研究制订七大领域专项治理方案,清理清查国有土地122.67公顷、农村集体土地58.93公顷,清缴土地租赁费3352万元,取缔关停机井148眼,整顿三类矿山企业59家,拆除74座大棚房,行业乱象得到有效纠治。建立线索移交会商、查办结果反馈、三联三查三公布及一案三查等13项工作机制,提升扫黑除恶治乱工作水平。

【反邪教和禁毒工作】 2019年,县委政法委坚持去存量、控增量、防变量,加强境外和网上反邪教斗争,着力挤压其活动空间。坚持预防和打击相结合,深入开展防范打击“法轮功”“全能神”等邪教组织专项行动,严厉打击“法轮功”地下窝点和“全能神”组织体系,巩固破获“全能神”案件战果,深化对其他邪教、有害气功组织和含“精神传销”等有害培训的专项治理工作。持续推进禁毒示范城市创建,按照《察布查尔县深入开展伊犁州全国禁毒示范州创建活动实施意见》的要求,持续做好全国禁毒示范州创建工作,提高创建工作两个“知晓率”,严格落实国家创建禁毒示范城市考核细则,深入推进毒品预防教育“六进”(进学校、进单位、进家庭、进场所、进社区、进农村)活动,不断提升全民禁毒知识知晓率。

【矛盾纠纷及信访排查调处】 2019年,县委政法委召开信访工作联席会议6次,受理群众来信来访441件,办结404件,办结率91.6%。深入践行新时代“枫桥经验”,严格落实信访工作联席会议机制、领导包案下访机制,推动信访案件有效化解,加强信访形势分析研判,加大信访矛盾纠纷排查力度,完善联合接访、网上信访等便民工作机制,依纪依法依规化解缠访闹访事件。对信访人苗头性问题全面排查,把矛盾控制在源头,把纠纷化解在基层,把问题解决在一线。

(吴会娟)

县公安局

【县公安局负责人】

党委书记、局长：李志强

政委：安俊刚（锡伯族）

副政委：彭文（3 月任职）

副局长：赵玉灿（10 月离任）、魏杰锐、郭荣（锡伯族，3 月任职）、关建功（锡伯族）、王玉刚（江苏内派挂职，2019 年 1 月任职）

【内设机构】 2019 年，县公安局内设指挥中心（办公室）、政工监督室、警务督察大队 3 个综合科室，法制大队、国内安全保卫大队、刑侦大队、交通警察大队、治安管理大队、禁毒大队、出入境管理大队、巡逻防控大队、网络安全保卫大队等勤务机构，看守所、拘留所 2 个监管场所。下设城镇派出所、绰霍尔派出所、纳达齐派出所、堆齐派出所、米粮泉派出所、坎派出所、阔洪奇派出所、阿勒玛勒派出所、良繁场派出所、森林派出所 10 个派出机构。另设纪检监察室 1 个。

【扫黑除恶专项斗争】 2019 年，县公安局坚持“有黑扫黑、有恶除恶、有乱治乱”的总要求，认真开展扫黑除恶专项斗争，打掉 2 个恶势力团伙（自治区认定），破获案件 7 起（寻衅滋事案 5 起，故意伤害案 2 起），抓获涉案人员 8 人。查封、冻结、扣押涉案资产 79.45 万元。其间，张贴宣传通告 14200 份，发放宣传海报、手册、口袋书、宣传单 9.85 万份，悬挂横幅 200 余条、展板 40 块、宣传栏 12 个。

【打击各类违法犯罪】 2019 年，县公安局以“侦查、情报、技术”为支撑，全力侦破“命案”，扎实开展“扫黑除恶”、“盗抢骗”、“打破断”、涉枪犯罪、电信诈骗等专项行动工作，突显刑事科学技术的应用，严格落实“一长四必”制度，全年发生各类刑事案件 294 起，破获案件 150 起，破案率 51%，为群众挽回经济损失 22.31 万元。同时，县公安局党委高度重视刑事技术工作，改建刑事科学技术研究室，总面积 290 平方米，内设痕迹、影像、足迹、工痕、熏显、法医、物证保管、技管等 20 个实验室和办公室，助推刑事案件侦办工作。

【治安案件查处】 2019 年，县公安局受理治安案件 416 起，查结 298 起，查结率 71.6%。

【社会面巡逻防控】 2019 年，县公安局坚持一级响应常态化工作机制，继续强化社会面巡逻防控工作，各便民警务站、警务点突出显性用警，提升“见警率、盘查率、管事率”，按照“警力跟着警情走，警力跟着需求走”的要求，加强重点单位、人员密集场所等区域的巡逻防控力度，每日投入警力 700 人次。强化“1 分钟、3 分钟”应急处置演练，健全“维稳双联户”“十户联防”等群防群治、联防联控，加强“两站三警”和基层维稳力量的合成化作战。开展测警和十户演练 5.3 万余次；检查车辆 26.9 万辆，检查人员 38.7 万人；核查反馈布控人员预警 1.6 万条、车辆预警 201 条。抓获在逃人员 2 人、吸毒人员 1 人，收缴管制器具 53 把。

【武装拉动】 2019 年，县公安局全天 24 小时组织开展武装拉动，每次投入维稳力量上百人，划定多条武装拉动路线，按照“警力跟着警情走”的原则，覆盖重点单位、重点目标、重点场所、要害部位以及背街巷和偏远散户居住区域。各武装拉动组平均每日开展不少于 3 次的常态化武装拉动，保持强大震慑，强振群众信心。

【重点部位及场所的安全防范】 2019年，县公安局集中开展大排查行动，持续对重点单位、重点目标、重点要素及人员密集场所开展安全检查和指导力度，严格落实供水、供气、供电、供热等重点目标标准化安防措施，强化重点目标的安全防范，检查单位3618家次，发现存在隐患单位654家次(其中当场整改347家次，下发整改通知书287家次，停业整顿20家次)，拘留1人，罚款3人。组织城镇派出所捣毁一处违规经营托运部，当场查封，对现场的快件、物品、票据、车辆等进行扣押，并将该案移交县运管局处理。

【校园安全专项检查】 2019年，县公安局坚持为辖区各中小学校筑牢安全防护墙，全面做好校园安全管理工作。根据公安部《关于组织开展全国校园医院安保工作督导检查的通知》要求，特别是9月2日湖北恩施发生校园伤害案件后，县公安局领导高度重视，立即就此项工作安排部署，对各类涉校安全隐患全面深入排查，逐一落实整改措施。通过对全县79所学校(职高1所，中小学33所，教学点15处，独门独院幼儿园30所)排查，发现隐患31处，当场整改15家，下发限期整改通知书16份。

【娱乐场所安全检查】 2019年，县公安局在对各场所内安防、消防措施的落实以及涉“黄赌毒”等情况进行监督检查的基础上加大了对旅店业落实实名登记工作的督导检查力度，一旦发现有无证入住、持他人身份证件登记入住等问题，立即处罚。全年检查宾馆、场所91家次，发现存在隐患单位12家次，当场整改4家，下发限期整改通知书7份，停业整改1家。受理未按规定登记住宿旅客信息案件5起，处罚5人，共计罚款1000元。

【安保工作】 2019年，县公安局确保各类活动期间的绝对安全，按照县委、县政府及局党委的部署要求，及时制订各类安全保卫工作方案，并组织民警实地进行安保工作，制订安全保卫方案46份，强化各项责任措施落实，圆满完成各项安全保卫工作。

【监管场所安全】 2019年，县公安局积极推进监管场所警力增配，完善“六防”应急处置预案并联合武警加强演练，全力做到“四个严防”。全年进行7次投牢送监行动、1次调换，共计投牢送监563人。

【流动人口管理】 2019年，县公安局严格落实“369限时工作法”和“两头抓、双向管”协作机制，在工作中及时发现、登记、掌握流动人口信息，做到“底数清、情况明”。对流出的重点人口、重点关注对象做到情况明、去向清。切实落实流入、流出地“两头抓、双向管”的流动人口服务管理协作配合工作机制。共登记流入9626人，其中南疆籍流入342人；登记流出21689人，流出至疆外人员2221人。同时，严格执行请假制度，外出人员必须履行请假手续，回来后及时销假。加大加强易肇事肇祸精神病人管控，严格落实定期入户走访与精神病人亲属谈话了解等工作，登记在册精神病患者有687人。

【重点要素管控】 2019年，县公安局进一步加强烟花爆竹、易制爆物品、汽油、民爆物品、危险化学品等危爆物品安全管理工作，强化各项安全管理措施，组织各基层派出所对全县4家民爆单位、4家易制爆单位、19家加油气站、1家液化气站、2家烟花爆竹销售点开展全面的检查指导，检查单位149家次，发现问题隐患18处，现场整改11处，下发整改通知书7份。通过张贴、发放宣传单及在微信公众号里发布《关于群众主动上交危爆物品奖励办法》，广泛宣传相关法律法规和私藏枪支弹药的危害及法律责任，动员群众主动上交私藏的枪支弹药。县2家物流企业、8家快递企业统一实行集中园区管理，全部按要求落实三个100%要求及取包裹“一采四拍”工作机制，全部完成安防设施，配有专职保安24小时值班。

【网络管控】 2019年，县公安局深入推进“净网2019”专项行动，依托“415”工作机制，持续开展严打涉政谣言和有害信息工作。采取强化基础摸排、加强有害信息清理整治、加强关键字封控力度、加大“翻墙”工具清理整治等多项措施，加大打击处置力度，及时反馈处置结果，净化属地网络环境。县公安局网络安全大队报送有效情报信息142条；样本封控及查控平台上报925条；打击“翻墙”工具上报汇总76条；其他专项行动工作完成44条；摸底调查全县网站，签订网络安全责任书，加强沟通交流，严格落实紧急情况网站关停及关键词封控等措施。推进互联网及网吧管理实名制落实，对前期未实名制用户及使用他人身份证办理手机卡用户给予关停措施，对不落实实名制登记的网吧进行查处。

【交通安全】 2019年，县公安局开展各类交通秩序专项整治行动21次，每周在规定夜检夜查的基础上，集中优势警力开展一次夜检夜查集中行动，严查重处酒驾、无牌无证等严重违法行为。出动警力4.5万人次，出动警车11000余辆次，查处各类交通违法行为43651起，以危险驾驶罪起诉20人，以交通肇事罪起诉4人。

【边境管控】 2019年，县公安局严格落实“四纵三横、六级布防”立体化边境防控体系，“六位一体”联勤联动，形成合力，全力补齐边境短板。强化护边员教育管理，打造一支政治坚定、素质过硬、忠诚于党的铁军队伍。强化边境辖区管控，依托各检查站和治安卡点，严格人车查验，加强辖区流动人口、重点人员、重点部位和重点要素的管控，常态化开展清山净边、武装踏查、护边巡查、边区清查和隐患排查，严防不法分子潜入潜出。持续开展“三打五查三防”专项行动，严厉打击“三股势力”渗透破坏、非法出入境、热兵器流入和其他违法活动。

【矛盾纠纷排查化解】 2019年，县公安局坚持发展新时代“枫桥经验”，组织广大民警进社区、进农村、进企业、进家庭，全面了解掌握社会动态，认真做好调查摸底工作，确定需要排查的重点地区、重点时段、重点人群和群众关心的热点问题，积极调处化解各类矛盾，确保“北京不去、疆内不聚、跨地不串、网上不炒”。共排查矛盾纠纷151起，调处化解151起，其中家庭纠纷81起，邻里纠纷44起，其他纠纷26起。

【执法规范化建设】 2019年，县公安局按照公安部执法规范化建设总体要求，提升民警的执法能力和水平，投资470万元建设执法办案管理中心，打造“系统严密、规范高效”执法监督管理体系，做到办案“环节”“场所”“人员”“物品”等关键要素、环节的有机管理。

【群众工作】 2019年，县公安局深入开展“民族团结一家亲”、“访惠聚”驻村、“两个全覆盖”、“脱贫攻坚”等群众工作。出动1523人次民警累计开展“两个全覆盖”工作1120户次，开展学习、宣讲、联谊活动60场次，送去价值2.6万余元的慰问品。解决困难诉求7条，核查移交扫黑除恶线索2条。走访“民族团结一家亲”结对亲戚284户，送去价值1.82万余元的慰问品，向住户对象及结亲户宣传扫黑除恶、防电信诈骗、“三本白皮书”等知识。累计走访“脱贫攻坚”贫困户168余户,送去价值8800余元慰问品。“精准扶贫”APP完成率100%。

【传播公安好声音】 2019年,县公安局以实践主题教育活动为主线,重点开展反恐维稳、侦查破案、专项整治等宣传工作,做到讲好民警“忠诚”故事、传播好公安好声音,完成传统媒体内外宣稿件260余篇,制作完成民族团结、扫黑除恶专题片2部,主题小视频11个。创新宣传形式,开通“平安察布查尔”微信公众号,发表原创稿件30余篇,定期及时推送党的十九大报告原文、两会工作报告、全国公安精神和重点工作动态,粉丝关注3000余人次,阅读量3万余人次。

【“放管服”工作】 2019年,县公安局深入推进公安“放管服”改革措施,有效服务自治县经济发展和社会民生。设立邮政代办网点1个、警保网点1个、交管服务站1个、交管中队业务办理网点1个。进一步完善“一站式服务”“首问负责”“限时办结”“一次告知”等工作制度,简化群众业务办理流程。车管所共办理各类车驾管业务26820笔,利用“交管12123”互联网办理车驾管业务12150笔,比上年增长60%,实现交管业务互联网上轻松办。落实“全国通办”以及“只跑一次”便民利民新举措,为10名外省居民(其中四川省居民4人,河南省居民3人,江苏省居民2人,重庆市居民1人)异地办理出入境证件,办理出入境证件14本(其中护照6本,港澳通行证6本,台湾通行证2本)。

【政治建警】 2019年,县公安局狠抓思想政治建设,强力推进“两学一做”常态化学习,抓好政治引领,坚持用习近平新时代中国特色社会主义思想武装头脑,通过“学习强国”APP,拓展深化“互联网+党建”模式。组织党委中心组学习50次、支部学习686次、部门政治学习例会359次、各种理论测试6次。有6007人注册“学习强国”APP。围绕“新疆四史”,结合每月县委宣传部下发的发声亮剑专题活动内容,组织发声亮剑302场次。召开全局党风廉政建设工作推进会1场,各支部组织警示教育活动58次,组织收看自治区纪委监委宣传部制作动漫作品25个。认真落实谈心谈话,开展谈心谈话3轮389人次,关心和掌握党员的思想、学习、工作和生活。以“转作风、改作风、严作风”专项活动为抓手,构建“不敢腐、不能腐、不想腐”长效机制,深入查摆8个方面不落实的人和事,列出查摆问题清单,19个党支部查摆问题219条次(未进行去重)。发挥监督执纪问责作用,查处民警、辅警违法违纪7起7人,给予党政纪处分5人,解聘2人。自查自办民警、辅警违法违纪案件4起4人,其中党员1人。

【“不忘初心、牢记使命”主题教育活动】 2019年,县公安局深入开展“不忘初心、牢记使命”主题教育活动,成立主题教育活动领导小组,持续深入开展主题教育学习研讨活动,坚持不懈用习近平新时代中国特色社会主义思想武装头脑,局党委中心组开展集中学习7次,达到学习有收获、思想政治受洗礼。以教促学,开展形势政策、先进典型教育,向宣传部报送先进典型人物5人、先进典型事迹1人。各党支部设立宣传标语,机关院内设置主题教育宣传展板,利用群众工作开展宣讲活动。各党支部共开展重温入党誓词60场次、举行升国旗仪式125次、观看红色影片45场次,开展“告白伟大祖国”签名活动1次、“我与祖国同框”主题活动1次。

【荣誉称号】 2019年,县公安局获伊犁州公安局个人三等功一次10人:马季(江苏内派民警)、步立龙、王刚、何志宏、金山、邓小强、达瓦·阿拉西、吾依贡·吾麦尔、塔兰提·艾力木汗、塔斯肯·库尔曼;县公安局获集体三等功一次5个单位:交通管理大队、看守所、刑事侦查大队、城镇派出所、严打办。

(李晓凤)

县人民检察院

【县人民检察院负责人】

党组书记、副检察长:王洪杰

检察长、党组副书记:李龙(10月任职)

副检察长:何长秀(女)

政治部主任:王婷(女)

办公室主任:沈春雨

第一检察部主任:尼嘎尔·斯沙克(女,维吾尔族,9月任职)

第二检察部主任:刘昕婷(女,9月任职)

第三检察部主任:张彦武(9月任职)

【内设机构】 2019年,县人民检察院内设办公室、政治部、第一检察部、第二检察部、第三检察部,有行政编制30人、工勤编制2人。

【侦查监督】 2019年,县人民检察院受理审查逮捕案件137件407人,不批准逮捕2件5人,决定逮捕监委移送案件1件1人。

【公益诉讼】 2019年,县人民检察院受理公益诉讼案件123件,立案123件,提起诉前程序检察建议案件122件,有效维护国家和社会公共利益。构建行政执法和检察司法的衔接机制,夯实公益诉讼工作基础。

【民事行政】 2019年,县人民检察院受理民事行政案件9件,其中办理民事执行监督案件3件,办理非诉执行监督案件5件,办理生效裁判监督案件1件。

【未成年合法权益保护】 2019年,县人民检察院受理未成年人犯罪案件5件6人,做出不起诉决定1件1人。建立办理未成年人犯罪案件办案组,形成专业化办案力量,对犯罪嫌疑人及被害人系未成年人的案件,由未成年人办案小组专人办理,组长由第一检察部主任担任,小组成员5人,以熟悉未成年人身心特点的优秀干警为主,认真开展未成年人犯罪案件检察工作。同时在院办公楼二楼设置未成年人疏导室,投入资金2万多元。开展一期专门针对未成年人的检察开放日活动,邀请县各中小学校的教师、学生代表参与,参观未成年人疏导工作室、检察机关"12309"接待中心,观看未成年人教育专题片并进行座谈。制定并会签《关于保护性侵害案件未成年被害人权益若干问题的规定(试行)》等办案制度,最大限度适用宽缓的刑事政策。适用未成年犯罪记录封存制度,消除未成年犯罪嫌疑人回归社会、改正自新的"障碍",使未成年人避免因一时失足而终身背负犯罪"标签"。建立分案处理制度,在未成年人与成年人共同犯罪案件中,将未成年人与成年人分案处理,区别对待,使未成年犯罪嫌疑人经过教育改造,迷途知返,重新回归社会。牵头组织县教育局、县人民法院、县公安局等单位,开展"法治进校园"活动,县教育局聘任本院13名同志在县直重点学校担任法治副校长。

【普法宣传】 2019年,县人民检察院在全县范围内开展走出大门,进机关、进单位、进农村、进学校、进公共场所、进媒体、进网络宣传,开展法治讲座15场次。开展"4·15全民国家安全教育日”、宪法宣传月、宪法宣传周活动,发放宣传资料150余份。扎实开展“两个全覆盖”工作,下乡入户普法宣讲入户100余户,受教育人群500余人,主要宣传宪法、法律知识、党的十九大精神、“三本白皮书”等内容,通过谈心谈话了解住户思想动态。

【法律监督】 2019年,县人民检察院依法加强刑事诉讼监督,对职务犯罪案件提前介入1次,刑事案件提前介入1次,起诉、纠正遗漏同案犯2人,起诉、纠正遗漏起诉罪行9人。在刑事诉讼活动监督过程中,口头纠正违法行为9次,发出纠正违法通知书1份,发出检察建议1份,向公安移交犯罪线索1条,召开观摩庭2次,确保诉讼程序合法。推进刑事执行监督,在公安机关刑事执法办案中心设立派驻检察室,将诉前监督前移至受案阶段。办理立案监督案件1件,对侦查、审查阶段存在的违法行为口头提出纠正意见30次,开展社区矫正74人。发出纠正违法通知书5份、书面检察建议4份。羁押必要性审查14件14人,其中立案11件(采纳3件,未采纳8件)。依法监督“舌尖上的安全”,推进“健康中国”战略在箭乡落地生根。对网络餐饮平台20家未公示卫生许可证件的网络餐饮店发出整改检查建议,规范网络经营行为,确保食品安全。加强监管场所监督,办理羁押必要性案件11件,对检查过程中发现看守所执法不规范问题口头纠正25次,保证监管场所的安全。加强内部监督,案管部门对统一业务应用系统中信息填录情况、在办案件的程序性信息和法律文书制作情况审查监督,发现问题及时监督纠正,督促反馈案件承办人补录或更正。对监控中发现的主要问题及原因进行分析,并向业务部门发流程监控通报,督促业务部门及时处理并反馈处理情况。与纪检部门联合开展系统规范化应用检查,严防案件超期,规范办案行为。

【控告申诉检察】 2019年,县人民检察院控申部门切实做好信访接待工作。通过12309网站、12309检察服务热线、12309移动客户端和“12309检察服务中心”微信公众号四种渠道,向社会提供更加便捷高效的“一站式”检察服务,开通远程信访视频,便捷群众信访的渠道。落实检察长接待日制度,接待受理案件8件8人,办理司法救助案件2件,救助资金1.3万元。

【扫黑除恶工作】 2019年,县人民检察院受理审查逮捕扫黑除恶类型案件2件6人,批准逮捕2件5人;受理审查起诉扫黑除恶类型案件2件8人,提起公诉2件8人,1件4人已判决。

【综合治理工作】 2019年,县人民检察院切实加强综治维稳(平安建设)工作,调整成立综治维稳(平安建设)领导小组,做到责任分工明确。按照县委的要求落实好综治维稳(平安建设)各项工作。修订单位值班制度,检查单位“三防”安全措施,加强禁毒、扫黑除恶、反邪教等宣传,落实好成员单位的责任,堵塞漏洞,加强平安创建。

【民族团结】 2019年,县人民检察院积极开展“民族团结一家亲”活动,20名干部结亲33户。坚持每月一主题的“民族团结一家亲”活动。开展春节走访慰问、法治进校园、端午“粽香情浓爱国心”主题活动、迎中秋联谊会等活动,将党的温暖与关爱传递给各族亲戚。

【“访惠聚”工作】 2019年,县人民检察院党组高度重视“访惠聚”工作,围绕“队员当代表、单位做后盾、一把手负总责”的要求,关心关爱驻村干部,健康保障机制到位,充分发挥后盾单位作用,全力支持“访惠聚”工作。全年召开

4 次专题会议研究"访惠聚"驻村工作，为队员出体检费 9600 元，走访慰问工作队队员家属，送去慰问品 2800 元。解决工作队资金 5 万元，用于阿克亚尔村脱贫攻坚工作，充分发挥帮扶后盾单位作用。

【信息调研】 2019 年，县人民检察院具有检察官资格的检察人员完成调研文章 10 篇，上报伊犁州人民检察院、伊犁州政法委及自治区检察院；编写信息类材料 73 篇，为领导决策提供准确信息。

【检委会工作】 2019 年，县人民检察院召开检察委员会 18 次，讨论疑难案件 4 件，检察委员会集体学习相关法律、法规、业务知识 6 次。

【队伍建设】 2019 年，县人民检察院认真抓好队伍建设。一是制定本院《加强机关党支部标准化建设 36 条措施》，规范党支部的各项工作，发展预备党员 2 人、入党积极分子 3 人。二是以内设机构改革为契机，全面建设革命化、正规化、专业化、职业化检察队伍。党组班子注重选拔使用年轻干部，激发干部的工作积极性。增补班子成员 1 人，提拔中层领导 8 人，遴选员额检察官 3 人，晋升员额检察官 6 人。三是深化内设机构改革。与上级院同频共振，"四大检察""十大业务"格局已形成，内设机构由原先的 11 个合为 5 个，优化检察资源配置，提高工作效率。深化司法责任制配套改革，按照上级院统一安排，招录 7 名聘用制书记员，缓解检察人员力量严重不足的现状。四是抓培训提素质。参加中国检察教育培训网络学院和"法宣在线""学习强国"网络视频培训，以及区院、州院各类培训 90 余人次，提高检察干警的专业能力和实战本领。

【党建工作】 2019 年，县人民检察院以习近平新时代中国特色社会主义思想为指导，紧紧围绕社会稳定和长治久安总目标，按照"1＋3＋3＋改革开放"工作部署，认真开展"不忘初心、牢记使命"主题教育，抓班子带队伍促业务，依法忠诚履行各项检察职能，努力推动各项工作再上新台阶。召开 54 次党组会，院领导讲党课 4 次，外出法治宣讲 15 次。召开支委会 11 次、支部大会 6 次、党日活动 43 次。签订 2019 年党风廉政建设责任书，召开警示教育大会 2 次。党组书记和检察长与科室负责人及干警谈心谈话 20 余人次。

【荣誉称号】 2019 年，县人民检察院被评为伊犁州检察机关新媒体建设先进单位；院党支部获州级先进基层党组织荣誉称号；县人民检察院被评为自治区级精神文明单位。王婷获伊犁州直检察机关新媒体建设先进个人荣誉称号。鄂文倩被团县委评为优秀青年工作者。

（许金凤）

县人民法院

【县人民法院负责人】

党组书记：骆家刚

院长：关小红（女，锡伯族）

党组成员、副院长：帕尔哈提·塔力甫（维吾尔族）、吕云

党组成员、刑庭庭长：程海河

【基本情况】 县人民法院于 1954 年成立，现院址设于察布查尔县城南新区。审判法庭扩建项目始建于 2015 年，2017 年 12 月 1 日正式迁入并使用，主楼、附楼及附属工程有 7900 余平方米，有审判法庭 12 个。

【内设机构】 2019年,县人民法院有刑事审判庭、民事审判一庭、民事审判二庭、执行庭、立案庭、审判监督庭、纪检组、政工科、办公室、法警大队10个内设机构。下辖爱新色里、海努克、都拉塔3个人民法庭(其中都拉塔人民法庭尚未投入使用)。有工作人员96人,其中汉族干警36人,少数民族干警60人(锡伯族27人);共产党员30人,占31.25%;研究生学历2人,本科学历74人。

【刑事审判】 2019年,县人民法院受理各类刑事案件371件,审结368件,结案率99.19%。自觉承担维护政治安全、社会稳定重大责任,依法公开开庭审理、宣判叶某等4人涉恶案件。

【民事审判】 2019年,县人民法院受理各类民事案件1878件,审结1817件,结案率96.75%。以解决好事关民生的纠纷案件为重点,审结人身损害、交通事故、民间借贷等案件470件。

【执行工作】 2019年,县人民法院坚持维护司法权威,巩固"基本解决执行难"成果,受理执行案件639件(其中旧存119件),执结633件,结案率99.06%,其中实际执结率72.39%,执结案款4438万元。推动落实《察布查尔锡伯自治县关于进一步推进人民法院与基层组织联动化解矛盾纠纷的实施方案》,制定《人民法院与公安机关推动解决执行难实施方案》,与各政法单位、基层组织形成合力共同解决执行难问题。

【从严治党工作】 2019年,县人民法院坚决贯彻落实《中国共产党政法工作条例》《伊犁州法院关于加强党对人民法院工作绝对领导的18条措施》和重大事项请示报告制度,做到法院工作始终与党委、政府中心工作同步同调、同向发力、同频共振,向县委及政法委专门报告工作20次。

一是把政治理论学习放在首位。院领导带头讲党课6次,理论中心组学习20次,组织开展集中讨论10场次,开展专题座谈6次;通过开展诗歌朗诵会、岗位大练兵竞赛等,在全院营造比学赶超的氛围;积极开展春节、端午节等"我们的节日"活动,大力弘扬中华民族传统文化。

二是拓展"党建+审判"工作内涵。严格落实院、庭长办案制度;严格落实"三会一课"制度,开展党支部"全面体检",梳理出问题7条,并建立台账,制定整改措施,确保体检效果;开展党员到社区"双报到"活动,党员先锋模范作用得到有效发挥。每名在职党员联系1—2名非党员干警,鼓励引导非党员干警积极向党组织靠拢。

三是开展主题教育活动。在县委主题教育第二指导组的正确指导下,深入开展"不忘初心、牢记使命"主题教育活动,严格对照"8+2"专项整治内容,共查找问题8条,全部销号,整改完毕。认真召开民主生活会,班子、班子成员及普通党员分别对照检视出的问题,落实整改情况。

四是履行主体责任,严格落实好执纪问责。落实执纪问责"四种形态"的运用,健全完善审务督查各项制度,从各庭室选任8名廉政监察员、从社会各界聘请8名同志作为法院的特约监督员,加强社会各界对法院工作的监督,开展审务督查36次,发出审务督查通报15期,以党组执纪问责"第一种形态"抓干部日常不放松。

【司法为民工作】 2019年,县人民法院持续巩固立案登记制改革成果,初步建成"两个一站式"诉讼服务中心,通过诉讼服务网开通跨域立案、网上立案服务，通过与银行、财政部门协调，开通诉讼费微信二维码支付通道、小额执行案款微信缴费通道、电子送达通道，实现“让信息多跑路、当事人少跑路”。坚持党组成员接访制度，畅通诉求渠道，在诉讼服务中心设立信访接待窗口，由专人负责登记办理。受理来信来访案件13件，全部答复办结。持续开展送法进校园、进村队社区等活动，各族法官到基层开展法制宣传13次，受教育群众1200余人次。“法治副校长”到各学校开展法治宣讲30余次。为11件涉民生案件当事人减、缓、免交诉讼费16.28万元，解决困难群众打官司难的问题。落实国家司法救助政策，办理司法救助案件8件，救助金额9万元。

【司法改革】 2019年，县人民法院规范裁判文书签发机制，独任法官及合议庭签署案件2238件；分管院领导牵头召开专业法官会议7次，讨论案件69件；召开审判委员会24次，讨论案件83件。院庭长充分发挥示范效应作用，院领导办结案件135件，庭室长办结案件885件。在中国裁判文书网上公开文书1105篇，裁判文书上网率100%，庭审直播293件。

【民主司法工作】 2019年，县人民法院自觉把审判执行工作置于党的领导和人大监督之下，加强与“两代表一委员”及社会各界的联系。走访代表委员68人，对代表委员提出的意见、建议做到件件有落实、事事有回应。邀请人大代表、政协委员监督执行、观摩旁听案件4次，接受县域5级人大代表视察法院工作1次，向县人大代表专题汇报解决“执行难”工作情况1次。

【“访惠聚”工作】 2019年，县人民法院积极发挥“访惠聚”后盾单位作用，修缮种羊场柏尔哈舍里村村委会院落路面，美化村委会环境；对绰霍尔村贫困家庭新入学的23名大学生给予资助；为两个村建设投入资金15万元。全院干警完成“两结对两固定”住户任务，收集解决困难诉求18条。办好事、实事60件。定期走访慰问结亲户，开展民族团结联谊活动14场次，46名干警通过结对帮扶28户贫困家庭。做好脱贫攻坚工作，为结对亲戚、扶贫对象捐款3万元。

（格玉洁）

县司法局

【县司法局负责人】

党组书记、副局长：范兴瑜

党组成员、局长：吴俊明（锡伯族）

【内设机构】 2019年，县司法局内设办公室、安置帮教科、社区矫正科、普法与依法治理科、公共法律服务管理科，有干部职工15人、基层司法助理员9人。

【人民调解工作】 2019年，县司法局建立县级劳动争议调委会、交通事故纠纷调委会、医患纠纷调委会各1个，村级医患纠纷调委会10个。成立察布查尔镇人民调解委员会老陈调解工作室、爱新色里镇人民调解委员会玉胜调解工作室。调处矛盾纠纷130件，调处率和调解成功率均为100%，发放坐班费及“一案一补”调解经费11450元。

【社区矫正工作】 2019年，县司法局为服刑人员提供帮助，提供补助2人，申请低保1人。部门衔接配合、完善协调机制，规范管理服刑人员。

【安置帮教工作】 2019年，县司法局以乡镇为单位，开展刑满释放人员大走访、大排查，对各监狱发来的新收监罪犯及审前犯罪嫌疑人的基本情况进行协查，做好信息反馈工作，配合监狱核实服刑人员各类信息。与县人社局协商，联合在县万隆酒店和众鑫汽车维修服务中心建立过渡性培训安置基地2个，做到安置、培训有机结合。

【法律服务】 2019年，全县建立县、乡镇、村(社区)、便民警务站四级公共法律服务平台。县级层面建成县公共法律服务中心，乡镇层面建立15个乡镇公共法律服务工作站，在73个村(社区)层面设立工作室，便民警务站全部建立公共法律服务点。解答群众法律咨询1220人次，办理法律服务案件700多件。全面落实村(社区)法律顾问到乡(镇、场)公共法律服务工作站开展坐班服务工作，实行村(社区)法律顾问每周轮流到公共法律服务工作站前台坐班接访，为广大群众提供"律师门诊"服务。为全县78名人民陪审员颁发任命书，县人民法院全体人民陪审员进行宪法宣誓，完成自治县人民陪审员选任工作。

【法律援助】 2019年，县司法局提升法律援助工作整体水平，严格落实法律援助案件的统一受理、统一审查、统一指派制度，落实好农民工、残疾人、老年人、未成年人权益保障工作，调援结合，先调后援，扩大法律援助覆盖面，确保应援尽援。受理法律援助案件68件，解答法律询问238人次。法律援助中心指派律师在县人民法院、县人民检察院、县看守所法律援助工作站派驻值班并办理法律帮助事项。

【公证工作】 2019年，县司法局创新公证服务方式，推出便民、利民、惠民工作措施，为经济建设保驾护航，发挥监督保障职能作用。受理公证350件，出证339件。

【普法教育宣传】 2019年，自治县召开县委依法治县委员会第1次会议，制订实行普法责任制实施方案，细化部门普法责任清单，梳理本系统行业法律法规362条(其中国家制定337条，自治区制定23条，自治县制定2条)；各级党组织理论学习中心组学习法律法规150次；在县委党校举办各类培训12班次，受教育干部1099人；各部门、各单位结合"12·4"国家宪法日，宪法宣传周、宣传月和系统行业特点，印发《中华人民共和国宪法》《中华人民共和国国家安全法》《中华人民共和国国旗法》《中华人民共和国反家庭暴力法》《中华人民共和国反恐怖主义法》等相关法律法规。组织全县141家学法单位5000余名公职人员开展宪法、保密法等无纸化答题活动，参考率80%以上。邀请自治区、自治州普法讲师团成员举办普法讲座4场次，参加干部600余人。严格执行执法单位以案释法制度，报送以案释法典型案例35件。组成320人的县、乡、村三级普法讲师团，有针对性地进行法治宣传，开展各类法治宣讲600余场次，受教育群众2万余人。发放各类宣传单、宣传册、口袋书2万余本，悬挂宣传横幅150余条，摆放宣传展板130余块，设立法律咨询台18处，解答各类法律咨询200余条，受教育群众2万余人；编印针对农牧民群众的普法口袋书5000册、扫黑除恶折页5000张，以及手提袋、雨伞、围裙等宣传品，发至各乡镇农牧民群众。

(汪艳琴)

军　事

县人民武装部

【县人民武装部负责人】

政委：王勇

部长：邹保初（3 月离任）、杨学峰（8 月任职）

副部长：郭永强、刘志民（9 月任职）

【思想政治建设】　2019 年，县人民武装部（以下简称县人武部）采取授课辅导和研讨交流相促进、集体学和个人学相结合等形式，通过中心组带学、党委成员领学、各级干部自学、理论骨干促学等方式，认真学习习主席系列重要讲话、各级党委扩大会议、十三届全国人大二次会议、十九届四中全会及中央军委基层建设会议精神，深化理论武装，强化思想引领。结合“不忘初心、牢记使命”主题教育，组织全体党员学习习主席讲话精神及各类书籍，引领广大党员守初心、找差距、担使命。广泛开展“每日学一条、每周读一篇、每月一竞赛”，引领官兵深入学原文、读原著、悟原理，增强官兵维护核心、看齐核心的自觉性和坚定性。开展小广播、小展评、点赞、图解、漫谈等官兵喜闻乐见的形式，掀起群众性普学深学新热潮，推进理论学习大众化、通俗化。坚持用传统精神凝心聚力，组织官兵参加锡伯民族博物院，观看历史纪录片，开展“向军旗宣誓”群体性活动，强化官兵践行使命的责任担当。常态组织小动员、小竞赛、小评比、小鼓动、小讲评，激励官兵精武当先锋、岗位立新功。筹划组织“卫士杯”篮球比赛，增强官兵的集体荣誉感。通过开展“我和我的祖国”演讲活动，激发官兵的爱国热情和积极奋进的工作热情。组织党员重温入党誓词，牢记入党初心，增强行动自觉，坚定理想信念和价值追求。持续开展文化育兵工作，坚持每日小活动、每周小讲座、每月小晚会，拓宽官兵的视野，培养官兵积极向上的精神追求。

【军事训练】　2019 年，县人武部坚持以战斗力标准为引导，科学谋划开展军事工作和军事训练，着力加强练兵备战，紧密围绕使命任务抓好中心工作。严格战备检查制度落实，纠正存在问题，开展经常性战备教育，树牢官兵常备不懈的战备意识。抓好节日战备和各级各类值班工作，确保人员在岗在位，较好地维护值班秩序。组织新老兵合练、节日战备每日演练、与地方组织军地联合定期演练等方式，提升战备出动及应急处突能力。突出“六种能力”，加强“五类训练”，提高官兵维稳处突的实战化能力水平。组织生产连官兵采取驻点执勤或乘车巡逻的方式与地方民警混编昼夜联合执勤任务，组织民兵担负县城常态化维稳执勤，为维护驻地社会稳定发挥“压舱石”和“稳定器”作用。

【组织建设】　2019 年，县人武部坚持以习近平强军思想为指导，提高备战打仗能力，持续深入推动作风转改，深入开展“不忘初心、牢记使命”主题教育，突出筑忠诚、铸军魂、强备战、抓整改。严格落实组织生活制度，坚持按纲抓建，充分发挥群众性组织作用。召开主题教育专题民主生活会，突出问题导向，开展谈心交心，交流思想，交换意见，坦诚相待，认真对照反思，深入分析查找班子和干部队伍存在的突出问题，制定党委和班子成员挂账销账表；召开党员大会进行换届选举，增补委员，建强班子，增强党委凝聚力和感召力。贯彻全面从严治党要求，坚定不移推进党风廉政建设，认真贯彻习主席关于进一步纠正“四风”、加强作风建设重要批示，学习落实《中国共产党廉洁自律准则》，全面彻底肃清流毒影响；持续纠治和平积弊和整治基层“微腐败”问题，营造风清气正的政治生态。严格落实领导干部双重组织生活要求，主动汇报个人有关事项。开展以党纪法规为主要内容的法纪教育，坚持把纪律挺在前，深化重点行业领域整治，加强法规制度学习教育。依规依矩做好干部选用、战士考学、士官选改、表彰奖励和个人福利办理等工作，树立公平公正氛围导向。

【正规化建设】 2019 年，县人武部组织全体官兵深入学习上级关于安全管理工作指示要求，认真领会上级精神，牢固树立“管理工作是部队建设保底工作”的思想根基。强化安全法纪教育，以事故通报为导向，划清法纪红线，引导官兵充分认识发生案件的严重危害性，自觉远离“高压线”，牢牢守住不出政治性问题、不出事故案件、不出严重违纪问题的安全底线。严格落实法治军营“三学”活动，强化学习条令法规、组织队列会操、进行条令条例考核，将条令制度融入官兵日常。突出打基础、抓长远，抓实经常性管理工作，做好重点部位巡查，严抓一日生活制度末端落实，从严从紧规范官兵言行。认真总结分析管理工作形势，系统梳理安全管理短板弱项，深挖隐患苗头，开展安全大检查活动，重点突出问题的查摆整改，逐条逐项搞排查、清隐患、抓落实。

【国防动员工作】 2019 年，县人武部以提高“平时服务、急时应急、战时应战”能力为目标，提升能力，打牢基础，主动协调，积极作为。紧跟备战打仗新形势、新要求，坚持问题导向抓整改，协调召开自治县国防动员工作会议，着眼民兵遂行多样化军事任务需求，调整机构，制订方案，部署工作，培训业务，宣传教育，组织整顿，试点观摩，检查指导，强力推进民兵整组工作。抓好民兵教育，组织民兵集中训练，着力打牢训练基础。协调乡(镇、场)投入经费，规范基层武装部阵地化建设。召开专职人民武装干部例会，考察任免基层武装部部长，选送基层武装部部长外出学习，不断提升专职人民武装干部能力。制订兵役登记工作计划，组织兵役登记法规和网上兵役登记系统学习、培训，广泛开展兵役登记工作。采取电视讲话、广播宣传、张贴标语、悬挂横幅、走访群众、“察布查尔县零距离”推送等方法，深入开展征兵宣传活动，激发适龄青年报名参军热情。落实体检站全程封闭、主检医师交叉互检、体检医生挂牌上岗，提高体检质量。严格落实政治考核，确保政治合格。面向社会公开条件标准、征集名额和纪律要求，认真落实廉洁征兵“零报告”制度，构建和维护风清气正的征兵环境。

【拥政爱民】 2019 年，县人武部组织开展拥政爱民教育，帮助官兵了解、掌握民族政策，感受民族团结的重要意义，引导官兵树立民族团结意识。利用连队门厅电视滚动播放民族团结标语，营造浓厚的宣传氛围，增强教育效果。持续开展内部关系和尊干爱兵教育，关心官兵的生活和成长进步，着力解决官兵家庭实际困难。积极开展军地走访慰问，通过组织开展军警民“八一”联欢，协调退伍老兵、返乡大学生入营参观，看望遗孀，深入脱贫户走访慰问，帮扶阿尔墩村“乡村振兴”建设等形式，融洽军民关系，增进团结。

【荣誉称号】 2019 年，县人武部军事科被伊犁军分区评为先进科室，县人武部资攀获三等功。

(孟磊、郝怀扬)

武警察布查尔县中队

【武警察布查尔县中队负责人】

中队长：夏力哈尔·努尔兰（哈萨克族）

指导员：徐明强

副中队长：孙永杰

排长：华峰、廖晓东

【概况】 1954年3月，组建察布查尔锡伯自治县公安中队；1955年8月，改称为察布查尔锡伯自治县人民武装警察中队；1963年2月，改称为察布查尔锡伯自治县公安中队；1966年7月，改编为中国人民解放军察布查尔锡伯自治县中队；1976年1月，改称为县人民武装警察中队；1982年10月，改称为察布查尔锡伯自治县中队；2005年6月，改编为中国人民武装警察部队伊犁哈萨克自治州支队察布查尔锡伯自治县中队；2018年1月，根据武警部队指挥编制体制调整命令，改编为中国人民武装警察部队伊犁支队执勤三大队察布查尔中队（以下简称县中队）。

【维稳处突】 2019年，县中队在春节等重要节日和敏感时期，协同县公安局、武装部、森警、民兵等武装力量，明确责任分工及协同办法、安保措施和重点部门，出动人员和车辆，武装拉练、演练，震慑犯罪分子。全国"两会"、庆祝新中国成立70周年期间，县中队出动兵力参加县网格化巡逻任务，维持社会治安。

【拥政爱民】 2019年1月1日，县中队与县看守所、驻地安定村、部分企事业单位联合开展文艺会演，体现了"军爱民、民拥军"的良好作风。7月30日，"八一"建军节前夕，县四套班子领导到县中队慰问，送来慰问品并看望全体官兵。8月1日，县公安局党委"践行新使命　忠诚保大庆"思想政治工作文艺小分队到县中队慰问演出，展现"军警一家亲"深厚友谊。9月13日，县中队"三送三共"（送医、送法、送文化，共建、共有、共保稳定）服务队到察布查尔镇安定村开展为民服务活动，受到驻地群众的赞誉。10月1日，县中队圆满完成县委县政府安排的升旗任务。

（夏力哈尔·努尔兰）

群众团体

县总工会

【县总工会负责人】

党组书记、主席：何福莲(女)

副主席：王格林(锡伯族，6月离任)、马燕(女，回族，6月任职)

主任科员：霍淑红(女，锡伯族)

【内设机构】 2019年，县总工会内设办公室，维权、组宣室，帮扶中心室，财务室。有干部职工12人，其中机关编制5人(其中行政编4人，行政工勤编1人)，社会化聘用人员5人。

【基层工会组织情况】 2019年，全县有基层工会161个，其中：事业单位基层工会48个，会员4825人；行政机关基层工会66个，会员5833人；企业工会45个，会员5990人；乡镇工会联合会2个，会员102人。

【职工活动】 2019年，县总工会在伊南工业园区举办庆“三八”文艺活动。组织宣讲队、法院法官、党校老师走进企业开展党的十九大精神、去极端化等内容宣讲20场次，受教育职工群众3456人。联合卫健委组织医生进行企业职工义诊活动。组织县域范围一线企业职工代表、劳模、“民族团结一家亲”结亲户和扶贫结对户等25人左右，赴锡伯古城参观“塞外江南·诗画伊犁”西迁文化旅游节活动现场。联合县文化体育广播电视和旅游局在1764文体公园组织全县的干部职工开展以“民族团结一家亲、同心共筑中国梦、全民健身在行动”为主题的全民健身日活动，联合县多部门举办“民族团结杯，倾力解民忧”摘红花比赛及“工会杯”寻找草原“巴图鲁”传统弓箭比赛，累计投入活动经费1.2万元。县总工会干部在阔洪奇乡脱贫攻坚帮扶户、龙沟村结对户中开展形式多样的结亲活动，累计开展10场次，投入帮扶资金3万元。围绕庆祝新中国成立70周年，结合“不忘初心、牢记使命”主题教育活动，开展“我们都是追梦人”讲故事比赛，投入资金3000元。

【工会维权】 2019年，县总工会开展企业工资集体协商工作的具体指导，推动协商机制的落实，19家企业工会与管理方签订工资集体协商合同，覆盖职工2200人。先后两次对县域内30家企业开展排查化解调研工作，形成报告2篇。借鉴“枫桥经验”，在伊犁天山水泥有限责任公司投入2万元建立法律服务工作室。县总工会开展“工资集体协商集中要约行动月”专项活动，指导21家正常运行的企业工会发出要约，21家承诺协商。联合县人社局劳动监察大队、县应急管理局组成督导检查组，对县域天山水泥、金龙水泥、阜商建材、天山商砼、广华工程建设、方瑞物业及县供排水站等规模企业户外岗位开展为期2天的安全生产劳动保护工作的集中督导检查。组织开展“安康杯”竞赛活动，19家企业223个班组2239名职工参赛，参与全县安全检查和安全事故调查处理，依法履行工会组织监督参与职能。

【救助慰问】 2019年，县总工会对建档立卡困难职工家庭帮扶、精准识别，向全国级困难职工发放慰问金合计9.21万元，向县级困难职工发放慰问金合计1.2万元。开展金秋助学，帮扶13名困难职工考上大学的子女，合计发放资金4.22万元。关心关爱一线职工，体现党的关怀。慰问全县乡村基层干部2039

人、全县71个“访惠聚”工作队487人、公安干警1675人、政法委维稳一线干部职工135人，发放资金53.1万元。为做好奋战在一线的广大职工的防暑降温工作，开展“关爱职工 夏送清凉”活动，送去价值1.89万元的西瓜、矿泉水等生活用品；慰问坚守一线的县广播电视台发射中心、维稳指挥中心等部门，送去9700元慰问品；慰问伊犁天山商砼、阜商建材企业一线职工，送去价值3.48万元的生活用品；为南疆籍务工人员送去价值4万元的毛毯和书籍。积极推进“互联网＋”职工普惠制服务工作，积极对接塞力斯文化旅游公司，将1764主题公园会员健身卡延期至12月底；慰问全国先进工作者及全国五一劳动奖章获得者、自治区劳模、州级劳模及先进工作者（见表3），发放慰问金合计2.16万元。积极参与龙沟村大棚房拆除、环境卫生整治、植树造林等工作，解决龙沟村为民办实事资金15万元。春节、国庆节分别慰问“访惠聚”干部，送去价值3000多元的羊肉、大米、水果。

【组织建设】 2019年，县总工会新建工会组织10个，会员83人。在县域八大群体组建工会4个，3家单独成立工会委员会。其中1个快递物流园成立行业工会，涵盖9家企业。顺利召开工会第四次代表大会，完成换届选举工作，大会选举代表137人，选举产生主席1人，副主席1人，兼职一线、劳模副主席2人。下拨基层工会经费累计29.6万元，积极争取项目资金在城镇新城区投入25万元建立“吴秀芳劳模工作室”职工讲堂、职工书屋等。邀请州工会公益讲师邹海英在扎库齐牛录乡、纳达齐牛录乡、孙扎齐牛录镇为全体干部职工开展心理疏导培训，参加人数525人，努力将心理疏导培训覆盖到每个乡镇基层工会。组织8名工会干部赴区总工会和援疆省市进行培训，举办基层工会干部培训班1期，培训工会干部137人。组织5名各级劳模和先进代表赴江苏省开展交流学习活动。联合市场监督管理局及融媒体中心开展“互联网＋公益”活动，在县城挂牌成立31家“工会户外劳动者服务站”，创建女职工哺乳室4家。

【“小援疆”工作】 2019年，县总工会结合民族团结“1＋1”微行动，积极与盐城市总工会商议接洽，为绰霍尔乡布占村、海努克乡向阳村两个村56户村民对接江苏盐城仁禾中衡咨询集团和盐城路桥建设工程有限公司56名职工，盐城仁禾、盐城路桥结对亲戚先后投入3万元，开展结对帮亲工作。

表3 察布查尔县历年获全国、自治区、州级荣誉一览表

序号	姓名	出生年月	性别	民族	学历	政治面貌	工作单位/职务	所获荣誉名称	所获荣誉年份	所获其他荣誉
1	木哈太·阿可拜	1939.3	男	哈萨克	初中	群众	牧民	自治区劳动模范	1983	
2	李昌兰	1938.8	女	俄罗斯	初中	中共党员	县计划生育委员会退休人员	自治区劳动模范	1993	全国计划生育先进工作者
3	韩寿清	1949.4	男	锡伯	初中	中共党员	农民	自治区劳动模范	1995	
4	赵玉珍	1947.3	女	锡伯	初中	群众	农民	自治区劳动模范	2000	全国三八红旗手
5	鄂肯·斯拉长思	1954.10	男	哈萨克	小学	中共党员	扎库齐牛录乡扎库齐牛录村村民	开发建设伊犁边陲奖章	2004	

续表

序号	姓名	出生年月	性别	民族	学历	政治面貌	工作单位/职务	所获荣誉名称	所获荣誉年份	所获其他荣誉
6	邹劲松	1968.3	男	汉	大专		伊犁巴口香实业有限公司	自治州劳模	2004	开发建设伊犁边陲奖章
7	关秀珍	1958.12	女	锡伯	初中	中共党员	退休	自治区劳动模范	2005	
8	关丽菊	1979.11	女	锡伯	大专	中共党员	农业局技术员	州级工作者	2011	
9	孙振斐	1967.3	男	汉	大学本科	中共党员	伊犁天山水泥有限公司科员	开发建设伊犁边陲奖章	2013	
10	徐伟	1964.12	男	汉	大专	中共党员	县医院儿科	自治州劳模	2015	
11	贺红岩	1966.12	女	锡伯	本科	中共党员	县中学特级教师	全国先进工作者	2015	2009年全国优秀教师和全国优秀德育课教师;2011年全国教书育人楷模;2013年全国妇联争先创优先进个人
12	袁文平	1967.4	男	锡伯	高中	中共党员	县供排水站	州级工作者	2015	
13	艾提古丽·沙哈提别克	1980.10	女	哈萨克	高中	中共党员	努拉洪刺绣协会	自治州劳模	2015	
14	陶世谦	1963.11	男	锡伯	初中	中共党员	孙扎齐牛录镇农民	自治区劳动模范	2016	
15	伊淑梅	1968.1	女	锡伯	高中	中共党员	堆齐牛录镇农民	全国五一劳动奖章	2016	全国民族团结进步模范个人
16	吴秀芳	1956.10	女	锡伯	初中	中共党员	县报社退休人员	全国五一劳动奖章/自治区道德模范	2017/2019	全国民族团结进步模范个人/首届“全国文明家庭”

(孔玉飞)

共青团察布查尔锡伯自治县委员会

【共青团察布查尔锡伯自治县委员会负责人】

书记:关建军(锡伯族,6月离任)、李龙(6月任职,7月离任)

副书记:程安妮(女,锡伯族,6月任职)

挂职副书记:李玲玉(女)

【内设机构】 2019年,共青团察布查尔锡伯自治县委员会(以下简称团县委)内设少工委。有编制5个,其中团委编制3个,少工委编制2个。有在职干部3人。

【组织概况】 2019年,全县有团组织295个,其中团委20个,团总支部9个,团支部266

个。在册共青团员4618人,其中新发展团员321人,专职团干部36人。有少先队组织491个,少先队员18469人。

【基层团组织建设】 2019年,团县委紧紧围绕总目标,深入学习贯彻习近平新时代中国特色社会主义思想,贯彻以习近平同志为核心的党中央治疆方略和习近平总书记关于青年工作的重要思想,下大力气抓好自身建设,切实发挥党联系青年的桥梁和纽带作用,指导推动工作。坚持以考促学、凡训必考,统筹举办主体班和地(州)送训班8期。顺利召开"青春心向党·建功新时代"纪念五四运动100周年大会和"争做新时代好队员　红色薪火代代相传"庆祝中国少年先锋队建队70周年主题队日活动。正确把握基层团组织建设效能,扎实推进"智慧团建"系统信息录入,充分运用好"智慧团建",实施专人零距离动态监管。从严从实抓整改,将2017、2018年发展的团员未录入系统的465名进行倒查核实身份,责任到支部、到人,从上到下集中攻坚全部录入系统。抓好团员增量控制与存量管理,严格控制学校团学比例,逐步将初中毕业班团学比控制在20%以内,高中(中职)毕业班团学比控制在45%以内。

组织围绕少先队工作要点开展系列主题队日活动。组织8支鼓号队参加鼓号队风采展示大赛,全面激活少先队组织文化,提高少先队鼓号队和少先队礼仪整体水平。召开专题会议并开展规范团员发展程序、少先队仪式教育专题培训,全县各中小学校团委书记、少先队大队辅导员参加完上级团委组织的培训后对本校团支部书记、中队辅导员进行培训,达到培训内容全覆盖。培训后,团县委对学校团委工作、队建工作进行专题督导。

【青少年思想引领】 2019年,团县委以"青年大学习"行动为契机,向青年团员讲好总书记的故事、讲好总书记对青年的希望。集中开展"青春心向党·建功新时代"特别主题团日活动,覆盖青年团员6000人,80%的青年团员参与"青年大学习"行动。

【青年志愿行】 2019年,团县委、少工委在各中小学,团、队干部(辅导员),志愿者中常态开展慰问一线人员、整治环境卫生、宣传法律知识、关心关爱留守儿童等"雷锋精神永相传·志愿服务我先行"活动;在各中小学少队员、辅导员中广泛开展"民族团结一家亲"结对交友认亲活动,常态化开展相互交流、互学语言文字、联谊、文体活动等促进各族少年儿童交流交往交融。各学校之间结对子45对,中层以上领导干部与弱势群体、特殊群体结对子580对,班级之间结对子350对,教师之间结对子1000对,师生之间结对子1100对,学生之间结对子13500对。节日期间,广泛开展"你来我家吃馓子,我到你家吃月饼"等融情实践活动,常态化开展"我在城里(农村)有个家"等日常性融情实践活动50余场次,强化各族少先队员中华民族共同体意识。

严格按照12项基本程序规范举行入队仪式,增强少年儿童的仪式感。通过"红领巾心向党""红色基因代代传"等主题活动,讲好红领巾的故事,引导少年儿童感受、认识和拥抱新时代,从小培养少年儿童对党、对人民的朴素感情。开展党旗、团旗、队旗三面红色旗帜相传活动,鼓号队风采展示活动,"共青团爱心生日会"等传递党和共青团温暖的品牌活动以及中华武术、花样跳绳、大课间操等各类社团活动表演。让少年儿童深入理解党和政府的关怀与希望,"习爷爷教导记心中",把习近平总书记工作和成长的点滴转化为启发孩子们心灵的生动小故事。

在暑假期间大力开设"红领巾小课堂",以

主题教育、双语学习、学业辅导、兴趣活动、公益实践等为主要志愿服务内容,集中为辖区青少年提供假期教育阵地。全县15个乡镇60余个村(社区)开设“红领巾小课堂”,参与志愿服务大学生120余人。

组织开展共青团爱心生日会、微心愿公益、爱心包捐赠、小水滴援疆助学、“疆爱行箭乡缘”助学、“你来我家吃馓子,我到你家吃月饼”、“我在城里(农村)有个家”等融情实践和民族团结活动,帮助15户困境儿童解决“微心愿”诉求及生活补助难题。通过“青力扶贫　联创梦想”盐察两地一家亲、走基层服务活动,为152名青少年发放书包、行李箱、自行车、足球等“微心愿”物资,为60户贫困家庭发放6万元助学金,使207户贫困家庭受益,稳妥推进“希望工程”助学行动。

(叶丽娅·叶尔保)

县妇女联合会

【县妇女联合会负责人】

主席:王琳(女)

副主席:安银辉(女,锡伯族)

妇女儿童工作委员会专职副主任:史芸(女,锡伯族,3月离任)、热米兰·阿布来提(女,维吾尔族,6月任职)

【概况】 1951年7月,成立宁西县民主妇联筹委会(民主妇女联合会)。1957年12月23日,将民主妇女联合会改成妇女联合会,隶属于中共察布查尔锡伯自治县委员会。1994年9月29日,成立察布查尔锡伯自治县妇女儿童工作委员会,下设妇女儿童工作委员会办公室,设在县妇女联合会(以下简称县妇联)。2019年2月28日,根据《关于对部分涉及机构改革单位党委(党组)职数设置调整及撤销成立更名的通知》,成立县妇联党组。

【内设机构】 2019年,县妇联内设办公室、妇儿工委办、妇女儿童维权办公室,有在职干部6人。

【妇女概况】 2019年,全县妇女总数94570人,其中女党员3410人,占党员总数的35.4%;副县级女领导6人,正科级女领导40人,副科级女领导95人;人大女代表52人(占代表总数的30%),政协女代表45人(占代表总数的44%);15个乡(镇、场)配备女领导47人。

【基层基础建设】 2019年,全县15个乡(镇、场)配备妇联主席15人、专职副主席15人、兼职副主席45人、执委201人。74个村(社区)选举产生妇联主席74人、副主席154人、执委767人,实现村(社区)妇联主席100%进“两委”班子。全县机关、企事业单位及符合条件的非公经济组织、新兴组织均成立妇委会,补齐基层组织建设短板,形成“上面千条线、下面一张网、妇女身边一个家”的妇联组织建设新格局。7户获县级“最美家庭”称号,124户获乡级“最美家庭”,360户获村(社区)级“最美家庭”;打造乡级“美丽庭院”示范乡镇76个、示范户416户。为9个村(社区)州级“优秀妇女之家”发放电动摩托车。

【宣传教育】 2019年,县妇联配合县委组织部举办农村妇女党员培训班,开展军训强纪律、授课学理论、领导讲党课、文艺会演聚人心等培训,参训人员130人。组织4名巾帼宣讲员赴自治区妇女干部学校专业培训,回乡后带动35名宣讲员开展家庭教育、法制巡回宣讲。开展各类巾帼宣讲活动460场次,受教育妇女群众2.5万人次。开展发声亮剑活动1566场次,受教育妇女群众 7 万人次。持续开展《中华人民共和国婚姻法》、《中华人民共和国反家庭暴力法》、"两纲"等专题讲座及"三本白皮书"宣传。结合乡村振兴战略实施创建乡级"美丽庭院"示范乡镇(街道)76 个、示范户 416 户。积极响应习近平总书记垃圾分类的重要批示精神,投入 1.2 万元制作分类垃圾袋 2 万个、环保围裙 300 个、手提袋 500 个,让各族群众养成垃圾分类的好习惯,打造"四好三美一卫生"生活环境,建设"家家幸福安康工程",筑牢家庭"细胞"基础。

【妇女发展】 2019 年,县各级妇联组织配合县人社部门举办"春风行动"女性专场招聘会 29 场次,联合县人社部门举办美食节大赛,辐射带动实现创业就业 500 人次,发放国际农发种子基金扶持贫困妇女发展 55 万元。争取江苏阜宁县妇联慰问赴阜宁务工人员留守家属资金 3 万元,慰问 59 名务工人员家属。积极争取自治区、自治州两级"靓发屋"项目,为 5 名在册贫困妇女配发 5 套价值 5 万元的设备。

【妇女儿童关爱帮扶】 2019 年,县妇联通过"六一"活动,为 137 名建档立卡贫困家庭学生发放价值 2.5 万元的学习用品。利用"三八"表彰,为 12 个乡镇 41 名贫困学生发放 3.46 万元助学金;利用金秋助学为贫困学生发放 3 万元助学金。为 50 名困境妇女发放价值 1.1 万元的羽绒服 50 件;为"爱心家园"的儿童发放"爱心毛衣"30 件;为"耳蜗儿童"、患重病妇女发放临时救助金 5000 元;每月定期开展走访慰问结对"亲戚"及贫困户,送去价值 5000 元的生活物品。2 月 12 日、12 月 16 日,开展两次"贫困母亲两癌救助专项基金"发放仪式,为 18 名"两癌"患病妇女发放 18 万元的中央专项公益金。

【妇女儿童维权】 2019 年,全县各级妇联组织联合派出所、警务站发放家庭暴力告诫通知书 60 余份,来信来访 398 余件,调解家庭婚姻矛盾 395 件,办结率 99.2%。县妇联结合"不忘初心、牢记使命"主题教育及基层反映的热难点问题,投入 1 万元制作 5 部法律宣传折页 2 万份,解决基层妇女法律知识淡薄、知晓率不高、覆盖面不广的问题。联合"全国文明家庭"代表吴秀芳,新建爱心妈妈调解室 1 个,妇联系统派出人民陪审员 1 人、妇联兼职副主席 1 人,为各族妇女提供法律服务和帮助。各级妇联组织配合司法、公安等部门开展各类政策、法律宣传 1842 场次,受教育 8.6 万人次。

【第九届执行委员会第二次会议】 2019 年 6 月 3 日召开,县妇联执委及工作人员 23 人参会。通过无记名投票,选举产生参加伊犁州妇女第六次代表大会代表 12 人,并酝酿产生推荐伊犁州妇联第六届执行委员会委员候选人 3 名。

(关菊霞)

县社会科学界联合会

【县社会科学界联合会负责人】

名誉主席:关晓军

主席:郭新刚(锡伯族)

副主席:朱玺、孙珉玫(女)、张灵(女)、文新(锡伯族)

【内设机构】 县社会科学界联合会(以下简称县社科联)第一届委员会有委员 40 人,常委 17 人,名誉主席 1 人,主席 1 人,副主席 5 人(其中 1 人被免职)。2019 年,有团体会员 98 个,其中学会、协会 18 个。核定编制 3 个,工作人员 2 人。

【职责任务】 县社科联的职责任务是:以习近平新时代中国特色社会主义思想为指导,宣传贯彻科学发展观,党的路线、方针、政策;履行对本会团体会员及民办社科研究机构的业务管理、服务和监督职责,组织和推动所属团体会员、各重点联系单位开展学术研究和学术活动;开展哲学社会科学的宣传和普及工作,提高人民群众的哲学社会科学素质;组织开展社会经济发展中重大问题和重要课题的调研,为县委、县政府决策提供咨询;完成县委、县政府和上级社科联交办的其他事项。

【社科工作】 2019年5月,县社科联选派干部参加浙江大学举办的习近平新时代中国特色社会主义思想研修班培训,为期15天。同月,组织公安、市场监管、网信、文旅、教育部门召开"扫黄打非"工作会议,安排"扫黄打非"联合执法检查。6月,组织"扫黄打非"成员单位安排联合执法检查工作;召集17家印刷企业、书店召开"扫黄打非"推进会。6月3日,县社科联在全县范围启动"我最喜爱的习总书记的一句话"宣讲竞赛活动。活动持续开展1个多月,采取以赛促学的办法推进习近平新时代中国特色社会主义思想进村入户、深入人心。6月23日,负责推进庆祝新中国成立70周年系列活动,协调县直机关开展以"我和我的祖国"为主题的我和祖国共成长、青春力量、改革前沿、脱贫攻坚、薪火相传、大家小官等八大演讲赛事,并组织选手参加自治州、自治区主题赛事,检察院范晓茹获自治区脱贫攻坚演讲比赛二等奖。7月19日,由县社科联、统战部联合开展"庆祝新中国成立70周年,情满察布查尔·爱传万家,讲述身边民族团结感人故事"大赛,共26个单位参赛,县公路段廖静、县检察院范晓茹等获奖。8月14日,县社科联在初级中学大礼堂内举行"天翼杯·我最喜爱的习总书记的一句话"宣讲比赛颁奖及表彰仪式,近300名返乡大学生参加活动。10月30日,由县社科联牵头,在全县开展软件正版化工作,安装正版软件3400套。12月8日,负责县委宣传部冬季大培训工作。

(郭新刚)

县文学艺术界联合会

【县文学艺术界联合会负责人】

文联主席:袁辉(4月任职)

副主席:佟双健(锡伯族)、高俊涛(锡伯族)

【概况】 2012年成立县文学艺术界联合会(以下简称县文联),由书法家协会、音乐家协会、舞蹈家协会等10个协会组成,由县委宣传部代管。

【职责任务】 县文联的主要职责任务是:以习近平新时代中国特色社会主义思想为指导,全面贯彻落实党的文艺方针,执行县文学艺术工作者代表大会和县文联委员会的决议、决定;为全县各文艺协会做好联络、协调、服务工作;团结全县文学艺术家和文艺工作者,反映和听取文艺界的情况和意见;组织召开全县文联代表大会、主席团会议以及全县文联系统的工作会议;组织团体会员的文艺创作和评论、学术交流和调研工作;协同有关部门组织各种文艺评奖工作;协同有关部门组织文艺界同疆内外艺术家、艺术团体开展文化交流活动;完成县委、县政府和上级文联交办的其他事项。

【文化交流】 2019年6月26日,江苏省艺术家采风团一行24人在中国书法家协会理事、江苏省书法家协会副主席、南京师范大学教授和博士生导师王继安的带领下在县进行文化交流活动。7月4日，盐城市文联党组书记、主席高定带领盐城市书法家、摄影家在县交流书法、摄影艺术。8月19日，县文联组织开展“礼赞新中国、奋进新时代”伊犁州首届声乐、舞蹈比赛初赛。9月26日，县文联组织140名演员在伊犁州大剧院参加“礼赞新中国、奋进新时代”2019年伊犁州庆祝新中国成立70周年主题晚会，参演第一篇章《旭日东升》。

（袁辉）

县科学技术协会

【县科学技术协会负责人】

主席：波拉提·玉赛因（维吾尔族，3月离任）、古力汗夏木·木那尔（女，维吾尔族，3月任职）

【内设机构】 2019年，县科学技术协会（以下简称县科协）内设办公室，有干部3人。

【“科技之冬”活动】 2019年，县科协组织开展各类科技培训144场次，参加人数14396人次，邀请专家19人次，现场培训17场次。

【科普活动】 2019年，县科协开展科普进巴扎3场次、进学校2场次，利用升国旗进企业宣传科普知识1场次，开展各类讲座7场次，科普大篷车联合行动3场次，悬挂横幅12条，发放各类科普材料8800余份。

【科普信息化建设】 2019年12月14日，在坎乡齐格勒克村举行伊犁州科协、伊犁州老科协“老少携手同行、助力乡村振兴”科普触摸屏捐赠仪式，提高乡村科普信息化建设水平。

（阿依努尔·沙吾提）

县工商业联合会

【县工商业联合会负责人】

主席：何福莲（女，3月离任）、王国明（3月任职）

党组书记、常务副主席：李庆和（3月离任）、张潮（3月任职）

副主席：陈万（兼）、穆拉提·艾吾力汗（哈萨克族，兼）、孙哲瑜（兼）、韩虹（女，兼）、李际勋（兼）、冬兰（女，锡伯族，兼）、艾尔肯·努尔买买提（维吾尔族，兼）、邹丽萍（女，兼）、王正芳（兼）、赵刚（锡伯族，兼）

秘书长：努尔塔西·别克波拉特（柯尔克孜族）

【内设机构】 2019年，县工商业联合会（以下简称县工商联）有编制6个，有专职干部4人，由汉族、锡伯族、柯尔克孜族3个民族组成。

【组织概况】 2019年，县工商联有乡镇商会15个、工商联会员2022个（其中企业会员131个，个体会员1891个）、常委19人、执委46人。

【参政议政】 2019年，县工商联协助做好市、县两级非公经济人士代表、会员参政议政的基础性工作，使他们能按时出席会议；协助、配合相关部门开展对非公经济人士参政议政的综合评价工作，为非公经济人士参政议政把脉。11月，召开民营企业评议政府部门和相关单位会议，组织50余名非公经济人士对全县30多个部门（单位）进行评议。

【服务会员】 2019年，县工商联推进伊南工业园区发展大格局，加大伊南工业园区软硬件建设,完善园区运营体制,提升园区管理服务水平。加大"放管服"改革力度,全面落实"3550"改革措施,让群众和企业少跑腿、好办事,推广负面清单管理模式,推进工商注册制度便利化,激发企业市场主体作用。

【社会责任】 2019年,县工商联动员会员企业、帮扶企业与贫困群众同劳动、促生产、送温暖,力所能及地解决制约帮扶村和帮扶对象的实际困难。协调企业党支部开展"百企联百村"活动。按照企业与村队签订的"百企联百村"协议书,调动企业优势资源,开展提供就业岗位、扶贫帮困、捐资助学等活动。在六一儿童节之际,察布查尔建设有限责任公司党支部到琼博拉镇索墩布拉克村为6家贫困结对户的孩子送去儿童节礼物和过端午节的粮油;县粮贸运输有限责任公司党支部为扎库齐牛录乡中心校贫困学生捐赠价值5000元的课外书籍;新疆天佳粮油有限责任公司党支部慰问结对村海努克乡海努克村幼儿园,送去节日祝福和价值3240元的物资;伊犁长安建设有限责任公司经理王会珍带领公司员工到阔洪奇乡阿尔墩村幼儿园看望慰问教师,送上价值千元的文化娱乐活动小器材。全年公益帮扶15人,公益帮扶7.8万元,其他帮扶20.5万元。

【组织建设】 2019年,县工商联强化新兴组织摸排力度。选派党建指导员,规范企业支部党建工作,摸清企业党员数,发挥党员模范带头作用,深入企业开展调研,了解企业发展现状。落实例会制度,工作决策、议事更加规范。组织开展"理想信念"主题教育活动,建立完善驻会干部联系基层商会和重点会员企业制度,完善目标管理工作,激发机关干部工作的主动性和积极性,工作效能和服务意识得到提升。

（徐光宇）

县残疾人联合会

【县残疾人联合会负责人】

党组书记、副理事长:沙依劳·塔哈也夫(哈萨克族,6月离任)、尤丽吐斯艾依·艾比布拉木(女,维吾尔族,6月任职)

党组成员、理事长:关秀灵(女,锡伯族,6月离任)、伊清福(锡伯族,6月任职)

【内设机构】 县残疾人联合会(以下简称县残联)承担县政府残疾人工作委员会和残疾人日常工作,内设办公室、教就科、康复科、财务室、档案室、保密室,有在职职工9人,其中参公4人,事业编制5人。

【工作职能】 2019年,县残联是残疾人自身代表组织、社会福利团体和事业管理机构融为一体的残疾人事业团体,具有"代表、服务、管理"职能;代表残疾人的共同利益,维护残疾人的合法权益;开展各项业务和活动,直接为残疾人服务。由自治县人民政府领导联系,业务上接受有关部门对口指导。

【残疾人概况】 2019年,全县残疾人1.03万人,占全县总人口的5.34%。持证残疾人5741人,其中视力残疾762人,听力残疾415人,言语残疾127人,肢体残疾3417人,智力残疾440人,精神残疾256人,多重残疾324人。其中建档立卡贫困残疾户551人,占持证人数的9.6%。16—59岁有就业能力的残疾人3678人,其中实现就业的残疾人627人,未就业的残疾人3051人。

【民生工作】 2019年,县残联认真落实"爱心天使"助学基金、残疾人机动轮椅车燃油补贴、

"阳光家园计划"等惠残政策,发放各类补助资金 51.6 万元,惠及各类残疾人 454 人次;组织残工委成员单位及各乡镇开展贫困残疾人走访慰问活动,累计慰问贫困残疾人 88 人次,发放慰问金 4.4 万余元;投入 7 万元为 28 户贫困残疾人实施坡道、扶手等无障碍环境改造。

【康复工作】 2019 年,县残联举办县残疾人精准康复服务以及动态更新行动动员培训会 3 场 130 人次。对残疾人基本服务状况和需求信息动态更新数据认真分析统计。坚持"精准康复、精准服务"理念,对 1322 名有康复需求的残疾人提供精准康复服务。做好州、县两级脑瘫、智力残疾儿童的康复救助工作,筛查出脑瘫、智力残疾儿童 27 名,其中 7 名符合康复训练条件的列入自治州定点康复机构免费康复训练项目,其余的全部在县残疾儿童康复中心接受免费康复训练。为 55 名贫困精神病患者发放免费服药救助卡。全年发放精准康复辅助器具 3 批次 7 种器具 368 件,发放各类康复宣传手册 3000 余份。

【培训就业工作】 2019 年,县残联开展残疾人实用技术培训 500 人次;开展就业援助活动 2 次,近 50 名残疾人参加,其中 15 名和企业达成就业意愿;向 4 名贫困残疾学生发放"爱心天使"助学金1.32万元。

【基础组织建设】 2019 年,县残联完成残联组织换届工作。县乡残联组织选举产生新一届主席团和执行理事会。组织选派 4 名残疾运动员赴天津参加全国第十届残运会暨第七届特奥会射箭比赛,获体育道德风尚奖。突出抓好全国残疾人基本服务状况和需求专项调查工作,完成全县 5708 名残疾人的专项调查及收集整理归档工作。

(关永卫)

县红十字会

【县红十字会负责人】

常务副会长:陈林(3 月任职)

【内设机构】 2019 年,县红十字会为独立法人机构、群团参公管理单位,有在职干部 4 人。

【"三救三献"工作】 2019 年,县红十字会弘扬"人道、博爱、奉献"的红十字精神,发挥政府人道主义事务方面的助手作用,致力于"动员人道力量,改善最易受损害群体的境况",落实救灾预案,做好物资储备,提高应对自然灾害和突发事件的应急能力。积极开展"箭乡博爱救助"活动,募捐到社会各界爱心善款 4.47 万元。按照"箭乡博爱救助金"管理办法,为 15 个乡(镇、场)15 户患有重特大疾病的贫困群体、6 户孩子求学困难家庭发放救助金 4.2 万元。积极对接上级红十字会基金会,落实米粮泉乡米粮泉村博爱家园项目尾款 8.16 万元。积极发展造血干细胞志愿者,全年发展造血干细胞捐献志愿者 10 人,采集血样 10 人,10 名志愿者全部录入中华骨髓库。积极开展募捐活动,"6·17"四川地震募捐接收伊犁天山水泥有限责任公司爱心善款 8864 元,通过上级红十字会及时转交灾区。

【"红十字博爱送万家"活动】 2019 年,县红十字会在元旦、春节期间开展"红十字博爱送万家"节前慰问活动,慰问贫困家庭 50 户。结合 10 月 17 日的"国家扶贫日",为 5 个山区乡 200 户建档立卡贫困户送去价值 2 万余元的羽绒被 200 床。

【疾病预防】 2019 年,县红十字会积极落实基金项目救助活动,协助“爱佑基金”对全县各乡镇的24名先心病患儿在伊犁州新华医院开展术前筛查,有3名符合手术指征的先心病患儿在新疆心脑血管病医院接受免费手术治疗。

【红十字会宣传】 2019年,县红十字会在“5·8”博爱周期间,进社区开展应急救护培训,培训200人次;进学校开展地震救护演练2次,培训380人次。

【卫生救护培训】 2019年,县红十字会参加应急救护师资培训5人(其中到北京总会3人,到自治区红十字会1人,到北疆片区1人)。

(马凌飞)

农业农村

县农业农村局

【县农业农村局负责人】

党组书记、副局长：罗振宇(3月任职)

党组成员、副局长：杨民山(3月任职)

党组成员、主任科员：温正勇(3月任职)、吐尔汗坚·尼亚孜(维吾尔族，3月任职)

农业科科长：贾双月(女，3月任职)

水利科科长：巴永红(锡伯族，3月任职)

畜牧科科长：关勇(锡伯族，3月任职)

【内设机构】 2019年，县农业农村局下设办公室、农业科、水利科、畜牧科，有在职干部职工606人。3月，由原水利局、畜牧局、农业局、农机局、水土开发办、农业综合开发办、县委农办7个单位合并成立县农业农村局。

【工作职能】 自治县农业农村局设置下列机构：

(一)办公室(县委农村工作领导小组办公室)。负责机关日常运转和党的建设工作；承担党建、文电、会务、保密、维稳、信访、编报部门预算、政务公开、新闻宣传、人事，以及人大建议、政协提案的答复等工作；负责应急管理和农业受援工作。

(二)农业科。组织实施自治县"三农"工作的发展战略、中长期规划、重大策略；统筹推动发展农村社会事业、农村公共服务、农村基础设施和乡村治理耕地质量管理相关工作；指导乡村建设、农产品加工业、休闲农业和乡镇企业发展工作；负责种植业、地方国有农场、农业机械化等农业各产业的监督管理；指导种植业结构布局调整及标准化生产工作，发布舆情信息；承担发展设施农业、节水农业和抗灾救灾相关工作；指导植物检疫和有害生物防治工作；承担农药经营和质量监督管理以及肥料监督管理；指导农药、肥料科学合理使用；牵头指导协调农业行业安全生产工作；承担农作物、种质和遗传资源保护及品质管理；组织实施农作物种子(种苗)质量监督抽查；负责农产品质量安全监督管理；组织农业资源区划工作；负责有关农业生产资料和农业投入品的监督管理；负责农业防灾减灾、农作物重大病虫害防治工作；指导农业农村人才工作。

(三)水利科(自治县全面推进河湖长制领导小组办公室)。负责保障水资源的合理开发利用；负责重要流域、区域以及重大调水工程的水资源调度；指导水利行业供水和乡镇供水工作；指导水资源保护工作；负责节约用水工作；指导监督水利工程建设与运行管理；指导水利设施、水域及其岸线的管理、保护与综合利用；指导水文工作；负责水土保持工作；指导农村水利工作；组织开展大中型灌排工程建设与改造；参与开展永久基本农田保护工作；负责重大涉水违法事件的查处，协调和仲裁自治县水事纠纷；指导水政监察和水行政执法；承担自治县全面推进河湖长制领导小组办公室日常工作；负责落实综合防灾减灾规划相关要求。

(四)畜牧科。拟订畜牧业发展规划，组织实施相关项目；负责畜牧业、兽药和兽医器械行业、饲料饲草业、畜禽屠宰行业监督管理；起草畜牧业、兽药和兽医器械行业、兽医事业发展、动物疫病防治、检疫监督、饲料饲草业、畜禽屠宰行业的政策法规草案，拟订发展规划，提出相关政策建议并组织实施；组织实施畜牧业、兽医器械行业、动物疫病防治、动物卫生、饲料饲草业、畜禽屠宰行业有关标准和技术规范；指导落实畜牧业结构调整、畜禽遗传资源保护与利用、种畜禽管理及良种推广利用、标准化规模化生产、畜禽养殖场备案管理、畜禽粪污资源化利用、病死畜禽无害化处理、畜牧设施装备现代化;负责动物疫病防治和疫情管理工作;负责动物防疫应急管理;负责兽医医政监督管理;负责实施动物及动物产品检疫、动物防疫条件审核、动物标识及动物产品可追溯、动物卫生监督分级管理工作;实施兽医生物制品、动物病原微生物和实验室生物安全分级管理;负责兽药及兽医器械、饲料及饲料添加剂、生鲜乳生产收购运输环节、畜禽屠宰环节质量安全监督管理;组织畜禽养殖、屠宰、饲料饲草生产等牧情调度,承担畜牧业综合生产形势分析和畜牧兽医行业统计有关工作。

(雷娟)

农业科

【种植业结构优化】 2019年,县农业农村局通过转方式、调结构、补短板,实现农业提质增效。农作物总播面积95426.67公顷(含复播2053.33公顷),其中粮食作物75180公顷(其中小麦19280公顷,玉米44593.33公顷,水稻9353.33公顷),棉花513.33公顷,油料作物10620公顷,甜菜1506.67公顷,蔬菜653.33公顷,瓜果类506.67公顷,其他作物6446.67公顷。

【设施农业】 2019年,全县有温室1298座,温室生产面积84.07公顷。有拱棚4354座(其中蔬菜拱棚2910座,西甜瓜拱棚1444座),生产总面积244.87公顷。设施蔬菜及瓜果主要以反季节辣椒、西红柿、茄子、无筋豆、莲花白、瓠瓜、草莓、油桃、葡萄、食用菌类及特色蔬菜为主。全县设施果蔬生产面积614.13公顷,总产量26668.5吨,总产值6274.52万元。全县设施蔬菜销售通过蔬菜合作社外销5235吨左右,其中出口到哈萨克斯坦等中亚市场1600吨左右。

【农产品质量安全监管】 2019年,县农业农村局全面提升农产品检验检测能力和整体水平,认证绿色食品2个、有机食品1个。开展县域转基因玉米制种专项整治工作,实施农资销售、化肥打假专项治理行动,建立农资经营信息数据库,实行进销货台账管理。联合市场监督局开展农资综合执法检查12次,加大假劣农资案件查处力度。加强对蔬菜基地的服务工作,指导菜农科学合理使用农药,建立生产用药台账和自行检测台账。积极开展对蔬菜农药残留快速检测,抽检样品63360个,定量分析检测样品250个,检测结果均合格,确保“舌尖上的安全”。

【农业产业化】 2019年,县农业农村局加快培育家庭农场、合作社、龙头企业、行业协会“四位一体”现代农业产业组织体系,新增农业产业化经营组织数6个,规范提升专业合作社14个,创建家庭农场4个,申报州级龙头企业3家,推荐新疆农业名牌产品2个。鼓励发展社会化服务组织,推进农机合作社、植保合作社、农资供应合作社等社会化服务组织建设,推行合作式、订单式、托管式等服务模式,为农业规模经营提供保障。

【土地承包经营权确权登记】 2019年,自治区挑选县3个试点村推行土地承包经营权确权工作。根据自治区安排部署,县农业农村局向自治区上报3个颁证申请,在孙扎齐牛录镇切提布拉克村举办首发仪式,年内陆续完成15个村的颁证工作。

【农村集体资产清产核资】 2019年,县农业农村局对全县固定资产实地盘点,对历年的账进行清理规范，对土地等资源性资产进行清理，并进行三轮公示。经过清理，全县资产账面总额为 18185 万元，其中流动资产 8302 万元，农业资产 9 万元，长期资产 50 万元，固定资产 9824 万元。最终核实数为 38422 万元，其中流动资产 8219 万元，农业资产 18 万元，长期资产 50 万元，固定资产 30135 万元。集体土地总面积 8.7 万公顷，其中农用地面积 7.73 万公顷，建设用地面积 0.97 万公顷。农用地中耕地 6.53 万公顷，园地 0.1 万公顷，林地 0.8 万公顷，草地 0.07 万公顷，农田水利设施用地 0.1 万公顷，其他用地 0.13 万公顷。

【察布查尔大米品牌】 2019 年，县农业农村局把察布查尔大米推荐申报为农产品区域公用品牌。继续委托国之安第三方监管，建成农业监管大数据平台，对水稻基地、设备设施、工艺流程、生产储运、卫生管理等实行全方位监督，对合格大米监贴溯源防伪标签，完善察布查尔大米品牌追溯体系。做好察布查尔大米品牌外宣工作，组织大米企业积极参加北京、南京、上海、连云港等地农产品展销会，扩大察布查尔大米品牌的市场影响力。

【有机水稻监管】 2019 年，县农业农村局充分利用自治县土壤肥沃、水源充足、气候温和、光热资源丰富等条件，大力推广有机水稻种植，面积 1300 多公顷，并在有机水稻核心区坎乡投入 72.9 万元安装监控设备，监控视频直接并入国之安第三方监管，实现从种植到加工全流程监控。

【农业技术推广工作】 2019 年，县农业农村局完成耕地质量监测取土化验 146 个，为 1946.67 公顷监测点配方施肥。在良繁场、种羊场实施农药减量示范 133.33 公顷，示范区平均每公顷减少 3000－4500 克用量，对水稻病虫草害的防效提高到 80% 以上，防治技术到位率提高 30%，可使每年因水稻重大病虫害为害造成的损失由 20% 降至 10% 以下，化学农药使用量减少率达到 20% 以上，绿色防控覆盖率增加 30% 以上。

【农产品精深加工研发中心和博士后实践基地落户】 2019 年 1 月 13 日，“新疆西迁米业有限公司·中国农业科学院农产品加工研究所博士后实践基地、新疆国之安第三方监管有限公司·中国农业科学院农产品加工研究所农产品精深加工研发中心”揭牌仪式在察布查尔县农业局举行。中国农业科学院农产品加工研究所副主任唐选明，州农业局党组书记王立中，州农业局副局长周武臣，县委副书记、县长关桂珍出席揭牌仪式，县委常委、副县长赵念星主持揭牌仪式。此次农产品精深加工研发中心和博士后实践基地的落户填补了察布查尔县实践基地的空白，也为察布查尔县农业技术注入了新活力。

【县农业综合执法大队挂牌成立】 2019 年 12 月 11 日，县农业综合执法大队挂牌成立。根据中共中央办公厅、国务院办公厅《关于深化农业综合行政执法改革的指导意见》和《自治区关于深化农业综合行政执法改革的实施意见》精神，将兽医兽药、牲畜屠宰、种子、化肥、农药、农机、农产品质量等分散在同级农业农村局内设机构及所属单位的行政处罚及与行政处罚相关的行政检查、行政强制职能剥离，整合组建县农业综合执法大队，在县农业农村局挂牌成功，实行“局队合一”体制，以县农业农村局的名义统一执法，不再保留县农机安全监理站、县水政监察大队。

根据《关于组建察布查尔农业综合行政执法大队的通知》精神，核定事业编制 40 人（其中，县动物卫生监督所划转编制 10 人，县农机安全监理站划转编制17人,县水政监察大队划转编制9人,种子管理站划转编制1人,县农业技术推广站划转编制2人,县农产品质量检测中心划转编制1人)。

县农业综合执法大队主要的职责任务是:依法统一行使动物卫生、饲料兽药、畜禽屠宰、种子、植物检疫、化肥、农药、农产品质量、水政渔政等行政处罚以及与行政处罚相关的行政检查、行政强制职能,依法履行法律法规赋予的其他职责。

(雷娟、李文娟、兰江)

水利科

【机构概况】 1956年,成立察布查尔锡伯自治县水管机构。1973年12月,成立察布查尔锡伯自治县水电局。2000年5月,更名为察布查尔锡伯自治县水利局。2019年3月1日合并为农业农村局。农业农村局水利科是县人民政府直接领导的水利行政主要部门,负责全县建设和管理水资源河道、防汛抗旱、水土保持、防病改水、农牧区供水、节水灌溉、水费征收工作。

2019年,县农业农村局水利科内设水政水资源办、水土保持办、渔政办、防洪办。下设水政监察大队、河流规划队、水利管理站、南岸干渠灌区管理总站、农牧区供水总站等。水利管理站下设16个基层水管站所,农牧区供水总站下设12个基层站(点)。有在职干部职工150人(局机关33人,水管基层站所81人,南岸干渠灌区管理总站36人)。

【农田水利建设】 2019年,全县新增高效节水灌溉面积1533.33公顷,累计高效节水灌溉面积5.66万公顷,占全县灌溉面积的69%。新建农村安全饮水供水工程2处,解决4381人的饮水不安全问题。清理渠道2038.1千米,出动机械239台班,投入295.9万工天,完成土石方69.09万立方米,更换闸门及启闭机217个。全年完成农田灌溉8万公顷。

【水利工程】 2019年,县水利部门争取中央及自治区水利建设项目2个,总投资535万元。爱新色里镇纳旦芒坎村牧民定居点安全饮水巩固提升工程:新建变频器1套、增压器1套及其配套附属设施;新建输配水管网总长8671米,新建检查井10座、跨路10处;新建450户水表及其附属设施;日供水能力为53.37立方米;项目投资95万元,受益人口304人。纳达齐牛录乡纳达齐牛录村、清泉村农村饮水安全巩固提升工程:维修、改造输配水管网37千米,改造水表井65座,更换智能水表1543个;项目投资440万元,解决4077人饮水安全问题。

【水资源管理】 2019年,县农业农村局水利科建立最严格的水资源管理考核制度,根据“三条红线”控制指标,完成灌溉用水总量控制分解工作。同时在用水户中不定期开展节约用水宣传教育活动,逐步提高用水户的节水意识。全县总灌溉用水量为10.48亿立方米;灌溉定额为12233.7立方米/公顷;征收水资源费173.85万元、水土保持补偿费28.56万元,完成年度任务的84.15%。

【体制改革】 2019年,县农业农村局水利科完成县水利工程供水成本核算,根据州发改委《关于调整水利工程供水价格的通知》文件执行新水价,农业灌溉水价是2010年成本的51.8%。完成并上报县农村供水工程水价测算报告。农业水费及农村生活供水水费回收率分别达98%和95.3%。完成基层服务体系改革实施方案并由县人民政府批准,暂停乡镇水管站下放划转,仍按原有模式管理运行,保障灌区供水和水行政工作有序进行。

【用水保障工作】 2019年,县农业农村局水利科制定目标考核管理责任书,明确服务目标和责任并设立服务电话,提高服务质量。对各乡镇水厂开展常态化督导,主要检查“五防”是否到位,排查是否存在安全隐患等。对农村饮用水水源划定供水水源保护区和供水管理范围,对24个水源地、45座蓄水池等供水设施修建防护围栏、围墙;并禁止在引泉口上游500米、下游100米内开采矿以保证水源的正常供给。全县农村供水工程建成水厂24座、高位蓄水池45座,日供水规模达200立方米以上。

【水土保持“三同时”制度】 2019年,县农业农村局水利科审批完成生产建设项目水土保持方案2个,完成率、执行率100%。完成生产建设项目水土保持设施自主验收项目1个。落实“三同时”制度(指一切新建、改建和扩建的基本建设项目、技术改造项目、自然开发项目,以及可能对环境造成损害的其他工程项目,必须与主体工程同时设计、同时施工、同时投产)的工程项目核查率100%。完成水利部下发施工扰动复核图斑362个。2019年,自治县获伊犁州水土保持目标考核优秀县市。

【机电井规范整治】 2019年,县农业农村局水利科梳理出建档机电井813眼。非法开采地下水资源的139眼机电井全部封填完毕,立档执法卷宗“一井一卷”;封填供水管网覆盖区域内机电井233眼;保留的441眼机电井严格按照取水许可规定办理审批手续。

【河(湖)长制实施】 2019年,全县有县级河长、副河长3人,乡级河长、副河长22人,村级河长21人,实现县、乡、村三级河长全覆盖、动态调整和公开公示,强化常态化巡河和部门联合执法。重点纠治乱占乱建、乱围乱堵、乱采乱挖、乱倒乱排等突出问题。全县县级河长巡河26人次,乡级河长巡河187人次,村级河长巡河543人次。结合扫黑除恶专项斗争和违建别墅清查整治专项行动,全面开展以纠治乱占乱建、乱围乱堵、乱采乱挖、乱倒乱排等突出问题为重点的河道“清四乱”专项行动,排查出问题74件,全部完成整改。建立河流水库保护治理长效机制,明确河流水库专管员、巡查员、保洁员工作职责,提高各河段沿河环境定期和不定期巡逻管护频次,加强对重点河段执法巡查力度,组织水利、国土、环保等部门开展联合执法4次,县河长办开展检查7次,发放督导检查卡30多份。

(李俊俊)

畜牧科

【概况】 2019年,全县实现牲畜存栏数40.44万头(只),比上年增长1.58%;实现畜牧业产值7.37亿元,增长4.07%。主要畜产品肉、奶、蛋产量分别为1.6万吨、1.63万吨、0.63万吨,分别增长5.07%、5.1%和6.07%。

【固定资产投资】 2019年,县农业农村局畜牧科积极化解政府债务,打好防范重大风险攻坚战,积极争取跑办引进符合国家产业政策的项目,积极开展招商引资工作,完成畜牧业固定资产投资987万元。

【科技培训】 2019年,县农业农村局畜牧科开展形式多样的宣传活动,入户发放并讲解宣传单,向群众宣传布病防控知识和预防方法。围绕“科学防治布病,保障人畜健康”这一主题,在县城范围内开展形式多样的布病防控知识宣传周活动。与县疾控中心召集全县各乡(镇、场)兽医站站长以及村级防疫员联合召开布鲁氏菌病防治工作联席会议,并对与会人员培训。培训农牧民3800人次,完成任务的

103%。举办观摩会、行业技术培训班、交流学习等形式的培训活动3期,专业技术人员培训任务200人次,完成225人次,发放宣传资料5000多份。

【品种改良】 2019年,县农业农村局畜牧科以发展肉牛、肉羊为主,抓好西门塔尔牛、哈萨克羊提纯复壮工作。牛冷配任务1.8万头,完成1.82万头,完成率101%;冻精使用3.55万剂;开设冷配站49座;新增集中冷配点任务1个,完成1个。哈萨克羊选育提高任务9.2万只,完成9.38万只,完成率102%。肉羊经济杂交5.5万只,完成5.56万只,完成率101%。绵羊人工配种任务2000只,完成2049只,完成率102.5%。哈萨克羊毛色分群任务20群,完成21群,完成率105%。良种公羊鉴定任务200只,完成235只,完成率117.5%。马人工授精任务420匹,完成433匹,完成率103%。马选种选配任务4000匹,完成4256匹,完成率106.4%。新增马匹鉴定任务200匹,完成210匹,完成率105%。良种牛保险任务2.01万头,完成2.75万头,完成率136.8%。

【动物疫病防控】 2019年,县农业农村局畜牧科牢固树立"动物防疫是畜牧业发展生命线"的思想理念,认真开展春秋两季动物防疫工作。牛结节性皮肤病期间,在扎库齐牛录乡活畜市场开展大消杀,实行集中免疫和补免相结合,重大动物疫病免疫率达100%;加强软件资料建设,规范免疫档案和防疫卡登记工作;强化免疫效价监测工作,免疫效价合格率87.02%。争取完成国家布鲁氏菌病试点县项目工作,启动重大动物疫病联防联控机制,加强排查、消毒、宣传、运输监管等防控工作,确保非洲猪瘟零疫情。联防联控做好牛结节性皮肤病、禽流感及非洲猪瘟等重大动物疫病排查防控工作。对全县存栏家禽、生猪及屠宰场、活畜交易市场等场点反复全面排查,实行日报告制度,强化调运监管。在牛结节性皮肤病疫情解封后,严格执行检疫程序,做好拉运车辆备案登记消毒等工作,落实产地检疫。完成拉运牲畜车辆备案188辆,开展技术指导98次,派出人员220人次、车辆98辆次。发病捕杀469头牛,其中374头牛赔偿保险。

【畜产品安全监管】 2019年,县农业农村局畜牧科严把畜产品质量关,加强养殖环境、兽药、饲料等环节监管,落实产地检疫和屠宰检疫工作,督促屠宰企业切实把好入场查验登记、"瘦肉精"自检、布病和包虫病检测,建立完善各类工作台账和屠宰生产记录,做到来源可溯、去向可查、责任可追究。加强部门联动,防止不合格肉品流向市场或者加工场所,依法严厉打击私屠滥宰、屠宰加工病死畜禽等违法犯罪行为。出动执法人员576人次、执法车辆156车次,查处执法案件15起,罚款16920.5元。"瘦肉精"检测1130份,均没有发现"瘦肉精"使用现象。销毁处理过期劣质兽药32盒129瓶。累计完成产地检疫530943头(只),完成率80%;完成屠宰检疫56144头(只),屠宰检疫率100%。加大生鲜乳监管,全面落实生鲜乳质量安全监管职责,完成β内酰胺酶类检测100条、β内酰胺类检测100条、黄曲霉素M2检测100条、三聚氰胺检测100条。电子出证率100%,跨省调运落地监管率100%,兽药经营企业GPS合格率100%,兽药经营企业二维码追溯系统使用率100%。动物卫生监督一般程序行政执法案件任务15个,完成15个。

【畜牧业安全生产】 2019年,县农业农村局畜牧科与乡(镇、场)完成畜产品质量安全监管责任书签订,督促各乡(镇、场)做好应对大风降温降水天气的防灾减灾工作,组织技术人员对养殖场(户)饲草料储备库、养殖小区等地点是否按照规定设置消防设施,是否符合消防安全要求等方面落实情况及安全隐患排查指导,全年储备饲料 8.18 万吨、饲草 85.22 万吨。

【落实动物疫病防控经费】 2019 年,县农业农村局畜牧科专款采购消毒药、虫螨腈、喷雾器、1ml 卡介苗注射器、防控知识宣传折页以及一次性口罩、手套防控物资。补发防疫员补助,对 89 名村级动物防疫员的自治县财政补助部分(600 元/人/月)64.08 万元经费拨付到位。

【流行病学调查】 2019 年,县农业农村局畜牧科按照《伊犁州 2019 年动物疫病监测计划》《察布查尔县非洲猪瘟紧急监测方案》及牛结节性皮肤病防控要求,提升疫病监测预警能力,做好病原学、血清学检测及送检,完成 125 户 1046 头生猪抗凝血(EDTA)采集送检工作,完成 220 份牛抗凝血(EDTA)及血清送检。在集中检测抽样的同时完成州上安排的流行病学 OP 液、棉拭子、蜱虫及包虫等 500 多份样品采集送检工作。

【牛羊育肥】 2019 年,县农业农村局畜牧科发挥龙头企业引领作用,巩固提升伊犁创锦犇牛牧业有限公司龙头企业引领作用,扩大“公司+基地+养殖户”发展模式覆盖面,提高畜禽出栏率。积极创建畜牧养殖合作组织和家庭牧场,整合盘活养殖资源(闲置养殖小区、饲草料地、养殖用地),实现集中牛育肥任务 6 万头,完成 6.03 万头,完成率 100.5%;羊育肥任务 30 万只,完成 30.3 万只,完成率 101%。

【养殖污染防治】 2019 年,县农业农村局畜牧科联合县环保部门加大对 95 个规模养殖场的监管力度,依法关闭或搬迁禁养区内的规模畜禽养殖场(小区),做好粪污无害化处理和综合利用。加强屠宰场、活畜交易市场环境监管。关停城镇生猪屠宰场 1 座。粪污资源化利用率完成 70%。完成规模养殖场(小区)粪污处理设施装备配套率 73%,完成率 75%。治理完成残垣断壁任务 41 处。

(齐晓娟)

县委农办

【县委农办负责人】

主任:罗振宇(3 月任职)

【内设机构】 2019 年 3 月,自治县实行行政单位机构改革,县委农办设在县农业农村局,属于县委工作机构,领导职数 1 人。

【业务工作】 2019 年,县委农办主要负责农村人居环境整治、政策性农业保险业务工作。选择爱新色里镇纳旦芒坎村、堆齐牛录乡堆齐牛录村、孙扎齐牛录镇孙扎齐牛录村、察布查尔镇乌宗布拉克农村社区、绰霍尔乡绰霍尔村、纳达齐牛录乡纳达齐牛录村、扎库齐牛录乡寨牛录村、海努克乡切吉村、阔洪奇乡亚尔胡斯亚尕奇村、琼博拉镇墩买里村、加尕斯台镇上加尕斯台村、坎乡阿勒玛勒村为自治县“千村示范”示范村。全县承保农作物保险 37978.33 公顷,承保养殖业奶牛保险 40196 头。

【农村人居环境整治】 2019 年,自治县成立农村人居环境整治工作领导小组,制定印发《关于成立察布查尔县农村人居环境整治领导小组的通知》《察布查尔县农村人居环境整治工作要点》《察布查尔县“一村示范、全乡整治”2019—2020 工程推进工作方案》《关于印发察布查尔县农村人居环境整治专项行动工作方案的通知》,明确工作目标、工作措施、工作职责,各乡镇根据实际,制订农村人居环境整治实施方案,分层次、多方位推动此项工作。开展干部下基层活动3次,全力推进农村人居环境整治工作,召开改厕专题会议2次,县级现场办公会议2次,工作推进会4次,协调会、联席会7次;各乡镇召开村庄清洁行动专题会议22场。

【村庄清洁行动】 2019年,县委农办严格落实村庄清洁行动春季、夏季、秋冬季战役,15个乡镇全面开展村庄清洁行动,划分卫生责任片区,整治私搭乱建,清除残垣断壁,发动各族群众在房前屋后、院落内外栽树种花,严格落实院内院外"六件事",全面开展农村人居环境整治行动。全年累计清除残垣断壁1894处,庭院整治6020场次,清运垃圾13.67万吨,清理沟渠380千米,清理淤泥1235吨,清理畜禽养殖粪污等农业生产废弃物1422吨。

【农村改厕】 2019年,县委农办在农村改厕工作中,按照"宜水则水、宜旱则旱"原则,主推简单实用、成本适中、群众接受的卫生旱厕,做到卫生旱厕"三防两有"[贮粪池防渗漏(砖砌或现浇并做防渗处理)、防臭、防蝇,有厕屋(有门有窗)、有照明],充分尊重农民群众的参与权、决策权和监督权,把选择权交给农民,自主选择改厕模式,激发农民群众改善自身生活条件的主动性。全年完成卫生厕所12618户。县农业农村局、卫健委、住建局、环保局和各乡镇组织干部到各县市、各乡镇观摩学习20多次,召开县级、乡级改厕推进会8次,群众改厕积极性明显提高。

【农村生活垃圾治理】 2019年,县委农办全面宣传农村生活垃圾分类工作,逐步实现家庭初分,清洁工再分,统一收集、统一转运、集中处理模式。积极推动38个村生活垃圾治理巩固提升工作和13个示范村垃圾分类工作,基本实现村村都有垃圾箱、乡镇都有垃圾清运车辆,7个非正规垃圾堆放点已全部整改销号。各乡(镇、场)均成立环卫队,全县环卫工人达1200多人。配备农村生活垃圾清运车辆24辆、垃圾箱1500个、垃圾桶545个,60个村生活垃圾得到有效治理,占全县村队的84.5%,农村生活垃圾处理率达60%,县城垃圾填埋场运转正常。

(陶新燕)

县农业综合开发办

【县农业综合开发办负责人】

主任:吴永刚(3月离任)

副主任:郭海勇(3月离任)

【农机概况】 2019年,全县农机局固定资产总值212326.58万元,农业机械总动力29.7万千瓦。其中大中型拖拉机5082台,小型拖拉机1040台。农机经营总收入22358.3万元,大中型农业机械配套比1∶2.5。机耕率100%,机播率100%,机收率96.8%,综合机械化水平98.9%。

【农机购置补贴】 2019年,全县落实农机购置补贴及深松作业补助资金650.67万元,其中落实中央农机购置补贴资金560.01万元,落实深松作业补助资金90.66万元。购置各类机具285台,完成农机深松面积0.2万公顷,农民和农业生产经营组织投入资金2726.46万元,受益农户231户。

【农机安全监理】 2019年,全县农机监理完成农机年检5638台,年检率96.3%,有效开展农机安全生产执法检查和隐患排查治理,检查农用车辆3500台次,处理违法违章现场整改104人次,处置农机车辆隐患38起。部门联合执法75次，出动执法车辆45车次，参加联合执法90人次。开展咨询活动10次，发放农机法规知识宣传单2800份，农机驾驶证到期换证1123个，新驾驶员考试发证247人，与农机手签订安全生产责任书4150份。有序开展大型工程机械设备检审验工作，完成大型工程机械检审验475台，上牌53台。

【农机化生产】 2019年，全县成功申报国家级全程机械化示范县，主要农作物水稻、小麦、玉米全程机械化水平分别达100%、100%、97.3%。确定在种羊场建立主要农作物(水稻)全程机械化示范区，完成水稻育秧面积16.67公顷，水稻生产机械化程度达100%，核心示范区种植面积1333.33公顷，全县辐射面积6666.67公顷。

【农机技术推广】 2019年，县农业农村局开展农田作业质量标准化示范区(田)建设，建立示范区1块，面积133.33公顷。建立畜禽机械化养殖示范场1个。胡杨老兵畜禽养殖合作社充分利用国家农机购置补贴政策，新购置畜禽养殖机械设备、饲料加工设备、无害化处理设备等24台(套)。建立牛(羊)机械化养殖示范户1个，即堆齐牛录乡鸿远畜牧有限公司，养殖规模100头牛。利用国家购置农机补贴政策，自筹资金80多万元，购置清粪机、投料机、TMR饲料搅拌机、饲草收获机械等先进养殖设备。积极引进推广新机具，促进农作物植保机械化水平，引进无人机12台。

【农机培训】 2019年，县农业农村局举办培训班113期，培训各类人员9441人次，发放资料8800份。其中培训农机管理人员158人次、农机技术人员(包括外出人员)238人次、农牧民4568人次、农机操作人员4477人次。

【法规宣传】 2019年，县农业农村局与交警开展联合执法，开展田检路查、农机市场监管检查，抓好安全生产工作，在全县范围内广泛开展农机普法宣传。本着“谁执法、谁普法”的要求，重点宣传《中华人民共和国农业机械化促进法》《中华人民共和国道路交通安全法》《农业机械安全监督管理条例》《新疆维吾尔自治区农业机械安全监督管理条例》《农业机械事故处理办法》《农业机械质量调查办法》《中华人民共和国安全生产法》等法律法规，受教育群众1.5万多人次。

(许尧)

县林业和草原局

【县林业和草原局负责人】

党组书记、副局长：方志忠(3月任职)

局长：陈超(3月离任)、加力哈森·陶吾巴尔地(哈萨克族，3月任职)

副局长：牛华山(3月任职)

党组成员、森林派出所所长：李成(6月任职)

林检局局长：韩宏文(锡伯族)

林管站站长：龚兴伟

伊犁河湿地公园管理站站长：牛华山(4月任职)

草原工作站站长：哈拉提别克·布力(哈萨克族)

草原监理站站长：艾尔克尼拜·玉素甫江(哈萨克族)

【内设机构】 2019年，县林业和草原局下设苗圃站、林管站、林检局、伊犁河湿地公园管理站、森林派出所5个站所，原园艺站、野生动植物保护管理办公室、绿化委员会办公室撤并至林管站，原次生林管护站、湿地管理站、齐格勒克大白鹭自然保护区撤并至伊犁河湿地公园管理站，划入草原工作站和草原监理站，有在职干部职工 57 人。2019 年 9 月,森林派出所 8 人转隶至县公安局。

【工作职能】 2019 年 3 月,根据县委、县人民政府印发的《关于〈察布查尔锡伯自治县机构改革方案〉的实施意见》组建县林业和草原局,不再保留县林业局。其职能为:负责林业和草原及其生态保护修复的组织管理,组织林业和草原生态保护修复及造林绿化工作,森林、草原、湿地资源管理,陆生野生动植物资源监督管理,组织管理各类自然保护地,推进林业和草原改革相关工作,落实综合防灾减灾规划相关要求,组织管理林业和草原自治县级资金和国有资产,负责林业和草原科技、教育工作。

【林草业概况】 2019 年,全县全面完成州直造林任务 2633.34 公顷(其中三北防护林建设 1866.67 公顷,营造林 533.33 公顷,新一轮退耕还林建设 166.67 公顷,高标准农田防护林建设 66.67 公顷),占全州年度 7200 公顷造林任务的 36.6%;完成人工种草 1733.33 公顷。

【湿地公园保护】 2019 年,县林业和草原局在湿地公益林区醒目位置增设宣传牌、警示牌和条幅等 60 余处;结合扫黑除恶专项斗争和违建别墅清查工作,清查公益林区违章建筑 55 处、湿地公园林区违章建筑 12 处,进一步整顿林区乱象。

【交通干线绿化】 2019 年秋季,全县围绕 7 条主要交通干线绿廊建设,基本形成南北交错、东西贯穿的林网大格局。提前完成 2020 年度造林地块落实 1733.33 公顷,高标准完成栽植 866.67 公顷,为高质量全面完成造林、提升生态林网建设打好基础。

【特色林果】 2019 年,全县打造州级示范园 1 个、县级示范园 6 个、特色林果示范乡 1 个,以示范园发展带动林果产品的发展;完成经济林栽植 1020 公顷,涉及苹果、树上干杏、西梅等主栽品种,配套建设小型冷库 4 座、烘干房 5 座。

【森林草原防火】 2019 年,县林业和草原局认真落实护林防火职责,加强湿地资源保护宣传力度,制作各类警示牌、宣传牌 32 张,安置于进出湿地的各交通要道口;在旅游旺季,组织专人定期沿景观大道巡护,严守林区用火规定,坚决制止游人在林区内野炊、烧烤等行为 5000 多人次。

【脱贫攻坚】 2019 年,县林业和草原局根据选聘办法制定生态护林员选聘细则,细化分配方案,以乡镇为单位,在全县建档立卡贫困户中按要求筛选 100 户为生态护林员,并签订管护协议,管护面积不低于 33.33 公顷,每人每年 1 万元,实现长期稳定脱贫。

【林业草原资源保护】 2019 年,县林业和草原局查处林业案件 16 起,查处非法开垦和擅自扩大占用草原面积刑事案件 1 起,办理三类矿山、沙石场和砖厂临时占用草原许可证 3 张,处理伊昭公路沿线草原上违规建立旅游点 11 处,排查草地疑似图斑 125 处,拆除违规建筑 31 处。

【有害生物防治】 2019 年,县林业和草原局全面开展监测预警、检疫预灾、防治减灾等工作,进行各类苗木产地检疫 69.98 万株,复检苗木 69.94 万株。按照“监测全面、预测准确、预报及时”的要求,实施监测面积 98579.53 公顷,发布预测预报 4 期。完成果园、林地喷施石硫合剂和树干涂白防治预防面积 2933.33 公顷、经济林鼠害防治预防面积 1333.33 公顷、食叶害虫防治面积200公顷、白蜡吉丁虫预防防治面积53.33公顷。持续开展草原生物灾害防治工作，采取化学防治和生物防治相结合的工作措施，发放草原治蝗鸡1600只，维护椋鸟巢3座和鹰墩鹰架1500个。

【野生动物保护】 2019年，县林业和草原局严格按照保护优先、和谐共处的原则开展野生动植物保护管理工作。为合法利用经营户主申办许可证，规范管理，定期核查；对各乡集贸市场、餐馆饭店不定期清理检查，对经营、加工利用陆生野生动物业主进行动态监控；广泛宣传国家及上级有关保护野生动物资源的政策、法律法规，做到合法经营，限量、限种、限期，严格按照国家十二部委联合发布的商业性经营加工利用的陆生野生动物进行规范管理，限制数量，限制品种，限制狩猎、食用季节，杜绝繁殖季节、越冬、迁徙季节的捕捉陆生野生动物的违法行为。

【林草业项目】 2019年，县林业和草原局争取到位项目资金5601.82万元，占伊犁州林草业项目总资金的20.1%，主要项目建设内容为人工造林1866.67公顷、高标准防护林100公顷、林分抚育2000公顷、退化林分修复1333.33公顷、营造林533.33公顷；争取林业贴息贷款59.7万元；实施林果专业合作社加工转化能力建设项目2个、护林防火隔离带建设项目1处、湿地保护与恢复建设项目1个、退牧还草6666.67公顷及毒害草治理1333.33公顷。

【中哈两国专家开展联合蝗虫调查】 2019年8月22日，哈萨克斯坦共和国农业部植物保护及植物检疫研究院研究员阿勒木库洛夫·达米尔一行在新疆维吾尔自治区治蝗办同志的陪同下，在县加尕斯台镇老努拉洪冬草场进行联合蝗虫调查。通过实地调查自治县春秋草场边境区域蝗虫的分布、种类、密度以及周边的生态，双方专家认为自治县通过招引草原蝗虫的天敌粉红椋鸟、建设椋鸟巢等措施来控制草原蝗虫的发生是科学之举，符合生物防控的机制，对保护草原生态意义极其重大。双方专家就蝗虫发生的规律、采取的生物防治措施进行深入交流。通过联合调查、开展技术交流，有效预测边境蝗虫的扩散和迁飞出入境危害，联查联防的优越性进一步显现。

（李毅晓）

县气象局

【县气象局负责人】

党支部书记、局长：伊胜

【基本情况】 1959年10月1日，县气象局成立，站址地处察布查尔县城南郊，海拔高度为602.6米。曾先后更名为察布查尔县中心气象服务站、察布查尔县气象站等。1991年7月起更名为察布查尔锡伯自治县气象局（以下简称县气象局），属国家一般气象站。主要承担地面气象观测业务、预报预测、科技服务、公共气象服务和区域自动站数据监测与维护等内容，完成地方人民政府安排的各项工作和考核任务等。随着气象工作的拓宽，又承担人工影响局部天气、防灾减灾、作物气候品质认证等工作。自1959年建站起经1980年、1987年、2001年、2005年主要时间节点的台站基础设施综合改善，气象局站址不断扩建，功能不断改善。2016年9月，县气象局防灾减灾预警中心于县城南新区行政办公区正式投入使用。

【内设机构】 2019年，县气象局内设综合管理科、防灾减灾科、县气象台。有在职干部职工6人,其中锡伯族1人,汉族3人,回族2人;高级职称1人,中级职称2人;大专及以上学历4人。

【气候概况】 2019年,全县年平均气温11℃,较常年偏高1.9℃;年降水量248.8毫米,较常年偏多13.7毫米。(见表4)开春期偏早,终霜期偏早,初霜期略偏晚,入冬期略偏早。出现稳定积雪的时间较常年偏早,积雪深度偏薄。稳定≥10℃、≥15℃积温多于常年,气象条件总体对大部地区粮棉作物、牧草及多数特色林果的生长较为有利。

【气候特点】 2019年,全县年降水量248.8毫米,较常年偏多13.7毫米。极端最高气温为39.1℃,出现在8月13日;极端最低气温为−18℃,出现在1月7日。日照时数为2651小时。最大雪深为37厘米,最大冻土深度为35厘米,无霜期为284天。

开春期:3月1日开春,比历年同期偏早3天。终霜期(最低气温≤0℃的终日):3月22日终霜,偏早24天。初霜期(最低气温≤0℃的初日):10月24日初霜,偏晚12天。入冬期:11月22日入冬,偏早4天。

【气象灾害】 年内重大灾害性天气气候事件总体中度发生。年内出现的主要气象灾害有大风、暴雨洪涝、寒潮、冰雹等,给农牧业及林果业生产、交通运输、人民生命及财产安全等造成危害。

3月30日白天出现大风天气,都拉塔口岸极大风速达18米每秒。大风天气影响了春耕春播。5月共出现7级阵风6次、8级阵风1次。山区乡镇出现8级以上阵风7次,但未造成灾害。8月16日夜间至17日夜间,出现大到暴雨天气,局部出现暴雨。全县有10个站出现暴雨。降水期间,降温幅度达3—4℃,16日县城最低气温达11.6℃,18日最低气温达8.4℃(出现在克其克博拉村)。9月6日出现大风,瞬时风力8—9级。9月29—30日出现大雨,对秋收秋种有不利影响。

6月2—9日出现降水,其间多次出现短时强降水、冰雹、雷暴大风等强对流天气,南部山区白石峰站累积降水量达到70.8毫米。6月8日夜间,县域大部出现小到中雨,各乡镇同时出现最大风力为11级的偏西阵风,平均风力6—7级。长时间降水影响水稻返青生长及化学除草作业。8月35℃以上高温天气主要集中在8月上中旬,有13天高温天气,其中8天高温持续在37℃以上。

【气象服务】 2019年初,县气象局详细周密安排部署气象服务工作,依照气象灾害、突发事件等应急预案、气象服务方案流程开展具体工作。成立以局长任组长的防灾减灾气象应急领导小组,成员为综合业务与办公人员,分工明确,责任到人。对24座区域站巡视检查与故障排查超60次;完成基层气象防灾减灾数据收集整理工作、区域自动气象站一起送检工作、装备信息动态扫码入库工作,启动气象灾害Ⅳ级应急响应命令1次,召开多部门联合会商2次,制作天气类资讯10多篇;努力打造自治县特色农产品、生态有机稻米的气候品质论证,开展察布查尔万亩薰衣草园气象监测建站工作;为本县5月西迁节、6月全国普通高考考点做好精细化天气预报及预警信息服务保障工作;开展气象应急演练4次。此外,单位积极在世界气象日、全国防灾减灾日、全民国家安全教育日、气象科技活动周气象科普“四进”活动等重大节日活动中在县广场、乡村街头等做好气象服务与气象科普宣传工作,邀请本县中小学生、团县委大学生志愿者等前来参观学习、考察;每日定时在县电视频道播放气象节目2档;每日更新气象官方微信公众号、县政府网站后台气象服务信息，通过网络媒介惠及大众百姓。

【荣誉称号】 2019 年，县气象局获自治区级精神文明单位、科普教育基地、卫生红旗单位称号，获得自治州级绿化合格单位、花园式单位称号，被评为自治州级民族团结进步模范单位。

表 4 2019 年察布查尔县本站气象要素统计表

要素＼月份	1 月	2 月	3 月	4 月	5 月	6 月	7 月	8 月	9 月	10 月	11 月	12 月
平均气温(℃)	−5.6	−5.2	7.9	15.6	18.4	22.7	26.7	24.2	18.5	11.3	1.4	−4.4
极端最高气温(℃)	8.0	7.7	24.1	31.4	33.9	36.6	38.5	39.1	34.8	26.2	21.5	8.2
极端最低气温(℃)	−18.0	−16.8	−6.2	3.3	6.2	13.2	16.2	8.4	6.0	−0.4	−11.0	−16.6
降水量(mm)	12.6	25.8	2.9	27.9	12.2	51.3	7.9	22.6	29.3	8.4	21.1	26.8

（夏木拉提·依不拉因、张晓蕾）

工 业

综 述

【县商务和工业信息化局负责人】

党组书记：秦际刚

局长：郭建荣（女）

副局长：秦际刚、吴志伟（锡伯族，3月任职）、潘龙（3月离任）

【概况】 1999年4月8日，察布查尔县人民政府办公室批转原经贸委、商业局、经委、体改委、二轻局、经协办6个部门合并为经贸委。2002年12月4日，单位名称为察布查尔锡伯自治县经济贸易局。2011年1月至2017年12月，经贸局、招商局、工业园区合署办公。2012年11月29日，单位名称为商务和经济信息化委员会。2017年12月4日，商务和经济信息化委员会办公地址迁于国有投资发展集团公司大楼（塔七库街二巷）。根据《关于〈察布查尔锡伯自治县机构改革方案〉的实施意见》通知文件精神，招商局与商务和经济信息化委员会合并，挂牌成立察布查尔县锡伯自治县商务和工业信息化局。

【内设机构】 2019年，县商务和工业信息化局内设综合办公室、企业科、商务科和招商科，有行政编制9人，下属园区外规模以上企业18家。

【经济运行】 2019年，全县完成规模以上工业企业工业总产值9.82亿元，同比上涨51.2%；完成工业增加值3.31亿元，同比增长54.5%。年内"企升规"完成湘伊水泥、疆粮恒丰、汇泰隆、科海4家企业。

【商贸流通】 2019年，全县外贸进出口总额完成3904.65万美元（其中进口额432.8万美元，出口额3471.85万美元），完成目标（1680万美元）的232.42%。

【招商引资】 2019年，全县执行招商引资项目39个，到位资金16.5亿元，较上年同期下降0.26%。

【县规模以上企业简介】

新疆天佳粮油有限责任公司 2002年8月注册成立，为民营企业，厂区占地面积3.5公顷，注册资本2000万元，资产总额4632万元，年加工面粉生产能力10万吨。公司主营面粉、饲料及食品加工销售，为自治区农业产业化重点龙头企业。公司始终坚持以为客商创造利益、为员工创造前途、为农民创造平台、为股东创造价值、为百姓创造绿色的发展宗旨，并以其先进的设备和高标准的质量管埋，使产品先后获得"放心面""消费者信得过产品""新疆名牌""新疆农业名牌""伊犁知名商标"等荣誉称号。

察布查尔县友谊木业发展有限公司 2003年6月注册成立，位于纳达齐牛录乡纳达齐牛录村牧业队沙尔巴克东路3号，注册资金150万元，是木材精加工企业，生产的主要产品为建筑模板，产品的主要原料为杨木、杂木，由本地购进。

伊犁域珠农业科技有限公司 2006年6月成立，注册资本302万元，是昌吉州粮油购销集团下属的全资子公司，也是伊犁州大米加工重点龙头企业，总资产2000多万元。占地面积4.66公顷，年加工水稻能力4.5万吨，有正式从业人员20人。建有国内工艺水平领先的精米生产线，依靠稻谷产业协会的支持，专门从事农业示范基地建设、水稻良种繁育推广、大米精深加工及销售。

新疆金龙水泥有限责任公司　2006年7月成立，为民营股份制企业，拥有1600t/d和4000t/d两条新型干法水泥生产线，分别位于县纳达齐牛录乡和伊南工业园区，总投资10.8亿元。企业年水泥产能200万吨，占地面积47.33公顷。公司的主导产品“旋龙”牌水泥质量稳定，合格率100%，使用的主要原材料是石灰石、火山灰、燃煤及石膏等。

伊犁志成兴型材有限公司　2009年2月成立，为民营企业，2011年7月搬迁至察布查尔县伊南工业园。公司注册资金1000万元，资产总额4397万元，占地面积2公顷，生产车间4300平方米，研发综合楼1537平方米，有员工80余人。主要产品为PVC白色(彩色)异型材、铝塑复合型材、塑料板材、给排水管材，年产1万吨异型材，是一家集塑料管道研发、生产、销售和安装为一体的建材企业。

伊犁天山水泥有限责任公司　公司成立于2010年7月，是新疆天山水泥股份有限公司下属企业，在县境内建设4500t/d熟料新型水泥生产线。项目于2010年9月9日奠基，2011年10月18日顺利投料生产，总投资7.5亿元。年产水泥熟料150万吨，年产水泥180万吨以上。

伊犁阜商建材有限公司　坐落于县双创产业园，2010年11月登记注册，为民营企业，2011年5月建成投产。主要产品为商品混凝土，主要有两条180生产线，年生产商品混凝土能力80万立方米，职工人数60—70人。

察布查尔锡伯自治县金龙商砼有限公司　民营企业，2011年9月成立，注册资本为1200万元，资产总额为2500万元，主要产品为商品混凝土，现有120和180两条生产线。

新疆巴口香食品有限公司　公司于2012年3月注册，并在察布查尔建厂，年加工能力为1000吨牛肉干，主要经营肉食品加工和生产。

察布查尔锡伯自治县绿色田园有限责任公司　2012年6月注册成立，为民营企业，占地10公顷，注册资金2200万元。公司是一家经国家有关部委批准许可生产、加工和销售进出口食品的民营企业，是州级农业产业化龙头企业，主要经营榛子、食用菌、豆制品、粉皮等食品生产加工和进出口贸易。经营范围主要为农副产品收购、生产、加工、销售，货物与技术的进出口业务，边境小额贸易等。

新疆正隆电器设备有限公司　2013年5月成立，注册资金1亿元，位于县双创产业园，主要产品有太阳能路灯、高低压配电柜、电缆桥架。

伊犁天山混凝土有限责任公司　2013年12月成立，位于县扎库齐牛录乡寨牛录村，是新疆天山筑友混凝土有限责任公司全资子公司。公司注册资金1650万元，总资产1亿元，具有预拌商品混凝土专业资质，历年年产商品混凝土145万立方米以上，从业人员109人。

察布查尔县华光发电有限公司　2014年3月注册成立，民营企业，主要从事太阳能发电上网业务。本项目由20个1MWp光伏发电分系统组成，电池组件选择245Wp多晶硅电池组件，均采用最佳倾角为固定安装方式。根据组件逐年衰减情况，计算出本工程发电系统25年的总发电量约为64958万千瓦时，年平均发电量约为2598万千瓦时，年等效利用小时数为1287小时。

察布查尔绿翔热力有限公司　公司成立于2015年1月，占地0.67公顷，注册资本200万元，属于自然人投资，主营集中供暖。

察布查尔锡伯自治县科陆电子科技有限公司　2015年4月成立，为民营企业，注册资本500万元。2015年9月20日开工建设，站内总计30个1MW发电单元,设计产能最大电量可达30MW。

新疆锡源鑫业钢塔制造有限公司 2015年7月成立,注册资金1.2亿元,是集电力通信塔、光伏支架、钢构镀锌、喷涂为一体的制造加工企业,年产各类铁塔3600基、照明灯杆5万根,钢构件镀锌加工35万吨。能够满足西北地区机械加工行业的镀锌加工需求,对新疆的通信工程、交通工程、制造业有极其重大的带动作用,广泛用于电力网、通信网、高速护栏、城市及乡村亮化工程。

察布查尔锡伯自治县阿克米服饰有限公司 位于县双创产业园,2015年11月成立,为民营企业,注册资本1200万元,主要开发设计生产水洗男女式皮衣、棉衣、夹克、裤子。

新疆贤真服饰有限公司 2018年5月注册成立,位于县双创产业园,是由自然人投资的股份有限责任公司,注册资金3600万元,经营范围涉及皮手套、毛呢手套、纺织品、针织品及原料、皮革制品,服装批发、零售,货物进出口贸易。

新疆创锦福云食品有限公司 2018年6月注册成立,位于县固尔扎路73号,注册资金3000万元。项目总建筑面积27663平方米,其中标准化生产车间22000平方米。生产的主要产品有冷鲜牛肉产品、冷冻牛肉产品、速冻调制牛肉产品。由察布查尔县自繁养殖场地购进,产品的主要原料为牛肉。(见表5)

表5 2019年度察布查尔县规模以上企业基本情况一览表

序号	企业名称	企业法人代表	注册资本(万元)	注册时间	工业增加值(万元)	工业总产值(万元)
1	新疆天佳粮油有限责任公司	黄艳婷	2000	2002.08	345.9	5952.9
2	察布查尔县友谊木业发展有限公司	彭贵林	150	2003.06	1636.2	6091.5
3	伊犁域珠农业科技有限公司	张世虎	302	2006.06	61.3	1200.5
4	新疆金龙水泥有限责任公司	陈志连	15000	2006.07	5966.8	15941.0
5	伊犁志成兴型材有限公司	刘贵成	1000	2009.02	436.1	3128.3
6	伊犁天山水泥有限责任公司	徐克瑞	24850	2010.07	7178.9	18616.8
7	伊犁阜商建材有限公司	李成宽	2830	2010.11	1180.6	5869.1
8	察布查尔锡伯自治县金龙商砼有限公司	袁超	2500	2011.09	640.5	2768.1
9	新疆巴口香食品有限公司	邹劲松	1000	2012.03	130.4	936.4
10	察布查尔锡伯自治县绿色田园有限责任公司	李芳	2200	2012.06	1093.9	5727.2
11	新疆正隆电器设备有限公司	尹小兵	10000	2013.05	47.7	207.5
12	伊犁天山混凝土有限责任公司	张开进	1650	2013.12	603.9	2609.6
13	察布查尔县华光发电有限公司	马俊华	3600	2014.03	1677.3	2564.5
14	察布查尔绿翔热力有限公司	彭建	200	2015.01	491.8	1317.7
15	察布查尔锡伯自治县科陆电子科技有限公司	侯永清	500	2015.04	1776.5	2439.9
16	新疆锡源鑫业钢塔制造有限公司	郭振清	12000	2015.07	100.9	643.4
17	察布查尔锡伯自治县阿克米服饰有限公司	周永波	1200	2015.11	273.1	1230.3
18	新疆贤真服饰有限公司	于卓楷	3600	2018.05	1331.5	5997.8
19	新疆创锦福云食品有限公司	李蓉	3000	2018.06	1107.0	7946.6

(阿依古丽·斯德克别克)

伊南工业园区

【伊南工业园区负责人】

党工委书记：秦际刚（10 月任职）

党工委副书记、主任：汪东海（9 月离任）

党工委专职副书记：李济忠（3 月离任）

管委会副主任：潘虎（3 月任职）

挂职副主任：曾萍（女）

规划建设局局长：董训涛（3 月离任）、王贤兵（4 月任职）

人力资源局局长：多斯江·居马汗（哈萨克族，6 月离任）、新·巴依尔（女，蒙古族，6 月任职）

经济发展局局长：贺黎明（6 月任职）

党政办主任：余正磊

安全生产局局长：苏光（锡伯族）

【园区概况】　2012 年 2 月，伊南工业园区获自治区人民政府批准，并与伊犁州直其他县市园区共同构成伊犁州八大工业园区发展格局。伊南工业园区按照“一园多区”的方式，分别建成伊南工业园、伊泰伊犁工业园、双创产业园，基本实现“七通一平”，为产业集聚发展创造了良好的条件。截至 2019 年底，有实体企业 88 家，其中规上企业 10 家。

【内设机构】　2019 年，伊南工业园区管委会下设党政办公室和业务局（即规划建设环保局、经济社会发展局、人力资源和就业促进局、安全生产监督管理局）。

【重大项目】　2019 年，伊南工业园区重大项目开工情况如表 6 所示。

【重大事项】　2019 年 7 月，伊犁同音环保工程有限公司计划投资 300 万元，计划 2020 年投产；察布查尔县鑫宏顺塑料制品有限公司计划投资 3000 万元，计划 2020 年投产；察布查尔县瑞新食品有限公司计划投资 500 万元，计划 2020 年投产；伊犁诚鼎有限责任公司计划投资 2800 万元，2019 年 6 月投产；伊犁朗元农机制造有限公司投资 3000 万元，2019 年 7 月投产；新疆春顺家纺有限公司投资 3000 万元，计划 2020 年投产；伊犁广谦生物有限公司投资 1500 万元，2019 年 9 月投产；伊犁众鑫能源有限公司投资 2800 万元，计划 2020 年投产；察布查尔县益田节水滴灌带厂投资 2000 万元，计划 2020 年投产；伊犁弘润塑料制品有限公司投资 4000 万元，计划 2020 年投产；察布查尔县吕功滴灌塑料制品厂投资 2000 万元，计划 2020 年投产；伊犁正轩新型建材有限公司投资 5000 万元，计划 2020 年投产。

表 6　伊南工业园区重大项目开工情况

项目名称	项目建设所在地	开工时间	建设内容及规模	计划总投资（万元）
伊南工业园区纺织服装产业园污水处理厂排水管网建设项目	双创产业园	2019 年	铺设排水管网 16.5 千米，管径采用400—500 毫米；配套相关附属设施	1300
察布查尔县纺织服装产业园供热管网项目	双创产业园	2019 年	新建供热管网 6568 米	450
伊南工业园区道路绿化项目	双创产业园	2019 年		260

（苏光）

电　力

【国网新疆电力有限公司察布查尔县供电公司负责人】

经理:姚建东

副经理:高安龙(12 月任职)、刘兵(6 月任职)、王哲(9 月任职)、张天坤(9 月离任)

【基本情况】 1990 年 5 月 3 日,伊犁哈萨克自治州人民政府批复成立伊犁州电力工业局察布查尔县供电局。1999 年 7 月,更名为新疆伊犁电力有限责任公司察布查尔供电公司。2013 年 8 月,变更为国网新疆察布查尔县供电公司。2014 年 8 月,变更为国网新疆电力公司察布查尔县供电公司。2017 年 11 月完成企业改制,更名为国网新疆电力有限公司察布查尔县供电公司(以下简称县供电公司)。

【内设机构】 2019 年,县供电公司有 6 个部门(分别为配电营销管理部、发展建设部、安全监察部、党建工作部、综合管理部、财务资产部)、10 个供电所(奶牛场供电所、六十九团供电所、扎库齐牛录乡供电所、坎乡供电所、琼博拉镇供电所、托布中心供电所、六十七团供电所、城区供电所、都拉塔口岸供电所、加尕斯台乡供电所)、4 个专业班组(高压供电服务班、营业班、配电运检班、物资供应班),有长期职工 89 人(其中内退 3 人)、直签员工 60 人、劳务派遣员工 35 人。

【业务概况】 2019 年,县供电公司承担着全县 15 个乡(镇、场)及兵团农四师六十七团、六十九团的供电任务,供电面积 4472 平方千米。年度售电量 7.15 亿千瓦时。供电区域内有变电站 35 座,其中 220 千伏变电站 1 座,110 千伏变电站 10 座,35 千伏变电站 24 座。220 千伏输电线路 2 条,总长 65.18 千米;110 千伏线路 12 条,总长 126.84 千米;35 千伏线路 21 条,总长 284.62 千米;10 千伏线路 79 条(其中用户线路 9 条),总长 1420.07 千米。辖区内有配电变压器 2111 台,总容量 488.55 兆伏安,其中公用配电变压器 621 台,容量 112.83 兆伏安,实现长周期安全生产 5479 天。

【荣誉称号】 2019 年,县供电公司获伊犁州民族团结模范示范企业称号。琼博拉镇供电所通过国网公司“五星级供电所”验收,并获新疆电力有限公司 2019 年“工人先锋号”。

(王慧)

交通运输·信息业

公路管理

【县交通运输局负责人】

党组书记、副局长:吴文泉(锡伯族,3月任职)

局长:薛凯华(3月任职)

副局长:关殿栋(锡伯族,6月任职)

【内设机构】 2019年,县交通运输局内设办公室、农村公路建设管理科、综合执法大队。有在职干部职工12人。

【公路建设基本情况】 2019年,县境内以313线、237线、762线、714线、715线、716线、717线、718线、719线等省道、县乡干线公路为县域公路网主骨架。

全县境内有省道313线(伊宁市—都拉塔口岸)、237线(伊宁市—昭苏县),专线公路762线(察布查尔县—洪海沟边防连),总里程223千米。全县农村公路总里程为1315.245千米,其中县道9条共198.107千米(其中X714线24.598千米,起点位于奶牛场二道桥,终点位于阔洪奇乡加油站;X715线55.712千米,起点位于纳达齐牛录乡,终点位于坎乡伊犁河喀拉达木大桥;X716线23.906千米,起点位于海努克乡,终点位于加尕斯台镇;X717线23.662千米,起点位于加尕斯台镇,终点位于琼博拉镇;X718线9.17千米,起点位于察布查尔县邮政局,终点位于伊犁河景观大道;X719线9.957千米,起点位于S313线K15+400休闲公园处,终点位于孙扎齐牛录镇;X720线6.88千米,起点位于奶牛场,终点位于扎库齐牛录乡寨牛录村;X721线13.402千米,起点位于奶牛场一连,终点位于奶牛场六连;X762线30.82千米,起点位于坎乡,终点位于加尕斯台镇),乡道566.826千米,村道517.026千米,专用道路2条33.286千米(其中Z776线17.578千米,起点位于坎乡,终点位于阿勒玛勒沟;Z777线15.708千米,起点位于琼博拉镇,终点位于森林公园)。

全县农村公路分类如下:三级公路186.26千米,占总里程的14%;四级公路1030.128千米,占总里程的78%;等外公路98.857千米,占总里程的8%。其中沥青路面1120.72千米,沙砾路面95.67千米,原始路面98.86千米。全县67个行政村中,通油路的有67个,行政村通油率100%。

【重点工程】 2019年,县交通运输局加快推进G219线都拉塔口岸至昭苏县公路建设项目。项目分为两段:第一段红海沟段,路线全长60.3千米(不含隧道);第二段昭苏西绕城段,路线全长8.84千米。项目路线全长69.14千米,道路等级二级,计划投资7.78亿元,2020年10月底完工。

【农村公路建设】 2019年,县交通运输局完成2018年X718线附属工程。项目地处绰霍尔镇,全长2.7千米,投资1043.03万元。新建该路段两侧绿化带4482.5米及配套路缘石、给水管网;铺设道路两侧人行道4.89千米,对现有电网迁移,安装两侧路灯,新建公交站台等。完成Z766线K33+380—K34+664段道路加宽工程项目,项目建设地点为Z766线(爱新色里镇—六十七团),建设规模:道路两侧加宽2.5米,新建绿化带及配套灌溉管线、照明设施,铺设两侧人行道。设计总里程1.803千米,其中主线长1.28千米,人行道0.523千米,投资445.37万元。实施S237线K15+100—

雀尔盘村—锡伯古城公路建设项目,项目总里程为5.377千米,四级公路,计划投资1097.65万元,2020年6月底完工。实施县生态扶贫林-平原林场(米粮泉回族民族乡阿顿巴村康养小镇旅游公路)建设项目,总里程为11.53千米,四级旅游公路,计划投资2090.21万元,2020年6月底完工。完成坎乡牧民定居点—恰尔巴哈特牧场道路建设项目,工程总造价661.5万元,修建17.95千米沙砾路。实施X717线沙砾路工程,总投资606万元,实施14千米沙砾路及涵洞构筑物。实施完成2018年“访惠聚”项目,涉及12个行政村,总造价540万元,总里程23.5千米。

【农村公路养护】 2019年,县交通运输局完成县道、乡村道路及县城道路的养护,完成路面修补4万平方米,完成投资376.67万元。

【执法管理】 2019年,县交通运输局内设综合执法大队,专司交通运输行政执法工作。持续整治县域内货物超限运输行为,上路巡查137天,出动执法人员304人次,巡查里程7900千米,查出超限车辆87台次,卸载货物劝导21人次,清理乱堆乱放17处,清理非公路标志标牌12个,查处违法案件68起(其中货物运输违法案件64起,涉路违法案件4起),上缴罚没款225000元。围绕客运市场规范管理,出勤120次,出动执法人员340人次。重点检查站外揽客、非法营运、乱收费等扰乱市场违法行为。查处客运违规经营车辆63辆次。受理各类投诉62起,并根据相关规定对营运车辆及司乘人员进行处理。对县域主要公路进行不间断巡查,并在大雪天气增加巡查人员疏导交通,乡、村道路由道路所在乡村及时组织人员除雪除冰,确保道路安全有序。出动巡查人员52人次,出动机械112台次,撒播融雪剂42吨除冰雪,保证县域道路安全畅通。

【506路公交车终点延伸至火车站】 2019年12月7日起,县506路公交车终点延伸至伊宁火车站。506路公交车从孙扎齐牛录镇(锡伯古城)始发,途经县人民医院、察布查尔县客运站、伊犁州中医院、伊宁市第三中学等中心区域,沿上海城行车至北环路最终到达伊宁火车站。全程共设15个站点,实行5元一票制,该线路配备16辆40座的新能源客车,发车间隔缩短至15—20分钟,方便和服务各族群众。

【客运市场基本情况】 2019年,全县有客运服务中心1个,属三级客运站。有乡镇客运站7个,即坎乡客运站、琼博拉镇客运站、爱新色里镇客运站、海努克乡客运站、阔洪奇乡客运站、加尕斯台镇客运站、米粮泉回族民族乡客运站。有客运企业4个,即察布查尔锡伯自治县通惠公共交通有限责任公司、察布查尔锡伯自治县箭乡商贸物流有限责任公司、伊犁神州运输有限公司察布查尔县分公司、新疆伊犁意林旅游运输有限责任公司察布查尔县分公司。有客运营运车辆674辆,其中城市公交线路2条18辆车,城际城乡公交线路8条48辆车,城市出租车251辆,县城至各乡镇、各团场及乡村班线341辆。全县客运从业人员有900多人。

【公交运营情况】 2019年,自治县以建设科学便捷的城乡一体化公共交通为目标,按照构建和谐社会、统筹城乡发展的总体要求,启动城乡公交一体化建设,开通城区至乡镇、乡镇至行政村、村到村之间的公交运营网络。目前拥有城际城乡公交车辆48辆、城区公交车辆18辆。

(1) 城际班线

① 绰霍尔镇至伊宁市班线(206路),共投放18辆公交运力,线路全长32千米。主要途经站点:绰霍尔镇、察布查尔镇、县客运站、纳

达齐牛录乡、清泉村、扎库齐牛录乡、寨牛录村、伊宁市二道桥、呼勒佳市场、伊宁市城东客运站。发车班次为每日往返68个班次，班次间隔20分钟。

(2) 城乡班线

① 良繁场至爱新色里镇班线(1路)，共投放20辆运力，线路全长35千米。主要途经站点：良繁场、纳达齐牛录乡、县交警队、县客运站、县邮电局、县人民医院、菜市场、孙扎齐牛录镇、六十八团、种羊场、堆齐牛录乡、爱新色里镇。发车班次为每日往返80个班次，班次间隔10—15分钟。

② 阔洪奇乡至察布查尔镇班线(402路)，共投放2辆40座公交车，线路全长35千米。主要途经站点：阔洪奇乡、六十九团、米粮泉回族民族乡、二电厂、二道桥、察布查尔镇。发车班次为每日往返8个班次，定时定点发班。

③ 海努克乡至察布查尔镇班线(301路)，共投放2辆25座公交车，线路全长28千米。主要途经站点：海努克乡、寨牛录村、二道桥、平原林场、察布查尔镇。发车班次为每日往返8个班次，定时定点发班。

④ 坎乡至察布查尔镇班线(302路)，共投放1辆40座公交车，线路全长52千米。主要途经站点：坎乡、坎乡三大队、六十九团、米粮泉回族民族乡、二道桥、平原林场、察布查尔镇。发车班次为每日往返4个班次，定时定点发班。

⑤ 乌宗布拉克农村社区至察布查尔镇班线(3路)，共投放1辆40座公交车，线路全长8千米。主要途经站点：县人民医院、安定村、乌宗布拉克农村社区。发车班次为每日往返4个班次，定时定点发班，平均每小时1班。

⑥ 琼博拉镇至察布查尔镇班线(602路)，共投放2辆40座公交车，线路全长41.9千米。主要途经站点：县人民医院、安定村、乌宗布拉克农村社区、琼博拉镇。发车班次为每日往返4个班次，定时定点发班，平均每小时1班。

⑦ 加尕斯台镇至绰霍尔镇班线(6路)，共投放2辆38座公交车，线路全长45千米。主要途经站点：加尕斯台镇、努拉洪布拉克村、天山水泥厂、戒毒所、双创园、烟草基地、清泉十字路口、纳达齐牛录乡十字路口、绰霍尔镇。发车班次为每日往返3个班次，定时定点发班。

(3) 城区公交线路

① 城区公交线路(101路)，共投入8辆29座公交车，起讫点均为县妇幼保健站，发车形式为双向环绕式发班，覆盖老城区和新城区，循环运行。每日发车班次为120个班次，发车间隔10分钟。

② 孙扎齐牛录镇至伊宁市火车站公交班线(506路)，共投放10辆公交运力，线路全长30千米。主要途经站点：孙扎齐牛录镇、察布查尔镇、县客运站、绿岛小区、纳达齐牛录乡路口、龙沟村、伊犁河二桥、伊宁市木材厂、开发区新茂业、伊犁州妇幼保健院(北京路)、上海城、伊宁市火车站。发车班次为每日往返54个班次，班次间隔20—30分钟。

【客运企业简介】

(1) 察布查尔锡伯自治县通惠公共交通有限责任公司

公司成立于2012年初，注册资金50万元，由神州公司、广通公司入股共同组建成立。公司经营范围：县际班车客运、县内班车客运、城市公交客运。自成立以来，由国投公司出资300万元购置10辆宇通大型客车：6辆投放到506路线，即孙扎齐牛录镇至伊宁市班线(公交化运行)；2辆投放到阔洪奇乡至察布查尔镇班线；2辆投放到绰霍尔镇龙沟村至察布查尔镇安定村。2015年6月，由县财政出资150万元购置12辆城区101路公交车辆。

2016年，通过政府协调，由神州公司出资整合收购县境内公交运营车辆，连同班线经营权一并过户到通惠公司经营，以此来提升通惠公司车辆数和座位数的标准，达到县际班线许可要求(自有营业车辆 50 辆车、1500 个座位数，中高级车辆 20 辆以上)，公司运行按照自负盈亏、独立核算的分配原则。

2018 年 12 月，通惠公司自行出资购置 4 辆新能源电动车辆，投放到孙扎齐牛录镇至伊宁市班线运行。通惠公司有营运车辆 68 辆，其中：26 辆属通惠公司自有车辆[孙扎齐牛录镇至伊宁市班线 10 辆(506 路)，龙沟村至安定村 1 辆(3 路)，坎乡至察布查尔镇 1 辆(302 路)，阔洪奇乡至察布查尔镇 2 辆(402 路)，城区公交 12 辆(101 路)]，42 辆属神州公司购置[良繁场至伊宁市班线 20 辆(1 路)，绰霍尔镇至伊宁市班线 18 辆(206 路)，海努克乡至察布查尔镇 2 辆(301 路)，加尕斯台镇至察布查尔镇 2 辆(6 路)]。公司营运性质为公车公营，公交化模式，主要收入来源为 26 辆公交车辆营业收入以及国家发放的运营补贴，由于公交属于公益性事业，运行至今，公司累计欠款 395 万元。同时，通惠公司在城乡一体化发展与城乡公交网络全覆盖推动工作方面起到奠定作用，较好地凸显了社会效益。

(2) 察布查尔锡伯自治县箭乡商贸物流有限责任公司

2017 年 10 月，察布查尔县粮贸运输有限责任公司因经营需要更名至今，注册资金 100 万元。公司有营运车辆 424 辆，其中县内出租客运 251 辆，县内班线客运 173 辆，线路 47 条，有员工 450 多人。公司以“诚信为本、客户至上、安全快捷”为宗旨，充分为客户着想。公司被伊犁州道路运输管理局评为“州直道路运输行业文明经营企业”“伊犁州客运企业质量信誉 AAA 级”“先进单位”“伊犁州直道路运输行业民族团结先进集体”，被州党委统战部、经贸委、人事局、工商局、工商联授予“优秀中国特色社会主义事业建设者”称号，被中共伊犁哈萨克自治州统战部、伊犁民族团结创建领导小组办公室授予非公有制经济企业“民族团结进步模范企业”称号，被县人民政府授予“平安企业”称号，被县委评为“先进基层党组织”，被县新兴党工委授予“先进党组织”“县党建示范点”等荣誉称号，被县工业联合会评为“抗震救灾先进单位”。

(何超)

道路运输

【县道路运输管理局负责人】

党组负责人：冯卫东(满族)

行政负责人：朱力

副局长、执法大队副大队长：王柱全

【内设机构】 2019 年，察布查尔县道路运输管理局(以下简称县运管局)人员编制 9 人，领导职数 3 个，有干部职工 15 人，其中党员 3 人，由汉族、满族、锡伯族、维吾尔族、哈萨克族 5 个民族构成。

【营运概况】 2019 年，全县有三级客运站 1 个、客运企业 4 家。有营运客车 421 辆 3399 座，其中大型客车 61 辆，中型客车 2 辆，小型客车 358 辆。开通客运班线 105 条，其中县际班线 2 条(县际营运客运车辆 10 辆 400 座)，县内班线 103 条(县内营运客车 411 辆 2999 座)，每条班线通车率 100%。货运经营业户 94 家，其中个体车辆 68 家，企业 26 家。有货运车辆 966 辆，其中个体车辆 68 辆；二、三级维修企业 75 户；驾校 4 家(北方、远程、润胜、永安)。

【安全生产】 2019 年，县运管局加强道路运输企业隐患排查，不定期在客运中心抽查车辆

安全状况，对隐患排查不细致的车辆及企业顶格处罚。加强动态监控，全县客运车辆全部交由第三方监控，做到监控无死角。对于发现私自破坏卫星定位装置以及恶意人为干扰、屏蔽卫星定位信号的，进行严肃处理。加强驾驶员安全教育，督促企业利用各种信息平台，时刻提醒从业人员安全至上，利用天气预报的发布来提前预判安全隐患的发生，结合县气象部门发布的信息对各公司提前做好安排部署。加强应急处理能力，组织道路运输企业开展维护道路运输行业安全稳定应急演练，进一步强化企业应急处理能力。通过与县公安局、交通局、安监局、公路管理局等单位协调联动开展安全生产检查，开展联合检查5次，单位开展安全生产检查90次，下发整改通知书70份，整改68次，停业整顿2家（远程驾校、北方驾校）。

【客运市场监管】 2019年，全县新增客运车辆20辆，新增维修7户（二类1户，三类6户），客运车辆更新50辆。乡（镇、场）、行政村（连队）通车率100%。结合实际工作情况，将单位内外勤分为3个班，由3个领队各带1组，始终保证周末有相应数量的人员开展市场监管工作。对2019年从事农村客运车辆燃油补贴进行审核，纠正错误，保质保量完成上报工作。

【行政执法】 2019年，县运管局强化执法人员的知识学习，增强执法技能及服务水平，加强专业术语及文明用语，在实际执法过程中落实转变工作作风和服务意识。多次派员前往支队进行学习，经常性开展执法案卷评查。与安监局、公安交警大队、公路局建立专项整治联席机制，开展打非治违专项行动。组织对辖区客运市场进行为期1年的专项治理，成立专项整治活动领导小组，制订实施方案，打击非法营运行为35起。检查车辆10600余车次，发现违章32起，依法处理32起，结案率82.85%。

【信息化管理】 2019年，县运管局制定和健全各项规章制度，严格按照制度要求受理、转办和处理投诉案件，确保投诉电话24小时有人接听，工作人员在接到群众来电投诉时使用文明礼貌用语，做好投诉登记工作，及时将案件录入转办，将案件结案，做好投诉回访工作。接到12328投诉案件28起，处理28起，结案率100%。“两证清理”工作中，换发货运经营许可证20个、驾培经营许可证2个，注销货运经营许可证44个、维修证19个，备案19个。

（关媛婕、吴军成）

公路养护

【伊犁公路管理局察布查尔分局负责人】

党组副书记、局长：努力·吐尔逊（维吾尔族，9月任职）

党组成员、副局长：杨小麟（锡伯族，9月离任）、李帅（蒙古族，9月任职）

党组副书记、副局长（主持党组工作）：吴青（女，9月任职）

党组成员、挂职副局长：尤新莉（女，9月离任）、吴青（女，9月离任）

副局长：阿力庆尼·依布腊依木（维吾尔族，8月离任）

挂职副局长：高勇（9月离任）

【内设机构】 2019年，伊犁公路管理局察布查尔分局（以下简称察布查尔公路管理分局）内设生产养护办公室、财务室、综合管理办公室，下设篙乡养护站、林场养护站、机械道班、后勤班。有在职职工173人、离退休职工148人。

【公路养护概况】 2019年,察布查尔公路管理分局养护里程274.9千米,其中2条省道150.75千米,3条专用公路124.13千米。等级公路里程274.9千米,其中一级公路15.31千米,二级公路85.79千米,三级公路143.78千米,四级公路30.02千米,等级公路占通车里程的100%。其中二级及其以上公路占通车里程的36.78%,三级公路占通车里程的52.3%,四级公路占通车里程的10.92%。铺装路面里程236.88千米,占通车里程的86.17%;简易铺装路面里程8千米,占通车里程的2.91%;未铺装路面里程30.02千米,占通车里程的10.92%。公路桥梁为1734.78延米,60座。其中永久性桥梁60座,占桥梁总数的100%。涵洞共计416道。

【公路养护措施】 2019年,察布查尔公路管理分局加强公路养护管理,提升路网保障能力和服务品质,科学制订养护计划,完成年初的公路养护管理目标任务。小修养护完成补沥青路面坑槽9125.4平方米(含冷补料修补坑槽),处治裂缝5.14万米,人工清扫路面300.41万平方米,机械清扫路面2230.56万平方米,S237线K44－K83清除积雪286.73万立方米,平整沙砾路面50.75万平方米,路面上沙10.66万平方米。整修路肩1140平方米,整修边坡14.52万平方米,清理边沟15.45万米,清除杂物299.58万平方米。清理桥梁伸缩缝1.04万米,清理泄水孔3264处,清除涵洞淤泥1358立方米。维修钢管柱式波形护栏157米,清洗波形护栏10.42米,维修防眩板1500米,更换护栏立柱59根,更换轮廓标柱97根,更换里程碑6块,更换桥梁防落网60平方米。冬季及时安排人员对出现坑槽的路段用冷补料进行填补,发现一处修补一处,在进行修补作业时按规定设置安全标志,以确保行车和作业人员的安全,修补6天,出动人员16人次,使用冷补料16立方米。

【应急保通】 2019年,察布查尔公路管理分局除雪17次,出动人员104人次,投入各类机械108台班,清理路面积雪16.3万立方米,使用工业盐103吨,清除路面积冰753万平方米,投入抢险费用10.69万元。做好冬季养护和除雪保通,成立除雪及应急保通队伍,提前做好除雪机械的保养维护,准备充足的融雪剂等冬季保通物资。

【民生工作】 2019年,察布查尔公路管理分局投入1.38万元建设维护单位消防、安全基础保障器材设施,投入物防、技防等维稳经费13.6万元,投入1.77万元对职工宿舍暖气管道维修更换,投入6万元对宿舍楼屋面进行防水处理。为177名在职职工购买意外伤害险3.09万元。为147名退休职工开展健康体检(每人体检标准1400元)。派出撒盐车到阔洪奇乡玉尔坦村开展除雪保通工作,油料花费1500元。开展"民族团结一家亲"联谊、环境整治、"学雷锋"、三八妇女节、中秋节等活动,投入1500元。2月,分局党员捐款1250元为伊宁市特殊教育学校学生购买学习文体用品。6月,为玉尔坦村幼儿园捐赠2000元学习文体用品。12月,分局党员干部和职工捐款2150元向阿克陶县玉麦乡英阿依玛克村幼儿园小朋友献爱心捐赠学习文体用品。为3名"访惠聚"工作队队员购买热水器、厨具、电暖气、消毒柜等价值5471元,春节、中秋节两次慰问3名"访惠聚"工作队队员、1名支教干部。七一前夕,为2名老党员送去价值1000元的慰问品。

(王莉、富晓霞、古丽努尔·达吾提汗)

邮 政

【县邮政分公司负责人】

党支部书记、总经理：王笑

纪检书记、副总经理：赵海龙

【内设机构】 2019 年，中国邮政集团公司新疆维吾尔自治区察布查尔县分公司（以下简称县邮政分公司）内设综合办、市场部，设党支部和工会组织。有员工 88 人，其中：管理人员 2 人；本科学历 9 人，大专学历 27 人，中专及以下学历 50 人；党员 24 人（其中退休党员 12 人）。由汉族、维吾尔族、锡伯族、哈萨克族、俄罗斯族、回族 6 个民族组成，少数民族职工有 47 人。

【业务概况】 2019 年，全县营业网点为 16 处，其中自办网点 4 处，委代办网点 12 处。主要经营国内国际信函及包裹寄递、报刊出版物发行、特快专递、邮票发行、邮政储蓄、邮政物流、电子商务、机要通信等业务。

【专业收入】 2019 年，县邮政分公司完成收入 966.61 万元，其中函件收入 37.39 万元，包件收入 8.34 万元，特快专递收入 201.01 万元，机要收入 0.58 万元，报刊收入 73.15 万元，汇票收入 0.51 万元，储蓄收入 436.35 万元，集邮收入 17.22 万元，物流收入 43.29 万元，代办收入 21.08 万元，商品销售收入 126.23 万元，房租收入 1.46 万元。

【荣誉称号】 2019 年，县邮政分公司获伊犁邮政分公司“安全生产杯”先进单位称号，获伊犁邮政分公司举办的“五一”运动会二等奖，获伊犁邮政分公司“党的知识竞赛”第三名，获江苏对口支援伊犁州前方指挥部、伊犁州教育工委与伊犁邮政分公司颁发的苏伊青少年“万里鸿雁传真情”手拉手书信交友活动优秀组织奖。

（孙保荣）

中国电信集团有限公司察布查尔县分公司

【中国电信集团有限公司察布查尔县分公司负责人】

党委书记、总经理：樊海军

副经理：李伟、阿不都哈力克·米吉提（维吾尔族，3 月任职）

【内设机构】 2019 年，中国电信集团有限公司察布查尔县分公司（以下简称县电信分公司）内设综合办公室、销售部、维护部，下设县城城市支局 2 个（果尔敏支局、查鲁盖支局）、农村支局 3 个（六十七团支局、六十九团支局、扎库齐牛录乡支局）、政企客户中心。有在职干部职工 39 人，由汉族、锡伯族、维吾尔族、哈萨克族、土家族、俄罗斯族、回族等民族组成。

【业务概况】 2019 年，县电信分公司通过移动、宽带、IPTV 网络电视多业务、多网络、多终端融合及价值链延伸，为广大客户提供便捷、丰富、个性化、高性能价格比的综合信息化服务，完成教育系统翼校通业务的开通；完成警务室电路接入 500 条，完成党政、军警重点单位光网视频接入 800 条，新建农村光网改造 72 个村，完成光进铜退 3200 线对千米，完成一键报警弹屏电路建设 1600 条。在行业应用上，开通视频会议接入、主机托管、医疗影像云、一卡通、翼校通、协同办公等业务，提高各行业工作效率。

【支局基本情况】 2019 年,县电信分公司下设 3 个农村支局:

一是六十七团支局,由六十八团电信所、种羊场电信所、孙扎齐牛录镇电信所、堆齐牛录乡电信所、爱新色里镇电信所、六十七团电信所、琼博拉镇电信所、都拉塔口岸电信所组成。

二是六十九团支局,由奶牛场电信所、奶牛场一连电信所、米粮泉电信所、绰霍尔镇电信所、纳达齐牛录乡电信所组成。

三是扎库齐牛录乡支局,由扎库齐牛录乡电信所、海努克乡电信所、坎乡电信所、阔洪奇乡电信所、加尕斯台镇电信所组成。

各支局配备支局长 1 人、客户经理 1 人、渠道经理 1 人,各电信所配备所长 1 人、营业员 1 人、装维工程师 1—2 人,为当地的群众提供通信保障服务工作,提升电信企业价值。

【荣誉称号】 2019 年,县电信分公司获伊犁州分公司工会先进集体、伊犁州分公司移动份额提升一等奖、伊犁州分公司业务销售服务一等奖。

(刘占军)

中国联合网络通信集团有限公司察布查尔县分公司

【中国联合网络通信集团有限公司察布查尔县分公司负责人】

党支部书记、总经理:曾祥锋

【内设机构】 中国联合网络通信集团有限公司察布查尔县分公司是中国联通在伊犁州察布查尔县设置的分支机构,直属中国联通伊犁分公司领导。2001 年 2 月 9 日,中国联通察布查尔县分公司正式成立,全称为中国联合网络通信集团有限公司察布查尔锡伯自治县分公司。2019 年,分公司内设公众网格、政企网格和维护站 3 个部门,有在册员工 6 人、外包人员 12 人。

【业务概况】 2019 年,全县使用中国联通移动电话业务的用户数为 39279 人,在全县移动电话用户中占比 27.12%,地面网络覆盖 100%。中国联通为全县各族人民群众提供 3G/4G 手机移动业务、固话业务、互联网宽带业务、租线业务、国际国内长途业务等,是经营全业务电信运营商之一。联通用户可在县缴纳全疆范围内移动电话的费用,充值卡可为全国联通移动电话用户充值。中国联通在察布查尔城镇设有殷登路营业厅专营店 1 个、大型手机卖场 1 家,有合作厅 6 家,带维修业务的有 2 家;各乡(镇、场)及兵团有合作厅 25 家,带维修业务的有 3 家。受理联通业务的代理网点遍布县城及乡(镇、场),联通用户可轻松、方便地办理入网、缴费、咨询等业务。

(应东华)

中国移动通信集团有限公司察布查尔县分公司

【中国移动通信集团有限公司察布查尔县分公司负责人】

党支部书记、总经理:肖应军

纪检委员、副总经理:朱江勇

组织委员、副总经理:马杰(2 月离任)、张向国(2 月任职,11 月离任)、罗英(11 月任职)

【内设机构】 中国移动通信集团有限公司察布查尔县分公司(以下简称县移动分公司)成立于 1999 年,隶属于中国移动通信集团新疆有限公司伊犁州分公司。有员工 34 人,由汉族、维吾尔族、锡伯族、回族4个民族组成。有正式党员8人,其中:汉族党员6人,维吾尔族和锡伯族党员各1人;男性党员5人,女性党员3人。

【业务概况】 2019年,是县移动分公司定位执行强化年。县移动分公司实施战略转型能力打造工程,以客户为中心,以市场为导向,以执行力提升为保障,打造可持续发展新动力,推动公司可持续健康发展。夯实服务基础,以保有中高端市场为基准,以拓展潜在市场为动力,以效益增长为目标,全面推进各项工作。全县中国移动用户数11万人,专营店及维修点、代办点85家,县行政乡、村政府所在地网络覆盖率100%。

【民族团结】 2019年,县移动分公司定期组织党团员和各族员工为贫困家庭捐款捐物,多方筹措给百户少数民族贫困家庭捐赠衣物1560件、图书学习用具600多套。对口帮扶10户少数民族贫困家庭,为贫困人员寻找就业门路,组织全体员工为无劳动能力的贫困家庭摘红花,并在种植和养殖方面给予帮助,解决后顾之忧。先后组织员工1355人次结亲住户,且每月开展民族团结联谊活动,帮助结亲户销售冬苹果1吨,销售牛奶3吨。

(赵姜曼)

城建·环保

县住房和城乡建设局

【县住房和城乡建设局负责人】

党组书记:杨中山

局长:赵建才

副局长:王杰

【基本情况】 察布查尔县住房和城乡建设局(以下简称县住建局)成立于1984年,原名察布查尔县城乡建设环境保护局。2001年11月,环保工作剥离出去,更名为察布查尔县城乡建设局。2012年,更名为县住建局。2017年,城建监察大队剥离出去。2018年,城建监察大队更名为城市管理执法大队,重新归县住建局管理。

【内设机构】 2019年,县住建局内设建筑工程质量监督站、市政管理站、城乡规划站、建筑业管理办公室、房地产管理办公室5个科室,城市管理执法大队1个附属机构。

【城市建设】 2019年,全县辖区内新建单位工程16项,含4项市政工程,房屋总建筑面积12万平方米,造价2.64亿元;市政工程造价2.2亿元。推进实施数字化工地2个。

【道路建设】 2019年,全县总投资5467万元实施道路建设。项目工程建设分三个标段,完成城北路西段(浩兰街—X719线支一路),文化路北段,纬一路、伊东街的建设。

【安居工程】 2019年,县住建局以完善城市功能为重点,认真落实城市规划,结合棚户区改造,加快街区建设进度。棚户区改造400户,主要通过居民自建联建和抗震加固功能改造完成。完善棚改片区的交通、基础设施和公共基础设施,改善居民环境,推动居民自建联建和抗震加固功能改造加快实施。居民新建、改造或购买商品房,以户为单位补助,每户补助5万元。完成棚户区改造任务,其中货币化安置107户,实物安置293户。

【城市供暖】 2019年,察布查尔县城新增供暖面积33万平方米,集中供热面积200万平方米。完成县城利用工业余热集中供热改造项目可行性研究报告的技术审查评审,全部完成规划、环评、施工图设计和审查等前期工作。项目一期建设内容为,新建一级热网13.6千米,管径为DN900,项目总投资1.23亿元。完成热源锅炉及附属设施维修改造,新建换热站1座,改扩建换热站3座,维修更换老旧管网600米,维修更换控制阀和补偿器25套。

【人居环境改善】 2019年,县住建局开展农村环境综合整治及美丽乡村建设宣传活动269场次,清除残垣断壁501处,清除违章建筑132个,清除道路两旁乱堆乱放665处、乱搭乱建128处,拆除危旧屋131间、棚圈109个,清运垃圾35420吨。

【道路美化绿化】 2019年,全县种植道路生态防护林228.13公顷,村庄巷道、房前屋后种植景观苗木、经济林215412棵,新增绿化面积85.47公顷。安装金卤灯2189盏、LED路灯2761盏、景观灯1680盏。

(翟正)

县住房公积金管理部

【县住房公积金管理部负责人】

主任：苏文萍（女）

【内设机构】 2019年，县住房公积金管理部隶属于伊犁州住房公积金管理中心，为州住房公积金管理中心在县派出机构，主要工作职责是负责记载全县行政区域内住房公积金的缴存、提取和贷款等业务，有在职干部职工5人，其中少数民族3人。

【业务情况】 2019年，归集住房公积金16735.95万元，归集余额4.56亿元。职工支取住房公积金13499.2万元，支取余额6.17亿元。发放贷款11596.5万元，回收贷款8608.95万元，贷款余额4.29亿元。逾期金额0.22万元，住房公积金贷款逾期率0.05‰。按时为170个单位9172名职工结算利息638万元。

【信息化建设】 2019年，县住房公积金管理部适应信息技术和公积金业务发展的需要，加强"互联网＋公积金"服务创新，全方位开通服务渠道，形成集"12329"客服热线、微信公众号、网上营业厅、手机公积金APP、异地贷款于一体的服务体系。

（苏文萍）

县生态环境局

【县生态环境局负责人】

党组书记、副局长：彭章建

局长：夏力扎提・阿布迪沙（女，哈萨克族）

副局长：樊志霞（女）

【内设机构】 2001年1月，县环境保护局与县城乡建设局分设，是县人民政府组成部门。2019年5月，更名为伊犁哈萨克自治州生态环境局察布查尔锡伯自治县分局（以下简称县生态环境局），下设环境监察大队、环境监测站2个二级机构。内设局办公室、环评监督室、生态室等职能股（室）。有在职干部职工20人，其中公务员编制5人，全额事业编制10人（环境监察大队7人，环境监测站3人），工勤编2人，高层次引进人才1人。

【环境保护责任落实】 2019年，县生态环境局根据上级部门的工作部署，制定下发《关于印发〈察布查尔县2019年度打赢蓝天保卫战行动计划〉等两个文件的通知》《关于进一步明确生态环境保护事项和责任的通知》等，并按照自治县绩效考核目标要求，制定重点部门和各乡（镇、场）2019年绩效考核责任书。编制完成国家重点生态功能区县域生态环境质量考核资料汇编并上报自治区。牵头草拟《察布查尔锡伯自治县贯彻落实〈伊犁河谷生态环境保护条例〉实施办法》，由人大常委会审议通过并颁布试行。

【生态文明建设】 2019年，县生态环境局以美丽乡村建设为载体，全力推进自治县生态文明建设。完成创建自治区级生态县技术报告汇编，并进行相关档案资料规范整理。按照国家重点生态功能区县域生态环境质量考核工作要求，加强对重点污染源的监管，实施水源地保护，推进退耕还林、退牧还草等生态工程。与上年相比，林地面积增加6.7平方千米，草地、湿地面积保持稳定，生态文明建设水平显著提升，为创建自治区级生态县打下良好基础。

【环境空气自动监测站建设】 2019年,自治县环境空气自动监测站对二氧化硫、二氧化氮、PM10、PM2.5、一氧化碳、臭氧6项主要污染物以及气温、气压、湿度、风向、风速5个气象参数因子开展24小时连续自动监测,为精细化治理大气环境污染、应对和改善空气质量提供了有力的技术支撑。依托州环境监测站对自治县环境空气自动监测站开展每季度一次的日常巡检,督促、指导第三方加强空气自动站日常运维,提升监测数据有效率。全县环境空气质量总体处于优良水平,优良天数比例为92%。

【大气污染防治】 2019年,县生态环境局稳步推进"伊宁市—伊宁县—察布查尔县"联防联控区大气污染源专项治理。伊犁天山水泥有限公司、新疆金龙水泥有限公司等重点企业在线监测系统运转正常,废气达标排放。加大燃煤小锅炉淘汰力度,全部淘汰县城建成区范围内的10蒸吨及以下燃煤小锅炉、经营性炉灶、茶水炉。联合县住建局、市场监管局等部门开展餐饮油烟治理工作,完成县城主要餐饮企业的油烟污染治理,全部安装完成油烟净化装置并正常运行。制定《"伊犁黑蜂"保护区矿业权清理退出工作计划(2019－2020年)》,完成清理清退30家任务。完成13家已闭坑沙石黏土矿治理恢复任务并通过县级验收。完成柴油货车禁限行区域划定工作,并安装禁限行标识标志。组织农村农业局、乡镇派出所等部门出动人员210人次开展春夏季秸秆禁烧巡查,查处秸秆焚烧案件10件。

【水污染防治】 2019年,县生态环境局严格执行排污许可制度,加强排污许可证后管理,对2018年核发排污许可证的陶瓷制品制造、屠宰及肉类加工2个行业15家企业落实按证排污情况定期进行监督检查,督促企业落实自行监测、台账记录、执行报告和信息公开等工作。开展污水处理行业排污许可证核发前期摸底排查工作。加强对县城污水处理厂运行监管,县城污水处理厂运行稳定,排放达标。稳步推进农村生活污水治理,积极争取专项资金75万元,支持可纳入城镇污水收集管网的察布查尔镇乌宗布拉克农村社区、孙扎齐牛录镇孙扎齐牛录村、纳达齐牛录乡纳达齐牛录村建设污水收集管网,将村庄生活污水纳入城镇污水管网,统一收集处理。

【土壤污染防治】 2019年,县生态环境局加大对村卫生室、个体医疗诊所医疗垃圾收集转运监管力度,全县105家医疗机构产生的医疗垃圾基本实现无害化、专业化处置。规范危险废物转移,实现清单制管理,严格落实网上联单审批转移制度。推进危险废物暂存点建设,由第三方企业运营,确保废机油、废铅酸蓄电池等危险废物实现规范管理。全县土壤环境质量总体保持稳定,农用地和建设用地土壤环境安全基本得到保障,土壤环境风险基本可控。

【第二次全国污染源普查】 2019年,全县第二次全国污染源普查工作进入收尾阶段(待自治区考核验收)。在对前期完成405个污染源的清查及入户调查的基础上,再次梳理、完善污染源普查档案资料中存在的问题,加紧审核数据库资料,严把普查入户表格数据质量关,按时保质完成普查数据审核核算工作。

【环境执法检查】 2019年,县生态环境局综合整治"散乱污"企业,排查县域"散乱污"企业12家,其中依法取缔8家,加强监管4家。年内县域列入随机抽查重点排污单位名录的有

5家，列入一般排污单位名录的有55家，完成3家重点排污单位的抽查和26家一般排污单位的抽查。配合伊犁州环境监察支队完成对自治县2批次8家企业和单位的双随机抽查工作。对县域14家囤煤点进行执法检查，4个未配套建设环保设施的储煤场（堆煤点）全部完成整改，恢复原状。检查县域各类企业、单位160家次，出动执法人员300人次，下达现场执法检查通知81份，下达责令改正违法行为决定书34份。对辖区17家企业存在的环境违法行为进行立案查处。

（袁艺菡）

贸易

县供销合作社联合社

【县供销合作社联合社负责人】

党组书记：张潮（3月离任）、张兵兵（3月任职）

主任：王树龙（3月任职）

【内设机构】 2019年，察布查尔县供销合作社联合社（以下简称县供销社）内设办公室、合作经济指导科，有干部职工9人。

【基本情况】 县供销社成立于1952年，下属7个基层社。2005年初，在供销合作社联合社的基础上，成立察布查尔县农村合作经济联合社，两块牌子、一套人马，运行至今。下辖11个基层社、2个直属公司（分别为供销社盐业有限公司、供销社贸易总公司）、2个股份制公司（分别为察布查尔县再生资源物资回收有限责任公司、伊犁绿园春进出口贸易有限责任公司）。县供销社紧抓“新网工程”和“万村千乡”市场工程项目契机，以社属企业为主体，采用连锁超市、加盟店等多种合作形式，在各乡镇设立农资经营网点35个、日用消费品经营网点80个、农副产品经营网点56个。农民专业合作社共190个，其中察布查尔县安班巴格食用菌专业合作社是2005年在全疆第一个成立的农民专业合作社。

【网点建设】 2019年，县供销社按照“供销e家”基层网点建设要求，完成新建供销超市2个，完成基层服务站点9个。通过农副产品上行、日用消费品下行等方式，销售当地农产品，满足居民日常需求。9月27日，海努克大型活畜交易市场试营业。

【农副产品配送】 2019年，县供销社充分发挥蔬菜专业合作社作用，分别同自治县蔬菜合作社签订合作协议，由伊犁绿园春进出口贸易有限责任公司负责统一配送，各合作社负责蔬菜供应。实现合作社生产基地直供、销售点直销，建立一种“农超对接、农校对接、农企对接”流通方式，实现县域部分学校及宾馆食堂蔬菜、副食配送。

【农村电商】 2019年，县供销社利用电商平台、线上线下融合、“互联网＋”等创新方式，提高察布查尔农副产品市场影响力。采取“电商＋合作社＋农户”模式，与合作社签订销售协议，打通疆外农产品销售市场。9月8－11日，组织县域农民合作社参加“一带一路”农产品农资（电商）交易会。2019年全年，县供销系统完成销售额3175万元，其中线上销售900万元，线下销售2275万元，主要销售的产品有蔬菜、牛羊肉、草莓、树上鲜杏、薰衣草系列产品等。

【综合改革】 2019年，县供销社积极申报并被定为“供销合作社合作发展基金试点”，认真组织实施专项试点，完成基金筹集、基金管理和资助项目等工作。该试点项目包括“供销e家”综合服务中心9间门面房、农资综合店和供销社丰收农贸市场，成为本地面积最大、服务覆盖周边乡镇的为农综合服务中心，已完成国家总社验收工作。琼博拉镇供销社维修改造8间门面，对外出租给当地农牧民从事餐饮、理发等行业。

【示范专业合作社】 2019年，全县已发展国家级示范专业合作社3个、自治区级示范专业合作社24个、州级示范专业合作社46个。

(1) 国家级示范专业合作社

县良繁场安班巴格食用菌专业合作社、县孙扎齐牛录镇雀尔盘村草莓专业合作社、县西塞香种植专业合作社。

(2) 自治区级示范专业合作社

县良繁场安班巴格食用菌专业合作社、县孙扎齐牛录镇雀尔盘村草莓专业合作社、县西塞香种植专业合作社、县兴凤蔬菜专业合作社、县良繁场新良蔬菜专业合作社、县甘泉特色林果专业合作社、县蒙霍尔村蔬菜专业合作社、县琨源特色林果专业合作社、县雀尔盘村蔬菜专业合作社、县绰霍尔乡布占村塞南水稻专业合作社、县海天油桃专业合作社、县堆依齐牛录乡为农养牛专业合作社、县海努克乡新疆云光专业合作社、县明天养殖专业合作社、县沁园有机水稻专业合作社、县在德腾飞孵化养殖专业合作社、县惠农养殖专业合作社、县纳达齐牛录乡锡伯民族刺绣专业合作社、县新绣苑刺绣专业合作社、县阔洪奇乡忠良红花专业合作社、县爱新色里镇靳氏联合农机专业合作社、县孙扎齐牛录镇孙扎齐牛录村特色养殖专业合作社、县木林森苗木专业合作社、县永丰绿色辣椒专业合作社。

(3) 州级示范专业合作社

县良繁场安班巴格食用菌专业合作社、县孙扎齐牛录镇雀尔盘村草莓专业合作社、县西塞香种植专业合作社、县兴凤蔬菜专业合作社、县良繁场新良蔬菜专业合作社、县甘泉特色林果专业合作社、县蒙霍尔村蔬菜专业合作社、县琨源特色林果专业合作社、县雀尔盘村蔬菜专业合作社、县绰霍尔乡布占村塞南水稻专业合作社、县海天油桃专业合作社、县堆依齐牛录乡为农养牛专业合作社、县海努克乡新疆云光专业合作社、县明天养殖专业合作社、县沁园有机水稻专业合作社、县在德腾飞孵化养殖专业合作社、县惠农养殖专业合作社、县纳达齐牛录乡锡伯民族刺绣专业合作社、县新绣苑刺绣专业合作社、县阔洪奇乡忠良红花专业合作社、县爱新色里镇靳氏联合农机专业合作社、县孙扎齐牛录镇孙扎齐牛录村特色养殖专业合作社、县木林森苗木专业合作社、县永丰绿色辣椒专业合作社、县胡杨老兵养殖专业合作社、县三洋农丰种植专业合作社、县坎乡金明养鸡专业合作社、县绰霍尔乡蓝成蔬菜专业合作社、县绰霍尔乡伊美香水稻专业合作社、县华林米业水稻种植专业合作社、县安达农产品专业合作社、县阳光奶牛养殖专业合作社、县鹏程畜牧养殖专业合作社、县天府苗木专业合作社、县爱新色里镇穗丰种植专业合作社、县堆依齐牛录乡兴业土地流转合作社、县城镇佳禾水稻种植专业合作社、县坎乡尼加提养殖专业合作社、县友民水稻种植专业合作社、县裕民香料种植专业合作社、县嘉禾种植专业合作社、县博斯坦村惠生种植专业合作社、县神龙百草中药材种植专业合作社、县纳达齐牛录乡伊粒水稻专业合作社、县海努克乡切吉村红花专业合作社、县纳达齐牛录乡清泉农机专业合作社。

【脱贫攻坚工作】 2019年,县供销社深入推进抓党建促脱贫,党政一把手负总责,充分发挥基层党组织引领带动作用。党组会议专题研究脱贫攻坚工作4次,每月专题学习1—2篇脱贫攻坚相关文件。按月开展精准扶贫APP走访工作,了解贫困户家庭工作生活情况,宣传党的惠民利民政策,了解贫困户思想动态,鼓励他们出去务工改善生活。协助贫困户利用一技之长就业,帮助持有B2驾照贫困户安置大车驾驶员工作。5名干部按月完成走访工作,入户走访9次,发放慰问帮扶资金5000多元。

【州直供销系统观摩学习】 2019年7月25

日,由州直各县(市)供销社主任及业务骨干组成的观摩团一行20余人,到县进行观摩学习,并召开州直深化供销社综合改革工作现场推进会。州供销社党委委员、理事会副主任董少飞主持会议,州供销社党委副书记、理事会主任郭进军,县人民政府副县长沙尔山别克·热合木江及各县市主任参加会议。

【供销系统领导调研】 2019年5月20日,中华全国供销合作总社金融服务部副部长吴孔凡、自治区供销合作社合作经济指导处副处长商戈一行5人对县"供销合作社合作发展基金试点"评估验收。

8月24日,盐城市供销社党委书记、主任蒋红萍一行7人在县供销社调研交流工作,县委副书记、援疆工作组组长李强,县人民政府副县长沙尔山别克·热合木江陪同。

9月20日,中华全国供销合作总社党组成员、理事会副主任蔡振红一行5人在县调研交流工作,新疆供销合作社党委书记、理事会主任李轩,自治县县委副书记、县长关桂珍陪同。

【荣誉称号】 2019年3月,县供销社获自治州级文明单位荣誉称号。

(卫慧杰)

县烟草专卖局

【县烟草专卖局负责人】

局长:程璐(女)

副局长:李红霞(女)

【内设机构】 2019年,县烟草专卖局内设客户服务办公室、专卖管理办公室、综合管理办公室,有在职干部职工6人。

【卷烟经营】 2019年,县烟草专卖局销售卷烟4469.84箱,单箱销售收入2.36万元。

【专卖管理】 2019年,县烟草专卖局加强对辖区市场的分析与研判,重点开展打假打私专项治理,紧盯都拉塔口岸走私卷烟流通渠道,加强走私烟及加热不燃烧烟草制品重点排查。同时严格依照"放管服"改革要求,强化服务意识,创新服务方式,优化办证流程,最大限度缩短申请人等待时间,切实提高工作效率;充分发挥移动执法平台便于操作的优势,在认真核对各种违规信息的基础上,完善信息,时时更新。

【公益活动】 2019年,县烟草专卖局开展捐赠扶贫2580元,慰问便民警务站2000元。

【荣誉称号】 2019年,县烟草专卖局被评为伊犁烟草系统工作目标考核先进单位。

(马雪燕)

中石油新疆销售有限公司伊犁分公司察布查尔经营部

【中石油新疆销售有限公司伊犁分公司察布查尔经营部负责人】

片区党支部书记:邱峰

片区经理:王辉

【内设机构】 2019年,中石油新疆销售有限公司伊犁分公司察布查尔经营部下设12座加油站(1座正在建设),片区设综合办公室,有员工54人,其中片区人员4人,加油站50人。

【销售情况】 2019年,中石油新疆销售有限公司伊犁分公司察布查尔经营部实现成品油销售 32560 吨,非油收入 655 万元。

（王启成）

中国石化新疆伊犁石油分公司(察县片区)

【中国石化新疆伊犁石油分公司负责人】

党委书记、副经理:曲新力

总经理、党委副书记:陈锡强

【内设机构】 2019 年,中国石化新疆伊犁石油分公司(察县片区)有琼博拉加油站、加尕斯台加油站、都拉塔口岸加油站、堆齐牛录乡加油站 4 座在营加油站,一套人马合署办公,内设片区管理员、加油站站长、记账员、加油员,有在职职工 19 人。

【经营概况】 2019 年,察布查尔站点销售油品 6143.03 吨,完成新疆伊犁石油分公司下达年度销售计划的 102% 。

（何非）

经济监督与管理

宏观调控

【县发展和改革委员会负责人】

主任：何文军(锡伯族，3 月离任)、刘进财(3 月任职)

党组书记、副主任：戴立平(3 月离任)、陈超(3 月任职)

副主任：张景春(3 月任职)

【内设机构】 2019 年，县发展和改革委员会(以下简称县发改委)内设办公室、综合经济基本建设投资管理科、价格监测与能源管理科、粮食和物资储备科，有在职干部职工 32 人。

【项目工作】 2019 年，全县设定了争取中央和自治区资金、政府债券到位 15 亿元的任务目标。县发改委积极谋划、包装项目，做好用地、选址、环评等各项前期工作，对项目全程跟踪对接，多渠道筹措资金。坚决贯彻“四个一律”和“五个再不能干”的要求，确保政府投资项目不违规举债，项目审批前必须明确资金来源，凡是资金来源不明或者建设资金无法落实的项目一律不予审批、不予招投标、不得开工建设，从源头上防范地方政府债务风险。

【主要经济指标】 2019 年，全县实现生产总值 58.56 亿元，实现规上工业增加值 3.45 亿元；一般公共财政预算收入 3.23 亿元；固定资产投资增长 28%；招商引资到位资金 16.5 亿元；外贸进出口总额 3904 万美元，增长 145.5%；城镇、农村居民可支配收入 27004 元、14220 元，分别增长 7%、8%；社会消费品零售总额 4.56 亿元，增长 5.5%；城镇登记失业率控制在 4% 以内。

【固定资产投资】 2019 年，全县固定资产投资增长 33.2%，达到 22.09 亿元目标任务。县发改委协调各项目单位抓好项目工期、投资、质量三大控制，严格落实项目法人责任制、招投标制、合同制和工程监理制。协调完成项目勘察、设计、招投标等开工前各项工作，加快资金支付进度，以“促开工、促进度、促投产”为目标，确保每一个项目都能够如期推进。

【价格管理】 2019 年，全县价格管理工作平稳有序，物价总体平稳。县发改委加大价格监测力度，加强分析、预测和调查研究，重点监测与群众生活密切相关的粮、油、肉、蛋、菜等 30 余种商品价格。规范收费秩序，加强事中事后监管，及时落实停征、减免、降标、取消等涉企收费优惠政策，全县无新增政府调定价收费项目。完成年度全区农产品小麦、玉米、水稻 3 个品种农作物成本调查数据，完成专项调查 3 项、农产品预测 2 项、农产品直报 2 项。

【粮食管理】 2019 年，全县粮食收购市场有序，价格平稳，农民根本权益得到保障。县发改委积极履行保障粮食安全责任，组织实施粮食安全责任制考核。对县域内 28 个库点的粮食库存实物、粮食库存账物、储粮安全、粮食质量情况及粮食收购、销售情况全面检查。加强安全生产规范化管理，从安全维稳、安全生产、安全储粮三个大方面进行监督检查，未发生安全生产事故。密切关注市场价格，引导企业制定合理价格，加大市场巡查力度，及时报告、果断处置夏粮收购过程中苗头性和倾向性问题，累计收购小麦 10 万吨、玉米 10 万吨、水稻 2 万吨。

【规划编制】 2019 年,县发改委研究国家产业政策目录,及时掌握投资导向、申报指南,紧盯新产业发展方向、布局、要求,健全完善项目库,打造、包装、储备一批高质量的项目,形成争取开工一批、强力推进一批、全面建成一批、策划储备一批的良好态势。根据中央预算内资金项目编报指南,逐一与各有关行业部门对接、梳理,各行业部门积极对接上级部门。梳理完成“十四五”规划中央预算内投资项目,上报县委、县政府同意后,已录入国家重大项目库并上报自治区。“十四五”规划项目按照七大类 7 个归口处室,编制项目 536 项,总投资 232.82 亿元。

【对口援疆工作】 2019 年,全县投入援疆资金 8528 万元(其中预留资金 252 万元),实施七大类 18 个重点项目,其中在民生领域投入超过 92% 。转移就业精准发力,向盐城荣威集团转移就业 171 人,协调组织 24 名少数民族群众赴江苏盐城大洋湾景区开展为期 1 个月的文化交流商业演出活动。盐城市师范学院、盐城市中医院等 27 个单位和县区、乡镇开展“千人帮千户、共同奔小康”活动,帮扶资金 500 多万元,结对 127 户。深耕“稻田蟹”“稻田虾”等特色高效农业,开展百日招商会战活动及专题推介会。开展人才培训 2800 人次,实施对口援疆柔性引才项目,引进到岗人才专家 23 人。

【煤炭监管】 2019 年,全县煤炭安全生产、市场供应平稳有序。县发改委落实监管责任,与煤炭企业签订安全生产责任书,督促企业严格落实主体责任,开展安全生产专项执法检查、消防安全执法检查、“安全生产月”检查等工作,未发生煤矿安全生产事故。制定《解决察布查尔县 2019 年冬季煤炭市场供应和困难群众冬季取暖用煤问题工作方案》,积极推进新汶集团伊犁一矿 1000 万吨/年项目建设,有效稳定煤炭市场供应。严格执行煤炭限价政策,坚决整治煤炭行业哄抬价格和价格垄断问题,确保煤炭市场平稳有序。印发《察布查尔县关于做好 2019 年困难群众供煤工作的通知》,降低贫困群体冬季用煤成本,帮助困难群众冬季取暖用煤。

(韦丽)

自然资源

【县自然资源局负责人】

党组书记、副局长:任峰(3 月离任)、肖展图(3 月任职)

党组副书记、局长:丁黎明(3 月任职)

党组成员、副局长:王恒(3 月任职)

【县自然资源局挂牌成立】 2019 年 3 月 2 日,县自然资源局挂牌成立,局党组书记、副局长肖展图同志主持仪式,局党组书记、副局长任峰致辞。伊犁州自然资源局党组成员、副局长魏义和,察布查尔县委常委、常务副县长刘杉以及全局干部职工参加揭牌仪式。

【内设机构】 2019 年,县自然资源局内设行政办、计财科、土地利用科、耕地保护科、执法监察矿管科、规划办、保卫科、信访科、纪检监察室、综合档案室、不动产登记中心 11 个职能科(室),有干部职工 30 人。

【耕地保护】 2019 年,县自然资源局层层签订耕地保护目标责任书 147 份,开展耕地精准核查工作,核查 15177 块 117254.33 公顷。落实耕地储备库项目 8137.91 公顷,申请跨省域补充耕地国家统筹任务的补充耕地 5 宗 364.87公顷。

【建设用地审批】 2019年,县自然资源局强化建设用地审批监管,组织建设用地报件6批次77宗287.65公顷,单独选址20宗40.41公顷,全力保障重点项目建设用地。加大批而未供土地供地力度,全面完成年度“增存挂钩”任务,挂牌出让4宗4.45公顷,收缴出让金1362.73万元,补办划拨出让手续97宗14800平方米,补缴出让金312.19万元。委托新疆新土不动产估价有限公司开展城镇土地定级与基准地价更新工作,完成自治县土地储备交易中心系统录入备案工作。

【土地征收】 2019年,县自然资源局成立土地开发整理项目管理工作领导小组,研究制定土地开发整理项目资金管理办法,聘请第三方审计机构对土地开发整理项目全程跟踪审计,加强土地整理项目管理工作,积极对接协调,广泛征求群众意见、建议,做好项目变更论证,推进加尕斯台镇下加尕斯台村、种羊场巴音村、米粮泉回族民族乡米粮泉村和克米其买里村4个土地整理项目实施。

【规划编制审查】 2019年,县自然资源局办理规划选址预审意见54件,建设用地规划设计条件及附图33件,建设用地规划红线图2件,建设工程规划红线图6件,不予受理14件;核发建设用地规划许可证55件,建设工程规划许可证108件,乡村建设规划许可证59件,建设工程竣工规划认可书6件,规划许可审批后批前公示25件,规划核查意见25件,维修改造、临时建筑许可78件,建设工程放线、验线、复线55次,城乡规划业务踏勘现场380余次。顺利将伊南工业园区、双创产业园区规划审批权限移交伊南工业园区规划建设局,开展集中业务培训1次、分批次点对点业务指导10多次。联合城管、乡镇调查违法建设工程,调解矛盾纠纷7起。

【采矿权清理】 2019年,县自然资源局深入摸排县域的21家三类矿山进行,开展矿山地质环境治理和恢复等专项调查,确定治理重点,建立完善“一矿一档”。加强联合执法,立案查处违法行为3起,结案3起,处罚15万元;清缴费用1163.13万元,其中规费(临时用地管理费、采挖用地管理费)843.32万元,采矿权价款319.81万元。召开矿业主大会4次,依法关闭紫阳砖厂等17家矿山企业,完成中央环保督察下达的2019年13家已闭坑沙石黏土矿治理恢复任务并通过县级验收。

【国有农用地管理】 2019年,县自然资源局清理国有农用地379宗12266.67公顷(其中耕地11266.67公顷,林地1000公顷),清缴土地租赁费4681.37万元(其中投资发展集团公司收1159.58万元)。以招拍挂方式公开竞标发包国有农用地3宗18.14公顷。与乡镇联合调查,依法收回擅自改变用途毁林复垦的国有农用地4公顷。

【土地卫片监测】 2019年,自然资源部下发自治县139个图斑,总面积219.72公顷,实际核查图斑112个,其中合法图斑51个,其他情况图斑42个,违法图斑19个(其中违法立案图斑5个,结案3起)。下发自治县矿产卫片执法图斑10个,经核查,判定为伪变化图斑6个,合法图斑3个,违法图斑1个(结案)。

【违法用地执法监察】 2019年,县自然资源局开展动态巡查30多次,立案查处5起,结案5起,收缴罚款、没收款20.56万元。联合扎库齐牛录乡等联合执法,纠正违法用地行为4起,依法强行拆除4户违法建筑507平方米。对和顺家园等10家联建楼违法用地及违章建设行为立案查处,开展警示教育2次,结案2起,下达《违法行为责令整改通知书》10份,收缴罚金 82.86 万元。依法拆除“大棚房”问题 1 处。

【违建别墅清理整治】 2019 年，县自然资源局紧紧围绕国家森林公园、湿地公园、重要河道、饮用水水源地保护区等重点区域开展摸排工作。全县违建别墅摸排点位 529 个，其中位于重点区域 482 个，不在重点区域 47 个；召开专题研判会议 20 期，研判认定违建别墅 5 个，认定违章建筑 188 个。

【不动产登记中心】 2019 年，县自然资源局发放不动产证书 666 本、不动产权证明 660 份，接待办事群众咨询 2100 多人次，接待群众不动产登记档案查询 850 多人次，宗地权籍调查 170 宗，房屋权籍调查 600 多套，上门服务 28 次。

【档案管理】 2019 年，县自然资源局完成历年文书档案和专业档案的纸质版、档案数字化工作，移交县档案馆文书档案 257 卷 3540 件、专业档案 281 卷，投入 58 万元聘请伊犁文慧电子科技有限公司整理数字化地籍档案 15890 卷。

【地质灾害防治】 2019 年，县自然资源局排查全县辖区内各类隐患点 144 处，巡查 13 次，签订责任书 22 份，发布气象预警 9 次，发放宣传材料 900 份，编制下发《2019 年地质灾害防治方案》。

【地质环境申报】 2019 年，县自然资源局申报地质环境治理项目 2 个，并完成治理。

【荣誉称号】 2019 年 3 月，县自然资源局获自治州级精神文明单位称号。

（史光琴）

应急管理和安全生产

【县应急管理局负责人】

党组书记、副局长：阿布都瓦力·阿布力克木（维吾尔族，3 月离任）、王浩（3 月任职）

局长：沙依劳·塔卡衣（哈萨克族，7 月任职）

副局长：吴金铃（锡伯族）

安全生产监察大队队长：金志成

【工作职能】 根据《关于〈察布查尔锡伯自治县机构改革方案〉的实施意见》的通知精神，2019 年 3 月 2 日，挂牌成立察布查尔县应急管理局，整合 11 个单位 13 项职能。按照《察布查尔锡伯自治县机构改革方案》要求，将县安全生产监督管理局的职责，县人民政府办公室应急管理职责，县科技局震灾应急救援职责，县公安局消防管理职责，县民政局救灾职责，县国土资源局地质灾害防治职责，县水利局水旱灾害防治、县畜牧兽医局草原防火、县林业局森林防火相关职责，以及县防汛抗旱、减灾、抗震救灾、森林防火等指挥部职责，和相关机构指导煤矿救护和组织协调煤矿事故应急救援职责相结合，组建成应急管理局，作为县政府工作部门。

【内设机构】 2019 年，县应急管理局内设办公室、基础科、非煤股和 1 个监察大队，有在职干部职工 16 人。

【安全生产情况】 2019 年，全县发生安全事故 117 起（均为火灾事故），无人员伤亡，直接经济损失 39.79 万元，比上年事故起数下降 25%，伤亡人数持平，直接经济损失下降 16.8%。未发生自然灾害事故，无人员伤亡和财产损失。安全生产事故起数、受伤人数、死亡人数、经济损失四项指标全面下降。

【安全监管】 2019年,县应急管理局围绕重要节点期间安全生产特点,以烟花爆竹、危险化学品、春运、火灾隐患排查治理、人员密集场所为重点,全方位地排查治理隐患工作。全年出动1956人次,开展各类检查464次,检查各类企业1455家次,查出各类安全隐患489条(整改456条,限期整改33条)。对自治县中小学开展专项督查,全年检查中小学、幼儿园33家,排查出155条隐患整改到位。加强亚欧博览会和少数民族体育运动会期间的安全生产工作,采取联合执法检查、行业检查、企业自查、隐患问题整改情况复查等方式开展安全大检查。全年出动1141人次,检查1259家单位、企业和经营网点,查出安全隐患511条(整改454条,限期整改57条),查处各类交通违法行为940起,检查农机230台、大型工程机械28台,强制张贴反光贴15副,对5家企业进行复查。在中秋节、国庆节期间,采取联合执法检查、县领导带队督查、行业检查、企业自查等方式对全县进行安全大检查。全年出动545人次,检查375家单位、企业和经营网点,查出安全隐患322条(整改295条,限期整改27条),复查5家企业。

【重点行业专业执法】 2019年,县应急管理局加强对重点领域开展安全生产大检查。做好非煤矿山领域停产前的安全生产检查工作,检查3家非煤矿山企业,查出隐患6条,立即整改到位;加强建筑施工地领域的检查,组织人员对绿岛明园3期建筑工地进行检查,查出隐患8条,责令企业限期整改。加强对人员密集场所的安全生产检查,检查28家单位,查出火灾隐患36条,要求企业及时消除各类安全隐患。加强道路交通领域专项整治,加大对危险路段、事故多发路段的整治力度,对公路地质灾害易发的路段进行隐患排查治理,开展道路巡查11次,发现隐患3处,并增设安全防撞护栏20米,增设警示标志牌12个,定期加强对驾驶员的安全教育培训。

【危险化学品安全监管】 2019年,县应急管理局吸取江苏响水"3·21"事故教训,全面整治化解危化品及相关领域系统性安全风险。① 州县联查。州应急管理局与自治县上下联动,督查危险化学品企业和工矿商贸企业12家,现场整改15条问题。② 县级督查。主要领导、分管领导带队开展专项突击检查,由安委办发督促函紧盯落实,全部整改到位。③ 专项检查。开展加油加气站、液化石油气站、企业私设油罐、教育系统、医疗系统、危化品运输、园区企业7个专项检查,其中加油加气站实现4轮全覆盖检查,清理私设油罐16个,规范危化储存装置5处,立案查处1起。④ 专家细查。邀请危化专家对重点危化品经营、使用、储存企业进行把脉问诊,细查隐患。检查重点危化企业5家,查出安全隐患49条,全部责令限期整改。

【安全生产宣传教育】 2019年,县应急管理局开展安全生产宣教工作,大力宣传安全生产法律法规和安全生产常识,利用防灾减灾周、安全生产月,加大宣传力度,各乡(镇、场)同步开展"防灾减灾日""安全生产咨询日"等宣传活动,开展各类活动讲座38场次,开展安全生产"八进"活动,发放宣传资料3万份。通过"周一升国旗"、农牧民夜校提升群众的安全意识和防灾减灾技能,受教育群众15万人次。联合"察布查尔县零距离""察布查尔组工"开展为期10天的安全生产和应急救援小知识普及活动,对防洪、森林火灾、行车途中遇灾、地震自救、泥石流应对、预防雷击等知识开展科普宣传。

【应急处突演练】 2019年,县应急管理局组织开展全县综合应急演练3次,提升中小学生预防地震、火灾的能力和处理重大交通事故的能力。其中“察布查尔县大规模停电应急演练”首次实现政企联合演练,有效提升了自治县应对大规模停电突发事件的能力。

【专项督查】 2019年9月29日,县委副书记、县长关桂珍,副县长李春山带队对全县建筑施工、危化品、工矿商贸3家企业突击检查,对用电和消防设施重点检查,提出修改意见5条,全部立即整改。伊犁州直第四综合检查组对自治县4家企事业单位进行检查,对消防措施、应急演练提出整改意见。

10月2日,伊犁州住建局检查组对自治县加油加气站专项督查。

9月28日至10月7日,自治县成立35个检查组,出动310人次,检查825家企事业单位,查出各类安全隐患1100条。

【安全生产会议】 2019年4月18日,县委书记王沛昭主持召开自治县安全生产工作会议,安排部署安全生产工作。

12月9日,王沛昭主持召开自治县安全生产专题会议。与会人员聆听州应急管理局党组书记拜生贵做《安全生产与应急管理知识》专题讲座,王沛昭研究部署安全生产工作。

(富英)

市场监管

【县市场监督管理局负责人】

党委书记、副局长:范春光(3月离任)、陈万(3月任职)

党委副书记、局长:穆拉提·艾吾力汗(哈萨克族)

党委副书记、纪检书记:陈林(3月离任)

副局长:裴玉婷(女,11月任职)

【内设机构】 2019年,县市场监督管理局内设办公室、政策法规科、登记注册信用监管科、网络与市场规范监督管理科、质量管理与监督科、特种设备安全监察科、食品安全监督管理科、药品药械化妆品安全监督管理科等科室。下设城镇市场监督管理所、爱新色里镇市场监督管理所、海努克市场监督管理所3个派出机构,规格为股级。有在职干部职工51人。

【企业登记管理】 2019年,县市场监督管理局继续深化商事制度改革,统筹推进“多证合一,一照一码”改革,优化审批流程,对新办企业实行当日受理,当日出照。登记管理市场主体12181户,实施企业简易注销登记改革,推动市场退出全程便利化。

【食品监管】 2019年,县市场监督管理局积极开展农村食品市场专项整治活动,严厉打击销售假冒伪劣食品的违法行为。重点加强对全县学校(幼儿园)食堂、食品加工经营单位专项监督检查,强化食品安全主体责任落实,保障全县重要节点、重大活动期间食品安全。持续实施餐饮服务单位“明厨亮灶”和量化分级等级评定,实施“明厨亮灶”,全县持证单位1277家,实施餐饮服务单位量化分级等级评定1208家,量化分级动态等级评定率100%;实施餐饮服务单位“明厨亮灶”1076家,提升全县餐饮服务环境和质量。

【药品监管】 2019年,县市场监督管理局将辖区内的药械经营使用单位作为整顿重点,摸清辖区内药械使用单位的各项基本情况及经营现状,加强重点部位、重点环节重点监管,认真履行药械化监管职责,依法严厉打击制售假劣药品、医疗器械和化妆品违法活动。全县药品经营企业 49 家,医疗机构 109 家,药械化监管 357 家。开展节日期间药品安全专项检查,检查药品零售企业 90 家、医疗机构 33 家、药品零售 57 家,责令改正 10 家,查处违法违规案件 14 起。

【消费维权】 2019 年,县市场监督管理局受理消费者(申)投诉 71 起,为消费者挽回经济损失 8.42 万元;办理动产抵押 6 起,为企业融资 1.01 亿元。

【质量安全监管】 2019 年,县市场监督管理局开展质量提升和质量专项监督,提升产品质量、工程质量、服务质量、环境质量。对水泥、电线电缆、危险化学品、建筑保温材料、滴灌带、纺织服装等重点产品进行监督抽查,重点抽查企业 21 家。对 2 家水泥生产企业产品抽样、封样。加强特种设备监察工作,检查特种设备使用单位 35 家,检查在用计量器具 960 台件。

【"放管服"工作】 2019 年,县市场监督管理局积极发挥职能作用,持续推进商事制度改革,全面落实"3550"改革措施,提升办事效能和服务水平,最大限度放宽降低准入门槛,激发市场主体发展新活力。

【标准化工作】 2019 年,县市场监督管理局继续组织实施有机大米国家农业综合标准化示范区项目,加大察布查尔大米共用品牌,积极配合自治区质量技术监督局对自治县有机大米国家农业标准化示范区的复查考核,修订、补充、完善有机大米保障体系。积极申报推进察布查尔县孙扎齐牛录镇国家新型城镇化标准化示范区项目。

(曹江霞)

统计服务

【县统计局负责人】

党组书记、副局长:赵建新

党组成员、局长:郭钦荣(锡伯族)

副局长:关静(女,锡伯族)

【内设机构】 2019 年,县统计局内设办公室、综合科、工交科、固投科、农牧科、法教科、商贸服务科等科室和 1 个普查中心,有在职干部职工 10 人。

【统计科目设置】 2019 年,县统计局设有综合、核算、工业、农业、固定资产投资、贸易、能源、统计法制、政务信息、统计分析、劳资、两纲监测、房地产、建筑业、交通、基本单位统计、人口抽样、统计教育、财务管理、信息化建设、工业成本费用调查、科技、县市卡片(农口)、人口普查、经济普查、农业普查及城乡住户调查 27 个专业统计及调查。

【统计报告】 2019 年,县统计局编辑、整理印制统计年鉴、领导干部手册 600 册,编制发布国民经济运行卡片、统计快报、统计分析、统计信息、调研报告等统计资料 46 篇。

【统计调查】 2019 年,县统计局完成自治县"第四次全国经济普查"工作任务,清查底册登记录入单位 2232 家(实际有效 1418 家),个体清查 5335 家;普查一套表单位 35 家,非一套表底册生成单位 1207 家,实际普查单位数 1147 家,普查上报率 95%,普查抽样个体登记

774 家，完成普查数据统计直报平台审核纠错及查遗补漏工作，顺利通过自治区、自治州数据审核及事后数据质量抽检。根据自治区抽样工作，组织开展人口抽样调查工作。组织开展对察布查尔镇宁古齐牛录村、蒙霍尔村、查鲁盖西街社区，扎库齐牛录乡扎库齐牛录村，爱新色里镇安巴贴村，海努克乡琼布拉克村 6 个抽样点 60 户的城乡一体化住户调查工作。

【统计培训】 2019 年，县统计局围绕重点工作开展业务培训。1 月 11 日，举办工业、能源统计业务培训，15 家规模以上工业企业参训。1 月 18 日，举办商贸、服务业统计业务培训，20 人参训。3 月 19 日，组织全县 15 个乡（镇、场）、部分重点行业部门以会代训，重点培训统计执法、固定资产、房地产、建筑业。3 月 25 日，举办教育、卫生和社会工作行业事业单位统计调查工作培训。4 月 9 日，组织开展城乡一体化住户调查培训，6 个乡镇调查点分管领导、统计员和辅调员 14 人参训。10 月 22 日，举办“不忘初心、牢记使命”防范统计数据造假统计执法培训，42 家企业负责人参训。分期分批组织 15 个乡（镇、场）、村（社区）经济普查指导员及各普查小区普查员开展普查登记、数据核查、纠错等经济普查专项业务轮训 8 期。

【信息工作】 2019 年，县统计局立足统计服务职能力促统计分析能力提升，发布统计公报 1 期，完成统计分析 8 篇，编制统计月度卡片 12 期，编发统计快报 25 期，为县委、县政府经济决策提供依据。

【荣誉称号】 2019 年，县统计局获自治州级民族团结进步模范单位称号。

（李春华）

审计监督

【县审计局负责人】

党组书记：吴志康（锡伯族）

局长：汪洋

副局长：王桂燕（女，4 月离任）、王国全（6 月任职）

【内设机构】 2019 年，成立中共察布查尔锡伯自治县委员会审计委员会。县审计局内设固定资产投资审计科、法制科、经济责任审计科、财金科办公室，有在职干部职工 14 人。

【工作概况】 2019 年，县审计局审计项目 58 个，查出主要问题金额 108578 万元，其中违规金额 1 万元，管理不规范 108577 万元。提出审计建议 59 条，审计移送纪检监察部门案件 2 件。

【经济责任审计】 2019 年，县审计局经济责任审计 3 家单位，出具审计报告 3 份，发现问题 20 条，审计查出主要问题金额 3891.37 万元，其中管理不规范金额 3889.6 万元，违规金额 1.77 万元。针对查出的问题进行审计处理处罚，上缴财政 3.65 万元。

【固定资产投资审计】 2019 年，县审计局开展固定资产投资审计送审项目 86 个，完成竣工结算审定的项目 43 个，送审总金额 52521.51万元，审定总金额 31464.24 万元，核减总金额 16751.7 万元，平均核减率 31.89%。

【荣誉称号】 2019 年，县审计局获自治区级精神文明单位称号。

（杨杰）

国家统计局察布查尔调查队

【国家统计局察布查尔调查队负责人】

党支部书记、队长:文超(锡伯族,12 月任职)

【内设机构】 2019 年,国家统计局察布查尔调查队内设办公室,有在职干部职工 6 人,由汉族、维吾尔族、锡伯族组成。

【基本情况】 2007 年 6 月 12 日,根据《国家统计局关于新疆地区国家统计局县级调查队组建方案批复》决定,国家统计局新疆调查总队撤销农调队(察布查尔县农村社会经济调查队),设立国家统计局察布查尔调查队,并参照国家公务员制度实行垂直管理,为正科级机构,主要承担国家宏观调控和国民经济核算所需重要统计信息的调查任务,工作方式以抽样调查为主。主要职责是,组织实施国家统计局布置的各项常规统计调查,组织实施国家统计快速反应制度,组织开展经济社会重大问题专项调查,完成地方政府委托的有关统计调查。调查任务是居民收支调查、主要农产品中间消耗调查、农产品价格调查、农民工监测调查、农产量调查、畜禽监测调查、贫困监测调查、月度劳动力调查、小微企业跟踪调查及重大信息调查等工作。

(文超)

财政·税收

财　政

【县财政局负责人】

党组书记、副局长：朱涛(3月任职)

党组成员、局长：吴军(7月离任)

党组成员、副局长：黄德渠

挂职副局长：王满仑(6月离任)

【内设机构】 2019年，县财政局因机构改革，科室予以调整，内设二级单位乡镇财政管理局。内设科室有国有资产管理中心、办公室、综合科、国库科、预算科、文行科、社保科、农业科、经建科、国库集中支付中心、业务科，有干部职工34人，其中行政(参公)人数22人，事业人数12人。

【财政收支】 2019年，全县地方财政收入完成35965万元，同比降低6.94%。其中一般公共预算收入完成32319万元，同比降低4.71%；政府性基金预算收入完成3646万元，同比降低22.88%。全年地方财政总支出合计260211万元，同比增长6.52%。其中一般公共预算支出完成232281万元，同比降低0.92%；政府性基金预算支出完成27930万元，同比增长183.81%。

【财政预算及公开】 2019年，全县按照“稳增长、促改革、调结构、惠民生、防风险、保稳定”要求，牢固树立过“紧日子”思想，压减一般性支出和三公经费支出，全县一般性支出压减10%以上，“三公”支出同比下降5%。压减资金全部用于统筹落实“保工资、保运转、保基本民生”。用好专项资金。优先保障重点项目，同时坚持“无预算、不支出”原则，依法调整预算，硬化预算约束。盘活存量资金，收回结余资金和连续两年未使用完的结转资金，统筹用于保障工资、民生、重点公益事业等刚性支出，提高广大人民群众的幸福感和获得感。全县2019年政府预算及各部门预算均在本级人大批复20日内在察布查尔县人民政府网站公开。

【深化财税金融改革】 2019年，全县建立有效预算制度。深化财税金融体制改革，实现预算公开范围扩大，细化公开内容，完善预算公开机制，全面深化财税体制改革。完善金融市场体系，大力发展普惠金融和绿色金融。严格落实预算法，推进全口径政府预算管理，加快推进统一预算分配权，全面提高预算透明度。完善税收制度，发挥财税的保障作用。提高预算编制的科学性，改善部门预算内容以及形式，健全地方税体系，规范政府举债融资机制。

【预算项目绩效目标管理】 2019年，全县围绕绩效目标、绩效监控、绩效评价和重点评价四个主要环节，推进构建预算编制有目标、绩效目标有监控、监控结果有运用的全方位、全过程、全覆盖的预算绩效管理体系。

【国库集中支付改革】 2019年，全县预算单位全部纳入国库集中支付管理。全县改革上线单位118个，当年直接支付31636笔，拨付资金199864万元，直接支付资金占国库集中支付的90%，提高财政资金调控能力。

【项目投资评审】 2019年，全县评审政府性投资项目124项。评审投资43982.18万元，审定投资38063.61万元，审减不合理资金5918.57万元，审减率13.46%，送审的财政投资评审项目审结率97%以上。

【政府采购】 2019年,县人民政府采购下达采购计划37笔,采购预算8016.35万元,实际采购7482.14万元,节约资金534.21万元,节约率6.66%。公开招标4949.66万元,邀请招标69万元,竞争性谈判2016.34万元。单一来源采购190.62万元,询价采购256.52万元。网上超市采购132笔,采购预算187.32万元,完成采购35.78万元,使用中金额55.04万元。

【会计管理】 2019年,县财政局围绕政府会计制度、会计准则的全面实施,开展会计继续教育工作,培训人数427人,推进预算单位财务核算信息系统建设,开展会计人员信息采集721人,推进"互联网+政务服务"工作,开展代理记账机构网上申办业务。加强会计人员诚信管理,规范会计行为,提升会计诚信水平。

【乡镇财务管理】 2019年,县财政局全面落实乡镇财政"三化"(工作规范化、服务优质化、办公阵地标准化)工作。通过完善"一卡通"平台发放机制,实现"一个漏斗"向下的资金拨付方式,将全县36285户农户发放的补贴资金8710.95万元全部纳入"一卡通"监管范围。全年发放耕地地力保护资金6441.91万元,草原生态资金1141万元,完善退耕还林资金66.56万元,退耕还草资金501.44万元,农机购置资金560.04万元。

【财政监督】 2019年,县财政局加强会计质量信息建设,提高财政监督主体信息共享和有效配合,深化财税体制改革和规范化管理,提升财政监督管理水平。在监督中发现一些账务管理不规范、原始凭证以及附件的处理存在一些低级等问题。对4个单位涉及金额157万元问题进行整改。

(代丽婷)

税 收

【县税务局负责人】

党委书记、局长:黄丽芳(女,10月离任)、王海珍(女,10月任职)

党委委员、副局长:何红华(女)、杨长秀、刘昕、刘建峰、楚博、李金华、张毅(6月离任)

党委委员、纪检组组长:王朝云

【内设机构】 2019年,察布查尔县税务局设12个内设机构(办公室、法制股、税政股、社会保险费和非税收入股、纳税服务股、征收管理股、收入核算股、税源管理股、风险管理股、人事教育股、机关党委、纪检组)、2个派出机构(第一税务分局、城区税务所)、1个事业单位(信息中心)。有在职干部职工77人,其中党员45人,占58.4%;少数民族干部34人,占44.2%。

【组织收入】 2019年,县税务局组织收入53128万元,其中税收收入29724万元,社会保险费收入23829万元,非税收入915万元,其他收入368万元(代收工会经费);办理出口退税1708万元(中央100%)。其中县级税收收入(不含都拉塔口岸)16885万元。

【落实减税降费政策】 2019年,县税务局坚持把减税降费作为头号政治任务坚定不移扛牢抓实,成立减税降费工作领导小组,不定期召开专题会议研究部署减税降费工作,实现减税办实体化运行。组织各类减税降费政策培训14期,参训纳税人2448户;围绕减税降费主题,邀请辖区重点企业纳税人召开座谈会4

次，解答纳税人意见、建议 18 条；牵头组织“一对一”宣传辅导纳税人 4052 户，发放宣传册 7000 份。全面落实普惠性和结构性减税政策，将减税降费政策落实情况纳入绩效考核，加强执法督察、纪检监督、督查督办，强化政策效应分析，构建税收共治局面，形成落实减税降费政策合力。

【组织税费收入】 2019 年，县税务局面对经济下行压力加大、政策减收规模扩大、政府债务清理、财政扶持政策收窄的严峻复杂形势，牢固树立法治理念、任务观念，坚持组织收入原则，抓好综合治税、申报数据比对、汇算清缴、欠税清理等重点工作，认真分析预测，算清经济税源账、政策调整账、征管措施账，坚决履行“为国聚财、维护稳定”两大责任，发挥税收职能作用。

【规范税务执法】 2019 年，县税务局坚持将依法治税作为税收工作，全面推行行政执法“三项制度”，严格执法程序，切实增强税收执法公信力和透明度；连续第六年开展“便民办税春风行动”，贯彻落实“放管服”改革措施，积极开展“问送优”专项活动，全面推行首问责任、限时办结、预约办税、延时服务等制度，持续大力推行网上办税服务厅、电子税务局，针对纳税人、缴费人关注的问题开展自查整改，打通纳税服务“最后一公里”，优化税收营商环境。

【推进改革】 2019 年，县税务局助力改革任务扎实落地。积极与财政局、人社局、医保局、各商业银行进行对接，组织多场针对机关事业单位财务人员和各乡镇社保站工作人员的业务培训，推广多元化缴费方式，简化缴费程序，明晰缴费流程，同时建立问题处理机制，通过问题解答微信群及时答疑解惑，保质保量完成城乡两险征收任务。完成城乡居民养老缴费 53992 人，完成预算比例为 101.39%；完成城乡居民医疗保险缴费 133278 人，完成预算比例为 97.08%。全面贯彻落实 2019 年深化增值税改革的具体安排和工作要求，举办深化增值税改革专题培训 4 期，参训一般纳税人 400 户；成立增值税发票管理系统上线 2.0 版上线工作领导小组，制订实施方案、应急预案，确保增值税发票管理系统 2.0 版顺利上线。严格落实个人所得税改革新政，对内强化干部政策培训，统一政策执行和辅导口径，对外通过微信群通知、公告栏公告、举办专项培训、下户实地调研、现场辅导等线上线下方式开展纳税人和扣缴义务人培训，将个税新法政策执行到位。

（严婷）

银行·保险

银　行

中国人民银行察布查尔县支行

【中国人民银行察布查尔县支行负责人】

党组书记、行长：阿不都热西提·吾拉米丁（维吾尔族）

副行长、工会主任：田力

副行长、纪检组组长：王金华（4 月离任）、杨大军（5 月任职）

【基本情况】 中国人民银行察布查尔县支行（以下简称县人民银行）于 1989 年 4 月恢复成立，作为中国人民银行的派出机构，由中国人民银行实行统一领导和管理。支行配备行长 1 人、副行长 2 人。有干部职工 15 人，其中少数民族干部 5 人。

【内设机构】 2019 年，县人民银行内设会计国库股、综合股、办公室。县人民银行在履行货币信贷政策的执行、支付清算、国库经理、货币发行、人民币反假等方面职责的同时，在防范化解县域金融风险、县域经济金融发展调研、传导货币政策、提供金融服务和支持地方经济发展等方面发挥着重要作用。

【金融工作概况】 截至 2019 年底，全县辖金融机构各项存款余额 55.77 亿元，同比增长 10.25%；各项贷款余额 44.1 亿元，同比增长 17.23%。累计发放扶贫小额贷款 824 笔、1806 万元，贷款余额 1198 笔、2243 万元。县域小微企业贷款余额 52709.54 万元，同比增长 37.41%，占企业贷款余额的 29.79%。全县有 4 家金融机构、16 家企业在中征应收账款平台进行注册，融资额 34550 万元。

【绿色金融】 2019 年，县人民政府印发《察布查尔县伊南工业园区绿色金融试点方案》，将绿色金融试点工作纳入到县辖金融发展规划中，加快县绿色金融体系建设。引导县农业发展银行向察布查尔森源景观苗木有限公司发放林业资源开发与保护中长期扶贫贷款 8830 万元。至 12 月末，该项目贷款余额 14930 万元，期限 15 年，项目贷款金额总计为 17000 万元，用于县交通干线防护林体系与林业生产基地建设项目。

【普惠金融】 2019 年，县人民银行建成金融服务示范点 1 个、惠农站 20 家。对坎乡坎村普惠金融服务点全方位升级改造，拓展为综合金融服务示范点。扎实组织推进辖区移动支付便民示范工程建设，推动其更好地服务于实体经济发展和社会民生改善。智慧公交、惠农站、商圈街区、智慧乡村旅游等移动支付场景广泛覆盖县域及农村地区人民群众日常生活。至 12 月末，智慧公交“云闪付”38 辆国营公交车全覆盖，系统自 6 月建成运行以来，交易量位居伊犁州直辖区县市第二。

【县智慧公交系统】 2019 年 7 月 1 日正式上线，项目启动仪式在县通惠公交交通有限责任公司举行，副县长李春山、中国银联新疆分公司伊犁营业部经理侯晶宝等出席启动仪式。李春山对金融系统积极践行移动支付供给侧改革，深化支付领域“放管服”工作，共同努力建成智慧公交项目给予高度评价和肯定。他强调移动支付是一项惠及民生、服务百姓的便民工程，智慧公交项目作为移动支付便民工程的一项内容，在推动全县智慧县城建设进程中具有重要意义,是普惠金融建设的一项重要举措。

【"政银企"对接会】 2019年10月11日召开,县财政局、县人民银行、县辖4家金融机构负责人及县域经营发展良好的10家中小微企业代表参加座谈会。与会企业代表围绕自身发展态势及困难踊跃发言,银企双方就如何解决融资难问题进行深入讨论,并提出相关建议。

（贺春莹）

中国农业银行察布查尔县支行

【中国农业银行察布查尔县支行负责人】

党总支书记、行长:马建新

纪检委员:马晶(女)

副行长:王志敏

【机构设置】 2019年,中国农业银行察布查尔县支行(以下简称县农行)是单点支行,有在岗员工31人,平均年龄43岁,少数民族员工占65.6%。支行党总支辖3个党支部(机关党支部1个,营业部党支部1个,离退休党支部1个),有在职党员10人。

【经营情况】 2019年,县农行各项存款时点余额143221万元,市场份额占27.61%,存量排名第二;截至年末,各项贷款余额50448万元,市场份额占14.84%,存量排名第二。

县农行聚焦主责,深入推进金融服务"三农"工作,新增扶贫县域贷款15000万元。积极履行服务脱贫攻坚责任,落实普惠金融政策,打造覆盖全县金融服务网络,持续改善贫困村用卡环境,增设惠农服务点和升级智能POS终端,同时依托移动网络金融产品,不断延伸服务网络和完善综合化服务能力。加强"双基"管理工作,加强信用风险、操作风险、员工行为管理、舆情维稳管控能力以及运营管理、维稳安保等相关安全生产工作。内控评价上升为一类行,操作风险考核评价满分。

【王伟华指导工作】 2019年11月7日,总行主题教育第六巡回指导组组长王伟华一行到县,指导县农行开展"不忘初心、牢记使命"主题教育工作。

（马晶）

中国工商银行察布查尔县支行

【中国工商银行察布查尔县支行负责人】

行长:王鹏

副行长:冯祖磊

行长助理:李佳惠(女)

【内设机构】 2019年,中国工商银行察布查尔县支行(以下简称县工行)属标准化二级支行,位于察布查尔镇杜林拜街5号。设有标准化营业网点1个、附行式自助银行1个、ATM机5台。支行设立营业部、综合业务部。有在职员工21人。

【业务概况】 2019年,县工行吸纳各项存款5.61亿元,较年初增加0.36亿元。各项贷款余额4.45亿元,较年初减少0.32亿元。进行资产质量风险监测,其中违约一期3笔,金额0.45万元;违约三期以上1笔,金额19万元。贷款余额19.45万元,控制在伊犁州分行核定指标45万元的范围以内;不良贷款余额为零,继续保持县工行资产质量"零"风险管理水平。柜面迁移率大幅提升,总业务量189743笔,其中柜面业务量35937笔,自助设备业务量153806笔,个人非现金业务迁移率81.06%。实现对公业务、个人业务、现金业务、转账业务等综合一体化服务,减少客户排队时间,大幅提升客户的满意度。

（赵福如）

中国农业发展银行察布查尔县支行

【中国农业发展银行察布查尔县支行负责人】

党支部书记、行长：陈武

副行长：贾冰、杜艳敏(女)

【内设机构】 2019年，中国农业发展银行察布查尔县支行(以下简称县农发行)内设机构有办公室、信贷业务部、会计结算部，有在职员工19人，其中大专以上学历17人。

【业务概况】 2019年，县农发行以党建工作统领业务发展，按照“收购早布局、创新促增长、存款增效益、考核重扶贫、效益稳增长”发展理念，累计发放政策指导性粮食贷款30500万元，有效解决农民卖粮难问题。积极支持棉花收购，投放棉花收购贷款2000万元，收购籽棉3996吨。支持扶贫业务，稳步推进项目营销，支持县域农村物流配送体系项目1个，累计投放贷款5755万元。加大县域基础设施建设支持力度，投放供热管网改造项目215万元。账面盈利1195万元，各项存款日均余额36488万元。

【荣誉称号】 2019年，县农发行党支部被农发行伊犁州分行评为先进基层党支部。

(马云龙)

察布查尔县农村信用合作联社

【察布查尔县农村信用合作联社负责人】

党委书记、理事长：高晓

党委委员、主任：周卫华(女，锡伯族)

党委委员、纪委书记、监事长：佘建福(回族)

党委委员、副主任：方建强、黄志刚

【内设机构】 2019年，察布查尔县农村信用合作联社(以下简称县联社)设有社员代表大会、理事会、监事会和经营管理层，有各类委员会15个(提名委员会、发展战略委员会、信息科技安全管理委员会、集中采购委员会、固定资产购建审批委员会、固定资产处置委员会、保密工作委员会、薪酬管理委员会、信贷审批委员会、利率定价管理委员会、资金营运管理委员会、财务审批委员会、内部审计工作委员会、资产风险管理委员会、关联交易控制委员会)、职能管理部(室)12个(信贷管理与服务部、计划财务部、会计结算服务部、电子银行部、合规与法律服务部、扶贫贷款办公室、业务拓展部、综合办公室、人力资源部、审计部、纪检监察部、安全保卫部)、营业网点13个(联社营业管理部、杜林拜街信用社、纳达齐牛录信用社、伊犁河南岸新区信用社、扎库齐牛录信用社、孙扎齐牛录信用社、种羊场信用社、六十八团信用社、爱新色里信用社、绰霍尔信用社、海努克信用社、扎格斯台信用社、六十九团信用社)。

【业务经营】 2019年，县联社各项存款252289万元，较上年增加23189万元，增长10.12%，其中：对公存款70929万元，较上年增加1699万元，增长2.45%，占比28.11%；储蓄存款181360万元，较上年增加21492万元，增长13.44%，占比71.89%。市场份额45.24%，较上年减少0.05个百分点。

各项贷款230620万元，较上年增加30098万元，增幅为15.01%；累计发放各项贷款448186万元(含转贴现和公务卡)，较上年增加58715万元。市场份额52.33%，比上年减少1.02个百分点。不良贷款余额4991.87万元，较上年下降283.21万元；占比2.16%，较上年下降0.47个百分点。累计清收不良贷款1810.19万元。司法途径收回贷款本息116.35万元，盘活转化18.8万元。收回诉讼费1.19

万元。

各项收入15996万元,比上年增加518万元,增长3.35%;各项支出9658万元,比上年增加3209万元,增长49.76%;实现利润6338万元,比上年减少2689万元,降低29.79%。资产总额300641万元,较上年增加28385万元;负债总额257235万元,较上年增加23822万元;所有者权益43406万元,较上年增加4563万元;股本金7008万元;各项拨备18320万元,比上年增加514万元,增长2.89%;贷款拨备覆盖率为328.59%,高出标准值178.59个百分点;贷款总拨备率7.11%;资本充足率23.74%,高出标准值13.24个百分点;成本收入比率44.26%;流动性比例41.64%,高出标准值16.64个百分点。

全年发行IC卡19519张,比上年增加7098张。卡存款余额81707.05万元,较上年增加3308万元。累计开办个人网银31477户,其中新增10480户;累计银信通签约97111户,增加24626户;开办党费通业务22户。累计发放扶贫小额信贷824户、1806万元,余额1198户、2243万元,较上年增加607户、1197万元;全面满足符合条件的贫困户申贷需求,为自治县脱贫摘帽提供坚强可靠的金融支持。

【普惠金融】 2019年,县联社积极贯彻落实以贷款市场报价利率(LPR)为定价基准政策,通过利率下降0.88个百分点,使百姓获利1432万元。加大科技投入运用,提高电子银行的推广运用。布放42台自动设备,布放POS机具869台,累计开通个人网银31477户、企业网银818户、手机银行29122户,云闪付绑卡7291户,微信银行绑卡6109户。积极做好社保缴费业务,成功安装社保缴费智能终端76台。新发行公务卡447张,总授信额1428.6万元,使用448.15万元,活卡率71%。金融服务全覆盖,贷款投放涉及15个乡(镇、场)63个村和伊河南岸新区、兵团44个连队;设立普惠金融服务驿站4个、助农取款服务点101个,覆盖县域62个乡镇行政村、10个团场连队,行政村覆盖率为92.5%,使百姓享受足不出村的“零距离”金融服务。

【党建工作】 2019年,县联社安排部署“不忘初心、牢记使命”主题教育,制订实施方案,成立领导小组,制订党委中心组和两个党支部学习计划,开展“以党建促业务”争先创优“岗位明星”评选活动,把开展主题教育同各项工作结合起来,取得扎实成效。党委中心组集中学习讨论56次,党员集中学习36场、1527人次,领导干部讲党课5次,撰写心得体会255篇。强化廉政教育,组织要害岗位人员前往县人民检察院预防职务犯罪教育基地接受反腐倡廉警示教育,组织员工观看新中国成立70周年网上展馆;组织全体党员和中层干部参观西迁历史博物馆,集中观看红色教育片《李保国》,赴米粮泉回族民族乡敬老院开展敬老爱老活动,开展“七一”党日庆祝活动,重温入党誓词,高唱国际歌,表彰优秀共产党员,举行红歌合唱比赛和“不忘初心、牢记使命”主题演讲等活动。在元旦、春节期间开展走访慰问生活困难党员、老党员和老干部活动30人,发放慰问品1.5万元。

【宣传活动】 2019年,县联社在精准扶贫上深下细功,加大宣传,使贫困户对扶贫政策能享尽享,全年开展宣讲59场次,受教育群众4336人次。开展金融消费者宣传教育等活动154场次,覆盖全县63个行政村(队)、44个连队,受众客户量达14991人次,发放各类宣传材料15729余份。

【“民族团结一家亲”活动】 2019年,县联社邀请结亲结对户参加春节联谊活动、“五一”徒步活动和趣味运动会。组织全体员工在农忙时节与结对帮扶户一同采摘红花,在中秋、国庆期间开展“同过一个节”、共庆共和国生日等联谊活动,促进“民族团结一家亲”活动深入开展。积极开展走访工作,全年走访29户帮扶结对户462次,走访率100%,为结对户送去价值1.68万元的鸡苗、菜苗等慰问物资,向17户家庭困难的帮扶户送去34吨暖心煤;向符合条件的结对帮扶户18户发放扶贫小额贷款32.5万元。

【荣誉称号】 2019年,县联社在人民银行伊犁州开展农村地区现金服务点竞赛活动中获“2019年度农村地区现金服务点竞赛活动优秀单位(现金服务点)”荣誉称号,在上级监管单位报表考核中获“2019年伊犁州直银行业法人机构金融统计数据质量”二等奖、“2019年伊犁州直银行业法人机构金融统计分析和综合材料报送”三等奖。

(胡锡)

保　险

中国人寿保险股份有限公司察布查尔县支公司

【中国人寿保险股份有限公司察布查尔县支公司负责人】

党支部书记、经理:富方明(锡伯族)

经理助理:宋军

【内设机构】 2019年,中国人寿保险股份有限公司察布查尔县支公司(以下简称县人寿保险公司)下设办公室、个险部、收展部、团险部、银保部和客户服务中心,辖独立营销服务部1个,有员工及营销员139人。

【概况】 2019年,县人寿保险公司实现股份总保费4917.98万元。长险首年新单保费1112.05万元,续期3423.17万元;短险保费382.76万元。赔付支出996.46万元,其中长期险赔付支出768.27万元,短期险赔付支出228.19万元。

(宋军会)

中华联合财产保险股份有限公司察布查尔县支公司

【中华联合财产保险股份有限公司察布查尔县支公司负责人】

经理:罗铮

【内设机构】 2019年,中华联合财产保险股份有限公司察布查尔县支公司(以下简称县中华财险公司)位于察布查尔县果尔敏东街114号。总经理室下设财险出单岗、农险承保岗、农险理赔岗、人险承保岗、人险理赔岗、报账综合岗。有在职职工17人,由汉族、回族、维吾尔族、哈萨克族、土家族等民族组成。

【概况】 2019年,县中华财险公司经营财产险、机动车辆保险、责任险、健康险、农业保险等业务。全年累计实现保费收入2343万元,理赔金额健康险298万元、种植业养殖业802万元、其他426.54万元,合计理赔1526.54万元。

(马雪燕)

中国人民财产保险股份有限公司察布查尔县支公司

【中国人民财产保险股份有限公司察布查尔县支公司负责人】

党支部书记、经理:蒲希礼

副经理:安继红(女)、牛月霞(女)

经理助理:徐亮

【内设机构】 2019 年,中国人民财产保险股份有限公司察布查尔县支公司(以下简称县人保财险公司)内设经理室、综合部、农险团队、车营团队、非车险团队、呼出团队、理赔部、承保分中心。公司有三农服务网点 14 个,服务网点遍布全县 15 个乡(镇、场),有在职员工 67 人。

【经营概况】 2019 年,县人保财险公司主要经营机动车辆保险、企业财产损失保险、意外伤害保险、家庭财产损失保险、建筑工程保险、安装工程保险、货物运输保险、农业保险、一般责任保险、保证保险以及中国保监会批准的其他财产保险业务。公司成立于 1992 年 3 月 6 日,业务遍布各乡(镇、场),是察布查尔县网点最多、理赔最优、各级党政最认可、本地市场份额最大的财险公司。2019 年,累计实现保费收入 4163 万元;车险理赔金额 893.7 万元,农险理赔金额 1393.67 万元。

【荣誉称号】 2019 年,县人保财险公司被共青团伊犁哈萨克自治州委员会、中国人民银行伊犁哈萨克自治州分行评为青年文明号,被县委、县人民政府评为爱心贡献企业。

中国邮政储蓄银行察布查尔县支行

【中国邮政储蓄银行察布查尔县支行负责人】

行长:王东亮

【内设机构】 中国邮政储蓄银行察布查尔县支行(以下简称县邮政储蓄银行)成立于 2008 年 7 月,内设综合管理部、综合业务部、三农金融部。有职工 18 人,其中合同工 18 人;本科学历 13 人,专科学历 4 人,中专及以下学历 1 人;具有邮政通信职业技能鉴定初级证 3 人,邮政通信职业技能鉴定中级以上专业技术职称 2 人;党员 4 人。由汉族、锡伯族、回族、维吾尔族、哈萨克族、乌孜别克族、东乡族等民族组成。

【业务概况】 2019 年,县邮政储蓄银行个人储蓄存款余额 16544 万元,有存取款一体机 3 台、网银终端机 1 台,方便农村地区农牧民金融服务需求。累计投放涉农小额贷款 12064 笔,金额 51937 万元,小额贷款结余 2849 万元;累计发放个人商务贷款 1006 笔,金额 31000 万元;累计发放综合消费贷款 1318 笔,金额 28662 万元。累计完成业务收入 863.4 万元,完成年计划的 84.65%;累计完成利润 393.48 万元,完成年计划的 114.05%。

【个金业务】 2019 年,县邮政储蓄银行个金业务完成收入 477.25 万元,完成全年计划的 96.81%;储蓄存款余额 16544 万元。

【信贷业务】 2019 年,县邮政储蓄银行零售贷款业务完成收入 351.4 万元,完成全年计划的 85.71%;发放各类贷款金额 7538 万元,结余 13797 万元。

【存款业务】 2019 年,县邮政储蓄银行存款业务完成收入 27.69 万元,完成全年计划的 25.17%;公司存款余额 142 万元。

(马米娜)

教育·科技

教　育

【县教育局负责人】

党委书记：吴强

党委副书记、局长：高英胜(锡伯族)

党委副书记：杨顺新

【内设机构】 2019年，因机构调整，县教育局与察布查尔县语言文字工作委员会合并，内设教育中心、教研中心、招考中心、电教中心、学生资助管理中心(核算中心)、勤工俭学基建办公室、教育工会、青少年活动中心、“双语”教学工作领导小组办公室、民语委，有机关干部职工48人。

【工作职能】 2019年2月28日，根据中共察布查尔锡伯自治县委员会、察布查尔锡伯自治县人民政府关于《察布查尔锡伯自治县机构改革方案的实施意见》通知重新组建县教育局，将县教育局职责、县语言文字工作委员会职责，以及县人民政府教育督导室承担的行政职能整合，重新组建县教育局，作为县人民政府工作部门，加挂县民族语言文字工作委员会牌子，不再保留县语言文字工作委员会。其职能为：全面贯彻执行党和国家关于语言文字的方针政策和法律研究制定全县语言文字工作的规划和措施，落实《新疆维吾尔自治区语言文字工作条例》中规定的各项任务，提出语言文字使用、管理的有关具体政策和规定；研究解决语言文字工作中的重大问题，监督检查各乡镇、各部门执行语言文字政策和开展语言文字工作的情况，及时向县委和县人民政府提出报告和建议；根据《中华人民共和国宪法》和《中华人民共和国民族区域自治法》的规定，进一步加强语言文字的法制建设，管理社会规范用字；负责管理全县各民族语言文字规范化，研究制定规范标准，提出推广规划和措施；负责推广普及国家通用语言文字及普通话水平测试工作；管理全县少数民族语言文字的翻译工作，配合有关部门审定自然科学名词和人民、地名审音、定字工作；组织有关民族语言文字研究、重点科研项目的协作公关，开展学术交流活动。

【教育概况】 2019年，全县有学校99所，其中小学19所，九年一贯制学校10所，初级中学1所，高级中学1所，职业学校1所，公办幼儿园62所，民办幼儿园5所。全县幼儿园、中小学、职业学校在校生有34348人，其中幼儿园7751人，小学16687人，初中6211人，高中3231人，职业学校468人。义务教育阶段特殊教育学生228人(其中送教上门27人，跟班就读201人)，幼儿园残疾生27人，高中阶段残疾生20人，职业技术学校残疾生5人。

中小学教职工有2871人，其中在编2472人，特岗313人，县聘87人。学前教育三年毛入园率93.21%，小学适龄儿童入学率100%，初中适龄少年入学率99.7%，高中阶段毛入学率97.64%，“三类”残疾儿童少年入学率98.7%。(见表7、表8)

【教师队伍】 2019年，全县有教职工3779人，其中幼儿园教职工866人，小学教职工1789人，初中教职工778人，高中教职工304人，职业技术学校教职工42人。义务教育学校教师2292人，其中：小学教师1613人，中级以上职称的小学教师531人，占32.92%；初中教师679人，中级以上职称的初中教师320人，占47.13%。小学教师学历达标率100%，中学教师学历达标率100%。

2019年,多途径多渠道补充教师266人,其中特岗教师218人,城乡支教教师48人。拓宽大学生顶岗实习支教渠道,顶岗实习生250人,其中疆内实习生158人,疆外实习生92人。选派城乡支教教师18人、南疆支教教师38人、南疆双挂校(园)长12人、县域内交流轮岗教师116人。加强由学校人转变为系统人统筹调配工作,补充短缺学科教师,优化教师结构,改善普通话环境氛围,促使教师合理流动,支持薄弱学校师资。

【党建工作】 2019年,县教育局党委牢牢把握社会主义办学方向,确保党对教育的全面领导。

一是常态化开展政治思想理论学习。坚持以习近平新时代中国特色社会主义思想武装头脑,通过集中培训、个人自学、组织讨论等形式认真学习贯彻党的十九大,十九届三中、四中全会,全国教育大会精神,习近平总书记在学校思想政治理论课教师座谈会上的讲话精神,在学深、弄懂、悟透上持续发力,开展党委理论中心组学习27次,讨论发言85人次;开展党日活动972场;召开思想政治教育座谈会议45次,举办教育系统"党务知识岗位大练兵"知识竞赛活动1次。积极打造"党建+"校园品牌。把中小学党建工作作为办学治校的重要工作,进一步加强中小学校党建思政工作,打造高级中学、海努克中心校、阔洪奇中心校和米粮泉回族中心校4所中小学校作为伊犁州教育系统"党建+品牌"观摩点。

二是坚决落实党组织领导下的校长负责制。建立健全学校党组织会议、行政会议的议事规则。突出党组织的政治功能,严格按照民主集中制的原则决定"三重一大"等重大问题,牢牢掌握立校办学的领导权,发挥党组织把方向、管大局、做决策的领导作用。强化对学校"三会一课"和发展党员情况指导力度,检查36所学校"三会一课"记录本和220名入党积极分子、5名预备党员和10名发展对象档案,促进学校党组织建设日常工作规范化、长效化。组织开展为期5天的教育系统党务工作者培训示范班,包含学校党组织书记、校长、园长、党建专干140余人参加培训。充分利用各级各类培训资源,积极选派书记、校长、党员教师参加疆外、自治区级、自治州级、自治县级培训50余人次。

三是全面推进从严治党。把党风廉政建设纳入学校教育改革发展和党的建设总体工作中,形成以党委、党(总)支部班子为主覆盖全体党员的学习模式,举办集中学习3场次、集中学习研讨1场次、研讨发言5人次,参学党员1298人。侧重党章、先进典型、革命传统、形势政策教育,对照党章找差距,对照张富清先进事迹谈认识,对照《党组讨论和决定党员处分事项工作程序规定》谈党纪,对照《中国共产党的九十年》和《我们走在大路上》谈理想,对照"三本白皮书"谈思想认识,对照工作岗位谈方向,在深入持续的学习讨论强化中持续发力,推动深学细研实改,催生为民服务动力。

【德育工作】 2019年,县教育局常态化、长效化开展"三进两联一交友"活动,32名县四套班子及法检两院领导、2214名领导干部和教师与全县7635名学生结对,进班级19242次,进宿舍6717次,进食堂13753次,联系学生23044人,联系家长11133次,召开座谈会246场、联谊会394场、文体活动723场、主题班会3190场,解决困难673件,赠送物品价值41763元,帮扶资金11189元。传承红色基因,积极推进中华优秀传统文化进校园活动,开展志愿服务活动45场次,参与人数9851人;开展主题演讲比赛66场次,撰写征文

14000 篇;发放 150 份“青年大礼包”和 500 份“少年大礼包”,价值 7.25 万元。34 所中小学邀请法治副校长为师生开展以国家安全观、国家安全法为主题的专题讲座,结合具体的案例,以案释法,增强师生的国家安全意识。利用主题班、队会及家访深入开展学生养成教育,尤其是加强山区乡学校学生生活习惯教育,鼓励学生养成“写字上书桌、睡觉上床、吃饭上餐桌、早晚刷牙、洗脚”的良好养成行为。发挥课堂主渠道的作用。各学校面向全体学生召开“千万学生同上一堂国家安全教育课”的主题班会 40 场,受教育 14756 人次。将国家安全教育纳入“课前五分钟”德育渗透,依托全国青少年普法网,广泛开展宪法网上学习活动。各学校通过播放国家安全教育宣传片,学习《中华人民共和国国家安全法》《中华人民共和国反恐怖主义法》,组织学生讨论、撰写心得体会,深化学习成效。

深入开展“两学一实践”活动。2019 年暑期返乡学生参加升旗仪式 3490 人,213 人进行国旗下宣讲。召开座谈会 110 场次,参加人数 2618 人。开设红领巾小课堂。14 个乡(镇、场)开设红领巾小课堂 56 个班级,98 名返乡大学生参与授课及管理工作,受教育学生 3960 人。提供条件组织全县 2354 名返乡学生参与生产劳动、志愿者服务、公益活动、顶岗实习等实践活动,619 名返乡学生与“访惠聚”工作队一同开展走访慰问活动。

【国家通用语言文字教学】 2019 年,全县教育系统采取“军事化管理+政治学习+提升教育教学”的方式,寒假期间对 600 名教师开展为期 30 天、15 天的适岗能力提升培训。选派 30 名教师参加为期 4 个月的少数民族教师“区培计划”培训,689 人参加 2019“国培计划”培训项目;2016-2019 年新入职教师培训 477 人,2019 年中小学、幼儿园教师继续教育培训 566 人;组织实施五次师生国家通用语言月考工作,并完成月考的数据分析工作;制订第六个五年管理周期(2019-2023 年)中小学和幼儿园教师继续教育规划,为全员岗位培训及全面推进国家通用语言文字教学、提升教育教学质量奠定良好的师资基础。通过“小手拉大手”活动,利用升国旗仪式、家长开放日、家长学校、亲子运动会、双语故事比赛等形式,提高广大少数民族群众国家通用语言交流能力。

【教育教学质量】 2019 年,全县教育系统建立以县城幼儿园为突破口的“一体化办学”模式,加强教师聘任、交流工作以及教育教学人员管理工作,发挥捆绑幼儿园联片办学体牵头指导作用,促进幼儿教育均衡发展;完成标准化考场建设工程和升级安装并增加监控设备安装调试,在高考模拟考试、学考、月考等考试中提前开展培训和试用效果预测。顺利完成 2019 年高考、中考工作,2019 年自治县普通高考上线率 97.3%,较上年上升 7 个百分点。开展自治县第五届“苏伊杯”教师教学能力大赛,参与 92 人,推选 26 人参加州级比赛。

【援疆工作】 2019 年,江苏省盐城市加大对自治县教育资金投入,先后投入 8000 万元,完善学校硬件设备,加快学校标准化建设,推动义务教育均衡发展,促进教育公平,有效推动县教育事业发展。投入专项资金,采取专家讲座、就地培训等形式,培训教师 1000 多人次;邀请河南大学、沈阳沈北新区教育集团、盐城师范学院及教育局专家 47 人,开展以中考学科复习指导主题教研活动,对教务教研主任进行业务培训,上示范课 56 节,开展学科沙龙 15 次、主题讲座 58 次,732 名教师参加培训。

【重大项目】 2019 年,自治县陆续完成 15 所县直及乡镇中心学校的标准化运动场建设项目,并分批投入使用;总建筑面积18460.6平方米的县盐城实验学校完成建设并投入使用;续建县初级中学综合楼总投资982万元,包括综合楼建筑面积3600平方米,消防水池203.55平方米及其他附属设施建设。新建教学楼总投资900万元,包括教学楼建筑面积2152.68平方米及附属工程;新建察布查尔镇乌宗布拉克农村社区小学教学及辅助用房建设项目、琼博拉镇中心校学生宿舍及配套基础设施建设项目、综合教学楼建设项目,项目总投资927万元,总建筑面积4600平方米;实施完成县2018年农村学前教育园舍维修改造项目,项目总投资314.5万元。

【教育惠民】 2019年,自治县实施学前三年免费教育,落实资金1177.78万元,8685名学前幼儿接受学前免费教育;下拨15所寄宿制学校寄宿生生活费补助323.35万元,2329名寄宿制学生享受1250—1500元的中小学寄宿生补助;到位营养改善计划资金1770万元,全县22092名义务教育阶段学生享受每天4元标准的营养热餐;分三个档次发放普通高中教育助学金及免除332名建档立卡家庭经济困难高中生学杂费;落实中职教育“三免一补”政策,38名家庭经济困难学生享受助学金补助,115名学生(含联办院校学生)享受免学杂费、免住宿费、教材费补助。开展百企助力家庭经济困难学生灯展活动,资助全县268名建档立卡家庭经济困难大学生,资助资金16.45万元。落实家庭经济困难高中学生国家助学金资助政策,春季资助973名家庭经济困难高中生,资助资金97.35万元。高考结束后,先后组织新疆天利期货经纪有限公司、中石油、教育发展基金会资助县56名建档立卡家庭经济困难大学新生6.35万元。实施援疆助学金项目,对于考入内地高校的符合条件的察布查尔籍学生给予每生每年6000元资助。配合扶贫办实施好“雨露计划”,促进贫困家庭新成长劳动力参加职业教育,增加就业能力。完成标准化考场建设,并在高考模拟考试、学考、月考等考试中有效应用,6月7—9日高考顺利进行,1105名考生在县参加高考,为高三学生家庭减轻700元的经济负担。

表7 2019年察布查尔县中小学统计表

序号	学校名称	学校地址	在校学生数(人)			教职工数(人)	占地面积(公顷)
			小学	初中	高中		
1	县阔洪奇乡阔洪奇村教学点	阔洪奇乡阔洪奇村	34			4	1.76
2	县绰霍尔镇中心校	绰霍尔镇	255			43	2.80
3	县孙扎齐牛录镇中心校	孙扎齐牛录镇	348			62	3.92
4	县第二小学	察布查尔镇三区	764			73	4.36
5	县第一小学	察布查尔镇六区	1109			101	2.73
6	县堆齐牛录乡中心校	堆齐牛录乡	260			31	5.74
7	县坎乡杏花村小学	坎乡杏花村	278			41	3.78
8	县察布查尔镇乌宗布拉克农村社区小学	察布查尔镇乌宗布拉克农村社区	287			51	4.00
9	县海努克乡向阳村小学	海努克乡向阳村	887			90	2.27
10	县扎库齐牛录乡开发地小学	扎库齐牛录乡开发地	80			25	.6.58
11	县琼博拉镇克其克博拉村小学	琼博拉镇克其克博拉村	231			34	2.92

续表

序号	学校名称	学校地址	在校学生数(人)			教职工数(人)	占地面积(公顷)
			小学	初中	高中		
12	县加尕斯台镇阿克亚尔村小学	加尕斯台镇阿克亚尔村	1076			79	2.47
13	县阔洪奇乡琼塔木村小学	阔洪奇乡琼塔木村	142			24	2.40
14	县坎乡齐格勒克村教学点	坎乡齐格勒克村	39			10	2.44
15	县坎乡格拉木村教学点	坎乡格拉木村	75			13	3.71
16	县坎乡苏阿苏村教学点	坎乡苏阿苏村	105			10	1.46
17	县第三小学	察布查尔镇三区	1522			112	3.30
18	县察布查尔镇安定村教学点察布查尔镇	察布查尔镇安定村	29			4	1.73
19	县堆齐牛录乡佛营村小学	堆齐牛录乡佛营村	282			57	3.88
20	县盐城实验学校	察布查尔镇	1244	581		120	5.64
21	县海努克乡切吉村小学	海努克乡切吉村	561			44	2.00
22	县加尕斯台镇下加尕斯台村小学	加尕斯台镇下加尕斯台村	555			46	1.92
23	县绰霍尔镇博孜墩村教学点	绰霍尔镇博孜墩村	5			2	1.72
24	县绰霍尔镇布占村学校	绰霍尔镇布占村	98			27	1.47
25	县绰霍尔镇龙沟村教学点	绰霍尔镇龙沟村	5			2	2.17
26	县扎库齐牛录乡寨牛录村教学点	扎库齐牛录乡寨牛录村	22			3	3.96
27	县扎库齐牛录乡查干布拉克村小学	扎库齐牛录乡查干布拉克村	247			31	4.00
28	县阔洪奇乡玉奇吐格曼村教学点	阔洪奇乡玉奇吐格曼村	25			4	2.04
29	县阔洪奇乡吾日勒克村教学点	阔洪奇乡吾日勒克村	23			4	2.13
30	县阔洪奇乡阿尔墩村教学点	阔洪奇乡阿尔墩村	32			4	1.15
31	县阔洪奇乡亚尔胡斯亚尕奇村教学点	阔洪奇乡亚尔胡斯亚尕奇村	17			4	2.03
32	县琼博拉镇墩买里村教学点	琼博拉镇墩买里村	14			5	0.39
33	县琼博拉镇琼博拉村教学点	琼博拉镇琼博拉村	15			4	3.08
34	县海努克乡托普亚尕奇村教学点	海努克乡托普亚尕奇村	49			4	1.04
35	县海努克乡琼布拉克村教学点	海努克乡琼布拉克村	0			0	3.06
36	县加尕斯台镇阿克亚尔村教学点	加尕斯台镇阿克亚尔村	0			0	0.54
37	县孙扎齐牛录镇郎喀村教学点	孙扎齐牛录镇郎喀村	23			9	2.85
38	县扎库齐牛录乡中心校	扎库齐牛录乡	659	369		128	4.85
39	县种羊场中心校	种羊场	566	307		122	4.41
40	县坎乡库勒特克其村小学	坎乡库勒特克其村	615			56	3.11
41	县米粮泉回族民族乡中心校	米粮泉回族民族乡	510	354		93	5.10

续表

序号	学校名称	学校地址	在校学生数(人)			教职工数(人)	占地面积(公顷)
			小学	初中	高中		
42	县琼博拉镇中心校	琼博拉镇	325	224		71	3.56
43	县加尕斯台镇中心校	加尕斯台镇	196	678		102	7.58
44	县加尕斯台镇努拉洪布拉克村小学	加尕斯台镇努拉洪布拉克村	307			46	4.60
45	县琼博拉镇索墩布拉克村小学	琼博拉镇索墩布拉克村	186			63	6.11
46	县坎乡中心校	坎乡	780	402		128	7.74
47	县爱新色里镇中心校	爱新色里镇	566	288		113	14.82
48	县阔洪奇乡中心校	阔洪奇乡	773	378		138	5.11
49	县海努克乡中心校	海努克乡	466	762		131	8.44
50	县初级中学	察布查尔镇		1868		199	7.85
51	县高级中学	察布查尔镇			3231	304	13.07

表8　2019年察布查尔县各幼儿园统计表

序号	幼儿园	地址	在校学生数(人)	教职工数(人)	占地面积(公顷)
1	县中心幼儿园	察布查尔镇庙拜街29号	425	156	0.69
2	县米粮泉回族民族乡阿顿巴村幼儿园	米粮泉回族民族乡阿顿巴村	19	2	0.36
3	县托布中心曙光幼儿园	种羊场托布村	103	8	0.08
4	县察布查尔镇希望幼儿园	察布查尔镇	22	5	0.22
5	县察布查尔镇小太阳幼儿园	察布查尔镇杜林拜街东一巷四号	236	22	0.13
6	县孙扎齐牛录镇春蕾幼儿园	孙扎齐牛录镇雀尔盘村	67	8	0.13
7	县加尕斯台镇阿克亚尔村幼儿园	加尕斯台镇阿克亚尔村	117	15	0.08
8	县坎乡苏阿苏幼儿园	坎乡苏阿苏村	172	11	0.33
9	县察布查尔镇乌宗布拉克农村社区幼儿园	察布查尔镇乌宗布拉克农村社区	192	9	0.33
10	县坎乡格拉木村幼儿园	坎乡格拉木村	55	7	0.27
11	县纳达齐牛录乡纳达齐牛录村幼儿园	纳达齐牛录乡巴格伊街2号	217	18	2.47
12	县察布查尔镇法里春社区幼儿园	察布查尔镇幸福家园内	180	9	0.29

续表

序号	幼儿园	地址	在校学生数(人)	教职工数(人)	占地面积(公顷)
13	县种羊场托布村幼儿园	种羊场	156	16	0.33
14	县堆齐牛录乡堆齐牛录村幼儿园	堆齐牛录乡堆齐牛录村	75	8	0.33
15	县海努克乡切吉村幼儿园(新村)	海努克乡切吉村(新村)	173	14	0.34
16	县纳达齐牛录乡阳光花朵幼儿园	纳达齐牛录乡木德尔街22号	113	16	0.12
17	县种羊场巴音村幼儿园	种羊场巴音村村委会内	31	5	0.09
18	县爱新色里镇安巴贴村幼儿园	爱新色里镇安巴贴村	29	5	0.21
19	县种羊场托海依村幼儿园	种羊场托海依村村委会旁	29	4	0.20
20	县堆齐牛录乡伊车村幼儿园	堆齐牛录乡伊车村	27	4	0.76
21	县阔洪奇乡阔洪奇村幼儿园	阔洪奇乡	189	24	0.33
22	县海努克乡海努克村幼儿园	海努克乡海努克村	401	27	0.49
23	县加尕斯台镇下加尕斯台村幼儿园	加尕斯台镇下加尕斯台村	172	19	0.33
24	县加尕斯台镇努拉洪布拉克幼儿园	加尕斯台镇努拉洪布拉克村	133	14	0.33
25	县琼博拉镇琼博拉村幼儿园	琼博拉镇琼博拉村	114	12	0.09
26	县琼博拉镇索墩布拉克村幼儿园	琼博拉镇索墩布拉克村	91	12	0.24
27	县琼博拉镇克其克博拉村幼儿园	琼博拉镇克其克博拉村	94	14	0.33
28	县察布查尔镇新城区社区幼儿园	察布查尔镇新城区扎普善街木当巷	294	15	1.00
29	县察布查尔镇查鲁西街社区幼儿园	察布查尔镇查鲁盖西街塔齐库4号	147	15	0.33
30	县坎乡坎村幼儿园	坎乡坎村	224	24	0.53
31	县坎乡杏花村幼儿园	坎乡杏花村	111	13	0.33
32	县坎乡库勒特克其村幼儿园	坎乡库勒特克其村	117	11	0.32

续表

序号	幼儿园	地址	在校学生数(人)	教职工数(人)	占地面积(公顷)
33	县堆齐牛录乡佛营村幼儿园	堆齐牛录乡佛营村二组	75	13	0.17
34	县海努克乡托普亚尕奇村幼儿园	海努克乡托普亚尕奇村	50	9	0.55
35	县坎乡齐格勒克村幼儿园	坎乡齐格勒克村	58	9	0.33
36	县阔洪奇乡亚尔胡斯亚尕奇村幼儿园	阔洪奇乡亚尔胡斯亚尕奇村	41	10	0.33
37	县海努克乡切吉村幼儿园	海努克乡切吉村	217	19	0.33
38	县孙扎齐牛录镇孙扎齐牛录村幼儿园	孙扎齐牛录镇孙扎齐牛录村	199	14	0.30
39	县爱新色里镇乌珠牛录村幼儿园	爱新色里镇乌珠牛录村	212	18	3.12
40	县米粮泉回族民族乡米粮泉村幼儿园	米粮泉回族民族乡米粮泉村	142	16	0.50
41	县扎库齐牛录乡扎库齐牛录村幼儿园	扎库齐牛录乡东街一巷一号	234	22	0.33
42	县良繁场农一连幼儿园	良繁场农场	22	2	0.31
43	县堆齐牛录乡布尔哈茂村幼儿园	堆齐牛录乡布尔哈茂村佛罗雪街	39	3	0.23
44	县阔洪奇乡玉奇吐格曼村幼儿园	阔洪奇乡玉奇吐格曼村	67	9	0.27
45	县孙扎齐牛录镇雀尔盘村幼儿园	孙扎齐牛录镇雀尔盘村	86	5	0.33
46	县阔洪奇乡库木墩村幼儿园	阔洪奇乡村牧居点	25	7	0.21
47	县察布查尔镇果尔敏西街社区幼儿园	察布查尔果尔敏西街	206	13	1.00
48	县阔洪奇乡琼塔木村幼儿园	阔洪奇乡琼塔木村	50	7	0.11
49	县加尕斯台镇伊纳克村幼儿园	加尕斯台镇伊纳克村	74	10	0.52
50	县绰霍尔镇博孜墩村幼儿园	绰霍尔镇博孜墩村	12	2	0.35
51	县绰霍尔镇布占村幼儿园	绰霍尔镇布占村	43	4	0.17
52	县扎库齐牛录乡寨牛录村幼儿园	扎库齐牛录乡寨牛录村	36	4	0.20

续表

序号	幼儿园	地址	在校学生数(人)	教职工数(人)	占地面积(公顷)
53	县海努克乡琼布拉克村幼儿园	海努克乡琼布拉克村	109	9	0.54
54	县绰霍尔镇绰霍尔村幼儿园	绰霍尔镇绰霍尔村	156	6	0.32
55	县琼博拉镇墩买里村幼儿园	琼博拉镇墩买里村	11	5	0.13
56	县纳达齐牛录乡清泉村幼儿园	纳达齐牛录乡清泉村	75	7	0.27
57	县琼博拉镇琼博拉村幼儿园(四组)	琼博拉镇琼博拉村四组	29	5	0.21
58	县伊南园区幼儿园	察布查尔镇	38	5	0.29
59	县米粮泉回族民族乡克米其村幼儿园	米粮泉回族民族乡克米其村	46	5	0.27
60	县阔洪奇乡阿尔墩村幼儿园	阔洪奇乡夏克拉克路85号	82	8	0.22
61	县察布查尔镇查鲁东街社区幼儿园	察布查尔镇固尔扎路	220	13	1.00
62	县加尕斯台镇加尕斯台村幼儿园	加尕斯台镇加尕斯台村	218	23	0.75
63	县扎库齐牛录乡查干布拉克村幼儿园	扎库齐牛录乡查干布拉克村	117	9	0.28
64	县孙扎齐牛录镇郎喀村幼儿园	孙扎齐牛录镇郎喀村	25	6	0.23
65	县海努克乡向阳村幼儿园	海努克乡向阳村	52	7	0.21
66	县加尕斯台镇上加尕斯台村幼儿园	加尕斯台镇上加尕斯台村	114	11	0.24
67	县阔洪奇乡吾日勒克村幼儿园	阔洪奇乡吾日勒克村	46	7	0.10
68	县扎库齐牛录乡开发地教学点		35	2	0.10
69	县绰霍尔镇龙沟村教学点				

县人民政府教育督导委员会办公室

【县人民政府教育督导委员会办公室负责人】

主任：吴文松(锡伯族)

【概况】 2019年，县人民政府教育督导委员会办公室(以下简称县教育督导室)有专职教育督学2人。

【党的建设】 2019年，县教育督导室严格落实县委、县政府对教育工作的领导，扎实开展党建工作，督促制定《察布查尔锡伯自治县学校党组织领导下的校(园)长负责制实施办法》，实现全县各级各类学校党组织全覆盖，配齐配强学校党支部书记，确保党对教育工作的绝对领导。

【义务教育均衡发展】 2019年7月，县教育督导室牵头组成专项督导组，对全县义务阶段学校督导检查，以督导卡的形式反馈。形成报告上报县人民政府，就存在问题向教育局下发督导通报。同时将督导结果以分数的形式呈报县人民政府，作为对各学校年终考核的重要依据之一。

全力谋划2024义务教育优质均衡发展工作。2019年7月，对在义务教育均衡发展例行督导中，要求各学校在做好2020年均衡复验的同时，按照义务教育优质均衡标准逐步实现优质均衡发展。9月，组织义务教育均衡发展回头看工作，对各学校存在问题的整改情况进行全面督导，理顺学校各项工作。

【督导评估】 2019年，县教育督导室开展开学初督导学校工作计划制订情况、党建、师资力量、招生情况、校园安全、营养餐等各项工作，帮助学校理顺头绪、找准方向、正常运转。根据重点查、查重点的原则，督导山区乡、扎库齐牛录乡、察布查尔镇乌宗布拉克社区等18所中小学普通话教学情况，发现普通话教学做到全覆盖，教学成绩逐步在提高，同时也存在教师紧缺、普通话氛围不浓、缺乏普通话环境等问题。11月，下发关于幼儿园开展自查自评的通知，指导各幼儿园网上自查自评。联合学前办研究制订县幼儿园办园行为督导评估三年方案、2019－2020学年幼儿园督导评估工作方案和县幼儿园督导评估时间表。

【督政作用】 2019年7月，县教育督导室在综合督导检查中，对各乡(镇、场)人民政府履行教育职责工作督导，对存在的问题以督导卡形式反馈，要求限期整改。9月，县教育督导室对县人民政府及各教育成员单位履行教育职责工作情况评价，形成县人民政府2019年履行教育职责工作报告，在县人民政府网站公示，并向州人民政府教育督导委员会办公室上报。

【责任督学】 2019年，督学工作正常有序。12月，提前谋划新一届督学换届工作，设立督学责任区5个，聘请责任督学24人，分片包校，责任到人，对学校管理、教育教学工作等实施督导。

(田海明)

全县学校简介(部分)

县职业技术学校

【县职业技术学校负责人】

党支部书记：赵兴旺

校长：阿拜·木哈买提江(哈萨克族)

副校长：谢力梅(女，10月任职)

法治副校长：赵曙光(锡伯族)

【概况】 2019年8月20日，县职业技术学校从纳达齐牛录乡伊昭路西5巷(原纳达齐牛录中心校)搬迁至老三中(察鲁盖东街27号)办学。学校占地面积15.4公顷，建筑面积36000万平方米。2019年，新建300米标准运动场、1.2万平方米实训厂房四间、3000平方米综合室内体育运动馆，配置价值120万元各类办公设施、教学设备仪器、实训设备，是一所融全日制中等职业教育与职业技能培训于一体的综合性中等职业学校。

学校有教职工42人，其中专任教师22人(含“双师型”教师13人)。有学生465人、教学班14个。开设有三年制的计算机应用、酒店服务与管理、中餐烹饪、畜牧兽医、机电设备安装与维修、数控技术应用等自办专业；与伊犁州职业中专(师范)学校、伊犁技师培训学院和伊犁职业技术学院联办计算机平面设计、社区公共事务管理、汽车应用与维修等专业。职业技能培训开设工种有35个，如焊工、中式烹调师、中式面点师、电工等，每年为县域农村富余劳动力转移培训1000多人。

【工作情况】 2019年，县职业技术学校申请盐城援疆派优秀专业课教师援助自治县职业教育，补充职业教育专业课师资并培训县专业师资队伍。9月，4名江苏盐城专业教师到校执教，缓解畜牧兽医和机电机械专业教师紧缺的问题。11月28日，承接自治州冬季大培训现场观摩会。12月20日，乌鲁木齐市鑫鹏达汽车维修设备有限公司和新疆卡尔君安自动变速箱维修有限公司向学校捐赠价值300万元的汽车实训室设备。

县高级中学

【县高级中学负责人】

党委书记：张灵(女)

党委副书记、校长：庚新江

党委副书记：张艳红(女)

副校长：马丽莉(女，回族)、关志明(锡伯族)、塞里克·阿布德力达(哈萨克族)、杭向阳(6月离任)

【概况】 县高级中学位于察布查尔镇新城区盐城大道北侧，是一所全日制普通高中。学校占地13.07公顷，总建筑面积47267平方米，建有综合教学楼、实验楼、图书馆、女生公寓楼、男生公寓楼、食堂、厕所、浴室等多幢建筑，建有400米跑道的标准化塑胶田径场和多功能体育馆。校区布局整齐，结构匀称，单体建筑特色鲜明。在校学生总数3231人，有3个年级63个班级，包含17个民族，其中维吾尔族、哈萨克族学生1886人，占58.37%。宿舍285间，住校生数1467人。教职员工304人，其中汉族116人，维吾尔族84人，哈萨克族50人，其他民族54人。学校设有党建办、教务处、教科处、政教处、团委、办公室、工会、总务处等功能处室，各处室之间团结协作，共同做好学校工作。

【工作情况】 2019年，县高级中学不断加强党的建设，强化“一岗双责”，建立党员责任区、党员与教师“双培养”机制，制订党员“双报到”方案，实施“五个一”工程，建立“师徒青蓝工程”机制，推行党员示范岗、党员示范班级等，充分发挥学校党委及党员先锋模范作用。严格按照发展党员要求，转正2人，转预备1人，积极分子17人。聘请自治区德育专家潘杰老师为学校德育顾问，制订科学的德育规划，形成“校级＋中层＋年级＋班级”管理的四级德育管理网络，加强德育工作的组织领导。上好开学第一课，开展高一新生以“磨砺、明德、践行”为主题的军训教育活动。开展教研课改，提升教学水平。以自治区名校长工作室为平台，开展丰富的教育教学交流互动活动。转变教风学风，实施月考制度，做好质量分析，找准问题，查明原因，制定教学改进与补救的措施。加强高三年级的复习和备考工作，积极参加高考复习策略研究讲座。

（梁卫）

县初级中学

【县初级中学负责人】

党总支书记：徐明

党总支副书记、校长：陶伟民（锡伯族）

党总支副书记：斯云（女）

副校长：贺舒娟（女，锡伯族）

【概况】 县初级中学是察布查尔县教育局直属的一所公办学校，创办于1948年9月，当时是在伊宁市成立的锡伯族中学第一班。1949年9月迁回察布查尔县。1959年更名为县工农兵中学。1980年更名为县第一中学（全日制完全中学）。2018年9月，经县委、县政府批准，重新整合并更名为察布查尔县初级中学。学校有教师193人，其中专人教师163人，教师中任职条件、资格条件、学历合格率、继续教育等均达100%。学校有学生1868人，有43个教学班级。学校占地面积7.85公顷，建筑面积2.4万平方米，有教学楼3栋、功能室楼1栋、实验楼1栋、学生公寓楼1栋、学生餐厅1栋。学校的理、化、生实验室以及档案室、图书馆达到标准。学校专用教室一应俱全，学校教育信息化建设全面达标。

学校秉承“以人为本，让每一位学生和教师都能持续发展”的办学理念，构建以“和谐发展，立德树人”为核心的师生发展目标。办学至今，学校一直是自治县教育办学的窗口，在推进素质教育、落实均衡发展的事业中取得了辉煌的成绩。

【工作情况】 2019年，县初级中学参加中考学生712人，普通高中录取人数547人，录取率76.8%。学校把广泛开展“三进两联一交友”活动、“民族团结一家亲”工作作为“两学一做”学习教育、民族团结进步创建抓手，明确教师责任，务求实效，严格奖惩，深入推进“三进两联一交友”活动。领导班子成员每人结对四个孩子，每人每月通过深入学生宿舍、在学生食堂用餐、进教室辅导、在办公室谈话、入户家访等形式扎实开展工作。将“三进两联一交友”工作融入德育工作抓学生养成教育，通过学习国家各项法律法规制度，观看警示教育片，不断加强学生思想建设，加强学生德育教育、安全教育、民族团结教育、文明礼仪教育、文明习惯等养成教育。加强对民语教师国家通用语言培训。督促教师、学生运用国家通用语言交流，并建立监督机制。对少数民族学生完成混编班级。2018年新整合的学校，全部运用国家通用语言文字授课，贯彻落实“6＋1”“5＋1”学习模式，利用午自习、周末对少数民族学生开展国家通用语言文字学习辅导。坚决贯彻落实自治县党委、政府的精神，每两周组织校内普通话检测活动，每个月参加全县普通话检测活动，取得明显成效。

（葛晓红）

县盐城实验学校

【县盐城实验学校负责人】

党支部副书记、校长：陈新芳（女）

【概况】 县盐城实验学校位于县城南新区，是一所九年一贯制学校，占地面积5.64公顷，校舍建筑面积为18701.72平方米，其中援疆项目4216.6平方米，项目总投资5667万元（其中中央财政资金3667万元，援疆资金2000万元），内设教学楼、综合楼、实验楼、多功能厅、宿舍楼、餐厅、标准化塑胶运动场、硅PU篮球场。2019年9月正式投入使用。学校有教学班43个、学生1825人、教职工120人。盐城市教育局先后为学校调配援疆教师6人,来自盐城师范学校的11名大学生在校开展支教活动。

学校围绕“培养什么人、怎样培养人、为谁培养人”这一根本问题,坚定落实“立德树人”根本任务,以为党育人、为国育才为导向,以让每一个孩子都享有公平而有质量的教育为目标,“饮水思源,爱国荣校”,始终将红色教育、感恩教育贯穿于教育教学全过程,教育学生热爱伟大祖国,从小学会感恩,树立远大理想,因而我校确立了“行近致远,知行合一”的办学理念。“致远”是从学校发展要求和人才目标角度提出来的,对师生提出一个明确定位,无论做人做事,都应有高尚品格和远大志向。“行近”倡导一种从小处着手、从小事做起的精神,由浅入深、循序渐进的踏实学风。

【工作情况】 2019年,县盐城实验学校作为一所新建九年一贯制学校,缓解县初级中学、第一小学、第二小学、第三小学的就学压力,填补新城区无中小学空白,同时与城南新区社区幼儿园、高级中学一道,提高新城区育人氛围。学校先后举办伊犁州“七城汇课”、名师送教等活动,陈新芳、曾伊旭同伊犁州级名师同台竞技,获二等奖。在全县书记、校长讲课大赛中,陈新芳获一等奖,永文荣、韩岷峰获二等奖,提升教学氛围及教师教学热情,教育教学成绩稳步提升。先后调配6名优秀援疆教师从事教育一线工作,盐城市组织开展“盐察一家亲 共沐书香情”大型图书捐赠活动,向县捐赠图书11万册,其中盐城实验学校1万册。按照县委报告提出的“产业上山、就业下山”要求和应入尽入原则,对父母到县城范围务工人员子女予以无条件接受,解决191名进城务工人员子女就学难题,其中南疆务工人员子女9人,为更多山区乡贫困孩子提供优质教学资源,使其享受公平教育。

(陈树华)

县第一小学

【县第一小学负责人】

党支部书记:胡庆荣(女)

党支部副书记、校长:郭英芝(女,锡伯族,4月任职)

党支部挂职副书记:李娜(女)

副校长:鲁亮生(11月离任)、关丽娟(女,锡伯族,11月任职)、拜合提努尔·吾斯曼江(女,维吾尔族)

【概况】 2019年,县第一小学有在教职工101人,其中汉族教师30人,锡伯族教师32人,维吾尔族教师36人,哈萨克族教师1人,乌孜别克族教师1人,蒙古族教师1人。少数民族教师占70.3%。专任教师77人,其中具有高级专业技术职务11人、中级专业技术职务31人、初级专业技术职务25人。设有28个教学班,在校生1109人,其中汉族学生182人,锡伯族学生217人,维吾尔族学生569人,哈萨克族学生93人,回族学生34人。

学校占地面积2.73公顷,其中绿化面积1.06公顷,校舍建筑面积7563平方米,有教学楼2幢、学生餐厅1幢。音乐教室、书法教室、录播教室、美术室、劳技室、微机室、数学仪器室、实验室八大功能室齐全,有图书阅览室、篮球场以及塑胶跑道,办学、办公设施较为齐全。

学校先后被评为“新疆维吾尔自治区非物质文化遗产教育普及基地”、“全国校园文化先进单位”、自治州“六个好学校党支部”、自治州“民族团结进步模范单位”、伊犁州“六个好服务型党支部”、伊犁州“学校文化创新校”、伊犁州直教育系统“民族团结进步模范单位”、自治州“精神文明先进单位”、自治州“平安校园”、自治州“教科研工作先进集体”、自治州“‘民族团结一家亲'和民族团结联谊活动先进集体"、自治区青少年民族团结"手拉手结对子"示范校、伊犁州"创新教学模式　建设高校课堂"试点学校。

【工作情况】 2019 年，学校全面推进素质教育，积极开展丰富多彩的第二课堂活动，重点开设射箭、贝伦舞、书法、乐器、轮滑、美术兴趣班。2019 年，学校被评为自治州文明单位。

2019 年，学校严格听评课制度，优化教研活动方式，积极承办和参加州级及县级各类学科竞赛，成功举办州级"五校联盟"，参加州级"八校联盟"硕果累累，取得优异成绩。根据学生需求，及时调整班主任队伍比例，将政治坚定、党员、工作经验丰富、工作能力强作为选任班主任的条件，优中选优，配齐配强班主任，保证学生管理工作的顺利推进。学校书记、校长发挥引领作用，亲自担任思政课教学任务，推荐思政课教师参加各级培训 9 人次，思政教师政治理论水平有所提升。德育处注重班队会质量，结合中国传统节日风俗，设计班队会主题，将中华传统文化与教育教学有机结合，增强学生对伟大祖国的热爱之情，在学生思想深处种下爱国爱家的种子。持续推进学校民族团结工作，打造和谐校园。结合"三进两联一交友"工作，将困难学生、特殊学生作为民族团结的主要对象，关心关爱其思想、生活和学习，尽最大努力为他们排忧解难。学生把学校作为他们生活和学习的乐园，同学之间和睦相处，共同成长。学校选树民族团结典型，用典型的力量带动更多师生投入工作，在校园内形成各民族大团结的局面，助力学校德育教育成果。

（胡庆荣）

县第二小学

【县第二小学负责人】

党支部书记：李萍（女）

党支部副书记、校长：加依娜尔·居玛哈力（女，哈萨克族）

副校长：池嘉綦（11 月离任）、永文清（锡伯族，10 月任职）、古丽布比·艾理坦贝（女，哈萨克族）

【概况】 县第二小学是一所多民族师生组成的学校，创建于 1985 年。学校占地面积 4.36 公顷，其中绿化面积 1.33 公顷，建筑面积 8814 平方米，体育运动场地 14000 平方米。纸质图书 19237 册，生均 25 册，达标率均 100%。学校有远程教育网点 1 个、计算机教室 2 个、师生计算机 130 台、多媒体教室 22 间。学校教育教学设施完备，拥有师生阅览室、图书室、实验室、教职工活动室及党员活动室、音乐室、美术室、体育室、形体室及劳技室等较为齐全的办学、办公设施。

学校与县一小、巩留二小、巩留一中、伊宁市六小、伊宁市八小组建教学八校联盟，定期开展教育教学研讨活动，为提升教师专业素质打基础。学校拥有团结务实、甘于奉献、开拓创新的领导班子，和爱岗敬业、责任心强、勇于改革的高素质教师队伍。有教学班 22 个、在校生 764 人、教职工 73 人，学历达标率 100%，职称达标率 100%。

学校先后被授予县级民族团结模范单位、州级"德育示范学校"、州级"绿色学校"、州级"六个好"基层服务型党组织、自治区级平安校园、自治区级"模范职工之家"、自治区级"模范职工之家标兵"等称号。

【工作情况】 2019 年，县第二小学以德育活动为抓手，通过各项德育活动强化学生民族团结教育。利用升旗仪式、广播、展板、黑板报、手抄报等载体，加强民族团结教育宣传力度。组织开展班主任"青蓝工程"建设，以老带新，促进年轻班主任快速成长。有 5 对师徒结对，通过每月一次师徒活动，丰富年轻班主任工作理论和经验，提高教学水平，推进德育工作进程。组建成立民族团结创建工作领导小组，由校党支部书记为组长，两委班子成员组成领导小组。下设德育处为民族团结进步模范单位创建办公室，主要负责工作实施。学校为建档立卡学生、残疾学生建立一生一档，安排帮扶教师对其一对一帮扶。强化禁毒教育，建立健全毒品预防教育小组，组织建立“禁毒教育”教学工作制度，制订“禁毒教育”工作计划，做到层层落实，富有实效。

学校领导班子成员率先垂范主动承担一线教学，经常深入课堂教学随机听课，每学期领导班子成员每人听课不少于25节，上公开课1节。深化教研活动的展开，学校党支部做到严格审查教研组活动内容，班子成员积极参加每周一次集体备课和教研活动，在组内主动上公开课，做到牢牢把好政治方向，守好教育阵地，确保党的旗帜高高飘扬在教育阵地上。学校党支部选拔政治素质高、业务能力强的教师“走出去”，为教师创造各种学习机会，派出5名教师到新疆教育学院举办为期20天的业务培训，1名教师参加州级为期15天的业务培训，25名教师参加县级各类培训。多渠道培养思想过硬骨干教师的业务能力，带动全体教职工思想、业务能力素质有效提升。

(张丽丽)

县第三小学

【县第三小学负责人】

党支部书记：关忠(锡伯族)

党支部副书记、校长：赵天文

党支部副书记：李凤梅(女)

副校长：张冬梅(女)、马军(东乡族)

【概况】 县第三小学位于察布查尔镇庙拜街27号，占地约3.3公顷，校舍建筑面积10769平方米。学校科室齐全，设置合理，有实验室和仪器室，有8科实验器材及设备，数量5300余个。学校建有围墙、大门、旗台、旗杆、花园及200米塑胶跑道等设施，布局合理规范，有生活区、休闲区、运动区，“净化、绿化、美化”到位，“三育人”文化氛围浓郁。

2019年，学校有在校生1522人，有36个教学班。专任教师93人，专任教师专科以上学历91人，占97.85%，学历达标率100%。书记、校长参加岗位培训，均取得岗位证书，岗位培训合格率100%。学校设有图书室和阅览室，图书阅览室藏书39522本，生均26本，藏书分类比例达到规定标准。学校体育及电教器材配备达到标准，设置有形体室、音乐室、电子琴室、体育器材室、书法室、绘画室、版画室、手工室、劳技室等，配备有一类电脑室、多媒体教室、电子备课室、现代远程教育设备。有计算机203台(教学用113台)、“班班通”36个。

学校坚持正确的办学方向，以“办名校、办特色、争一流、育新人”的办学目标，发扬负重争先、团结拼搏的精神，大力推行素质教育。县第三小学是自治县一所窗口学校，学校有现代化的教学设施、优秀的教师群体、丰富的校园文化、先进的办学理念、鲜明的办学特色、突出的教育教学业绩。学校先后被命名为州级精神文明单位、州级“民族团结进步模范”先进集体、州级“六个好”党支部和“先进基层党组织”、州级“德育示范校”和“依法治校”示范校、自治区级先进集体，连续两次被评为州级教科研先进单位，州直教育系统先进党组织。

【工作情况】 2019年，县第三小学以十九大精神和习近平新时代中国特色社会主义重要思想为引领，紧紧围绕社会稳定和长治久安总目标，以“强党建、保稳定、提质量”为核心目标，以党的“六大建设”为重点，充分发挥党组织的战斗堡垒作用和党员的先锋模范作用，使学校党风、教风、学风、校风等方面得以优化和提升。全县有99名学生入围内初班体检，其中县第三小学有42人入围，占42.4%。其中前10名(239—254.5分)三小有11人，创历史新高。教学成绩在全县综合排名第一，“领头雁”效应凸显。教科研水平不断提升，在全国网络晒课和赛课大赛中包揽一、二、三等奖。学校被评为伊犁州“创新教学模式建设高效课堂”试点学校。智慧教育平台“一拖四”项目成效突出。2019年，被评为州级“平安校园”、伊犁州教科研工作先进单位、自治区级“巾帼文明岗”，顺利通过州级“六个好”学校党组织验收。

(赵天文)

县中心幼儿园

【县中心幼儿园负责人】

书记：韩晓君(女)

副书记：吴玉霞(女)

园长：张月灵(女)

副园长：李红霞(女)

【概况】 2019年4月，以县中心幼儿园党支部为引领，统一管理、统筹协调县直4所社区幼儿园：县法里春社区幼儿园、红石榴社区幼儿园、县查鲁东街社区幼儿园、县果尔敏西街社区幼儿园。有教职工156人，其中少数民族教职工53人；学前教育专业68人；专任教师74人；本科学历49人，专科学历32人。其中县中心幼儿园支部有党员41人，在职34人；本科学历21人，大专学历15人；一线教师18人，骨干教师6人，专职党务工作者3人。

【工作情况】 2019年，县直5所小区幼儿园开设小、中、大年龄段37个班级，在园幼儿1327人。在教师队伍管理中，把园所管理及师德师风建设作为日常管理及师资管理的重点工作来抓，开展各类师德建设活动，在园内弘扬尊师重教氛围，并树立牢固的服务意识。对教师们提出各项工作的高标准和各项机制的严要求，在社会影响和家长的心目中树立起幼儿教师的良好师德形象。

2019年，县中心幼儿园和红石榴社区幼儿园获州级精神文明先进单位荣誉称号，红石榴社区幼儿园获县级先进集体荣誉称号。

(陈燕君)

民族语言文字工作

【县民族语言文字工作委员会负责人】

主任：吴永光(锡伯族，5月离任)

【概况】 县民族语言文字工作委员会(以下简称县语委会)为正科级单位，事业单位参照公务员管理，核定编制4人，实有4人。1955年，属县人民政府职能部门，自治区人民政府给5个事业编制以及专门经费。“文革”期间，机构被撤销。1980年10月，新疆维吾尔自治区暨察布查尔锡伯自治县语言文字研究学会经自治区人民政府批准在县成立，决定挂靠县科委。1988年，县人民政府根据自治区民语委、新语发〔1988〕037号文件《关于恢复察布查尔锡伯自治县民族语言文字工作委员会的意见》，经1988年11月8日政府党组研究同意，核定编制4人，均为事业编制。

【内设机构】 2019年3月21日，根据自治区机构改革工作要求，县语委会与县教育局合并，挂牌合署办公。

【档案移交工作】 2019年1月15日至3月15日，县语委会将室藏39年(1980—2018年)文书档案逐一扫描，转换成电子档案移交县档案局。移交档案卷(件)数:1980—2002 年永久档案 38 卷,长期档案 32 卷,短期档案 52 卷,照片档案永久 178 件;2003—2018 年永久档案 235 件,长期档案 242 件,短期档案 261 件,照片档案永久 76 件,实物档案 6 件。

【少数民族普通话普及情况调查】 2019 年 7 月 13—22 日,县语委会采取入户走访方式分别对察布查尔镇、绰霍尔镇、琼博拉镇、孙扎齐牛录镇、扎库齐牛录乡、纳达齐牛录乡 6 个乡(镇)的 400 人开展普通话普及情况调查。调查对象涵盖机关公务员、企事业单位人员、退休人员、外来务工人员、村(镇)居民等不同人群。调查结果显示,大河灌区少数民族农牧民 15—69 岁年龄段、文化程度初中及以下学历的调查人群约 60% 以上都能完全听懂普通话;20% 的一半能听懂普通话;约 15% 的小部分能听懂普通话;5% 的几乎听不懂普通话。其中小部分能听懂和几乎听不懂普通话的农牧民一半以上都集中在山区乡(琼博拉镇)50—69 岁调查对象中。主要原因是该镇以哈萨克族聚居为主,农牧民在日常生活中习惯用少数民族语言交流,50—69 岁抽样对象中几乎听不懂普通话的占大部分。此次普通话普及情况调查为加强完善语言文字工作管理体制、提升社会语言文字应用能力提供数据和依据,对促进县域经济和社会发展、实现国家语言文字工作目标具有重大意义。

【普通话宣传周活动】 2019 年 9 月 16—22 日,县语委会以“普通话颂七十华诞,规范字书爱国情怀”为主题,开展“中华经典诵”、“国旗下讲话”、讲故事、汉字书法比赛等活动,使全县干部群众、师生在活动中体验,在活动中学习,在活动中明理,并将这种影响力推及社会和家庭形成教育的合力,取得良好的效果。

【普通话水平等级测试培训】 2019 年 11 月 26—27 日,全县计算机辅助普通话水平等级测试培训班在县初级中学厚德楼五楼多功能厅举办,现场确认报名参加普通话水平等级考试的教师和社会类人员有 930 人,普通话水平合格率 48.3%,教师普通话水平达标率 19.1%。

(吴梅花)

科学技术

【县科技局负责人】

党组书记:波拉提·玉赛因(维吾尔族,3 月离任)、外力·阿不力克木(维吾尔族,3 月任职)

局长:王克宾

副局长:顾秀娟(女,锡伯族)

【基本情况】 2019 年,县科技局有在职干部 6 人,其中领导 3 人,干部 2 人,工勤 1 人。

【科技项目】 2019 年,落实自治区援疆项目“蜜脆苹果高效栽培技术示范”1 个,落实伊犁州 4 个科技项目,项目总资金 60 万元,分别是:新疆正隆电器设备有限公司的路灯节能环保技术研发项目 20 万元,伊犁亚平新型建材有限公司的建筑垃圾固体废弃物再生骨料转化综合利用项目 20 万元,农牧发展有限公司示范温室设施草莓智慧种植系统建设项目 10 万元,坎乡齐格勒克村明洋种养殖专业合作社的稻田养蟹技术示范推广项目 10 万元。配合伊犁州科技局邀请第三方验收(评价)2015 年以来实施的自治区、自治州科技项目。

【科技合作】 2019 年 7 月 29—30 日,新疆农业科学院农产品贮藏加工研究所副所长(19

批博士服务团挂职），河北工程大学生命科学与食品工程学院副教授、硕士生导师郝光飞一行在县阳光乳品厂、新疆创锦福云食品有限公司、伊犁众合生物科技有限公司、伊犁雅其娜农业有限公司进行走访交流。借此机会，伊犁雅其娜农业发展有限公司与新疆农业科学院农产品贮藏加工研究所、石河子大学食品学院、伊犁州农业科学研究所、伊犁师范大学共同合作成立“新疆红花精深加工技术研发中心”，并在伊犁雅其娜农业发展有限公司挂牌成立“研究生实训基地”。

【科技服务】 县科技局加强与县域企业对接，推荐伊犁悦然生态农业有限公司、新疆贤真服饰有限公司2家企业参加全国创新创业大赛新疆赛区伊犁州分赛区大赛，获鼓励奖。鼓励伊犁河谷农业科技集团有限公司为2020年申报自治区高新技术企业做前期准备工作。

【科技培训】 全县4名科技特派员被自治区评为2019年“三区人才”。选派4名科技特派员参加自治区科技特派员培训班，参加自治区科技厅举办的贫困地区科技人才培训班。

【科技特派员工作】 2019年，县科技局通过打造科技特派员创新创业品牌，鼓励和支持一二三产服务的科技特派员走联合或融合规模发展之路，培育科技特派员创新创业品牌，提升竞争力，促进科技、人才、管理、信息等现代生产要素应用，形成规模效应。在206名科技特派员中，通过精选一批、调整一批，坚持双向选择，把政治思想好、业务水平高、工作责任心强、具有丰富基层工作经验的科技人员充实到科技特派员队伍中，壮大科技特派员队伍。精选76名、有示范带动作用的科技特派员服务于全县各乡镇，全年共建示范基地24个，推广新技术、新品种、新成果56项。举办各类培训班283期，培训1.24万人次。

【柔性引才】 2019年，县科技局邀请江苏省淡水水产研究所的高级工程师和江苏省建湖县水产局的高级工程师在县开展技术指导，引进技术员4人。

【援疆帮扶】 仇宏伟（盐城市大丰区科技局原副局长）、徐瑞斌（盐城市高新技术区管委会原常务副主任）、刘华（盐城市大丰区科技局原办公室主任）3人自2016年起个人结对帮扶县3名品学兼优的贫困学生，每年以个人名义帮扶每名学生5000元。

（韩艳丽）

文旅·报纸

文化体育旅游

【县文化体育广播电视和旅游局负责人】

党组书记：李富顺（3 月任职，5 月离任）、廖江（6 月任职）

局长：佟智俊（锡伯族，3 月任职）

副局长：史芸（女，锡伯族，3 月任职）

文化馆馆长：陈嘉欣（女，锡伯族）

图书馆馆长：赵春玲（女，锡伯族）

射箭运动学校校长：伊学军（锡伯族）

伊犁锡伯民族歌舞团团长：关淑萍（女，锡伯族）

执法大队队长：关军（锡伯族）

【基本情况】 2000 年 1 月，成立旅游局，为县人民政府下设机构，政府办公室副主任兼任旅游局副局长。2001 年 2 月，县旅游局从县人民政府办公室分设，成立独立机构。2006 年 3 月，办公地点搬迁至移民局大楼。2017 年 2 月，搬迁至交通局大楼。2019 年 2 月，与县文化体育广播影视局合并为县文化体育广播电视和旅游局（以下简称县文旅局），统一在县文广局大楼办公。2019 年 7 月，办公地点搬迁至群众文化活动中心大楼。县文旅局下设文化馆、图书馆、文博院射箭运动学校、伊犁锡伯民族歌舞团、执法大队（文化、旅游、文物）等二级部门。此外，县旅游产业发展领导小组办公室设在本局。

【内设机构】 2019 年，县文旅局下设办公室、项目办、党建办、督查科、财务室。有干部职工 101 人，由汉族、锡伯族、维吾尔族、哈萨克族、回族等组成。

【工作职能】 2019 年 3 月 18 日，根据《察布查尔锡伯自治县文化体育广播电视和旅游局职能配置、内设机构和人员编制规定》，县文旅局挂牌成立，是自治县政府工作部门，加挂自治县文物局牌子，归口县委宣传部领导。

其职能为：① 加强党对文化体育广播电视和旅游工作的领导。贯彻落实党和国家文化体育广播电视和旅游工作的方针政策，发展中国特色社会主义文化。牢牢掌握意识形态工作的领导权和主动权，拟定文化体育广播电视和旅游政策措施并组织实施。② 统筹文化体育广播电视和旅游事业、产业振兴发展，拟订自治县文化体育广播电视和旅游发展规划并组织实施，推进文化体育和旅游创新融合绿色发展，实施“文化体育和旅游＋”。落实文化体育广播电视和旅游体制机制改革。③ 管理自治县重大文化体育和旅游活动，指导自治县重点文化体育广播电视和旅游设施建设，组织文化体育和旅游整体形象推广，构建全媒体时代的宣传营销平台和机制。促进文化体育广播电视和旅游产业对外合作和市场推广。统筹文化体育和旅游景区管理，指导、推进全域旅游。④ 指导、管理文艺事业，指导艺术创作生产及艺术研究、评论，扶持坚守中华文化立场，体现社会主义核心价值观，具有导向性、代表性、示范性的文艺作品，推动各门类艺术、各艺术品种发展。⑤ 负责公共文化事业发展，推进公共文化服务体系建设和旅游公共服务建设，深入实施文化惠民工程，统筹推进基本公共文化服务标准化、均等化。⑥ 指导文化体育广播电视和旅游科技创新发展，推进文化体育广播电视和旅游行业信息化、标准化建设。⑦ 负责非物质文化遗产保护和研究。推动非物质文化遗产的保护、传承、普及、弘扬和振兴。⑧ 统筹规划文化和旅游产业，组织实施文化和旅游资源普查、挖掘、保护与利用工作，推动文化和旅游产业投融资体系建设，促进文化和旅游产业发展。结合乡村振兴战略，推进文化和旅游扶贫。⑨统筹规划自治县体育发展工作，负责推行全民健身计划，组织指导体育总会设置体育运动项目，管理指导体育训练和体育竞赛工作，指导和推进自治县群众体育、少数民族体育、青少年体育事业的发展。⑩把握正确的舆论导向，指导自治县广播电视宣传工作，监督、检查广播电视宣传纪律的执行情况，按照国家的统筹规划、宏观政策和法律法规，对广播电视专用网进行规划和管理，保证广播电视节目的安全播出。⑪管理人民广播电台、电视台等宣传单位，对重大宣传活动和事业建设进行协调和检查，组织和管理其节目(栏目)的传输覆盖，会同有关部门监督管理自治县文化体育广播电视和旅游行业社会团体，并指导其业务活动。

【公共文化服务体系建设】 2019年，县文旅局以贝伦舞传承中心为载体，集文化馆、图书馆、美术馆、格吐肯书法展厅、非物质文化展厅、农民画展厅的县级多功能综合群众文化活动中心面向群众开放；73个村(社区)基层文化综合性服务中心100%挂牌免费对外开放，农家书屋、群众活动广场配套发挥阵地作用；3个乡镇完成与县图书馆的总分馆制建设，73个农家书屋达到全覆盖。打造察布查尔镇乌宗布拉克社区、扎库齐牛录乡寨牛录村等民俗文化大院5个。

【文化体育基础设施建设】 2019年，全县新建扎库齐牛录乡“小白杨”戍边展览馆、县弓箭博物馆、民族服饰博物馆、格吐肯书画苑。投资300万元(中央预算内资金240万元)的察布查尔镇足球场项目完工，占地7500平方米。投资360万元的县“1764文化主题公园”篮球场建设项目完工，占地420平方米。投资200万元的县文体健身活动场地项目包括羽毛球场1座、轮滑场1座、停车场以及体育健身器材等配套设施。

【文化惠民】 2019年，县文旅局开展群众文化活动，围绕“我们的中国梦·文化进万家”主题系列活动，开展送文艺演出活动775场次、图书下乡活动24场。开展“一村一月一电影”农村电影放映1022场次。培育形成扎库齐牛录乡寨牛录村乡村音乐会、源圃园机车电音节、琼博拉镇阿肯弹唱等群众喜闻乐见的地方性文化盛会，初步建成点面结合、上下联动、城乡互助的群众性文化机制。通过文化辅导员服务小分队、文艺能人辅导群众的方式，在县城社区、广场等地举办农民画培训班、广场舞培训班及广场舞大赛、小品大赛、诗歌朗诵比赛等。

【文化遗产保护】 2019年，县文旅局加强文物传承保护工作，县博物馆延展项目进行布展内容校审阶段，完成扎库齐牛录乡娘娘庙、纳达齐牛录乡关帝庙消防工程建设。开展非遗节目和展览进景区活动，以元宵庙会和“西迁节”系列活动为契机，在锡伯古城举行朱伦呼兰比、刺绣、剪纸、弓箭制作技艺、贝伦舞等各类非遗项目展演活动8场次。完成锡伯族射箭项目申报第五批国家级非遗项目工作，锡伯族贝伦舞申报2020年国家级非物质文化专项资金进入最后审批阶段。申报自治区蝴蝶舞、锡伯族刺绣非遗传承人2人，自治州锡伯族射箭等各类非遗项目传承人17人。

【文化市场监管】 2019年，县文旅局牵头开展联合执法，提高伊昭公路的旅游服务质量，旅游投诉比上年下降37.5%。开展全县文化旅游市场的摸排和审核工作，全力做好日常执法检查和春节等重点节假日旅游安全检查、出版物市场和网络文化环境监管、校园周边文化市场利用伟人形象捞金、网上低俗信息专项整治、知识产权专项行动、扫黑除恶夜间联合检查、卫星电视专项整治等专项检查。全年开展日常检查723家次,开展联合检查13次,出动执法人员2293人次,下达责令整改通知书44家次(其中停业整改24家次,限期整改18家次,警告2家次)。

【图书工作】 2019年,县图书馆有馆藏图书10.8万册,按照《中国图书馆分类法》分为二十二大类,为居民提供文献外借服务、阅读服务、政府信息公开咨询服务、一般咨询服务等,免费提供场地服务、各种公益性讲座及培训。利用馆内和馆外服务以及流动图书车的服务,为全县各族读者提供"全民阅读活动"免费借阅服务。利用各种形式,开展图书进校园、进机关、进社区、进农村、进警营等活动。

【旅游规划】 2019年,县文旅局编制完成《察布查尔县旅游总体规划》并通过评审,编制完成《察布查尔县全域旅游规划》,完成坎乡库勒特克其村和坎村、加尕斯台镇加尕斯台村、阔洪奇乡库木墩村、琼博拉镇琼博拉村5个村的旅游扶贫规划编制工作。

【旅游服务体系建设】 2019年,全县新建加油加气站2座,投入使用1座。协调县城周边1座加油加气站在旅游高峰期实行24小时营业,县城区域外的加油加气站经营至次日凌晨2时。新建信号塔9座,完工6座。新建旅游厕所3座、停车位700个。协调取消旅游风景道伊昭公路3处区间限速,在白石峰路段新增垃圾桶200个,发放垃圾袋20万个,优化沿途旅游服务环境。逐步完善旅游风景道伊昭公路云端市场及骆驼驿站旅游基础设施建设,整合执法力量加强对该区域的监管,清理整顿治理私搭乱建及违规经营业主。

【文化和旅游融合】 2019年,县文旅局在核心景区整合文化资源,打造旅游产品,完成锡伯古城开城仪式、锡伯族婚俗打丁巴、萨满舞篝火晚会等活动的整合宣传打造工作。

【旅游宣传】 2019年,县文旅局实施"一月一主题"活动,举办"塞外江南·首届箭乡迎新嘉年华灯展活动"、美食和民俗为主题的锡伯古城庙会活动、乌孙山民俗摄影相关活动,成立走进察布查尔摄影群,尝试以抖音为平台开展旅游网络营销,组织实施差异化旅游产品"冰雪嘉年华"活动,完善锡伯古城茶楼演艺项目,实施夜游锡伯古城系列活动,启动"夜游锡伯古城"方案。开展"走出去"整体营销战略,与伊犁本地旅行社签订"引客入察"协议,制定差别化、阶梯式招来鼓励机制。与自治区文旅局、旅行社协会、导游协会对接,先后在乌鲁木齐和克拉玛依市、无锡、盐城等地举办专场旅游推介4场,签约旅行社近400家,打响"吃在察布查尔,玩在察布查尔"和"诗画田园·察布查尔"名片。

【旅游培训】 2019年,县文旅局积极组织开展旅游服务质量培训工作。9月,通过援疆资金实施察布查尔乡村旅游培训班,在察布查尔承办全疆乡村旅游发展专题培训。组织有需要的群众开展客房餐饮旅游服务质量提升培训班,为期45天。参加自治州、自治区和全国其他地方举办的旅游行业人才培训,提高从业人员旅游服务能力。

【旅游安全】 2019年,县文旅局联合林草局、交警队、天西林业局、市场监督管理局、环保局等部门,全年开展执法36次,出动执法人员

216 人次、执法车 98(辆)次，下达责令整改通知书 14 份，拆除违规违章彩钢房 9 处，拆除木屋 1 处，改造土坯房 2 处，拆除违规违章搭建的毡房 6 处，调解矛盾纠纷 3 起，开展森林防火演练 2 次、草原防火演练 2 次。

【精品旅游线路一日游】 线路一：湿地公园—锡伯古城＋万亩薰衣草主题公园—伊昭公路白石峰。

线路二：伊宁市—伊犁河湿地公园—锡伯古城—薰衣草基地—稻田画—伊昭公路白石峰。

【旅游接待】 2019 年，全县接待游客 177.53 万人次，旅游收入 13.86 亿元，比上年分别增长 70% 和 55% 。

【赛事获奖】 2019 年 7 月 3—7 日，县射箭运动学校 14 名学生代表伊犁州参加自治区青少年射箭比赛，获两金两银三铜。

【交响诗剧《跟着太阳走》上演】 2019 年 8 月 30 日，由察布查尔县委、县人民政府、县文旅局、江苏盐城援疆指挥部主办，中国音乐家协会副主席、新疆爱乐乐团团长努斯来提·瓦吉丁导演，伊犁锡伯民族歌舞团倾情演绎的交响诗剧《跟着太阳走》在县体育馆上演。交响诗剧分为《出征》《征途》《家园》《幸福之梦》四幕，反映 1764 年锡伯族人为国土完整，奉旨西迁，千辛万苦抵达伊犁，历经 200 余年在察布查尔大地上戍边屯垦，与各族同胞共同建设美好家园的壮举。该剧于 2017 年 5 月开始创编，有 60 多名演员参演。主要根据交响乐《跟着太阳走》二次创作而成，并以其音乐为背景，结合舞美、道具、多媒体技术等现代科技手段，打造出的一支高质量的融合舞蹈、音乐等元素的音诗画舞。全年完成首演 4 场次，观看人数 1.2 万人。

【文化进万家“讴歌新时代　共筑中国梦”小品大赛】 2019 年 12 月 8 日在源圃园 4 号楼会议室举办。来自各乡(镇、场)和西迁文旅公司的 16 支代表队参加比赛。大赛围绕民生建设、现代文化引领、“学国家通用语言文字、学法律、学技术”等主题，共 16 个作品亮相比赛现场。西迁文旅公司选送小品《跨越民族的亲情》以发生在察布查尔县的真实故事为创作背景，用小品演绎世间最平凡而又最伟大的母爱、民族情感；察布查尔镇选送的《我要脱贫》、阔洪奇乡选送的《就业改变生活》等作品，反映了察布查尔县脱贫攻坚建设的成果，讴歌了时代新人、新事、新风尚；绰霍尔镇选送的《广场舞》、米粮泉回族民族乡选送的《纠风惠民保民生》、孙扎齐牛录镇选送的《古城建设中的小插曲》、坎乡选送的《黑恶势力覆灭记》、加尕斯台镇选送的《党的惠民政策好》等作品围绕民族团结、感党恩、党的惠民政策、美丽乡村建设、思想解放、扫黑除恶等内容，反映农牧民群众受益、生产生活发生的变化。经过角逐，孙扎齐牛录镇选送的《古城建设中的小插曲》获大赛一等奖，海努克乡、西迁文旅公司选送的《早产儿》《跨越民族的亲情》获大赛二等奖，爱新色里镇、良繁场、扎库齐牛录乡选送的《扶贫款》《民族团结一家亲》《早知当初》获三等奖。

【县餐饮协会成立】 2019 年 7 月 24 日，县餐饮协会成立暨第一次会员大会在源圃园大酒店召开。会议通过《察布查尔县餐饮协会章程》《成立大会选举办法》草案。通过举手表决方式，产生协会第一届理事会秘书长、副会长、常务副会长、会长。县万隆酒店总经理向桂云当选会长并表态发言，副县长李春山对餐饮协会成立表示祝贺。

【星级宾馆简介】 万隆酒店。位于察布查尔镇果尔敏街,是一家二星级酒店,以特色餐饮为主,集宾馆、旅游接待于一体,独资民营企业实体,可容纳600人就餐,也是全县首家国家星级塞外旅游酒店。酒店一直以伊犁河野生鱼宴、锡伯族风味佳肴、万隆私房菜为经营特色,以“发展自治县旅游事业,弘扬锡伯族饮食文化”为经营理念,以“平衡膳食,健康人生,医食同源,药食同用”为经营口号。先后获得“自治州百家工商户”“模范纳税企业”“诚信单位”“旅游定点接待单位”等荣誉称号。

【星级农家乐简介】

(1) 五星级农家乐

撒音巴纳农家乐。位于孙扎齐牛录镇西,距察布查尔镇7千米,是孙扎齐牛录镇锡伯民俗农家乐特色旅游发展企业。占地面积0.73公顷,建有游客接待中心,用餐包厢有12间,休闲餐饮厅及多功能娱乐厅各1个,建有0.27公顷的休闲农业活动绿色蔬菜基地、0.13公顷的停车场。农家乐营造田园生态环境氛围,挖掘深厚的传统锡伯民俗文化内涵,使游客干农家活、吃农家饭、分农家忧、尝农家乐、品味农家菜肴、学习农家知识。

(2) 四星级农家乐

① 玉察原生态园

位于县良繁场,占地2.67公顷,是集循环农业、创意农业、农事体验于一体的地域综合体,是以农业为主导,以农业合作社或企业为主要建设主体,以农业和农村用地为载体,融合农业、开发、观光、创意、会展、产品体验、博览、文化等相关产业与支持产业的多功能、复合型、创新型地域经济综合体。2019年,成功举办1次牡丹花展。

② 水磨庄园

位于绰霍尔镇X719线,2016年开工建设,总投资850万元。水磨庄园主体建筑为三层建筑,占地面积约1200平方米,总建筑面积约2000平方米,装修均采用实木环保材料。一楼为餐厅,有大小包厢10个,每个包厢内都配有空调;大厅可摆放餐桌14张,可同时容纳260人用餐。音响、LED大屏设施齐全,可承接大型团体用餐。水磨庄园垂钓区建有两个鱼池,总面积约2000平方米,可同时容纳60人垂钓。自助烧烤区位于垂钓区旁边,总面积约600平方米,为宾客提供餐具、桌椅、烤炉、炭火等烧烤用具。

③ 安班巴格农庄

位于县良繁场,锡伯语意为“大臣的庄园”。园内树木葱郁。占地面积6.67公顷,其中果园2.67公顷,有柑橘、桃子、苹果等,供游客品尝采摘。菜园1.33公顷,种植有各种时令蔬菜,属无公害有机绿色菜园,客人可品尝到亲手采摘制作的菜肴。

④ 巴勒根农家乐

位于县米粮泉回族民族乡境,距察布查尔镇15千米。2009年5月正式经营,总营业面积9000平方米,主要经营马肉、马肠子、羊肉、山羊肉、烤肉等系列。有员工12人,年营业额突破30多万元。

⑤ 贝伦农家乐

位于县孙扎齐牛录镇境内,距察布查尔县城约5千米,占地面积2.67公顷,设有采摘园等休闲观赏区,是以餐饮为主,集民俗、观光、休闲、度假为一体的综合性农家乐。

(3) 三星级农家乐

① 撒银农家乐

位于县孙扎齐牛录镇内,距察布查尔县城7千米,在313省道旁,与国家AAAA级锡伯风情园毗邻相望。占地面积20公顷,是集民俗、观光、休闲、度假为一体的综合性农家乐,带动就业20多人。

② 大千农家乐

位于察布查尔镇果尔敏东街,是集休闲、

娱乐、特色餐饮为一体的餐饮企业。2007 年 5 月 1 日正式开业，占地总面积 0.52 公顷，可同时接纳游客 400 多人。以特色餐饮为经营理念，突出绿色、自然、健康的主题，为游客提供采摘、钓鱼、跳贝伦舞等娱乐活动。

③ 荷花池农家乐

位于县米粮泉回族民族乡境内，距察布查尔镇 20 千米。占地面积 30 公顷，水域面积 20 公顷，内有荷花池、采摘园等休闲观赏区，是以餐饮为主，集民俗、观光、休闲、度假为一体的综合性农家乐。建于 2004 年 5 月，有接待房间 11 间、水上餐厅 2 个、可同时容纳 120 人的就餐大厅 1 个，并设有娱乐室、歌舞厅、多功能厅等一系列配套设施。

【旅游景区(点)简介】

(1) 察布查尔锡伯古城

位于县孙扎齐牛录镇，距察布查尔县城 6 千米。古城以国家级特色旅游名村孙扎齐牛录镇为依托，打造成集特色城镇化基地、传统历史文化名胜浏览、主题游乐、休闲度假功能于一体的综合性旅游目的地。古城的功能布局以“一心六区”为主，“一心”即旅游集散中心，“六区”即锡伯文化展示区、靖远寺佛教文化展示区、关圣文化区、靖远路特色街区、弓箭文化体验区和民俗休闲度假区。

(2) 锡伯民族博物院

位于县孙扎齐牛录镇，距察布查尔县城 6 千米。2007 年 11 月，西迁历史纪念馆被命名为中国民族博物馆第四分馆，全方位地介绍锡伯族的族源发展、西迁壮举、戍边文化，以及文字、语言、生活习惯等。

(3) 图公祠

图公祠位于纳达齐牛录乡图公北街往北 200 米处，始建于 1808 年，1986 年重修，1994 年再修。建筑面积 150 平方米，图公祠大殿正中放置图公(图伯特)半身铜像，墙面绘有图伯特带领锡伯官兵开挖察布查尔大渠的英雄业绩。图公祠建成后，锡伯族军民在每年春秋两季进行祭祀活动(每年农历四月十八日开展祭祀活动)，形成展现锡伯族戍边屯垦精神和不朽功绩的图公文化。

(4) 白石峰景区

位于乌孙山，距察布查尔镇直线距离为 48 千米。主峰海拔 3475 米，峰区地势险要，四临陡壁，北坡为最，峰顶相对开阔。此峰由石炭系灰岩构成，远观呈灰白色，因而得名“白石峰”。白石峰气势磅礴，山间瀑飞泉涌，气象变幻莫测，山花姹紫嫣红。

(5) 伊犁河谷国家薰衣草主题文化公园

位于县孙扎齐牛录镇南，距察布查尔镇 15 千米。地处北纬 43°46′，与法国的普罗旺斯处于同一纬度，并且海拔相似，气候土壤相近。是按照国家 AAAAA 级旅游景区标准打造的一个集农业旅游、工业旅游、文化旅游、科普旅游、体育旅游为一体的综合性景区。

(6) 稻田画基地

位于纳达齐牛录乡南 2 千米，距察布查尔镇 3 千米。始建于 2015 年，占地面积 14.67 公顷。水稻品种均引自沈阳市沈北新区彩色水稻系列，以紫色、黄色、黑色水稻为主，通过矢量法定点桩连线人工填色。景区由观光塔及稻田画两部分组成，其中观光塔总高 27 米，采用全钢架结构，旅客通过登塔可在不同高度，从不同角度观赏稻田画全景。

(7) 源圃园

位于察布查尔镇南 1 千米处。项目启动于 2014 年，总投资 8 亿元，核心区占地 6.74 公顷，总建筑面积 32205 平方米，是集文化博览、商务交流、旅游休闲、健康养老、文化体验为一体的综合性场所。园区规划建设风格自然、拙朴。中心带状公园总占地面积 30.78 公顷，其中：绿地面积 22.69 公顷，占 74%；水体面积 3.66 公顷，占 12%；铺地及道路面积 4.43 公顷,占 14%。公园内绿树成荫,花海无边,景观渠流水潺潺,成为一处天然氧吧。

(8) **何耶尔·柏林故居**

位于纳达齐牛录村委会南。何耶尔·柏林(1896—1951 年),锡伯族,字雪木,笔名辽鹤,何耶尔氏,先祖系锡伯营五牛录(镶白旗)人。从小就勤奋好学、记忆力超人,有“拦路逼诵”之美誉。1912 年,毕业于惠远两等学堂,先后曾任两等学堂教员,锡伯营公立中学校长,中国驻阿拉木图领事馆秘书、副领事、代领事,伊犁地方政府外交局局长,特克斯设治局第三任局长和特克斯县首任县长等职。因不满盛世才的暴政辞官回乡,迁居宁西县(今察布查尔县)纳达齐牛录。何耶尔·柏林是一位博学的诗人,有《西迁史》《汗腾格里颂》《素花之歌》《送瘟神》等作品。长诗《汗腾格里颂》借汗腾格里山峰的口吻,畅叙了人间沧桑变迁。这部长诗在锡伯族文苑中独领风骚。《素花之歌》塑造了一位拯救民族危难的锡伯族女性形象。何耶尔·柏林对西欧和俄罗斯古典文学也有所研究,曾翻译过拜伦、普希金的作品。

(9) **关帝庙**

位于纳达齐牛录村图公北街,占地面积 2.4 公顷,建筑面积 300 平方米,建于 1907 年。1994 年,由当地居民集资维修一次。1999 年被列入自治区级重点文物保护单位。关帝庙系土木结构单体建筑,庙内供关帝半坐像,左右两侧塑关平、周仓像(均已毁),塑像背后及左右两壁绘制《火龙戏珠》《苏武牧羊》《东方朔偷桃》等画,清晰可见,正殿东西两壁上各绘有《三国演义》壁画 12 幅,包含三国主要故事情节,人物刻画生动,别有风格,每幅画面右上方都有锡伯文说明。该画出自锡伯工匠之手,画工精美,保存完好。

(10) **都拉塔口岸**

位于察布查尔县境最西端,距察布查尔镇 55 千米,距霍尔果斯口岸 70 千米,距哈萨克斯坦阿拉木图市 247 千米,为国家一类陆路口岸。口岸地势平缓,北眺伊犁河谷,南望乌孙山,东临纳旦木卡伦,是伊犁州直接面向欧亚大陆的桥头堡,是新疆进入中东、欧洲、非洲市场的陆上通道之一。

(11) **察布查尔龙口**

位于县坎乡附近的伊犁河南岸,距察布查尔镇 60 千米。1802—1808 年,锡伯营总管图伯特带领锡伯人民开凿龙口及大渠,引伊犁河水灌溉县中部地带,使万古荒原变成粮仓。当地锡伯人称此渠为“察布查尔布哈”。龙口保存完好,工程宏伟壮观,滔滔的伊犁河水无需拦水坝即引入渠中。

(王雅)

报纸出版

【察布查尔报社负责人】

支部书记兼社长:何春生(锡伯族)

副社长:顾松花(女,锡伯族,6 月离任)、郭智林(锡伯族,6 月任职)

【基本情况】 《察布查尔报》(锡伯文)是县委机关党报,成立于 1946 年 7 月,是全国乃至全世界唯一的锡伯文报纸。

1946 年 7 月,在伊宁市创办锡伯文的《苏尔凡吉尔干》(意为“自由之声”),为周二刊、八开的油印报纸。1954 年 3 月 17 日,察布查尔锡伯自治县成立,国务院赠送一套锡伯文铅字和印刷设备,改名为《伊车班吉》(意为“新生活”),从此由油印改为活字铅印印刷。1956 年 12 月,《新生活报》迁址察布查尔锡伯自治县继续出版。1966 年 6 月,被勒令停刊。1974 年 10 月复刊,更名为《察布查尔报》,沿用至今。2002 年,进入计算机电子出版技术时代。2012 年,实现彩色出版发行。

《察布查尔报》每周出版2期，全年出版100期报纸。第一版为要闻版，第二版为农业版，第三版为文艺版，第四版为科教文卫版，宣传内容涉及全国、全区、自治县重大政治要闻以及农业信息、锡伯民族文化艺术、科学教育、文化卫生等方面，宣传贯彻党的十九大精神以及习近平新时代中国特色社会主义思想。

【内设机构】 察布查尔报社为县委宣传部主管，内设编辑部、通联部、财务室、印刷室。有干部职工20人，其中采编人员9人，印刷工9人。

【工作情况】 2019年，《察布查尔报》出版100期，重点宣传党的十九大精神和习近平新时代中国特色社会主义思想以及脱贫攻坚和维护稳定系列报道，宣传党的方针政策，宣传自治县社会稳定与经济发展取得的成绩，以及脱贫攻坚帮扶推进工作、民生工作开展情况和取得的成效，开展“民族团结一家亲”和民族团结联谊活动促进各民族团结和各民族文化融合发展盛况，等。全年《察布查尔报》刊登党的十九大精神和习近平新时代中国特色社会主义思想宣传稿件19篇，民生工作宣传稿件564篇，民族团结教育宣传稿件31篇，脱贫攻坚工作稿件23篇，锡伯族诗歌、小说、散文等体裁的稿件42篇。记者华岩明采写的多篇稿件刊登在《新疆日报》《新疆经济报》《老年康乐报》等报刊上，也被新疆新闻网、伊犁新闻网等新闻网站转载。

(关萍萍)

图书发行

【伊犁州新华书店察布查尔县连锁分店负责人】

经理：张新建(3月离任)、赵冠伟(5月任职)

副经理：杨海霞(女)

【内设机构】 2019年，伊犁州新华书店察布查尔县连锁分店(以下简称县新华书店)内设教材发行、门市营业厅。有在职干部职工10人，其中少数民族4人。

【经营概况】 2019年，县新华书店实现销售1663万元(比上年增加220万元)，其中教材教辅销售1203万元，一般图书销售460万元。现经营图书7000多种，主要担负全县各族群众的文艺、少儿、科技等各类图书和41所学校2万多名学生的教材发行任务。县“东风工程”出版物发行面积覆盖74个乡镇，县“农家书屋”有66家。

(蒲鑫宇)

医疗·卫生

卫生健康

【县卫生健康委员会负责人】

党委书记：姜雨辉

纪检书记：张春梅（女）

主任：努尔亚·托列根（女，哈萨克族）

副主任：希帕（女，蒙古族）

【内设机构】 根据自治州党委、自治州人民政府批准的《察布查尔锡伯自治县机构改革方案》和县委、县人民政府印发的《关于〈察布查尔锡伯自治县机构改革方案〉的实施意见》，组建察布查尔锡伯自治县卫生健康委员会（以下简称县卫健委），将县卫计委职责整合划入县卫健委，为县人民政府工作部门，不再保留县卫生和计划生育委员会。2019年内设办公室、公共卫生科、医政医管综合监督与政策法规科、计划生育基层工作科、老龄健康工作科等。管辖县直医疗单位5个、乡（镇、场）卫生院14个、村卫生室55个。有在职干部职工21人。

【计划生育工作】 2019年，县卫健委认真查找计划生育工作中网底不牢、基层发现能力不强、流动人口外出“躲生”、在校生健康教育、分类管理不全面等10个风险点，制定察布查尔县计划生育工作流动人口联系人制度和察布查尔县十方力量责任制等6项制度，落实乡村两级、“访惠聚”工作队、计生专干、住户干部、网格长等十方力量责任，各支力量分片包干工作机制，确保计划生育“零发生”落到实处。截至9月30日，全县总人口161103人，其中已婚育龄妇女29854人，出生人口1140人，人口出生率7.08‰，自然增长率4.06‰。出生人口政策符合率100%；农牧民有效领证率35.16%，比上年提高6.67个百分点；计划生育长效节育率74.83%；长效避孕措施落实率和及时率51%。结合“两个彻查”工作违法生育案件立案89例，征收社会抚养费77.78万元。

【妇幼工作】 2019年，县卫健委完善急危重症孕产妇和新生儿诊疗制度，降低孕产妇、婴幼儿死亡率。全县活产数934人，住院分娩率为100%；孕产妇系统管理率85%，婴儿死亡率7.5‰；5岁以下儿童死亡率11.77‰。婚前医学检查3842人，无孕产妇死亡发生。预防艾滋病母婴传播率降至5.5%以下，婚前医学检查率达99%以上，新生儿疾病筛查率达90%以上。全县无母婴传播病例，婚前医学三病筛查100%，新生儿疾病筛查96%。规范实施妇幼基本和重大公共卫生服务项目，两癌筛查1600人，新生儿听力筛查426人，叶酸新增服用1283人。

【全民健康体检工作】 2019年，县卫健委推行“日通报月总结”工作制度，压实责任，细化措施，明确时限。县委、县政府分管领导定期组织召开座谈会、分析会、研判会、推进会，合力合策，定时、定人、定量，确保有效有质。全年体检133234人，完成率100%。

【健康扶贫】 2019年，县卫健委全面落实“三个一批”分类分批救治工作。全县建档立卡3199户1.14万人；建档立卡贫困户中，大病集中救治6人，慢病签约147人。巩固建档立卡贫困户“先诊疗后付费”“一站式结算”服务，受益78472人，免押金3098.95万元，免收患者住院费用101.41万元。

【医药改革】 2019年，县卫健委继续实施家庭医生签约服务，一般人群签约率60%，重点人群签约率100%。继续推广“基层检查＋上级医院诊断”服务新模式，方便群众就医。坚持“五不变”原则，实行“五统一”管理模式，新增3个紧密型医共体。县乡远程服务覆盖13所卫生院，建成5个紧密型、9个松散型医共体。启动优质服务基层行活动，加强基层医疗卫生机构标准化建设，完善基层医疗卫生机构质量管理体制机制，4个乡镇卫生院基本达标。继续推进县级医院建设，主体完成进入内部装修。加快孙扎齐牛录镇卫生院业务楼建设进度。加快重点专科建设，与复旦大学附属中山医院、中国人民解放军总医院第八医学中心深入交流协作，加强专科建设力度，提高服务能力。

【卫生应急工作】 2019年，县卫健委在全县范围内开展乙肝、卡介苗、脊灰、百白破、白破、麻风、麻腮风、流脑A群疫苗、甲肝(百白破第四针、流脑A＋C除外)疫苗接种率均大于90%，达到国家标准。对47个接种单位的疫苗管理、出入库、运输储存、接种使用、接种信息系统管理等开展全面细致、地毯式的督查和指导，发现的问题立查立改。实施两轮脊灰疫苗补充免疫活动，顺利通过自治区快速评估。完成全县61所托幼机构及37所小学预防查验工作，查验率100%。完成预防接种单位的认定和预防接种人员资格考核培训。做好重点传染病工作，创新疫病联防联控机制，突出抓好包虫病、结核病、布病防治，实现三病患者应治尽治。

【援疆工作】 2019年，县卫健委推进医疗卫生人才“组团式”援疆工作。重点打造县中医院呼吸内科和肛肠科，认真开展柔性引才。先后引进3名援疆专家，利用2—3个月，对县疾控中心实验室建设和水质监测给予短期帮扶，效果良好。精准援建打造特色科室，重点打造县中医院呼吸内科和肛肠科，开展门诊接诊8791人次，开展肛肠手术89例，实施胃镜检查124人次，开展医疗行政大查房104次，开展科室专家查房合计312次。开展新技术、新项目6项。深入社区、乡镇开展义诊38次，发放宣传资料15491份，受益群众1万多人次。

【爱国卫生运动和老龄工作】 2019年，县卫健委以创建自治区卫生县城为重点，整改完善创卫台账，加大病媒生物消杀力度，加大五小行业以及重点场所整治力度，倡导健康文明的生活方式，提高群众健康意识和自我保健能力。通过宣传和讲座，受益群众8万人，发放各类宣传单10万份、宣传品3000份。9月，成功创建自治区卫生县城。在改善农村人居环境上持续用力，推进厕所革命。成立专班每日不间断到各乡(镇、场)进行技术指导，建立日报制全面掌握进度，如期完成当年改厕任务。针对群众老年人无学习活动和阵地问题，先后多次召开专题会议研究部署老年大学筹建问题，推进工作落实，在校老人230人，设有舞蹈班等6个专业，丰富老年人的业余生活。

【一站式结算制度】 2019年，县卫健委协调县人社、民政、发改等部门在县、乡医疗机构同步实施“建档立卡贫困户先诊疗后付费制度”，将县域内参保城乡居民纳入“先诊疗后付费”范围，推行“一站式”结算服务，打造“半小时服务圈”，实现州内基本医保、大病保险一站式信息对接和即时结算。全年受益78472人，免押金3098.95万元，免收患者住院费用101.41万元。

【诊断服务新模式】 2019年，县卫健委投资100万元建成以县人民医院为中心，辐射其他县乡医疗机构的2个“诊断中心”(远程影像诊断中心、远程心电诊断中心),县乡远程服务覆盖13所卫生院,县域内影像诊断33315例、心电诊断30989例,县外远程会诊227例。建成5个紧密型、9个松散型医共体,通过“两下沉”(县级医疗资源和医疗人才下沉受援医院),实现“两提升”(服务能力和群众满意率提升),受援乡镇卫生院住院人次比去年增长30%,为群众提供便捷、优质的医疗服务,降低农牧民群众看病就医负担。

【重点传染病】 2019年,县卫健委对9400名15岁以上人群开展肺结核普查工作,强化结核病集中隔离治疗。先后对69名确诊的病原性阳性肺结核患者在县人民医院实施隔离治疗,报销比例90%以上,落实集中收治传染性肺结核患者每人每天30元的伙食补贴,实施集中营养早餐制,统一配发鸡蛋、牛奶,全县设立36个集中投放点,实现132名患者面视下服用。探索包虫病“防医结合工作机制”,丰富“防治”载体,强化“医治”方法,实现“防治”兼顾新模式。推行“三位一体防治工作机制”巩固布病防治成果。全年发现阳性病例125例,发病数比上年(236例)下降47.03%。

【规范疫苗接种冷链管理】 2019年,县卫健委依托自治区贫困县信息化建设项目,争取小援疆支持,率先在全州建设第一家智慧化预防接种门诊并投入使用,实现精准取苗零差错、问题疫苗秒冻结、追溯接种全过程,加固当地疫苗安全防线。

【乡(镇、场)卫生院简介】

(1) 察布查尔镇卫生院

成立于1980年5月。2019年在新城区合署区办公大院与卫健委、医保局合署办公。平均业务用房约600平方米,设有妇幼科办公室、疫苗接种室、疫苗冷链室、防疫科办公室。有3个村卫生室。妇幼保健科负责全镇孕产妇保健及0—6岁儿童体检;防疫科负责0—6岁儿童免疫规划,结核病、传染病管理等工作;公卫科负责全镇常住人口及流动人口的全民健康体检、慢病患者管理、重精患者管理、健康证办理等工作。蒙霍尔村卫生室和双创工业园区卫生室开展西医诊疗服务,乌宗布拉克农村社区卫生室于2019年8月起开展特色中医诊疗服务。开设诊疗项目包括火罐治疗、艾灸治疗、针灸(含电针)治疗、中频治疗、颈椎治疗、微波治疗、牵引治疗、刮痧治疗、推拿治疗、督灸治疗、中药足浴治疗、TDP治疗、蒸汽治疗、电动按摩足浴治疗。

(2) 爱新色里镇卫生院

成立于1956年,占地面积4888.6平方米,建有门诊楼、公共卫生服务楼、住院楼。2019年4月,与县人民医院实施医共体后,成为县人民医院第二分院。设有门诊部、住院部、财务室、药剂科、检验科、影像科、中医馆、口腔科、公卫科、人事部、后勤部、安保部12个科室,其中口腔科及中医馆为特色科室。医疗设备有彩色B超机、全自动生化仪、尿液分析仪、综合治疗口腔仪、十二道心电图机、微波治疗仪、电子诊疗仪、TDP治疗器、中频电疗仪、全自动艾灸床、全自动煎药机、LX型中药熏蒸仪等。设3个行政村卫生室,已于2015年达到标准化建设标准。4个行政村总建档管理人数9171人,每个村配备医生、护士、保健员、防疫员各1人。

(3) 堆齐牛录乡卫生院

成立于1988年,服务总人口8800余人。有4个村卫生室。全院占地面积3663平方米,业务用房面积1600平方米,绿化和硬化面积达45%,编制床位15张。

(4) 种羊场卫生院

成立于1972年3月,驻地种羊场托布社区,辖3个社区卫生室。公卫楼和医疗楼分别建于2008年和2014年,建筑面积分别为950平方米和750平方米。科室设置齐全,各种医疗器械设备完善,如心电图、B超、大生化机、血细胞全解分析机。配备了计算机、打印机等工作设备。设有内科、外科、儿科、妇科、防疫科、妇幼科、儿保科、B超室、化验室、中医理疗科。

(5) 孙扎齐牛录镇卫生院

成立于1973年,名为乔尔番卫生院,1974年正式投入使用,位于镇政府斜对面。医疗保健服务辐射全镇及周边乡镇近11000人口。设有内科、外科、儿科、住院部、护理部、中医馆、预防保健科、药剂科、检验科、B超室、公共卫生科等科室。卫生院下辖村卫生室4个,有乡村医生8人。

(6) 绰霍尔镇卫生院

成立于1988年,占地0.03公顷。有一幢两层业务综合楼面积1000平方米,砖混结构,总投资约52.3万元。2018年7月,撤乡改称为绰霍尔镇卫生院。核定床位数20张,有办公室、住院部、门诊部、护士站、中医科、放射科、检验科、B超室、收费室、药房、公共卫生服务区等职能科室。

(7) 纳达齐牛录乡卫生院

卫生院内设有门诊部、住院部、妇幼保健室、药房、检验科、辅助检查科室等。2019年,卫生院接诊门诊患者25621人次,接诊住院患者120人次;清泉卫生室门诊就诊1387人;良繁场卫生室就诊670人。全民体检6752人,其中应检人4970人,在校学生1782人,完成135.9%。2019年全年收入524567.12元,其中住院总收入31122.23元,门诊总收入402575.49元,清泉卫生室总收入4330.16元,良繁场卫生室总收入2578.58元。

(8) 米粮泉回族民族乡卫生院

成立于1984年,服务人口5500余人,辖有2个村卫生室。全院占地面积4700平方米,业务用房面积1000平方米,绿化和硬化面积达30%,编制床位20张。现设有内科、外科、儿科、急诊科、妇幼儿保科、中医科、预防保健科、公共卫生科、传染病科、医学检验科、医学影像科。

(9) 琼博拉镇卫生院

成立于1951年,是全额性事业单位,占地面积8750平方米,建筑面积2570平方米,全框架结构,分别为医疗楼、公卫楼、传染病科平房、宿舍楼、综合楼等,业务用房面积为1800平方米,绿化和硬化面积达90%,编制床位20张。2019年,门诊总人数18940人,门诊总收入878901.75元;住院总人数417人,住院总收入471609.14元。2019年,为辖区65岁以上农村老年人口建档303人,体检303人次,并对体检老年人进行健康指导。2019年农村居民建档率72.5%,完成基础信息规范化电子建档5900人,健康体检5912人。

(10) 加尕斯台镇卫生院

成立于1978年,2009年搬至现址,总面积7982平方米,业务面积2700平方米。有5个行政村卫生室,各村配备医生、护士、保健员、防疫员各1人。2019年,实际体检13644人,完成率100.46%。利用远程治疗完成总拍片人数6964人次,其中贫困人数2193人;体检拍片人数6803人,其中贫困人数2168人;门诊拍片人数123人,其中贫困人数21人;住院部拍片人数38人,其中贫困户人数9人。

(11) 阔洪奇乡卫生院

成立于1987年,占地面积6790.7平方米,业务用房面积2340平方米。下设内科、外科、防疫科、妇幼保健科、中医科、化验室、X光室、B超室、公共卫生科等技能科室,配套有全自动生化血球分析仪、彩色B超、200毫安X光机、心电图、牙科机等常规医疗设施。编制床位20张,实际开放床位36张。设有11个科室。下辖6个村卫生室,每个村卫生室配有医生、护士各1人,乡村医生14人,防疫员7人,妇幼保健员7人。

(12) 海努克乡卫生院

成立于1950年,占地面积6177平方米,业务用房面积2700平方米。包括门诊部、住院部各一栋楼,下设内科、外科、防疫科、妇幼保健科、产科、化验室、X光室、B超室、公共卫生科等技能科室,配套有全自动生化血球分析仪、彩色B超、200毫安X光机、心电图、牙科机等常规医疗设施。编制床位30张,实际开放床位40张。设有8个科室。下辖4个村卫生室,有乡村医生4人。2019年,实际体检13940人,完成率100%。

(13) 坎乡卫生院

成立于1957年,2009年1月搬至现址,总面积9990平方米,业务面积3500平方米。有6个村卫生室,2015年已达标,服务于全乡13486人。各村配备医生、护士、保健员、防疫员各1人。(见表9)

表9 2019年察布查尔县属卫生机构人员统计表

单位:个、张、人

卫生机构名称	机构数	床位数	技术、管理、工勤					卫生技术人员						
			人员合计	卫生技术人员	其他技术人员	管理人员	工勤人员	人员合计	执业医师	执业助理医师	注册护士	药剂人员	检验人员	其他
总计	20	737	1518	1184	184	74	76	1205	203	112	412	54	69	355
县级卫生机构	6	446	842	653	85	55	49	683	119	47	251	35	37	194
#县人民医院	1	260	475	396	69	6	4	396	78	24	188	19	12	75
#县中医医院	1	96	143	114	10	2	17	144	17	6	23	10	9	79
#县妇幼保健院	1	90	158	119	3	16	20	119	15	15	38	5	10	36
#县疾病预防控制中心	1	0	36	24	3	4	5	24	9	2	2	1	6	4
#卫生监督所	1	0	9	0	0	8	1	0	0	0	0	0	0	0
#县卫健委	1	0	21	0	0	19	2	0	0	0	0	0	0	0
乡(镇、场)卫生院	14	291	676	531	99	19	27	522	84	65	161	19	32	161
#察布查尔镇卫生院	1	25	68	65	1	1	1	65	9	4	20	0	5	27
#爱新色里镇卫生院	1	24	47	44	1	1	1	44	4	7	8	2	3	20
#堆齐牛录乡卫生院	1	15	34	26	5	1	2	26	6	5	6	1	2	6
#孙扎齐牛录镇卫生院	1	20	35	23	5	5	2	23	4	6	9	1	3	0
#纳达齐牛录乡卫生院	1	20	36	30	2	1	3	25	6	1	9	2	2	5
#扎库齐牛录乡卫生院	1	25	44	39	1	1	3	39	10	5	17	1	1	5
#绰霍尔镇卫生院	1	20	44	37	5	1	1	37	8	8	12	0	3	6
#坎乡卫生院	1	20	49	45	1	1	2	45	4	7	8	1	1	24
#海努克乡卫生院	1	20	85	36	44	1	4	36	4	4	20	4	4	0
#琼博拉镇卫生院	1	20	32	27	2	1	2	27	1	6	3	4	2	11
#米粮泉回族民族乡卫生院	1	20	33	25	7	1	0	25	10	3	10	0	1	1
#加尕斯台镇卫生院	1	20	66	59	5	1	1	59	7	2	18	1	2	29
#阔洪奇乡卫生院	1	20	73	59	9	1	4	49	5	4	13	1	1	25
#种羊场卫生院	1	22	30	16	11	2	1	22	6	3	8	1	2	2
个体(私营)卫生机构	35	0	76	76	0	0	0	76	35	0	41	0	0	0

(张永兰)

卫计监督

【县卫生计生综合监督执法局负责人】

局长：唐秀珍（女，3月离任）、巴雪兰（女，锡伯族，7月任职）

副局长：李鹏威（7月任职）

【内设机构】 2019年，县卫生计生综合监督执法局（以下简称县卫监局）内设办公室、许可室、稽查科、综合监督科。负责监督检查全县卫生法律法规的落实情况，依法开展公共场所卫生、饮用水卫生、消毒产品、学校卫生、医疗卫生、职业卫生、放射卫生、传染病防治、计划生育和中医药服务等综合监督执法工作，查处违法行为，有在职干部职工9人。

【法律宣传】 2019年，县卫监局利用防治结核病日、职业病防治宣传周、世界艾滋病日、宪法宣传日、禁毒宣传日等，积极组织卫生监督员和乡镇卫生协管员开展法制宣传教育活动，举办宣传活动19场次，出动宣传车5台次，参加宣传人员20人次，悬挂宣传横幅6条、法制宣传栏5块，发放各类宣传资料2800多份。

【专题培训】 2019年，县卫监局举办个体医疗机构、美容场所、游泳场所、足浴、舞厅、商场超市、基层医疗机构传染病防治，职业病相关知识，尘肺病防治专项治理，公共场所创卫，中考期间保障，学校卫生等专题培训班15期，受教育1000多人。

【双随机工作】 2019年，县卫监局对双随机下达的40家单位开展监督检查，完成率100%。出动卫生监督员130人次、执法车辆60台次，制作执法文书40份。及时反馈检查情况，监督检测结果第一时间上传至国家卫生计生监督信息平台，同时在察布查尔政府网站公示。

【行政许可】 2019年，县卫监局全面推行公共场所卫生许可告知承诺制，优化营商环境，破解“准入不准营”难题，强化事中事后监管。通过“告知承诺制”形式，发放“公共场所卫生许可证”86家（其中新发57家，延续24家，变更5家），注销40家；发放“放射诊疗许可证”8家，其中新发3家，校验5家。

【行政处罚】 2019年，县卫监局通过日常监督和协管员协查立案15起，结案15起，没收非法所得12.79万元，罚款金额7.85万元。其中查处公共场所违法案件9起、非法行医案件5起、放射卫生案件1起，有效铲除市场“毒瘤”，维护广大人民群众健康权益。

【综合评价】 2019年，县卫监局加强传染病防控工作，做好传染病防治机构评价工作。抽取14家医疗机构进行监督检查，包括3家二级医疗机构、1家疾控中心、3家个体诊所、3家卫生院、4家村卫生室，并将评价结果上报国家卫生计生委监督中心信息报告系统。

【监督检查】 2019年，县卫监局结合中考保障、创卫等工作，着重检查机关卫生保障措施落实情况，做好住宿场所、美容美发、洗浴场所、网吧等公共场所卫生监督工作，监督检查230户288次，下达卫生监督意见书236份，出动监督人员210人次、车辆100台次，监督覆盖率100%；实行量化分级管理制度128家，其中理发店量化分级85家，美容店量化分级24家，住宿场所量化分级19家。对辖区106家医疗机构的医疗卫生和传染病卫生开展监督检查。开展儿童青少年近视矫正监督检查专项工作,加强日常监督排查,出动执法车辆29辆次、执法人员60人次,监督检查16家医疗机构、3家眼镜店和10所学校。检查指导32所学校传染病防控工作,联合疾控中心对10所学校开展学校饮用水卫生专项水质检测并进行综合评价。同时联合伊犁州、县疾病预防控制中心对县自来水公司和乡镇水管所出厂水和末梢水32份水样进行枯水期和丰水期监督监测。全面摸底排查县域有职业危害用人单位,明确用人单位相关责任,建立用人单位监管档案,推进企业规范营业。

(陈西新)

妇幼保健和计划生育

【县妇幼保健计划生育服务中心负责人】

党支部书记:金风(女,锡伯族)

主任:王晓萍(女)

副主任:葛秀丽(女,锡伯族,7月任职)、艾力西尔·依马木(维吾尔族,7月任职)

【概况】 察布查尔县妇幼保健院创建于1986年,2017年3月与县计划生育指导站合并,改称察布查尔县妇幼保健计划生育服务中心,保留妇幼保健院名称。现位于察布查尔县城西部,查鲁盖西街和雀尔盘南北交会处。全院占地面积1.4公顷,总投资3072万元,是一所集医疗、保健、预防、培训于一体的妇女儿童专科医疗保健机构,是自治区文明单位、国家级爱婴医院。全院设有脑瘫康复中心、产后康复中心、围产保健中心、儿童保健中心四大中心,下设内科、外科、妇科、产科、儿科、超声科、检验科、麻醉科、医务科、药剂科、后勤部、保健科、计划生育科、行政办公室、财务科、护理部、院感办、儿童口腔保健科、艾滋病咨询室、婚检办公室、脑瘫康复中心、产后康复中心等23个业务及职能科室,核定床位90张。目前拥有黑白B超机4台、意大利百胜DU-6彩色超声诊断仪1台、迈瑞DC-8彩色多普勒诊断仪1台、奥林巴斯宫腹腔镜、无创呼吸机、可视人流仪、电子阴道镜、液基薄层细胞检测仪、西门子大生化仪、迈瑞五类血球分类仪、迈瑞全自动发光仪、血凝分析仪、骨密度监测仪、北京万东500X线光机、DR机、布鲁德P-14洗片机、麻醉机2台、六参数监护仪6台、全自动电脑分析心电图机2台、耳声发射仪等设备。

2011年在援疆专家蔡金兰副院长的带领下,开展新生儿呼吸机使用技术及新生儿液体疗法等新生儿重症治疗技术。2012年在援疆专家刘红副院长的带领下,开展可视无痛人流手术、导乐分娩、宫腹腔镜微创治疗手术、不孕症及宫血的治疗技术。通过"小援疆"模式,大力培养本土技术骨干,开展中医妇科、小儿推拿、无痛分娩等特色疗法。县妇幼保健院连续多年被伊犁州卫计委评为妇幼卫生先进单位。

【公共卫生工作】 2019年,县妇幼保健计划生育服务中心开展免费孕前优生健康检查工作,完成孕前优生健康检查1138对夫妻,占总任务的102%。强化技能培训,规范操作程序,加强对医技检验、风险评估等岗位人员的培训,举办优生优育健康讲座3期,县、乡、村三级培训培训班1期。免费增补叶酸预防神经管缺陷项目,落实妇女孕前与孕早期增补叶酸项目,将叶酸增补任务落实到乡镇各卫生院以及社区服务中心,建立叶酸管理体系制度,指定专人负责项目工作,定期或不定期进行工作督导和检查。及时发现问题,确保叶酸增补工作规范开展。将叶酸增补工作扩大到县级和农村所有的待孕妇女(包括流动人口),实现全县待孕妇女孕前3个月和孕早期3个月全部免费补服叶酸。

【"两癌"筛查项目】 2019年,县妇幼保健计划生育服务中心开展农村妇女宫颈癌、乳腺癌筛查工作,乳腺癌筛查800人,其中正常703人,乳腺增生76人,可以阳性转上级机构钼靶筛查19人,1人确诊为乳腺癌手术治疗,1例乳腺纤维瘤已经进行手术治疗。宫颈癌筛查800人,其中正常164人,常见妇科病558人,TCT筛查阳性36人,阴道镜30人,病理检查10人,确诊宫颈癌2例均进行手术治疗。

【健康管理】 2019年1—11月,全县活产数1021人,住院分娩率100%;孕产妇系统管理率84.6%;产后访视率97.7%;高危产妇753人,高危产妇住院分娩率100%,高危产妇管理率100%。有7岁以下儿童14077人、5岁以下儿童9228人、3岁以下儿童4788人。7岁以下儿童健康管理12827人,管理率91.1%;5岁以下儿童健康体检8122人,体检率88%;3岁以下儿童系统管理4485人,管理率93.7%。5岁以下儿童死亡率11.70‰,婴儿死亡率7.84‰,新生儿死亡率5.88‰。

【新生儿疾病筛查】 2019年1月起,县妇幼保健计划生育服务中心实行两病筛查免费政策。全县完成做听力筛查578人,筛查率96.8%;新筛采血570人次,筛查率95.5%。2019年11月,儿童保健中心共做新生入托体检902人,体检结果均合格,龋齿率高达60%,积极开展龋齿防治技术,对所有龋齿患儿进行治疗。幼师体检证办理178人,其中发现乙肝2例、梅毒1例。幼儿园在园健康检查1562人,对高危儿均给予治疗及健康指导。

【改善贫困地区婴幼儿营养状况】 2019年8月,察布查尔县正式成为贫困地区儿童营养改善项目的项目县。县妇幼保健计划生育服务中心在15个乡镇中抽取察布查尔镇、扎库齐牛录乡、海努克乡、坎乡、加尕斯台镇5个乡(镇)作为基线调查与监测点,其中坎乡60名儿童中58名为贫血,海努克乡60名儿童中36名为贫血,察布查尔镇60名儿童中35名为贫血,扎库齐牛录乡60名儿童中33名为贫血,加尕斯台镇60名儿童中21名为贫血。基线调查数据显示6个月至2岁儿童贫血患病率为61%,针对贫血严重情况对检验科督导质控。

【脑瘫儿童康复训练】 2019年,县妇幼保健计划生育服务中心积极筹备残疾儿童康复中心建设。抽调儿童保健科、康复理疗科、儿科等相关科室专业技术骨干,组成脑瘫儿童治疗团队。在保健院负一楼将300平方米区域装修设置为脑瘫儿童康复中心。下设智力筛查室、评估室、水疗室、基础训练室、语言手工训练室、针灸推拿室、理疗室,专门抽出30张床用于脑瘫儿童住院治疗。投入近10万元,分别派遣业务骨干到南京儿童医院康复科、江苏无锡儿童康复医院、乌鲁木齐儿童医院、伊犁州妇幼保健院接受为期3个月专业脑瘫知识学习,邀请乌鲁木齐儿童医院康复科主任入县培训。为残疾儿童康复中心定点机构的成立准备人才队伍。残疾儿童康复中心配有专业医生12人。从2013年8月24日起,开展脑瘫儿童康复治疗救助,全县有17批202人次脑瘫儿童接受康复训练。

【国家卫健委/联合国儿童基金会母子健康】 察布查尔县于2017年6月加入母子健康发展综合项目,主要关注早产儿健康发展。项目邀请国家级专家乳腺培训2次,自治区、州级专家入县培训2次,快速提升县、乡、村三级妇幼卫生服务能力。

【计划生育工作】 2019年,全县分娩1041

人,结扎41人,上环2125人,长效节育措施落实率74.83%(考核指标72%),长效节育及时率62%(考核指标90%)。县级入库各类药具248600具,出库总数为31875具,全县避孕套使用人数为3334人。

(韩志伟)

疾病预防控制

【县疾病预防控制中心负责人】

党支部书记、副主任:赵伊梅(女,6月任职)

主任、副书记:郭志红(女,锡伯族,6月任职)

副主任:梁鹏(6月任职)

【内设机构】 2019年,县疾病预防控制中心(以下简称县疾控中心)属于全额拨款单位,隶属于县卫生计生委。内设传染病防治科、结核病防治科、艾滋病性病科、公共卫生科、地方病科、检验科、健康教育科、行政后勤科。有在职干部职工31人,其中管理人员4人,专业技术人员22人,工勤人员5人。

【疫情概况】 2019年,据国家疾病监测信息报告管理系统数据按审核日期统计,全县无甲类传染病报告,报告乙丙类19种,报告病例数1178例,比上年(1379例)下降14.58%,疫情防控工作实现常态化。

【网络直报工作】 2019年,全县具备疫情网络直报条件的专业公共卫生机构和医疗机构有19家,实现网络直报的有18家。全县报告法定传染病报告卡832张,及时报告卡数818张,及时报告率98.32%;审核卡片数792张,及时审核卡片数784张,审核率98.99%,无重卡。纳入有效证件号卡片总数836张,含有效证件号卡片数810张,有效证件号完整率96.89%。根据传染病自动预警信息系统数据统计,传染病自动预警信息系统发出预警病种数9种,预警信号数108次,结果全部排除。

【预防控制】 2019年,县疾控中心开展传染病疫情月分析、年分析及冬春季、夏秋季传染病预测预报,共撰写12期传染病月分析报告,根据重点传染病流行特点,提出具有针对性的干预措施和必要的预防控制建议。报告县突发公共卫生事件风险评估12次,通过风险评估为应对突发公共卫生事件的发生、传染病流行的可能性提供科学依据。加强传染病管理工作,对布病、乙肝、梅毒、肺结核等重点传染病做好及时隔离、治疗等有效措施,避免疫情扩散。

【免疫规划接种率】 2019年,县疾控中心对各乡(镇、场)接种率报表情况通过中心通报,经过接种率报表统计,报告接种率分别为:全县范围乙肝疫苗第一针应种数为612,实种数为611,接种率99.84%;乙肝疫苗第二针应种数为1196,实种数为1185,接种率98.08%;乙肝疫苗第三针应种数为1325,实种数为1264,接种率95.4%;卡介苗应种数为639,实种数为638,接种率99.84%;脊灰疫苗第一针应种数为1229,实种数为1209,接种率98.37%;脊灰疫苗第二针应种数为1251,实种数为1225,接种率97.92%;脊灰疫苗第三针应种数为1250,实种数为1229,接种率98.32%;脊灰疫苗第四针应种数为2411,实种数为2357,接种率97.76%;百白破疫苗第一针应种数为1256,实种数为1236,接种率97.71%;百白破疫苗第二针应种数为1267,实种数为1245,接种率98.26%;百白破疫苗第三针应种数为1246,实种数为1206,接种率96.79%;百白破疫苗第四针应种数为1884,实种数为1730,接种率91.83%;白破疫苗应种数为2897,实种数为2801,接种率96.69%;麻风疫苗应种数为1299,实种数为1244,接种率95.77%;麻腮风疫苗应种数为1860,实种数为1805,接种率97.04%;A群流脑疫苗第一针应种数为1290,实种数为1214,接种率94.11%;A群流脑疫苗第二针应种数为1332,实种数为1281,接种率96.17%;A+C群流脑疫苗第一针应种数为2191,实种数为2019,接种率92.15%;A+C群流脑疫苗第二针应种数为2696,实种数为2462,接种率91.32%;甲肝疫苗应种数为1844,实种数为1784,接种率96.75%。各类疫苗接种率均达到国家标准(≥90%)。

【脊灰疫苗补充接种】 2019年3月1日,县疾控中心在县妇幼保健医院会议室对乡镇卫生院院长及防疫专干召开全县脊灰疫苗补充接种工作培训会。第一轮补充免疫活动自3月4—6日集中接种,3月7—8日查漏补种。本轮补充免疫活动全县摸底儿童7482人,完成自治区的快速评估,快速评估≥98%。第二轮补充免疫活动自4月9—11日集中接种,4月12—13日查漏补种。本轮补充免疫活动全县摸底儿童7458人,实种7087人,接种率95.02%,完成自治区快速评估,快速评估率100%。

【脊灰灭活疫苗补种工作】 2019年7月15日起,县疾控中心在全县范围内实施脊灰灭活疫苗补充免疫活动。全县补种一针次摸底儿童5627人,截至8月28日累计接种5492例,接种率97.6%,接种率达到自治区的标准。全县需要补种2针次的摸底儿童数151人,实种147人,接种率97.35%,达到自治区标准。

【入托入学儿童预防接种证查验工作】 2019年,县疾控中心主动与教育部门协调,摸清托幼机构及学校学生底数,做好新生入学查验工作。春季对全县范围内公立、私立小学和托幼机构开展预防查验工作,查验覆盖率100%,查验无证7人,需要补种10人,完成补证、补种率100%。秋季对全县范围内公立、私立小学和托幼机构开展预防接种证查验工作,10月底前完成补证、补针、汇总等相关工作。应查验儿童5207人,实查验儿童5207人,查验覆盖率100%;补证儿童46人;漏种儿童90人,应补种针次为102针,实补种针次为83针。其中卡介苗应种针次为0针,乙肝疫苗应种针次为1针,脊灰疫苗应种针次为34针,百白破疫苗应种针次为0针,白破疫苗应种针次为6针,含麻疹成分疫苗应种针次为3针,A群流脑疫苗应种针次为1针,A+C群流脑疫苗应种针次为57针。

【指定预防接种单位和认定预防接种人员资格】 2019年,县疾控中心开展为期三天的培训及接种门诊排查结果,经县卫健委批准,全县A类接种门诊15所,B类接种门诊2所,C类接种门诊22所,均颁发卫生许可证,接种人员资质115个。

【艾滋病防治】 2019年,全县累计报告艾滋病病毒感染者/病人412例,死亡报告90例,现存活艾滋病病毒感染者/病人322例。全县新报告艾滋病病毒感染者/病人27例(其中艾滋病病毒感染者22例,艾滋病病人5例),死亡报告6例。完成扩大检测14.8万人次,其中全民健康体检HIV抗体筛查115169人,自愿咨询检测发现801人,其他就诊者检测21305人次,对监管场所羁押人员进行艾滋病个案筛查和采血检测工作,筛查1115人次。新发现27例感染者/病人抗病毒覆盖率为100%。联合公安/禁毒大队、卫生监督局、市场监督管理局开展高危人群干预工作，干预795人，发现阳性病人1例，其余均为阴性。城镇居民艾滋病知晓率达90%以上，农村居民艾滋病知晓率达85%以上。

【结核病防治】 2019年，县疾控中心发现活动性肺结核患者147例，其中病原学阳性71例(涂片阳性38例，仅培阳4例，仅分子生物学阳性29例)，病原学阴性36例，结核性胸膜炎40例；结核病定点医疗机构的痰涂片开展率100%，痰培养开展率71.2%，分子生物学检测开展率95.5%，病原学阳性率66.4%。

【碘缺乏病工作】 2019年，县疾控中心抽取在孙扎齐牛录镇、堆齐牛录乡、加尕斯台镇、坎乡、察布查尔镇5个乡(镇)各抽取1所小学，每所小学抽取8—10岁学生40人，采集尿样和家中食用盐样，采用B超法测量甲状腺容积。抽取20名孕妇(早、中、晚孕期尽量均衡)，采集孕妇尿样和家中食用盐样。其中300份盐样已经完成实验室定量检测，结果显示碘盐覆盖率100%，碘盐合格率97.3%，合格碘盐食用率97.3%，监测结果合格率大于90%评估指标；300份尿样根据实验室检测，儿童尿碘中位数每升221微克，孕妇尿碘中位数是每升167.5微克，均在适宜范围内。200名学生B超筛查甲状腺肿大率，8—10岁儿童甲状腺肿大率0.49%，符合甲状腺肿大率小于5%的评估标准。

【饮茶型地氟病流行现状调查工作】 2019年，县疾控中心做好饮茶型地氟病流行现状调查工作。人群茶氟摄入方面，根据《2019年察布查尔县饮茶型地氟病流行现状调查方案》和《2019年察布查尔县饮茶型地氟病监测方案》要求，以村为单位在全县范围内凡是具有饮用边销茶习惯且少数民族占50%以上的村开展饮茶型氟中毒流行现状调查工作。据统计，县辖区少数民族人口占总人口的50%及以上的行政村54个作为调查村，采茯茶540份，完成茶样采集540份，茶氟结果实验完成。根据实验室结果和家庭年消耗量计算超过3.5毫克的村有32个。饮水氟含量方面，年内监测5个村饮水氟含量范围在0.24—0.37之间，超标村数为0。氟斑牙病情方面，对32个村小学8—12岁儿童检查氟斑牙，检查小学生7808人，其中极轻度病例33人，占受检儿童的0.42%；轻度病例25人，占受检儿童的0.32%；中度病例2人，占受检儿童的0.03%；重度病例0例。

【疟疾监测】 2019年10月和12月，县疾控中心通过国家卫健委组织的专家组对全县消除疟疾考核评估和终审评估工作。2019年，县疾控中心疟疾血检任务是2.1万份，“三热”病人血检任务量完成22538份，完成率107.3%，未发现阳性病例。

【人间布病监测】 2019年，县疾控中心持续开展布病“三位一体”管理工作，自治县被定为医防结合防治县。全年检测血清6759份，其中初筛阳性人数756份血清，经实验室检测阳性133例，阳性检出率17.6%，发病数较上年(257例)下降48.2%，病人分布全县大部分乡(镇、场)，主要是农牧业为主的乡镇居多。利用全民体检结果，及时组织县、乡、村专业人员对布病患者开展“察布查尔县布鲁氏菌病患者治疗效果及影响因素调查”一轮工作，通过调查，完成诊疗、管理质量及疗效判断。

【包虫病防治】 2019年，县疾控中心在绰霍尔镇、扎库齐牛录乡、阔洪奇乡、种羊场开展包虫病重点人群查病工作，工作任务8500人，实际完成1.3万人的B超筛查任务。6—12岁学生B超筛查任务1100人,完成1100人,其中筛查疑似2人。血清学辅助诊断任务60人,完成60人,其中阳性3人,全年包虫病药物治疗门诊登记治疗49例,转诊(上级医院和县定点医院)手术患者36人。

【包虫病监测工作】 2019年,县疾控中心把加尕斯台镇、爱新色里镇、琼博拉镇作为固定人群监测点,每个镇B超筛查任务700人,共完成2100人的B超筛查工作。在监测点完成100份有主犬和20份无主犬的犬粪采样任务。在纳达齐牛录乡集中屠宰场检查本县饲养的503只羊的内脏监测工作,其中发现阳性6只,阳性率1.2%。啮齿目动物工作任务为500只,捕捉老鼠528只,发现阳性11只,阳性率2.1%。

【家犬感染率调查】 2019年,县疾控中心对15个乡(镇、场)开展犬粪采样工作,对400只家犬犬粪采样,检测犬粪样阳性数3只,检测犬粪样品阳性率0.7%。

【健康教育】 2019年,县疾控中心把创建无烟单位、居民健康素养66条,以及防治艾滋病、结核病、包虫病、布病、手足口病、水痘、慢性病、重性精神疾病等作为健康教育活动重要内容,广泛开展"面对面"宣传教育活动,充分利用广播、电视、"冬季攻势"、手机短信、周一升国旗和周三夜校开展卓有成效的健康教育讲座,提高群众卫生保健意识。疾控中心及各乡(镇、场)卫生院院内分别设置48处固定健康教育宣传栏,每月定期更换宣传栏内容,主要宣传吸烟有害健康、结核病和艾滋病防治知识、计划免疫、常见慢性病防治等知识,充分利用主题宣传日组织开展丰富多彩的健康教育宣传活动,分别在"3·24世界防治结核病日""4月爱国卫生月""4·7世界卫生日""4·25计划免疫日""4·26全民疟疾日""5·31世界无烟日""9·1全民健康生活方式日""9·20全国爱牙日""10·8全国高血压日""10·10世界精神卫生日""11·14联合国糖尿病日""12·1世界艾滋病日"组织人员在全县繁华地段和利用农牧民巴扎日开展健康教育和健康咨询活动等。全年举办传染病防控知识培训班12期,培训600人次;利用"冬季攻势"、农民夜校等活动,开展传染病防治知识讲座80余场;对职业技术学校、县一中2000名学生进行结核病、包虫病防治知识讲座,对法里春社区、七区、一区等居民利用夜校开展结核病防治知识健康教育讲座。根据自治区全民健康生活方式行动效果评估方案的要求,开展全民健康生活方式行动效果评估问卷调查,问卷调查均由调查对象自行扫二维码作答,14个乡镇卫生院共完成农牧民、单位职工、商业服务人员或汽车运输司机调查问卷420份,完成干部职工(机关干部、教师、医生)问卷调查40份,疾控中心按照方案要求抽取5%的问卷调查进行质量控制(电话回访),真实性达90%。发放维吾尔族、哈萨克族、汉族传染病防治知识宣传材料2万余份、宣传品1万余个、宣传折页6万余张,悬挂横幅标语50个,制作展板35块,设咨询台30个,出动宣传人员300余人次、车辆100余次,现场咨询6.3万人次。强化对重点人群行为干预工作,组织各乡镇卫生院专业人员在牲畜生产季节深入疫情一线,开展健康教育、防护用品发放等干预工作。各乡(镇、场)重点人群共发放隔离防护用品(围裙、胶手套、手提袋)1920套,发放消毒片65瓶,消毒牲畜棚圈1260户,面积20万平方米,累计发放布病调查问卷表4610份,群众知晓率89.3%。

【实验室工作】 2019年,县疾控中心从业人员健康体检检测3298份;复查20份,门诊布鲁氏杆菌虎红平板凝集试验 374 份,试管凝集试验 154 份;配合地方病科筛查布鲁氏杆菌,检测样品 2604 份,其中阳性 261 份;碘缺乏项目检测工作中尿碘检测及碘盐项目各 300 份样品;氟骨症筛查工作中检测 510 份边销茶;配合艾滋病防治科完成自愿咨询 HIV、TP、丙肝、乙肝表面抗原检测项目各 703 份;CD4 检测 348 份,吸毒人员(尿检)268 份;羁押人员检测 193 人份;配合卫生监督所完成双向随机抽取检测 14 个点、72 份样;学校双随机抽取检测项目 10 个点、30 份样;同水利科完成农村饮用水枯水期及丰水期采样检测工作,检测 231 份样;配合包虫病项目犬粪及人体血清包虫筛查 980 份样品。

(代晓君)

医疗保障

【县医疗保障局负责人】

党组书记、副局长:唐秀珍(女,3 月任职)

党组成员、局长:库吐鲁克·艾山江(维吾尔族,3 月任职)、佟世燕(女,锡伯族,8 月离任)

挂职副局长:王方方(女,8 月任职)、顾旭沛(锡伯族,8 月任职)

【内设机构】 2019 年 2 月 28 日,根据《关于对部分涉及机构改革党委(党组)职数设置调整及撤销成立更名的通知》,正式成立察布查尔县医疗保障局党组,党组职数 5 人。3 月 2 日,县医疗保障局在县新城区集中办公区卫健委大楼正式挂牌成立。3 月 18 日,根据《察布查尔县医疗保障局职能配置、内设机构和人员编制规定》文件,核定机制编制 5 人,领导职数 3 人。3 月 25 日,原新型农村办公室物资由人社局搬迁至医保局办公。内设待遇支付科、稽核科(信息)、基金监管科(机关财务)、办公室。有在职干部职工 22 人,由汉族、锡伯族、维吾尔族、哈萨克族组成。

【保险参保兑付】 2019 年,全县有“两定”机构 50 家,其中定点医疗机构 21 家(其中县直医疗机构 3 家,乡级医疗机构 13 家,诊所 5 家),定点药店 29 家。全县参加职工医疗保险 19013 人,缴费 6162.14 万元;参加职工生育保险 14066 人,缴费 246.64 万元;参加职工大病保险 18744 人,缴费 337.39 万元;参加城乡居民医疗保险 137395 人。一是城乡居民医疗保险工作开展情况。2019 年 8 月,城乡居民医疗享受待遇人数 250354 人,支付补偿金额 1217.42 万元。根据州局要求,2019 年,县城乡居民医疗保险定额指标保持 2018 年指标总额不变。结合 2018 年定点医疗机构医保资金结余情况重新制定 2019 年定点医疗机构的医保资金额度,并保留中心报销资金 411 万元。二是职工医疗和生育保险开展情况。2019 年 8 月底,职工医疗享受待遇 1726 人,支付补偿金额 713.56 万元;支付定点药店医疗费 886.85 万元;生育保险享受待遇人数 167 人,支付补偿金额 95.69 万元。三是医疗救助工作开展情况。2019 年 1—9 月,医疗救助 19319 人次,支付补偿金额 262.72 万元。四是异地结算工作开展情况。在伊犁州医疗统筹管理模式下,与全国所有省份和兵团全面实现跨省异地就医联网直接结算。2019 年 8 月底,办理慢性病白卡审核 1086 人,办理异地安置 351 人,为 605 人次办理审批转院手续。

【打击欺诈骗保工作】 2019 年 4 月,医保局开展集中宣传月活动,制定《察布查尔县打击欺诈骗保专项治理工作方案》印发至各定点医药机构,发动各医药机构悬挂宣传横幅 113 条,印发宣传画册 1000 份,张贴宣传海报 123

张，发布专项治理公告65张，向社会公布投诉举报电话和举报内容，收集查实投诉举报线索2条。检查全县29家定点药店，根据投诉线索查处定点药店违规行为2起，并给予解除定点药店服务协议，追回违规资金0.225万元，有效遏制定点药店违规滞留医保卡、违规刷非药品等行为，确保个人账户医保资金安全。自5月1日起，对定点医药机构开展稽查，检查定点乡镇卫生院13家，检查发现的问题进行通报批评、立即整改，其中涉及13家定点医疗机构违规使用的医保基金47759.42元予以追回。6月18—19日，对县直3家县级医疗机构专项检查，通过实地检查和医疗机构梳理自查，追回县级3家医疗机构涉及违规使用医保资金82893.57元。6月22日，组织召开“打击欺诈骗保”专项治理通报会，对存在问题的单位集体约谈，并为今后各医疗机构如何合理有效利用医保基金、更好地服务群众指明方向，确保医保基金安全。

【问题整改】 2019年，县医保局根据县人社局移交的哈密审计署提出的问题制定整改清单，积极主动对接，于4月10日前整改完毕，对涉及的526名建档立卡贫困户未享受5%的住院报销费9.27万元全部发放到位，对21名非建档立卡贫困住院患者多享受的5%，追回1.73万元缴入基金账户。与州医疗保障局对接解决2017年新农合透支资金142万元。

【医疗保险政策宣传】 2019年，县医保局制定印发城乡居民医疗保险政策解读及宣传材料，结合“访惠聚”“两个全覆盖”工作，利用周一升国旗、农牧民夜校、入户走访宣传及网络宣传，多角度对医疗保障政策宣传解读，树立群众医疗保障为人民、人民共享医保政策理念。与税务、金融机构多次沟通开发缴费模式，在确保基金安全的前提下，提供便民服务，开通POS机、税务客户端、手机APP等缴费模式，参保人员既可以到村社区缴费，也可通过手机缴费，全年城乡居民医疗保险参保率不低于95%，低保户及建档立卡贫困户参保率100%。

（程海霞）

县人民医院

【县人民医院负责人】

院长：王春勇（锡伯族）

党总支书记：王志军（6月离任）、张春梅（女，6月任职）

副院长：葛秀丽（女，锡伯族，6月离任）、阿斯亚木·苏力坦（女，维吾尔族，6月任职）

【内设机构】 察布查尔县人民医院于1946年成立，是差额预算事业单位管理，是全县唯一的综合性医院，2013年通过二级甲等医院评审。全院占地2.67公顷，业务面积2.2公顷，设有18个临床科室、5个医技科室和13个职能科室。核定床位260张，开放床位300张。核定编制190人，职工总数475人（其中1人待聘）。

【基本数据】 2019年，县人民医院门诊量为152453人次，比上年下降6.1%；出院量为13599人次，上升8.9%；完成手术1483例，上升7.5%。全年业务总收入8156万元，比上年增长7.96%。全院药占比30%，与上年持平；医疗服务占比34.46%；耗材占比19.39%。血液透析人数47人，透析5797人次。

【医疗质量与安全控制体系】 2019年，县人民医院严格按照医疗废物和危险废物法律法规开展日常的医疗废物收集、分类、暂存、转运工作,执行危险废物转移联单制度,医疗废物转运车到各乡、镇卫生院产生地收集医疗废物工作中做到交接有记录和转运车一运一消工作。增设三室(医疗废物转运车清洗消毒室、医疗废物转运车清洗消毒存放室和管理人员更衣室)在投入使用过程中,进一步完善转运人员一系列的转运、交接制度工作。

【临床路径】 2019 年,县人民医院收住临床路径病例数 4035 例,进入路径病例数 3998 例,入径率 99.08%。完成路径病例数 3426 例,完成率 85.69%;退出路径例数 571 例,退出率 14.28%;变异例数 3757 例,变异医嘱率 2.95%。出院人数 13599 人,临床路径管理率 27.42%。

【公立医院改革】 2019 年,县人民医院严格落实公立医院改革实施方案要求,围绕加快医院发展、保障群众健康中心,坚持"体现公益性、调动积极性、保障可持续"原则,着力提高医疗质量、改进服务流程、方便病人就医、落实便民措施,杜绝不合理收费,规范内部管理,加强行风建设,稳步推进公立医院改革。医疗安全是医疗管理的重点。医院对医疗安全工作长抓不懈,把责任落实到个人,各负其责,层层把关,切实做好医疗安全工作。继续抓好医疗安全教育及相关法律法规学习,依法规范行医,严格执行人员准入及技术准入,加强医务人员医疗安全教育。加强医疗安全防范,从控制医疗缺陷入手,严格执行医疗纠纷、医疗事故处理及责任追究制度,对县人民医院的医疗纠纷或医疗不良事件分析、讨论、制定防范措施,对责任履行不到位的严肃责任追究,着重吸取经验教训。加强临床路径管理和单病种控费管理,严把质量关,科学安排,严格按照卫生部关于临床路径要求,完善并及时修改路径。2019 年,全院临床路径完成 3153 例,临床路径出院率 25.2%。开展单病种控费例数 394 例。在抗菌药物专项整治活动中,加大抗生素管理处罚力度,制定抗菌药物管理实施细则,加入到绩效考核当中,每月进行一次抗菌药物审查,全院住院患者抗菌药物使用率 47.44%,住院患者抗菌药物使用强度 46.72,门诊抗菌药物使用率 18.96%,急诊抗菌药物使用率25.52%。控制过度检查,提高大型仪器检查阳性率。放射科 MRI 检查阳性率 87%,放射科 CT 检查阳性率 81%,放射科 DR 检查阳性率 70%,超声上半年阳性率 67%,均符合国家要求的大型仪器使用相关规定。2019 年,城镇职工住院 1653 人次,平均住院费用 3445.81 元;城乡居民住院 10837 人次,平均住院费用 3699.67 元。

【医联体+医疗建设】 2019 年,县人民医院向上联络自治区级以上 3 家三甲医院(自治区第六人民医院、维吾尔自治区人民医院、新疆医科大第一附属医院),州级 3 家二甲医院(伊犁州新华医院、伊犁州友谊医院、第四师医院),向下联络乡镇卫生院 14 家,组成医疗联合体。先后选派医疗、护理、医技人员 31 人/次到自治区人民医院、伊犁州友谊医院等上级医院进修学习,各专业诊疗水平得到提高。伊犁州友谊医院专家有 6 名专家在院帮扶,开展手术 82 例,学术讲座、培训 119 次,新技术新项目 5 项,接诊 6757 人次。与第四师医院卒中中心结为专科联盟,在人员培训、技术支援、双向转诊等方面得到第四师医院大力扶持。第四师医院心血管内科专家每周一次到县人民医院坐诊,参与查房、会诊、带教工作,开展冠状动脉造影术 93 例、冠状动脉支架植入术 7 例、左心室造影 3 例、心包穿刺术 1 例,使县群众足不出县,以县级费用享受省级专家诊疗服务。自 2018 年 10 月加入县卫计委构建的区域协同远程影像、心电会诊系统以来，各乡镇卫生院能够及时得到我院影像、心电相关技术支持。全年完成区域心电诊断32921例，区域影像诊断32825例。2019年，海努克乡卫生院门诊就诊50211人次，同比下降6.26%；住院1048人次，同比上升44.36%；手术264例，比2018年翻1.4倍；总收入328万元，同比上升72.63%。爱新色里镇卫生院门诊就诊25637人次，同比上升38.95%；住院526人次，同比上升69.68%；总收入216万元，同比上升50.37%。接收两卫生院护理、医师35人来县人民医院进修。根据《关于再次调整部分三级医院帮扶贫困县县级医院对口关系的通知》，中国人民解放军总医院第八医学中心自2019年6月起有5个专业13名专家在县人民医院开展技术帮扶，为期半年。接诊9295人次，查房4998人次，科室小讲座250次，手术98例。其中全胃切除＋襻式吻合在胃体癌根治术是县人民医院首例。同时解放军总医院第八医学中心接受县人民医院内科、外科、妇科3名科室骨干进修。

【伊犁州新华医院托管县人民医院】 伊犁州新华医院于2019年8月开始托管帮扶县人民医院，新华医院党委书记陈忠民带队于8月12日、9月26日采取实地走访、座谈、问卷调查等形式，调研、研究制定解决难题的措施。并拟定《精准帮扶，真情帮扶，为提升察布查尔县人民医院医疗服务能力而努力》调研报告。9月初，伊犁州新华医院院长布布尔汗带领18名医院科室主任与县人民医院建立专科联盟，并签订卒中中心联盟协议，开展学术讲座4场。县人民医院分批次把护士长及骨干护士送入新华医院短期学习，从管理理念、流程等方面进行培训，培训三批次18人次。医务科主任助理、骨科专家艾沙江·艾斯克尔巴依积极协调州新华医院、新疆医科大学第一附属医院专家教学查房、手术带教工作，带教查房10次150人次，开展手术示教29例，参加医院组织的大型义诊2次。普外科永海医师开展手术49例，其中开展新技术5项，查房1600人次，参加义诊3次。神经内科米亚赛尔医师门诊就诊人次376次，查房961人次，教学查房14次，科内开展讲座15次，完成新技术9项，开展疑难病例讨论14次，会诊314人次，参加县人民医院组织的义诊活动8次，累计义诊270人次。

【手术会诊】 2019年，县人民医院远程会诊259例，完成冠状动脉造影术93例、冠状动脉支架植入术7例、左心室造影术3例、心包穿刺术1例。3月21日，院外一科在上级医院专家帮扶下开展多项院首例手术，包括“左肺腺癌”经胸腔镜左肺下叶切除术、“结肠癌”经腹腔镜下右半结肠癌根治术、“胃癌”根治性全胃切除＋Roux-en-Y吻合术、“上消化道穿孔”经腹腔镜下修补术、“小儿腹股沟疝”经腹腔镜下疝囊高位结扎术、“下肢静脉曲张”血管硬化剂注射闭塞术。内镜室在中国人民解放军总医院第八医学中心专家支持下，坚持每天做胃镜检查，并开展内镜下活检术电切息肉、镜下止血治疗及取异物等治疗、无痛胃镜及肠镜，完成肠镜下进行黏膜切除术12例、胃镜检查710例（无痛胃镜204例）、食道支架置入1例、镜下止血1例、肠镜检查110例、内镜下取异物1例。眼科白内障手术在伊犁州中医院专家的指导下共完成202例。麻醉科开展新技术有椎旁神经阻滞麻醉在腹股沟疝修补手术的应用36例、分娩镇痛37例、TAP阻滞术58例、可视软镜在双腔支气管插管及困难气道插管中的应用6例、无痛胃镜270例、无痛肠镜38例、无痛诊刮及人流147例、急诊插管19例。麻醉科完成院内1650例手术，其中全身麻醉511例，椎管内麻醉308例，神经阻滞麻醉169

例,其他类手术 662 例。完成海努克分院手术 13 例,其中全身麻醉 2 例,椎管内麻醉 5 例,神经阻滞麻醉 6 例。

【心理门诊】 2019 年,县人民医院心理门诊接诊 2861 人次,诊治精神心理疾病患者 600 多人次,其中诊治和转诊重型精神疾病 160 多人次,会诊科室精神心理患者病人 150 余人次,开展心理评估 3000 多人次,在各个单位和学校免费开展精神心理宣讲 20 多场次,免费诊疗 80 多人次、心理测试评估 300 多次,精神心理团体放松训练治疗 6 次,处理突发精神心理应急事件 3 次,进一步普及精神卫生知识。

【公共卫生管理】 2019 年,县人民医院发现并报告传染病 760 例,其中乙类 342 例,其他传染病 418 例。死亡报告 31 例。结核门诊全年初诊筛查肺结核患者 440 人次,收治肺结核患者 148 人次,其中初治涂阴 74 人,病原学阳性 64 人,复治涂阳 9 人。包虫病药物门诊共收治 49 人次,其中术后口服药物治疗 33 人,无手术指征口服药物治疗 16 人。抗病毒治疗中心收治 305 人,新增 43 人;美沙酮门诊延伸服药点长期服药人数 3 人。成立结核病感染控制领导小组、结核病感染控制技术小组,设置床位 22 张,病区收治涂阳病人 71 人(含霍尔果斯病人 5 人)。

【首例曼氏手术】 2019 年 1 月 22 日,县人民医院邀请自治区人民医院妇科专家哈提古丽为患者成功实施院首例曼氏手术。此次手术对提升县人民医院妇产科手术水平具有重要意义,填补了妇科手术空白。

【首例经胆道镜下钬激光胆道碎石取石术】 2019 年 10 月 14 日,察布查尔县人民医院普外科诊断室来了一位特殊患者,患者因为疼痛无法行走,普外科主任何晓勇为其诊治,发现患者奴儿古丽胆囊结石、胆总管末端结石合并有肝功能损害病症,由于病情较复杂,与新华医院专家一同会诊后,制订治疗方案。随后将奴儿古丽的病情告知家属,根据病情判断需立即手术。经过与家属沟通,手术顺利进行。在手麻科气管插管全麻维持下,何晓勇与新华医院普外科医师永海为其行“经腹腔镜下胆囊摘除术联合胆道镜胆总管探查取石术”。术中探查出胆总管末端结石嵌顿十二指肠乳头部,经取石网篮多次取石无果后,探查发现胆管炎性改变明显,最终决定使用钬激光经胆道镜分段碎石去除术,术程因胆管水肿胆道弯曲弧度过大,钬激光碎石难度系数大。虽然术中遇到很多困难,但是在医生团队耐心细致、反复多次操作下,终于完全清除嵌顿结石,经过 5 个小时的努力,手术终于顺利完成,患者正在康复中。该术式系县人民医院及州新华医院首例经胆道镜下钬激光胆道碎石取石术,为今后梗阻型胆道结石取石这一复杂难题,创新突破了新术式,且目前尚未有州级医院个案报道。

【承办布病、包虫病现场交流观摩会】 2019 年 7 月 4 日,伊犁州直布病、包虫病“医防结合”工作现场观摩会在县人民医院举行。院外科主任、感染科医生分别就布病、包虫病“医防结合”试点工作开展情况做经验交流。11 月 22 日,县人民医院承办新疆人畜共患病医防结合启动会与培训会分会,来自西北五省的包虫病防治工作人员及新疆本土包虫病防治工作人员参加,县人民医院就包虫病医防结合工作做经验交流。

【义诊活动】 2019 年 3 月 3 日,县人民医院耳鼻喉科俏丽医生在县第三小学以幻灯片形式讲解爱耳、护耳常见健康预防和保健知识。3 月 6 日,妇产科主任关雪梅在堆齐牛录乡舍里木克村一片区为妇女同胞普及女性健康知识——宫颈癌的预防及筛查，80 名村民参加。3 月 20 日，心理科医生杨昌与支部 2 名党员志愿者到爱新色里镇中学开展“健康进校园，关爱青少年心理成长”主题志愿者活动。4 月 17 日，内一科徐晓红在舍里木克村五组开展健康教育知识讲座。5 月 8 日，感染科赵玉红在堆齐牛录乡佛营村村委会宣传布病防治知识。5 月 8 日，张玲医生开展以“人人享有肾脏健康”为主题的肾脏病防治知识宣讲活动。5 月 15 日，医技张海燕主任在良繁场开展以“挥洒青春，同圆梦想，志愿服务你我先行”为主题的高血压病防治知识宣讲活动。5 月 20 日，由县人民医院临床科室党支部的外科、内科、妇科等多位科室专家与护理人员组成的义诊小分队在海努克乡开展“三下乡”义诊活动。6 月 19 日，儿科主任医师徐伟到舍里木克村第一片区开展夏季多发疾病疱疹性咽峡炎的早期识别与家庭护理相关知识的宣传讲座。6 月 26 日，县人民医院五官科医护人员在堆齐牛录乡舍里木克村五组进行有关“白内障”知识的讲座，免费为村民进行健康知识宣传和眼部疾病的咨询、义诊等。7 月 10 日晚，医技科 9 名志愿者在城镇第二社区的周三夜校中开展健康宣讲义诊活动。8 月 21 日晚，中医科白伟华医生在堆齐牛录乡舍里木克村五组开展健康讲座，100 余名村民聆听。9 月 20 日，4 名党员干部在县第一小学进行口腔健康宣讲。9 月 21 日，县人民医院组织医护人员到红海沟边防连开展义诊活动。9 月 25 日，县人民医院组织安排内二科主任马日孜亚木·马合么麦特和传染病科医生黑扎提·阿力哈孜前往海努克乡切吉村，利用该村夜校时间开展传染病和慢病健康教育工作。10 月 11 日，医技科室党员志愿者在边境管理大队为边防军警开展健康体检、义诊活动。10 月 14 日，组织 30 余名党员骨干医护人员到果尔敏西街社区开展“情系群众，送健康义诊，我们在行动”义诊活动，50 余名群众接受义诊，发放宣传资料 180 余份，免费药品价值 1200 余元。10 月 14 日，组织人员到果尔敏西街社区开展“情系群众，送健康义诊，我们在行动”主题义诊活动。10 月 17 日，20 余名专家大夫在加尕斯台镇卫生院开展以“不忘初心，牢记使命，服务群众，健康扶贫”为主题的大型义诊活动。

【交流合作】 2019 年 5 月 7 日，河南大学党委副书记雷霆以及河南大学党委常委、组织部部长李庆春率发展规划处、人文社科研究院、文学院、远程与继续教育学院、出版社、附属中学等部门负责人在县院调研指导人才培养、人才建设工作。

5 月 27 日，复旦大学附属中山医院派出骨肿瘤与软组织专家张亮博士等 8 名援疆专家在县人民医院对口支援。次日，巡回医疗工作启动仪式在县人民医院三楼会议室进行。

5 月 28 日，复旦大学附属中山医院专家在县人民医院儿科为住院儿童庆祝“六一”儿童节，同时为儿科医护人员捐赠有关儿科常见病书籍；为县人民医院麻醉科捐献新式武器——可视插管软镜。

5 月 29 日，复旦大学附属中山医院党委副书记李耘、骨与软组织肿瘤亚专科主治医师张亮、儿科主任医师徐灵敏、心内科主治医师陈学颖、麻醉科副主任医师梁超、放射科主治医师刘立恒、神经内科副主任医师刘旭、呼吸科副主任医师余君、内镜日间病房护士长沈月红等一行 13 名专家组成医疗服务小组，在县海努克乡开展义诊活动。

5 月 30 日，复旦大学附属中山医院医疗援疆专家麻醉科梁超主任为县人民医院麻醉科捐赠麻醉专业相关书籍。

6 月 13 日，复旦大学附属中山医院内镜日间病房护士长沈月红在三楼多功能厅进行护理讲座,讲座内容为《护士长管理心得》及《输液工具与静疗注意事项》。

6月20日,县人民医院召开复旦大学附属中山医院王昕书记一行来访工作座谈会,县委书记王沛昭出席座谈会。

6月21日,复旦大学附属中山医院护理专家沈月红老师为外科全体护士进行题为《临床各类常见引流管及护理》的精彩授课。

6月22日,第三届复旦中山－伊犁箭乡医学论坛暨新技术、新理念培训班在县人民医院开幕。

7月7日,中国石油医疗小分队队长李安明等9名专家在县人民医院开展义诊活动。

7月9日,伊犁州新华医院医务科主任李磊携该院普外科、感染科、信息科等负责人在县人民医院就包虫病医防结合工作开展进行观摩交流。

7月11日,霍尔果斯市卫健系统领导及专家一行7人在县人民医院交流学习医改工作和医共体建设工作。7月11日,乌苏市人民医院领导及专家一行8人在县人民医院参观交流学习医改工作和医共体建设工作。

8月10日,伊犁州新华医院领导及专家一行5人在县人民医院对接接管工作事宜。

8月25日,中国人民解放军总医院第八医学中心专家组一行在堆齐牛录乡舍里木克村开展以"践行初心使命,我们在行动"为主题的党日活动,就诊群众80多人,免费发放药品530元。

9月3日,自治区卫健委抽调自治区大病专项救治病种诊疗专家组成指导组,在县人民医院进行专项指导,这是自治区响应国家扶贫的号召制定的专项救治项目,为贫困人口带来实质性的保障。

9月3日,根据国家卫生健康委员会－联合国儿童基金会母子健康发展综合项目2019年度工作安排,由中国疾病预防控制中心妇幼保健中心组组织的国家级项目督导组一行5人在县人民医院进行项目督导。

9月6日,伊犁州新华医院与县人民医院签署专科联盟协议及卒中中心区域协同救治网络建设合作协议。

9月10日,中国人民解放军总医院第八医学中心派遣2019年第二批帮扶援疆专家一行5人到达察布查尔县。

9月11日,伊犁州友谊医院神经内科、急救中心专家一行4人在县人民医院进行卒中讲学、座谈交流。

9月20日,中国人民解放军总医院第八医学中心5位专家及新华医院8位专家在县人民医院开展以"守初心、解难题、助扶贫、庆丰收"为主题的大型义诊活动,免费为群众义诊279人次,免费发放药品800余元,监测血糖128人次、血压132人次,心电图检查39人次,B超检查60人次。

9月20日,扬州大学附属医院党委书记王炜一行11人在县人民医院就重点科室帮扶、医护人员培训等具体事宜商谈、交流。

9月22日,州卫健委组织由伊犁州友谊医院的检验科主任李春林带队的专家组一行7人在县人民医院指导生物安全监督、备案工作。

10月15日,新疆维吾尔自治区生态环境厅领导及专家在县人民医院检查指导工作,免费为群众义诊188余人次,免费为群众发药,免费测血糖、血压120余人,心电图检查32人,B超检查36人。

【县人民医院新址建设项目】 2019年,新建县人民医院总建筑面积5.3公顷,主要包括门诊综合楼、(内、外科)病房综合楼、医技综合楼、地下车库、感染病房综合楼、连廊、高压氧舱等;完善配套公用工程设施建设,包括敷设室外给水管网、排水管网、采暖管网、电力电缆，绿化及道路硬化等。医技楼完成室内消防主管、通风管道安装，地暖铺设完成，窗户安装完成，地面浇筑砼完成；1号病房楼、2号住院部楼、感染病房楼完成室内消防主管、通风管道、给排水主管安装，地暖、窗户安装完成，地面瓷砖、防火门、吊顶、外墙保温均完成；门诊楼完成室内消防主管、给排水主管安装，地暖、窗户安装完成，地面浇筑砼完成，大厅墙面瓷砖、防火卷帘完成，外墙保温完成60%。

县中医医院

【县中医医院负责人】

党支部副书记、院长：余伟（汉族）

副院长：葛森林（汉族）

【基本情况】 2019年，县中医医院总面积2397平方米，编制床位95张，实际开放床位96张。内设有针灸理疗科、内一科、内二科、内三科、皮肤科、妇科、肛肠科、治未病科8个临床科室，检验科、功能科（放射、心电、超声）、药剂科3个医技科室。职能科室行政后勤科包括党建办、院办、医务科（病案室）、护理部、门诊办公室（输液室）、信息设备科、公共卫生科、财务科、总务后勤科9个科室（部门）。拥有中科美伦DR、美国GE双能量X线骨密度检测仪、大生化检测仪、上海澳华内窥镜、高频治疗机、中医脉象诊断系统、智能通络治疗仪、中频脉冲治疗仪、疼痛治疗仪、动脉硬化检测仪、超声经颅多普勒血流分析仪、美国GE彩色超声诊断仪、中药离子导入仪、中药煎药机等大型医疗设备30台（件）。有职工144人，其中在职68人（县聘18人），聘用职工76人。

【业务指标】 2019年，县中医医院门诊人数87686次，门诊收入764万元，实现门诊收入比上年增加200万元，增长35.5%；住院人数3420人次，增加1296人次，增长61%；住院收入905.63万元，增加385万元，增长73.9%。

【“先诊疗后付费”制度】 2019年，县中医医院实行“先诊疗后付费”实施方案及相关制度，住院处设置“先诊疗后付费”服务窗口与一站式结算服务窗口，拟定恶意欠费相关制度，防止恶意欠费。全年提供“先诊疗后付费”服务3420人次，医疗机构垫付费用722万元，患者欠费3万元。

【医联体】 2019年，县中医医院与自治区中医医院、伊犁州农四师医院签订医疗联合体协议书，自治区中医医院下派5名专家在院开展为期一年的业务指导工作，中医医院与城镇卫生院、种羊场卫生院建立紧密型医共体，按照“基层首诊、急慢分治、双向转诊、连续服务”原则推进分级诊疗工作有序开展。

【全民健康体检】 2019年，县中医医院完成体检人员10985人次，完成率100.2%。

【人才队伍建设】 2019年，全年外出培训及进修150人次。自治区中医医院5名专家在县人民医院开展帮扶工作，制定师带徒工作机制，确定师徒关系5对，开展培训49次，培训742人次。开展全院心肺复苏操作考试2次，开展全院三基理论考试2次。

【医疗义诊】 2019年，县中医医院组织江苏援疆专家、自治区专家赴边远农牧区开展巡回医疗服务义诊49次，派出专家125人次，接待义诊群众1300人次，发放宣传册1400本，免费测血糖200次，举行健康讲堂15次，受益群众200人次。

（米丽得孜·军斯别克）

社会民生

民　政

【县民政局负责人】

党组成员、局长：关志军(锡伯族)

党组书记、副局长：居玛古丽·昆波拉提(女，哈萨克族)

老龄委专职副主任：胡国强(锡伯族，3月离任)

党组成员、副局长：胡兆国(3月任职)

纪检组组长：郝玉林(6月离任)

【内设机构】 2019年，县民政局下属福利机构4所、殡仪馆1所。下设办公室和综合业务室，承担社会救助、社团、基层政权、婚姻登记、社会事务、区划地名、慈善工作。有在编干部22人，其中在职行政4人，参公3人，事业15人。

【低保核查】 2019年，全县城乡低保人数11187户15414人，其中城市低保6113户8436人，农村低保5074户6978人。清退城乡低保人员3993户5198人4300多万元，其中城市低保894户1120人，农村低保3099户4078人。残疾人两项补贴(生活补贴和护理补贴)共275.7元。

【城乡低保标准】 2019年，全县城市低保标准由每人每月329元提高至349元，农村低保标准由每人每月209元提高至每人每月235元。

【分类施保水平】 2019年，全县城市低保中的“四类人员”(老年人、未成年人、重度残疾人、重病患者)低保补助水平，在城乡低保平均补助水平的基础上再增加22元。城市低保中“四类人员”平均补助水平每人每月371元，农村低保中“四类人员”平均补助水平每人每月257元。

【城乡医疗救助】 2019年1—3月，全县实施城乡医疗救助150人次25.99万元(2019年3月机构改革后，此项业务由县医疗保障局承接)。

【孤儿基本生活保障标准】 2019年，县民政局按照关于建立最低养育标准自然增长机制要求，提高全县(包括受艾滋病病毒影响儿童)基本生活费标准，福利机构供养孤儿每人每月不低于1100元，社会散居孤儿每人每月不低于800元。

【特困供养救助标准】 2019年，全县城市特困人员基本生活标准由原来的集中每人每月660元、分散每人每月470元，提高至每人每月800元；农村特困人员基本生活标准由原来的集中每人每月520元提高至每人每月700元，分散特困人员由每人每月350元提高至每人每月500元。

【流浪乞讨人员给养费标准及应急救助】 2019年，县民政部门保障流浪乞讨人员基本生活，提升救助站内受助人员基本生活保障水平，受助人员伙食补助提高至每人每天26元。依法依规开展流浪乞讨人员和精神障碍患者应收尽收工作。救助流浪乞讨人员7人、精神障碍患者1人。为22名困难家庭学生发放临时救助金5.4万元。

【农村基层政权建设】 2019年，全县新增4

个社区居民委员会，即察布查尔镇平原林场社区居民委员会、孙扎齐牛录镇旭日社区居民委员会、纳达齐牛录乡工业渠路社区居民委员会、扎库齐牛录乡开发地农村社区居民委员会；对 4 个社区更名，即种羊场片区管委会巴音社区居民委员会更名为堆齐牛录乡巴音社区居民委员会，种羊场片区管委会托布社区居民委员会更名为堆齐牛录乡托布社区居民委员会，种羊场片区管委会柏尔哈舍里社区居民委员会更名为堆齐牛录乡柏尔哈社区居民委员会，种羊场片区管委会托海依社区居民委员会更名为堆齐牛录乡托海依社区居民委员会。

【婚姻登记】 2019 年，县民政局办理结婚登记 1759 对(其中汉族与维吾尔族结婚 1 对，汉族与哈萨克族结婚 2 对，汉族与锡伯族结婚 101 对，汉族与其他少数民族结婚 24 对，锡伯族通婚 119 对)、离婚登记 632 对，补发结婚证 550 对，婚姻登记合格率及婚检率 100%。

【慈善捐赠】 2019 年 2 月，县民政局接收北京健和公益基金会医疗教育民生专项资金，为 75 人发放 4 万元。3 月，自治县开展贫困助学冰雪文化旅游节，为 267 名贫困大学生资助 17 万元。

【县未成年人救助保护中心项目动工建设】 2019 年，位于察布查尔镇新城区社会福利园区内的县未成年人救助保护中心项目动工建设，总投资 650 万元。其中中央预算内资金 520 万元，地方财政配套 130 万元。总建筑面积 2993.49 平方米，砖混结构，地上三层。总设计床位 100 张，具体功能室有休息室、浴室、卫生间、会议室、资料室、计算机室、技能培训室、手工房、办公室、心理辅导室等。设计高度 11.25 米，使用年限 50 年，抗震设防烈度 7 度，耐火等级二级。该项目总面积 10.07 公顷，已经环保、住建等部门审核，下达投资计划，完成初步设计报州发改委。6 月开工。(见表 10、表 11)

表 10 2019 年察布查尔县民政福利机构情况一览表

序号	项目名称	建设规模（平方米）	主要建设内容	建设起止年月	总投资（万元）	占地面积（公顷）
1	米粮泉农村敬老院	1215.18	砖混结构，地上二层，42 张床位	2009.05—2009.12	150	0.47
2	爱新色里镇农村敬老院	1350	砖混结构，地上二层，36 张床位	2011.07—2011.12	272	2.67
3	老年养护楼	2407.66	砖混结构，地上二层，64 张床位	2012.04—2012.08	375	4.67
4	加尕斯台镇农村敬老院	主楼 1360.78，餐厅锅炉房 165	砖混结构，地上二层，56 张床位	2012.09—2013.06	262	
5	加尕斯台镇社会福利中心	1228.82	砖混结构，地上二层，34 张床位	2013.07—2013.11	212.9	0.8
6	海努克乡社会福利中心	1300	砖混结构，地上二层，32 张床位	2013.10—2014.06	244	0.33
7	察布查尔镇便民服务中心	4580	框架结构，地上四层，28 张床位	2016.03—2016.12	1160	0.4
8	察布查尔县中心敬老院	4670	砖混结构，地上三层，100 张床位	2018.07—2018.12	1170	10.07

表 11　2019 年察布查尔县行业协会一览表

序号	社会组织名称	成立年月	地址	业务范围	职工数(人)	业务主管单位
1	察布查尔县私营个体企业协会	1998.01	县工商局	自我教育、自我管理、自我服务、法律法规知识培训、职业技能培训、经纪人培训、中介服务、咨询代理、代办工商登记。	71	县工商局
2	察布查尔县斗鸡协会	2007.01	察布查尔镇伊东街	① 开展斗鸡竞技表演赛；② 培育良种斗鸡品种。	38	县文化体育广播电视和旅游局
3	察布查尔镇民族服饰手工工艺品刺绣协会	2007.12	察布查尔镇木柯包街二区对面	① 不定期举办座谈会、交流会；② 开展技能培训、技能竞赛活动；③ 组织制作产品，组织参展与销售。	35	察布查尔镇人民政府
4	察布查尔县海努克乡林下生态养鸡协会	2011.03	县海努克乡托普亚尕奇村	① 优质土鸡引进、孵化；② 统一发放雏鸡；③ 提供技术服务，组织回收商品成鸡、销售；④ 为会员提供农林、旅游业技术服务。	60	县科学技术协会
5	察布查尔县有机农产品协会	2011.07	察布查尔镇庙拜街	① 宣传党的农村政策，引导本县有机农业发展方向；② 推广和应用大米、辣椒、胡萝卜、圆葱、榛子、红富士苹果等有机农产品，构筑政府、企业、科研院所、金融机构、农户之间联系交流的平台。		县农业农村局
6	察布查尔县慈善总会	2012.03	察布查尔镇查鲁西街91号	① 协助政府开展救灾赈济工作；② 接收、分配、调拨疆内外通过本会捐赠的赈灾款物；③ 受政府委托并根据实际需要生产、储运、发放救灾物资；④ 接受自然人、法人及其他组织的捐赠；⑤ 组织各种形式的募捐活动，为困难群众提供物质扶助和精神抚慰。	50	县民政局
7	察布查尔县爱心妈妈协会	2013.06	察布查尔县爱心妈妈协会	① 积极参与社会公益性爱心事业，帮助社会弱势孤残群体；② 帮助困难家庭就医；③ 帮助困难家庭子女就学；④ 帮助困难家庭发展生产；⑤ 为全县受灾群众提供帮助。	43	县民政局
8	察布查尔县种羊场优质绵羊养殖协会	2014.03	察布查尔县种羊场柏尔哈舍里村	① 定期组织专家为协会成员讲授和指导细毛羊、小尾寒羊科学养殖、管理及防疫技术；② 定期组织会员外出观摩，提高会员养殖水平；③ 将会员养殖产品统一集中销售，增加会员收入；④ 逐步带领会员推广使用科学养殖技术，转变会员传统的养殖观念，向现代高效养殖观念、模式发展前进。	52	县科学技术协会

续表

序号	社会组织名称	成立年月	地址	业务范围	职工数(人)	业务主管单位
9	察布查尔县老年协会	2014.06	察布查尔镇查鲁盖西街90号	① 组织会员开展各种有益于身心健康的文化、娱乐、体育等活动；② 参与社会公益慈善事业；③ 开展老年人自助、互助活动，丰富老年人的精神文化生活。		县民政局
10	察布查尔县见义勇为协会	2014.10	察布查尔镇查鲁盖东街	① 表彰奖励在维护社会治安、同违法犯罪做斗争和抢险救灾中事迹突出的先进集体和个人；② 对见义勇为牺牲人员家属及伤残人员给予抚恤和资助；③ 宣传见义勇为先进事迹及关心、支持见义勇为事业的个人和社会团体。	50	县政法委
11	察布查尔县农民用水户协会	2016.04	察布查尔镇庙拜街	① 全面负责察布查尔锡伯自治县管辖区以内田间灌溉管理工作，统筹协调灌区农业种植及制定和上报灌溉制度；② 负责辖区内用水计划上报工作，协调用水户之间用水矛盾，除按照国家法律、法规规定用水行为以外，可以按照本协会规章制度、“村规民约”规范用水；③ 为用水户提供与水利及灌溉有关的技术、咨询服务；④ 依法保护灌区水利设施，有权按照协会规章制度处置危害较小、情节较轻的损坏水利设施紧急事件。		县农业农村局
12	察布查尔县体育总会	2016.08	察布查尔县体育馆	① 宣传发动群众参加全民健身活动，指导察布查尔县优育工作的开展；② 组织体育的科学研究；③ 举办察布查尔县各类体育比赛；④ 培训体育骨干；⑤ 总结交流经验，表彰先进；⑥ 开展察布查尔县体育检查、评比、表彰工作；⑦ 开展体育活动，加强与各县市之间的体育交流、往来，组织参加或承办全州、自治区体育活动。	50	县文化体育广播电视和旅游局
13	察布查尔县法学会	2016.11	察布查尔镇查鲁盖东街	① 促进法学研究成果的推广和应用转化；② 组织法学、法律工作者加强信息交流和传播；③ 组织评选和表彰优秀法学人才和优秀法学成果等活动；④ 履行管理、监督、服务和业务指导工作，维护会员的合法权益。	99	县政法委

续表

序号	社会组织名称	成立年月	地址	业务范围	职工数(人)	业务主管单位
14	察布查尔大米协会	2017.01	新疆疆粮米业有限责任公司	① 宣传国家粮食产销政策，调查研究自治县绿色食品大米产业状况；② 实施绿色食品品牌战略，打造察布查尔大米绿色品牌；③ 制定并监督执行行业自律的公约，实现公平交易，合理定价，保证质量，提高整体效益；④ 大力发展订单农业，建立与农民的利益共同体。	24	县农业农村局
15	察布查尔县德吉蒙古文化协会	2017.02	察布查尔镇固尔扎路	促进弘扬蒙古族优秀传统文化发展及传承，汇聚蒙古族各行业人才为蒙古族群众及各乡镇提供文化指导服务，开展蒙古族历史、文化遗产的挖掘、整理和研究工作，推动蒙古语言文字的普及和学习，开展民族文艺、体育交流活动。		县文化体育广播电视和旅游局
16	察布查尔县老年人体育协会	2017.08	县委老干部局一楼	① 宣传发动老年人参加全民健身活动，指导老年人体育工作的开展；② 举办全县老年人体育竞技比赛，培育老年人体育骨干；③ 组织开展对外体育经济交流活动。	30	县文化体育广播电视和旅游局

(阿依布力·阿力哈孜)

人力资源和社会保障

【县人力资源和社会保障局负责人】

党组书记：任峰

局长：吴丽娜(女，锡伯族)

副局长：李峰

社会保险管理局局长：徐建运

劳动监察大队队长：吴志刚(锡伯族)

仲裁院院长：杨雪莲(女，锡伯族)

【内设机构】 2019年，县人力资源和社会保障局(以下简称县人社局)内设办公室、财务室、档案室、就业科、综合科、稽核科、工伤管理科、工资福利科、仲裁科职能科室。下辖社会保险管理局、劳动监察大队、人力资源服务中心。有在职干部职工44人。

【就业工作】 2019年，全县城镇新增就业3623人，完成100.6%；就业困难人员就业204人，完成102%；城镇登记失业率控制在4%以内；保持零就业家庭动态清零；新增开发就业岗位3228个，完成100.8%。在劳动力转移方面，完成农村富余劳动力转移4.4万人次，完成100.1%；创收2.91亿元，完成100.3%；完成有组织转移劳动力674人，完成122.54%。建档立卡贫困户就业方面，建档立卡贫困户3199户11403人，其中具备劳动力5886人(就业5608人，未就业278人)。在职业技能培训方面，开展各类职业培训77期3637人，其中建档立卡贫困户410人。其间开办各类技能培训班65期3087人，其中在乡(镇、场)组织开展培训26期1296人，在学校集中开展培训39期1791人。开办纺织服装企业岗前培训12期550人，其中在园区A区开展培训3期119人，在园区B区开展培训9期431人。培训期间，严格执行自治区、自治州职业培训补贴程序，加强培训补贴监管，确保每个培训班实地督查不少于4次。开展实地督导和视频监控实时督导350多次。在旅游促就业方面，通过"七个一批"吸纳就业人数553人，完成138.25%，主要涉及餐饮、住宿、农家乐、旅游纪念品加工等行业。在就业政策服务方面，召开招聘会9场次，参加招聘企业67家，提供就业岗位2679个。参加招聘会2717人，达成就业意向647人，发放就业政策宣传品700011份。全县疆内高校毕业生750人，登记750人，登记就业671人，登记就业率89.47%；内地高校毕业生332人，实名登记331人(系统上显示未登记1人)，登记就业305人，登记就业率92.15%。

【工资福利】 2019年，县人社局审核审批死亡干部抚恤金47人，审批死亡干部一次性抚恤金340.33万元，审批丧葬费56.72万元。办理机关事业单位正常(到龄)退休手续74人，因病退休(职)11人，农牧团场退休48人，企业退休27人，县聘1人，离岗代课教师3人，个体116人，公益性岗位1人，合计281人。办理岗位变动230人，转正定级301人，学历8人，晋升148人，岗位津贴267人，特勤10人，警衔71人，在职降级16人，退休降级4人，纠错69人，开除5人，取消退休待遇4人，考核在职6214人，特岗212人，享受待遇18人；县聘岗位变动122人，学历9人，转正定级9人，考核327人；调整高定工资4815人。上会通过享受主任科员待遇9人，全部完成增资手续。完成机关事业单位人员工龄认定工作108人。上报2017、2018年度机关事业单位工作人员伤病残鉴定人员218人，体检86人。机关事业单位盖章人员伤病残鉴定人员材料审核18人，企业伤病残鉴定4人，共22人。

【干部管理】 2019年，县人事领导小组会通过45个人调动材料，并办理相关手续。完成8月份"三支一扶"招募工作，招聘28人；做好上一批"三支一扶"人员离岗和社保工作。通过笔试、面试、体检、政审、聘用等程序，各单位招聘县聘人员210人。完成256个事业单位人员岗位变动、301个转正定级工作以及教育局97名特岗教师入编手续。

【社会保险征缴】 2019年，全县基本养老保险参保8520人，基金征收6622万元。机关养老保险参保7092人，基金征收9774万元。职业年金基金征收4589万元。失业保险参保1.21万人，基金征收440万元。工伤保险参保1.21万人，基金征收120万元。完成城乡居民养老保险参保征缴42973人1027万元。办理转移人员102人，其中转入50人，转出52人。结合实际，拟定《察布查尔县2019—2020年推进贫困人员城乡居民基本养老保险应保尽保工作实施方案》，214名2018年1月以后脱贫的建档立卡贫困户、未脱贫的建档立卡贫困户全额代缴城乡居民养老保险工作全部完成。完成3375人低保代缴工作，减轻贫困人员参保缴费负担，实现建档立卡贫困人口应保尽保。同时，将11403名建档立卡贫困人员与城居保管理系统、城镇职工管理系统比对，逐一排查，完成人力资源和社会保障扶贫信息平台推送的11403名贫困人口中4091名学生、39名服刑人员的确认核实工作，核对1281名应参未参人员数据，确定贫困人员符合参保条件的未参保人员，形成统计数据、人员名单，确保数据真实，不虚报漏报，不漏一户，不落一人。

全县贫困人口应参保缴费10493人,其中建档立卡贫困户6412人,低保户4081人,基本信息全部推送税务开展征缴工作,完成参保缴费8226人。

【待遇支付】 2019年,县人社局为5106名退休职工发放养老保险待遇10055万元。企业死亡职工丧葬费、抚恤金总计309.2万元。机关事业单位为3550名退休人员发放养老保险待遇16871万元。为11546名城乡居民养老退休人员发放待遇1548万元。累计发放失业保险待遇146人次8.58万元,发放65家企业稳岗补贴38.29万元。为2名四级工伤职工支付伤残津贴4.63万元,为工亡职工的10名供养亲属发放抚恤金10.76万元,为3名工亡职工发放工亡抚恤金及丧葬费227.43万元,为6名工伤职工支付医疗费63.68万元。

【稽核工作】 2019年,县人社局开展2019年度用人单位社会保险书面稽核工作。自7月1日起开展书面稽核,通过审核用人单位用工花名册、工资表等书面材料书面稽核,重点稽核用人单位是否按《中华人民共和国社会保险法》依法为员工缴纳社会保险,保障劳动者社会保险权益。书面稽核用人单位203家,其中企业130家,机关事业单位73家。认真完成用人单位注册、信息变更、注销等工作,新注册57家,信息变更5家。对社会保险基金的支出以及养老、医疗保险的过账情况进行认真审核,确保不出差错。

【工伤鉴定工作】 2019年,县人社局始终坚持《工伤保险条例》的立法宗旨,坚持“立法为公,执法为民”服务意识,受理工伤案件59件,不予受理案件4件。办结工伤案件40件、工亡案件1件,视同工亡案件2件,不予认定1件,撤案5件。开展劳动能力鉴定33人。伤残等级情况分别为未达级2个、十级14个、九级12个、八级3个、四级1个,配置辅助器具40002个。1个关联鉴定的结论是无关联。

【劳动保障检查】 2019年,县人社局受理举报投诉案件48起:办结39起,清欠农民工工资448.96万元,涉及农民工566人;未办结2起,涉及农民工工资217.46万元,涉及农民工24人;不予受理6起,涉及农民工工资102.62万元,涉及农民工37人;移送1起。在建工程农民工工资保证金收缴25个,工资保证金376.72万元,其中实名制覆盖项目18个;退还保证金项目39个、工资保证金644.08万元。无拖欠农民工工资证明开具523个项目,开劳动用工备案企业95家,用工检查单位47户。

【劳动仲裁】 2019年,县人社局受理劳动人事争议案件47件,当期审结44件,未结案3件,结案率94%。其中裁决案件12件,调(撤)结案件32件,调撤率达68%。结案案件涉案金额374.48万元,涉及44人。

(李雪琴)

退役军人事务

【县退役军人事务局负责人】

党组书记、副局长:赵新立(3月任职)

党组成员、局长:金寿(锡伯族,3月任职)

党组成员、副局长:王斌(3月任职)

【内设机构】 2019年,县退役军人事务局内设综合办、财务室、优抚办、权益维护办,有在职干部职工9人。

【工作职能】 2019年3月18日,根据《察布查尔锡伯自治县退役军人事务局职能配置、内设机构和人员编制规定》文件精神，察布查尔锡伯自治县退役军人事务局挂牌成立，是自治县县委、政府工作部门，加挂自治县退役军人事务局牌子。其职能为：① 贯彻执行国家、自治区军人思想政治、管理保障和安置优抚等工作的政策、法规，褒扬彰显退役军人为党、国家和人民牺牲奉献的精神风范和价值导向，发挥退役军人在新疆社会和谐和长治久安总目标中的作用。② 负责军队转业干部、复员干部、退役士兵的移交安置工作和自主择业、就业退役军人服务管理工作；贯彻落实退役军人留疆安置优惠优待政策。③ 组织开展退役军人教育培训工作，负责退役军人和随军随调家属就业创业。④ 会同有关部门执行落实退役军人特殊保障政策。⑤ 组织落实移交自治县的离休退役军人、符合条件的其他退役军人和无军籍退休退职职工以及退役军人医疗保障、社会保险等相关待遇保障工作。⑥ 组织落实伤病残退役军人服务管理和抚恤工作，落实有关退役军人的相关优惠政策的组织实施；承担不适宜继续服役的伤病残军人相关工作。⑦ 组织落实拥军优属工作。负责现役军人、退役军人、军队文职人员和军属优待、抚恤等工作。⑧ 负责烈士及退役军人荣誉奖励、纪念活动等工作，总结表彰和宣扬退役军人、退役军人工作单位和个人先进典型事迹。⑨ 贯彻执行退役军人相关法律法规和政策措施，组织退役军人权益维护和有关人员的帮扶援助工作。⑩ 完成县委、县人民政府交办的其他任务。

【基本情况】 察布查尔县下辖 15 个乡(镇、场)，采集信息 2152 人，其中退役士兵 1584 人，军队转业干部 28 人，离退休干部 258 人，残疾军人 14 人，三属人员 6 人，现役军人家属 262 人；发放优抚对象抚恤生活补助 376.14 万元，涉及各类优抚对象共 244 人，其中重点优抚对象 84 人，60 周岁以上农村籍退役士兵 149 人，老烈士子女 11 人。

【服务体系建设】 2019 年 3 月，自治县退役军人事务局内设机构和人员配备工作全部到位，实编干部 10 人，建立贯通上下的工作格局，挂牌组建 15 个乡(镇、场)和 37 个村级退役军人服务站，各项业务工作有序开展。本着边组建、边工作、边完善、边规范、边提升的工作方式，乡村两级服务站扎实有效开展退役军人业务工作。

【就业培训】 2019 年，县退役军人事务局认真做好退役士兵就业创业培训工作，为 17 名退役士兵开展驾照培训，投入 4.08 万元。

【信息采集】 2019 年，县退役军人事务局认真做好退役军人采集信息工作，以各乡镇为单位继续加大宣传力度，确保不留一人，采集信息 2152 人。

【悬挂光荣牌】 2019 年，县人民政府为烈属、军属和退役军人等家庭悬挂光荣牌，退役军人事务局在全县范围内全面开展光荣牌悬挂工作，增强烈属、军属和退役军人等家庭荣誉感和幸福感，悬挂光荣牌 2116 块。

【社会保险】 2019 年，察布查尔县做好部分退役士兵社会保险工作。7 月 23 日召开部分退役士兵社会保险推进会，及时组织县退役军人事务局、各乡(镇、场)人民政府、“访惠聚”工作队、退役军人服务站深入做好宣传引导工作，利用周一升国旗、周三夜学、周五党日活动，采取发公告、发宣传单等宣传措施，确保符合政策的退役军人全部享受政策，录入系统审核办理完成 108 人，完成个人缴费 40 人。(见表 12)

表 12　县退役军人事务局“庆祝中华人民共和国成立 70 周年”纪念章发放统计表

序号	姓名	性别	(原)工作单位	户籍地	身体状况	人员类别	纪念章编号
1	张英	男	县机关党委	察布查尔镇	一般	七级因战伤残军人，老复员军人	2019647201
2	田文杰	男	无	良繁场	一般	七级因战伤残军人，老复员军人	2019647261
3	关忠林	男	无	爱新色里镇	差	回乡务农抗战老战士	2019647257
4	妮曼买买提·散依甫	男	无	察布查尔镇	一般	老复员军人	2019647268
5	潘维圻	男	无	纳达齐牛录乡	一般	老复员军人	2019647260
6	苏生华	男	无	纳达齐牛录乡	一般	老复员军人	2019647266
7	田开玮	男	无	扎库齐牛录乡	一般	老复员军人	2019647254
8	文西	男	无	扎库齐牛录乡	一般	老复员军人	2019647263
9	董金山	男	无	堆齐牛录乡	一般	老复员军人	2019647256
10	张宏德	男	无	孙扎齐牛录镇	一般	老复员军人	2019647253
11	永良西	男	无	爱新色里镇	一般	老复员军人	2019647264
12	阿布都拉·坎拜	男	无	海努克乡	一般	老复员军人	2019647255
13	努尔·帕帕	男	无	海努克乡	一般	老复员军人	2019647265
14	努热拉·拜吐拉	男	无	海努克乡	一般	老复员军人	2019647270
15	赛吾尔丁·帕哈尔丁	男	无	阔洪奇乡	一般	老复员军人	2019647251
16	阿吾特·沙吾特	男	无	坎乡	一般	老复员军人	2019647267
17	艾买提·热依木	男	无	坎乡	一般	老复员军人	2019647259
18	巴吾墩·热阿丁	男	无	坎乡	一般	老复员军人	2019647258
19	库加·木里达西	男	无	坎乡	一般	老复员军人	2019647269

续表

序号	姓名	性别	（原） 工作单位	户籍地	身体 状况	人员类别	纪念章编号
20	买合买提	男	无	坎乡	差	老复员军人	2019647252
21	阿吉努尔· 沙尔木提	男	无	察布查尔镇	5.23 去世	老复员军人	2019641946
22	吐尔汗· 夏木尔	男	无	察布查尔县	一般	老复员军人	2019641955

（佟文英）

乡(镇、场)

察布查尔镇

【察布查尔镇负责人】

党委书记:罗文江

镇长:富春丽(女,锡伯族)

人大主席:刚勇(锡伯族)

党委副书记:富春丽(女,锡伯族)、王冰洲、哈尔木拉提·地力木拉提(维吾尔族)、裴营营(女,6月任职)

政法书记:王冰洲

纪检书记:江孝军

组宣干事:矫春雁(女,6月离任)、裴营营(女,6月任职)

武装部部长:宋伟

副镇长:赵永平(锡伯族)、曹晓强、阿勒玛斯·吾拉西(哈萨克族)

科技副镇长:于静洁(女,3月离任)

挂职副镇长:马国山(回族,6月离任)、富晶晶(女,锡伯族)

法制副镇长:顾黎燕(女,锡伯族,9月任职)

【概况】 察布查尔镇是锡伯族西迁戍边屯垦核心区、发祥地,是察布查尔县的城关镇、中心镇,也是自治县文化、经济、物流、商贸中心。东接纳达齐牛录乡,南临察布查尔大渠,西邻孙扎齐牛录镇,北与绰霍尔乡毗连。距伊宁市仅15千米,距伊宁机场18千米,距国家级一级陆路口岸都拉塔口岸53千米。下辖7个社区、2个行政村。全镇行政区总面积7700公顷,其中耕地4762公顷,主要以种植作物小麦、玉米、水稻为主;林地197公顷;草地606公顷。有36个片区88个网格。2019年有11633户35024人,其中男性15996人,女性19028人。由汉族、锡伯族、维吾尔族、哈萨克族、回族等民族组成,其中汉族占42.35%,锡伯族占21.28%,维吾尔族占17.5%,其他民族占18.87%。全镇有党员627人,其中少数民族党员373人,占59.49%;女党员226人,占36.04%;农牧民党员313人,占49.92%;离退休党员108人,占17.22%;35岁以下党员156人,占24.88%;大专及以上学历党员222人,占35.41%;流动党员165人,占26.32%。全镇申请入党人员340人,其中35岁以下118人,占34.71%;入党积极分子68人,其中35岁以下31人,占45.59%;发展对象6人,其中35岁以下2人,占33.33%;预备党员22人,其中35岁以下14人,占63.64%。

察布查尔镇分别与江苏省盐城市射阳县盘湾镇、新疆呼图壁县五工台镇等结对成为交流合作友好乡镇。"民族团结一家亲"活动深入开展,335名干部与539户群众结对认亲。2014年萨尔加孜克村退出贫困村,2018年建档立卡贫困户164户648人全部脱贫。

【内设机构】 2019年,察布查尔镇内设党建中心、综治维稳中心、群众工作中心、经济发展中心、社会事务中心五大中心,有在职干部职工70人。党建中心下辖党政综合办公室、党建办、妇联、团委、工会;综治维稳中心下辖综治办、司法所、信访办;群众工作中心下辖群众工作办;经济发展中心下辖财政所、规划项目办、林管站、畜牧兽医站、科技环保办、国土资源站、爱卫办、城管中队;社会事务中心下辖计生办、民政办、社保所、文化站、残联办、食品药品监督站。

【社会稳定工作】 2019年,察布查尔镇统筹推进群众工作,人防、物防、技防措施精准有效,不断优化完善社会面防控机制,持续加强流动人口服务与管理,打牢维稳双联户群众基础。推进依法行政、依法执政,推进扫黑除恶专项斗争,扎实开展信访、平安建设、禁毒、反邪教、公共安全等工作,有效治理影响社会稳定的突出隐患,各族群众安全感明显增强。

【经济概况】 2019年,察布查尔镇实现农业总产值19795万元,比上年增长8.3%。城镇、农村居民可支配收入分别为27004元、14220元,增长7%、8%。农牧民人均纯收入18249元,同比增加1073元。种植各类农作物5256公顷,完成各类畜禽疫苗接种16.67万头(只)。争取农机购置补贴40万元,购置各类农机具18台,11户农民受益。清理村集体土地284户633.03公顷,清缴历年土地承包费57.8万元。实施投资300万元的乌宗布拉克农村社区哈萨克民俗旅游特色村寨建设项目。萨尔加孜克村建档立卡贫困户164户648人,有劳动能力的304人,实现稳定就业142人,自主创业就业28人,季节性务工92人,发展养殖业24人,实现一户一人就业目标。

【生态建设】 2019年,察布查尔镇大力开展危房、残垣断壁、沟渠淤塞、路边杂草、房前屋后乱堆乱放、闲置地块乱倒垃圾等影响卫生环境的集中整治活动。清除残垣断壁1011米,拆除危房82间,清理违章建筑37处,清理乱堆乱放183处、乱搭乱建64处,粉刷围墙13500平方米,沟渠清淤8410米,清运垃圾9563吨。加快推进厕所革命,争取上级项目资金754万元,管网覆盖636户居民。围绕城区背街小巷、团结公路两侧,以及乌宗布拉克农村社区开展造林绿化提升工作,春季栽植各类苗木50480棵。

【民生工作】 2019年,察布查尔镇清理清查历年违法生育案件数397例,清理397例,完成率100%;收缴社会抚养费398.89万元。清退城乡低保427户830人,新增低保15户16人,44户家庭主动退保。有528户736人享受低保金政策,74名残疾人享受到“家庭医生”签约服务,18名残疾人获赠辅助器具。购置630个有限广播,增设农家书屋和文化大院各1个。完成核实707户退伍军人信息并录入信息及“光荣之家”授牌工作。

【劳动力转移】 2019年,察布查尔镇城乡富余劳动力转移10240人,其中稳定就业9318人,灵活就业922人:“双创”工业园区就业102人,疆外有组织转移10人,自发零散转移602人,就近就地就业8904人,季节性就业622人。

【全民体检】 2019年,察布查尔镇采取“分片区分批次”组织体检的办法,全民健康体检任务完成率100%;完成两轮儿童骨髓灰质炎疫苗针剂接种工作,接种率100%。

【民族团结工作】 2019年,察布查尔镇常态化开展民族团结教育工作,开展“民族团结一家亲”和民族团结联谊活动3120场次。党员干部结对认亲、走访联谊形成常态,民族团结基础得到巩固,充分发挥爱国宗教人士作用,在讲经中融入民族团结教育,引导信教群众树立正信。规范“四项活动”日常管理,基层党组织牵头举办“四项活动”257起。

【党建工作】 2019年,察布查尔镇强化党员队伍建设,配备村(社区)干部10人,调整不能胜任的村(社区)干部2人,选拔村(社区)后备干部27人,充实村(社区)工作者35人。加快推进城市党建工作,召开“大党委”和网格化工作推进会2次,构建7个社区全部新型区域化大党建格局,新建3个党群服务中心。“访惠聚”工作队收集意见、建议154条,解决148条,发放慰问品、慰问金11.19万元,开展文体宣教等活动572场次。严明政治纪律,立案6件,结案6件,给予党内警告处分4人、党内严重警告处分1人、记过处分1人。下发通报21期,给予组织处理32人。

【“不忘初心、牢记使命”主题教育活动】 2019年,察布查尔镇扎实开展“不忘初心、牢记使命”主题教育活动,制订工作方案,提前印发学习汇编和应知应会“口袋书”600本,制订集中学习研讨计划,23名党员领导干部集中学习7天,集中研讨4场次,628名党员干部制订个人学习计划。召开问题整改协调会,把“改”字贯穿始终,突出办好实事、好事。

【庆西迁文艺会演】 2019年5月,察布查尔镇在县体育馆举行全镇文艺会演,庆祝西迁节255周年,参与人数500人次。

【便民超市简介】

(1)美连美超市

位于察布查尔城镇青年街东二巷。2016年11月开业,使用面积2600平方米。经营范围包括预包装食品、乳制品、日用百货、体育用品、文化用品、玩具、家用小家电、服装、五金、家具、厨房设备、水果、蔬菜。有从业人员53人。

(2)家旺福超市

家旺福超市乐业店位于察布查尔城镇兴隆街乐业广场速8酒店旁。2016年12月开业,面积1000平方米。经营范围包括预包装食品、乳制品、日用百货、体育用品、文化用品、玩具、家用小家电、服装、五金、家具、厨房设备、水果、蔬菜、保健食品、卷烟。有从业人员10人。

(3)每时每刻超市

位于察布查尔城镇杜林拜街县邮政局旁。2017年8月开业,面积800平方米。经营范围包括预包装食品、乳制品、日用百货、体育用品、文化用品、玩具、家用小家电、服装、五金、家具、厨房设备、水果、蔬菜、保健食品、卷烟。有从业人员22人。

【社区基本情况】

(1)果尔敏东街社区

位于察布查尔镇果尔敏东街主干道以南文化路,三中新校区以北,县中天锦宏小区以西。1983年成立,辖区面积250公顷,是察布查尔镇面积最大、成立最早的社区,交通位置优越。有4个片区12个大网格、15个小网格。2019年,社区有2105户7256人,其中:男性3746人,女性3510人;汉族占33.02%,锡伯族占30.99%,维吾尔族占25.99%,其他民族占10%。为八星级社区。有社区干部18人(其中社区工作者5人)、“访惠聚”工作队队员6人(后盾单位:县文旅局)、镇派包联干部8人。有低保户63户、残疾户142户。

(2)果尔敏西街社区

位于察布查尔镇西南,成立于1983年,辖区面积193公顷,东起殷登南路,西至孙扎齐牛录镇阿晨南街,南起油库街,北至查鲁西街邮政局,是一个出租屋多、流动人口多、商铺多,以汉族、锡伯族居多的各民族团结互助的、美丽宜居的社区。有3个片区9个网格。2019年,社区有1485户3753人,其中:男性1859人,女性1894人;汉族占49%,锡伯族占28.4%,哈萨克族占10.7%,维吾尔族占9.4%,其他民族占2.5%。为七星级社区。有社区干部15人(其中社区工作者5人)、“访惠聚”工作队队员7人(后盾单位:伊犁州人社局)、驻村管寺干部1人、镇派包联干部6人。有低保户38户、残疾户93户。

(3) **查鲁西街社区**

位于察布查尔县城镇西部，东临查鲁东街社区，南临果尔敏东街社区，西临雀尔盘村，北临绰霍尔镇。成立于1983年，辖区面积120公顷。有3个片区10个网格。2019年，社区有1035户3070人，其中：男性1588人，女性1482人；汉族占64.63%，维吾尔族占12.8%，锡伯族占11.92%，哈萨克族占9.51%，其他民族占1.14%。为八星级党组织。有社区干部16人（其中社区工作者5人）、“访惠聚”工作队队员6人（后盾单位：察布查尔县妇幼保健院）、镇派包联干部7人。有低保户25户、残疾户64户。

(4) **查鲁东街社区**

位于察布查尔镇以北，东起三退水渠（驻县公路段东墙），西至县工商局大楼至庙拜街东路，北至绰霍尔镇坡下。1982年成立，属纯居民型社区，棚户区改造的重点集中整治社区，辖区面积150公顷。有4个片区12个网格。2019年，社区有1109户3303人，由9个民族构成，其中汉族占38.9%，维吾尔族占35.2%，锡伯族占14.3%，哈萨克族占9.7%，其他民族占1.9%。为七星级党组织。有社区干部14人（其中社区工作者5人）、“访惠聚”工作队队员6人（后盾单位：察布查尔县教育局）、镇派包联干部7人。有低保户31户、残疾户152户。

(5) **法里春社区**

位于察布查尔镇查鲁盖路主干道以南的伊东街，幸福家园、绿岛小区以北，察布查尔林场家属楼以南。2011年成立，辖区面积170公顷，交通位置优越。有3个片区9个网格。2019年，社区有1679户5060人，其中：女性2350人，男性2710人；汉族占52.1%，锡伯族占27.2%，维吾尔族占10.2%，哈萨克族占7.7%，其他民族占2.8%。为九星级党组织。有社区干部17人（其中社区工作者5人）、“访惠聚”工作队队员5人（后盾单位：察布查尔县医疗保障局）、驻村管寺干部1人、镇派包联干部7人。有低保户67户、残疾户70户。

(6) **新城区社区**

位于察布查尔镇以南，团结路东沿，东起文昌路，西至油库街，南起察布查尔镇三公里，北至盐城大道，距离县城中心2千米。辖区面积748公顷。有3个片区16个网格。2019年，社区有1662户4730人，其中：男性2387人，女性2343人；汉族占25.9%，维吾尔族占28.4%，哈萨克族占27.6%，锡伯族占16.5%，其他民族占1.6%。为五星级社区。有社区干部16人（其中社区工作者5人）、“访惠聚”工作队队员6人、镇派包联干部7人。有低保户96户、残疾户67户。

(7) **乌宗布拉克农村社区**

位于察布查尔镇南、团结公路8.5千米处，是一个哈萨克民俗旅游村寨。有6个片区6个网格。2019年，社区有662户2439人，其中：男性1372人，女性1067人；哈萨克族占88.9%，汉族占9%，其他民族占2.1%。为六星级村。2019年，村集体经济收入47.25万元；农牧民人均纯收入16779元，比上年增收974元。有社区干部11人（其中社区干部6人、村干部5人）、“访惠聚”工作队队员6人（后盾单位：伊宁市卫生学校）、镇派包联干部7人。有低保户70户、残疾户61户。

【行政村基本情况】

(1) **宁古齐牛录村**

位于察布查尔镇中心，距离镇政府100米，东临法里春社区，南临果尔敏东街社区，西临果尔敏西街社区，北临查鲁东街社区。辖区面积1555公顷，其中耕地面积1200公顷，林地面积48公顷，草地面积271公顷。有4个片区8个网格。2019年有1421户3917人，其中：男性2058人，女性1859人；汉族占

47.4%,维吾尔族占18.8%,哈萨克族占5.9%,锡伯族占25.5%,其他民族占2.4%。为七星级村。2019年村集体经济收入66.14万元;农牧民人均纯收入18863元,比上年增收1074元。有村(社区)干部18人(其中社区工作者5人)、"访惠聚"工作队队员7人(后盾单位:县应急管理局、县妇联)、镇派包联干部7人。有"四老人员"11人。有低保户93户、残疾户153户。

(2) 安定村

位于察布查尔镇南,距县城5千米。辖区面积1998公顷,其中耕地面积1142公顷,林地面积53公顷,草地面积335公顷。有6个村民小组、6个片区6个网格。2019年有475户1496人,其中:男性642人,女性854人;汉族占77%,少数民族占23%。为九星级党组织。2019年村集体经济收入86.35万元;农牧民人均纯收入19076元,比上年增收1215元。有村民小组长3个、村干部7人、"访惠聚"工作队队员4人(后盾单位:察布查尔县水利局)、镇派包联干部6人。有"四老人员"6人。有低保户45户、残疾户55户。

(王文娟)

爱新色里镇

【爱新色里镇负责人】

党委书记:海灵(锡伯族)

镇长:程建国

人大主席:焦伟(锡伯族)

党委副书记:程建国、何文俊

政法书记:叶尔扎提·吐尔汗别克(哈萨克族)

纪委书记:马成慧(女,回族)

统战干事:王心鹏(回族)

组织干事:谢磊

武装部部长:阿松阿(锡伯族)

副镇长:卡依拉提·艾力居马亚(哈萨克族)、焦秀萍(女,锡伯族)、彭洪江(8月任职)

挂职法治副镇长:郭明(8月任职)

【概况】 爱新色里镇位于察布查尔县西部边境带,镇政府距县城30千米,离中哈边界线18千米,距离都拉塔口岸20千米,是一个农牧为主,渔、林、副并举的建制镇。"爱新色里",锡伯语意为金色的泉水,因泉得名。1958年,成立金泉公社。1984年11月,经自治区人民政府批准改制为爱新色里镇。

全镇总面积29327.25公顷,其中耕地9057.3公顷,草地12325.26公顷,林地5141.42公顷,城镇村及工矿用地851.28公顷,交通运输用地348.45公顷,水域及水利设施用地900.87公顷,其他用地702.67公顷。镇区面积约400公顷,有94条街道。有3280户8960人,由锡伯族、汉族、哈萨克族、维吾尔族、柯尔克孜族、回族等12个民族组成。下辖乌珠牛录村、依拉齐牛录村、纳旦芒坎村、安巴贴村4个行政村,有18个村民小组。

【内设机构】 2019年,爱新色里镇内设党政综合办公室、党建办公室、纪检办公室、社会保障服务中心、综合治理办公室、统战民宗办公室、财政管理服务中心、文体广电服务中心、农业发展服务中心、村镇规划建设中心、财政所、计生指导站、兽医站和武装部,有在职干部职工68人。

【脱贫攻坚工作】 2019年,爱新色里镇在建档立卡贫困户已脱贫退出的基础上,按照《察布查尔县2019年脱贫攻坚"志智双扶"思想扶贫实施办法》,着力加强普通话培训,通过周一升国旗、农牧民夜校、科技之冬等形式,实现人人学普通话、人人说普通话。深入实施乡村振兴战略,开展农村环境整治“院内院外六件事”等行动,组织好“四项活动”,倡导公益美德新风。充分发挥科技、农业、妇联等站所作用,有针对性地对贫困户开展常态化的种养殖技能培训和创业培训,帮助贫困户提升种养殖水平。坚持精准施策,落实“七个一批”“三个加大力度”,其中发展产业扶持一批 20 户 40 人,转移就业扶持一批 45 户 116 人,转为护边员扶持一批 6 户 6 人,社会保障兜底扶持一批 8 户 10 人。实现建档立卡贫困户稳定就业 116 人,其中政府补助开发岗位就业 38 人(环卫 30 人,保安 2 人,护边员 6 人),自主灵活就业 75 人,自主创业 3 人。在镇区内上学的学生享受午餐补贴政策,帮助符合条件的贫困户申请雨露计划 2 人,每人发放助学金 3000 元;与每一名贫困户签订家庭医生服务协议,城乡居民医疗保险、大病保险、商业补充医疗保险 100% 缴纳;实施基础设施项目 4 项。

【主题教育活动】 2019 年,爱新色里镇扎实开展“不忘初心、牢记使命”主题教育,全镇党员干部初心使命更加坚定。从班子成员抓起,从班子成员严起,始终把开展主题教育作为重大政治任务摆在突出位置,把学习教育、调查研究、检视问题、整改落实贯穿始终。全镇 10 个党组织、412 名党员干部坚持按照“缺什么、补什么”的原则,主动系统学习习近平新时代中国特色社会主义思想,提升理论水平,丰富思想内涵,增强“四个意识”,坚定“四个自信”,做到“两个维护”。活动中检视问题 1200 个,整改问题 1150 条,解决群众诉求 357 个,重点解决捷仁布拉克牧民定居点安全饮水、镇文化站维修改造等问题,密切党群干群关系。

【农村经济】 2019 年,爱新色里镇深入贯彻新发展理念,以项目建设带动镇域经济发展,有效推进“三大攻坚战”,经济取得新进展。特色作物种植面积 815.2 公顷,其中制种玉米 642 公顷,红花 36.5 公顷,打瓜 94.6 公顷,爆裂玉米 42.1 公顷。结合突出“绿色生态、特色高效、休闲观光”业态,推动粮经饲统筹、农林牧结合、“种养加”一体,大农业实现全域绿色化。以创新、协调、绿色、开放、共享为发展理念,成立全域绿色工作领导小组,加大监督力度,现已有效完成全域绿色小麦种植 3794.8 公顷。完成冷配牛 961 头,育肥牛 1403 头,育肥羊 24005 只,良种牛参加保险 2312 头。

【乡村振兴】 2019 年,爱新色里镇紧紧围绕“产业兴旺、生态宜居、乡风文明、治理有效、生活富裕”的总要求和全面实现“农业强、农村美、农民富”的总目标,扎实推进种植业、养殖业结构优化升级,突出绿色、优质、特色、品牌建设,农牧业效益持续提升。认真落实“六个精准”要求,紧扣“两不愁三保障”,全面抓好“七个一批”措施,因村派人,因户派人,76 户贫困户持续巩固提升。河湖长制全面落实。开展美丽乡村和美丽庭院建设,购置挖掘机 1 个、吸粪车 1 个,拆除危房 81 栋、残垣断壁 115 处,镇村生态环境、人居环境、发展环境质量全面提升。

【基础设施建设】 2019 年,爱新色里镇继续加大对基础性项目的建设力度。投资 76.41 万元的安全饮水提升改造工程项目,根本性解决了群众安全饮水问题。投资 204.47 万元实施安巴贴村人居环境改善项目,新修建 2 千米人行道及配套设施。投资 195.3 万元实施安巴贴村人居环境建设项目,建设内容为:人行道透水砖铺装 4763.49 平方米,路缘石 1126.33 米,渠道护坡硬化路 162.77 平方米,球形止车石 21 个及道路绿化,配套滴灌设施,彻底改善群众居住生活环境。以项目建设带动镇域经济发展,解决群众休闲娱乐、庭院引水、生产用水的问题。由县民宗局负责实施的总投资230万元的爱新色里镇农田高标准建设项目解决近533.33公顷农田浇水难问题，提高群众生产质量。

【民生工作】 2019年，爱新色里镇全面落实全民免费健康体检、重大疾病预防控制、计划生育工作及城乡居民养老、医疗保险政策。实现就业再就业260人，转移富余劳动力4000余人次。发放城乡低保金126万元，发放高龄津贴125人次17.3万元，发放贫困户贴息贷款34户136万元，发放救灾物资折合人民币15万元。投资1723万元，完成乌珠牛录村两条农田引水渠修建、安巴贴村人居环境改善、安巴贴村安全饮水、守边固边、捷仁布拉克安全饮水、兵地融合道路拓宽、文化站维修等9个项目，解决一些群众长期反映的问题。

【民族宗教工作】 2019年，爱新色里镇全面贯彻党的民族政策和宗教工作基本方针，认真落实民族区域自治制度。293名党员干部、教师与879名群众(学生)结成亲戚，“民族团结一家亲”“三进两联一交友”和民族团结联谊活动扎实有效常态开展。依法加强宗教事务管理，配齐配强驻村管寺力量，“四管一加强”、“两项制度”、讲经“四定”措施有效落实，持续深入做好“四项活动”服务管理。继续开展治理“三非一品”，常态化开展发声亮剑，集中宣讲24场次，专题宣讲30场，受教育1500人次。

【思想文化宣传】 2019年，爱新色里镇大力弘扬社会主义核心价值观和中华优秀传统文化，充分利用各村党建微信群、农家书屋、远程教育、农牧民夜校、冬季大培训等平台，广泛开展党员干部理想信念教育，学好用好宣传好“三本白皮书”，“讲好中国故事，过好中华民族传统节日”系列活动成效明显，“五个认同”不断增强；网评员队伍发展壮大，引发思想共鸣，弘扬向善向上社会正能量。

【党建工作】 2019年，爱新色里镇持续加强“一支部五中心”建设，强化农村基层党组织领导核心地位，调整村党支部书记1人、村干部3人。4个村“星级化”创建工作稳步推进。新发展党员21人，培养积极分子122人。强势推进“国有农用地”和村集体“三资”清理规范工作，各村清理规范国有农用地470.67公顷、集体土地1108.87公顷。督促收缴历年土地承包费欠款396.4万元，清退套取小麦补贴资金19.19万元，低保动态调整233户291人。党员干部纪律规矩意识不断增强，政治生态明显好转。

【行政村基本情况】

(1) 乌珠牛录村

位于爱新色里镇313省道西南面，距离镇政府0.5千米。全村有1102户2968人。全村总面积5243.06公顷，其中耕地2119.28公顷，林地761.35公顷，草地1148.03公顷，城镇村及工矿用地297.01公顷，交通运输用地101.72公顷，水域及水利用地343.47公顷，其他用地472.2公顷。主要农作物有棉花、小麦、玉米、打瓜、甜菜及油料等。农村经济总收入12924.76万元，其中农业收入5068.65万元，林业收入48万元，牧业收入2684.57万元，渔业收入610万元。2019年农牧民人均纯收入18392.1元，比上年增长978.5元；集体经济收入120万元。

(2) 依拉齐牛录村

位于爱新色里镇313省道西南面，距离镇政府1.7千米。古迹有准噶尔宫殿遗迹，清代的关帝庙、娘娘庙遗址等，是爱新色里镇的政治、经济、文化中心。全村有1064户2849人，有6个村民小组。全村总面积4028.11公顷，其中耕地2108.35公顷，林地711.3公顷，草地322.69公顷，城镇村及工矿用地319.39公顷，交通运输用地104.63公顷，水域及水利设施用地450.49公顷，其他用地11.26公顷。主要以种植棉花、小麦、玉米、打瓜、甜菜及油料等作物为主。2019年农牧民人均纯收入18722.67元，比上年增长970.55元；集体经济收入110万元。

(3) 纳旦芒坎村

位于爱新色里镇313省道西南面，距离镇政府0.6千米。全村有524户1467人。全村总面积2566.1公顷，其中耕地1403.88公顷，林地1011.02公顷，其他用地151.2公顷。主要以种植棉花、小麦、玉米、打瓜、甜菜及油料等作物为主。2019年农牧民人均纯收入15529.24元，比上年增长880.58元；集体经济收入69万元。

(4) 安巴贴村

位于爱新色里镇313省道东南面，距离镇政府1.75千米。全村有590户1676人。全村贫困户建档立卡76户234人已脱贫退出。全村总面积2185公顷，其中耕地1900.47公顷，林地130.03公顷，其他用地154.5公顷。特色种植占总耕地面积的23%，发展农作物套、复播等模式。完成133.33公顷土地的流转。2019年农牧民人均纯收入16016.33元，比上年增长895元；集体经济收入75.37万元。

(佟灵灵)

堆齐牛录乡

【堆齐牛录乡负责人】

党委书记：孟祥后

乡长：陶俊民(锡伯族)

人大主席：王永强

党委副书记：陶俊民(锡伯族)、王永强、魏海娟(女，11月离任)

纪检书记：张荣(女)

政法书记：王永强

武装部部长：韩永光(锡伯族)

组织干事、挂职副书记：木亚仨尔·亚尔买买提(女，维吾尔族)

民宗统战干事：叶尔麦克·铁力根(哈萨克族)

副乡长：蔡昭辉(11月离任)、马天鹏

【概况】 堆齐牛录属正红旗，锡伯口语称堆曲尔，汉语意为第四牛录。堆齐牛录乡位于察布查尔县以西23千米处，东距伊宁市40千米，南隔乌孙山与昭苏县接界，西距都拉塔口岸30千米，北傍伊犁河与霍城县相望，省道313线横贯全乡，是伊宁市往返都拉塔口岸的必经之地，处于大伊宁1小时经济圈内。1988年8月建乡，辖5个行政村22个村民小组。2019年有2695户8880人，由汉族、锡伯族、哈萨克族、回族等民族构成，少数民族占75%。

全乡总面积22000公顷，其中耕地7408.47公顷，林地652.55公顷，草地233.63公顷，城镇村及工矿用地403.26公顷，交通运输用地167.97公顷，水域及水利设施用地206.4公顷，其他用地12927.72公顷。2019年全乡的工业产值519万元，农业产值15481.99万元，农牧民人均纯收入18341元。水土光热资源充沛，土地平整，幅员辽阔，交通便利。

堆齐牛录乡以尊文重教著称，人文荟萃，名人辈出，有锡伯族“锡老大人”锡吉尔珲，《西迁之歌》作者管兴才，锡伯族“汗都春”艺术第二代传人郑庆泰，锡伯族第一代音乐家文秀、现代诗人佘吐肯，中国首位三种语言书法家格吐肯以及自治县第一任县长沙陀、锡伯语专家佟加·庆夫等。曾先后获全国离退休干部先进党支部(老干党支部)、国家级婚育新风进万

家文化屋、自治区级先进基层党组织、自治区民间文化艺术之乡、州级新农村示范村等荣誉称号。

【内设机构】 2019年,堆齐牛录乡内设党政办公室、党建办公室、经济发展办公室、社会事务办公室、政法统战办公室、综治中心、维稳指挥部、文体广电服务中心、村镇规划建设发展中心、社会保障服务中心、农业发展服务中心,有在职干部职工46人(包括县聘)。

【脱贫攻坚工作】 2019年,堆齐牛录乡全力做好脱贫攻坚工作,完善13户48人贫困户"一户一册"档案,实行领导干部、驻村"访惠聚"工作队包户制,建档立卡贫困户劳动力全部就业。全乡8894人逐人建立就业劳动力底数,转移富余劳动力1524人。围绕全民培训全覆盖,开设乡村治理班、技能提升示范班、普通话普及班、现代文化引领班和法规政策培训班等类型,做到辖区人员全覆盖;5个村开设7个班,其中乡级提升班2个,村级普及班5个,283名群众掌握技能、增强本领;建立乡村大数据平台,对辖区所有村队和农户54项信息做到精准分类、精准录入电子化台账,做到人户精准摸排核实,方便快捷;稳步推进"大整改"工作,"三个责任"落实季度清单整改三天一推进、七天一调度,"三个精准"做到住户核查反复印证无误,"两险参保"应保尽保,全民体检100%。

【"不忘初心、牢记使命"主题教育活动】 2019年,堆齐牛录乡紧扣总要求,落实总任务,坚持以学习习近平新时代中国特色社会主义思想为主线,党委中心组专题抓学促研讨,严肃认真带领班子成员开展新思想、中央第十五次集中学习、中共党史、成果调研、"三本白皮书"和对照党章党规分析会6个研讨会,将"学"和"改"贯穿始终,结合中央"8+2"专项整治,中央关注和巡视巡察等问题,检视党委班子问题168条,合并归类思想和工作82条,全部整改成效明显。积极争取项目资金530万元完成313线1.6千米路面柏油硬化、堆齐牛录村太阳能路灯亮化、伊车村5402平方米晒场、堆齐牛录乡246平方米老年活动中心及村级文化阵地功能建设,群众获得感、幸福感明显增强。

【农村经济】 2019年,堆齐牛录乡完成农业8653.33公顷的种植任务;流转土地2360公顷,其中农户权证地773.33公顷;土地确权登记工作扎实稳步推进,完成确权2000户,面积3246.07公顷;有序开展国有土地欠费清缴工作,清费150万元,高标准规划农产品深加工配套服务区建设,按照土地出让和租赁的方式,规范发包村机动地增收村级收入80万元。抓好林产业,新造经济林15.13公顷,更新农田防护林16.9公顷,补植补栽20.67公顷,发动党员群众栽种房前屋后景观苗木1万棵。

【民生工作】 2019年,堆齐牛录乡依托劳动保障事务所发挥劳动者与用工方的桥梁纽带作用,定期在各村更新岗位信息,组织妇女培训,2名少数民族妇女赴内地稳定就业。转移富余劳动力1524人,特别是贫困户就业中有14人为环卫工,1人为护边员,2人为保安,9人在外务工,4人在浙江务工。

【环境卫生整治】 2019年,堆齐牛录乡完成S313线主街道绿化带修整,投入50万元用于乡村环境卫生治理,完成安居富民建房13户,改厕800多座,清理临时垃圾,拆除违章建筑、棚圈,摘除各类废旧广告横幅。开展生态乡村创建工作,积极申报堆齐牛录乡自治区级生态乡和自治区级生态村。

【民族宗教工作】 2019年,堆齐牛录乡深入开展“民族团结一家亲”和民族团结联谊活动,103名干部结对认亲103户,走访联系结对户700人次,办好事、实事83件,捐款捐物8000元,促进各民族交流交融,开展各类文体活动13场次。

【群众工作】 2019年,堆齐牛录乡以农村社区“四级网格化”为构架,维稳“双联户”为组织细胞,“四张清单”倒排任务工期,划定乡村干部责任区,以联户为单元,确定每周干部入户住户工作清单,召开联户长和联户家庭会议,做好摸排核查家庭情况和流动人员、收集信访矛盾、收集困难诉求、研判答复、环境卫生整治、防骗访、讲好住户故事7件事。基层矛盾化解成效明显,坚持月排查、周研判制度,排查调处各类矛盾纠纷13起,调处率达100%。法治约束宣传培训各类人员25次3556人。召开“四方联动”会议12场次,收集问题35个,解决32个。

【意识形态工作】 2019年,堆齐牛录乡组织开展庆元旦、迎春节、情暖重阳、冬至送饺子等庆祝中华传统节日活动,利用各类文艺会演、草根宣讲等载体,广泛弘扬社会主义核心价值观和中华优秀传统文化,学好、用好、宣传好“三本白皮书”,增强各族群众对社会主义核心价值观和“五个认同”“四个自信”的认识。驻村工作队、包村领导和草根宣讲员开展表态发言等90余场次,受教育群众8000多人次;开展各类宣讲活动50余场次,受教育群众6000余人次。

【党建工作】 2019年,堆齐牛录乡始终坚持从严治党,严管厚爱。坚持“书记抓、抓书记”,坚决整治管党治党“宽松软”,想工作、干工作、干好工作的能力显著提升。以提升党组织组织力为重点,加强干部队伍建设,调整5名后备干部进入村班子,储备村级后备干部25人;“一支部+五中心+网格+积分制管理”稳步推进,完善堆齐牛录乡“2441群众工作机制”,开展乡级基层组织建设观摩推进会1场次;实施乡村干部能力素质提升帮带措施,领导班子带头每周一、三、五固定2小时开展领学、讲学、评学,压担子促思考;发展农牧民党员26人,预备党员转正23人;周一升国旗、周三农牧民夜校、周五党日活动有序开展,顺利通过“星级化”验收和“软弱涣散党组织”摘帽工作,全乡九星级村达40%。严肃执纪审查,严格落实“党委运用监督执纪第一种形态”,受理14起,约谈37人次。开展扶贫领域专项整治,收缴违规资金并上缴国库,初核问题线索10个,立案9人,党纪处分2人,组织处理1起。

【行政村基本情况】

(1)堆齐牛录村

位于堆齐牛录乡中心,距离察布查尔镇27千米。2019年有1033户3072人,其中锡伯族599户1687人,占54.92%;汉族383户1171人,占38.12%;哈萨克族37户151人,占4.92%;其他民族14户63人,占2.05%。有7个村民小组,有村“两委”干部9人。

全村总面积2734.8公顷,其中耕地2084.05公顷,林地128.52公顷,草地98.56公顷,城镇村及工矿用地188.38公顷,交通运输用地90.13公顷,水域及水利设施用地129.1公顷,其他用地16.06公顷。合同面积1299.87公顷,村机动地215.4公顷。2019年农牧民人均纯收入18035元,比上年增加6035元,增长50.29%;集体经济收入22万元。

(2)佛营村

位于堆齐牛录乡东,东与种羊场相邻,西与堆齐牛录村相邻,西距乡政府所在地5千米。2019年有635户2104人，其中哈萨克族460户1511人，占71.82%；汉族155户515人，占24.48%；东乡族11户42人，占2%；回族4户23人，占1.09%；柯尔克孜族3户11人，占0.52%；锡伯族2户2人，占0.1%。有4个村民小组，有村干部6人。

全村总面积1108.9公顷，其中耕地889.67公顷，林地70.5公顷，城镇村及工矿用地105.1公顷，其他用地43.63公顷。有机动地115.53公顷。2019年农牧民人均纯收入16691元，比上年增加1891元，增长12.78%；集体经济收入20万元。

(3) 舍里木克村

位于堆齐牛录乡中心，距乡政府200米，距县城23千米，属于中型放心村。2019年有422户1342人，由汉族、锡伯族、哈萨克族3个民族构成，其中汉族244户726人，占54.1%；锡伯族98户333人，占24.81%；哈萨克族80户283人，占21.09%。有5个村民小组，有村“两委”干部5人。

全村总面积4096.16公顷，其中耕地2174.02公顷。林地162.54公顷，有机动地111.93公顷，其中盐碱地81.93公顷。2019年农牧民人均纯收入18692元，比上年增加3692元，增长24.61%；集体经济收入112万元。

(4) 伊车村

建于2004年，位于察南渠灌区，东与种羊场巴音村相邻，西和北与舍里木克村相邻，南接察南渠，距乡政府所在地5千米，距察布查尔城镇20千米。2019年有308户1317人，由回族、汉族、哈萨克族、东乡族、蒙古族5个民族构成，其中回族304户1308人，占99.32%；汉族1户3人，占0.23%；哈萨克族1户3人，占0.23%；东乡族1户2人，占0.15%；蒙古族1户1人，占0.08%。有村民小组3个。

全村总面积385.06公顷，其中耕地360.73公顷，林地24.33公顷。主要种植小麦、玉米、水稻，发展特色养殖黑枸杞。成立3个养羊合作社，有13户养殖大户，每户养殖规模是羊在100只以上，牛在10头以上。2019年农牧民人均纯收入16572元，同比增加9572元，增长136.74%；集体经济收入14万元。

(5) 布尔哈茂村

东临伊车村，北临堆齐牛录村，西临舍里木克村，距离乡政府5千米。2019年有297户1045人，其中哈萨克族282户1004人，占96.08%；汉族7户20人，占1.91%；维吾尔族5户13人，占1.24%；回族3户7人，占0.67%；柯尔克孜族1人，占0.1%。有村民小组3个，有村干部5人。

全村总面积2166.66公顷，其中耕地1900公顷，林地266.66公顷。2019年农牧民人均纯收入16705元，比上年增加355元，增长2.17%；集体经济收入45万元。

(如比亚·阿斯哈特拜)

种羊场片区

【种羊场片区管委会负责人】

党委书记：谭冬初

管委会主任：君胜(锡伯族，3月离任)、潘龙(4月任职)

党委副书记、纪委书记：李进富

政法书记：朱广全

统战干事：牛晓吾(回族)

宣传干事：龚雪林(女)

人武部部长：郭兴海(锡伯族)

组织干事：何玲(女)

管委会副主任：巴合达提·沙德尔(女，哈萨克族)、陈涛(试用期1年)、牙生江·奴拉洪(维吾尔族，6月任职，试用期1年)、阿布都古力·阿布力孜(维吾尔族，6月任职，试用期1年)

挂职副场长(副主任)：马晓庆(回族，4月离任)

法制副主任：吴瑞甜(锡伯族，9月任职)

【概况】 种羊场原为察布查尔托博种羊场。1954年，为绥定种羊队七分场。1955年，析置为察布查尔羊场，归新疆维吾尔自治区畜牧厅直辖。1959年，将斐新托博村划归该场，并改称察布查尔种羊场。1965年，归察布查尔锡伯自治县直辖。2018年底，国营农牧场改革后，改称种羊场片区，归堆齐牛录乡管辖。距县城18千米，下辖社区4个、学校1所、卫生院1所。驻片区企事业单位有托布边境派出所、种羊场交警中队、水管所、农村信用社、邮政分局、供电所、加油站、电信营业厅等单位。总面积20521.83公顷，其中耕地7848.3公顷，以种植优质水稻、小麦、甜菜、玉米为主，以畜牧业、农业为主导产业。2019年末有2765户7883人，由汉族、哈萨克族、回族、锡伯族、维吾尔族、藏族等11个民族组成。2019年，实现农业总产值35138.38万元，比上年增长10%；固定资产投资1100.28万元；农牧民人均纯收入17139元，增收1100元；建档立卡贫困户7户29人全部脱贫。

【内设机构】 2019年，种羊场片区管委会内设综治维稳中心、党建党政工作中心、群众工作中心、经济发展中心、社会事务中心5个中心，有在职干部职工52人。

【群众工作】 2019年，种羊场片区管委会以周一、周三、周五活动为载体，结合住户走访工作，带动各族群众相互交流、交往、交融。全场189名党员干部参与“民族团结一家亲”结亲活动，与202户群众结亲；开展民族团结联谊活动120次，表彰民族团结个人7人。组织各族群众开展庆元旦话团结、迎春节送春联、过端午包粽子、过冬至送饺子等中华传统节日庆祝活动，用好文艺会演、草根宣讲等载体，宣传优秀文化，增强各族群众对社会主义核心价值观和“五个认同”“四个自信”的认识。常态化驻村力量、各级党员干部、各族人民群众开展发声亮剑活动416场次。依法依规做好宗教事务管理服务工作，保障人民群众宗教信仰自由。坚持党对宗教事务的领导，管理服务“四项活动”73次。

【农业产业】 2019年，全场完成播种面积7429.87公顷，其中特色种植1333.33公顷；高产创建示范区5个，面积4000公顷。引导农民依法流转土地2800公顷，发展中药材、蔬菜、制种、景观苗木等特色农业。按照“党支部＋专业合作社(企业)＋基地＋农户”的生产经营模式，推行订单水稻，新稻42、新稻46、稻花香、农稻18等优质水稻种植面积2666.67公顷。加快推进现代畜牧业，牲畜存栏27759头(只)，完成育肥牛1026头、羊1.5万只；牲畜及禽类防疫、免疫率完成100%。全面开展农村“三资”清理工作。

【基础设施建设】 2019年，种羊场片区管委会积极争取国土整治项目，投资800万元新修巴音社区防渗渠28条39千米、农田沙石路39千米；投资252万元新建9000余平方米粮食晒场1座；投资74万元，硬化巴音社区1015米断头路。

【环境整治】 2019年，种羊场片区管委会完善长效机制，充实环卫人员队伍，抓好辖区环境整治、街道绿化美化工程。治理公路沿线商铺门口乱倒垃圾、乱泼污水、乱堆放现象。利用干部入户住户、周一、周三、周五等活动日宣传发动、组织群众对门前进行卫生整治工作，改善托布村中心街道脏、乱、差现状。完成

2666.67公顷稻草禁烧工作,治理农田白色污染、残留物等2000公顷。

【脱贫攻坚工作】 2019年,种羊场片区管委会做好脱贫攻坚工作。7户建档立卡贫困家庭中有16人实现长期稳定就业,享受扶贫贴息贷款5户13.5万元,兑现“五不”奖补资金0.25万元,完成医疗救助5人次,“两不愁三保障”落实到位,实现巩固提升。299户低保户388人发放低保金151.43万元,资助贫困大学生17人8.7万元。

【就业工作】 2019年,种羊场片区管委会稳步推进农民转移就业。新增就业240人,完成富余劳动力转移3300人次。自发零散转移至内地就业45人,有组织转移至克拉玛依稳定就业7人,园区转移输送就业11人,旅游业就业21人。组织实用技能培训150人利用冬闲时节,组织技能培训150人,主要是糕点制作、烹饪等实用技术的培训。精准识别就业需求,有就业意愿和具备就业条件的筹备人员推荐输送到有疆外、疆内、本地需求岗位的企业或单位就业。种羊场18—45岁富余劳动力有1643人,其中稳定就业1054人,畜牧种养殖382人,季节性务工197人。

【社会事务工作】 2019年,种羊场片区管委会完成城乡居民医疗保险征缴6596人,城乡居民养老保险完成征缴977人;新增社会统筹养老享受待遇人员25人,全场享受社会统筹养老保险待遇人员891人。打造中医品牌,提升卫生院的综合实力,全民免费体检完成103.2%,三类残疾儿童少年入学率100%。

【基层组织建设工作】 2019年,种羊场片区管委会认真开展“不忘初心、牢记使命”主题教育活动,利用走访入户,解决困难诉求19个,为民办实事、好事6件,党员干部履职尽责。全面推进星级化创建,片区创建八星级党支部3个,制订巴音社区党支部软弱涣散巩固提升方案。全面推行“一支部+五中心+网格+积分制管理”工作机制,形成县谋划片区统筹社区落实的工作格局。落实帮带责任制,严把党员入口关,培养优秀青年农牧民加入党组织,发展党员16人。

【党风廉政建设】 2019年,种羊场片区管委会落实党委主体责任和纪委监督责任,常态化开展监督检查和执纪问责,持续整治“四风四气”,推动各项工作正常有序开展。受理群众来信来访5起,答复办结。查办案件9件,结案9件;组织处理11人,党内严重警告7人,开除党籍1人。组织警示教育大会10场,及时整改落实干部作风不严不实问题。

【社区基本情况】

(1) 托布社区

原为种羊场农一队,2002年改制后更名为托布村。2018年底,国营农牧场改革后,改为托布社区,是片区中心社区。社区办公阵地距片区机关东1千米。东连柏尔哈舍里社区,西接堆齐牛录乡佛营村,南隔察布查尔渠与巴音社区相邻,北隔三干排与兵团第四师可克达拉市六十八团相望。辖区面积994.86公顷,其中耕地538.26公顷。有商业网点115个、老年活动中心1个、综合市场1个。2019年,社区有1015户2502人,由汉族、哈萨克族、维吾尔族、锡伯族等8个民族组成。有党员62人。2019年,星级化创建为九星级。农牧民人均纯收入18064元,比上年增长637元;集体经济收入45.3万元。

(2) 柏尔哈舍里社区

原为种羊场农二队、农五队,2002年改制后,由农二队、农五队、牧民定居点、东买里居民点、哈萨克庄子居民点、甘肃灾民安置点和育肥场居民点组成，启用柏尔哈舍里村名称。2018年底，国营农牧场改革后，改为柏尔哈舍里社区。社区办公阵地设在辖区农五队居民点，位于片区机关东偏北5°约3千米。东连兵团第四师可克达拉市六十八团三连和孙扎齐牛录镇，西接托布社区和巴音社区，南隔南岸干渠与琼博拉镇和昭苏县相邻，北隔三干排与兵团第四师可克达拉市六十八团相望。辖区土地面积2849.47公顷，主要种植水稻、玉米、小麦，以畜牧业、农业为主导产业。牲畜存栏10488匹(只、头)，以马、羊、牛、猪为主。2019年，社区有933户2763人，由汉族、哈萨克族、锡伯族、维吾尔族、蒙古族、俄罗斯族、柯尔克孜族等9个民族构成。有贫困户2户9人、低保户132户165人。有党员82人。2019年，星级化创建为八星级。农牧民人均纯收入17587元，比上年减少469元；集体经济收入79万元。

(3) 托海依社区

原为种羊场农三队、农四队，2002年改制后，由农三队、农四队组成，启用托海依村名称。2018年底，国营农牧场改革后，改为托海依社区。社区办公阵地设在辖区农四队居民点，位于片区机关正北约9千米。东、西、南均与兵团第四师可克达拉市六十八团相邻，北隔伊犁河与兵团第四师可克达拉市相望。辖区面积2724.99公顷，其中耕地900公顷，林地1458.86公顷，草地55公顷。以畜牧业、农业为主导产业，主要种植农作物水稻，农作物产值约1798万元。畜牧业以养殖哈萨克羊、细毛羊、新疆褐牛、马为主，畜牧业产值约769万元。2019年，社区有381户1128人，由汉族、哈萨克族等5个民族构成。有党员62人。有低保户69户93人。居民主要在夏季回村务农，冬季转察布查尔镇、伊宁市居住。2019年，星级化创建为七星级。农牧民人均纯收入17987元，比上年增长902元；集体经济收入73万元。

(4) 巴音社区

为2003年特克斯县恰甫其海水库移民安置点，2003年底定名为巴音村。2018年底，国营农牧场改革后，改为巴音社区。社区办公阵地设在辖区中心，位于片区机关正南约2千米。东、南连柏尔哈舍里社区，西接堆齐牛录乡伊车村和舍里木克村，北隔察布查尔渠与托布社区相邻。土地面积814.94公顷，其中耕地422公顷，主要种植水稻和玉米。2019年，社区有436户1490人，由汉族、回族等7个民族构成。有党员30人。2019年农牧民人均纯收入14920元，比上年增长2076元；集体经济收入10万元。

(李进富)

孙扎齐牛录镇

【孙扎齐牛录镇负责人】

党委书记：刘华(11月离任)

镇长：关海军(锡伯族，4月离任)、关建军(锡伯族，4月任职)

党委副书记：赵成岩、雷霆(6月离任)、矫春雁(女，6月任职)

纪委书记：温欣(女)

政法书记：赵成岩

副镇长：田卉(女)

武装部部长：管国英(锡伯族)

组宣干事：雷霆(6月离任)、矫春雁(女，6月任职)

统战干事：马云飞(回族，11月离任)、李伟(11月任职)

【概况】 1984年成立孙扎齐牛录乡。2015年撤乡建镇。距察布查尔镇西郊6.5千米，距伊宁市22.5千米。总面积20109.47公顷(包括镇自属用地),其中耕地11672.29公顷,林地1786公顷,草地4941.26公顷,城镇村及工矿用地720.65公顷,交通运输用地415公顷,水域及水利设施用地260.48公顷,其他用地313.79公顷。

镇旅游资源丰富,有国家AAAA级景区锡伯民俗博物院、锡伯古城、靖远寺、关帝庙、娘娘庙以及新疆单体种植面积最大的伊犁河谷国家薰衣草主题公园等旅游景区。其中孙扎齐牛录村2015年被国家农业部、旅游总局命名为"全国休闲农业与镇村旅游示范点",2016年被国家城乡建设部和国家旅游局命名为"国家特色景观旅游名村"。

【内设机构】 2019年,孙扎齐牛录镇内设纪检委、党政办、党建办、宣传办、团委、妇联、工会、老年活动中心、档案室、财政所、统计办、林管站、农机站、农技站、兽医站、水管所、规划办、综治办、司法所、信访办、安全生产办、社保站、计生办、民政办、残联、文化站、环卫办,有干部77人。

【社会稳定工作】 2019年,孙扎齐牛录镇设专职治安员,常态化开展治安巡逻、矛盾调处、流动人口管控等工作。复验平安家庭2309户、优秀平安家庭488户,有平安村队5个,化解矛盾纠纷40余件,排查整改风险隐患36处。

【人口基本情况】 2019年,孙扎齐牛录镇下辖孙扎齐牛录村、雀尔盘村、阿帕尔村、切提布拉克村、郎喀村5个行政村,有村民小组27个。全镇有2853户9291人,主要由汉族、哈萨克族、锡伯族、维吾尔族等8个民族组成,其中汉族占27.5%,哈萨克族占26.8%,锡伯族占26.4%,维吾尔族占17.1%,其他民族占2.2%。

【农村经济】 2019年,孙扎齐牛录镇农作物主要有小麦、玉米、甜菜,特色是薰衣草。在种植业结构中,小麦种植1708公顷,水稻种植1147.8公顷。持续抓好畜牧业,牲畜存栏3万头(只)。全镇经济总收入3.2亿元,比上年增长5%。

【土地确权】 2019年,孙扎齐牛录镇启动农村集体资产清产合资,完成土地经营权确权1386户2737.53公顷。委托第三方对村级债务、固定资产全面盘点,依法规范农村土地经营合同,完成农村土地流转2133公顷。新造林103.7公顷。

【产业融合】 2019年,孙扎齐牛录镇打造薰衣草旅游文化,支持伊犁河谷薰衣草基地扩大薰衣草种植面积、完善景区基础设施建设、制作薰衣草旅游产品等,积极打造薰衣草旅游重要景区。大力发展雀尔盘村特色观光农业,形成观光采摘为一体的草莓种植基地。基地有温室大棚170座,其中草莓大棚110座。

【民政工作】 2019年,孙扎齐牛录镇加大对在册城镇低保户核查、审核工作,对不符合标准的农村低保人员97人进行调整,调停城市低保户11人,调停农村低保户86人。发放城市低保35户44人,金额1.54万元;农村低保224户276人,金额8.52万元。医疗二次救助17人,救助2.63万元。认真落实高龄津贴等惠民政策,对符合政策的106位高龄老人发放老龄津贴3.48万元。新增劳务经纪人2人,转移富余劳动力3720人,劳务总收入1116万元。

【环境卫生整治】 2019年,孙扎齐牛录镇紧紧围绕“一村示范、全乡整治”工作要求，成立领导小组，党政班子成员分区包片、18 名机关干部包村包巷、27 名村干部和小组长包户，积极发动群众、教育群众，开展干部入户宣讲 4500 场次，小喇叭广播 120 小时，悬挂横幅 12 条，制作展板 5 块。投资 57 万元安装仿古路灯 68 盏，投资 300 万元建小游园、绿化带等，改善村容村貌。清理违章搭建 121 处，清运垃圾 730 万千克。

【群众工作】 2019 年，孙扎齐牛录镇开展“民族团结一家亲”活动，为群众办好事、实事 70 件，累计帮扶资金 3.5 万元，受益群众 180 户。累计收集群众反映的困难诉求 32 条，其中移交县级办理 1 条，镇级解决 3 条，村级解决 28 条。举办“两个全覆盖”讲故事比赛，举办“我和我的亲戚一起过节”活动。举办“两个全覆盖”表彰活动 2 场次，累计表彰住户干部 16 人，表彰农户 6 户。开展“双百”活动，组织干部和农牧民群众讲民族团结故事，写心得体会。

【信访工作】 2019 年，孙扎齐牛录镇排查化解矛盾纠纷 49 件，成功调解 49 件，涉及当事人 98 人，调解协议涉及金额 40 万元。接待来信来访 24 件 50 人次，镇级处理办结 22 件，3 件走司法途径解决，办结率 100%；县级信访 7 件 21 人次，处理办结 7 件。

【基层组织建设】 2019 年，孙扎齐牛录镇有 10 个党支部 410 名党员，流动党员 76 人(其中县内 49 人，县外州内 27 人)。有九星级村 2 个、七星级村 2 个、六星级村 1 个。其中阿帕尔村保住九星级，雀尔盘村创建九星级，孙扎齐牛录村、切提布拉克村创建七星级，郎喀村创建六星级。完成镇村“五大中心”建设，明确第一书记统筹、“五大中心”主任派工，提升运转效率和工作成效。

【党风廉政建设】 2019 年，孙扎齐牛录镇开展常态化督查 45 次，查处值班备勤违纪干部 1 人。开展效能督查 62 次，党纪政纪处理 11 人，组织处理 34 人。

【“我们的中国梦——文化进万家”广场舞比赛】 2019 年 11 月 25 日举办。来自全镇 5 个村的村干部、“访惠聚”工作队队员及群众 200 多人参加活动，提升各族干部群众的精神风貌。

【“我运动·我快乐”冬季长跑比赛】 2019 年 12 月 30 日举办。全镇各族干部群众 100 余人参加活动。全程 3 千米的路程展示出各族干部群众不畏困难、携手并肩创建美好家园的精神风貌。

【行政村基本情况】

(1) 孙扎齐牛录村

位于孙扎齐牛录镇党委、政府所在地，东距察布查尔镇 5.5 千米。2019 年有 859 户 3216 人，有村民小组 9 个，有党员 104 人、党小组 8 个。

全村总面积 8298.59 公顷，其中耕地 5090.26公顷，林地 1023.81 公顷，草场 1157.56 公顷，城镇村及工矿用地 433.67 公顷，交通运输用地 213.03 公顷，水域及水利设施用地 193 公顷，其他用地 187.26 公顷。以种植业(玉米、小麦)、畜牧业为主。2019 年农牧民人均纯收入 16500 元，比上年增加 1117 元；集体经济收入 123 万元。

(2) 阿帕尔村

地处孙扎齐牛录镇党委、政府所在地，东距察布查尔镇 6.5 千米，属城郊村。2019 年有 412 户 1635 人，有村民小组 4 个。有党员 78 人，其中农牧民党员 70 人。

全村总面积 7239.18 公顷，其中耕地

5579.02公顷,林地203.97公顷,草场1121.18公顷。2019年农牧民人均纯收入18200元,比上年增加404元;集体经济收入122万元。

(3) 雀尔盘村

地处察布查尔镇城乡结合部,东距察布查尔镇2千米,西距孙扎齐牛录镇政府3千米。2019年有1136户3233人,有村民小组6个、党员69人。

全村总面积1277.78公顷,其中耕地633.33公顷。以种植水稻、玉米、草莓为主,集草莓采摘、休闲、娱乐基地于一身,地热资源条件得天独厚。2019年农牧民人均纯收入17162元,比上年减少440元;集体经济收入118万元。

(4) 切提布拉克村

位于孙扎齐牛录镇西南,距镇政府3千米处。2019年有276户664人,有党员33人。

全村有耕地面积201.07公顷。2019年农牧民人均纯收入15430元,比上年减少493元;集体经济收入42.1万元。

(5) 郎喀村

位于孙扎齐牛录镇东南,距镇政府42千米,是一个农牧结合的山区民族聚居村。2019年有170户543人。有党员29人,其中农牧民党员24人。

全村总面积1738.3公顷,其中林地492.19公顷,草场1145.04公顷。2019年农牧民人均纯收入11089元,比上年增加1339元;集体经济收入15.74万元。

(哈丽娅·阿里木江)

绰霍尔镇

【绰霍尔镇负责人】

党委书记:廖江(6月离任)、王新强(6月任职)

镇长:文新(锡伯族)

党委副书记:文新(锡伯族)、强玉涛(6月离任)、高鹏、刘军(6月任职)

纪委书记:强玉涛(2月离任)、左静(女,2月任职)

政法书记:高鹏

人大主席:尤丽吐孜艾·伊比布拉(女,维吾尔族,6月离任)、沙洪别克·拖合塔尔(哈萨克族,6月任职)

副镇长:周宾、王洪雪

党委委员、组织干事:强玉涛(6月离任)、刘军(6月任职)

党委委员、统战干事:张洪志

武装部部长:吴晨光(锡伯族)

挂职副镇长:季媛媛(女,6月离任)、伡米力江·麦麦提江(维吾尔族,9月任职)

【概况】 绰霍尔镇位于察布查尔县城镇以北,东与伊犁河南岸新区相连,西与四师可克达拉市六十八团接壤,距县城2千米、伊宁市10千米、伊犁河景观大道6千米,伊宁市过境公路南移国道218贯穿镇,718线、719线从镇交叉通过,地理位置优越。绰霍尔镇前身原属县园林场,1988年改设绰霍尔镇(绰霍尔意为"下潮地、湿地")。

【内设机构】 2019年,绰霍尔镇内设党政党建办公室、纪检办公室、综合治理办公室、统战民宗办公室、文化宣传办公室、武装部、财政所、社会保障服务站、农业经济发展站、统计农机站、村镇规划办公室、民政扶贫办公室、富民安居办公室、计划生育办公室、兽医站和水管所,有干部职工75人。

【人口基本情况】 2019年,绰霍尔镇下辖绰霍尔村、博孜墩村、布占村、龙沟村4个行政村,有26个村民小组。全镇有3312户9317

人,主要由汉族、维吾尔族、回族、锡伯族、哈萨克族、东乡族等15个民族组成。

【干部队伍】 2019年,绰霍尔镇机关站所编制数为92个(其中行政编制25个,工勤编制2个,事业编制65个),在编75人,在编在岗32人。有村干部25人、天池计划1人、第一书记4人、“访惠聚”工作队队员24人、驻村管寺干部5人、“三老”人员41人(其中老党员31人,老干部9人,老模范1人)、离任村“两委”正职6人。有学校2座、教学点2座。

【产业资源】 2019年,绰霍尔镇总面积100835.57公顷,其中耕地40119.19公顷,草地50739公顷,河谷次生林733.33公顷,自然水域133.33公顷。伊犁河自东向西从镇以北通过,拥有沿伊犁河丰富的水土光热、次生林、湿地等资源优势,是伊犁州重要的蔬菜供应基地。农作物主要以水稻、大田蔬菜等为主,水稻种植面积1333.33公顷,拥有辣椒连片种植基地66.67公顷,初步形成产业化、规模化种植,产业特色十分鲜明,也是县级重点打造的特色农业示范区。实现生产总值3.44亿元,增长6.5%;固定资产投资1164万元;农牧民人均纯收入增收1190元,达18920元,增长6.47%。

【综合治理】 2019年,绰霍尔镇净化社会风气,治理私搭乱建299处,清理清退耕地、林地、荒滩等628.28公顷,追缴欠款56.5万元,清理大棚房27个。召开联户长会议48次,召开联户组家庭成员会议142场次,收集社情民意186个,排查安全隐患23个,化解矛盾纠纷30余起。开展安全生产大检查活动15次,排查整改辖区安全生产隐患6处,开展食品安全检查12次,查封整改过期食品问题隐患2个。

【民生工作】 2019年,绰霍尔镇转移富余劳动力3300人,其中自发转移疆外149人,零散转移399人,就地就近转移744人,季节性务工1670人。46名高校毕业生全部就业。以冬季大培训为抓手,梳理摸排参加人员2054人,落实课程、师资、场地等准备工作,开展乡级提升班2班次90人,村级种植、养殖、烹饪、农家乐经营等基础班5班次155人。有低保户160户182人,发放低保金72万元。有特困群体12户12人,发放补助金0.5万元。结合重大节庆慰问救助群众,发放慰问物资大米、清油317件次和民生扶贫煤100吨,解决11名困难大学生就学救助问题。成立镇村退役军人服务站,加大退役军人管理服务工作,采集信息135人,重点优抚对象8人,发放慰问金1.55万元。

【“三资”清理】 2019年,绰霍尔镇积极动员群众围绕农用地、宅基地、违反规划乱搭乱建、污染破坏生态环境、侵占林区草原、破坏湿地等多方面乱象进行检举揭发,梳理问题线索。清理不规范合同55户104公顷,摸排空闲宅基地263处、非法买卖247处、一户多宅68处、长期闲置无人居住房52处。对一户多宅、未批先建、超范围违章建筑等乱象进行清理清退。

【产业融合】 2019年,绰霍尔镇稳步推进三产融合,启动投资1200万元的龙沟村蔬菜产业园建设项目,以“彩虹庄园”为代表的东城区农业田园综合体开始向“从农田到餐桌”都市健康餐饮转变。认真落实“千村示范、万村整治”三年行动方案要求,制订农村人居环境整治工作计划,发动群众做好庭院内外整治“六件事”,争取交通部门项目投资700余万元,稳妥推进X718线观光道路整体改造提升,动员沿街居民对X718线两侧按照徽派风格进行统一规划施工,新建和改造围墙2800米。

【脱贫攻坚】 2019年,绰霍尔镇继续巩固脱贫攻坚成果,严格落实"两不愁三保障"基本标准,把实现稳定就业作为巩固的首要手段,25名劳动力实现就业,人均收入达1.3万以上。以"冬季攻势"为载体,培训镇村两级干部120余人,全面核查2965户8716人"两不愁三保障"问题,坚持边查边改,专题研究,细化措施,完成中央第六巡视组反馈意见等9个方面112条认领和自查问题整改工作。

【环境卫生整治】 2019年,绰霍尔镇持续推进环境改善工作,召开专题部署会12场次,坚持动员群众、组织群众,做好宣传"点对点三件事"和"点对面六件事",接受宣传教育33场次8500人次,发挥群众主观能动性,做到支部抓示范、巷道定责任、家中有清单、农户知目标。以718线改造和龙沟村特色蔬菜产业村打造为契机,发动群众8500人次参与环境整治,清运垃圾10.26吨。坚持推进厕所革命,把任务分解到片区、责任划分到干部,组织外出观摩,形成示范带动,完成50%改厕任务;坚持先街巷后院内、先室外后室内,集中整治脏、乱、差区域,把"示范街"打造、"六件事"实施和"公共区"整治倒排工期、任务到户、责任到人,清除残垣断壁94处、危旧房26座、私搭乱建设施13处、横幅广告牌51处,集中打造6条示范街、18个示范户,大小街道、房前屋后种植街道绿化树种1.2万棵、草花0.08公顷,村庄面貌得到改观。

【基层组织建设】 2019年,绰霍尔镇坚持基层党支部"三会一课",党组织书记上党课,进一步规范发展党员程序,严把入党质量关,确定发展对象17人。结合行业治乱开展"三资清理"工作,清理土地400余公顷,追缴历史欠款30余万元,村集体增收75万元。规范运行"一支部五中心"工作机制,实现村干部、"访惠聚"工作队队员和下沉干部的"捆绑式"帮带运行,促进村干部能力提升。组织全镇8个党支部382名党员干部培根铸魂、学深做实。对照党章党规、"8+2"整治和"1+3+3"实事找差距、抓整改,使群众见到行动、感受到变化。

【党风廉政建设】 2019年,绰霍尔镇党委坚决查处违反党纪的行为,以"零容忍""无例外"的态度执纪,重点盯紧上年巡视巡察反馈问题的整改和自治区群众工作督导提出的问题。镇纪委开展谈话12人次,立案5件5人,组织处理5人。

【行政村基本情况】

(1) 龙沟村

位于镇政府以东3千米,村口紧邻省道S313线,距伊宁市15千米,距县城10千米,分别与绰霍尔村、纳达齐牛录乡、奶牛场六连(伊犁河南岸新区伊水社区)接壤,具有得天独厚的地源优势。总面积23225.2公顷,其中耕地8182.19公顷。气候温和,是自治县大棚蔬菜基地。辖区内有教学点1所、卫生室1所。全村有党员57人、"四老"人员16人(其中老党员8人,老干部3人,老军人5人)。2019年有897户2303人,由汉族、锡伯族、维吾尔族等多个民族构成。农牧民人均纯收入18511元,同比增长4.58%;集体经济收入20万元。

(2) 绰霍尔村

距镇政府所在地0.5千米,距县城2千米,属自治区级扶贫重点村和集中整治重点村。总面积29865.19公顷,其中耕地9787公顷。辖区有村民小组7个、企事业单位5个、商业网点22个。以特色种植、牛羊育肥为主导产业。农作物种植面积523.8公顷。牲畜存栏1805头(只),其中牛185头,羊1235只,猪385头;有家禽58000只。有永兴马牛羊育肥合作社、在德腾飞孵化养殖专业合作社2个。2019年有1072户3163人,由汉族、维吾尔族、哈萨克族等10个民族组成。农牧民人均纯收入18365元,同比增长6.61%;集体经济收入15万元。

(3) 布占村

位于镇政府以西7千米,村口紧邻四师可克达拉市六十八团团部,距县城10千米,东接博孜墩村,北临伊犁河景观大道,是一个水草丰富的村落。总面积24096.12公顷,其中耕地11306公顷。以种植水稻为主,附加养殖业及庭院经济。全村有7个村民小组。有68名党员、17名"四老"人员。2019年有687户1973人。农牧民人均纯收入19500元,同比增长18.18%;集体经济收入33万元。

(4) 博孜墩村

位于镇政府西北面2.5千米处。总面积23649.06公顷,其中耕地10844公顷,林地1096.28公顷。有3个村民小组。有71名党员、3名预备党员、8名"四老"人员。全村以种植水稻为主,附加养殖业及庭院经济。2019年有656户1878人。农牧民人均纯收入19300元,同比增长4.32%;集体经济收入55万元。

(周迪)

纳达齐牛录乡

【纳达齐牛录乡负责人】

党委书记:郭小平(女,锡伯族)

乡长:顾江伟(6月离任)、金宝(6月任职)

党委副书记:张淼

人大主席:董训涛(3月任职)

纪委书记:王格勇

政法书记:罗铁磊

副乡长:张淼、郭建新(锡伯族,7月任职)

组织干事:高丹(女)

统战干事:迪力木热提·伊敏江(维吾尔族)

武装部部长:阿瓦别克·别克吐尔逊(柯尔克孜族)

副主任科员:佟雪芳(女,锡伯族,11月任职)

【概况】 纳达齐牛录乡在清代为锡伯营正蓝旗。辖区总面积6525.97公顷,其中耕地4220.22公顷,园地9.71公顷,林地715.55公顷,草地916.1公顷,城镇村及工矿用地333.72公顷,交通运输用地177.1公顷,水域及水利设施用地106.55公顷,其他用地47.02公顷;乡草场4535.82公顷,其中耕地2800.66公顷,林地623.36公顷,草地894.96公顷,城镇村及工矿用地45.6公顷,交通运输用地82.54公顷,水域及水利45.79公顷,其他用地42.91公顷。

2019年,全乡有1674户4265人,由汉族、锡伯族、维吾尔族、哈萨克族等8个民族组成,下辖行政村2个、中心校1所、幼儿园3所、卫生院1所。有村干部12人。下设党支部6个,有正式党员227人(其中农牧民党员161人)、预备党员13人。有"三老"人员29人。全乡建档立卡贫困户11户26人。低保131户157人,其中农村低保98户115人,城市低保33户42人。有残疾户215户234人。残疾人中被纳入低保44人。

【内设机构】 2019年,纳达齐牛录乡内设党政办公室、党建办公室、经济发展办公室、社会事务办公室、政法统战办公室、经济综治中心、文体广电服务中心、村镇规划建设发展中心、社会保障服务中心、农业发展服务中心等,有在职干部职工78人。

【工农业产值】 2019年,纳达齐牛录乡实现工农业总产值18563.1万元,增加8%;固定资产投资1592.3万元。农牧民人均纯收入17990元,增收1423元。人口与自然增长率在10‰以内。

【农业】 2019年,纳达齐牛录乡创建以水稻为主的农业特色品牌,水稻种植面积654.07公顷。全力打造全域绿色农业基地,做好农产品质量检测工作,打造一支懂农业、爱农村、爱农民的三农服务队伍。

【畜牧业】 2019年,纳达齐牛录乡牲畜存栏8035头(只),完成牛冻精改良、育肥、种草任务100%。19户牧民享受14.2万元补助。搞好畜禽品种改良,依法做好动物检疫防疫工作。

【脱贫攻坚工作】 2019年,纳达齐牛录乡落实"六个精准"要求,坚持"五个一批"脱贫途径,推动政策措施精准落地。有建档立卡贫困户11户26人,具有劳动能力的有19人,全部实现稳定就业。

【土地征收补偿】 2019年,纳达齐牛录乡基本完成东环路土地征用工作,涉及土地征收128.8公顷,土地补偿总资金4829.11万元,涉及170户,全部补偿到位。

【环境卫生整治】 2019年,纳达齐牛录乡集中整治背街小巷,组织开展环境卫生整治75场次,拆除乱搭乱建、危旧房屋45处,清运垃圾3000吨;栽种树木5000棵。

【群众工作】 2019年,纳达齐牛录乡对联系家庭走访全覆盖,帮扶联系家庭办实事、好事58件。各支部开展法律法规宣讲48场次,受教育群众3689人次。开展"民族团结一家亲"联谊50场次、发声亮剑160余场次、入户宣讲十九大精神6132场次。

【党建工作】 2019年,纳达齐牛录乡继续推进"五大中心"运行,完善"五大中心"工作机制,每周召开"五大中心"重点工作推进会,分析、研究、推进工作,落实村干部与"访惠聚"工作队AB岗制度。持续推动基层党组织晋位升级,创建九星级村1个,保八星级村1个。实现党组织全覆盖,各村调整、确定党小组10个。选聘8名党员义务监督员。重视发展党员工作,递交入党申请书188人,发展党员9人、后备6人。

【锡伯绣】 2019年,纳达齐牛录乡刺绣中心依托服装企业和刺绣合作社,加快旅游纪念品、民族服饰、民族弓箭、传统手工艺制品研发包装销售,生产各类刺绣品及布鞋5.4万件,总产值47万元。

【稻田画基地】 2019年,纳达齐牛录乡建设占地46公顷的"稻田画",新修玻璃栈道及相关配套设施投资1100万元,其中新修玻璃栈道300米。全年累计参观3000人次。基地的建设打破"农业就是单纯的农作物种植"的传统观念,提升水稻经济价值,将农村、农业、旅游观光结合起来,做活农业生产,使以"稻田画"为重点的休闲观光农业成为纳达齐牛录乡乡村旅游、吸引游客的重头戏。

【行政村基本情况】

(1) 纳达齐牛录村

位于县城以东2千米,属中心村。总面积1472.01公顷,其中耕地995.28公顷,主要以种植水稻、玉米为主,以畜牧业、农业为主导产业。辖区文化旅游资源较为丰富,有人文景区何耶尔·柏林故居、稻田画、关帝庙。2019年有1422户3540人,由8个民族构成,主体民族是锡伯族。星级化创建为九星级村。2019年农牧民人均纯收入17910元,比上年增收1100元;集体经济收入80.52万元。有村民小组6个、村干部7人、"访惠聚"工作队队员7人、驻村管寺干部1人、乡包联干部4人、"四老"人员22人、建档立卡贫困户7户(2018年全部脱贫摘帽)、低保户107人、残疾户42人。

(2) 清泉村

位于纳达齐牛录乡向南3千米处。总面积518.14公顷,其中耕地424.28公顷,主要以种植水稻、玉米为主。2019年有252户725人,由5个民族构成,主体民族是汉族。星级化创建为八星级村。2019年农牧民人均纯收入16700元,增收780元;集体经济收入39.5万元。有村民小组3个、村干部6人、"访惠聚"工作队队员4人、村派包联干部2人、"四老"人员7人、建档立卡贫困户3户(2018年全部脱贫摘帽)、低保户34户38人、残疾户42户45人。

(石元方)

良繁场

【良繁场负责人】

党委书记:赵新立(11月离任)、君胜(3月代理)

党委副书记、场长:潘佳祺(女)

纪检书记:谢海涛

政法书记:安全(锡伯族)

组织干事:裴营营(女,6月离任)、扎慧娟(女,锡伯族,6月任职)

宣传干事:赵倩倩(女,锡伯族,6月任职)

武装部部长:吴勇(锡伯族)

副场长:杨文凯、阿斯哈提·巴拉提(哈萨克族)

挂职法治副场长:李阁(9月任职)

【概况】 察布查尔县安班巴格良繁场(以下简称县良繁场)为地方国营农牧场,位于县中部平原区距察布查尔镇4千米处。场域总面积8500公顷,其中耕地654公顷,草地7340公顷,林地92公顷,其他土地414公顷。下辖3个农业连队、1个牧业连队,有1所卫生室、1座检查站、1个食用菌产业园(伊犁合众科技有限公司)、1个玉察原生态体验馆。

【内设机构】 2019年,县良繁场内设党建党政纪检办公室、社会事务办公室(文体广电、民政、计划生育、社保等)、经济发展办公室(财务室、国土规划、统计、农机农技农经、食品药品、安全生产、畜牧兽医、林业等)、维稳办(综合治理、民宗、统战、信访),有在职干部37人。

【社会稳定工作】 2019年,县良繁场完善应急处突预案,组成20人的治安联防队,每日应急演练不少于1次,人防、物防、技防织密社会面防控体系。推进扫黑除恶专项斗争工作,发放宣传单8000余份,印发应知应会题4000余份,本机核查、上报线索3条。创建优秀平安连队3个,创建平安家庭总户数441户。加强信访矛盾纠纷调处,调处信访矛盾12件,调处率100%。

【农村经济】 2019年,县良繁场完成播种面积591.8公顷,其中设施农业87公顷,水稻250公顷(有机水稻67.9公顷,常规水稻182.1公顷),玉米88.8公顷,小麦46公顷,其他120公顷。完成生产总值9648.18万元,其中:一产7623.18万元,产业比例—8%;二产835万元,产业比例3%;三产1190万元,产业比例4%。固定资产投资2721万元,同年减小

25%。2019农牧民人均纯收入18859.18元，比上年增加620.8元。

【林业工作】 2019年，县良繁场完成4.74公顷造林任务，补栽2公顷，完成草原确权7515.6公顷。

【畜牧业】 2019年，县良繁场完成奶牛保险任务126头，产地动物检疫637头，冷配牛95头，口蹄疫三价疫苗注射牛238头、羊1939只、猪7头，禽流感疫苗注射2445羽。

【就业工作】 2019年，县良繁场就业再就业人数200人，有组织地转移10人(向克拉玛依转移9人，向石河子转移1人)。

【安全生产】 2019年，县良繁场投入3.1万元安装限高杆、减速带、一氧化碳报警器、道路指示灯、指示牌及禁止游泳警示牌；排查危旧房屋5座，拆除5座；加强安全生产宣传教育，提高各族职工安全意识。

【安居富民工作】 2019年，县良繁场完成7户安居富民任务，完成率100%。

【基础设施建设】 2019年，县良繁场主要解决群众生产生活中的热点问题。完成道路清淤13.6千米、农渠清淤27.4千米，维修闸门9座，维修桥涵11座，维修斗渠0.6千米。农田道路建设投资360万元，农村厕改投资4万元，农田电路改造工程投资135万元，新建中华石油加油站投资2600万元，新购买农机投资60万元，人行道道路两旁改建绿化带5700平方米。争取环卫垃圾车1辆及配套设施，方便职工生产生活。

【低保管理】 2019年，县良繁场实行低保动态管理，完成37户55人城乡低保动态管理，清理清查城乡低保户1户1人。

【环境卫生整治】 2019年，县良繁场围绕美丽乡村建设，发放整改通知单24份，拆除危旧房屋24间和棚圈(主要是温室大棚)，清除道路两旁乱堆乱放12个、房前屋后乱堆乱放16个，垃圾处理率100%。投入32.8万元购买压缩式垃圾车一辆，投入9.58万元购买22个垃圾箱、30个果皮箱，清运垃圾330.6万千克。完成改厕150座(其中三格式厕所11座，水冲式71座，旧单坑旱厕68座)，完成任务的114%。清淤农渠和背街小巷渠道40.1千米。乡村道路硬化率100%，新修农村公路22千米。

【教育】 2019年，县良繁场登记援疆救助困难大学生2人，每人6000元。

【群众工作】 2019年，县良繁场59名干部常态化入户住户，解决群众困难诉求5件，走访谈话1825人次，风险评估558人次，出资5.74万元解决职工困难。63人进行结对认亲，开展民族团结联谊会12场次。创建4个县级、2个州级民族团结先进单位。

【思想文化宣传工作】 2019年，县良繁场党委中心组学习及党员干部学习162余次，“不忘初心、牢记使命”主题教育学习39场次。全面发动群众，开展各类集中宣讲12场次，面对面宣讲100余场次。积极开展“大美新疆·大爱故事”讲故事比赛，结合“我们的节日”“民族团结一家亲”开展系列活动36场次。持续推进“十百千”工程，评选致富女能手3户、最美母亲2户、最美家庭4人。

【党建工作】 2019年，县良繁场落实党建工作责任制，全面推行“一支部五中心＋网格化服务＋积分制管理”工作机制，定期指导检查4个党支部落实情况，开展“亮栏行动”工作，“两个全覆盖”群众的困难诉求及时进行公示，做到村务党务公开标准化、规范化、制度化。创建八星级党支部1个、五星级党支部1个，巩固八星级党支部1个。对各连队升国旗、夜校人员全面梳理并归类，对不参加人员严格执行积分制管理制度并在每周一进行通报。做好发展党员工作，递交入党申请书21人，预备党员8人，培养28名连队后备干部。认真贯彻落实“一岗双责”制，全面落实党风廉政建设目标责任制，深入推进“对党绝对忠诚，深挖两面人”等专项教育活动，对1名退休干部党员给予开除党籍处分，组织处理13人。

【连队基本情况】

(1) 农一连

位于察布查尔镇东部4千米处，为场部所在地。2019年有255户718人，其中汉族122户330人，占45.96%；锡伯族53户141人，占19.64%；维吾尔族43户144人，占20.06%；哈萨克族30户76人，占10.58%；其他民族7户27人，占3.76%。

全连总面积280公顷，其中耕地176公顷，温室54.07公顷，林地18公顷，其他用地31.93公顷。主要农作物有水稻、玉米、黄豆、土豆及西瓜等。2019年农牧民人均纯收入18723.6元，同比增长507.7元。农业总产值3018万元。

(2) 农二连

位于县良繁场场部东500米处。2019年有257户761人，其中汉族122户327人，占42.97%；锡伯族56户146人，占19.19%；维吾尔族33户102人，占13.4%；哈萨克族23户86人，占11.3%；回族21户93人，占12.22%；其他民族2户7人，占0.92%。

全连总面积440公顷，其中耕地175公顷，草地146公顷，林地28公顷，科技示范园3.33公顷，城镇村及工矿用地70公顷，其他用地17.67公顷。主要农作物有水稻、玉米、黄豆、土豆及西瓜等。2019年农牧民人均纯收入18781.9元，同比增长723.8元。农业总产值2681.4万元。

(3) 农三连

位于县良繁场场部南3千米处。2019年有143户424人，其中汉族112户326人，占76.89%；哈萨克族18户57人，占13.44%；锡伯族8户28人，占6.6%；维吾尔族4户10人，占2.36%；回族1户3人，占0.71%。

全连总面积240公顷，其中耕地126公顷，林果19公顷，城镇村及工矿用地64公顷，其他用地31公顷。主要农作物有水稻、玉米、黄豆、土豆及西瓜等。2019年农牧民人均纯收入18100元，同比增长1802.66元。农业总产值2615.8万元。

(4) 牧业队

位于良繁场西，距离良繁场场部10千米。2019年有71户252人，其中哈萨克族70户250人，柯尔克孜族1户2人。总面积6940公顷，其中耕地113公顷，林地22公顷，草地6744公顷，城镇村及工矿用地46公顷，其他用地15公顷。

【荣誉称号】 2019年11月，县良繁场被评为创建州级优秀平安乡镇。

(热子亚·巴孜热合买提)

扎库齐牛录乡

【扎库齐牛录乡负责人】

党委书记：李英帅

乡长:叶尔江·库依西拜(哈萨克族)

人大主席:李雪健(锡伯族)

党委副书记:叶尔江·库依西拜(哈萨克族)

政法书记:舒明明

纪委书记:皮林英(女)

统战干事:关军峰(锡伯族)

组宣干事:刘毛毛(女)

武装部部长:何新军(锡伯族,借调)

副乡长:叶克奋·别克吐尔(哈萨克族)、朱鑫、任霖霖(女)

主任科员:佟福海(锡伯族,5月任职)

副主任科员:郭鹏(锡伯族)、孔雪峰(锡伯族,9月任职)

【概况】 扎库齐牛录乡北距伊宁市3千米,西距察布查尔县城10千米,距国家一类口岸都拉塔口岸62千米,东与海努克乡、四师六十九团接连。总面积16547.07公顷,其中耕地7166.88公顷,林地568.82公顷,草地6981.7公顷,城镇村及工矿用地1018.4公顷,交通运输用地363.54公顷,水域及水利设施用地255.34公顷,其他用地192.39公顷。下辖扎库齐牛录村、铁尔曼布拉克村、寨牛录村、查干布拉克村、纳尔洪村5个行政村,29个村民小组。2019年有4544户13594人,由汉族、锡伯族、哈萨克族、维吾尔族、回族等13个民族构成。2019年农牧民人均纯收入18322.03元,同比增加1172.7元,增长6.84%。

【内设机构】 2019年,扎库齐牛录乡内设综治维稳中心,包括综治办、武装部、信访办、司法所、应急办和流动人口管理办公室;党建工作中心,包括党建办、党政办、纪检办、效能办、“访惠聚”活动办;经济发展服务中心,包括农技站、农机站、林管站、水管所、畜牧兽医站、国土所;社会事务中心,包括规划办和企业办;社会保障服务中心,包括人口和计划生育生殖健康服务站、残联、民政办。有在职干部职工85人。

【综合治理工作】 2019年,扎库齐牛录乡创建州级平安乡(镇),辖区有5个平安村、1个平安医院、3所平安学校,创建率100%。组织开展安全生产大检查23余次,查出隐患10处,现场整改10处,接待来访群众20人次,受理办结信访案件1起。组织开展安全生产和消防演练8次,利用农牧民夜校开展法制讲座6次,受教育群众785余人次。

【农村经济】 2019年,扎库齐牛录乡种植粮食作物4782.5公顷,经济作物888.4公顷,粮经比为5.3∶1。种植特色作物603.47公顷。完成高产创建面积4637.13公顷,其中小麦1104.07公顷,水稻573公顷,玉米2960.07公顷。创建罗马甘菊千亩连片科技示范区1个、双模西瓜百亩连片科技示范片1个,种植双模西瓜95.2公顷,罗马甘菊190公顷。实际完成千元田18.67公顷,其中中药材10公顷,设施蔬菜面积8.53公顷。农机购置补贴49.8270万元,补贴台数34台,受益29户。深松补助13.44万元,补助面积298.67公顷。公开发包村集体土地266.67公顷,亩均承包价提高至500元以上。流转土地面积733.33余公顷。进一步优化产业结构调整,加强新品种、新技术推广工作,西瓜、蔬菜、中草药、香料等特色作物种植规模不断扩大。畜禽防疫完成100%,农业政策性保险应保尽保。完成招商引资5000万元。

【植树造林】 2019年,扎库齐牛录乡完成植树造林47公顷,720、715县道两侧植树造林13000棵,5个村村庄巷道、房前屋后种植景观树、经济林10000余棵。其中经济林40公顷,生态林6.6公顷,退耕还林补栽15公顷,更新造林7公顷。

【基础设施建设】 2019年,扎库齐牛录乡安装路灯150盏,新建富民安居房60套。完成农田防渗渠5千米,铺设30千米基本农田道路。查干布拉克村小广场建成投入使用,铁尔曼布拉克村牧民定居点绿化带供水问题得到有效解决。投入215万余元用于人居环境整治,做好“院内院外六件事”,改善乡村环境。全乡新建无害化卫生厕所和改造卫生厕所875户,新建卫生公厕6座。融入“文化+旅游”产业发展思路。

【民生工作】 2019年,扎库齐牛录乡全力落实九项惠民工程,实现稳定就业2641人,转移富余劳动力4314人。全乡中小学教育教学质量显著提高,中考成绩位列全县第二名。乡红十字会教育专项基金为9名困难大学生捐资助学2.4万元。第四轮全民免费健康体检11150人,完成100%。城乡低保、大病救助、临时救助有效落实。投资40万元建成查干布拉克村小广场(0.27公顷)和小公园。投资10万元在铁尔曼布拉克村牧民定居点绿化带铺设滴管,解决牧民定居点绿化带供水问题。

【民族团结工作】 2019年,扎库齐牛录乡开展“民族团结一家亲”联谊活动40场次,邀请县直相关单位到乡开展宣讲28场次,举办“民族团结一家亲”联谊晚会3场次,参与2980人。

【思想文化宣传】 2019年,扎库齐牛录乡深入学习习近平新时代中国特色社会主义思想,广泛普及“三本白皮书”内容,有针对性地开展发声亮剑和座谈会议。组织全乡各族党员干部群众开展迎“三八”表彰大会,庆“五一”“五四”全民健身运动会,庆计划生育“5·29”协会日文艺会演,喜迎建党98周年“七一”表彰大会,庆祝建国70周年“我与祖国共成长”红歌大赛。各村安装94个喇叭。

【文化市场整治】 2019年,扎库齐牛录乡开展文化市场经营单位专项整治,净化社会风气,符合行业标准的棋牌室4家、桌球室1家、舞厅1家正常营业。

【计划生育工作】 2019年,扎库齐牛录乡登记新出生人口89人,自然增长率3.45‰,累计发放边贫县特殊奖励金791人,奖扶24人,国快富17户,区快富5户,特扶5人,发放奖励金197.93万元。全乡领取光荣证1475户,其中独生子女领证户331户,计划生育父母光荣证1144户。发放计划生育“两证”26户。依法查处历年来违法生育案件4起,征收社会抚养费3.23万元。育龄妇女“查环、查孕、查病”完成率100%。

【医疗保险】 2019年,扎库齐牛录乡门诊农合就诊人数28723人次,城乡居民医疗门诊总费用160.84万元,人均门诊费用49.9元,补偿城乡居民医疗费109.22万元;城乡居民住院病人666人次,住院总费用78.2万元,人均住院费用1174.2元,人均自付费用304.6元,补偿城乡居民医疗费57.18万元。全民体检应检人数11150人。

【环境卫生整治】 2019年,扎库齐牛录乡常态化开展农村环境综合整治,建立健全农村环境卫生整治长效机制,利用周一升国旗、周三农牧民夜校、党小组会议等方式大力宣传环境卫生整治及美丽乡村建设工作,共开展环境卫生整治活动140余次,发动农牧民群众、各级干部16000人次,清运垃圾8900吨,清理背街小巷270余条,清理沿路杂草垃圾27千米(715和720线)。按照“三清一拆”工作要求,清除残垣断壁450米,清除违章建筑1个,清除道路两旁乱堆乱放55个、乱搭乱建13处。人居环境整治投入资金210万元。社会力量投入资金20余万元。发放各类整改通知10余次,新增投放垃圾分类箱15个。

【党建工作】 2019年,扎库齐牛录乡坚持把党的政治建设摆在首位,全面推进“一支部五中心+网格化”服务,选优配强村“两委”干部15人,培养村级储备年轻干部88人。递交入党申请书91人,培养积极分子35人,发展党员20人。村级党组织对“四项活动”的主导权进一步筑牢。规范各类集体土地、林地733.33公顷,增强村集体为民办事的能力。认真落实监督执纪“四种形态”,让55人红脸出汗,对39名党员进行组织处理,做到“防患于未然”;查处2人。

【乡村振兴顾问团成立】 2019年4月,扎库齐牛录乡“乡村振兴顾问团”成立,乡党委为20位企业家、电视媒体人、知名歌唱手和当地的退休教师等各类人才颁发顾问聘书,让各类能人集聚起来,凝聚力量,为乡村振兴聚智聚力。

【“情暖察布查尔　非遗刺绣产业精准扶贫”培训班】 2019年11月16日,扎库齐牛录乡第一期民生爱的力量ME公益创新“情暖察布查尔　非遗刺绣产业精准扶贫”刺绣工艺培训开班仪式在扎库齐牛录乡扎库齐牛录村举行。培训内容为教授传承非遗锡伯刺绣技能,旨在通过技能培训提高扎库齐牛录村妇女,特别是贫困家庭妇女的锡伯刺绣技能,让广大妇女能通过刺绣技能增收,摆脱贫困。县兰派社工中心于2018年底通过中国扶贫基金会向中国民生银行申请“我决定　民生爱的力量”ME公益项目50万元,助力察布查尔县贫困人口实现精准脱贫,受益对象70人。

【“小白杨”戍边文化纪念馆】 位于察布查尔县扎库齐牛录乡扎库齐牛录村文化广场北侧50米。投资300万元,于2019年建成开放。由“小白杨”戍边文化展览馆,“小白杨”军旅招待所、大食堂,“小白杨”母亲旧居三大部分构成,为三点串联式布局。“小白杨”戍边文化展览馆总占地面积2000m^2,其中展厅占地面积320m^2;院内有1000m^{2}的地面铺装、600m^{2}的景观绿化,并建有国旗台、岗楼;岗楼4层,占80m^2。“小白杨”军旅招待所、大食堂占地1400m^2。纪念馆弘扬“忠于祖国、扎根边疆、建设家园、蓬勃向上”为宗旨的爱国主义精神。2019年,接待3000名各族各界干部群众参观学习。

【荣誉称号】 2019年,扎库齐牛录乡被自治区命名为文明乡镇,秦牛录村被自治区文明办命名为文明村。

【行政村基本情况】

(1) 扎库齐牛录村

位于扎库牛录乡十字路口南面,距乡政府0.8千米。2019年有1364户3827人,其中汉族558户1575人,占41.15%;锡伯族536户1383人,占36.14%;哈萨克族142户495人,占12.93%;维吾尔族34户115人,占3%;其他民族94户259人,占6.77%。有8个村民小组。

全村总面积2350.8公顷,其中耕地1698.69公顷,林地138.91公顷,草地109公顷,城镇村及工矿用地267.77公顷,其他用地136.43公顷。主要农作物有小麦、玉米、花生、辣椒、黄豆、水稻及西瓜等。2019年农村经济总收入 13442.32 万元，其中农业收入4672.56 万元，林业收入 450.45 万元，牧业收入 3825.64 万元。2019 年农牧民人均纯收入 17308 元，同比增加 1333 元，增长 8.34%；集体经济收入突破 100 万元。

(2) 铁尔曼布拉克村

位于扎库齐牛录乡中心校十字路口南面，距乡政府 0.7 千米。2019 年有 1142 户 3458 人，其中哈萨克族 721 户 2124 人，占 61.42%；汉族 273 户 805 人，占 23.28%；回族 49 户 193 人，占 5.58%；维吾尔族 49 户 187 人，占 5.41%；锡伯族 47 户 128 人，占 3.7%；其他民族 3 户 21 人，占 0.61%。有 5 个村民小组。

全村总面积 1099.28 公顷，其中耕地 838.46 公顷。主要农作物有棉花、小麦、玉米、水稻、黄豆、花生、红花、甜菜、西瓜、饲草、苜蓿等。2019 年农牧民人均纯收入 17791 万元，同比增加 3220 元，增长 22.1%；集体经济收入 66 万元。

(3) 寨牛录村

位于扎库齐牛录乡东面，县道 715 和乡道 720 交叉口，距乡政府 4.4 千米。2019 年有 915 户 2439 人，其中锡伯族 468 户 1117 人，占 45.8%；汉族 269 户 715 人，占 29.32%；哈萨克族 164 户 568 人，占 23.29%；维吾尔族 7 户 18 人，占 0.74%；回族 3 户 8 人，占0.33%；其他民族 4 户 13 人，占 0.53%。有 6 个村民小组。

全村总面积 1689.49 公顷，其中耕地 1156.42 公顷，林地 149.39 公顷，草地 90.74 公顷，城镇村及工矿用地 213.73 公顷，其他用地 79.21公顷。主要农作物有小麦、玉米、花生、辣椒、黄豆、水稻及西瓜等。2019 年农村经济总收入 10622.43 万元，其中农业收入 4351.8 万元，林业收入 381.2 万元，牧业收入 2359.1 万元。2019 年农牧民人均纯收入 23830.86 元，同比增加 6522.86 元，增长 37.69%；集体经济收入 100 万元。

(4) 查干布拉克村

位于扎库齐牛录乡东部，东靠四师六十九团，南靠海努克乡，北临寨牛录村，距乡政府 26 千米。2019 年有 875 户 3082 人，其中哈萨克族 718 户 2593 人，占 84.13%；汉族 129 户 365 人，占 11.84%；回族 15 户 61 人，占 1.98%；维吾尔族 8 户 26 人，占 0.84%；其他民族 5 户 37 人，占1.2%。有 6 个村民小组。

全村总面积 1859.27 公顷，其中耕地 1207.79公顷，林地 55.3 公顷，草地 302.76 公顷，城镇村及工矿用地 191.98 公顷，其他用地 101.44公顷。主要农作物有小麦、玉米、打瓜、甜菜、罗马甘菊及油料等。2019 年农村经济总收入 3976.6 万元，其中农业收入 2352 万元，林业收入 210 万元，牧业收入 1414.6 万元。2019 年农牧民人均纯收入 17308 元，同比增加 3534 元，增长 25.66%；集体经济收入 146 万元。

(5) 纳尔洪村

位于扎库齐牛录乡西部，西临县良繁场农三连，距乡政府 3 千米。2019 年有 248 户 788 人，其中哈萨克族 217 户 714 人，占90.61%；汉族 4 户 8 人，占 1.02%；回族 2 户 7 人，占 0.89%；其他民族 25 户 59 人，占 7.49%。有 3 个村民小组。

全村总面积 128.94 公顷，其中耕地102.12 公顷，林地 2.46 公顷，其他用地 24.36 公顷。主要农作物有小麦、玉米、红花、黄豆、水稻等。2019 年农村经济总收入 3278.6 万元，其中农业收入 1680 万元，林业收入 71 万元，牧业收入 1250 万元。2019 年农牧民人均纯收入 17692 元，同比增加 4226 元，增长 31.38%；集体经济收入 47.7 万元。

(刘毛毛)

米粮泉回族民族乡

【米粮泉回族民族乡负责人】

党委书记:褚福超(4 月离任)、程博(4 月任职)

乡长:吴明玉(女,回族)

人大主席:马旭(回族,5 月任职)

党委副书记:吴明玉(女,回族)、赵捍洲(锡伯族)

纪委书记:张莉(女,回族)

政法书记:马旭(回族)

武装部部长:雷丛才

挂职副书记、组宣干事:吴佼

统战干事:杨威

副乡长:张广华、马晨(女,回族,6 月任职)、努尔兰·波拉提(哈萨克族,8 月离任)

【概况】 米粮泉回族民族乡距察布查尔县城 20 千米,属生态乡、民族乡、城郊乡。总面积 4045.42 公顷(包括乡直属用地),其中耕地 1450.62 公顷,林地 255 公顷,草地 494.93 公顷,交通运输用地 39.41 公顷,其他用地 1805.46 公顷。2019 年有 1560 户 5373 人,其中回族 3823 人,占 71.15%。有党支部 7 个、党员 199 人、"四老"人员 15 人、村干部 17 人、"访惠聚"工作队队员 18 人。辖米粮泉村、阿顿巴村、克米其村。有全日制中心校 1 所、幼儿园 2 所、卫生院 1 所、敬老院 2 所、宗教活动场所 1 座。

乡所在地交通便利、资源丰富。乡政府距伊宁市中心仅 11 千米,距国家西部最大的陆路口岸霍尔果斯口岸 90 余千米,距都拉塔口岸仅 70 千米,X714 线横贯全乡,伊宁市 15 路、县城际公交 402 路直通本乡。沿伊犁河有 200 余公顷的次生林、湿地,是发展生态旅游的风水宝地。南邻绰霍尔河,北邻伊犁河,纵横交错的河汊滩涂以及丰富的淡水资源是发展特色水产养殖的最佳场所。伊犁州最大的火力发电厂紧临本乡,为今后工业化发展奠定基础。2009 年 9 月,被州党委命名为新农村建设示范乡。2010 年 10 月,被自治区环境保护厅授予"环境优美乡镇"荣誉称号。

【内设机构】 2019 年,米粮泉回族民族乡内设党政办公室、党建办公室、人大办公室、政法办公室、纪检办公室、统战办公室、人民武装办公室、信访办公室、民政办、土管所、财政所、司法所、农经站、农机站、计划生育办公室、畜牧兽医站、社保站、林业站、富民安居办、民族团结创建办、残联、妇联、工会,有在编干部职工 66 人。

【社会稳定工作】 2019 年,米粮泉回族民族乡始终把维护稳定作为压倒一切的政治任务,保持斗争精神,增强斗争本领,一刻也不放松地聚焦总目标、落实总目标。坚持"准、稳、快、狠、深",严打专项斗争持续深入。思想教育、法律宣讲、解决困难"三位一体"群众工作扎实有效开展,"六件事""5 个 100%"常态落实。人防、物防、技防措施精准有效,社会面防控机制不断优化。争创自治区级优秀平安乡镇通过初验,扫黑除恶、信访、禁毒、反邪教等工作深入推进,各族群众安全感明显增强。

【党建工作】 2019 年,米粮泉回族民族乡坚持学思用贯通、知信行统一,扎实开展"不忘初心、牢记使命"主题教育活动。紧扣总要求,抓实"8+2"问题整改,明确把"思想认识是否深刻、检视问题是否深入、整改落实是否有效作为班子成员政治上成不成熟、作风上扎不扎实的"重要标尺,严防个别党员干部有"走过场、熬过去"的错误认识。全乡 199 名党员通过自学、集中学习、现场教学等方式,开展集中学习90场次,上门送学180余人次。按照"制定学习清单、分层分组研讨、定期抽问考学、逐人对照检视"的方式,有效解决自学"打乱仗、不深入、不自觉、走过场"问题。针对"出行难"问题,积极跑办米粮泉回族民族乡生态公路项目,打造全州唯一的乡村二级公路。针对道路规划建设中涉及的一些旧址改建、废渠填埋、线杆移位、土地征占等焦点问题,让大家来说怎么办、怎么干,最大限度减少"杂音噪声"。以开好村民代表大会"破题""干部干、群众看"顽疾。由村干部、本地企业、种植大户带头,捐树捐花,挂捐属铭牌,立碑并记入村志。积极回应群众关切,不包揽、不包办、不代替,发动群众做群众工作,10.2千米生态公路开工建设,30千米农田渠系竣工通水,行路难、浇水难、就业难等一些老大难问题得以解决,群众获得感、幸福感、安全感明显提升。

【经济发展工作】 2019年,米粮泉回族民族乡打响国家级生态乡名片,以全国生态文化村为契机,争取国家美丽乡村旅游扶贫项目支持,整乡推进"绿化、亮化、美化"环境整治。支持和发展农家乐旅游。加快产业结构优化升级,加大土地流转力度。土地流转面积498.2公顷,其中种植万寿菊324.87公顷,景观苗木120公顷,罗马甘菊、薄荷等芳香烃作物53.33公顷。完成936份土地经营权证打印工作,确权面积871.4公顷。按节点完成"大棚房"清理整治工作,下发限期拆除违规占用土地建房通知书15份,清理整治自治区推送图斑2处,拆除违规大棚房34处。顺利完成自治区耕地精准核查,对全乡土地确权外的耕地、林地、草地、荒地及面积大于0.067公顷的庭院进行核查,并通过县级验收。全乡牲畜存栏头数7454头(只、匹),家禽24000只(羽),完成牛结节病、口蹄疫、羊PPR、布病、禽流感排查、免疫工作,免疫率100%。储备饲草料240吨全力保障家畜过冬需求。国土整治项目顺利实施,30千米防渗渠道全部浇筑完成,完成农田路18千米,完成垫方9千米,完成农桥4座、闸门200余座。落实河长责任制,全年巡河40余次、60余千米,清理河道"四乱"12处。

【民生工作】 2019年,米粮泉回族民族乡扎实做好民生各项工作。

一是聚焦聚力脱贫攻坚。严格落实"双组长"制,充分发挥脱贫攻坚领导小组指挥棒的作用,定期调度总结,推进工作落实,确保取得实效。坚持通过全面复核、实地核查、系统比对方式,确保建档立卡扶贫对象"六个精准",按照自治区"冬季攻势"要求,开展"两不愁三保障"大排查工作,全乡以49网格133联户为基础,精准核实全乡农业户籍人数1399户4920人,农户人均纯收入均在6000元以上。全部农户住房均开展住房安全等级认定工作并逐户张贴农村住房等级明白卡,所有房屋均达到居住标准,无D级房屋。已脱贫人口脱贫质量较高,并致力于保持长期稳定性。

二是量力而为,推进"三资三化"。对全乡收入、支出进行全面核算,理清债务债权,依照尊重历史、依法依规原则制订还款计划,逐一化解并积极对接跑办项目,争取援疆资金20万元。通过清产核资、清理土地等方式妥善化解政府存量债务,全面提倡勤俭节约,全乡上下勒紧裤腰带过日子,各类支出较上年节省11%。

三是抓好污染防治和环境保护。抓好"违建"和"位置"两个要素,全力核查摸排疑似"违建别墅"25处(其中国家公益林16处,乡域范围9处),全部完成研判分析报告,并按照尊重历史、依法依规原则彻底拆除6处、部分拆除5处,剩余14处向县国土局上报研判报告,按照进度依法拆除。

四是助力乡村振兴。2019 年植树造林 28.67 公顷,牛羊巴扎全面绿化。同时建立健全管护责任机制,组织护林防火宣传活动 6 场次,发放护林防火宣传材料 600 余份,病虫害防治面积 38.67 公顷,确保成灾率控制在 3% 以内,补栽退耕还林 1.33 公顷。将原老巴扎 8 公顷与县城投公司合作打造生态公园,修建月牙湖,与伊宁市隔河相望。以“安全、整齐、干净、生态”为标准,确定每周五为“环境卫生整治日”,激发各族群众内生动力,坚持自己的家园自己建设,打造美丽乡村建设新面貌。按照“宜改则改,宜提升则提升,宜建则建”原则,充分按照群众需求,在控制成本的基础上做好农村改厕“四有”要求。完成改厕任务 471 户。

五是提升窗口服务质量。门诊就诊率、住院率大幅增加,逐步实现小病不出乡目标;全民健康免费体检完成 100%,育龄妇女“三查”完成 100%;全年人口出生率 8.18‰,长效节育率 76.56%,综合节育率 88.6%,清查自 2004—2019 年违法生育立案 109 起,收缴社会抚养费 25.2 万元,结案率 100%。

【行政村基本情况】

(1) 米粮泉村

距乡政府 0.5 千米,距县城 20 千米,是五星级村。总面积 1050 公顷。2019 年有 1089 户 3717 人,由回族、汉族、东乡族、维吾尔族、哈萨克族等 8 个民族组成。有贫困户 2 户 10 人。有村民小组 6 个。有幼儿园 1 座、乡属中心校 1 座、宗教活动场所 1 座。有村干部 7 人、村后备干部 3 人、党员 72 人(其中农牧民党员 64 人,少数民族党员 48 人,女党员 17 人)。2019 年农牧民人均收入 18115 元,增收 955 元。

(2) 阿顿巴村

距乡政府所在地 5 千米,距县城 16 千米。总面积 266.4 公顷。2019 年有 226 户 827 人,主要由回族、维吾尔族、哈萨克族、东乡族、汉族 5 个民族组成。有村干部 5 人、村后备干部 2 人、党员 41 人(其中农牧民党员 33 人,少数民族党员 26 人,女党员 11 人)。以特色种植、牛羊育肥为主导产业。2019 年农牧民人均纯收入 18184 元,增收 2854 元。

(3) 克米其村

距县城 23 千米,距伊宁市 8 千米,距乡政府所在地 3 千米。辖区有幼儿园 1 座。截至 2019 年为九星级村。全村总面积 595 公顷,其中耕地 224.87 公顷。2019 年有 245 户 829 人,其中回族 96 户 328 人,维吾尔族 76 户 267 人,汉族 42 户 120 人,哈萨克族 21 户 76 人,乌孜别克族 5 户 21 人,锡伯族 5 户 16 人,保安族 1 人。有党员 46 人(其中农牧民党员 40 人,少数民族党员 24 人,女党员 19 人)。有村“两委”班子 5 人、后备干部 3 人。2019 年农牧民人均纯收入 18019 元,增收 3019 元。

【荣誉称号】 2019 年,米粮泉回族民族乡被评为自治区级优秀文明乡镇、州级计划生育先进集体。

(马晓欣)

琼博拉镇

【琼博拉镇负责人】

党委书记:董鲲

镇长:卡依沙尔·托坦(哈萨克族)

人大主席:巴合提努尔·祖尔哈力(哈萨克族)

党委副书记:卡依沙尔·托坦(哈萨克族)、宋晓军(6 月离任)、管建军(6 月任职)

政法委书记:宋晓军(6 月离任)、管建军(6 月任职)

纪委书记:贺红红(女,锡伯族)

统战干事：吐尔汗江·沙吾提(维吾尔族)

组织干事：管建军(6月离任)、田永强(6月任职)

武装部部长：阿布力提甫·居马洪(维吾尔族)

副镇长：郭克(锡伯族)、关多娜(女，锡伯族)、于海勇(6月任职)

主推动主导产业，大力发展以饲草料种植和牛羊育肥为核心的农区畜牧业，以红豆草为主扩大种草面积1333.33公顷。全力做好牲畜防疫工作，确保免疫率100%，以西门塔尔牛为主导，抓好品种改良，西门塔尔牛达1万头以上。以白色哈萨克羊为主，加大小畜品种人工配种工作。

【概况】 琼博拉镇位于察布查尔县南部、乌孙山下，距察布查尔镇43千米，距伊宁市52千米，距中哈边境约10千米，是边境镇，是一个以牧为主、农牧结合的农业镇，主要农作物有红花、小麦、玉米、苜蓿、红草及油料等。全镇总面积45367.44公顷(包括镇草地及直属用地)，下辖琼博拉村、索墩布拉克村、克其克博拉村、墩买里村4个行政村，有20个村民小组。2019年有3305户9161人，由汉族、维吾尔族、哈萨克族、傈僳族等组成，以哈萨克族和维吾尔族为主要聚居区。有建档立卡贫困户497户1719人，其中2014年脱贫133户490人，2015年脱贫80户274人，2016年脱贫230户793人，2017年脱贫45户141人，2018年脱贫5户10人，2019年脱贫4户11人。2019年，实现农业生产总值15040万元，较上年增长3.8%；农牧民人均纯收入12887元，较上年增长7.59%。

【内设机构】 2019年，琼博拉镇内设党政党建宣传中心(党政办、党建办、纪检办、宣传办、文化办)、综治维稳中心(综治办、武装部、食药站)、群众工作中心(司法所、统战办)、经济发展中心(财政所、规划项目办、农经站、农机农技站、林管站、兽医站、水管所)、社会事务中心(民政办、计生办、社保站、扶贫办)，有在职干部职工82人。

【畜牧业】 2019年，琼博拉镇以种草养畜为

【农村经济】 2019年，琼博拉镇健全六大保障机制，对“中央第六巡视组脱贫攻坚专项巡视整改”33个问题进行具体分工，压紧压实主体责任。“两不愁三保障”突出问题全面解决，完成4户11人脱贫任务。建档立卡贫困户劳动力转移就业569人，自主创业23人。申请护林员、护边员116户137人。实施退耕还草项目，建档立卡贫困户享受退耕还草补贴15000元/公顷。贫困户新农合、新农保的参保率达100%。

【民生改善】 2019年，琼博拉镇紧紧围绕农村垃圾治理、生活污水治理、厕所革命和村容村貌提升，对琼博拉沟、克其克博拉沟、索墩布拉克沟、玛瑙沟、红海沟的琼博拉段(14千米)进行清理。完善文化阵地11个，举办首届“避暑小镇——琼博拉第一届‘阿肯弹唱’文化旅游节”和“克其克博拉村第一届红豆草旅游节”。争取项目资金1046万余元，实施索墩布拉克村养殖小区项目和琼博拉村人居环境项目、墩买里村安全饮水提升改造项目、索墩布拉克村农田沙石路建设项目。规范低保申报程序，清理清退626户931人，新增11人。全年转移农村富余劳动力2260人次，职业技能培训150人，适龄家庭参学率、全民体检、幼儿入园率均为100%。

【民族宗教工作】 2019年，琼博拉镇干部与农户结对认亲，举办“民族团结一家亲”联谊活

动62场次,开展民族团结宣讲737场次,5500余人次参加,发放各类宣传册1500余份。依法加强宗教事务管理,举办培训8场次,122人次参加。

【思想文化宣传】 2019年,琼博拉镇深入开展群众性精神文明创建活动,开展70周年系列活动6次。举办"我最喜爱的习总书记的一句话"演讲、宣讲活动11场次。开展"民族团结一家亲·党旗映天山"活动20余场次。用好、宣传好"三本白皮书",常态化开展"三本白皮书"、去极端化工作条例宣传教育,"五个认同"意识不断增强。设置网络监督员3人、网络评论员15人。主旋律更加响亮,正能量更加强劲,主流思想舆论不断壮大。

【党建工作】 2019年,琼博拉镇坚持"书记抓、抓书记",党组织书记管党治党意识全面强化。强化村"两委"干部培训,4名村党支部书记赴对口援疆乡镇参观学习,2名村后备干部参加州党校素质能力提升脱产学习。全面落实"四议两公开"制度,健全村级重大事项议事规则和决策程序。加强党员管理,发展党员19人。建立支部困难党员帮扶送学机制,送学党员72人,走访慰问困难党员42人。抓实"一支部五中心"运行,实施AB岗责任制,严格"321"帮带机制,巩固八星级村1个,创建七星级村2个。

【行政村基本情况】

(1) 琼博拉村

位于琼博拉镇政府北,距镇政府1千米,距察布查尔镇40千米。2019年有1405户3762人,其中农业户籍人口1009户2884人,低保户116户149人,残疾户87户91人。有6个村民小组,由汉族、维吾尔族、哈萨克族等民族组成,其中维吾尔族924户2430人,占64.59%;哈萨克族310户910人,占24.19%;汉族166户406人,占10.79%;其他民族5户16人,占0.43%。农牧民人均纯收入1.31万元,较上年增加974.5元,增长8.04%;集体经济收入70.01万元。全村总面积14764.23公顷,其中耕地882.68公顷,牧草地10082.88公顷,林地2803.2公顷。

(2) 索墩布拉克村

位于琼博拉镇政府西南,距政府10千米,距察布查尔镇50千米。2019年有721户2001人,其中农业户籍人口566户1647人,低保户117户152人,残疾人90户99人。有4个村民小组,由汉族、哈萨克族、维吾尔族等民族组成,其中哈萨克族393户1086人,占54.27%;维吾尔族297户838人,占41.88%;汉族31户77人,占3.85%。

全村总面积10288.19公顷,其中耕地963.89公顷,林地1843.29公顷,草地6645.24公顷,城镇村及工矿用地191.06公顷,交通运输用地85.93公顷。主要农作物有小麦、红花、玉米、红豆草。2019年农牧民人均纯收入1.31万元,较上年增加1046.7元,增长8.68%;集体经济收入85.06万元。

(3) 克其克博拉村

位于琼博拉镇政府西面,距琼博拉镇政府13千米,距察布查尔镇45千米。2019年有989户2854人,其中农业户籍829户2487人,非农业户籍160户367人。有4个村民小组,由哈萨克族、维吾尔族、汉族组成,其中哈萨克族644户1913人,占67.03%;维吾尔族206户591人,占20.71%;汉族139户350人,占12.26%。

全村总面积13736.89公顷,其中耕地1329.40公顷,林地975.26公顷,草地10437.44公顷,城镇村及工矿用地209.7公顷,交通运输用地122.5公顷,水域及水利设施用地50.22公顷,其他用地612.37公顷。主要农作物有小麦、红花、玉米、红豆草。2019 年农牧民人均纯收入 1.32 万元,较上年增加 1578 元,增长 13.58%;集体经济收入 41.04 万元。

(4) 墩买里村

位于琼博拉镇西北,距镇政府 23 千米,距察布查尔镇 48 千米。2019 年有 190 户 544 人,其中维吾尔族 114 户 310 人,占56.99%;哈萨克族 76 户 233 人,占 42.83%。有 2 个村民小组。

全村总面积 2221.13 公顷,其中耕地 393.13 公顷,林地 294.93 公顷,草地 932.71 公顷,城镇村及工矿用地 164.87 公顷,交通运输 22.47 公顷,水域及水利设施用地 17.45 公顷,其他用地 395.57 公顷。主要农作物有小麦、红花、玉米、红豆草。2019 年农牧民人均纯收入 1.6 万元,较上年增加 3036.6 元,增长 23.42%;集体经济收入 25.13 万元。

(孔俊丽)

加尕斯台镇

【加尕斯台镇负责人】

党委书记:张相伟

党委副书记、镇长:玉山江·阿布都热西提(维吾尔族)

人大主席:杨红艳(女)

党委副书记、政法书记:杨红艳(女)

纪检书记:叶江明(6 月离任)、张忠平(4 月任职)

统战干事:关东李(锡伯族)

组织干事:曹鹏翔(男)

人武部部长:佟世誉(锡伯族,12 月辞职)、何刚(6 月任职)

副镇长:高磊(6 月离任)、马志雄(6 月任职)、李虎(锡伯族)、牛小伟(哈萨克族)、许丹丹(锡伯族,6 月任职)、吾合拉木·加马力丁(维吾尔族,6 月任职)、古丽孜热木·马合木提江(女,维吾尔族)、依力都斯·依马木(维吾尔族)、木尼拉·吐尔逊江(女,哈萨克族)

【概况】 加尕斯台镇位于察布查尔县城东南部,地处高寒山区,距离县城 35 千米,东与海努克乡相邻,南隔乌孙山与昭苏接壤,西与伊河南岸新区乌库齐为界,北与纳达齐牛录乡毗邻,紧临伊南工业园和伊泰工业园。

2018 年 6 月 7 日,经新疆维吾尔自治区人民政府批复撤镇建镇。全镇总面积 5 万公顷,其中耕地 18835.33 公顷,草场 15260 公顷,林地 2200 公顷(果园 466.67 公顷)。土地贫瘠,干旱缺水,种植作物主要有红花、红豆草、小麦、玉米等。辖区矿产资源种类丰富,初步探明有煤、金、铜、铁、铅、石灰石、建筑用沙等矿种。旅游资源有夏季旅游的察布查尔县最高峰——白石峰景区、加尕斯台水库,冬季有距离伊宁市最近的高山滑雪场——努拉洪滑雪场。

加尕斯台镇辖下加尕斯台村、加尕斯台村、上加尕斯台村、阿克亚尔村、努拉洪布拉克村、巴合提村、伊纳克村 7 个行政村。2019 年有 3682 户 14538 人,由维吾尔族、哈萨克族、汉族、回族、柯尔克孜族、锡伯族 6 个民族组成,其中维吾尔族占 79%,哈萨克族占 17%,其他民族占 4%。有党员 465 人、“四老”人员 39 人。党委下设党总支 1 个、党支部 13 个。2019 年实现农业总产值 21449.96 万元,增长 3.3%;农牧民人均纯收入 12654 元,增收 611.7 元。现有幼儿园 3 所、小学 3 所、中学 1 所。

【内设机构】 2019 年,加尕斯台镇内设党政办、党建办、财政所、农技站、农经站、司法所、兽医站、计生办、文化站、社保站、民政办、婚姻登记处、规划办、扶贫办、妇联、团委、林管站、综合治理办公室、水管所、统计站等,有在职干部职工115人。

【化解债务】 2019年,加尕斯台镇积极稳妥化解镇村两级债务300余万元,偿还债务150万元,将信访矛盾纠纷、债务风险有效防治。

【脱贫攻坚工作】 2019年,加尕斯台镇扎实推进扶贫脱贫工作,建强组织机构、社会帮扶、思想教育、项目实施、扶贫领域执纪五大保障机制,压实党委打赢脱贫攻坚主体责任。精准实施"七个一批",有机红花基地建设、庭院种养殖产业、就业扶持、社会兜底保障扶贫措施有序推进,实现13户43人脱贫,708户2546人脱贫成果得到提升巩固。

【环境保护】 2019年,加尕斯台镇从严治理污染防治,保护生态环境,关停砖厂3个、沙场2处,植树造林15.3公顷,巡河巡库60次,有效治理各类污染26处,特别是阿克亚尔村垃圾填埋场通过实施项目得到有效治理。加强"三项重点工作"推进力度,搭乘"一带一路"核心区建设顺风车,清理"僵尸"企业3家,招商引资企业3家,投资650万元,开发就业岗位60个。

【劳动力转移】 2019年,加尕斯台镇做好农村富余劳动力有组织、多渠道转移就业工作,完成季节性转移就业3260人,稳定就业512人。

【全民免费健康体检】 2019年,加尕斯台镇第三轮全民免费健康体检100%完成,新农合参保率98%,城乡居民养老保险缴纳率达90%以上。城乡低保、大病救助有效落实,累计发放城乡最低生活保障金734.4万元,城乡居民临时救助和医前救助268人次,救助补贴405名残疾人32万元,累计为困难家庭学生发放援疆助学金、临时救助金29万元。

【综合整治】 2019年,加尕斯台镇清运处理垃圾800余吨,拆除危旧房屋240座、残垣断壁149处、私搭乱建12座,清理清查违占土地2400公顷。

【项目工作】 2019年,加尕斯台镇加强基础设施、产业扶持项目跑办实施力度,全年争取落地项目1638万元,农业基础设施、镇村环境得到改善,村集体经济壮大,基层阵地建设进一步得到夯实。生态旅游基础设施建设稳步推进,投资200万元,实施人居环境改善项目2个。

【基层组织建设】 2019年,加尕斯台镇党的政治建设全面加强,党员干部的"四个意识""四个服从"树得更加牢固。基层基础进一步巩固提升,"一支部五中心+网格化"建设全面推行,"访惠聚"驻村工作深入推进,创八星级村1个、六星级村4个。开展软弱涣散村、后进村集中整顿工作,通过手把手帮带、调整村班子成员,逐渐补足短板。有序完成2个新拆分村村"两委"选举工作。坚持正确选人用人导向,调整村"第一书记"2人,下派村党支部书记4人,建立奖励机制,激发干部干事创业积极性。持续整治"四风""四气",整改各级巡视、督导反馈问题161个,整改率99%。紧抓扶贫领域专项整治,49个问题全部整改完成,立案处理3人,组织处理31人。党风廉政建设和反腐败斗争深入推进,深挖彻查"两面人",全年立案查处违规违纪案件26件,党纪政纪处分26人,组织处理298人次,政治生态明显好转。

【行政村基本情况】

(1) 下加尕斯台村

位于加尕斯台镇北部。全村总面积8933公顷,其中耕地4787公顷,林地1546公顷,草地1000公顷,退耕还林213.33公顷。主要以种植红花、玉米、小麦为主,以畜牧业、农业为主导产业。2019年有576户2440人,由3个民族构成,主体民族是维吾尔族。2019年星级化创建为六星级村。2019年集体经济收入295.6万元,农牧民人均纯收入12115元。有村民小组3个、村干部8人、"访惠聚"工作队队员8人、驻村管寺干部2人、镇派包联干部1人。有"四老"人员5人。建档立卡贫困户99户374人全部脱贫摘帽。有低保户120户166人、残疾户42人。

(2) 加尕斯台村

位于察布查尔县城镇南部。全村总面积8933公顷,其中耕地4787公顷,林地1546公顷,草地1000公顷。主要以种植玉米、红花为主,以畜牧业、农业为主导产业。2019年有770户2911人,由4个民族构成,主体民族是维吾尔族。2019年星级化创建为四星级村。2019年集体经济收入50万元,农牧民人均纯收入11461元。共有村民小组7个、村干部14人、"访惠聚"工作队队员11人、驻村管寺干部2人、镇派包联干部2人。共有"四老"人员9人。建档立卡贫困户214户726人全部脱贫摘帽。有低保户152户224人、残疾户62人。

(3) 上加尕斯台村

位于天山支脉乌孙山北麓,地处加尕斯台镇东南端,北临阿克亚尔村,西连伊纳克村,东与孙扎齐牛录镇郎喀村隔沟(加尕斯台沟)相望。全村总面积3867公顷,其中耕地1926.67公顷,草场106.67公顷。主要以种植红花、玉米为主,以畜牧业、农业为主导产业。2019年有621户2163人,由4个民族构成,主体民族是维吾尔族。2019年星级化创建为八星级村。2019年集体经济收入8.715万元,农牧民人均纯收入11689元。有村民小组3个、村干部15人、"访惠聚"工作队队员9人、驻村管寺干部2人、镇派包联干部1人。有"四老"人员5人。建档立卡贫困户199户772人全部脱贫摘帽。有低保户114户174人、残疾户39人。

(4) 阿克亚尔村

位于察布查尔县城镇东南部。全村总面积19200公顷,其中耕地8253公顷,草地4933.33公顷。主要以种植红花、玉米、小麦为主,以畜牧业、农业为主导产业。2019年有430户1759人,由3个民族构成,主体民族是维吾尔族。2019年星级化创建为六星级村。2019年集体经济收入14万元,农牧民人均纯收入10023元。有村民小组5个、村干部10人、"访惠聚"工作队队员11人、驻村管寺干部1人、镇派包联干部1人。有"四老"人员7人。建档立卡贫困户96户312人,2019年已脱贫91户292人。有低保户162户209人、残疾户50人。

(5) 努拉洪布拉克村

位于察布查尔县城镇以南,乌孙山白石峰景区脚下。全村总面积9867公顷,其中耕地880公顷,草场7680.33公顷。主要以养殖马、牛、羊等为主。2019年有475户2076人,由3个民族构成,主体民族是哈萨克族。2019年星级化创建为六星级村。2019年集体经济收入38万元,农牧民人均纯收入12000元。共有村民小组1个、村干部10人、"访惠聚"工作队队员5人、驻村管寺干部3人、镇派包联干部1人。共有"四老"人员4人。建档立卡贫困户8户22人全部脱贫摘帽。有低保户37户42人、残疾户25人。

(6) 巴合提村

是一个新拆分村,位于察布查尔县城镇东南部,加尕斯台镇北部。全村总面积3000公顷,其中耕地1295公顷,草场666.67公顷。

主要以种植红花、小麦、玉米、苜蓿、胡麻为主，以畜牧业、农业为主导产业。2019 年有 492 户 1987 人，由 4 个民族构成，主体民族是维吾尔族。2019 年星级化创建为二星级村。2019 年集体经济收入 40 万元，农牧民人均纯收入 12115 元。有村民小组 4 个、村干部 10 人、“访惠聚”工作队队员 15 人、驻村管寺干部 2 人、镇派包联干部 2 人。有“四老”人员 2 人。建档立卡贫困户 101 户 348 人，2019 年脱贫 99 户 343 人。有低保户 89 户 127 人、残疾户 35 人。

(7) 伊纳克村

位于加尕斯台镇以南、红旗渠以西，东临上加尕斯台村，北与阿克亚尔村相连。全村总面积 2867 公顷，其中耕地 813 公顷，草场 1000 公顷。主要以种植玉米、红花为主，以畜牧业、农业为主导产业。2019 年有 318 户 1202 人，由 5 个民族构成，主体民族是维吾尔族。2019 年星级化创建为四星级村。2019 年集体经济收入 8.72 万元，农牧民人均纯收入 11689 元。有村民小组 2 个、村干部 11 人、“访惠聚”工作队队员 8 人、驻村管寺干部 1 人、镇派包联干部 1 人。有“四老”人员 1 人。建档立卡贫困户 92 户全部脱贫摘帽。有低保户 87 户 119 人、残疾户 30 人。

（沙尔旦）

阔洪奇乡

【阔洪奇乡负责人】

党委书记：杨浩（11 月离任）

乡长：买丽达木·肉扎洪（女，维吾尔族）

党委副书记：贺晓勇（锡伯族，6 月离任）、贺薛豪（锡伯族，6 月任职）

人大主席：地力木拉提·买买提（维吾尔族）

政法书记：贺薛豪（锡伯族，6 月任职）

纪委书记：陈沛源（5 月离任）、王满仑（6 月任职）

统战干事：米尔再克木·木再白尔（维吾尔族）

组织干事：张腾

武装部部长：徐鲁新

副乡长：尼加提·吐尔逊（维吾尔族，7 月离任）、柏红平、玉芳（女，锡伯族）、张群（女，锡伯族）、王寿松（7 月任职）

法制副乡长：陈月（女，10 月任职）

【概况】 阔洪奇乡位于察布查尔县南部山区，距县城 37 千米。东临坎乡，西与海努克乡接壤，北接四师六十九团。全乡总面积 4.4 万公顷，其中耕地 8596.2 公顷，产业以农业为主，牧业为辅。辖区有阿尔墩村、阔洪奇村、玉尔坦村、玉奇吐格曼村、吾日勒克村、库木墩村、亚尔胡斯亚尕奇村、琼塔木村 8 个行政村，22 个村民小组。2019 年有 3053 户 9988 人，主要由汉族、维吾尔族、哈萨克族、回族组成，维吾尔族为主要生活群体，占总人口的 70%。辖区有 2 所学校、7 所幼儿园、1 座加油站、1 所卫生院。

【内设机构】 2019 年，阔洪奇乡内设党政综合办公室、党建办公室、纪检办公室、社会保障服务中心、综合治理办公室、统战民宗办公室、财政管理服务中心、文体广电服务中心、农业发展服务中心、规划建设中心、财政所、兽医站和武装部，有干部职工 89 人。

【维护稳定工作】 2019 年，阔洪奇乡借助于法律宣传工作，强化教育引导，做到扫黑除恶工作家喻户晓。近 500 名干部常态化开展“两个全覆盖”入户住户，思想盯着做，困难盯着帮，收集解决群众苦难诉求 107 条，办实事、好事231件，投入帮扶资金17.1万元。乡村组户四级管理模式形成，联勤联动形成常态，各族群众的安全感、幸福感显著增强。

【农村经济】 2019年，阔洪奇乡生产总值21759.33万元，同比减少5302.67元，减少19.6%；完成固定资产投资27795万元，增长6.6%；农牧民人均纯收入12615元，增长6.6%。稳步推进农业生产，完成土地承包经营权确权登记及颁证，依法规范乡村“三资”清查工作。

【农业结构】 2019年，阔洪奇乡种植面积8506.27公顷，其中粮食总面积6259.8公顷。全乡造林完成337公顷。牲畜存栏达到25685头(匹、只)，动物防疫率达99%；产地检疫总数4496头(只)，产地检疫率达99%。

【民生工作】 2019年，阔洪奇乡落实各类惠民生项目9个、资金1379万元，新建农田沙石路17.75千米，完成5千米农村柏油路及配套设施建设，新建安居富民房26套，全民免费体检全覆盖，城乡居民基本养老保险和医疗保险参保率达100%。

【脱贫工作】 2019年，阔洪奇乡462户1672人贫困户得到巩固提升，入户项目和“五不奖补”资金按时发放，做到“两不愁三保障”。认真落实“135”工作机制，严格贫困户脱贫标准，按照强化普通话培训、转移就业、提升组织化程度的要求，对贫困户进行核查。根据致贫原因和实际情况，有针对性地制定“一户一策”帮扶措施和方案，开展帮扶工作。

【就业工作】 2019年，阔洪奇乡转移富余劳动力2546人，其中疆外组织就业98人，县园区转移就业59人，自发零散、就近就地就业1151人，季节性务工683人(疆内472人)。完成农转系统录入3333人，就业奖补资金全额发放到位。全乡建档立卡贫困户462户1772人，劳动力人数797人，其中就业人数656人(其中政府开发就业岗位243人，组织转移17人，自主就业232人，季节性务工111人，发展产业53人)，就业率达82.3%，做到一人一档、动态管理。州级下拨创业引导资金20万元投入到创业就业孵化基地项目的提升改造中。

【意识形态工作】 2019年，阔洪奇乡开展农牧民思想政治教育宣讲325场次，教育引导群众知党恩、感党恩、听党话、跟党走。加强学校思想政治建设和德育工作，秉承“以中华优秀传统文化浸润校园，阻断宗教极端思想代际传递”，常态化开展“三进两联一交友”活动，让爱国主义教育在各族学生心中牢牢扎根；常态化开展发声亮剑384次，参加人数9800余人次，做到“发真声、亮利剑”，形成同“三股势力”和“两面人”做斗争的强大合力。推进农村精神文明建设，广泛开展文化娱乐和全民健身活动。全年播放电影85场次，开展文艺活动24场次，丰富老百姓的业余文化生活。

【村容村貌】 2019年，阔洪奇乡把60名建档立卡贫困户纳入乡保洁员岗位，月补贴为1000元，同时为每名保洁员明确责任区域，严格考评机制，确保实现常态保洁力量。由各村组织低保户、建档立卡贫困户按照一、三、五常态保洁开展逐街逐巷整治，出动群众3641人次，清理整治村间街道78条，清运垃圾1288吨，清理残垣断壁320米、乱搭乱建131处，拆除旧危房15间，清运垃圾1288吨，投入资金82万元。整治主街道车辆乱停乱靠，沿人行道路口32处安装隔离桩，方便人车出行，消除安全隐患。

【党的建设】 2019年,阔洪奇乡深化思想政治教育和党性锻炼,增强党员干部的归属感、责任感。规范“三会一课”“党日活动”,率先推行“一支部五中心+网格化”机制,解决横向到边、纵向到底的问题。制定出台“3421”干部绩效考核管理办法,实行“周统筹、月总结、季考核”,用压力传导倒逼工作落实。多渠道拓宽村集体经济收入,库木墩村摘除“空壳村”帽子。全年党纪政务处分6人,通报批评48人,追回违规资金并上缴国库4.6万元。

【行政村基本情况】

(1) 阿尔墩村

位于乡政府东北,距离乡政府700米。2019年有480户1505人,由维吾尔族、回族、东乡族、汉族组成,其中维吾尔族194户609人,占40.47%;回族127户395人,占26.25%;东乡族96户304人,占20.2%;汉族63户197人,占13.09%。有3个村民小组。全村总面积2062.74公顷,其中耕地1466.6公顷,以种植红花、玉米等作物为主。农牧民人均纯收入12541元,同比增长291.91%;集体经济收入36.7万元。

(2) 阔洪奇村

位于乡政府南,距离乡政府700米。2019年有438户1359人,其中维吾尔族408户1263人,占92.94%;东乡族16户51人,占3.75%;回族10户31人,占2.28%;汉族3户10人,占0.74%;哈萨克族1户4人,占0.29%。有3个村民小组。全村总面积656.13公顷,其中耕地460公顷,以种植水稻、红花、玉米等作物为主。农牧民人均纯收入13422元,同比增长21.43%;集体经济收入9.7万元。

(3) 玉尔坦村

位于乡政府西,距离乡政府2.3千米。2019年有518户1742人,其中维吾尔族481户1620人,占93%;回族30户99人,占5.68%;哈萨克族3户9人,占0.52%;东乡族3户9人,占0.52%;汉族1户5人,占0.29%。有3个村民小组。全村总面积2581.07公顷,其中耕地1953.4公顷,以种植小麦、玉米、红花、胡麻、甜菜等作物为主。农牧民人均纯收入12394元,同比增长1.59%;集体经济收入104.68万元。

(4) 玉奇吐格曼村

位于乡政府西,距乡政府1.5千米。2019年有476户1551人,其中维吾尔族416户1350人,占比87.04%;东乡族23户76人,占4.9%;回族19户65人,占4.19%;汉族12户40人,占2.58%;哈萨克族6户20人,占1.29%。有2个村民小组。全村总面积2170.32公顷,其中耕地1313.7公顷,以种植玉米、红花、小麦等作物为主。农牧民人均纯收入12822元,同比增长37.46%;集体经济收入38.05万元。

(5) 吾日勒克村

位于乡政府南,距乡政府6.2千米。2019年有477户1596人,其中维吾尔族284户952人,占59.65%;回族76户256人,占16.04%;汉族72户235人,占14.72%;哈萨克族29户101人,占6.33%;东乡族16户52人,占3.26%。有3个村民小组。全村总面积1034公顷,其中耕地617.4公顷,以种植玉米、水稻、黄豆、大瓜等作物为主。农牧民人均纯收入12094元,同比增长101.57%;集体经济收入34.25万元。

(6) 库木墩村

位于乡政府的东北,距乡政府14千米。2019年有144户505人,其中哈萨克族97户320人,占63.37%;维吾尔族42户147人,占29.11%;汉族2户16人,占3.17%;回族2户14人,占2.77%;东乡族1户8人,占1.58%。有2个村民小组。全村总面积362.31公顷,其中耕地 322.8 公顷,以种植小麦、玉米、红花、红豆草为主,以畜牧业、农业为主导产业。农牧民人均纯收入 10182 元,同比增长 19.79%;集体经济收入 25.34 万元。

(7) 亚尔胡斯亚尕奇村

位于乡政府的南面,距乡政府 14.5 千米。2019 年有 209 户 674 人,其中维吾尔族 205 户 661 人,占 98.07%;哈萨克族 2 户 7 人,占 1%;回族 2 户 6 人,占 1%。有 2 个村民小组。全村总面积 521.32 公顷,其中耕地 320 公顷,以种植水稻、玉米、小麦等作物为主。农牧民人均纯收入 14593 元,同比增长 7.22%;集体经济收入 11.26 万元。

(8) 琼塔木村

位于乡政府的南面,距乡政府 22 千米。2019 年有 311 户 1056 人,其中哈萨克族 208 户 713 人,占 67.52%;维吾尔族 100 户 317 人,占 30.02%;其他民族 3 户 26 人,占 2.46%。有 3 个村民小组。全村总面积 34612.11公顷,其中耕地 2142.3 公顷,草场 8944.33 公顷。以种植红花、玉米、冬小麦等作物为主。农牧民人均纯收入 12428 元,同比增长 33.06%;集体经济收入 30.14 万元。

(张群)

海努克乡

【海努克乡负责人】

党委书记:贺泉源(锡伯族)

乡长:阿林·伊不拉音(维吾尔族)

人大主席:梁海珍(女)

党委副书记:李彦

政法书记:梁海珍(女)

纪委书记:李彦、贾文飞

统战干事:努尔阿力木·努尔顿(维吾尔族)

副乡长:周中伟、布比拉·胡德亚尔白克(女,哈萨克族)、白建新(锡伯族)、郭俊伟(锡伯族)

武装部部长:段海波(6 月任职)

组宣干事:杨文凯(6 月离任)、李彦(7 月任职)

党委组织员:叶军(6 月离任)

挂职副乡长:古丽巴哈尔·斯热依(维吾尔族)、依米尔尼亚孜·阿木提(维吾尔族)

挂职科技副乡长:郭建新(锡伯族,6 月离任)

【概况】 海努克乡位于察布查尔县南部丘陵平原地,距离察布查尔镇 25 千米处,处于山区乡中心位置,东与阔洪奇乡接壤,南与天山西部林业局察布查尔林场相连,西与加尕斯台镇和纳达齐牛录乡接壤,北与扎库齐牛录乡、四师六十九团场相连。X715 线贯通全境,经 X716 线与加尕斯台镇连通。地形呈长方形,南高北低,海拔高度 600—1300 米。全乡总面积 27259.78 公顷,其中耕地 8757.7 公顷,林地 2195.86 公顷。

2019 年,全乡有 4627 户 16047 人,是一个由汉族、维吾尔族、哈萨克族、回族、乌孜别克族、东乡族等 7 个民族构成,以维吾尔族为主的少数民族聚居乡,其中维吾尔族占 85%。全乡非农业人口 1062 人,农业人口 14985 人。贫困人口 753 户 2688 人,占总户数的 16.3%、总人口的 16.8%。农村低保 795 户 1261 人,城镇低保 72 户 99 人。

【内设机构】 2019 年,海努克乡人民政府内设党建办、党政办、宣传办、文化站、武装部、财政所、妇联、档案室、信访办、司法所、统战部、民族团结办公室、综治办、市场监督和应急管理办公室、规划办、林业和草原办公室、农业农村办公室、统计站、扶贫办、民政办、社保所、计生办、残联办、纪检办、群众工作办等,有在职干部职工 96 人。

【农村经济】 2019 年,海努克乡完成生产总值 34838.97 万元,其中一产 25278.97 万元,同比增加 1076.09 万元,增长 4.45%;二产 2326 万元,同比增加 6 元,增长0.26%;三产 7234 万元,同比增加 714 元,增长 6.07%。固定资产投资 4233.5 万元,同比下降 588.3 万元,下降 12.2%。全乡以农为主,农牧并举,主要种植小麦、玉米、红花。种植优质红花 3528.2 公顷,同比减少 138.47 公顷,下降 3.78%;玉米 3377.2 公顷,同比增加 1110.53 公顷,增长 48.99%;小麦 2282 公顷,同比增加 47.8 公顷,增长 2.14%。农牧民人均纯收入 13427 元,增长 7.44%。

【社会发展】 2019 年,海努克乡下辖 5 个村民委员会、26 个村民小组。有 1 所乡级卫生院、3 所村级卫生室。乡医疗卫生有预防保健、全科医疗科、内科、妇产科、妇女保健科、儿科、医学检验科、医学影像科、中医科、民族医学科。有 3 所小学、3 个教学点、5 所幼儿园,适龄儿童入学率 100%。乡中心小学有教师 98 人、在校学生 1283 人,向阳小学有教师 80 人、在校学生 882 人,切吉小学有教师 43 人、在校学生 561 人。

【就业工作】 2019 年,海努克乡举办就业创业技能培训 7 期,参加 314 人,实现稳定就业 262 人。

【民生工作】 2019 年,海努克乡跑办争取与群众生活息息相关的项目 15 个,资金总计 2000 万元。建设 8000 平方米切吉村农贸市场、切吉村 33.33 公顷生态经济林、琼布拉克村 8 千米农田沙石路、海努克村 5 千米村内道路、切吉村和托普亚尕奇村安全饮水改善项目、海努克村人居环境改善项目等。制订 2020 年项目计划,重点项目计划总投资为 3600 万元,审批通过 9 个项目,涉及项目资金 2597 万元。

【脱贫攻坚工作】 2019 年,海努克乡通过就业脱贫 1043 人,其中季节性转移 411 人,稳定就业 632 人。全乡建房户 47 户(其中低保户 14 户,每户 3.85 万元,共 53.9 万元;一般户 33 户,每户 1.85 万元,共 61.05 万元),享受 114.95万元。

【行政村基本情况】

(1) 海努克村

距乡政府所在地 0.5 千米。2019 年有 1361 户 4533 人,由汉族、维吾尔族、哈萨克族等民族组成。有村干部 8 人、党员 44 人(其中农牧民党员 33 人,少数民族党员 38 人)。

全村总面积 4898.2 公顷,其中耕地 1467 公顷,草地 2674 公顷,林地 477.56 公顷,城镇村及工矿用地 219.07 公顷,其他用地 60.57 公顷。海努克村以特色种植、牛羊育肥为主导产业,成立养殖合作社 2 个。2019 年农牧民人均收入 13510 元,同比增长 7.36%;集体经济收入 62.8 万元。

(2) 向阳村

距乡政府所在地 0.5 千米。2019 年有 1271 户 4494 人,由汉族、维吾尔族、哈萨克族等 5 个民族组成。有村民小组 6 个。有小学 1 所、幼儿园 1 所。有村干部 8 人、党员 45 人(其中农牧民党员 28 人,少数民族党员 36 人)。

全村总面积 4222.75 公顷,其中耕地 1359 公顷,林地 726.3 公顷,草地 2015 公顷,城镇村及工矿用地 107.57 公顷,其他用地 14.88 公顷。以特色种植、牛羊育肥为主导产业,成立西域红花合作社 1 个、奶制品合作社 2 个。2019 年农牧民人均纯收入 12488 元,集体经济收入 48.2 万元。

(3) 切吉村

距乡政府所在地 1.5 千米。2019 年有 1389 户 4712 人,由汉族、维吾尔族、哈萨克族等 9 个民族组成。有村民小组 9 个。有小学 2 所。有村干部 7 人、党员 58 人(其中农牧民党员 40 人,少数民族党员 53 人)。

全村总面积 6243.03 公顷,其中耕地 3133 公顷,林地 376.5 公顷,草地 2363.5 公顷,城镇村及工矿用地 266.67 公顷,其他用地 103.36 公顷。以特色种植(红花、玉米、胡麻)、牛羊育肥为主导产业。2019 年农牧民人均纯收入 11059 元,同比减少 1105 元,下降 9.08%;集体经济收入 82.5 万元。

(4) 托普亚尕齐村

距乡政府所在地 18 千米。2019 年有 286 户 948 人,由维吾尔族、哈萨克族 2 个民族组成。有村民小组 4 个。有教学点 1 所。有村干部 7 人、党员 35 人(其中农牧民党员 32 人,少数民族党员 35 人)。

全村总面积 10292.83 公顷,其中耕地 1533.3 公顷,林地 419.7 公顷,草地 8092.5 公顷,城镇村及工矿用地 176.1 公顷,其他用地 71.23 公顷。以特色种植、牛羊育肥为主,成立养马合作社 1 个。2019 年农牧民人均纯收入 13680 元,同比增长 5.41%;集体经济收入 47.5 万元。

(5) 琼布拉克村

距乡政府所在地 1.6 千米。2019 年有 320 户 1360 人,由维吾尔族、哈萨克族、回族 3 个民族组成。有村民小组 3 个。有教学点 1 所。有村干部 7 人、党员 37 人(其中农牧民党员 30 人,少数民族党员 37 人)。

全村总面积 1602.97 公顷,其中耕地 1265.4 公顷,林地 195.8 公顷,城镇村及工矿用地 104.36 公顷,其他用地 37.41 公顷。2019 年农牧民人均纯收入 13778 人,同比增长 7.32%;集体经济收入 28.6 万元。

(阿米拉克孜·阿布都力)

坎　乡

【坎乡负责人】

党委书记:张军

乡长:吾提库尔·吾马尔(维吾尔族)

党委副书记:吾提库尔·吾马尔(维吾尔族)、华丽(女)

政法书记:华丽(女)

纪检书记:董志龙

统战干事:阿克热木·库尔班江(维吾尔族)

组织干事:谢新杰

武装部部长:佟海兵(锡伯族)

副乡长:叶尔波力·小波拉提(哈萨克族)、王强(锡伯族,8 月任职)、盛铮汉(锡伯族)、宋彬彬

【概况】 坎乡位于察布查尔县东部 45 千米处,距伊犁州首府 40 千米,东与巩留县相邻,南与特克斯县接壤,西接阔洪奇乡,北与伊宁县隔河相望,俗称察布查尔"东大门",是一个典型的农牧并举的山区乡。坎乡以产煤驰名伊犁地区,素有"坎"(矿)美名。全乡总面积 54916.8 公顷(包括乡直属用地),其中耕地 5977.49 公顷,林地 833.34 公顷,草地 39433.34 公顷,水域及水利设施用地 473.33 公顷,其他用地 8199.3 公顷。辖有 8 个行政村、29 个片区。2019 年有 3787 户 13908 人,由汉族、维吾尔族、哈萨克族、回族等民族构成。辖区有 3 所学校、3 个教学点、1 个卫生院。2019 年,全乡地区生产总值 26700 万元,

全社会固定资产投资5000万元，招商引资到位资金5600万元，农牧民人均纯收入11664元。

【内设机构】 2019年，坎乡内设党政综合办、党建办、纪检办、综治中心、武装部、社会保障服务中心、农业发展服务中心、村镇规划建设中心、文体广电服务中心、财政所、兽医站，有在职干部职工89人。

【农村经济】 2019年，坎乡坚持新发展理念，落实各类惠民生、基础设施建设项目14个、项目资金1740万元。完成各类农作物种植面积6486.67公顷，破解有机水稻政策依赖难题，江苏科力普、察布查尔布哈米业流转土地种植有机水稻273.33公顷。伊犁悦然生态农业有限公司发展水产养殖53.33公顷，从江苏新引进稻蟹苗2.4万只，喜获丰收。全乡牲畜存栏达4.45万头(只)。4万公顷土地承包经营权确权登记和草原划定颁证基本完成，依法规范乡村“三资”管理，清理集体土地1066.67公顷、草场466.67公顷、林地933.33公顷，沙石料场2个。

【环境卫生整治】 2019年，坎乡拆除危房465间、违章建筑87处，清运垃圾1350余吨，打造“美丽庭院”340户，乡村面貌得到初步改善。

【脱贫攻坚工作】 2019年，坎乡实现发展生产脱贫168户262人，转移就业脱贫362户448人，易地搬迁脱贫75户319人，生态补偿脱贫14户58人，社会保障兜底110户211人。全乡建档立卡贫困户人均纯收入突破1万元，同比增长20%以上。着力解决影响“两不愁三保障”的突出问题，通过查薄弱补短板，进一步补齐弱项。建档立卡贫困户和其他生活困难家庭无辍学生。全面落实贫困人口参加城乡居民医疗保险个人缴费部分资助和参加商业补充医疗保险补助政策，签约服务达到100%。完成所有农户住房安全鉴定，逐户发放住房安全等级明白卡。制定并实施《坎乡2019年脱贫攻坚“志智双扶”思想扶贫方案》，开展农村环境整治“院内院外六件事”“五净一规范”等行动，组织好“四项活动”，文明新风氛围愈加浓厚。

【普通话教育工作】 2019年，坎乡各行政村党组织和团支部积极组织返乡学生开展发声亮剑、参与普通话教学、志愿服务等社会实践活动。按照水平和年龄段分快、慢班授课，从就近的学校普通话教师、工作队成员、农技人员、教师、医生、致富能人、“四老”人员等群体中，“精挑细选”组建师资库，科学合理设置课程计划，规范教学教案和教学环节。各村共设置班级26个，其中快班8个，慢班18个。通过规范教学过程，参学人员普通话达到会读会写500—800个汉字，基本能够使用汉语进行简单的日常交流，人人学普通话、人人说普通话的认识进一步增强。

【党建工作】 2019年，坎乡坚持“书记抓、抓书记”，坚决整治管党治党“宽松软”，想工作、干工作、干好工作的能力显著提升。调整村党支部书记5人、不符合“两委”任职资格3人，配齐各村“两委”班子成员15人。齐格勒克村、苏阿苏村软弱涣散党组织有效整治，新发展党员31人，基层基础得到巩固。“一支部五中心”有效运行，“访惠聚”驻村工作扎实开展，村第一书记统筹作用有效发挥，星级化创建稳步推进，基层党组织的组织力、凝聚力、战斗力不断加强。“基层减负年”各项措施有效落实，发文、会议同比分别减少63%、52%。干部作风持续改进，反分裂和反腐败斗争成效显著，监督执纪“四种形态”有效运用,党员干部纪律规矩意识不断增强。

【行政村基本情况】

(1) **坎村**

为坎乡政府所在地,是全乡的中心村,也属自治区扶贫重点村,地理位置优越。有4个村民小组。2019年有862户2695人,其中维吾尔族512户1898人,哈萨克族21户81人。有党员40人。享受农村低保221户385人,城市低保64户149人。有残疾人76户76人。

全村总面积1119.67公顷,其中耕地839.67公顷,林地240公顷,其他用地40公顷。平均海拔高度700米,年降水量110毫米,无霜期168天,以农业为主,畜牧养殖为辅,农作物主要以有机水稻、常规水稻、红花、西瓜等为主。2019年农牧民人均纯收入10689元,集体经济收入65.8万元。

(2) **阿勒玛勒村**

位于坎乡西部5千米处。2019年有264户1142人,其中维吾尔族989人,占86.6%;哈萨克族33人,占2.89%。有村干部25人。2019年,全村建档立卡贫困户82户330人全部实现脱贫。有低保户104户117人、残疾人27户27人、五保户1户1人。

全村总面积995.14公顷,其中耕地608.47公顷,林地106.67公顷,草地226.67公顷。2019年,通过"七步议事法"流转土地440公顷,每公顷流转价5250元,合计231万元。2019年农牧民人均纯收入12141元,集体经济收入30万元。

(3) **苏阿苏村**

位于坎乡政府西南部4千米处。2019年有381户1557人,其中哈萨克族1388人,占89.15%;汉族108人,占6.94%。有党员21人。享受低保83户96人,其中农村低保79户91人,城市低保4户5人。有残疾人32户36人。

全村耕地面积1225.4公顷,饲草料地1180公顷。以畜牧养殖为主,农业种植为辅,重点养殖马、牛、羊等大型牲畜,农业以种植苜蓿为主。2019年农牧民人均纯收入11567元,集体经济收入28万元。

(4) **库勒特克其村**

位于坎乡北部5千米处。2019年有671户2488人。

全村总面积831公顷,集体土地面积433.33公顷。种植水稻300.93公顷、玉米364.07公顷、打瓜29.33公顷、苜蓿24.4公顷、油葵11.4公顷、其他作物8.67公顷。2019年农牧民人均纯收入11450元,集体经济收入25万元。

(5) **齐格勒克村**

位于坎乡北部4千米处。2019年有404户1483人,其中维吾尔族198户645人,哈萨克族85户325人,汉族56户158人,回族55户224人。有党员33人。有贫困户39户150人、低保户81户114人、残疾人35户36人。

全村总面积987.73公顷,其中种植水稻858.67公顷(其中有机水稻100公顷)。村委会利用有机水稻核心区区位优势,将土地以每公顷11250元的价格流转给公司。有机水稻基地雇佣贫困劳动力17人,实现务工收入约2万元。2019年农牧民人均纯收入11915元,集体经济收入45万元。

(6) **阿拉尔村**

2019年4月,阿拉尔村由坎村拆分而成,村委会位于坎乡政府西1千米处。2019年有503户1535人。

全村总面积668.01公顷,其中耕地534.67公顷,林地106.67公顷,水域及水利设施用地26.67公顷。

(7) **格拉木村**

位于坎乡东6千米处。2019年有236户

1047人，其中维吾尔族179户785人，占74.98%；东乡族29户137人，占13.09%；哈萨克族15户74人，占7.07%；汉族12户45人，占4.3%；回族1户5人，占0.48%；锡伯族1人，占0.1%。有党员22人。享受低保60户68人，其中农村低保51户56人，城市低保9户12人。有残疾人30户30人。有劳力327人、“80、90、00”后群体473人、大中专院校学生21人。累计建设安居富民房248套。

全村总面积1009.74公顷，其中耕地443.07公顷，林地160公顷，草地306.67公顷，水域及水利设施用地100公顷。以农业为主，畜牧养殖为辅，农作物主要以有机水稻、常规水稻、红花、西瓜等为主。2019年农牧民人均纯收入12143元，集体经济收入15万元。

(8) 杏花村

位于坎乡东部12千米处。2019年有466户1961人，其中维吾尔族462户1598人。有党小组3个、党员31人、村干部15人。有贫困户50户187人、低保户115户219人、残疾人38户38人、五保户2户2人。

全村总面积1174.14公顷，其中耕地747.67公顷(其中南岸灌区浇水地566.67公顷，山水地180公顷)，退耕还林88公顷，草场233.33公顷。水资源方面依靠南山区自流水和伊犁河扬水。种植小麦92.27公顷、玉米400公顷、苜蓿200公顷、红花54.4公顷。2019年底存栏牲畜5993头(只、匹)，其中牛583头，羊5090只，山羊280只，马40匹。2019年农牧民人均纯收入11530元。

(盛铮汉)

驻县单位

兵团四师六十九团场

【兵团四师六十九团场负责人】

党委书记、政委：王建江

党委副书记、团长：张鸿静(5月任职)

党委副书记、副团长：刘松(4月离任)

党委常委、副政委：刘树新(4月离任)

党委常委、副团长：马喜才(4月离任)、薛炜(4月任职)

党委常委、武装部部长：钱福勇(4月离任)、宋建国(4月任职)

党委常委、纪委书记、工会主席、妇联主席：王巧云(3月离任)

党委副书记、纪委书记：张东燕(4月任职)

党委常委、副政委、工会主席：张丽远(4月任职)

【概况】 2019年，兵团四师六十九团场(以下简称六十九团)土地总面积9822公顷，其中耕地5133公顷，林地1371.48公顷，山区草场213公顷。下辖农业连队7个、社区2个。全团总人口0.73万人，其中少数民族人口402人，占总人口的5.5%。新生人口46人，人口出生率6.3‰；死亡33人；人口自然增长率1.09‰。职工身份地3045公顷，土地确权1217人。

【内设机构】 2019年，六十九团机关内设党政办公室(机要)、党建工作办公室(组织、宣传、纪委、工会、团委、妇联)、经济发展办公室、社会管理综合治理办公室、社会事务办公室、财政所、武装部。事业单位有农业发展服务中心、文体广电服务中心、城镇管理服务中心、社会事务服务中心、核算中心。

【党群组织】 2019年，六十九团有基层党支部15个、党员473人、发展党员15人。有工会组织9个、工会会员1359人(其中女性443人)。有团支部11个、共青团专干17人、团员55人。有妇联组织12个。

【管理体制改革】 2019年，六十九团学校、医院按照“师办师管”的原则，人、财、物移交师市对口主管部门。4月19日，学校教职工71人(含特岗2人)、资产4749.92万元(其中债务110.78万元，净资产4639.14万元)移交师市教育局。4月23日，医院医护人员41人(疾控中心5人)、资产2242.8万元(其中债务191.1万元，净资产2051.7万元)移交师市卫健委。团场城镇“三供一业”(供电、供水、供暖、物业)社会化管理和服务实行归口管理，人随资产走。5月1日，“三供一业”移交资产总额0.24亿元，负债0.04亿元。

【农工专业组织】 2019年，六十九团在工商部门登记注册农工专业合作社16家，有社员270人。其中可克达拉市县级以上农民合作社示范社3个，即察布查尔锡伯自治县大稻河田园种植农民专业合作社、察布查尔锡伯自治县疆粮水稻种植专业合作社、察布查尔锡伯自治县哈海镇万和养猪专业合作社。

【经济建设】 2019年，六十九团地区生产总值5.58亿元，增长2.7%，其中：第一产业增加值1.87亿元，增长7.3%；第二产业增加值1.99亿元，增长－3.6%；第三产业增加值1.72亿元，增长7%。三次产业结构比33.5∶41.8∶24.8。全社会固定资产投资16666万元,增长 29%。社会消费品零售总额 4963 万元,增长 29.5%。

【城镇建设】 2019 年,六十九团(镇)规划面积 249.83 公顷,城镇绿化面积 5.91 公顷,城镇住房总面积224587.8平方米 2322 户。水、电入户率 100%,供暖入户率 75%,天然气入户率 66%。

【非公经济】 2019 年,六十九团有私营企业 19 家、个体工商户 169 户,非公有制增加值 3.7103 亿元,就业再就业岗位 425 个。

【招商引资项目】 2019 年,六十九团招商引资落地项目 9 个,招商引资签约资金 1.22 亿元,到位资金 1.68 亿元。

【工业】 2019 年,六十九团工业总产值 3.9 亿元,工业增加值 1.52 亿元。有规上企业 2 家。

【种植业】 2019 年,六十九团农作物正播面积 5030.66 公顷,其中粮食 2872.8 公顷,总产量 3.04 万吨,单产 10.58 吨/公顷;油料 48.2 公顷,总产量 209 吨,单产 4.34 吨/公顷;棉花 265.27 公顷,总产量 589 吨,单产 2.22 吨/公顷;甜菜 24.13 公顷,总产量 2553 吨,单产 105.8 吨/公顷;中草药 39.67 公顷,总产量 27 吨,单产 0.68 吨/公顷;蔬菜及食用菌 105.73 公顷,总产量 5597 吨,单产 52.94 吨/公顷;香料 1392.13 公顷,总产量 253 吨,单产 0.18 吨/公顷;瓜果 14.8 公顷,总产量 1371 吨,单产 92.64 吨/公顷;其他作物 267.93 公顷,总产量 3326 吨,单产 12.41 吨/公顷。种植业产值 28319 万元。

【农业机械】 2019 年,六十九团农业机械总动力 2.49 万千瓦,增长 0.36%。拥有大中型拖拉机 234 台、联合收割机 30 台、农用运输车 75 辆,分别增长 6.3%、0%、0%;有大中型拖拉机配套农机具 702 台(架)、插秧机 55 台。大中型拖拉机与配套农机具比为 1∶3。发放农机补贴 61.36 万元,更新农机具 27 台(架)。农作物全程机械化 98%,综合机械化率 98%。

【水利】 2019 年,六十九团干渠总长 24.82 千米,支渠总长 26.06 千米,斗渠总长 91.63 千米,农渠总长 261.47 千米,防渗渠道 30 千米。水产养殖面积 39.88 公顷(其中特色养殖 3.67 公顷),水产品总产量 577 吨,渔业产值 974 万元。

【林业】 2019 年,六十九团造林 6.7 公顷(防护林 6.7 公顷),四旁(零星)植树 0.26 万株。成林抚育面积 1213 公顷。木材采伐 1000 立方米。水果总产量 1557 吨。林业产值 376 万元。

【畜牧业】 2019 年,六十九团牲畜存栏 1.92 万头(只),其中牛 712 头,猪1.53万头,羊 2877 只;家禽存栏 6.59 万羽。年内牲畜出栏 1.26 万头(只),家禽出栏 10.02 万羽。肉类总产 1156 吨(其中牛肉 33 吨,羊肉 16 吨,猪肉 935 吨),禽蛋总产 78 吨,羊毛总产 7.5 吨,牛奶总产 767 吨。存栏能繁母畜 4346 头(只)。年内牛、羊、猪繁育分别为 99%、117%、87%。养殖专业户 125 户,养殖园区形成规模经营 7 个。畜牧业产值 9400 万元。

【旅游业】 2019 年,六十九团通过招商引资,围绕香极地香料植物观光园、生态草莓基地,创新营销模式,积极开展“旅游+文化”“旅游+乡村”,打造伊宁市周末旅游品牌。旅游业产值 3192 万元。

【文化】 2019年，六十九团有综合文化活动中心1个、连队综合文化活动室7个、农家书屋9个[储藏书籍18308本(册)]、广播电视站1个。有线电视入户率31.7%。开展文化活动25场次。

【社会保险】 2019年，六十九团参加基本养老保险人数4844人，参加失业保险人数1577人，参加工伤保险人数1603人，参加生育保险人数1603人。

【安全生产】 2019年，六十九团开展安全生产执法检查30余次，查出事故隐患50起，整改50起，整改率100%。投入安全生产资金10万元。

【人民生活】 2019年，六十九团城镇居民人均可支配收入40325元，比上年增长5.4%；连队常住居民人均可支配收入21883元，增长28.2%。

【主题教育】 2019年，六十九团紧紧围绕学习贯彻习近平新时代中国特色社会主义思想这条主线，严格将学习教育、调查研究、检视问题、整改落实贯穿全过程。

开展“不忘初心、牢记使命”主题教育活动，团党委班子集中学习12天，开展专题研讨11场次，党委理论中心组集中研讨6次；各基层支部组织党员集体学习165次，组织重温入党誓词22场次，开展职工群众升国旗宣讲74场次，党员参加志愿服务26场次，为群众办实事好事57件，党支部书记上党课18场次，党员“学习强国”积分平均在8500分以上。

深入调研，查摆问题。团党委确定3件在主题教育开展期间能够解决的群众关心的热点、难点问题，团党委班子成员深入基层调研21次，各级领导干部走访职工群众323人次，现场解决职工群众实际困难17件，形成高质量调研报告5个，召开调研成果交流会1场次，落实党委书记专题党课1场次，班子成员上专题党课10场次，调研成果惠及职工群众1300余人次。

检视问题，即知即改。团党委征得各类意见、建议124条。党委班子查找问题16条，整改14条；班子成员查找问题93条，整改85条；党员查找问题396条，整改286条。

【矛盾纠纷排查】 2019年，六十九团坚持和发展好“枫桥经验”，坚持自治、法治、德治相结合，全力推进团连两级综治中心“六位一体”标准化建设。创建“党建＋综治＋X”项目65个，排查梳理各类矛盾纠纷60件，涉及当事人133人，涉及金额42.7万元，化解率100%。

【扶贫帮困】 2019年，紧扣“两不愁三保障”，统筹打好“全包干、定措施、补短板、促脱贫、保退出、防反弹、抓落实”脱贫攻坚组合拳，通过政策保障、资金投入、产业带动、项目安排、民生服务、社会帮扶等多方政策资源，使低收入家庭就业有门路、上岗有技能、赚钱有途径。全年发放低保金42.56万元，临时救济14万元，医疗救助14.32万元，80岁以上高龄补贴24.78万元，各类残疾人补贴16.33万元，确保全团87户148名低收入群体脱贫致富。

【“访惠聚”工作】 2019年，六十九团支持驻查干布拉克村“访惠聚”工作队开展“产业下乡”“文化下乡”“医疗下乡”“光明行动”“扶贫救助”等惠民实事，办好事实事65件，受惠群众达2500人，实现转移就业860人。

【援疆项目】 2019年，江苏省镇江市援建项目1个，投资200万元建设十一连基层党组织党建阵地，建筑面积800平方米。

（刘会文）

都拉塔口岸

【都拉塔口岸负责人】

党委书记、管委会副主任:努尔夏提·霍加尔斯坦(哈萨克族,5月离任)

党委副书记、管委会主任:张宏

党委委员、管委会副主任、纪委书记:柴冰

党委委员、管委会副主任:李富顺(5月任职)

党委委员:赵永发

【概况】 伊犁州都拉塔口岸是面向第三国开放的国家一类陆路口岸,隶属伊犁州人民政府管辖,都拉塔口岸管理委员会是州人民政府的派出机构。都拉塔口岸位于伊犁州察布查尔县最西端,东距察布查尔县县城53千米、伊犁州首府伊宁市70千米,西与哈萨克斯坦共和国春贾区毗邻,是距离哈萨克斯坦共和国原首府——阿拉木图市最近的口岸。口岸规划面积17.5平方千米,建成区约4平方千米。有常住人口1208人,日平均流动人口约2000人,主要有汉族、维吾尔族、哈萨克族、回族。1994年3月,都拉塔口岸经国务院、国家经贸委和自治区人民政府正式批准,开始实施建设。1998年7月,自治区人民政府批准都拉塔口岸建立边民互市,开始对外临时开放。2006年3月28日,伊犁州党委、政府正式宣布都拉塔口岸对外开放,同年12月实现旅客通关。2018年12月27日,海关总署(国家口岸管理办公室)、国家移民管理局、中央军委国防动员部边防局对都拉塔口岸扩大对外开放工作进行验收。自此,都拉塔口岸正式向第三国开放。

【内设机构】 2019年,都拉塔口岸内设综治维稳办公室、党政(建)办公室、财政局、经济发展与安全生产局、规划建设与环境管理局、社会服务管理局。

【经济工作】 2019年,都拉塔口岸贯彻新发展理念,落实中央、自治区、自治州经济工作会议精神,抢抓丝绸之路经济带核心区建设机遇,利用国际国内“两个市场、两种资源”,东联西出,内引外联,做大做优口岸经济。① 提升通关能力。口岸管委会统筹协调海关、边检、国际道路运输局等单位拧成一股绳,优化通关服务,提升通关效率,全年完成进出境货运量36.8万吨,超出去年9.4万吨;完成对外贸易额5766.85万美元,完成任务的104.85%;完成固定资产投资(不含社会投资)2500万元,完成任务的125%;招商引资企业5家,签约金额2.21亿元;一般公共预算收入414万元,完成任务的105.08%;化解历年沉积债务524.8万元。② 招商引资工作。紧盯国家产业政策和发展方向,突出口岸优势和实际需求,招引疆外企业5家,签约金额2.21亿元。投资5000万元边民互市项目及投资3000万元边境国门旅游项目开工建设;投资1.2亿元非创飞天然气进口项目及投资1100万元蔬菜水果加工项目均在口岸注册落地。③ 改善基础设施。投资1000万元对口岸所有破损路面进行沥青罩面,并完善交通指示牌和道路标示牌;投资1403万元对出入境联检区提升改造;投资130万元对口岸国际客运站室外场地硬化;投资近100万元完善中小微企业创业园电力、消防设施。

【党建工作】 2019年,都拉塔口岸认真贯彻落实新时代党的建设总要求,夯实管党治党主体责任,推进全面从严治党向纵深发展。一是把党的政治建设摆在首位,坚持“两学一做”常态化、制度化,尤其是在“不忘初心、牢记使命”

主题教育中，党员干部的理想信念、党性修养明显提高，忠诚担当、干事创业的氛围更加浓厚，不断增强“四个意识”，坚定“四个自信”，做到“两个维护”。二是推进党的组织建设全覆盖，建立口岸流动党员管理站1个，成立企业党小组1个，实现有党员的地方就有党组织；加强机关党的建设，全面落实“一个带头、三个表率、一个模范”要求，口岸党委培养入党积极分子4人，发展预备党员1人，转为正式党员1人。三是树立正确选人用人导向，开展全员竞聘上岗，坚持德才兼备、以德为先、任人唯贤、人事相宜，辞退不称职的聘用干部；更加注重党员干部的思想、作风、纪律建设。四是营造风清气正的政治生态，坚决贯彻落实中央八项规定精神，纠治形式主义、官僚主义等“四风”，严格落实“三会一课”、民主生活会和领导干部双重组织生活等制度。

【文化活动】 2019年，都拉塔口岸宣传新思想、唱响主旋律、弘扬正能量。学习宣传“三本白皮书”，用老百姓听得懂、能理解的语言，采取干部走访住户、国旗下宣讲等形式，领导带头讲，干部反复讲，宣讲86场次，受众1700人次。加强爱国主义教育，弘扬爱国主义精神，把爱国主义教育贯穿精神文明建设全过程。依法加强宗教事务管理，针对口岸人口流动性大、构成复杂的实际情况，教育引导宗教活动与社会主义社会相适应、信教群众与现代文明和现代生活相适应。开展文化育民活动，投资30.9万元加大公共文化服务体系建设，坚持每周二、周四免费开放口岸文化活动中心，开展寓教于乐的文体活动，联合口岸周边团场、乡村、驻口岸单位举办庆祝新中国成立70周年、民族团结联谊活动20场次，放映电影10场，以文化人、沁润人心，讲文明、树新风。

【社会工作】 2019年，都拉塔口岸广泛开展“民族团结一家亲”及民族团结联谊活动，干部住户196人次，举办各种活动24场次，宣讲“三本白皮书”85场次。按照“有黑扫黑、有恶除恶、有乱治乱”总要求，在摸清口岸没有黑恶势力的前提下，重点加大行业治乱工作力度，开展安全生产大检查45次，及时处置信访苗头性、倾向性问题5起，化解矛盾纠纷18起。发挥“访惠聚”后盾单位作用，争取项目资金95万元，解决包联村70户384名村民长期以来饮水难问题；组织机械和人力修补农田道路6千米，解决农民行路难问题；慰问贫困户生活用品、生产资料等折合人民币2万余元。

【环境卫生】 2019年，都拉塔口岸注重生态环境保护，投资1000万元建成日处理2000立方米的污水处理厂1座。改善生态环境，开展植树造林、绿化美化工作，完成绿化面积40000平方米，适地适树栽种各类乔木6000株。加强口岸市容市貌管理力度，倡导“口岸是我家，文明靠大家”理念，制定并实施“五包责任制”“卫生责任区”“周一升国旗通报”等措施，构建干净、整洁、文明的生产生活环境，展示口岸新面貌。

（王东江）

天山西部国有林管理局察布查尔分局

【天山西部国有林管理局察布查尔分局负责人】

党委书记、副局长：王振华

党委副书记、局长：胡义军（7月离任）、张学明（7月任职）

党委委员、副局长：张凯

纪检委负责人：艾沙江·吐尔逊（维吾尔

族)

【概况】 天山西部国有林管理局察布查尔分局(以下简称察布查尔分局)的前身是天西林业局察布查尔林场,始建于1955年3月,经营管理着察布查尔县境内全部国有山区森林资源。2012年6月,转制为天山西部国有林管理局察布查尔分局。察布查尔分局天然林保护工程区总面积11.57万公顷,林业用地面积7.08万公顷,林地均为生态公益林。

【内设机构】 2019年,察布查尔分局下设办公室(党政办公室)、组织劳动人事科、计划资金管理科、资源和林政管理科(天然林保护工程及公益林建设、后续产业科)、森林保护科、纪检监察室(工会)6个职能科室。林区设有3个管护所、13个管护站,管辖156个林班。有在册职工55人,其中直接管护人员19人,间接管护人员36人;少数民族职工36人,占65.5%;女职工17人,占30.9%。

【林业重点工程】 2019年,察布查尔分局完成管护人员调配,层层签订各类合同、责任书各19份;组织综合业务知识培训2次;完成对分局疑似图斑调查166个;按要求拆除分局林区内违章建筑11处;完成2018年度的森林抚育等宣传牌、标志牌建设;完成分局林地变更全部外业调查;3个管护所全部实现通水、通电、通网,管护员都能看上电视、用上电脑、联上网络;在洪海沟管护所建造1个100平方米的蔬菜温室大棚。

【森林资源保护】 2019年,察布查尔分局以"加强资源保护,确保森林资源安全"为目标,从加大森林资源保护、强化林地管理、宣传各类法律法规等方面入手,采取更加严格的措施,恢复生态系统的自然繁衍、自我调节和自我修复功能。为伊犁州交通运输局办理"新疆国道G219线都拉塔口岸至昭苏段公路建设项目"占用23.38公顷林地项目1宗。严格落实占用林地现场拨交制度、用地单位合法使用林地承诺制度,派驻管护员为现场监管人员,积极开展占用林地全过程监管工作,防止使用林地单位越界使用林地。开展"3·12"植树节森林资源保护宣传活动。坚持实行分局班子成员分片包干负责制度,对管护一线森林资源管护情况巡查监督,完成每季度森林资源巡查监督。对施工矿区监督检查2个,严防发生越界使用林地现象。

【森林防火】 2019年,察布查尔分局把森林草原火灾防控作为一项重要工作抓紧抓实抓好,层层签订森林防火责任状,积极与当地党委政府协调沟通,由当地政府派森林草原管护员与分局森林管护员在管护站设卡共同巡护管理,达到共同抓好林区、林缘火源管理目的,确保责任落实到山头地块、林班小班,做到山有人管、林有人护、火有人防、责有人担。对应急扑火队队员业务培训1次、军训1次,管护员灭火机具技能培训2次。举行森林草原防火联合实践演练1次、各管护所防火演练4次。每周分局机关人员下沉管护所,与管护员一起巡护,围绕林区工作"六必问六必讲",管护所召开森林防火研判会1次,分局每半个月召开森林防火研判会1次,从源头上消除火灾隐患。广泛开展森林防火知识进村、进学校、进巴扎宣传活动。组织开展春季、秋季联合清山活动2次。与坎乡乡政府联合召开森林草原防火工作会议。制作安装防火警示牌15块、进山车辆防火检查登记牌6块。

【野生动植物保护】 2019年,察布查尔分局结合2月2日"世界湿地日"、3月3日"世界野生动植物日"、5月份"爱鸟周"在山区乡村开展野生动植物保护宣传活动。与察布查尔林区森林公安派出所等执法部门对辖区内乱捕滥猎、非法经营野生动物等违法犯罪行为开展专项整治,严厉打击破坏野生动植物资源违法行为。在春季、秋季清山行动中,清理林区非法采挖野生药用植物、林区乱搭乱建棚舍不法行为,宣传《中华人民共和国野生动物保护法》和《中华人民共和国野生动植物保护条例》等法律法规,提高广大农牧民懂法守法意识。

【林业灾害防控】 2019 年,察布查尔分局明确有害生物防治防控目标以及目标管理责任。完成云杉八齿小蠹病调查。与辖区 2 家作业单位签订林业有害生物防控协议。在春、夏、秋三季对林区苹果枝枯病寄主植物监测调查,未发现苹果枝枯病症状。全年完成苗圃春季检疫和化学防治工作 2 次。

【荣誉称号】 2019 年,察布查尔分局获察布查尔镇人民政府平安单位称号,获自治区级精神文明单位称号。分局党委班子获天西林管局优秀班子称号。张凯、胡江获自治区林业和草原局优秀共产党员称号,肖振南获自治区林业和草原局优秀党务工作者称号。分局扎格斯台管护所党支部获先进基层党组织称号,卿桂英获天西林管局优秀共产党员称号,翟小琦同志获天西林管局优秀党务工作者称号。

(陈刚华)

人物·表彰

专家工作室

【察布查尔县骨科工作室】

专业领域：创伤骨折。

工作室简介：重点研究创伤小、手术时间短的骨科治疗方法，近3年先后开展难度较大、风险较高的手术数百例，其中人工髋关节置换术约85例，人工膝关节置换术约29例，腰椎骨折切开复位GSS内固定术约40例，完成例数及质量均处于伊犁州各县级兄弟单位医院前列，受到患者的一致好评。

【黄小鹅特色蔬菜工作室】

专业领域：农业。

工作室简介：10年选育和研究适应本地气候的设施化特色蔬菜，目前主要种植红薯苗、豌豆尖、鱼腥草、薄荷、紫背天葵等，不断提升种植技术，促进了伊犁州特色蔬菜四季设施化栽培领域专业能力水平整体提升和后备人才梯次发展。

【向阳畜牧业技术推广工作室】

专业领域：畜牧养殖、防疫、饲草料加工推广。

工作室简介：由国家级科普带头人、州级拔尖人才牵头成立，带动农牧民转变思想，实现现代畜牧业养殖。注册旭日天羊品牌。实验形成一套消毒体系，降低养殖场内病原体密度，为畜禽建立良好的生物安全体系。研究解决水稻秸秆添加酶制剂，变水稻秸秆为优质饲草料，提升利用率。

【关松特色林果丰产高效技术工作室】

专业领域：林业丰产。

工作室简介：工作室从辽宁引进早熟1号油桃、黑蜜葡萄进行栽植，变第一年栽植第三年结果为第一年栽植第二年丰产，棚均收入达到2万元以上。带动其他农户共同发展，在察布查尔县、巩留县、伊宁市、霍城县等地均建立示范基地，常年开展技术服务，示范带动近1000个温室大棚。

【顾秋丽特色农牧业工作室】

专业领域：农业、畜牧业科技研究与推广试验示范。

工作室简介：带领团队开展农业、畜牧业科技研究与推广试验示范、品种选育、学术交流、调研考察、技术培训与指导等工作，承担农畜牧技术骨干培训，促进技术人员能力提升，发挥专家的示范和辐射带动作用。通过建立基地和示范区(片)，推广新技术、新模式、新成果。

【察布查尔县射箭运动工作室】

专业领域：民族体育。

工作室简介：立足“箭乡”品牌，依托射箭学校成立工作室。提升射箭教练综合素质，科学设立射箭课程、内容，加大射箭运动在青少年群体中的学习和传承，向国家队和自治区队输送更多的射箭运动优秀人才。

身边的榜样

【吴秀芳】

**“我是一个母亲，
更是一名共产党员”**

“马上就起名字！名字最好是和和美美

的,幸福的!"

6月19日,察布查尔锡伯自治县吴秀芳老人家里热闹极了,大孙子吴旭峰的娃娃出生了,63岁的吴秀芳由奶奶升格为太奶奶,乐得合不拢嘴。

20多年来,吴秀芳抚养8个子女长大成人,资助了21个家庭贫困孩子完成学业,用心血和爱心诠释了"幼吾幼以及人之幼"的大爱情怀,更体现了一名共产党员的担当。当记者走近她时,她用发自内心的、质朴的三句话,讲述了自己的初心和坚守。

"没妈的娃娃太可怜"

吴秀芳是锡伯族,居住在察布查尔镇查鲁东街社区。20多年前,吴秀芳在察布查尔报社工作,有一个勤劳朴实的丈夫和一对活泼可爱的儿女,日子过得和睦幸福。然而,一场突如其来的车祸夺去了丈夫的生命,留下瘫痪在床的婆婆和一双年幼的儿女。

为了老人和孩子,吴秀芳咬着牙,独自扛起家庭的重担。1997年,送牛奶的汉族农民崔国新走进了吴秀芳的生活。崔国新的妻子去世后,他独自拉扯着6个儿女。一次,他为生病的吴秀芳送牛奶时,提出跟她共同组建一个新家庭的想法。

自己家一双儿女,崔国新家6个孩子,想到要照顾8个孩子,吴秀芳有些犹豫。然而,当她走进崔国新家时,她的心"咯噔"了一下:"孩子们正在洗衣服,一堆衣服泡在盆里,随便揉一下就晾起来。没妈的娃娃太可怜!"那一刻,她下定决心走进这个家庭。

婚后的日子一度很难,为了给孩子们多攒点学费,吴秀芳每天五六点就起床喂牛、挤奶、做早饭,再去卖牛奶,与丈夫一起割草。正在上学的儿子李刚看到妈妈这么辛苦,留下一张字条,离家出走了。她和丈夫四处寻找,直到第二天才在伊宁市找到准备外出打工的儿子。

看着懂事的孩子,吴秀芳含着眼泪说:"儿子,你现在只管好好读书。爸妈再苦再累,也会让你们吃好、穿好,以后考上大学。"

功夫不负有心人。在她和丈夫的努力下,家里先后有5个孩子以优异的成绩考上了理想的大学。

"没啥也不能没文化"

孩子们慢慢长大了,陆续走上了工作岗位,家里的日子宽裕了一些。这时,吴秀芳看到周围有些孩子因家庭贫困上不起学,十分着急。"就是再穷,也得让孩子们上学,没啥也不能没文化。"她说。

察布查尔锡伯自治县种羊场巴音村村民马月英和丈夫长期在县城打工,两个孩子在家无人照顾,学习受到了影响。崔国新送牛奶时得知这件事后,就把这事儿告诉了吴秀芳。

吴秀芳东奔西跑,将马月英的儿子马文杰从察布查尔种羊场中心学校转到盐城实验学校,并联系了爱心人士,每年资助小文杰2000元,直到孩子大学毕业。

马文杰很争气,最近班主任老师给吴秀芳打来电话,说马文杰成了全校唯一考上内初班的学生。

记者在采访时见到了13岁的马文杰,谈及吴秀芳,腼腆的小文杰说:"奶奶对我很好,将来我要报答奶奶。"坐在旁边的妈妈马月英眼泪唰的一下流了下来,哽咽地说:"吴秀芳阿姨是个好人。"

自2004年至今,吴秀芳先后资助了21名因家庭贫困面临辍学的孩子,其中有4名是孤儿。每年儿童节,她都带着学习和生活用品去看望这些孩子,让他们感受到母亲般的温暖。

这些年,吴秀芳的捐款累计超过10万元。了解吴秀芳的人都知道,其实她家的年收入也就5万多元,她每年的爱心捐款就有1万多元。

“我是一名共产党员”

吴秀芳的爱心事迹感动了许多人。他们自发组成爱心团队,如今团队成员已经超过60人,只要周围的人有困难,他们就会伸出援助之手。

吴秀芳的事迹传遍了伊犁河谷。她先后获得全国民族团结进步模范个人、自治区民族团结进步模范个人、新疆十大杰出母亲、伊犁哈萨克自治州道德模范等荣誉称号。

谈及吴秀芳,自治区“访惠聚”驻察布查尔镇查鲁东街社区工作队队长郑忠感慨地说:“做一次好事容易,难的是一直坚持做好事。这么多年,孩子们换了一批又一批,有的在念书,有的已经工作,她一直在坚持。”

“我是一名共产党员!”听到这些,吴秀芳自豪地插话道,“我的肩膀上扛着两面旗帜:一面是共产党员,一面是先进模范。我必须时刻发挥先锋模范作用,带领大家一起过上幸福美好的生活。”

“虽然我现在岁数大了,但还要不断加强学习。”吴秀芳从兜里掏出手机边给记者展示边说,“你看,我现在每天坚持在‘学习强国’平台上学习,及时了解国家的最新政策,给邻居们宣讲。”

“让每个孩子都有文化,我们的国家才能更强大!”吴秀芳眼神中透着坚毅。

(来源于《新疆日报》,2019年6月28日)

【学勤】

像磁场般凝聚各族学生的心

在察布查尔锡伯自治县高级中学教师中,有一位名叫学勤的民族团结教育示范者。她的爱和责任像充满能量的磁场,将各族学生吸引在周围,指引他们成人成材。

得知老师作为全国民族团结进步模范个人到北京接受表彰,学勤10多年前教过的学生艾山江·吾甫尔高兴地说:“我的高中同学都十分爱戴学勤老师。是她在我人生的关键时刻给予我正确的引导,我才能有今天的成绩。”

艾山江现在是察布查尔锡伯自治县加尕斯台镇中学的校长。他曾经因为家里无法担负上学费用而产生自卑心理,差点辍学。是学勤不厌其烦地到艾山江家中给他和他的父母做思想工作,后来又帮助他考上大学,让他变得自信开朗起来。

学生都喜欢叫学勤“妈妈”,因为她就像一位母亲那样关爱学生。2016年,学勤在察布查尔锡伯自治县第一中学带高三年级。有一天,学生张纪兰突然告诉学勤,自己不想读书了。原来张纪兰的父亲得了重病需要治疗,张继兰感觉天都要塌下来了,所以产生了辍学的念头。

通过和张纪兰的父亲沟通,学勤把她接到了自己家中。在学勤的陪伴下,张纪兰顺利考上了大学,明年就要毕业了。

学勤是一名语文老师,加入教师队伍34年来,一直在教学第一线辛勤耕耘。

2016年,她申报了国家级课题《中华优秀传统文化与现代语文教学实践研究》,今年年底该课题就将结题。学勤致力于通过音乐、美术、戏剧、体育等中华优秀传统文化阐释语文中博大精深的内涵。

2017年,学勤主动请缨到察布查尔山区学校海努克乡中学支教,并主动担任初一年级的语文老师。她通过丰富的教学手段激发了学生们的学习兴趣。

2018年,到察布查尔高级中学后,学勤接管了被评价为年级最差的高二(9)班。她选择用真心换真心的方式,一有空闲时间就到学生家里与家长沟通交流,给学生、家长讲党的惠民政策,逐渐赢得了学生和家长的信赖,也激发了学生主动追求更好成绩的动力。一年下来，孩子们已经能跟上学勤的教学进度，学文言文也已不是难事。

从业34年来，学勤用自己的实际行动影响和教育学生"个个都讲民族团结的话，时时都做民族团结的人，处处都做民族团结的事"，谱写了一曲曲民族团结赞歌。

"作为教师，在践行民族团结这条路上我还有很多事情可以做。"学勤说。

（来源于《新疆日报》，2019年10月8日）

【贺红岩】

把最美的芳华献给最爱的教育事业

今年53岁的贺红岩是察布查尔县高级中学的一名高级教师。从21岁成为一名人民教师的那刻起，贺红岩便立下誓言："踏上教书育人路，此生定不负使命。"32年的时间里，贺红岩以人才培养为己任，对教育事业呕心沥血，先后荣获全国优秀教师、全国优秀德育课教师、全国十大教书育人楷模、全国先进工作者等称号，贺红岩用最美芳华为教育事业贡献无穷力量。

她是师者　桃李满园

走进校园，问起贺老师，那可是好评如潮："贺老师每天最早来，下班很晚才走。""我超喜欢贺老师的化学课，特有意思，一堂课45分钟根本听不够。"

贺红岩任教高中化学课，兼班主任再到德育主任、教研主任，每天早晨踏进校门她就像是一个上足了发条的闹钟，总有忙不完的事。但贺红岩没有半句怨言，总是潜下心来精心研究如何做好本职工作。

记得高一化学课，在讲到"二氧化硫"时，贺红岩很自然地就联系到了环保话题。看到学生们讨论热烈，她干脆组织了一次以"还我绿色"为主题的班会，大家各抒己见，并提出解决问题的思路和办法。在上"碱工业"这一课时，贺红岩把获得国际金奖的"侯氏制碱法"融入化学课当中，把我国著名化学家侯德榜的故事讲给学生们听，鼓励学生勤于思考、发奋图强，将来报效祖国。一堂化学课，学生们听得聚精会神，受益匪浅。

从此，每堂化学课，贺红岩都从讲故事开始，生动、新颖的教学方式和高超的教学水平，让原本枯燥的化学课变得有趣起来，唤起了每一个学生的积极性与主动性，使学生在轻松愉快的气氛中获取新知识。

光阴荏苒，日月如梭。32年11680天280320小时，她坚持自己的教学理念，在平凡的工作中做出了不平凡的业绩。如今，贺红岩的学生遍布全国各个角落。32年来，她共带出千余名大学生，有的出国深造，有的也像她一样成了一名人民教师，在教育战线上耕耘奉献。

她是师者　薪火相传

"蒋梦芝，你准备得怎么样了？放学后你在办公室等我，我带你练练。"一下课，还没顾得上喝口水的贺红岩赶忙拿起电话，操心起自己即将参加化学实验创新大赛的"小徒弟"。

2012年7月，师范院校毕业的蒋梦芝如愿成为一名高中化学老师，为帮助刚进校缺少教学经验的新老师尽快进入角色，按照学校实施的师徒结对青蓝工程，贺红岩成了蒋梦芝教学生涯中的第一位"师傅"。蒋梦芝得知后是既紧张又期待，紧张是因为贺老师在学校是出了名的严格，期待是贺老师教化学有一招，跟着她必定能学到很多东西。

结对以来，贺红岩毫不保留地向蒋梦芝传授自己的教学经验，除了上课就是帮蒋梦芝，备课、演练、准备材料、做实验，数年如一日，在贺红岩的言传身教下，蒋梦芝慢慢成长起来。

直到2016年5月，伊犁州举办化学实验创新大赛，蒋梦芝代表学校不负众望夺得了第一名。当天，站在领奖台上的蒋梦芝红了眼眶，她知道：没有贺红岩的精心培养和帮带就没有今天的自己。

在贺红岩的带领下，佟金红、扎培培等一批年轻教师在工作中茁壮成长，成为学校的骨干教师。学校教风好、学风浓，整体教育质量一直居全县前列。

她是师者　亦如母亲

“贺妈妈，教师节快乐，爱你哟！”“贺老师，要不是您我都不知道如何渡过难关。”贺红岩手机里时常收到孩子们的短信。每一条信息贺红岩都会认真阅读，悉心回复，孩子们早已把贺红岩当成自己的第二个“妈妈”。

课堂上，贺红岩对学生严厉有原则，私下里却如母亲般和蔼。为了拉近和孩子们的距离，了解孩子们的想法，贺红岩开始家访。“过去，家访都是骑自行车，最远的地方要骑4个小时。”贺红岩说。但她从来没有叫过苦，她走遍了每个学生的家，有的甚至去了无数遍，对每个学生的家庭状况、性格、成长环境都了然于心。

伊晓芳是贺红岩“三进两联一交友”的结对学生，父母去世得早，跟着叔叔婶婶生活。家访过程中，贺红岩认真记录下孩子家庭情况的每个细节。为了不让孩子因为贫困而辍学，她不厌其烦地宣讲着教育惠民政策，自掏腰包帮助家庭困难的孩子缴纳学费、生活费。32年时间，贺红岩无偿帮助了20名家庭困难的学生。

考上山东大学的卢龙辉专程来到学校看望了贺红岩老师。他说是贺老师改变了他的人生。卢龙辉性格比较内向孤僻，不擅交际。贺红岩发现后，及时找他谈心谈话，还把他带到自己家里，给他做饭，辅导功课，与他谈心交流，用慈母般的爱心感化了他，引导他融入班集体中，走出孤单的阴影。当卢龙辉以优异的成绩考入山东大学时，他第一时间将这个好消息告诉了贺红岩，在他步入大学殿堂之际专程到学校感谢他的恩师。

现在，年过半百的贺红岩依然坚守在教育岗位上，说到以后，贺红岩依旧很坚定：“我从未后悔过自己的选择，作为一名人民教师，我爱这个行业。”

（供稿：县电视台）

【殷德旺】

病中不忘牵挂学生　三次援疆
带领学生斩获国家级奖项！

他是来自黄海之滨盐城射阳的一名语文老师，2017年8月，他来到察布查尔锡伯自治县初级中学支教，原本按照计划只有短短的一个学期，没承想却与察布查尔县学子结下了不解之缘。他在第一次援疆期满后，先后两次主动申请继续留教，在此期间，带领学生们屡次斩获国家级奖项。然而，不为人知的是，就在第二次援疆期间，他却因为突发心肌梗死，一度与死神擦肩而过。他便是殷德旺，三次援疆的特殊经历，也让他获得“最美援疆教师”的荣誉称号。

授课方式广受青睐
师徒齐力创造新疆高校参赛之最

殷德旺是盐城市射阳中等专业学校的高级教师，2017年8月，为了响应援疆柔性引才政策，他来到察布查尔县第一中学任挂职教学副校长、语文教研顾问。考虑到殷德旺岁数偏大，出于照顾老同志的考虑，学校在安排课程时，只分了一个班的语文课给他，没想到殷德旺却不“领情”，他特地找到校长要求给自己加课，就这样，从一个班的语文课调整到两个班，再到增加一个班的地理课，殷德旺一周的课时就达到22节。对此，殷德旺却乐在其中，拿他的话来讲便是："想要过舒服日子就不选择来支教了。"很快，凭借着风趣幽默的授课方式以及灵活多变的课堂思路，殷德旺便赢得了学校上下的广泛好评。

"酒香不怕巷子深"，殷德旺在支教过程中展现出来的授课能力也得到了伊犁师范学院的青睐，当时，该院正在组织学生参加全国第二届全日制教育硕士学科（语文）专业教学技能大赛，复赛过后，来自全国84所院校的107名选手入围，其中来自伊犁师范学院的万小娟有幸进入最后的决赛。由于复赛成绩不太理想，为了能短时间提高水平，2017年11月23日，在盐城援疆工作组的牵线下，伊犁师范学院正式聘请殷德旺担任万小娟的指导老师。

复赛时间定在12月初，时间紧，任务重，殷德旺在保质保量完成察布查尔县一中教学任务之余，便投入到辅导万小娟设计参赛教案的工作里。回忆起那段时间，殷德旺感慨良多，为了契合万小娟的授课风格，他先后翻阅数十本资料，并结合自己的工作经验，设计了12个命题方向和多种教案，和万小娟一道分析和打磨。由于察布查尔县和伊宁相隔近20千米，殷德旺几乎每天都要乘公交往返于两地之间，有时候辅导晚了，还常常错过末班车。

12月3日，距离大赛还有2天的时间，殷德旺陪万小娟一道来到云南参赛，而就在比赛前一天晚上，师徒两人还为教案讨论到次日凌晨。"功夫不负有心人"，最终，万小娟在强手如云的决赛中，奇迹般地上升了50个名次，一举夺得二等奖，也创造了新疆高校选手参赛历史上的最好成绩和最高奖项。

创造性引入锡伯特色"踏雪贝伦"在全国大赛崭露头角

圆满完成了全国专业教学技能大赛后，新的挑战又接踵而至。2017年12月12日，首届全国校园冰雪创客大赛正式启动，活动历时两个月，共吸引了来自19个省市600多所中小学的数千名师生参与。通过这一平台，让全国的孩子们交流沟通，增强动手能力和创新精神，这对于远在西北边陲的察布查尔县学子来说，机会难得。

得知察布查尔县一中报名参赛的消息后，刚参加完全国专业教学技能大赛，还没来得及休息的殷德旺主动请缨，表达指导学生参赛的意愿，校方立即同意。很快，一支由高一年级学生构成的冰雪创客团队在殷德旺的组织下成立。紧接着，殷德旺便和学生们投入到作品的构思当中。所谓"冰雪创客"，作品中既要有雪的元素，又要有独特的创意，对此，作为指导老师的殷德旺认为，察布查尔县是中国唯一一个锡伯族自治县，在作品中融入本地独特的民族文化，便是得天独厚的创意。锡伯风情结合冰雪美景，一个美轮美奂的场景在殷德旺的脑海里渐渐浮现，为此，他找来4名锡伯族学生，通过身着锡伯族传统服饰在雪人旁跳贝伦舞的方式，展现察布查尔县特有的民族特色。殷德旺的创意得到孩子们的一致认可，经过反反复复的调整和修改，一个名为《踏雪贝伦》的视频作品终于成形。

在这期间还发生了一个小插曲，按照计划，殷德旺的支教时间于12月底结束，可是比赛要到1月底才正式开始，为了能陪伴孩子们直到最后参赛，殷德旺主动提出延长自己的支教时间。老师不离去，学生们的干劲更足了，在殷德旺和学生们的努力下，《踏雪贝伦》从全国两万多件送选作品中脱颖而出，获得一等奖，而由殷德旺参与策划设计的另外4件作品也获得大赛优秀奖。不仅如此，凭借着师生协力，察布查尔县一中也斩获了优秀组织奖，这对于西北边陲这样一所普通学校来说已属不易。

突发心肌梗死,捡回半条命
终止疗养返疆带领学生再创佳绩

2018年2月中旬,刚刚结束自己援疆支教历程的殷德旺再次报名来到伊犁,面对身边人的不解,殷德旺只轻描淡写地说了一句:“这里需要我!”在第二次支教期间,殷德旺带领3个徒弟,在伊犁师范学院首届研究生教学技能大赛上,分别获得一、二、三等奖,一时间,殷德旺老师的名字也在院内广为流传。

2018年8月中旬,殷德旺又做出了一个重要抉择——第三次进疆支教!然而,未来总是充满着种种未知,这一次,对于已经年过50的殷德旺来说,着实经历了一场生与死的考验。

2018年8月22日,察布查尔县高级中学高三的学生瓦尼哈尔收到了国家工信部举办的“小小创客”比赛的决赛入围通知,这对察布查尔县高级中学来说也是破天荒的头一次。决赛定在12月下旬,4个月的时间里,如何帮助选手更进一步?殷德旺责无旁贷,在校方的殷切希望之下,殷德旺带领瓦尼哈尔开始了决赛的准备工作。瓦尼哈尔的参赛作品是智能机器人,通过其操作后,殷德旺发现,机器人虽然能实现前后左右的遥控移动,但在拟人化、智能化方面有所欠缺,为此,殷德旺主张加入语音及旋转方面的功能,师徒俩经过一系列的探讨,终于将智能机器人作品进一步完善。

没承想,就在8月30日凌晨3时,殷德旺被一阵胸痛惊醒,次日一早,更是虚弱得无法下床。盐城援疆工作组领导得知情况后,迅速安排车辆、人员将殷德旺送往医院进行抢救。经诊断,殷德旺突发心肌梗死,其中一个血管堵塞率达到95%!所幸抢救及时,盐城援疆工作组又特地请来专家为其搭设支架,这才将殷德旺从鬼门关拉了回来。

按照医嘱,殷德旺要回家静养3个月以上,但是瓦尼哈尔参加比赛一直是殷德旺放心不下的事情,在得知瓦尼哈尔由于网络问题错过了提交作品的期限的情况后,殷德旺特地联系大赛组委会说明了情况,让瓦尼哈尔获得了提交作品的机会。11月23日,殷德旺不顾家人劝阻,再次返疆。这一次,他带领瓦尼哈尔前往北京参加决赛,最终,瓦尼哈尔不负众望,喜获全国第5名,成为新疆170多个参赛选手中唯一获奖选手。大赛评委的一席话可以概括殷德旺和学生瓦尼哈尔所付出的努力:“没想到边疆地区还能出现这么好的作品,了不起!”

如今,殷德旺的援疆支教生活还在继续着,就在刚刚过去的春学期中,为了帮班级里的高三往届生拿到复习资料,他利用星期天休息时间乘公交车往返伊宁,自己掏钱将复习资料交到学生们的手中。“三次援疆支教,使我感触最深的便是边疆孩子们的纯朴和上进,他们需要我,我也从他们身上学习到很多。”殷德旺坦言。

(供稿:援疆办)

【刘益】

三年援疆路　一世援疆情

古丽旦说:“这是我们幼儿园。”刘益说:“你最近好像瘦了。”古丽旦说:“瘦了。”刘益说:“感觉你瘦了很多啊,你现在还在长身体呢,要按时吃饭。”

眼前这位像爸爸一样关心女儿的干部叫刘益,一直关注干女儿的他,在工作繁忙中抽出时间来看看干女儿新的工作环境。提起这对“父女”的结缘,还要从两年前说起。援疆之初,刘益入户走访中,结识了干女儿一家。

刘益说:“我走访他们家时,这个叫古丽旦的小姑娘看到我们去以后很热情,当时就主动提出来用电子琴为我们弹一首曲子,随后她拿出来一台破旧的电子琴,可能因为一段时间没使用,曲子没能弹起来。我仔细看了下电子琴,它很简陋,就是一般小朋友用的那种。”

古丽旦・卡德尔别克说:“这个电子琴是我从邻居那里借的,电子琴比较小而且有两个键是坏的。”

刘益说:“看到她喜欢音乐,我对她讲,如果你对音乐有兴趣,我过两天买个电子琴送给你。”

2017年7月,刘益的爱人和儿子过来探亲,他借着这个机会带着家人一起买了一台电子琴,送到古丽旦家里。

刘益说:“我感觉学好音乐对她以后支教很有用处,所以当时我就做了这样一个决定。”

古丽旦・卡德尔别克说:“没想到刘叔叔真的给我买了电子琴,那时候我就特别高兴,因为我特别喜欢电子琴,当时我感觉自己很幸福,我感觉到多了一个关心我的爸爸。”

现在的古丽旦从内心对这位汉族爸爸有了更多的依赖,为了表示敬意,她将刘益认作干爸,常常通过微信和电话说说自己的生活近况。对于这个哈萨克族女儿,刘益更是呵护有加,在古丽旦上学期间,时常汇去零花钱帮助古丽旦改善伙食,还主动为古丽旦联系毕业后的就业岗位。在刘益的关心支持下,古丽旦现在如愿以偿,成了一名优秀的幼教老师,当她第一时间得知喜讯时就告诉了这位盐城爸爸。古丽旦说,她的干爸是奶奶嘴里常常念叨的好儿子,是爸爸心里常常惦记的好弟弟,他们全家人已经将刘益看成了最亲的家人。

刘益来自盐城东台财政局,2019年是他援疆的第三个年头了。2016年他主动请缨,成为江苏省第九批援疆干部,挂任察布查尔县委办公室副主任、县财政局副局长一职。他常说:“身在财务岗位,干的事谈不上轰轰烈烈,但需要沉下心来,以一丝不苟的精神来对待。”两年多来,他在平凡琐碎的岗位上,认真细致地抓好援疆资金使用管理工作,确保了援疆资金及时拨付到位和资金运行的安全,有效地推进了援疆项目高效落地实施。

2017年1月3日,对于刘益来说永远难忘,挥别了家人,第一次踏上新疆这片土地。刘益回忆过往说:“2015-2016年家里出了一些事情——2015年我老母亲检查出来患了胃癌,做了胃切除手术,把胃切掉了三分之二;2016年我老父亲患肺癌去世了。”

刘益是盐城援疆工作组里最年长的一位,选择来到察布查尔,背后承担的压力与困难可想而知,这三年里家人成了他最坚强的后盾。

刘益说:“因为我母亲已经80多岁了,我把援疆这件事跟老母亲一说,我母亲很开明,当时就答应了。我爱人听说我到新疆来,不但没有反对,而且很支持。”

既然选择援疆,那只有把对家人的思念深深地埋在心底,把责任扛在肩上,用奋斗践行着庄严的承诺。

刘益说:“选择了援疆就是选择了奉献,能为西北边陲做出贡献,此生不后悔,在新疆的这段时期也是我人生中一段难忘且美好的回忆。”

(供稿:援疆办)

【卡米尔丁・艾赛尔丁】

养鸡脱贫摘“贫困帽”,
幸福都是奋斗出来的!

自全面打响脱贫攻坚战以来,察布查尔县琼博拉镇通过采取各种措施,激发贫困群众积极参与脱贫工作的积极性和主动性,唤起贫困户“自立自强”意识,通过精准施策,帮助其积极行动起来,努力改善家庭经济状况,切实让贫困户摆脱贫困,过上幸福生活。卡米尔丁・艾赛尔丁就是其中的一位,他依靠党的扶贫好政策搞起了养鸡产业,成为村里脱贫致富的典型。

卡米尔丁·艾赛尔丁是琼博拉镇索墩布拉克村村民,家里有四口人,两个孩子正在上学。由于缺资金、缺技术,没什么产业发展,外出务工也是勉强维持生计,一家人的生活陷入了困境,2013年精准识别时确认为建档立卡贫困户。在国家的扶贫政策和帮扶干部的支持鼓励下,卡米尔丁·艾赛尔丁重拾生活信心。他心想:现在国家政策那么好,我要努力干出自己的事业,我还年轻,不能等、靠、要,幸福都是奋斗出来的。

2013年开始他踊跃参加镇上组织的“科技之冬”学习养鸡技术培训,并在他朋友武海海的养鸡场边打工边学习养鸡技术,吸收先进的养鸡经验,提高技术。2015年在镇政府工作人员的帮助下,建起了鸡场,买来了鸡苗,搞起了养殖,开启了养鸡脱贫致富的门路。在养鸡过程中他不怕艰辛,早出晚归,经过一年努力,2015年家庭年纯收入达到了1.2万元。收入的增加也改善了他的生活环境,卡米尔丁·艾赛尔丁更加坚定了养鸡致富的决心。

近几年来,他的年纯收入一年比一年高,他想扩大养殖规模,这一想法得到了镇、村委会的支持。在镇党委政府的帮助下,他租到了2000平方米的养殖基地。目前,卡米尔丁·艾赛尔丁的养殖基地内鸡存栏量达到3万多只,他成了琼博拉镇的养鸡能手。他把自己成熟的养鸡技术传授给村里其他养鸡户,还经常上门指导,与养鸡户们共同富裕。卡米尔丁·艾赛尔丁成了琼博拉镇典型的致富带头人。

2014年底,卡米尔丁·艾赛尔丁借助于国家扶贫政策,通过自己勤劳的双手实现了脱贫。他感慨地说:“现在政策这么好,靠自己的双手脱贫致富,幸福都是奋斗出来的,在今后的日子里我要用行动为琼博拉镇献出自己的一份力,表达自己的感恩之情。”

(供稿:艾力努尔·阿不那汗)

【哈木拉提·斯拉木】

远亲不如近邻的邻里情

眼前这位说着一口流利河南话的维吾尔族老人叫哈木拉提·斯拉木。因他热情好客、为人善良,结交了很多朋友,长期以来不管大小节日,左邻右舍都会来他的家里热闹热闹。中秋节这天,热情好客的哈木拉提·斯拉木一家早早准备好水果和甜点,等着邻居一起来过节。

哈木拉提·斯拉木说:“为什么对民族团结这么感兴趣?人家对我这么好,我也拿出一点表现,客气一点,平时说话注意一点,如果要借个东西,我们这前后邻居,只要是我房子有的东西,没有说他借不走的,也可以说他们家有的东西我没有拿不来的。”

哈木拉提·斯拉木从小生活在爱新色里镇,他住的街道被当地人称为河南街,这里有汉族、锡伯族、维吾尔族和哈萨克族等民族。长期以来,各民族之间你来我往,交流交融,形成了独特的民族文化氛围。这里的很多人会说两到三种语言,哈木拉提·斯拉木会说一口流利的河南话。大家也早已习以为常。哈木拉提·斯拉木说:“我们一个大队里全是河南人,一出门遇到的都是河南人,一起干活的也是河南人,能不会说河南话吗?不会说不行啊,邻里们对我确实太好,用语言表达我都有些表达不出来。我从小在金泉公社长大,在这儿90%是河南老乡。”

老吴和哈木拉提·斯拉木家住前后门,老吴常常到哈木拉提·斯拉木家来拉家常,一聊就到半夜。老吴认为哈木拉提·斯拉木这个人值得深交,就让他的小女儿薛涛认哈木拉提·斯拉木为干爹,从此两家人成了一家人。

老苗也是哈木拉提·斯拉木的邻居,这两家人感情的升华,还要从几十年前的那个雨夜说起,当时老苗家进了小偷,正在偷鸡时被老苗发现了，双方发生激烈搏斗，哈木拉提·斯拉木听到喊叫声就急速赶往老苗家中帮忙，最后小偷被赶走了，老苗却因此受了重伤。

哈木拉提·斯拉木说："我进去一看这个镰刀啊，一直从这儿拉到这儿。他老婆还一直哭，我说你不要哭不要哭，然后套上毛驴车，我们就往医院走，做了个手术把手缝上了。从那时起，我觉得老苗为人处世都可以，我们就认了干亲家，我们的关系一直到现在都很好。"

逢年过节，哈木拉提·斯拉木家的小院里都挤满了街坊邻居，唱歌跳舞，聊着各自身边的事。在哈木拉提·斯拉木看来，维护好邻里间的感情比什么都重要，也许这就是俗话说的"远亲不如近邻"吧。

哈木拉提·斯拉木告诉记者："民族团结是必需的，咱们中国是五十六个民族，团结能战胜一切。咱们首先要懂这个。我是个维吾尔族，街坊邻居的河南人都没有排斥我。大家相互不团结，相互排斥的话，那我不可能待在六大队这么多年。民族团结很重要，举很简单的一个例子来说，一个家庭不和谐能行吗？这么大个社会不团结那更不行啊，团结是很必要的。"

（供稿：县融媒体中心）

【马新义和迪丽努尔】

遇见爱情最美的样子

没有官宣，没有鲜花，没有豪宅，有的只是融在日常琐碎生活里的点点滴滴，也许这样的爱情更能打动人，一如我在村里遇见的马新义和迪丽努尔夫妇。

斯拉木·木沙大爷认了干儿子

爱新色里镇安巴贴村是有名的"河南村"，全村 80% 的村民都是河南淮阳人。村里最有名的就是维吾尔族木沙大爷家，他们家里有一个儿子和六个女儿。七个孩子都会说河南话，从小就和这条街上的孩子们一起玩捉迷藏，一起放风筝。孩子们渴了就到木沙大爷家去喝水，饿了就去要点吃的，慈祥的木沙大爷看着他们，有水给水，有馕给馕。

在这群孩子中，木沙大爷最稀罕的是打小就很灵光的河南小伙子马新义。马新义和木沙大爷家的儿子玩得好，家里有什么活，马新义都忙前忙后抢着干。小伙子的勤快、能干让木沙大爷越看越喜欢，家里做了啥好饭都要叫上马新义，后来干脆认这个河南小伙子做自己的干儿子。

迪丽努尔爱上了这个河南小伙

木沙大爷的小女儿迪丽努尔，长得亭亭玉立，她从小和马新义一起上学，一起玩耍，长大后两个年轻人渐渐有了好感，他们开始约会，经常相邀着一起去跳舞。

有一天，马新义的右眼跳得厉害，正担心着怕不是发生了什么事，就听到迪丽努尔从摩托车上摔下来的消息。马新义一边着急地去医院看望迪丽努尔，一边心疼地掉下眼泪来。迪丽努尔住院期间，他每天都到医院精心照顾，家里人看到两个年轻人这么相爱，就默许了两个人的感情。

有情人终成眷属。1994 年，没有鲜花，没有钻戒，两个年轻人简单地举行了结婚仪式。

结婚后，马新义为了给妻子更好的生活，打算去博乐打工挣钱。新婚燕尔，他们舍不得分开，迪丽努尔毅然决然跟随马新义一起去打工。

"再难，两个人也要在一起，既然牵手，就要同甘苦、共患难，只要能和相爱的人在一起，比什么都强。"迪丽努尔想起当年做出的决定，脸上洋溢着坚定而幸福的笑容。

在博乐打工的日子是苦的。两个人什么都干过，在餐厅打过杂，在寒冷的冬夜里蹬过三轮车。最难的时候,两人口袋里只剩下10块钱,在阴冷的出租房里要了一份面分着吃。生活再难,马新义和迪丽努尔从没后悔在一起,反而更加坚定地相爱着,互相打气,互相温暖,憧憬着美好的生活。

2002年,迪丽努尔给马新义带来了生命中最珍贵的礼物,迪丽努尔怀孕了。秋天,他们的第一个孩子出生了。白天马新义打工挣钱,晚上回来照顾月子里的迪丽努尔,虽然日子过得清苦,但一家人欢声笑语,其乐融融。

2005年,迪丽努尔的父亲患上了肾衰竭,在长达两年的透析治疗中,马新义像亲儿子一样伺候着,没有一句怨言。周围的人都被感动了,木沙大爷摸着马新义的头说:"我没看错你,你是迪丽努尔可以托付终身的人啊!"

病床上,你依然是我美丽的爱人

2012年,能干的马新义在自家菜地里架起了两个大棚,种上了青菜,迪丽努尔就去镇上的各个菜店送货,每周三还赶巴扎卖菜。两个人的生活渐渐好了起来,盖了新的富民安居房,买了一辆微型农用车,又生了一个可爱的儿子,幸福的生活正在向他们招手。

然而这种平淡而幸福的生活没过多久,2017年底,迪丽努尔查出得了烟雾病。得知此事后,村党支部和"访惠聚"工作队第一时间给迪丽努尔调整了低保,并组织党员和村民捐款。马新义带着全村人凑的12万元,陪迪丽努尔在新疆医学院做了手术。2018年的情人节,躺在病床上的迪丽努尔收到了马新义送的一朵玫瑰花。"不管你以后变成啥样,你都是我最爱的人!"不善于表达感情的马新义向迪丽努尔表白。

迟到了17年的婚纱照

2018年3月,迪丽努尔病愈出院。村党支部和"访惠聚"工作队的干部多次看望夫妻俩,住户干部也积极帮他们解决生活困难。知道了他俩感人的爱情故事后,村妇联和"访惠聚"工作队准备给他们补拍婚纱照。

第一次穿上婚纱的迪丽努尔略带羞涩,马新义脸上洋溢着幸福的笑容,他们的表情那么沉静,那么自然,写满了岁月静好。拍照的时候,小儿子看着他们摆造型,淘气地说:"爸爸妈妈真好看!"是啊,婚纱照虽然拍得迟了,但他们的爱情在这流淌的岁月里,越来越纯粹,越来越美好。

当我和第一书记再次去他们家时,两个人正准备做大盘鸡,夫妻俩热情地邀请我们一起吃饭。看着他们有说有笑地忙活着,我心里泛起阵阵涟漪,陪伴才是最长情的告白,他们一路走来,有苦也有甜,有眼泪,更有笑声,虽然经历坎坷,却从没放弃过对方,这应该是爱情最美的样子吧!

(供稿:永晓云)

【陶翠兰】

身残志坚带领各族姐妹走上致富路

察布查尔县孙扎齐牛录镇喜利妈妈刺绣专业合作社理事长陶翠兰,凭借着身残志坚、自强不息的品格和人生信条,用勤劳的双手,在锡伯族刺绣领域不断创新,带领各族姐妹走上了致富路。

近日,记者来到察布查尔镇果尔敏路东街的农特产展销店看到,100多平方米的展厅内,大红的香枕、传统的男女服饰、精巧的绣花鞋、漂亮的香袋等各种令人眼花缭乱的锡伯族手工刺绣产品映入眼帘。陶翠兰正忙着整理展品,有顾客进来选购商品,陶翠兰便迎上前,向顾客介绍锡伯族传统手工刺绣的历史及产品特色。

陶翠兰从高中毕业以后就和孙扎齐牛录镇的锡伯族绣娘一起学锡伯族刺绣技艺。

2002年在孙扎齐牛录镇成立了刺绣协会,还开起了一家布鞋厂。为了提高刺绣技艺,她还多次参加了县民宗局举办的刺绣培训班,学习锡伯族传统刺绣技术。2008年,陶翠兰和8名当地妇女一起在孙扎齐牛录镇组建了喜利妈妈刺绣专业合作社,加工、生产和销售锡伯刺绣手工艺品。

陶翠兰说:“最初我们是为了把自己做的东西往外卖出去,经过一段时间的市场经营之后,我们感觉到原有的产品比较落后,就对原有产品进行了改进、创新。现在这个产品比以前既好看又实用,我们制作的产品越来越好,也深受国内外消费者的喜爱,现在的产品市场也越来越宽广。”

目前,陶翠兰和姐妹们的锡伯刺绣产品种类达到了70多种,社员的年收入也得到了极大的提高,切实为各族残疾妇女开辟了增收渠道。在合作社各族姐妹们的眼里,陶翠兰是个精明的商人,更是大家脱贫致富的领路人。合作社社员何西英告诉记者,在陶翠兰的帮助下,她的刺绣技艺有了明显提高,每个月都有稳定收入,这也更加坚定了她脱贫致富的信心。她说:“我虽然身体有些残疾,但自从干了刺绣这个活,收入也高了,生活更是越来越好,所以我要坚持把刺绣这件事干下去。”

在创业过程中,陶翠兰经历过人生的低谷,但也得到过很多热心人的帮助。依靠党的惠民政策,她和姐妹们的刺绣合作社也在逐步发展,产品也深受各族顾客青睐。为了打开产品销路,陶翠兰注册了“喜利妈妈”品牌。有了自己的品牌,陶翠兰对锡伯刺绣的质量提出了更高的要求。她说:“刚创业的时候是只有几台老式的缝纫机,后来经过党和政府的支持,特别是县残联给我们买了新式的缝纫机以及其他的新式机器,我们的合作社刺绣生产的效率越来越高,经营也越来越好。随着合作社产品的市场化经营,我们要把锡伯族特色产品卖到更远的地方。”

随着技术的成熟和产品的推广,“喜利妈妈”品牌被越来越多的人知晓,产品的销售也越来越好。合作社员工由当初的8人发展到如今的300余人,大多数员工来自贫困家庭或者是残疾人。2008年至今,陶翠兰曾多次获得自治州、自治县残疾人自强模范,优秀残疾人专职委员,青年模范标兵,三八红旗手,青年创业模范等荣誉称号。2016年11月,陶翠兰的刺绣合作社被自治区残疾人联合会授予自治区残疾人青年创业示范基地荣誉称号。

陶翠兰说:“今后我要带动更多的残疾人和贫困户都参与到刺绣行业中,带领他们共同致富。”

【关丽菊】

情系农民的技术带头人

关丽菊情系“三农”,多年来,她把全部精力和满腔热情都投入到农业技术推广事业上,为察布查尔县农业增产、农民增收、经济社会发展做出了积极贡献。

她像泥土,朴实无华。她像根系,深深地扎根在这片土地上。她的足迹遍及全县15个乡(镇、场),遍及田间地头的每一个角落,十八年如一日,始终忙碌在农业生产的第一线,认真从事农作物新品种、新技术、新模式的试验、示范、推广和技术指导以及培训农民和高效设施农业相关项目的实施与研究,在平凡岗位上默默耕耘,为全县的农业增效、农民增收贡献了自己全部的力量。她就是察布查尔锡伯自治县基层农业技术员——关丽菊。

关丽菊先后获得全国农业先进工作者、全国三八红旗手、自治区优秀农业技术推广员、伊犁州优秀共产党员、伊犁州十佳农业科技工作者等荣誉称号。

关丽菊对农业工作的执着,从她走进农业

局的那一天开始就没停止过。她潜心钻研，做好农技推广工作。2008 年，在实施测土配方施肥技术项目中，她亲自设计小区试验打埂，生长期蹲点拔草，认真分析试验结果，于 2010 年建立全县水稻施肥指标体系，同时汇总全县土壤养分含量，与 1982 年第二次农田土壤普查结果相比较，对全县的土壤养分现状进行分析并形成报告。

关丽菊不仅经常指导田间管理、科学施肥、病虫防治，还帮助农民引进优质高效的新品种，灌输新理念，探索新模式。善于总结经验的她，从 2010 年起就不断试验种植多熟制，在总结一次次的教训后，成功推广西瓜间作红薯套种豇豆复种大白菜模式，2018 年全县一年三熟制种植面积达到 102 公顷，作物复种指数和土地利用率明显提高。

因为工作关系，关丽菊了解农民的需求，只要她一下乡，农民们都要拉她看看自己种植的农作物，她总是耐心地解答农民的问题，教给他们有效的处理方法。对她来说，看见农业丰收、农民喜悦，就是她最大的快乐，也是对她付出的最好回报。

近年来，关丽菊主持和参与的农业项目有 20 项，创建示范基地 3 个，组织技术培训 68 期，培训乡村干部和农民 3000 多人次，辐射带动全县 630 户农民增收、增产，撰写 15 篇学术论文，为察布查尔县的农业生产做出了一定贡献。

（供稿：永海、小龙）

【关松】

发挥技术优势　实现科技创业梦想
扎根察布查尔

关松，男，满族，辽宁省盖州市人，于 2010 年来到察布查尔县。2012 年注册成立察布查尔锡伯自治县海天油桃专业合作社。多年来，他务实创新，坚持不懈，奋斗不息，在平凡的岗位上干出了不平凡的业绩；在生活中，他乐于助人，无私奉献，是新时代科技特派员中的先进典型。2010 年被评为科技特派员后，关松在充分了解科技特派员的工作职责和要求后，心中顿时燃烧起了激情之火，并把科技特派员作为自己人生又一个新的起点。

积极引进推广新品种

多年来专门负责特色林果引进示范推广，主要特长是特色水果丰产栽培技术，田间指导及产品的销售服务工作，多年来受到察布查尔县政府等相关部门的肯定。来到新疆服务期间，引进新品种、新技术，在察布查尔县和伊犁河谷县市示范推广，提高油桃生产的科技含量，与此同时，引进、推广黑蜜葡萄新品种，实现第一年栽种，第二年丰产的栽培模式。大规模开展科普活动，致力于带动察布查尔县乃至伊犁河谷油桃种植水平和规模，无偿为农牧民依靠科技进步发家致富发挥了显著的示范带动作用，并长期无偿为山区贫困村免费提供新品种果苗，发展庭院经济。在伊犁州服务期间未收取过农民的任何技术服务费用，日日夜夜一直潜心为伊犁州等县市的油桃、葡萄种植户提供无偿服务，在新疆服务期间放弃所有节假日，大年三十都在奔走于种植户的油桃大棚，以至于到新疆服务的九个年头只回过一次老家探望父亲。

攻克难关解难题

2013 年在米粮泉回族民族乡阿顿巴村召开了由农业厅书记牵头参加的全疆油桃种植现场观摩会，受到了自治区农业厅，以及全疆相关部门、伊犁州直相关部门和县委、县政府的好评。现场观摩会后，他得到声声赞誉，给他的触动很大，他暗自下定决心一定要把油桃事业做大做强，不辜负政府和老百姓对他的信任和鼓励。多年来他的合作社也受到了自治区和伊犁州党委领导的高度评价，其间自治区党委宣传部副部长、外宣办主任侯汉敏等领导到合作社调研，并对合作社的发展提出了殷切的希望。在树龄和产量增加期间，由于区域差异，伊犁州油桃种植户遭遇大面积的油桃黄化病，很多种植户挖掉油桃树，纷纷决定放弃这个产业，为此他深感焦虑，决定下大力气将这个产业再次拉动起来。经过几年的研究和实践，通过努力终于攻克了油桃等苗木、植物等跨区域种植发生黄化病的难题，为伊犁州乃至新疆种植行业带来了福音。

主动发挥科技特派员引领示范带动作用

关松主动服务米粮泉回族民族乡、良繁场的葡萄和油桃产业，为当地产业振兴和农民增收提供技术服务。他从辽宁省引进水果新品种、新技术，建立油桃、葡萄科技示范基地，通过科学管理，他生产的油桃、葡萄品质得到市场认可，每年油桃、葡萄成熟时，大批商贩聚集基地，供不应求，棚均收入达到 2 万元以上。在自己富裕的同时，不忘带动农户共同发展。目前，在察布查尔县、巩留县、伊宁市、霍城县等地建立示范基地，常年开展技术服务，其示范带动规模达到近 1000 个温室大棚。关松一心为群众办实事、办好事，被他服务过的察布查尔百姓视他为知心朋友、致富路上的“财神”。

4. 强化责任担当，助力脱贫攻坚

年初关松深入基层服务，鼓励百姓发展庭院经济，他还以个人名义无偿为纳达齐牛录乡清泉村、琼博拉镇克其克博拉村、海努克乡海努克村提供了近 4000 株李子苗，给贫困户发放率达到 90% 以上。

【关海霞】

坚守初心使命
行医路上不平凡的耕耘者

关海霞是新疆中西医结合妇科分会委员，现任察布查尔县妇幼保健院妇科门诊主任，长期在县妇幼保健院妇产科临床一线工作。在 20 年的临床工作中兢兢业业、踏实肯干、团结协作、开拓创新，连续 5 年被评为优秀医务工作者。2011 年 10 月在首届全国医圣杯优秀医学论文大赛中荣获科研成果一等奖，被授予 2011 年度医圣杯全国优秀医务工作者称号。

坚守初心，孜孜不倦攀登医学高峰，力争让基层妇女享受最优质的医疗服务

作为一名医生，只有通过提高医疗服务质量，才能赢得患者的信任。于是她自己在工作中不断学习，苦练过硬的基本功，牢牢掌握本专业基础理论、基本操作、基本技能，学习新知识、新技术、新疗法，了解妇产科疾病发展的新动态，积累新经验。

为了给自己充电，她多次在疆内外上级医院进修学习，以其他人几倍的时间和精力努力钻研理论知识，深刻领会和掌握最新的诊治方法。每次外出学习回来积极开展新业务，学以致用，大胆把学到的技术应用到临床实践中，只为更好地为各族女性患者服务。并且把新技术、新理念传授给周围的同事，带动了县妇幼保健院医疗服务水平。

2018 年 5 月至 2018 年 11 月，她作为伊犁州青年科技英才培养学员赴江苏省中医院学习半年。学习回来后即刻对妇科常见病、多发病进行特色治疗。先后在中国医学类核心期刊发表论文 20 多篇。之前宫腔镜类患者都要去州级医疗机构治疗，县妇幼保健院开展宫腔镜手术后大大方便了老百姓，使得患者在家门口就能得到有效救治，减轻了患者负担。到目前为止,有30多名患者通过宫腔镜手术得到有效救治。

医者仁心,使命不改,关海霞同志20年如一日坚守基层医疗岗位

1999年毕业于新疆医科大学中医学院本科临床医学专业的关海霞,毕业后毅然决然选择下基层去了绰霍尔乡卫生院成为一名乡村医生。她从学医那天起就深知自己肩负的使命和责任,一步一个脚印踏踏实实,勤勤恳恳,任劳任怨,日复一日、年复一年地坚守本心,历经20年的临床一线磨炼,不断学习专业知识,提高医术技能,只为更好地为老百姓解除病痛。

2008年冬天的一个深夜,寒风凛冽,熟睡中的她突然被电话铃声吵醒,接到单位急诊——一名产妇发生产后大出血,需要紧急抢救,她迅速穿好衣服,来不及叫车,一路狂奔跑到单位,加入抢救队伍里。大家分工明确,争分夺秒,经过科室所有人共同努力,产妇脱离危险,母子平安!而白衣天使们一直忙到凌晨四点,这样的不眠夜数不清经历了多少次了。

坚持"医者父母心",用爱的双手托起初升的太阳,义不容辞地担任起健康使者

记不得多少次从产房传来响亮的婴儿啼哭声,每次产房的一次分娩,都是她最幸福的时刻。她始终把患者的生命安全放在第一位,认认真真检查,兢兢业业施诊。当遇到患者不理解时,耐心地做好沟通工作。不管工作多忙多累,她都坚持每天下班前详细查看每一位病人,掌握病人的病情变化。她时刻为病人着想,从检查到治疗,为患者精打细算,如果遇到家境贫困的患者,还会和相关科室沟通联系帮助患者解决困难。

多年来在她和科室其他同志的努力下,妇科门诊的业务取得了巨大的成就,很多之前都是去州级医院才能解决的疾病和检查都能在县妇幼保健院得以解决,为患者节省开支和时间。所有的付出和努力得到了领导和职工们的认可和肯定,更是得到了广大患者的一致好评。

关海霞同志是平凡医务工作者中的一员,又是行医路上不平凡的耕耘者,是永葆初心,不忘使命,在基层医务岗位上默默奉献、孜孜不倦的劳动者,为各族老百姓解除病痛,救死扶伤的奉献者。

【艾山·塔斯坦】

深耕儿科三十余载
用爱守护儿童健康

2017年,61岁的艾山·塔斯坦是察布查尔县人民医院儿科副主任医师,同时也是一名中共党员,工作和生活中时刻严格要求自己,是同事们眼中的好榜样。他深耕儿科34年,只为了更好地为儿童健康把关。在许多家长眼里,他是孩子们的守护神。每一天来找艾山医生的求医者都络绎不绝,有些患儿家长不怕路途遥远来找艾山医生,为的就是能让艾山医生亲自为孩子检查身体。艾山医生在察布查尔县人民医院门诊量平均达1200人次/年,名列前茅。

1980年至今,艾山医生从住院医师到副主任医师,改变的是职称,不变的是他守护生命健康的初心。到60岁退休年龄时,他放弃外院高薪聘请,选择继续留在县人民医院工作,继续守护着他心中放不下的孩子们。他说如果他走了,很多乡村疾病患儿家人找不到他看病,那样会耽误孩子们的病情。

每天早上,艾山·塔斯坦早早就来到门诊坐诊,耐心解答患儿家长的各种疑问。病人一个接一个地走进诊室,他重复着检查、开药、写医嘱、写病历、回答家长疑问这一流程。30多

年来,艾山·塔斯坦看过的患儿遍布自治县100多个村庄、连队,很多患儿家人对他的医术和医德都是高度称赞。

患者家长张利利说:“我们家娃娃每次生病都找艾大夫,因为他的技术特别好,忙的时候他一口水都喝不上,而且排队早上都排不上,只能排到下午。”

县人民医院儿科主任徐伟告诉记者:“艾山医生是我们医院的老同志,是我们儿科的老前辈,也是我的老主任,他也培养了我,现在就在我们医院返聘发挥余热,服务我们全县的各族儿童。他呢,工作以来一直勤勤恳恳,任劳任怨,技术也好,态度也好,深受全县各族人民的喜爱。他是我们儿科人学习的榜样,也是我们全院职工学习的榜样。”

艾山·塔斯坦在平凡的岗位上无私奉献,实现自己的人生价值。他那强烈的事业心、高度的责任感和对工作认真负责的态度,质朴、正直、平易近人和为病人着想、无私奉献的品行使同事及患者赞叹、敬佩。他曾多次获得各类荣誉称号,并且还被评为全国医药卫生系统“争先创优活动”先进个人。

艾山·塔斯坦说:“我在这个医院上了37年班,身体允许的话,我会继续干下去,为病人解除痛苦。大家身体健康,就是我最大的心愿。”

(供稿:永海)

【伊学奎】

“中国箭乡”的金牌逐梦人

2019年4月春妍,天山南北杏花飘香。在地处伊犁河畔的察布查尔锡伯自治县,春风还略带寒意,蓝天白云下有一个坐着轮椅的背影,举弓、搭箭、瞄准、放箭,一丝不苟。他叫伊学奎,今年47岁,是新疆残疾人射箭队的一员。幼年时一场突如其来的疾病让伊学奎坐上了轮椅,但他选择拿起弓箭、瞄准远方。2001年入队的他,是当时最年轻的队员,如今已是队中的老大哥;47岁,在竞技体育中的“高龄”阶段,伊学奎仍未停下追梦的脚步。

2007年,在云南昆明举办的全国残疾人运动会上,伊学奎以288环的成绩与另外两名选手并列第一,最终却因射中个数较少与金牌失之交臂。之后,一个倔强的金牌梦便在憨厚腼腆的伊学奎心中扎下了根。

新疆残疾人射箭队教练王燕红说:“我们这个队伍一共12个人,伊学奎是我们男子反曲弓的一名大将,我带他快20年了,有一年他比赛的时候取得了一个跟别人都一样,即288环的成绩,后来因为射中10环,个数较少,获得了铜牌,他一直想拿金牌,所以一直干到现在。”

在备战全国第十届残运会暨第七届特奥会射箭比赛时,伊学奎每天的训练量超过400支箭,每射完一组,便驾驶着电动轮椅去70米外的箭靶取箭。因为下肢力量不足,拔箭时的身体显得有些颤颤巍巍,而乐观的伊学奎却总是乐呵呵的模样。参加完训练的伊学奎说:“训练真的很辛苦,每天都练习开弓、拉弓、放箭,动作一旦不标准,箭就乱飞。射箭时要动作规范,还要用力拉弓,注意力更要时刻集中,要不然箭就会脱靶。”

每天清晨,伊学奎总是早早来到训练场,开始一天的技术和体能训练,拉弓臂、推弓臂……对待这些最基础的常规训练,有近20年“箭龄”的伊学奎全神贯注,没有丝毫懈怠。同时他还带其他的小队员,向他们传授技艺。新疆残疾人射箭队队员陆可说:“我从贵州省贵阳市过来的,来时学奎师兄对我们挺好的,我们还没来到射箭队,他就帮我们把宿舍都弄好了。在平时训练时,我们遇到不懂的,他都耐心教我们。”

王燕红也说:“学奎性格比较内向、憨厚老

实,训练的时候也比较实在,他白天要是练得不太好,晚上就提着弓独自到场地上来训练。有的时候还协助我带其他的小队员,在队里面起到了很好的传帮带作用。"

20年的运动生涯,使伊学奎熟练地掌握了弓箭的各项性能,他每天负责射箭队队员弓箭的调试等工作。

王燕红告诉记者,队员们都很刻苦,为了保持射箭的稳定性,他们需要付出更多的汗水,更加充分地调动上肢、背部的力量来保证击发时的稳定状态。王燕红轻轻拉开伊学奎的领口,左肩的瘀青红肿清晰可见,为了帮助老将更好地恢复,王燕红会为伊学奎做肌肉按摩,并辅以拔罐等中医疗法。如今,训练的汗水、疲劳带来的伤痛在伊学奎心中都只是射箭生涯中的朵朵浪花。而他,期待着每一次大赛的来临,期待着冲击金牌。伊学奎告诉记者,察布查尔县被称为"中国箭乡",他从小就喜欢射箭,射箭就要打黄心,比赛就要拿金牌!2007年的一块铜牌没有让伊学奎停下脚步,反而成为他逐梦金牌的又一个起点。

(供稿:永海)

【何晓】

30年的东布尔琴情缘

何晓与他的东布尔琴

这是一间十几平方米的地下室,中午时分,阳光从南侧小小的窗户照进来,地下室迎来一天中最明亮的时刻。

这间小小的地下室,是77岁的锡伯族老人何晓的东布尔展览馆。60多把东布尔挂满了四周的墙壁。这些东布尔,是何晓一生的心血,也是他生命中最后的牵绊。

坐在窗前的一把椅子上,满头白发的何晓拿起他最喜爱的一把东布尔,拨动琴弦。

阳光下,琴弦闪闪发光,万籁俱寂。

在东布尔上花多少钱都不心疼

几天前,这间位于察布查尔锡伯自治县中天·锦宏名都小区的东布尔展览馆才刚刚布置好。为此,何晓忙碌了近一个月的时间。

此前,这些东布尔都摆放在县委老干部局的一间活动室,但因存放时间久,不少东布尔有折损,心疼不已的何晓将东布尔全部拿回了家。搬家时,不少老朋友来帮忙。忙完后,他请大家伙吃了一顿饭,花了100多元。尽管平时省吃俭用,可只要和东布尔有关,他就突然变得大方起来。"在东布尔上花多少钱都不心疼。"何晓说。

东布尔是深受锡伯族人喜爱并广泛使用的乐器,由共鸣箱、琴头、琴杆、弦轴、琴马和琴弦等部分构成,规格大小不一。共鸣箱扁平,呈长方形,与哈萨克族乐器冬不拉的琴箱较为相似,琴框用四块梨木、杏木或核桃木等板料拼接而成,上下开有装入琴杆的方孔,两面蒙以松木薄板,面板中上部开有一个圆形音孔。琴头和琴杆采用一块长方形条状的杏木、桑木制作,长度与琴身相同。琴头上部扁而宽,呈铲形向后弯曲,下部开通底弦槽,两个硬木制弦轴分列两侧,左右各一,轴体呈提琴弦钮式。琴杆窄而长,为半圆形柱状体,前平后圆,上下等宽,正面为按弦指板,上端设有山口,下端插入琴箱的方孔中。面板音孔下方置有一个木制桥形琴马。东布尔的两条琴弦使用羊肠弦或丝弦。

60多把东布尔全部由何晓亲手制作,每一把东布尔的形状各异,何晓还给它们分别起了名字。比如他最喜爱的这把东布尔名为"布儿金"。"布儿金"在锡伯语中意为天鹅,它的得名是因为琴箱上部形如一只引颈的天鹅。另一把东布尔因琴箱形如弓箭,故名为"锡尔旦"。锡伯语中,"锡尔旦"即为弓箭之意。这些东布尔不仅形状各异，大小也相差甚远，最小的东布尔长不过五六十厘米，而最大的东布尔长约一米，酷似一把大提琴。

30多年来，何晓的时间几乎都花在了这些东布尔身上，甚至走路都在想，下一把东布尔应该做成什么样子。

在东布尔上，何晓花费的不仅是时间，还有金钱。前些年，他的退休工资不高，妻子没有收入，为了东布尔，他几乎戒了酒，朋友请客也从不参加，因为吃了人家的，还得请别人。红白喜事，能不去的他尽量不去，因为去了就要花钱。

可是，只要与东布尔有关，他却毫不吝啬。这些年，他为东布尔花了10余万元。“像疯了一样！”他这样形容自己。

小提琴曾是他的最爱

虽然何晓为东布尔倾尽了心血，但他的前半生却与东布尔毫无关联。小时候，母亲和舅舅时常弹东布尔，可他连碰也不碰。

真正和音乐能扯上关系的是四年级时，他央求爸爸做了一把四胡。“那时候每个乡都有秧歌队，去听了几次，觉得四胡很好听。”这把四胡并不标准，琴箱用铁皮制成，外面蒙了一层羊皮。四胡做好后，何晓只是胡乱拉了几次，就被邻居的哥哥借走了，很快便不知所踪，何晓也一点儿没有心疼。

好听，是何晓为音乐痴迷的唯一原因。他最初迷上的是小提琴。

初一的一天中午，他放学路过县文化馆，听到一间屋内传来悠扬的琴声，他好奇地凑近窗户，踮起脚探头去看，见一个人在拉小提琴。“小提琴的声音原来这么好听，我也要学。”他说。

学琴，最好的方法是参加学校的乐队。可学校的乐队招收的都是有一定基础的学生，任何乐器都不会的何晓根本没有资格参加。

初中毕业后，何晓考取了伊犁师范学校。教音乐课的关老师毕业于沈阳音乐学院，小提琴拉得极好，一直想学小提琴却没有机会的何晓喜出望外，立即拜他为师。

只是音乐课，远远无法满足何晓的渴求。伊犁州歌舞团有几位锡伯族乐手，每天放学后，他就溜出去听他们弹琴。为此，他还受到学校的批评。

毕业时，何晓有两个选择：去霍城县当老师或者去乌鲁木齐市当翻译。最好的选择无疑是当翻译，而他也通过了考试。可当听说察布查尔锡伯自治县文工团正在招人时，何晓改了主意。

当时的县文工团只有十几个人，由于人少，演奏、演唱、舞蹈……每个人都多少要懂一点，何晓也是如此。“这支舞还在给别人伴奏小提琴，下一个节目，又去跳舞了。”何晓说。

虽然如此，何晓还是很开心。因为在这里，他可以学小提琴，这就足够了。

对于东布尔，何晓还是毫无兴趣。毕竟，有那么多比东布尔更好听的乐器。

再好听的乐器也是别人的

让何晓第一次重新审视东布尔的价值是在20世纪80年代。那时，何晓在尼勒克县民政局工作。

贝伦舞被锡伯族人称为“生命舞蹈”，东布尔是贝伦舞最传统的伴奏乐器。然而，由于东布尔音量较小、外形不够美观，且只有2根琴弦，演奏曲目受限。随着西洋乐器的传入，除了一些老人，没有几个年轻人对东布尔感兴趣。“当时在县文工团工作时，团里都没有一把东布尔。跳贝伦舞时，因为没有人会弹东布尔，都是用录音机伴舞。”何晓说。

锡伯族人自己的乐器为什么没有人喜欢？为了寻找其中的原因，何晓决定回到家乡。很快，他就找到了其中的原因。“东布尔方方正正的,和其他乐器比起来,不好看也不精致。因为琴箱太小,声音也不大。"他说。

如何让东布尔能够重新被接受?何晓的想法十分简单,就是让东布尔变得漂亮起来。1995年起,何晓开始绘制图纸,在东布尔原来的样子上增加一些装饰物。

1997年,当8把东布尔完成后,他发现,现实离理想还差得很远:"只是漂亮了一点,可是没有一点根本性变化。"

在原有的基础上,何晓继续进行改良。第二批做了16把,还是不满意。当时为了省钱,材料尽可能买便宜的,三合板都用过,结果做出来的东布尔太粗糙。一气之下,他把做好的东布尔全部烧了。

尽管这两次尝试都没有成功,却让何晓找到了失败的原因,即一直没有跳出以前的框框。何晓决定让东布尔换个模样。

为了东布尔什么都可以豁出去

第一步,就是让东布尔由方变圆。"绝大多数乐器的琴箱都是圆形,显然有一定的道理,东布尔为什么就一定是方形?"何晓说。

在材料的选择上,何晓也挑剔起来,共鸣箱选用当地的松木,面板则是从乌鲁木齐市选购的桐木板。为丰富东布尔的表现力,他又打起了琴弦的主意。从2根到3根,从4根到6根、8根甚至16根,只要能想到的,何晓差不多都"折腾"了一遍。最终,他做出了自己满意的东布尔。

2004年,为保护自己的东布尔,何晓开始申请专利。如今,他已拥有东布尔外观专利35项,他发明的东布尔还在2004年分别荣获第四届国家专利技术优秀发明一等奖和第四届国家科学技术最佳成果进步奖二等奖。

2012年,何晓又自费出版了《锡伯族民间乐器——东布尔琴》一书。出版这本书,需要3.5万元。因为一下拿不出这么多钱,除了首付的1万多元,其余的2万多元,何晓只能每个月发了工资后,寄去一两千元。"出版社看我这么不容易,最后减免了5000元。"何晓说。

对于普通人,一生能够出版一本书就已经满足,可何晓还不知足。近几年,他又完成了《锡伯族民间文化艺术集成》一书的书稿。书稿中,他收录了锡伯族图案艺术、弓箭文化、民间音乐、民间图案和剪纸、贝伦舞等内容。可几年过去,出版一本书的价格涨了不少。他打听了一下,至少需要四五万元,差不多是他一年的退休工资。"豁出去了。"他说。

为了东布尔,何晓似乎可以做出所有的付出和牺牲。这间东布尔展览馆,就是他像蚂蚁搬家一样,一点点建成的。在一楼的小菜园里,他还准备搭建一间工作室,用于制作东布尔。"死之前,怎么也得再做几把。"何晓说。

何晓为这些东布尔想好了归宿:"如果儿子愿意,东布尔展览馆就继续保留。如果他不想要,就把这些东布尔全部捐给县文化馆。"

而眼前,让他发愁的却是东布尔展览馆建成后由谁来看管。筹建之前,他并没有过多考虑这个问题。或许是因为他觉得,不该过多地考虑这些,他所做的,只是在完成最后一个心愿,再为东布尔癫狂一次……

(来源于伊犁新闻网)

【朱法辉】

蘑菇草莓"一锅烩"
立体农业新创意

察布查尔县孙扎齐牛录镇雀尔盘村草莓专业合作社理事长朱法辉打破传统种植方法的局限性,成功研究出"草莓+蘑菇"的立体栽培方法,一座温室大棚实现了10万元的收入。

3月24日,记者在朱法辉的温室大棚里看到,草莓和蘑菇在同一个菇床上同生共息,扇形的蘑菇和圆形的草莓在温室大棚里交相辉映，形成一道独特的风景，有效拓宽了增收致富渠道。朱法辉说："关于我们蘑菇草莓立体栽培这一块收成可以，效益非常好，模式就是在上面草莓也栽，蘑菇也种，充分利用空间，让每个老百姓都能挣上钱，同时能卖个好价钱。"

据了解，朱法辉有 10 多年的草莓种植经验，最近这几年，由于连续在同一块地上栽种草莓，造成植株生长弱、产量低，果实品质差，严重影响了草莓的产量，也打击了合作社社员的积极性。面对这一情况，朱法辉从 2013 年开始尝试"草莓＋蘑菇"的立体栽培模式，以平菇培养料覆牛粪和土，然后挖出约 30 厘米深的垄沟，再在垄台的土层上定植草莓。通过 3 年的试验，朱法辉成功地摸索出了蘑菇、草莓立体栽培的新技术，实现了双丰收。他给记者算了这样一笔账，采用草莓平菇立体栽培模式种植的大棚一座需投资 2 万元，蘑菇年均产量可达到 15 吨，即使按市场最低价计算，收入也能达到 7 万元。套种的草莓可比往年提前上市 10－20 天，按收成 2.5－3 吨、市场价平均 10 元/公斤计算，收入为 2.5 万－3 万元，这座大棚的毛收入可达到 10 万元左右。

朱法辉告诉记者，今后，合作社将采用统一管理、统一销售的模式，积极发展绿色无公害草莓，提高产品质量和经济效益，带领大家共同致富。朱法辉说："公司今后主要是管理种植基地的统一和保证质量安全这两块，产品质量提高了，我们的档次和收益也就跟着提高了，也更能让游客们吃得放心、玩得开心。"

（供稿：永海）

媒体中的察布查尔

察布查尔县开展“庆祝中华人民共和国成立70周年”纪念章颁发和慰问活动

今年是新中国成立70周年，中共中央、国务院、中央军委决定颁发“庆祝中华人民共和国成立70周年”纪念章。察布查尔县首批先进模范、老战士、老同志获此殊荣。9月27日，县四套班子领导分别前往这些先进模范、老战士、老同志家中看望慰问，并为他们佩戴纪念章。

当天上午，县委书记王沛昭先后来到老同志肖昌、张英家中，与他们促膝交谈，详细了解了他们的身体、家庭状况，并为肖昌、赵文兰和张英三人颁发和佩戴了“庆祝中华人民共和国成立70周年”纪念章。交谈中，92岁高龄的肖昌老人，回忆起中华人民共和国波澜壮阔的70年，感慨万千。王沛昭说：“在新中国成立70周年之际，党中央、国务院和中央军委对做出历史贡献的老同志给予慰问和褒奖，体现了党和人民对为国家建设做出贡献的老同志的肯定和关怀。正是有了这些老同志浴血奋战、艰苦创业，才有了我们今天的繁荣昌盛。”王沛昭嘱咐老人好好保养身体，并叮嘱相关人员做好老同志的关心关爱工作。肖昌老人说：“新中国成立70年来是伟大、光荣的，在中国共产党的领导下，中国人民团结奋斗，中华民族实现了从站起来、富起来到强起来的伟大飞跃。”

县委副书记、县长关桂珍一行先后来到新中国成立后获得国家级表彰奖励的吴秀芳、贺红岩，县机关事业单位中新中国成立前参加工作的老同志兴谦和老复员军人妮曼买买提·散依甫的家中走访慰问，与他们亲切交谈，并为他们颁发“庆祝中华人民共和国成立70周年”纪念章，感谢他们在社会主义建设中做出的贡献。老人们接过沉甸甸的纪念章十分激动，他们表示，这枚纪念章非常珍贵，承载着党和国家对老人们的关心和爱护。

关桂珍说：“在国庆前夕颁发纪念章，充分体现了以习近平同志为核心的党中央对为国家发展和建设做出突出贡献同志的亲切关怀，体现了党和人民对老同志历史贡献的充分肯定。”关桂珍希望老同志们发挥余热，继续贡献智慧和力量。

县人大常委会主任王瑞成一行先后来到老复员军人潘维圻、回乡务农抗战老战士关忠林、老复员军人苏生华和田文杰家颁发“庆祝中华人民共和国成立70周年”纪念章。王瑞成一行详细询问了老人们的生活起居，高度褒扬了老同志为中华民族解放事业和社会主义建设、国家蓬勃发展做出的特殊贡献，衷心感谢他们为自治县的经济社会发展付出的努力。交流中，王瑞成一行还给老人们讲解了党中央、国务院、中央军委颁发“庆祝中华人民共和国成立70周年”纪念章的重要意义，为老人佩戴了纪念章并合影留念。接过纪念章，四位老同志都非常激动，由衷地感谢组织对他们的牵挂，祝福祖国更加繁荣富强。

县政协主席哈山·达吾列提汗前往爱新色里镇看望慰问老复员军人永良西和全国民族团结进步先进个人韩春生，并为他们佩戴纪念章。哈山·达吾列提汗对两位老人为民族解放和国家建设事业做出的积极贡献表示崇高敬意，并详细了解了两位老人的生活和身体情况，嘱咐他们保重身体，安享晚年。

县委副书记、援疆工作组组长李强一行先后来到老复员军人张宏德、新中国成立后获得国家级表彰奖励的伊淑梅、老复员军人董金山、老同志蔡根成的家中进行了走访慰问，并为他们颁发“庆祝中华人民共和国成立70周年”纪念章。在交流中，慰问组一行认真聆听了老人们的革命故事，对他们为新中国做出的贡献致以崇高的敬意。

副县长沙尔山别克·热合木江一行先后来到老复员军人赛吾尔丁·帕哈尔丁、库加·木里达西、买合买提家颁发“庆祝中华人民共和国成立70周年”纪念章。每到一户，慰问组都与老人们进行亲切交谈，详细了解他们的生活、身体状况，表示没有老一辈军人的无私奉献，就没有如今人民群众的幸福生活。

县四套班子其他领导及各乡（镇、场）主要负责人也分别深入基层一线各行各业，开展颁发纪念章和慰问活动。

（来源于“察布查尔县零距离”）

锡伯古城2019新春庙会现场火爆 游客数创历史新高

2019年察布查尔县新春庙会于2月16—19日在孙扎齐牛录镇锡伯古城举行。赏花灯、逛庙会、猜灯谜、吃美食……今年元宵佳节，锡伯古城为市民和游客准备了形式多样的民俗活动，让人们体验传统民俗节日。

开城门仪式极具特色。每天12时、16时古城将演绎开城仪式。鸣鼓、九声号角揭开迎宾仪式的神秘面纱，接着由演艺人员以最热情的迎宾方式行礼贝伦及迎宾酒迎接远方最尊贵的客人。

餐饮比赛百花齐放。本地十大名宴、十大名小吃齐聚古城，县域内大型餐饮酒店、农家乐在活动期间制作美食，所有入园游客可以免费品尝，并进行投票评选；除了评选美食，游客在现场还能吃到南瓜锅贴、锡味羊杂、抓饭、烤肉、锡伯大饼、花花菜、奶茶、奶皮子、椒蒿炖鱼汤等锡伯特色小吃以及冰糖葫芦、爆米花、棉花糖、关东煮等小吃。

文艺节目丰富多彩。有锡伯古城演艺部带来的萨满舞、锡伯婚俗“打丁巴”等独具民族特色的演出，也有以各乡（镇、场）社火演出队自编自演、自我展示的独唱、合唱、快板、小品、念说、扭秧歌、舞龙、舞狮、划旱船等精彩的节目，充分发挥居民文艺特长与爱好。同时还穿插猜灯谜环节，使现场氛围热烈，到场男女老少都踊跃参与，拉近了居民距离，营造了和谐、喜庆的节日氛围。

娱乐项目流连忘返。景区内增设投石器、战车、弩箭战车、花轿、独轮车、盾牌等攻守城设施。游客还可以参与乘热气球、观看马术和斗鸡表演、爬城墙、幸运投币等活动。众多极具感染力的娱乐项目，承担起文化互动交流与区域旅游休闲的双重作用，让游客流连忘返。

主题灯展形式多样。各乡（镇、场）、村社区、各单位还分别结合各自工作亮点、特色产业、民俗文化等，设计制作了主题灯笼展，比如加尕斯台镇以馕为主题、坎乡以螃蟹和大白鹭为主题、雀尔盘村以草莓等为主题的灯笼展，丰富了市民文化生活。

篝火晚会点燃激情。18时30分，篝火晚会正式开始，虽然天气还比较冷，但仍然阻挡不了游客们的热情。大家手牵着手，和着节拍尽情地舞动，升腾的火焰，欢快的舞蹈，让大家将工作的疲乏全抛诸脑后，尽情享受篝火晚会的乐趣。一场别开生面的篝火晚会为景区游客献上了一顿丰盛的文艺大餐，让游客感受到了别样的小镇风情。

根据初步统计，2019年2月16—17日，锡伯古城接待游客总数达12047人次，创历史新高。

（来源于县文化体育广播电视和旅游局）

察布查尔:西迁节“五月有戏”

5月1日,在素有“塞外江南”美誉的新疆伊犁河谷,以西迁节为主题的文化旅游节正式开幕。此后,各地游客可以在祖国西陲收获“五月有戏”的连环惊喜。

西迁节是新疆锡伯族的传统节日,每年春夏之交,察布查尔锡伯自治县都会举办各类庆祝活动。今年,这一传统节日的活动变得更为丰富,“察布查尔·五月有戏”将在新疆最美的季节带给游客更多收获。整个旅游节期间,当地将举办特色美食展、民族手工艺品展、摄影展、骑行比赛、非物质文化遗产表演、萨满舞表演、民间高手会、游侠机车音乐节、篝火晚会等系列活动。

当日,一场庄严的锡伯古城开城仪式重现了戍边民族的历史场景,让无数游客心生崇敬之情;而锡伯族婚俗“打丁巴”、敲钟祈福等活动,又让游客感受到独特的民族风情和文化传承。在大饱眼福之余,远道而来的游客还吃到了锡伯大饼、花花菜、布尔哈雪克炖鱼,甚至到射箭园一试身手。

据当地文旅部门介绍,围绕“新疆是个好地方”“塞外江南·诗画伊犁”的目标,察布查尔县突出生态、文化特色,讲好察布查尔故事,做足锡伯民俗文化,体现中华文明,推出了一批旅游品牌、精品路线和特色产品,打造了锡伯古城、稻田画、万亩薰衣草基地、白石峰、天沐温泉小镇、伊犁河湿地等景区景点。

清乾隆二十九年(1764年),部分锡伯族官兵及家人告别故乡,奉命从盛京(今沈阳)西迁至新疆伊犁地区屯垦戍边。西迁行动体现了锡伯族深厚的爱国主义情怀,2006年,锡伯族西迁节被列入第一批国家级非物质文化遗产名录。

(来源于“察布查尔县零距离”)

探索文旅融合新路径,察布查尔为旅游注入文化魂

“文化是旅游的灵魂,为旅游业注入具有鲜明特色的文化创意是旅游业发展的新动力,也是旅游业新的增长极。”察布查尔锡伯自治县西迁文旅公司董事长朱成亮道出了他对察布查尔县旅游产业发展的认识。今年,察布查尔县依托丰富的文化资源和人文特色,积极探索文旅融合新路径,推进文化旅游事业持续、快速、高质量发展。

截至6月底,全县旅游52.29万人次,同比增长164.49%;旅游收入36778万元,同比增长384%。

7月17日,记者在国家AAAA级景区察布查尔县锡伯古城采访,行走于景区的大街小巷,这里的一草一木都被刻上了历史的印记。眼下锡伯古城已进入旅游旺季,游客们聆听着讲解员的讲解,了解锡伯族发展的历史变迁。

正在锡伯古城的中央广场观看锡伯族非物质文化遗产项目特色演出的阿克苏游客唐春梅与其他游客一样,欣赏着古城的风光,体验着地道的民俗风情。

唐春梅说:“我是第一次到这里来,在这里我们体验了锡伯族的风情、生活方式,这里的景区建设、歌舞表演都散发着浓浓的文化氛围,我很喜欢。”

锡伯古城景区导服部经理韩玮玮告诉记者,为更好地吸引八方游客来锡伯古城参观游览,更多地了解锡伯族的历史文化,今年锡伯古城景区开展了很多相关主题活动,举办了新春庙会主题活动,5月有西迁文旅节开幕活动,7月底还将开展冰雪嘉年华夏日冰雪活动,截至目前,锡伯古城接待量已经达到了15万人次,相比去年全年旅游人次大幅增长。

韩玮玮说："为了丰富游客的参观体验度，景区每天都要举行开城门仪式，在常态化的演出里添加了锡伯族非物质文化遗产项目的特色演出，启动了锡伯古城夜游活动。每天的客流量达到500至600人次，夜游的客流量也在300人次左右，周末旅游人数会更多。"

来自河南郑州的游客翟德峰说："我在10年前来过一次察布查尔县，这次来给我的感觉是变化很大，景区各项基础设施有了很大程度的提升，添加了很多文化元素，让我们能够更加清晰深入地了解锡伯族历史文化。"

发展中的锡伯古城景区不断完善着各项功能与设施，投资300余万元打造的1000平方米的室内冰雪嘉年华就是其中的一个项目。从36℃的室外，突然进入－10℃的冰雪世界，有一种刚才酷热难熬大汗淋，忽而天寒地冻难出手的感觉。冰雕工人身穿棉衣正在这里进行冰雕的施工，目前场内的冰雕、冰雪迷宫、奇幻魔兽世界、冰上运动、冰上过山车、碰碰车及冰屋酒吧等项目正在进行最后的施工，将于7月底开馆迎客。

察布查尔县西迁文旅公司董事长朱成亮说："察布查尔县旅游业发展布局主要是东部以农业采摘为主，发展乡村旅游；西部以锡伯古城景区为核心，带动周边旅游业发展；南部重点做好白石峰旅游景区的服务区建设，完善停车场、环保厕所，规范餐饮点等，更好地体验自然风光；北部是以伊犁河湿地公园为主的观光旅游；中部以县城为主，建设六条文化和旅游相结合的道路，打造相关旅游产业。同时，做好春夏秋冬的四季旅游景点和旅游项目。当前，将重点做好锡伯古城旅游景区的项目开发工作，在文化、演绎、餐饮、娱乐等方面下功夫，打造了占地1000平方米的室内冰雪嘉年华，计划投资3000万元，城墙里建设一条时空隧道，预计将在国庆节期间投入使用。"

旅游景区的发展也带动着周边农家乐、民宿等旅游经营业的发展，察布查尔县贝伦农家乐就是其中之一，这是一家集餐饮、住宿为一体的农家庭院，可接待80名游客住宿，满足700人同时用餐。

贝伦农家乐负责人韩瑞萍告诉记者，她开设农家乐已经16年了，收入一直比较稳定，2014年，她得到了政府的5万元补贴，发展起了民宿接待，目前，年纯收入在10万元以上。

韩瑞萍说："我们这里的农家饭都是锡伯族特色的美食，餐饮里蕴含着锡伯族饮食文化，这也是吸引游客前来的原因。"

（来源于《伊犁日报》）

援疆力量让加尕斯台镇越来越好

吐尔汗拜·吾格斯拜整天乐呵呵的，对现在的生活很满意。"看着自己家整洁的小院，钢架搭建的棚圈和满院觅食的芦花鸡，总有很多感慨，我最感慨的是援助项目给全村人带来了实惠。"他对记者说。

吐尔汗拜是察布查尔锡伯自治县加尕斯台镇努拉洪村的牧民，10岁时由于青霉素过敏导致身体残疾，长大后戴上了贫困户的帽子。努拉洪村地处山脚下，村民有的住在山里，有的住在山脚下，很分散，很多村民长期过着无水、无电、无通信的生活，村子距离镇政府近20千米路程，孩子上学、老人就医都十分不便。由于缺乏发展的条件和基础，努拉洪村的很多村民一直处在贫困中。

自2011年起，江苏省盐城市建湖县结合加尕斯台镇实际开展援疆帮扶工作，由此，努拉洪村发生了变化。2011年，建湖县投入援助资金291万元建了97套牧民定居房，并追加200万元建设努拉洪村基层阵地和村卫生室。宽阔的马路、明亮的路灯、漂亮的村卫生室和便利办事的村委会,使努拉洪村长期存在的交通、通信、用电、饮水、子女就学、医疗卫生等老大难问题得到解决。

吐尔汗拜建新房时享受了2.85万元的援疆补贴。生活环境改变了,在国家扶贫政策的鼓励下,吐尔汗拜对生活有了希望和盼头。加之他勤劳肯干,很快摘掉了贫困户的帽子。目前,吐尔汗拜一家养殖了8头牛、2匹马、4头毛驴、20只羊。

加尕斯台镇党委委员、副镇长高磊说,以前,镇里的工作、生活条件很差。在援疆力量的帮助下,干部们搬进了新的办公楼和干部周转房,工作和生活条件得到了明显改善。

建湖县围绕打赢脱贫攻坚战,结合加尕斯台镇实际,瞄准民生、产业、就业、智力、社会开展援疆帮扶工作,让加尕斯台镇群众、干部感受到无私的援疆情。

2012年2月,加尕斯台镇党委和建湖县近湖镇对接,签订了对口援疆友好乡镇协议,双方开展了深入的交流学习。连续3年,建湖县每年捐赠帮扶资金100万元,主要开展贫困人员培训、困难群体帮扶等。

建湖县投入援疆资金80万元实施加尕斯台镇农民就业实训基地生产车间扩建项目建设,建成占地1公顷的加尕斯台镇塔兰奇食品加工厂,培训面点师200余人,解决52名农村妇女就业问题。

8年间,在援疆工作的推动下,加尕斯台镇得到了长足的发展,两地的情谊愈加深厚。

(来源于《伊犁日报》)

“我家日子越过越好”——察布查尔4575名建档立卡贫困户实现转移就业

4月10日,记者在察布查尔锡伯自治县伊南工业园区服装产业园阿克米服饰有限公司车间看到,80多名工人正在流水线上加工制作棉衣,现场是一派忙碌的生产场景。技术主管马哈巴・马木提正在一件一件对棉衣进行技术把关,她说,一周后,这批棉衣将出口到欧洲。

阿克米服饰有限公司察布查尔分公司的80多名工人都来自该县各乡(镇、场),以前生活较为贫困,通过进厂工作,平均每人工资2000多元,生活越过越好。古丽米热木・阿布都海尼今年29岁,家里4口人,原是海努克乡的建档立卡贫困户,2016年12月通过乡政府介绍来到该公司,进行了3个多月的技能培训,如今是生产车间的一名熟练工,平均每天能做100件衣服,工资从最初的800多元涨到了现在的2300多元,最高时一个月拿到了3400元。公司不仅给她购买了社保,而且提供免费宿舍,每月还有电费、水费和餐费补贴以及扶贫办发放的500元补助。在这里上班心情很愉悦,休息时还有免费班车接送。工作两年多,她喜欢上了8小时工作的生活方式,说着一口流利的国家通用语言,每天把自己收拾得漂漂亮亮。

古丽米热木说,丈夫受她影响后,去年至今在县城工地帮人开车,每月有5000元,去年就挣了4万元。“如今生活宽裕了,去年还盖了105平方米的安居房,除政府补贴外自己只掏了3万元。今年打算买辆小轿车,把房子好好装修下,送大儿子到县城上学,我家日子越过越好。”古丽米热木满脸幸福地说。

来自加尕斯台镇加尕斯台村的米合克尔班・阿布都热依木是新疆森月坊轻纺制品有限公司的一名员工,去年8月上班以来,每月可以拿到1800元工资。3岁多的孩子如今在工业园区幼儿园入园,目前该幼儿园有30多名孩子,晚上工人经常加班加点,伊南工业园区安排2名干部轮流照顾这些孩子,让工人们无忧工作。新疆贤真服饰有限公司是一家以手套生产加工为主的企业，有员工240人，建档立卡贫困户近20人，古丽巴哈尔·艾合买提江是阔洪奇乡阔洪奇村人，去年9月底来到该公司，短短的两个月从一名学徒变成了一名熟练工，每月工资2200元，去年还被公司、伊南工业园区管委会评为优秀员工、五星员工，各奖励了300元、500元。今年该公司被县委、县政府评为扶贫送温暖企业，被伊南工业园区管委会评为优秀企业。该公司总经理冯宝库说，公司2018年5月成立以来，他们帮职工建设了50平方米的爱心书屋，购买了3万册图书和价值1万元的儿童玩具，给员工发放奖金、慰问品近10万元。

该县高位推动脱贫攻坚转移就业工作，成立了以县长为组长的统筹城乡就业小组，制定了《察布查尔县城乡劳动力稳定转移就业实施方案》《察布查尔县打赢脱贫（巩固提升）转移就业专项行动实施方案》，把就业目标作为脱贫攻坚、绩效考核的重要内容，将转移就业脱贫任务具体分解到各乡镇；充分发挥了劳务经纪人的作用，组织优秀劳务经纪人到克拉玛依实地考察企业，以亲身经历讲解宣传工作环境、工作保障，组织优秀农民工代表巡回宣讲，实现“要我输出”到“我要输出”的思想转变，同时以订单式培训为导向，利用冬闲时间对农村富余劳动力，特别是建档立卡贫困户家庭有培训需求人员开展职业技能培训、国家通用语言培训。2018年321名建档立卡贫困户参加了职业技能培训，另外建立了“察布查尔车间”模式，提高组织化程度，精准转移就业，将盐城市荣威集团打造为该县的就业实训基地，投入援疆资金30余万元，目前与盐城市10个市（区、县）签订了友好单位合作框架协议，今年计划向疆内外有组织转移1000人。提升“小米级”企业内生动力，继续扶持法里春、塔兰奇、加尕斯台镇民族团结孵化基地（中心）等“小米级”企业扩大生产能力，帮助基层群众实现就近就地就业。目前全县共有“小米级”就业车间191家，吸纳就业1795人，其中贫困户107人。

记者从察布查尔锡伯自治县人力资源和社会保障局了解到，2018年至今，该县4575名建档立卡贫困户实现转移就业，其中政府开发性岗位就业1034人，有组织转移就业71人，自主就业1228人，拾红花、铺滴灌带等季节性务工989人，在家搞养殖发展产业1253人，确保了“一户一人”稳定就业。

（来源于《伊犁日报》）

“小家”亮家风　“大家”享平安
——探访米粮泉村平安建设

察布查尔县钟灵毓秀、风光绮丽，独特的自然风光吸引了全国各地的游客。2019年3月18日，该县被命名为“自治区优秀平安县”。日前，《新疆法制报》记者来到察布查尔县，探访该县平安乡村建设的生动实践。

家家都有平安志愿者

3月25日，一场春雨过后，察布查尔县米粮泉回族民族乡米粮泉村的杏花开了，春的气息愈加浓厚。当天一早，65岁的唐德华走进自家菜园，揭开盖在菜苗上的薄膜，绿油油的菜苗长势喜人。

40年前，唐德华从河南老家来到米粮泉村，当时村里只有62户人家。“现在有1500多户村民，人多了，地肥了，大家的口袋鼓了，这都是党的政策带来的好处。”唐德华笑着说。

走进米粮泉村，家家户户大门口“平安家庭”的牌子擦得锃亮。按唐德华的话说：“牌子是每户的‘脸面’。”唐德华家的牌子那就更不用说了，他一天擦好几次。

“艾山家门口的草垛子乱堆乱放，老马家

门口的垃圾还没清走……”作为平安志愿者,唐德华是出了名的“事儿精”。

米粮泉回族民族乡政法书记马旭告诉记者,2005 年,自该乡创建平安乡镇以来,辖区 3 个行政村均成立了平安志愿者队伍,负责监督社区、村环境卫生和人员来往情况。

“虽然都是小事,但不管就成了隐患。”米粮泉村党支部书记齐勇说,该村每家每户都有平安志愿者,他们在平安乡村创建中出了不少力。

“现在,我们村的环境卫生好了,家家户户大门敞开也不怕被偷,村里干净、安全,村民住着舒心。”唐德华说出了村民们的心声。

2018 年,米粮泉村被评为伊犁哈萨克自治州平安乡村。齐勇深有感触地说:“这个荣誉是全体村民共同参与争取来的,是属于大家的荣誉。”

户户亮家风传乡风

习近平总书记强调,不论时代发生多大变化,不论生活格局发生多大变化,我们都要重视家庭建设,注重家教,注重家风。

在米粮泉村,记者发现部分村民家的大门上挂着“最美家庭”“美丽庭院”等牌子。米粮泉村妇联主席苏秀兰说:“根据每户的情况,选出不同的标签,让大家亮家风、传乡风。”

村民马生兰家被评为“最美家庭”。记者走进马生兰家看到,院子里收拾得干干净净,门口种有各种花卉。58 岁的马生兰和丈夫马万林是村里的模范夫妻,她说:“年轻的时候,我老公在外面干事业,我在家里教育孩子、照顾公婆,一家人日子过得很好。”

两年前,马生兰的两个孩子成了家。除了做好家里的事,马生兰又有了新想法,她向村里申请当草根宣讲员,并开始学习法律法规,准时参加每周的农民夜校,精心准备国旗下的宣讲……在入户走访中,她得知村民马女子生病需要救助,不仅自掏腰包,还组织村民为其捐款。

村民兰秀花家被评为“美丽庭院”示范户。1998 年,兰秀花就在村里开起了饭馆,现在的她是米粮泉回族民族乡农家餐饮业发展的带头人。

兰秀花家是一栋二层小洋楼,种植区、生活区、养殖区三区分离,是标准的庭院建设模板。“经常有村民来我家参观,我还帮几户村民设计庭院规划,鼓励他们种菜,我负责销路,帮他们增加收入。”兰秀花说。

说起亮家风,苏秀兰打开了话匣子。她说:哈丽旦·沙依木赛是孝老爱亲的典范,精心照顾婆婆几十年;马初春是教育家庭的典范,她的孩子先后考上了内初班和内高班……

“我们每个月都开展亮家风、传乡风活动,要让这些好的风尚影响更多的人。”苏秀兰说。

人人携手共走致富路

“村里平安和谐风气好,村民们的口袋自然就鼓起来了。”齐勇告诉记者,2018 年,米粮泉村人均收入过万元,人人携手共走致富路,这让米粮泉村成为乡里的优秀村。

米粮泉村是玉米、水稻种植基地。近年来,村里探索“党建+X”的发展模式,通过党支部引领合作社、合作社发展产业、产业完成外贸原单、外贸原单促致富增收,走出一条致富新路。

村民马力国种植罗马甘菊,他告诉记者:“我加入了村里的罗马甘菊种植合作社,从技术指导到销售,合作社都‘一条龙’服务,再也不用担心种的东西卖不出去了。”

2018 年,米粮泉村村委会依托地处兵团第四师六十九团万亩香极地芳香作物原料基地的地缘优势,大力发展以罗马甘菊产业为主的多种特色种植业,逐步探索出一条符合本地实际的“支部+合作社+基地+农户”农民增收新模式。项目启动后，村里13名党员、村干部带头参与种植罗马甘菊，同时拉动56户农民主动融入，通过土地流转、集体联片经营，目前已打造连片罗马甘菊示范基地1个，占地100公顷。

“我们还成立了雪林香科合作社，已经有46户村民加入合作社。我们预计通过项目的落实投产，实现米粮泉村以及周边的阿顿巴村、克米其买里村集体收入积累均能增收10万元以上。”齐勇说。

为了让合作社更好地发展，米粮泉村党支部还在合作社建立帮扶制度，规定每个党员带好10户农户，通过“手把手”“手牵手”搞好传帮带，帮助村民增收。

米粮泉村不断创新美丽乡村治理模式，共创平安乡村的经验，也是察布查尔县平安建设的一个缩影。

近年来，该县积极推动“平安察布查尔”创建活动，思平安、创平安、保平安的意识更加深入人心。

（来源于《新疆法制报》）

察布查尔县：干部红花地里采摘忙

左掐一撮，右掐一撮，左手右手齐上阵，不一会儿，两手就捏满了红花。20日，天刚蒙蒙亮，新疆察布查尔锡伯自治县海努克乡琼布拉克村的红花地里就布满了摘红花的人。

“帮我摘红花的亲戚，早晨6时30分就到地里了，5个多小时就摘了5千克，太能干了！”琼布拉克村村民布哈力且木·肉孜买买提说。

布哈力且木说的亲戚是察布查尔锡伯自治县党委宣传部副部长何龙，当日，像何龙一样帮农民采摘红花的干部有2000多名。

察布查尔是新疆红花的最大产区，自然生态条件非常适合红花生长，常年种植面积和产量均占全疆80%以上。7月中旬，该县9666.67公顷红花集中绽放，需要大量劳动力进行采收。今年雨水多，红花长势良好，如果不及时采摘，花朵干在花托上很难采收，还影响红花质量。为了帮助群众及时采摘红花，从7月9日开始，察布查尔组织县直机关、乡村和“访惠聚”驻村工作队的近2000名干部赴红花种植区海努克乡、加尕斯台镇、阔洪奇乡等5个乡(镇)，帮亲戚采摘红花。

在海努克乡切吉村村民奇曼古丽·卡德尔的红花地里，20多名县纪委(监委)的干部正在帮她家采摘红花，从早上6时到中午1时，采摘、装袋一刻不停。“本来我还担心红花采不完要减产，亲戚却主动到我的地里帮忙，从清晨6时一直忙到现在，我真的很感激。”奇曼古丽说。

切吉村第一书记哈迪力·巴依布拉提最近每天带着干部帮村民采收红花。谈起村里红花产业的发展，他自信满满地说：“切吉村脱贫户比较集中，为了巩固脱贫攻坚成果，年初开始我们就动员群众多种植收益高的优良红花品种，今年切吉村红花种植面积扩大到866.67公顷。红花大丰收，销路也不用愁，目前我们正在跟内地收购价格高的药企对接，在本地成立合作社，集中收购并销往安徽、河北、江西等地，争取让咱村的红花都能卖个好价钱。”

（来源于《新疆日报》）

盐城援疆干部牵线引进“长江一号”蟹，察布查尔农民养蟹增收入

8月28日上午，位于察布查尔锡伯自治

县坎乡库勒特克其村的伊犁悦然生态农业有限公司稻蟹养殖基地里异常热闹,当天是螃蟹开捕的日子,附近群众纷纷前来一睹丰收景象,当地哈萨克族群众自制“螃蟹抓饭”,一同分享收获的喜悦。

11时30分,35岁的叶尔波力·阿合买提汗特撑起船篙,缓缓驶入蟹塘的中心。只见他蹲下身子,双手将半浮于水中的地笼慢慢提出水面,顿时,上百只螃蟹撑满了整个网兜,引得岸边人们一阵欢呼。

“今年螃蟹养得不错,你看,肚子多白。”伊犁悦然生态农业有限公司总经理管小平一边翻看着刚刚捕捞上岸的螃蟹,一边兴奋地说。

管小平手中的螃蟹个头十足,是经江苏盐城对口支援察布查尔锡伯自治县工作组牵线搭桥,从江苏引进并试验养殖成功的“长江一号”品种。据了解,今年伊犁悦然生态农业有限公司养殖基地里预计产出30多吨成品蟹,目前已被预订一空,除了供应新疆本地,还有江苏客商。

管小平告诉记者,自己以前是养蟹的“门外汉”,在盐城援疆工作组的帮扶下,2015年开始养殖螃蟹。公司不但获得了25万元产业引导资金,还持续得到江苏水产专家的技术指导,让江苏蟹在库勒特克其村成功落户繁育,并养殖出膏满黄厚的“长江一号”蟹。此外,盐城援疆工作组还积极引入内地“稻蟹共作”养殖模式,请专家帮助伊犁悦然生态农业有限公司大力发展稻田养蟹,实现“一水两用,一地双收”。如今,“长江一号”蟹的名声越来越响,可观的收入吸引坎乡哈萨克族群众纷纷尝试“稻蟹共作”。仅2018年一年,这一养殖模式就带动当地农牧民就业300余人,160余户贫困户顺利脱贫。

首捕当天,管小平和当地群众欢聚一堂,基地里的哈萨克族厨师别出心裁地做好了“螃蟹抓饭”,蟹黄和米饭混合起来一道蒸煮,香气扑鼻。

65岁的村民居玛西·努尔哈斯拜一边吃着抓饭一边剥着蟹腿,连夸“味道好极了”。他说:“我准备今年让小儿子到基地打工,让他学好技术,将来也搞螃蟹养殖。”

(来源于《新疆日报》)

察布查尔:螃蟹实现冬投助力村民增收

眼下正值数九寒天,但在察布查尔县坎乡库勒特克其村的稻蟹养殖基地,一只只肥硕的螃蟹正在冰雪间爬行。新年伊始,察布查尔县养殖的螃蟹不仅成功越冬进入市场,还实现了蟹苗冬投,使螃蟹养殖成为村民致富的光明产业。

记者走进坎乡库勒特克其村稻蟹养殖基地看到,伊犁悦然生态农业有限公司的工人们正忙着在严寒的室外捕捞螃蟹。记者了解到,基地专家在成功进行蟹苗越冬实验后,如今螃蟹已经适应本地环境,能够安然越冬,用纯净的天山雪水养殖的螃蟹均个体健壮,同时也打入了冬季市场。

伊犁悦然生态农业有限公司自2015年开始在江苏省盐城市援疆工作组的帮助下试养螃蟹,经过3年多的探索和培育,江苏“中华绒螯蟹”成功在察布查尔县落户繁育,并养殖出个体健壮、膏黄肉厚的美味螃蟹。2018年,通过现代化养殖方式,公司建成养殖池塘33.33公顷,并迎来第一轮受益期,出售2000万只蟹苗及30吨商品蟹,企业效益超千万元,同时带动村民实现人均年收入3.6万元。

伊犁悦然生态农业有限公司总经理管小平说:“我们这个螃蟹的冬投和苗子的管理上又先进了一层。今年冬投,螃蟹长得特别好,江苏的专家也说我们新疆伊犁繁育的这个苗子远远超过江苏。在咱们新疆来说我们培育这个苗子也是突破历史的,也是首家。"

为了让当地村民从螃蟹养殖中获利,伊犁悦然生态农业有限公司流转了库勒特克其村的 46.67 公顷土地,建成伊犁州特种渔业(螃蟹、龙虾)综合示范区,聘用流转土地的村民到基地打工,通过"公司+农户"的模式让当地村民实现增收。

伊犁悦然生态农业有限公司员工哈孜拜·阿布都说:"以前我们放羊、放牛,2015 年开始养螃蟹,现在这个养螃蟹的技术我们已经知道了,我们每个月收入 3000 块钱,我们的生活条件也好了,新年来了以后希望我们的螃蟹养得越来越好,相信我们的生活也会越来越好。"

今年,伊犁悦然生态农业有限公司计划投资开发 666.67 公顷稻渔综合种养示范区,以稻蟹养殖基地为核心示范区,持续输入河蟹新品种及江苏优良养殖模式与技术,辐射推广带动周边农民发展特色产业,实现产业发展、乡村振兴。

管小平告诉记者:2019 年,有国家好的政策,我们准备带动当地老百姓大力发展稻蟹,让老百姓来养螃蟹,我们回收。三年之内把苗子铺开到全疆。

(来源于伊犁电视台)

产业援疆:稻田蟹养殖拓宽村民致富路

近年来,随着产业援疆的深入推进,援疆省市与受援地的产业交流愈发密切。在新疆伊犁州察布查尔县,伊犁悦然生态农业有限公司的负责人管小平在江苏盐城援疆工作组的帮扶下,养起了稻田蟹,带动周边群众共同迈上致富路。

"螃蟹是个好东西,我可以养养试试"

秋风起,蟹儿肥,丰收的季节察布查尔县稻田里总能见到管小平忙碌的身影。"你勾一勾它的腿,看它的回拉力度大不大。""它的爪尖越锋利越好。"管小平蹲在地头与技术员郑利胜交流着,他一板一眼地讲着,俨然一个"养殖老手",可几年前他对此一无所知。

管小平曾经养过鸡、种过地,是个地道的庄稼人。2014 年,他开始从事水产养殖,但一直没有起色。2015 年,盐城援疆工作组举办养殖培训班,管小平积极主动参加了,在培训班上他了解到稻田蟹养殖前景很好,就想着试一试。

"我们察布查尔县自然环境好,种植的稻米品质佳,有了稻田说不定就能养成稻田蟹,我可以试试。"管小平说。

2015 年 11 月,经伊犁州党委组织部与江苏省组织部远程教育管理中心协商,管小平带着公司的三个人前往盐城市建湖县考察学习,为察布查尔县的河蟹养殖积攒了经验。

"养螃蟹不容易,既得考虑实际,又得懂技术"

起初,管小平选择养殖辽宁盘锦的扣蟹(每只 2 克以上的幼蟹,是成蟹养殖的苗种来源)。扣蟹在察布查尔县"落户"后,管小平和郑利胜看着水里的螃蟹激动得说不出话来,满心欢喜地盼望着这些"小东西"能长成大闸蟹。

第一次冬投后,扣蟹的成活率还挺让人满意,但就是个头小、长不大。管小平为此发愁着,一直在寻找解决的办法。管小平回忆说,因为养螃蟹还闹出不少笑话,当地哈萨克族村民之前没有见过螃蟹,看到水塘边全是螃蟹以为是"水蜘蛛",就跑去村委会反映,最后我挨个给大家解释才消除了误会。

"水蜘蛛"事件过去后,管小平还在为螃蟹

个头发愁,他就想着从江苏进一批扣蟹来试一试。经过几个月的养殖,结果还是不理想。“盘锦的扣蟹,成活率可以,个头小;江苏的扣蟹个头长得比盘锦的快,成活率又成了问题。”郑利胜说起那段时间面临的困难感触颇深。

正当陷入困境无助时,管小平想到了盐城的援疆干部,他把自己的困惑反映给了来自盐城的援疆干部董建。“我们很重视这些反馈,从后方联系了水产养殖专家给他解惑答疑。”董建说。

经过后方专家的指导,管小平引进了江苏省淡水水产研究所培育的“长江二号”大眼幼体,让它们从小就适应察布查尔县的水质、水温、环境。经过一段时间的摸索,2017 年 6 月,管小平养殖的螃蟹丰收了,池里共捕获蟹苗近 5 吨,成活率也超过了 80% 。

“大家一起养螃蟹致富,这多好啊!”

色里克江·阿地力江以前放牧的时候,每个月只能挣 1000 多元,自从在管小平的螃蟹养殖基地工作后,每个月能挣 3500 多元。

“他(管小平)特别希望我们都能投入到螃蟹养殖中,大家一起致富。”色里克江·阿地力江笑着说。

“察布查尔县现在有 4 个乡镇都在进行稻田蟹养殖,养殖面积达 133.33 公顷,年产 20 多吨,产值 400 多万元。”管小平说,大家一起养螃蟹,一起致富,这多好啊!

经过多年的经验摸索,管小平的螃蟹养殖实现了政府引进、公司管理、农户参与的模式,规模化发展成为可能。此外,冬投实验降低了从外地购买蟹苗的成本,增加了蟹苗生长时间,提高了效益。

“我们这是水稻之乡,有水稻又有螃蟹,我们做了个稻蟹(道谢)饭,感谢我们的援疆干部,谢谢他们,我也相信我们的日子会越来越好。”哈萨克族小伙子叶尔波力端着一盘“稻蟹饭”笑着说。

(来源于“察布查尔县零距离”)

携手共建医联体,共谋自治县新发展

为贯彻落实自治区党委兵地融合发展战略部署,牢固树立“兵地一盘棋”“兵地一家人”思想,从而有效提升察布查尔县中医医院中医服务能力,更好地实施分级诊疗制度和满足群众健康需求,12 月 28 日,在县中医医院会议室举行了新疆生产建设兵团第四师医院、察布查尔锡伯自治县中医医院医联体共建单位签约会暨盐城第九批卫生援察人员欢送会。特邀请察布查尔县委常委、宣传部部长关晓军,新疆生产建设兵团第四师医院副院长陈云国,新疆生产建设兵团第四师医院副院长仇立春,自治县卫健委党委书记姜雨辉,援疆专家参加,同时县中医医院领导及中层干部也参加了此次活动。县卫健委党委书记姜雨辉主持活动,援疆专家崔庆和代表援疆专家团队汇报了在县中医医院所做的工作及取得的成效。

仇立春介绍了第四师医院的基本情况以及医联体组建的目的、意义和工作思路。他说:“此次签约拉开了第四师医院与察布查尔县中医医院医疗联合的序幕,标志着两个医院友好合作迈上了新的征程。以此为契机,第四师医院将积极探索医联体的合作方式和管理模式,实现资源共享,注重工作成效,打造医联体的示范单位。”

陈云国和县中医医院党支部书记汪海燕共同签订了《新疆生产建设兵团第四师医院对口帮扶察布查尔锡伯自治县中医医院协议书》,达成新疆生产建设兵团第四师医院将根据医院中医药创新和发展实际需求,通过托管式帮扶、远程医疗、接收人员进修等形式,帮助自治县中医医院培养专业技术人才，提高专科、学科、科研水平，提升县中医医院的中医药、康养服务能力。

关晓军颁发了新疆生产建设兵团第四师医院与察布查尔县中医医院医联体共建单位牌匾和仇立春为县中医医院终身名誉院长证书。关晓军说："江苏第九批卫生援疆专家们舍小家，为大家，不远万里来到察布查尔县，为各族人民的健康贡献着力量。县中医医院在援疆专家的帮扶下，综合素质与服务能力有了跨越式的发展，此次能与第四师医院成为医联体，这是察布查尔县卫生健康事业改革创新的重大举措，也是江苏第九批医疗卫生援疆的硕果。医疗联合体是新医改政策下大型公立医院发展的方向，也是新形势下建立合理就医秩序的重要载体。两家医院建立'医联体'，不仅给县中医医院带来了发展契机，也为自治县百姓的健康带来了福音。希望县中医医院在第四师医院的帮扶下再上新台阶，让医联体建设真正变成为老百姓身体健康保驾护航的新平台。"

最后，关晓军为第九批卫生援疆"优秀工作者""先进工作者"崔庆和等六人分别颁发了证书并赠送"情满天山伊犁行"和"大爱援疆、情洒边城"援疆风采录画册。

此次县中医医院与新疆生产建设兵团第四师医院医联体签约、授牌仪式圆满成功，进一步实现了兵地医疗技术服务水平协同发展，既提升了县中医医院医疗技术水平和服务能力，同时让各族百姓在家门口就能看得上病、看得起病。这必将对县中医医院今后的工作起到积极的推动作用，我们将以此为今后工作的新起点和新动力，不断持续改进，完善自己，把中医医院建设成为中医特色明显、人民群众满意、政府放心的基层中医医院。

（来源于"察布查尔县零距离"）

医共体来了，让村民看病不出乡

"搁以前我这个病只能到县城住院治疗，还得有家人陪护，现在好了，我在家门口就能治疗，县医院医生来坐诊、查房，而且报销比例比县医院的高。"今年 69 岁的张守贵说道。张守贵是察布查尔县爱新色里镇安巴贴村村民，患有高血压、糖尿病等慢性病多年，腿部残疾行动不便。他老伴儿腿脚也不好，他家离镇卫生院不到 1 千米，所以该镇卫生院是老两口平时看病买药的首选。

村民在当地卫生院就医既方便，又能享受到医保优惠。但是镇级卫生院医疗条件相对简陋，这让既想在家门口看病，又想享受医保服务的张守贵犯了难："在家门口住院，路费跟伙食就能节省一大笔钱。"对于收入来源有限的张守贵来说，长此以往，这可是一笔不小的费用。

从镇上到县里，距离不远，但对于年龄偏大、行动不便的特殊群体来说，镇级卫生院缺少专家医生，有些较为严重的慢性病只能到县级医院诊疗成为他们享受医改红利的一道"坎"。

在"不忘初心、牢记使命"主题教育期间，察布查尔县全力推动医共体建设，打通医保报销服务的"最后一公里"，真正把医改的实惠带到村民家门口，成为考验当地医改决心与成效的一块"试金石"。"自从接入了医共体建设，来镇卫生院就诊的村民是以前的两倍。两个月来，察布查尔县人民医院专家定期来镇卫生院坐诊、查房、授课，从医院管理、学科建设、人才培养、质量管控、信息共建、硬件支持、转诊绿色通道等方面，对我院进行了全面帮扶，我院的医疗技术和服务水平有较大提升，群众就医满意度明显增强。”爱新色里镇卫生院院长玛娅说。

在察布查尔县海努克乡卫生院远程会诊中心，迪丽努尔·迪力木热特医生在给切吉村村民巴合提亚尔进行心电图检查后，立即通过远程会诊平台上传检验报告，经过县人民医院专家确诊，诊断为“阵发性室上性心动过速”，当日正值郭玉娟副主任医师(察布查尔县人民医院 ICU 主任)专家下乡，她详细查看患者后，立即启动胸痛急救绿色通道。

卫生院迅速派出 120 急救车并由郭玉娟主任亲自转送患者，不到 30 分钟就在县人民医院 ICU 进行了抢救治疗，3 天后患者恢复正常，后期一直在海努克乡卫生院进行后续随访治疗。

虽然当地老百姓并不懂得医共体的真正含义，但能真切感受到医共体带来的明显的变化。“经常碰到来自县人民医院的专家查房、会诊，让我们心里更有底气了。”“一些以前非要进城看的病，在镇卫生院也能医治了。”“感觉诊断、检查、用药、住院等过程越来越规范。”“医护人员的服务态度也越来越好。”……百姓的良好口碑是无价之宝。

“医共体建设，是深化医改、落实分级诊疗的重要途径，目的是提升基层医院的技术水平和服务能力，切实解决基层群众看病贵、看病难的问题。”县卫健委党委书记、副主任姜雨辉介绍说。

通过远程会诊服务，改变以往患者需要花长时间在路上、排队的模式，能把优质的医疗服务直接送到基层老百姓的面前，节约了患者就医时间，缓解了患者“就医难”的问题，实实在在满足了基层人民群众的就医需求。

(来源于“察布查尔县零距离”)

《小白杨》原型人物：让“小白杨”精神传承下去

“一棵小白杨，长在哨所旁……”这首歌，想必不少人听过，《小白杨》的原型人物就是家住察布查尔锡伯自治县扎库齐牛录乡的程富胜。这个春节，依然有不少人慕名去他家里参观，看望他的母亲，听屯垦戍边、保家卫国的故事。

2 月 6 日，记者来到察布查尔县扎库齐牛录乡程富胜家。院子里栽种着一排白杨树，即使在白雪茫茫的冬季，依然直立而高耸。近几年，程富胜在当地政府的帮助下，按照小白杨哨所的原型，在家建起了一座哨楼形状的房子。

乡里正在改建的“小白杨”故乡戍边文化展览馆，春节期间工人们仍在加班赶工，预计 2019 年 6 月完工。

母亲的礼物——10 棵杨树苗

春节往来程富胜家里的亲友，依然最爱听那一段关于“小白杨”的故事。

院里盖了新房子，程富胜的母亲富吉梅仍旧坚持要住在老房子里，上门的客人们也喜欢在这间被炉火烧旺的屋里，坐在炕上聊“当年”。

小白杨哨所原名为塔斯提哨所，位于新疆生产建设兵团第九师 161 团。在祖国西北边陲塔城有座巴尔鲁克山，西端山头上有个塔斯提哨所，哨所周围环境恶劣，常年飞沙走石。

1980 年程富胜去当兵了解到，从 1962 年开始，哨所官兵坚持年年种树，但由于缺水，总是留不住一片绿色。

1982 年，程富胜从哨所辗转千里回伊犁探亲，向母亲富吉梅说起了哨所的环境，富吉梅走到后院，挑选了10棵最好的杨树苗让儿子带回哨所栽种上，让白杨陪伴他和战友们一起戍边。

“那时候害怕树枝冻坏，妈妈让我把树苗包在军大衣里，当时我们的大衣是皮制的，里面是羊毛，很暖和，我就怀抱着衣服裹着树苗回了哨所。”程富胜说，战友们看到小树苗都特别高兴，用心呵护，土壤不行，他们从10多千米外，一拨接一拨地搬运土壤；水源缺乏，他们沿着磕磕绊绊的山道，把一桶又一桶的布尔干河水担回连队……

“环境太差了，最后只活下了一棵，就是距离哨所最近的那棵，到现在还在，我每年都会去看。”程富胜说，这棵树与官兵一同成长、一起站岗，给守防生活添了一抹绿色、带来一片生机。

《小白杨》被传唱，有志青年受鼓舞

程富胜说，当时有个很有才华的人来哨所采风，看到战士用自己节省下来喝的水去浇树，便上前询问缘由，得知了小白杨的故事后，激动不已。1983年7月16日，《小白杨》歌词问世，没多久歌词就被刊发了出来。

1984年，中国著名歌唱家阎维文在中央电视台播出的庆“八一”文艺晚会上首次公开演唱了这首由梁上泉作词、士心作曲的《小白杨》。1985年中央电视台春节联欢晚会上，阎维文演唱的《小白杨》再度亮相荧屏，从而使这首歌走入千家万户，为全国人民所耳熟能详。

随着这首歌被传唱开来，越来越多的有志青年受到鼓舞，纷纷加入到驻守边疆的队伍中；越来越多的人受到“小白杨”精神的鼓舞，激发出更深的爱国情怀；越来越多的好奇者开始探寻《小白杨》背后的真实故事。

年复一年，哨所的战士换了一批又一批，但小白杨依然挺拔在那里。

如今，当年的小白杨已长成参天大树，兵团第九师也由当初的小垦区发展成了如今楼房林立、城镇环境优美的经济大师、工业强师和戍边堡垒。

让“小白杨”的精神传承下去

“当兵18年后，我回到了家乡，现在的生活越来越好，各项惠民政策造福着我们，84岁的母亲看病吃药都免费，家里也盖了新房子。”程富胜说，他像每一个普通百姓一样，有着儿子、丈夫、父亲等多种身份，但对他来说第一身份永远是军人，18年戍边、保卫国家的工作生活虽然已经结束，但这却是他人生中最宝贵、最自豪的经历，身为一名军人，心永远向着军旅，向着祖国，像小白杨一样，永远为国扎根于人们所需要的地方，戍边卫国的心像小白杨一样永远傲立挺拔，同时他也希望“小白杨”精神能永远传承下去。

为此，察布查尔县民间自发组织了小白杨合唱团，程富胜的妻子赵玉萍退休后也参与其中，据她介绍，合唱团现有100多人，平日里主要练习爱国歌曲，会参加县里、乡里的各类活动。

在距离程富胜家大概500米的地方，当地政府改建了一座300多平方米的房子，准备作为“小白杨”故乡戍边文化展览馆。

“‘小白杨’的歌声、‘小白杨’的故事已经形成一种优秀的文化走向全国，鼓舞了很多优秀儿女保家卫国，成为一种不可多得的宝贵的精神财富。而这个故事的原型正是在我们乡里，我们希望将“小白杨”的精神通过文字、影像和图片等方式保存下来，展示给后人。”扎库齐牛录乡代理党委书记李英帅说。

他介绍道，展览馆主要包括“小白杨”文化的精神内涵、“小白杨”的故事、社会各界的关注、“小白杨”在塔城、历史上新疆戍边爱国的故事、“小白杨”文化的历史源远流长、“小白杨”文化走向全国7个部分。

(来源于新疆头条)

“小白杨”故乡戍边文化纪念馆吸引众多访客

“无论生活贫穷还是富有,都要有白杨树的精神,不仅要勇敢地去战胜困难,更要将这种精神发挥到生活、工作中。”近日,来自巩留县的刘晓雨在察布查尔锡伯自治县参观完“小白杨”故乡戍边文化纪念馆后,感慨地说。如今,文化纪念馆已经装修完工,每天慕名而来的访客络绎不绝,聆听《小白杨》歌曲背后的故事,感受“小白杨”文化的精神内涵。

“退役军人之家也设立在纪念馆内。该馆以‘忠于祖国、扎根边疆、建设家园、蓬勃向上’为主题,在向人们进行爱国主义教育的同时,传递、感受‘小白杨’的文化精神。”在纪念馆大院内的显眼处,张贴着这几句激励人心的话,扎库齐牛录乡副乡长钟明琦一边读,一边向记者介绍着。除此之外,院内还矗立着老式军车、堡垒,将扎库齐牛录乡尽收眼底的“哨所”以绘画的方式描绘出的参军入伍—强军之路—战斗英雄的军旅画卷。

在纪念馆内,跟随讲解员的步伐,访客们了解了“小白杨”精神、《小白杨》歌曲的诞生背景、老妈妈送树苗、“小白杨”在塔城等内容,通过还原《小白杨》歌曲中主人公原型程富胜和他妈妈的经典故事、看老物件、欣赏老照片,了解历年来一批保卫边疆的典型英雄人物,让更多青年了解边疆,扎根边疆,弘扬“小白杨”精神。

程安妮是程富胜的女儿,也是“小白杨”故乡戍边文化纪念馆的义务解说员。见到她时,她正在展馆内一遍遍地练习解说词。她告诉记者,这份“工作”对于她来说意义非凡,为了让解说的内容更加丰富、生动,她一有时间就向父亲了解当年他参军的故事,并用自己的语言讲述父亲当年卫国戍边的难忘经历。

“给他人讲解的过程,也是对我心灵的一次洗礼。‘小白杨’精神正是当代年轻干部值得学习的精神,希望通过我的努力将这种精神传递给更多的人。”程安妮说道。钟明琦告诉记者,前来参观的有莘莘学子,有退役老军人,有基层干部,还有当地村民,目前访客人数已超过 2000 人。

与“小白杨”故乡戍边文化纪念馆相邻的“小白杨兵栈”已经装修完工。兵栈内按照 20 世纪七八十年代的军营风格设计,大食堂、集体通铺、军装、水壶、杯子、老式收音机等,每一处都展现了平凡充实的军营生活和勇于奉献、敢于担当的精神。

(来源于“察布查尔县零距离”)

生态美　产业兴
农民富——看察布查尔县如何打生态发展牌

近年来,察布查尔锡伯自治县以生态谋篇布局,向生态要效益,有机水稻种植、生态观光旅游等产业逐渐兴起,促进了当地经济发展,提升了各族群众生活水平。

全域绿色　让发展更有质量

7 月 20 日,记者从孙扎齐牛录镇出发,一路向南,成片的稻田好比绿色绸缎,令人心旷神怡。伊犁河两岸成片的湿地和各种水草让人流连忘返。

在绰霍尔镇布占村 66.67 公顷有机水稻的种植基地里,伊美乡合作社技术员刘国庆正忙着查看水稻的生长情况。眼下水稻正处于拔节期,即将进入孕穗期。刘国庆表示,此时的管护尤为重要,控制水位是最需要注意的事项。

随着人们生活水平的提高,人们对饮食有了新的要求。“伊美乡”米业在发展之初,就看准了有机市场,着力在当地推广种植有机水稻,并成立了有机水稻合作社。

村民陈卫明2012年加入伊美乡有机水稻种植合作社,从开始的几公顷到现在的60多公顷,良好的效益让他对种植有机水稻有了新的看法。“有机水稻亩产量收入要比常规水稻高300至500元。开始比较排斥种植有机水稻,只是尝试种植。后来加入合作社,信心增强了。”陈卫明说。

如今,合作社种植的有机水稻达到了300公顷,注册了“伊美乡”有机大米商标。2016年,由于成功赞助第十三届全国冬运会,“伊美乡”有机大米有了知名度,产品销往全国各地,给当地的农民带来了丰厚的收益。

水稻是察布查尔县三大农作物之一,自2016年起,察布查尔县率先在农业系统提出全域绿色发展思路,为了全面保障全域绿色顺利推进,县农业农村局组建了县、乡、村三级技术服务体系,制定了统一生产标准、统一监测方法、统一管理措施、统一施肥用药方案的生产管理制度,强化产前、产中、产后技术服务与指导,推广农业防治、生物防治和物理防治技术,实行统防统治,全面落实配方施肥、病虫害综合治理等标准化生产技术,引进生物可降解膜实验项目,全面控制田间白色污染,为全域绿色工作顺利开展提供技术支持。

自2018年起,察布查尔县进一步强化绿色生态发展思路,提出覆盖工业、农业、第三产业的全域绿色发展概念,即所有生产要素、生产环节、生产方式均要按照绿色要求谋篇布局,向绿色要效益,践行创新、协调、绿色、开放、共享的新发展理念。

生态+旅游　效益更加凸显

近年来,察布查尔县立足生态,主打文化和观光农业牌,大力发展旅游产业。优越的生态环境,让农民从土地中得到收益,也让世代依靠土地的农民开始把眼光投向更加广阔的旅游业。

这两年,越来越多的生态庄园受到游客的喜爱,记者在布占村的佛尕善农家乐里看到,林地里散养着鸡、鸭、鹅等家禽,池塘里有鱼,院子里有西红柿、辣椒等蔬菜。佛尕善农家乐的经营者张启凡告诉记者,为了让大家放心消费,经过几年的努力,他养殖的鸡、鸭、鹅、鱼已经申请了国家有机食品认证,优美的环境、有机健康的美食,吸引了不少游客前来游玩。

游客周辉说:“这里绿树成荫,自然环境比较好,听说他们的鸡、鸭、鹅都是自家养殖的,我家里来了客人,特意把他们带来品尝美食。”

佛尕善农家乐的不断发展带动了当地老百姓的收入。努海是布占村村民,由于身有残疾,全家人靠他在村里开小商店维持生计。3年前,经过张启凡的动员,他来到农家乐卖起了烧烤,自此也吃上了“旅游饭”,生意好的时候,一个月有5000多元的收入。

改善的生态环境成为当地村民致富的“聚宝盆”,这更加坚定了大家走生态发展之路的信心。张启凡说:“这几年的生产经营状况一年比一年好。去年的营业额达到了200多万元。我计划把这里打造成有机种植、有机养殖、生态旅游为一体的生态农庄,同时带动更多的乡亲走上致富之路,增加收入。”

(来源于《伊犁日报》)

察布查尔土地流转改变村民生产方式

记者从察布查尔锡伯自治县农业农村局了解到，察布查尔县加快土地流转和确权工作，大力调整产业结构，发展新型农业经营主体，实现了农牧民增收，目前已流转土地14667公顷。

"2公顷地的流转费1.2万元，加上放牧和代牧，我一年有6万多元收入。"阔洪奇乡玉奇吐格曼村村民坎加·乌拉孜拜高兴地对记者说。

坎加有220只羊，长得膘肥体壮，毛色油光发亮。以前他是农民，靠种2公顷地的玉米维持生活，因缺乏种植技术，加上种植品种单一，除去成本，每公顷纯收入不到4500元。2018年，在"访惠聚"驻村工作队的帮助下，他把2公顷地以每公顷6000元的价格流转出去，安心放羊，帮人代牧150只羊，每只羊每月20元代牧费，每个月有3000元收入。土地流转后，他的妻子也没闲着，农忙时到地里打工，每天有100元收入，一年能挣1万元。2016年，他家盖起了100平方米的安居富民房，2019年又拿出4万元装修，一家人的日子过得红红火火。

2019年，村民马晓云将1.33公顷地以每公顷6000元的价格流转出去。丈夫在伊宁市一家企业开吊车，每月工资4500元；她在企业食堂做饭，每月3000元收入；21岁的大女儿在乌鲁木齐市上班。马晓云说，土地流转后，她和丈夫比原来挣的钱多。

2019年，村民夏木西丁·祖农终于走出了困境，1.6公顷地流转后拿到了9600元。在驻村工作队的联系下，他和妻子到江苏省盐城市阜宁县荣威集团务工，每月有8000元收入，公司管吃住，工作、生活很开心，认识了很多当地的朋友。

据了解，玉奇吐格曼村耕地比较分散，种植单一，村民精耕细作程度不高，在驻村工作队的牵线搭桥下，目前流转土地400公顷，340名农民从土地中解放出来，有的在伊宁市、察布查尔县服装厂、保安公司、餐厅务工，有的就近修路修渠。驻村工作队和土地承包方对接，签订了务工协议，优先解决本村村民季节性务工，目前全村输出劳动力400多人，136人实现了长期稳定就业。驻村工作队和承包方达成协议，玉米秸秆无偿返还农民，解决了村民饲草料问题，如今全村养殖户增加到了220户。

扎库齐牛录乡寨牛录村千禾颐园里繁花似锦，红色、白色的花竞相绽放，20多名工人正在地里劳作。玫瑰、薰衣草、福禄考、郁金香、风信子、芙蓉葵、芝樱等200余种花卉组成了集休闲、观光于一体的植物园，目前这是伊犁河谷规模较大、品种较多的宿根花卉基地。2007年投入1000万元进行基础设施建设、土壤改良和花卉引进，从5月到10月园区内都有花开，"葫芦泉""十里桃花"等游园及狭长的步道成了居民休闲、游玩的好去处。察布查尔县千禾颐园花木技术开发有限公司营销经理刘妍说，目前共流转土地20公顷，每天都有大量工人在园区进行季节性务工，每人每天工资100元，其中寨牛录村有20多名村民实现了长期稳定就业。

近年来，察布查尔县围绕农业增效、农民增收这个主题，引导、扶持当地农民合作社，在"依法、自愿、有偿"的前提下，动员农民将耕地流转，农民从土地上解放了出来。土地流转促进了耕地面积最大化和产业结构优化调整，加快了农业产业化发展步伐和规模化经营，促进了农业现代化发展。如今，有的村民经营小吃店，有的开起了商店，有的学了技术当了工人，有的外出打工。大家腰包鼓了,许多村民开上了小轿车,生活发生了很大的变化。

(来源于《伊犁日报》)

可容纳2000多名学生的盐城实验学校正式开学

又是一年开学季,就在全国各中小学迎接新学期之际,察布查尔县一所以盐城命名的崭新学校也迎来了首批新生。8月30日上午,察布查尔县盐城实验学校正式开学,这也标志着这所由盐城出资2000多万元援建的九年一贯制学校正式投入使用。

当天上午11时,在盐城实验学校的田径场,一堂名为"我和祖国共成长"的公开课为新学期拉开序幕,近1700名新生在国旗下整齐列队,认真聆听他们在新学校的第一课。公开课主讲人是盐城实验学校校长陈新芳,她勉励同学们在新的环境里,不忘感恩,以优异的学习成绩回报所有关心、帮助他们的人。

初秋的盐城实验学校一片崭新景象,标准化的运动场、先进的多功能电教室、宽敞的宿舍和食堂,所有的设施条件与内地学校别无二致。"可以说盐城实验学校的教学条件在我县是最好的。"校长陈新芳对记者说。整个学校占地5.64公顷,设有一至九年级共计46个班,可容纳2100名学生就读。

"目前,新入学学生已经达到近1700名,接下来学生人数还会进一步增加。"陈新芳说,学校按照片区招生,近段时间先后迎来众多学生家长前来咨询。刚刚投入使用的盐城实验学校对于自治县来说是一所年轻的学校,而它的教师团队也充满着朝气和活力。据了解,全校共有94名老师,大部分为青年骨干教师,首任校长陈新芳曾在县第三小学担任校长长达7年多,有着丰富的教学和管理经验。

据陈新芳介绍,在学校的创建过程中,盐城援疆工作组除了投入资金,还积极促成6名盐城援疆老师前来任教。此外,学校通过盐城援疆工作组牵线,还与盐城多所中小学达成教学交流意向,比如,盐城的"网络教研""空中课堂"等一系列互动交流活动将陆续在新学校开展。

对于盐城实验学校今后的发展,陈新芳表示将借助于盐城援建,进一步加大与盐城学校之间的交流力度,提升教学质量,努力将盐城实验学校打造成伊犁州乃至新疆的名校。

(来源于"察布查尔县零距离")

六个民族四世同堂——一个新疆锡伯人家的特别"年味"

贴春联、挂中国结,弹东布尔、跳贝伦舞,喝奶茶、吃马肠子,欢声笑语间,几名老人锡伯语、汉语、哈萨克语切换自如……大年初二,中国西北边陲的一场家庭聚会,让人感受到别样的浓浓"年味"。

一大早,察布查尔锡伯自治县扎库齐牛录乡扎库齐牛录村,82岁的富秀昌就起床张罗起来,客厅挂上了大红的中国结,干果、馓子摆满了长条桌。在神像前叩拜后,老人便招呼着小儿子和儿媳妇准备食材。几个小时后,一场家庭聚会就要开始。

富秀昌是锡伯族人,家里四世同堂的29口人,由锡伯族、汉族、维吾尔族、哈萨克族、回族、俄罗斯族6个民族组成,是当地名副其实的大家族。每年春节,在外工作的子女、许久未见的亲戚好友,都会纷纷聚拢到老人家里。

"爷爷,我回来啦!"临近中午,从北京回来的苏亚军提着羊腿、白酒进了屋,他是富秀昌的外孙,长期在北京工作。一年没见,一番问候后,就忙着和几个姐姐、姑姑给长辈们磕头拜年。

家人许久未见,一时兴起,弹起两弦的东布尔,几个人摆手踢腿,围跳起锡伯族传统的贝伦舞,步态轻盈,眼神俏皮。而细细听去,彼此间的寒暄问候,竟然是锡伯语、汉语和哈萨克语兼有。说到开心处,两名长者竟携手高声唱起哈萨克民歌。

“吃”当然是一家人过年的重头戏。除了油果子、麻花、奶茶等各式各样的小吃,还要备好各色炖菜和肉食。

厨房里,女人们围着灶台用铁锅做“发尔合芬”(一种发面薄饼),这是过年锡伯族家家必吃的一道主食。富秀昌老伴儿永英梅说,发面的酵头源自东北,锡伯人远道而来守卫边疆,路上这个饼越吃越有嚼头,还可以反复加热,因此被作为美食保留下来。

按照锡伯族传统习俗,大年三十,家家都要挂“喜利妈妈”,寓意子孙延嗣;家里亲戚要往脸上抹锅底灰,祈求避灾避难。

“这都是过去的老讲究了。”富秀昌摆摆手说,现在家里过年图喜庆,很多过去的仪式环节都省去了,家里过年也包饺子、贴春联,传统的土炕换成了榻榻米。

虽然少了很多传统仪式,但富秀昌放不下贝伦舞。“这是锡伯族独有的舞蹈,希望后人能传承下去。”因为这个念想,他不仅教会了儿子和女儿,连孙子孙女都跳出了好名次。

孙女苏雅瑞成了一名贝伦舞教师。不过,在教学中她还融入了自己的想法,“在编排时也会加入爵士、现代舞的元素。”而富秀昌也作为一名非物质文化传承人,享受政府补贴。中午时分,集合了多种风味的年饭上桌,其中,花花菜、萨斯肯(干豆角炖肉)是锡伯族的;风干马肉、马肠子则是哈萨克族的;当然,还有川味的泡椒泡菜。一家人围在富秀昌身边,聆听一段老人锡伯语说唱《三国演义》后,共同举杯祈愿国泰民安。

1764年,1000余名锡伯族官兵及眷属共3200多人,由沈阳出发,来到新疆伊犁地区屯垦戍边,锡伯人从此在天山北麓繁衍生息。察布查尔锡伯自治县委常委、宣传部部长关晓军说:“锡伯族的年味丰富多彩,既充满现代意味,又不失传统文化,还融入了其他少数民族文化元素。”

(来源于新华网)

首演成功！交响诗剧《跟着太阳走》震撼上演！

8月30日晚,察布查尔县倾力打造的大型交响诗剧《跟着太阳走》在县体育馆震撼首演,该剧通过展现锡伯族西迁这一爱国历史事件,激励各族人民建设美丽边疆,共筑祖国梦想,为全县各族干部群众奉上了一场饕餮文化盛宴。

县委书记王沛昭,县委副书记、县长关桂珍,人大常委会主任王瑞成,政协主席哈山·达吾列提汗县四套班子领导出席活动,并与现场观众共同观看了精彩的节目演出。

演出在天地间一幅绝美的水墨丹青、展现出锡伯人甜美幸福的家园的“序”中拉开帷幕,展示着英勇矫健的锡伯族部落在这片辽阔肥沃的大兴安岭土地上繁衍生息,过着鸟语花香、安逸、甜蜜的生活。此次交响诗剧《跟着太阳走》分为四幕,分别是《出征》《征途》《家园》《幸福之梦》,描绘出居住在祖国东北地区的锡伯族官兵为保卫边疆,抵御外侮,奉旨西迁,携带家眷,不远万里,抵达祖国西部边疆伊犁地区,开启屯垦戍边、保家卫国的历史壮举。在将近1万千米的行程中他们翻雪山、越荒漠、过草甸,斗天险、战饥寒、抗灾害,饱经艰辛与磨难,展现了锡伯族人超强的生命力、战斗力和聪明才智。美轮美奂的演出效果、跌宕起伏的故事情节，还有演员们饱含深情的演出，将现场观众带入到了西迁这段历史年轮中。

据了解，该剧由中国音乐家协会副主席、新疆爱乐乐团团长努斯来提·瓦吉丁任总导演，于 2017 年 5 月开始创编，排练了 5 个多月，有 60 多名演员参演。此次交响诗剧是对《跟着太阳走》交响乐的二次创作，是以其音乐为背景，结合舞美、道具、多媒体技术等现代科技手段，打造的一支高质量的融合舞蹈、音乐等元素的音诗画舞。

此次交响诗剧《跟着太阳走》演出得到了现场各族群众的认可，此次首演成功，所有工作人员为之振奋。相关负责人表示，会努力提高交响诗剧质量，让精彩的演出走向新疆各地，走向内地，为大家展现锡伯族这段光辉历史，让更多人了解锡伯族生活文化。

总导演努斯来提·瓦吉丁说："我想它是对西迁精神的一种发扬，那么结合当前党中央'一带一路'战略，我们更需要发扬西迁的精神，对我们察布查尔来说，我们各族人民团结，我们的生活稳定，我们的幸福生活一天比一天好，我想这部剧发挥了一定的现实作用。"

此次交响诗剧《跟着太阳走》受到现场观众一致好评。大家纷纷表示，能在家门口看到这么精彩的演出十分高兴。整场演出场面宏大，故事生动形象，音乐感染力强，大家仿佛回到了那个历史年代，为锡伯族人西迁屯垦戍边、保卫祖国的这一伟大壮举感动。

观众钟淑琴说："我看了今天晚上的演出，感到特别震撼，更加加深了我对锡伯族的了解，锡伯族不屈不挠、屯垦戍边、保家卫国的精神，又给我一次很强的教育。我会把他们这种精神传承给我的下一代，让子子孙孙继承发扬他们这种良好的优良传统。同时我们新疆是个多民族地区，各族群众就像石榴籽一样紧紧团结在一起，生活在这片土地我感觉非常幸福，我也为生活在中国这个大家庭感到骄傲和自豪，祖国的强大就是人民的幸福。"

观众田海明说："跟着太阳走，就是跟着党走。在新时期，锡伯族人民同各族人民同劳动、共生活，为早日实现中华民族伟大复兴梦努力奋斗着。作为年轻干部，我觉得我应该学习他们这种忠于祖国、不畏艰难、踏实肯干、保家卫国的西迁精神和大局意识。"

（来源于"察布查尔县零距离"）

附 录

附录1:88项常用惠民政策(供参考)

一、住房类惠民政策

1. 安居富民工程。农村4类重点对象户均补助4.4万元,其中中央补助1.4万元/户,自治区补助1万元/户,对口援疆省市补助2万元/户;一般户户均补助2.85万元,其中自治区补助1.85万元/户,对口援疆省市补助1万元/户。

2. 游牧民定居工程。非贫困户中央补助3万元/户,贫困户中央补助4万元/户。自治区补助1万元/户,援疆资金1万元/户,州、县市1万元/户。即:非贫困户共补助6万元/户,贫困户共补助7万元/户。

3. 扶贫易地搬迁项目。中央对建档立卡贫困人口人均补助1万元,地方政府债券人均1万元,专项建设基金人均0.5万元,金融机构长期低息贷款人均3.5万元。

二、林业草原类惠民政策

4. 退耕还林补助。2016年按照2.25万元/公顷补助,2017年新一轮退耕还林仅限在国家确认的非基本农田实施,退耕农户补助标准为2.4万元/公顷,补助期限5年,分3次兑现,第一年兑现1.35万元(其中种苗造林费的6000元由政府统一安排),第三年兑现4500元,第五年兑现6000元。

5. 草原生态保护补助奖励。第一轮2011年至2015年,每公顷补贴82.5元,草畜平衡每公顷补贴22.5元;新二轮2016年至2020年,一般性禁牧每公顷补贴90元,水源涵养区禁牧每公顷补贴750元,草畜平衡每公顷奖励37.5元。

6. 退耕还草项目。2015年退耕还草项目每公顷补贴1.2万元,分三年实施,第一年每公顷7500元,第三年每公顷4500元。2016年退耕还草项目每公顷补贴1.5万元,分三年实施,第一年(2017年)每公顷补贴9000元,第三年每公顷补贴6000元。

7. 退牧还草工程。2016年退牧还草工程棚圈建设每户补贴6000元,人工饲草地建设每公顷补贴3000元。

8. 生态护林员补贴。2016年以来,设立生态护林员(含建档立卡贫困户)补贴,补贴标准为每人每月833元。

三、畜牧类惠民政策

9. 种公畜补贴。良种公羊补贴1000元/只,西门塔尔公牛补贴5000元/头。

10. 畜牧政策性保险。奶牛保费240—720元,其中政府补助192—576元,农民承担48—

144 元，如果在保险范围内，出现牲畜死亡赔偿 4000—12000 元/头；能繁母猪保费 48—60 元，其中政府补助 38.4—48 元，农户自缴 9.6—12 元，如果在保险范围内，死亡赔偿 800—1000 元/头；育肥猪保费 36—48 元，其中政府补助 28.8—38.4 元，农户自缴 7.2—9.6 元，如果在保险范围内，死亡赔偿 600—800 元/头。

11. 动物防疫补助。疫苗经费由中央财政承担 80%，自治区财政承担 20%，补助疫苗范围有口蹄疫、高致病性禽流感、小反刍兽疫、布病、包虫病，采取“政府购买社会化服务＋有偿服务”的方式开展动物免疫注射。

12. 畜牧养殖贷款补贴。2016 年，自治区使用中央现代农业发展资金，对农行、工行、中行、建行、信用社等银行，以不超过贷款基准利率 2%，发放给养殖场的肉羊、肉牛生产发展贷款，按照同期贷款基准利率标准给予补贴。

13. 奶牛冻精补贴。奶牛冻精补贴 10—15 元/枚。

14. 生猪死亡处理补贴。生猪养殖环节死亡无害化处理补助 60 元/头。

15. 重大动物疫病捕杀处理补贴。动物布鲁氏杆菌、结核病捕杀处理补贴，奶牛 4800 元/头，肉牛 3000 元/头，羊 500 元/只，猪 800 元/头，家禽 15 元/羽。

16. 重大动物疫病强制免疫应激死亡补助。其中奶牛 3000 元/头，小牛 1500 元/头，羊 300 元/只，猪 800 元/头，家禽 10 元/羽。

17. 动物村级防疫员补助。1200 元/月，其中自治区拨付 9000 元/年（750 元/月），县财政补助 450 元/月。

四、农业类惠民政策

18. 农机购置补贴。补贴范围内的农机具必须具有以下资质之一：一是获得农业机械实验鉴定证书；二是获得农机强制性产品认证证书；三是列入农机自愿性认证采信试点范围，获得农机自愿性产品认证证书。补贴对象为从事农业生产的个人和农业生产经营组织。中央财政补贴资金实行定额补贴，即同一种类、同一档次农业机械实行统一补贴标准。其中，通用类机具补贴额度不超过农业部发布的最高补贴额。补贴依据不超过同档产品上年市场销售均价的 30%。

19. 耕地地力保护补贴政策。在所有合法的实际农业种植者（含农场职工）范围内，对依法依规明确享有耕地承包权，合法耕地实际用于种植特定作物进行补贴。每块地每年补助一次，冬小麦每公顷补贴 3300 元（2020—2021 年）；春小麦每公顷补贴 1725 元；青贮饲料每公顷补贴 1800 元（2020—2021 年）；苜蓿每公顷补贴 1500 元；玉米（不含复播）和特色经济作物每公顷补贴 270 元。特色经济作物由县市结合县域发展实际和产业结构调整需要，确定特色经济作物补贴范围。

20. 农机深松作业补助。补助对象是直接从事农业生产的个人或农业生产经营组织，也可以是开展农机深松作业的农机服务组织（农机户），按照每公顷 450 元的标准兑付。同一地块三年内安排实施一次深松作业补助，不得重复。

21. 政策性农业保险。小麦、水稻、玉米、棉花、马铃薯、油料作物（葵花、油菜、大豆、红花）、糖料作物（甜菜）每公顷保险费为 450—630 元，其中政府补贴 360—504 元，农户自缴 90—126

元,发生保险合同规定的灾害,保险公司每公顷赔偿 9000 元。

22. 扶贫小额信贷项目。由金融机构为有劳动能力、有贷款意愿、有就业创业潜质的建档立卡贫困户,提供单笔在 5 万元以下、3 年以内,免抵押、免担保的基准利率贷款。贷款利息由财政全额贴息,县(市)政府建立风险补偿金,贫困户可循环申请贷款。通过追加贷款能够帮助渡过难关的,应予以追加贷款扶持,贷款追加后,单户贷款额度不能超过 5 万元。

23. 大中型水库移民后期扶持政策。对 2006 年 6 月 30 日前搬迁的纳入扶持范围的移民,自 2006 年 7 月 1 日起再连续扶持 20 年;对 2006 年 7 月 1 日以后搬迁的移民(原迁人口),从其完成搬迁之日起连续扶持 20 年。扶持标准为每人每年 600 元。

五、养老医疗类惠民政策

24. 城乡居民基本养老保险补助。(1) 年满 16 周岁(不含在校生),非国家机关和事业单位工作人员及不属于职工基本养老保险制度覆盖范围的城乡居民,可以在户籍地参加城乡居民养老保险。缴费档次每年 200—3500 元 14 个档次,逐年缴费,多缴多得。各级人民政府对参保人缴费给予不低于 50 元补贴;选择 200—1000 元缴费档次,按照每提高一个档次增加不低于 5 元的标准给予补贴;选择 1500—3500 元缴费档次,按照每增加一个缴费档次增加不低于 25 元的标准给予补贴。(2) 城乡居民养老保险待遇,由基础养老金和个人账户养老金构成。基础养老金标准每人每月不低于 140 元;对累计缴费超过 15 年的,每增加 1 年缴费,月增发不低于 2 元的基础养老金;给予 70—79 周岁城乡老年居民每人每月增加不低于 5 元的基础养老金,给予年满 80 周岁及以上城乡老年居民每人每月增加不低于 10 元的基础养老金。个人账户养老金的月计发标准为个人账户全部存储额除以 139(计发月数)。(3) 对符合规定享受城乡居民基本养老保险政府代缴政策的建档立卡未标注脱贫的贫困人口,脱贫后可继续享受城乡居民基本养老保险政府代缴政策,由县市人民政府按照 100 元标准全额代缴(截至 2020 年 12 月 31 日)。低保对象参加城乡居民养老保险的,由县市人民政府按照 100 元标准 50% 代缴。(4) 对于死亡的参保城乡居民给予丧葬补助,按不低于参保人员死亡当月基础性养老金标准发放 4 个月补助。

25. 城镇居民基本医疗保险。对州直农村居民、城镇非从业人员,全日制高校、中专、技校、中小学、幼儿园学生,婴幼儿及未出生的新生儿,做到应保尽保。每人每年 810 元,其中个人缴费 290 元,财政补助 520 元。城乡居民住院发生的医疗费用,符合规定的部分按照乡镇卫生院和社区卫生服务中心统筹基金支付 90%、县市级定点医疗机构(含民营)统筹基金支付 80%、州级定点医疗机构统筹基金支付 60%、自治区和疆外定点医疗机构统筹基金支付 50% 标准支付,每年统筹基金支付最高限额为 8 万元。住院起付线为镇卫生院和社区卫生服务中心为 200 元,县市级定点医疗机构为 400 元,自治区、疆外定点医疗机构为 600 元,第二次及以上的住院起付线减半收取。参保人员在乡镇卫生院(社区卫生服务中心)、村卫生室发生符合规定的门诊医疗费用,由门诊统筹基金分别支付 80% 和 90%,每年城镇居民门诊就医年度限额为 800 元,村卫生室最高支付限额为 300 元,乡镇卫生院最高支付限额为 500 元。

26. 城乡居民大病保险。参保居民住院发生的医疗费用由城乡居民基本医疗报销支付后,个人负担的目录内费用超过大病保险起付线的,按照大病保险待遇支付。普通居民起付标准:

大病保险起付标准为9800元。普通居民支付比例:个人负担的目录内费用由大病保险资金按比例支付,上不封顶。9800元－5万元,支付比例为65%;5万－10万元,支付比例为75%;10万元以上的,支付比例为85%。参保居民发生的意外伤害纳入城乡居民大病保险支付范围,起付线与大病保险起付线一致,意外伤害医疗费符合目录范围的由大病保险按50%予以赔付。

27.门诊慢性病待遇。城乡居民基本医疗保险门诊慢性病病种分为两类21个病种,持有白卡。一般慢性病符合规定的医疗费用,由门诊统筹基金按60%的比例支付,最高支付限额3000元。特殊慢性病门诊医疗费用按80%的比例支付,不设限额。一般慢性病(阶段):糖尿病、高血压(2期及以上)、脑出血及脑梗死恢复期、肺心病、冠心病、风湿性心脏病、类风湿关节炎、肝硬化、普通肺结核病、精神分裂症、地方性克汀病、包虫病、布鲁氏杆菌病、癫痫、病毒性肝炎(乙肝)。特殊慢性病(阶段):恶性肿瘤(含白血病)门诊放化疗、血友病、肾衰竭、耐多药肺结核、苯丙酮尿症、器官移植后的抗排异治疗。凡是有白卡的建档立卡贫困户自治县多补助500元。

28.医保扶贫政策。基本医疗保险个人缴费实行特困供养人员全额资助,最低生活保障对象、建档立卡贫困人口给予40%的定额资助。对因患慢性病需长期服药或患重特大疾病需长期门诊治疗,导致自负费用较高的重点救助对象,给予门诊救助,每人每年不超过500元。经基本医疗保险、大病保险报销后个人负担的合规医疗费用,在年度限额内各级医疗机构均按70%的比例给予救助,年救助封顶线1.5万元。重特大疾病住院按80%给予救助,年救助封顶线2.5万元。

29.农村妇女宫颈癌免费筛查项目。辖区内35－64岁农村妇女免费进行宫颈癌筛查,255元/人/年。

30.两癌项目优惠政策。经有诊断资质的医疗机构确诊患有“乳浸润性”或“宫颈癌IIb”以上的农村户口贫困妇女补助1万元。

31.国家免费孕前优生健康检查项目。符合条件的目标人群,每孩次享受一次国家免费孕前优生健康检查。

32.增补叶酸预防神经管缺陷项目。对孕前3个月至孕早期3个月的农村妇女免费发放叶酸,按每人每年24元安排。

33.农村孕产妇住院分娩补助项目。辖区农业户籍孕产妇,参加城乡居民医疗保险的农村孕产妇先给予农村孕产妇住院分娩补助500元/人,再按当地城乡居民医疗保险制度的相关规定给予补偿。

34.自治区“少生快富”工程项目。符合条件的家庭,每对夫妻一次性奖励不少于3000元。离婚家庭一次性奖励1500元。

35.自治区独生子女伤残死亡家庭扶助政策。对符合条件的独生子女死亡家庭给予340元/人/月补助,对符合条件的独生子女伤残家庭给予270元/人/月补助。

36.计生边贫县奖励制度。本人及配偶均为边贫县、贫困县农业户口或界定为农村居民户口;按规定可生育三个子女政策的农村少数民族夫妻,自愿少生育一个或两个孩子;女方年龄在49周岁以内,采取一项长效节育措施;已纳入国家“少生快富”范围:享受一次性奖励3000元,第二年开始夫妻每人每年奖励1200元,直到亡故。边贫县项目享受2400元的家庭,离婚、丧偶的女方 40 岁以后继续享受 1200 元,男方不再享受 1200 元。

37. 城镇计划生育家庭奖励制度。疆内城镇户籍人口(兵团职工除外)按规定,已领取独生子女光荣证,女方年龄满 55 岁,男方年龄满 60 岁,无固定单位(包括失业、无业人员,关停破产、改制企业的下岗人员,自由职业),符合条件的给予一次性 3000 元奖励金。

38. 包虫病免费检查治疗。对包虫病患者提供免费 B 超检查和药物治疗,手术治疗的由县级疾控中心出具证明给予补助 8000 元手术费用。

39. 结核病患者免费治疗。参与城乡居民医疗保险的农牧民肺结核患者在治疗过程中门诊治疗费用按 100% 报销,住院治疗费用按 90% 报销;城镇居民、职工患者在治疗期间产生的费用,具体按照医保规定进行报销;非参加各种保险群众和外来人员患病后在治疗过程中产生费用,由定点医院登记垫付,年终由县财政、国家基本公共卫生服务经费共同支付。

40. 国家免疫规划疫苗。对 0—6 岁儿童免费接种乙肝疫苗、卡介苗、脊灰灭活疫苗、脊灰减毒活疫苗、百白破疫苗、白破疫苗、麻风疫苗、麻腮风疫苗、A 群流脑疫苗、A+C 群流脑疫苗、甲肝减毒活疫苗,共计 215.7 元。

41. 残疾人相关补助。(1)持有第二代残疾人证的低保残疾户、重度残疾人分别给予每月 100 元的困难生活补贴、100 元的护理补贴;(2)持有第二代残疾人证,具有固定的营业场所,户口为农村户口,符合条件的农村贫困残疾人家庭开的商店、农机修理铺给予一次性 1 万元补助;(3)持有第二代残疾人证,农业户口,从事农牧业的农村残疾人按一级二级残疾减免 0.33 公顷地水费、三级四级残疾减免 0.2 公顷地水费予以补助;(4)持有第二代残疾人证的残疾人,参加城乡养老保险的贫困重度残疾人可自主选择缴费档次,县市人民政府为其代缴最低标准的养老保险费;(5)持有第二代残疾人证的残疾人免费发放辅助器具;(6)对手足畸形的、适合手术的残疾人免费实施矫正手术;(7)持有第二代残疾人证,听力重度障碍者,年龄在 0—12 周岁,适合植入人工耳蜗的听力残疾人免费实施植入人工耳蜗;(8)重度无业残疾人按"单人户"享受低保政策;(9)为残疾儿童提供包括以减轻功能障碍、改善功能状况、增强生活自理能力和社会参与能力为主要目标的手术及基本康复训练、辅具适配等康复救助。

42. 全民健康体检工程。从 2016 年开始,每年为城乡居民进行一次免费健康体检,按每人 100 元体检费用标准进行补助。

43. 免费实施白内障复明手术。为了预防及杜绝视力残疾,属本地户籍的、适合手术的患者均可免费实施白内障复明手术,每例补助 1000 元。

44. 商业补充保险缴费补助。2018 年 10 月 1 日至 2019 年 9 月 30 日察布查尔县建档立卡贫困户 8768 人每人每年享受 80 元商业补充保险缴费补助政策,低保户 15705 人每人每年享受 12 元商业补充保险缴费补助政策。

六、生活补助类惠民政策

45. "阳光家园"计划。项目资助对象为处于就业年龄段(男 16—59 岁,女 16—54 岁)且无业、享受最低生活保障的智力、精神和重度肢体一至二级残疾人(不含重度语言和重度听力残疾)的居家托养补助,补助标准为城镇每人每年 1500 元,农村每人每年 1000 元。

46. 康复扶贫到户贷款贴息。康复扶贫到户贷款贴息资金专项用于农村贫困残疾人到户贷款贴息项目，要求各项目县市可根据中国残联、国务院扶贫办等四部门联合下发《关于进一步完善康复扶贫贷款和贴息资金管理有关政策的通知》要求，继续按照到户贷款年利率7%的标准贴息。该项目实施时，根据上级残联要求，未按实际贷款数额进行贴息补助，统一补助700元。

47. 残疾人机动轮椅车燃油补贴。补贴对象为城乡肢体残疾人机动轮椅车车主，补贴标准每人每年260元。

48. 贫困残疾人无障碍改造。优先考虑有无障碍改造需求的贫困残疾人家庭和享受城乡居民最低生活保障待遇的残疾人家庭，没有统一补助标准。

49. 察布查尔县特困重度残疾人生活救助办法试行。具有本县户籍并持有中华人民共和国残疾人证的，生活特别困难、确需救助的重度残疾人，包括无其他收入来源、仅靠最低生活保障金维持日常生活的，日常生活起居不能自理、需要专门人员护理且家庭生活特别困难的，患有严重疾病需长期服药的残疾等级为一级、二级的重度残疾人。救助标准：城镇特困重度一级残疾人每人每月救助210元，二级残疾人每人每月救助160元；农村特困一级残疾人每人每月救助160元，一级人每人每月救助120元。

50. 新冠肺炎期间实施就业创业残疾人临时生活困难补贴。对取得个体工商营业执照的盲人按摩机构及个体创办的残疾人扶持性就业机构，按照每个机构不低于8000元的标准发放一次性补贴。对取得个体工商营业执照的自主创业和个体就业的残疾人，按照每户不低于3000元的标准发放一次性补贴。

51. 城乡最低生活保障。县直现行城市低保标准为465元/月/人，农村低保标准不低于4000元/年/人。

52. 农村“四老”人员生活补助。老党员每月补助1025元；老干部按任职6—9年、10—19年、20年以上每月分别补助1245元、1345元、1445元；老模范按中央、自治区、地州模范等级每月分别补助1075、1045元、1025元；老军人每月补贴1025元+服务年限×40元，参加过抗日战争的在乡老战士每月补助1800元，带病回乡退伍军人每月补助700元，在乡复原老军人(1954年10月1日前入伍)每月补助1435元。

53. 爱国宗教人士生活补贴。2019年7月起，爱国宗教人士任职即可享受生活补贴，不低于1000元/月。

54. 特困人员救助供养。城市集中和分散供养对象基本生活标准均为800元/月/人；农村集中供养对象基本生活标准不低于700元/月/人，农村分散供养对象基本生活标准不低于500元/月/人。集中供养护理标准为300元/月/人。

55. 临时救助。临时救助标准与当地经济社会发展水平相适应，人均不高于当地城市低保标准的5倍。

56. 80岁以上老年人基本生活补贴制度和免费体检。80—89岁的老年人每人每月补贴100元；90—99岁的老年人每人每月补贴260元，100岁以上老年人每人每月补助600元。农业、非农业户籍的80岁以上的老年人，每人每年免费体检一次，按每人每次132元标准执行。

57. 孤儿基本生活费。按照儿童福利机构供养孤儿基本生活费1100元/月/人、社会散居孤儿800元/月/人予以补贴。

58. 护边员生活补助政策。2017年以来,优先安排边境一线贫困边民转为护边员,并按时足额发放护边员补贴。每人每月补助2000元。

59. 治安员补助政策。2016年5月1日起,全县整合村(社区)现有维稳力量(十户长、街道长、楼栋长、青年小组长、妇女小组长、宗教协管员)统称为乡(镇)村(社区)治安员,按每人每月1100元发放补贴。

60. 设立"箭乡捐款"专项补助。县红十字会设立"箭乡捐款"专项,对困难家庭按照每人每年500—3000元标准给予帮助。

61. 建档立卡贫困户电视发放。2016年自治县为2587名建档立卡贫困户发放电视及光纤入户,每套1038元;2019年中宣部向我县30名建档立卡贫困户赠送电视机,每台1100元。

62. 宽带电视套餐优惠。2017—2019年,建档立卡贫困户宽带电视套餐优惠每年120元/户,5582户共计200.95万元。

七、教育类惠民政策

63. 农村学前三年免费教育补助。对农村学前幼儿园予以保教费补助1100元/生/年,采暖补助120元/生/年,在园幼儿伙食补助1450元/生/年,免费读本经费补助130元/生/年,由自治区直接配发。

64. 义务教育阶段学生免费教育补助。免除义务教育阶段学生学杂费。实施农村义务教育学校经费保障机制,补助公用经费,小学600元/生/年,初中800元/生/年;采暖费年生均120元。免费提供教科书,小学生均90元/年,初中生均180元/年。城乡家庭经济困难寄宿生可以享受寄宿生活费补助,补助标准为小学1250元/生/年,初中1500元/生/年,特困生1750元/生/年。在昭苏县、察布查尔县、尼勒克县及伊宁市、奎屯市内初班实施农村义务教育学生营养改善计划,按4元/生/天补助,全年800元(按照在校时间200天计算)。

65. 疆内初、高中班经常性经费补助。区内初中班补助7000元/生/年,区内高中班补助8000元/生/年,用于学生在校各项支出。

66. 内地新疆高中班补贴政策。补助10700元/生/年,用于学生在校各项支出。内高班升入省属师范院校学生培养经费补贴7000元/生/年,主要用于免费师范生住宿费、学费及教材费补助。

67. 普通高中教育阶段补助政策。免除公办普通高中建档立卡等家庭经济困难学生(含非建档立卡家庭经济困难残疾学生、农村低保家庭学生、农村特困救助供养学生)的学杂费。对全日制普通高中家庭经济困难学生予以补助,资助标准为生均2000元/年,各县市结合实际,分档次补助1000—3000元。润雨计划:资助考入高校的家庭经济困难的大学新生,一次性发放交通费及入学后短期生活费,区内新生每人资助500元,区外新生每人资助1000元。

68. 职业教育免学费、免住宿费、教材费政策。对中等职业学校全日制正式学籍一、二、三年级在校生中所有农村(含县镇)学生、城市涉农专业学生和家庭经济困难学生、艺术类戏曲表演专业学生免除学费;免除边境和贫困县中等职业学校就读学生住宿费(600元/生/年)、教材费(300元/生/年)。全日制正式学籍一、二年级在校涉农专业学生和非涉农专业家庭经济困难学生享受国家助学金2000元/生/年;对全日制正式学籍二年级以上学生中学习成绩优异、技能表现突出的，获得 6000 元/生/年奖励。

69. 定向培养免费师范生计划。自治区全额承担定向培养免费师范生在校期间的学费、教材费、住宿费和实习支教等相关费用，按照人年均约 5000 元标准拨付培养院校。

70. “金秋助学”项目。对困难职工、下岗困难职工和困难农民工考入大学的贫困子女进行资助，一次性资助不超过 5000 元。

71. “爱心一元捐”助学项目。对考入区内外高校的贫困女大学新生进行资助，一次性资助 1000 元。

72. “爱心天使”助学项目。从 2016 年起，对符合条件的贫困残疾学生给予“爱心天使”助学金，补助资金由自治区残联确定。

73. 家庭经济困难学生奖学金补助。全日制正式学籍一、二年级在校涉农专业学生和非涉农专业家庭经济困难学生享受国家助学金 2000 元/生/年。

74. 设立奖学金。根据自治区相关文件规定，学校设立奖学金，对学习成绩优异、表现突出的学生进行嘉奖。奖学金设立 4 个等次，分别是：一等奖 500 元，二等奖 300 元，三等奖 200 元，进步奖 100 元。

75. 中央专项彩票公益金滋蕙计划。自 2012 年起，根据中央专项彩票公益基金会资金余额，不定期采取按年申请方式，用于奖励品学兼优的普通高中家庭经济困难学生，每人一次性奖励 2000 元。

76. 职业教育雨露计划。2019 年起，对在校接受中、高等职业教育的农村建档立卡贫困家庭子女（含户籍迁至学校的高职在校生）进行补助，每生每年 3000 元。

77. 援疆资金资助内地普通高校新疆籍家庭经济困难学生政策。从 2016 年 9 月 1 日开始，对具有在内地普通高校就读的家庭困难的察布查尔户籍本科生、专科生和预科生进行资助，每生每年 6000 元。资助对象为：（1）农村建档立卡的困难家庭学生。（2）低保家庭学生。（3）烈士、伤残军人家庭及孤儿学生。执行期限暂定至 2020 年。

78. 城乡困难的家庭大学生资助。2014 年开始，针对具有察布查尔户籍的城乡低保户、困难职工、贫困残疾家庭及其他特殊原因造成经济特别困难的家庭，当年考入公办普通高等学校全日制本科、专科或高等职业教育的学生，一次性资助研究生（本硕连读）5000 元、本科生 4000 元、专科生 3000 元。2017 年终止。

八、就业类惠民政策

79. 职业培训补贴。对城乡劳动力参加职业培训的，按规定给予职业培训补贴。对参加职业培训的建档立卡贫困劳动力、就业困难人员和“零就业家庭”成员，在培训期间给予基本生活费补贴，按照 15 元/天/人标准发放，最高不超过 450 元。生活费补贴政策每人每年只享受一次，且不可同时领取失业保险金。

80. 就业见习补贴。未就业高校毕业生以及 16—24 岁失业青年参加就业见习的，按规定享受就业见习补贴，期限最长不超过 1 年。见习期间从就业补助资金中按当地最低工资标准给予生活费补助，见习单位按不低于当地最低工资标准的 50% 发放岗位补助，并办理人身意外伤害保险。

81. 就业援助金。未就业大中专毕业生、城镇“零就业家庭”和建档立卡贫困家庭人员开办小商店、小餐厅、小超市、小作坊、小饭店等微创业项目可申请就业援助金，补贴标准不超过5000元。

82. 求职创业补贴。对贫困劳动力通过有组织劳务输出到户籍所在县以外就业的，由输出地给予劳动者一次性求职创业补贴，补贴标准为800元。

83. 自主创业补贴。毕业5年以内未就业的普通高等学校、职业学校、技工院校的学生以及首次创办小微企业或从事个体经营的建档立卡贫困劳动力，在自治区范围内领取营业执照(或其他法定注册登记手续)，正常经营6个月以上的，一次性给予2000元的创业资助。(新冠肺炎疫情防控期间，政策调整为自主创业补贴1万元，一次性房租补贴6000元，带动就业补贴不超过5000元，由县市财政配套，政策执行至2020年12月31日。)

84. 创业担保贷款及贴息。符合条件的自主创业人员可申请创业担保贷款，申请额度最高不超过15万元。对自治区明确的贫困地区，符合条件的个人创业担保贷款，财政部门给予3年全额贴息。其他地区符合条件的个人创业担保贷款，第1年、第2年按全额贴息执行，第3年不贴息。

85. 灵活就业人员社会保险补贴政策。对从事灵活就业的人员，按本人实际缴纳基本养老保险费给予全额补贴，其中对就业困难人员和高校毕业生，按本人实际缴纳基本养老保险费、基本医疗保险费和失业保险费之和给予全额补贴，补贴期限最长3年，补贴缴费基数最高不超过自治区上年度职工社会平均工资。对就业困难人员享受灵活就业社会保险补贴政策期满仍未实现稳定就业的，政策享受期限可延长一年，实施期限为2020年1月1日至12月31日。对初次核定享受补贴政策时距法定退休年龄不足5年的就业困难人员，可延长至退休。

九、地域特色类惠民政策

86. 建档立卡贫困户奖励。2016年以来，设立建档立卡贫困户奖励政策：庭院种植(2016—2019年)(蔬菜)，0.02—0.03公顷奖补500元，0.03公顷以上奖补800元；庭院养殖(2017—2018年)，牛2头以上奖补1000元，养殖羊10只以上奖补500元，养殖家禽50羽以上奖补500元；贫困户外出务工(2016—2019年)稳定就业连续6个月奖补1000元，10个月以上奖补1500元。

87. 少数民族特色村寨建设项目。对涉及少数民族特色村寨建设的农户，修建特色建筑，每户补助18084元；粉刷围墙，每平方米补助30元；粉刷门窗，每个100元；修缮屋顶，每平方米补助300元；大门刷漆，每扇补助2000元；加固围墙，每立方米补助300元(具体补助金额根据自治区民委实际拨付资金为准)(孙扎齐牛录镇项目)。

88. 自治区科技特派员扶贫行动项目。2017—2019年，实施自治区科技特派员扶贫行动项目，项目与贫困户直接挂钩，覆盖贫困村建档立卡贫困户50户，项目投入资金30万元。

附录2:察布查尔锡伯自治县2019年国民经济和社会发展统计公报

2019年,在自治区、自治州党委、政府坚强领导下,自治县党委、政府认真学习贯彻习近平新时代中国特色社会主义思想,贯彻落实党的十九大和十九届二中、三中、四中全会精神,全面落实习近平总书记关于新疆工作的重要讲话和重要批示指示精神,坚决贯彻以习近平总书记为核心的党中央治疆方略,聚焦聚力社会稳定和长治久安总目标,按照"1+3+3+改革开放"工作部署,团结带领全县各族干部群众,持续转变作风,全力补齐短板,察布查尔县呈现出社会大局和谐稳定、经济平稳健康发展、群众生活持续改善、各项事业全面进步的良好局面。

一、综合

初步核算,全年实现地区生产总值(GDP)634834万元,比上年增长6.1%,其中:第一产业增加值271197万元,增长7.3%;第二产业增加值94305万元,增长11.4%;第三产业增加值269332万元,增长2.8%。第一产业增加值占地区生产总值比重为42.7%,第二产业增加值比重为14.9%,第三产业增加值比重为42.4%。人均地区生产总值32450元,比上年增长7.3%。

年末全县常住人口181322人,常住人口城镇化率52.9%。全年出生人口1317人,出生率7.26‰;死亡人口720人,死亡率3.97‰;自然增长率3.29‰。户籍人口192922人,其中:男性98352人,女性94570人;乡村人口97985人,城镇人口94937人;汉族62266人,少数民族130656人。

全年城镇新增就业3611人,城镇就业困难人员实现就业202人。年末城镇登记失业率4.0%。全年转移就业农村富余劳动力4.4万人次,创收2.91亿元。

全年居民消费价格比上年上涨1.9%。工业生产者出厂价格下降1.5%。固定资产投资价格上涨2.8%。农产品生产者价格上涨2.6%。

供给侧结构性改革取得新成效。规上工业综合能源消耗8.82万吨标准煤,同比下降7.5%。年末商品房待售面积5.59万平方米,比上年增长64.5%,其中商品住宅待售面积1.94万平方米,下降224.4%。"放管服"改革深入推进,营商环境不断改善。全县市场主体总数达到10531户,2019年新增1077户,同比下降32.2%,其中私营企业98户,个体工商户958户,分别下降36.4%和31.7%。全县涉企服务性收费项目缩减至12项。全年新增减税降费4602万元。

脱贫攻坚成效显著。全县投入财政扶贫资金17274万元。2019年自治县贫困发生率降至0%,年末全县未脱贫人口0人。

二、农业

全年实现农林牧渔业总产值350287万元,比上年增长13.6%,其中:农业产值260163万元,增长15.4%;林业产值9074万元,下降3.4%;牧业产值73670万元,增长4.1%;渔业产值

2368万元,下降10.5%;农林牧渔服务业产值5012万元,增长22.3%。

农作物总播种面积9.54万公顷,增长5.6%,其中复播面积2053公顷,下降56.7%;粮食(含薯类)播种面积7.51万公顷,增长15.4%;棉花播种面积513.33公顷,下降11.5%;油料播种面积913.33公顷,下降44.8%;甜菜播种面积1506.67公顷,下降24.9%;药材播种面积9793.33公顷,增长6.1%,其中红花播种面积9713.33公顷,增长11.6%;蔬菜播种面积646.67公顷,下降34.9%;瓜果播种面积499.63公顷,下降17.1%。主要农产品和畜牧产量如表1、表2所示。

表1　主要农产品产量

类别	产量(吨)	增长(%)
粮食	759814	33.0
油料	13916	−2.2
甜菜	113250	−24.8
棉花	766	−27.0
瓜果类(不含水果)	24672	14.8
蔬菜	28932	−31.8
药材	2215	0
#红花	1747	67.4
水果	37906	5.6

表2　主要畜牧产量

类别	产量	增长(%)
肉类(吨)	15986	5.1
#牛羊猪肉(吨)	11531	5.1
奶类(吨)	16280	5.1
#牛奶(吨)	13366	5.1
水产品(吨)	1578	5.0
禽蛋(吨)	6270	6.1
年末牲畜存栏头数[万头(只)]	40.44	1.6
#牛(万头)	5.13	3.6
#羊(万只)	31.76	1.1
#猪(万头)	1.29	3.2
年内牲畜出栏头数(万头)	38.20	2.5

年末,全县拥有农业机械化总动力29.7万千瓦,比上年增加2.2万千瓦,增长8%。拥有拖拉机6122台,比上年减少17台,下降0.28%,其中:大中型拖拉机5082台,下降0.4%;小型拖拉机1040台,与上年持平。拖拉机配套农机14422部,比上年增加129部,增长0.9%。农作物耕种收综合机械化水平98.9%,机耕率100%,机播率100%,机收率96.8%。当年化肥施用量(折纯)28335吨,比上年增长23.3%;农药使用量91.41吨,下降14.1%;地膜覆盖面积8660公顷,增长19.6%;农村用电量5386万千瓦时,比上年增长52.6%。

三、工业和建筑业

全县实现工业总产值16亿元,增长43.4%;实现工业增加值41044万元,增长51.5%。按轻重工业划分，轻工业增加值 8785 万元，增长 37.7%；重工业增加值 32259 万元，增长 35.9%。

实现规模以上工业总产值 11.74 亿元，增长 57.4%；实现规模以上工业增加值 34621 万元，增长 51.6%。在规模以上工业中，按轻重工业划分，轻工业增加值 6668 万元，增长 67.9%；重工业增加值 27953 万元，增长 48.2%。规上企业按主要行业分：农副食品加工业 3775 万元，增长 50.3%；纺织服装业 2327 万元，增长 120.2%；非金属制造工业 19769 万元，增长 52.6%；电力、热力生产和供应业 5396 万元，增长 16.8%。主要工业产品产量如表 3 所示。

表 3　主要工业产品产量

类别	产量	增长(%)
发电量(万千瓦时)	7423	2.8
小麦粉(吨)	22805	−0.7
大米(吨)	57991	17.5
鲜、冷藏肉(吨)	2789	114.4
硅酸盐熟料(万吨)	59.57	−9.0
水泥(万吨)	92.83	12.2
商品混凝土(万立方米)	38.24	32.6
自来水生产量(万立方米)	500	−9.9
塑料制品(吨)	5338	16.3
服装(万件)	55.70	−68.7

全县具有三级以上资质等级建筑企业 3 家。全年全社会建筑业产值 1.03 亿元，比上年下降 37.2%；增加值 24173 万元，比上年下降 8.7%。从业人员 620 人，增长 25%。

四、固定资产投资、招商引资和电力消耗

年末，固定资产投资同比增长 33.2%(不含农户)。

年末，房地产开发投资 7168 万元，下降 69.4%；商品房销售面积 4.83 万平方米，下降 26.0%(其中住宅销售面积 4.57 平方米，增长 29.8%)；房地产销售额 15584 万元，下降 19.3%。

年末，招商引资到位资金总额 164604 万元，下降 7.2%，其中：新签项目到位资金 103900 万元，下降 14.1%；续建项目到位资金 48900 万元，增长 26.5%。

年末，察布查尔县全社会用电量实现 71618 万千瓦时(不含自产自用)，下降 21.6%。其中行业用电量 63871 万千瓦时，下降 24.4%。行业用电量中：一产用电量 2960 万千瓦时，增长 17.8%；二产用电量 27950 万千瓦时，增长 10.8%，其中工业用电量(不含自产自用)25043 万千瓦时，增长 20.6%；三产用电量 32871 万千瓦时，下降 41.9%。城乡居民用电量 7747 万千瓦时，增长 13.7%。

五、服务业

全年批发和零售业增加值 12503 万元，比上年下降 2.2%；交通运输、仓储和邮政业增加值 8190 万元，增长 20.4%；住宿和餐饮业增加值 4909 万元，增长 5.5%；金融业增加值 24687 万元，增长 10.4%；其他服务业增加值 187467 万元，增长 1%。全年规模以上服务业企业实现营业收入 6509 万元，比上年下降 64.7%；营业利润−326 万元，下降 127.9%。

全年完成公路客运量113万人，下降5.1%；客运周转量1702万人千米，下降24.6%。完成公路货运量383万吨，下降1%；货运周转量11721万吨千米，下降3.9%。

年末全县民用汽车保有量33620辆(包括三轮汽车和低速货车)，增长9.2%，其中私人汽车保有量32163辆，增长10.4%。公交车拥有量81辆，增长22.7%。出租车为279辆，增长11.2%。

年末，邮政业务总量合计966万元，下降23.6%。完成各类函件1.4万件，各种特快专递邮件3.31万件、杂志9.27万份。全年通信业务总量15710万元，增长4.8%。全县固定电话用户32966部，比上年末增加5304户，增长19.2%；移动电话用户208011户，平均每百人拥有113部，较上年增长0.9%；宽带76457户，比上年增加16029户，增长26.5%。

六、国内贸易、对外经济

全年社会消费品零售总额125079万元，比上年增长5.7%。按经营地统计，城镇消费品零售额101575万元，增长4.8%；乡村消费品零售额23504万元，增长9.4%。按消费类型统计，餐饮收入额52501元，增长18.1%；商品零售额72578元，下降1.5%。全年实现外贸进出口总额4017万美元，增长166.2%。

七、财政、金融

全年自治县地方财政收入35965万元，比上年下降6.94%，其中一般公共预算收入32319万元，比上年下降4.71%。各项税收收入16886万元，下降20.2%，其中增值税、企业所得税和个人所得税分别为6782万元、1942万元、721万元，增速分别为－8%、－52.7%和－46.7%。

地方财政支出260221万元，比上年增长6.52%，其中一般公共预算支出232281万元，下降0.92%。一般公共预算支出中，一般公共服务支出19505万元，增长11.8%；公共安全支出21727万元，增长5.7%；教育支出55626万元，增长3.5%；医疗卫生和计划生育支出23831万元，下降7.4%；社会保障和就业支出28852万元，增长2.2%；城乡社区事务支出10435万元，增长42.9%；农林水事务支出31333万元，下降15.4%。

年末，全县金融机构人民币各项存款余额557683万元，比年初增加51826万元，同比增长10.2%。其中非金融企业存款102997万元，增长58.8%；住户存款336156万元，增长11.6%。年末，金融机构人民币各项贷款余额441025万元，比年初减少64822万元。其中住户贷款176133万元，增长10.3%；非金融企业贷款264718元，增长24.1%。

全年全县居民人均可支配收入21015元，比上年增长13.3%，扣除价格因素，实际增长11.2%。按常住地分，城镇居民人均可支配收入2700元，增长7%，扣除价格因素，实际增长5%；农村居民人均可支配收入13122元，增长8.1%，扣除价格因素，实际增长6.1%。

全年全县居民人均消费支出17275元，比上年增长12.7%，扣除价格因素，实际增长10.6%。按常住地分，城镇居民人均消费支出20126元，增长4.1%，扣除价格因素，实际增长2.1%；农村居民人均消费支出14048元，增长16.1%，扣除价格因素，实际增长14%。

年末全县参加城镇职工基本养老保险人数8711人，比上年末增加25人；参加城乡居民基本养老保险人数54022人，增加1810人。

参加基本医疗保险人数155794人，增加9035人，其中：参加职工基本医疗保险人数19031人，增加2123人；参加城乡居民基本医疗保险人数136763人，增加6912人。

参加失业保险人数12500人。参加工伤保险人数12500人，增加1487人。参加生育保险人数14031人，增加1194人。

年末全县共有1039户1458人享受城市最低生活保障934万元，5074户6978人享受农村最低生活保障3453万元。有各类服务机构和设施7个、床位366张，收养救助人数83人。有社区服务机构和设施29个，其中社区服务中心13个。

八、教育

全县拥有小学19所、中学12所(其中初级中学1所，九年一贯制学校10所，高级中学1所)、幼儿园67所，教职工3779人。

全县普通高中招生1067人，增长5.9%；在校生3231人，下降0.3%；毕业生1060人，增长1.3%。普通初中招生2208人，增长4.9%；在校生6211人，增长5.4%；毕业生1835人，增长6.1%。普通小学招生2980人，增长0.4%；在校生16658人，增长2.8%；毕业生2393人，增长7.5%。幼儿园招生2450人，下降19.9%；在园幼儿7764人，下降10.6%；毕业生3092人，增长0.5%。小学学龄儿童净入学率100%，小学毕业生升入初中升学率100%，初中阶段适龄少年毛入学率99.7%，高中阶段毛入学率99.6%。

九、文化旅游、卫生

年末，共有艺术表演团体1个、文化馆1个、公共图书馆1个(公共图书馆图书藏量10.5万册)、博物馆1个、综合档案馆1个(开放档案7643卷)。拥有广播电台1座、电视台1座。广播综合人口覆盖率95%，电视综合人口覆盖率90%。

年末接待游客177.53万人次，比上年增长51.2%；旅游总消费138600万元，增长55.1%。其中，接待国内游客177.52万人次，增长31%；国内旅游消费138565万元，增长23.4%。入境游客163人次，入境旅游消费13.58美元。

年末，自治县共有医疗卫生机构109个，其中县级公立医院2个，专业公共卫生机构3个，乡(镇、场)卫生院17个。卫生机构核定床位数746张，每千人常住人口床位数4.57张。有卫生技术人员964人，执业医师237人，注册护士236人。

十、环境和应急管理

全年完成造林面积2033公顷，森林覆盖率13.6%。有国家级自然保护区1个，自治区级自然保护区1个。保护区总面积2842公顷，城市空气质量好于Ⅱ级的优良天数比例为91%。

全年共发生各类生产经营性安全事故108起，比上年增长116%；死亡0人，下降100%。亿元GDP生产安全事故死亡人数0人，下降100%。道路交通万车死亡人数0人。

察布查尔锡伯自治县统计局

2020年5月14日

附录3:《察布查尔锡伯自治县年鉴(2020)》资料供稿人、审定人情况一览表

序号	单位	供稿人	审定人	序号	单位	供稿人	审定人
1	县委办	高国庆	李彦	22	县委政法委	武会娟	吴永刚
2	县人大办	刘学海	居玛古丽·昆波拉提	23	县委统战部	帕尔哈提·托合达尔	王克宾
3	县政府办	马俊	管国华	24	县公安局	李晓凤	王玉刚
4	县政协办	轩翠梅	向东安	25	县司法局	汪妍琴	吴俊明
5	县纪委监委	朱欣桐、刘玉娜	郭熠	26	县发改委	韦丽	陈超
6	县委组织部·基层办	孙辉、刘丽娟	张森	27	县商务和工业信息化局	阿依古丽·斯德克别克	潘虎
7	县编办	安瑞丽	周井泉	28	县社科联	郭新刚	郭新刚
8	县委宣传部	王义君	郭艳杰	29	县联通公司	应东华	曾祥锋
9	县委网信办	郭会来	潘锦	30	县人保财险公司	李无怨	蒲希礼
10	县委机关工委	张文新	张亚军	31	县中华财险公司	马雪燕	罗铮
11	县党史研究室	朱玺	张林云	32	县人寿保险公司	闫芹	富方明
12	县科技局	韩艳丽	外力·阿不力克木	33	县农业农村局	陶新燕	杨民山
13	县科协	阿依努尔·沙吾提	古力汗夏木·木那尔	34	县林业和草原局	李毅晓	方志忠
14	县委老干部局	万小华	古丽娜·居玛汗	35	县扶贫办	赵生明	艾嘉琼
15	县总工会	孔玉飞	霍淑红	36	县气象局	夏木拉提·依不拉因	伊胜
16	团县委	叶丽亚·叶尔保	裴营营	37	县人社局	李雪琴	吴丽娜
17	县妇联	关菊霞	佟丽红	38	县民政局(行业协会)	魏何玲	胡兆国
18	县委党校	浦杰	孙珉玫	39	扎库齐牛录乡	刘毛毛	李英帅
19	县报社	关萍萍	何春生	40	县红十字会	马凌飞	马凌飞
20	县人民法院	格玉洁	骆家刚	41	县文旅局	苏梅	史芸
21	县人民检察院	许金凤	何长秀	42	县残联	关永卫	伊清福

续表

序号	单位	供稿人	审定人	序号	单位	供稿人	审定人
43	县教育局	吴梅花	吴永光	66	县交通运输局·重点运输企业	何超	吴文泉
44	良繁场	赵倩倩	君胜	67	县统计局	李春华	赵建新
45	爱新色里镇	哈依妮·木卡西	海灵	68	县自然资源局	史光琴	丁黎明
46	堆齐牛录乡	永小娜	孟祥后	69	县供销社	卫慧杰	张兵兵
47	种羊场	李进富	谭冬初	70	县环保局	袁艺菡	彭章建
48	孙扎齐牛录镇	矫春雁	刘华	71	县应急管理局	富英	沙依劳·塔卡衣
49	察布查尔镇	赵永平	罗文江	72	县税务局	严婷	何红华
50	绰霍尔镇	周迪	刘军	73	县人民银行	贺春莹	阿不都热西提·吾拉米丁
51	纳达齐牛录乡	王欣	郭小平	74	县邮政局	孙保荣	胡永忠
52	县教育局	韩喜东	高英胜	75	县烟草局	马雪燕	赵岗
53	县教育督导室	田海明	高英胜	76	县供电公司	王慧	赵伯文
54	县职业技术学校	贾琳	高英胜	77	县电信分公司	李海英	樊海军
55	县高级中学	梁卫	高英胜	78	县工行	赵福如	马杰
56	县初级中学	葛晓红	高英胜	79	县农行	马静	韩煦
57	县第一小学	姜琴	高英胜	80	县住房公积金管理部	苏文萍	苏文萍
58	县第二小学	李萍	高英胜	81	都拉塔口岸	王东江	张宏
59	县第三小学	赵天文	高英胜	82	县道路运输管理局	关媛婕 吴军成	冯卫东
60	县中心幼儿园	陈燕君	高英胜	83	县公路管理分局	王莉、富晓霞、古丽努尔·达吾提汗	吴青
61	伊南工业园区管委会	玛吾丽达·斯迪克	苏光	84	察布查尔分局	陈刚华	张学明
62	县财政局	代丽婷	朱涛	85	县卫健委	孔建华	孔建华
63	县审计局	杨杰	汪洋	86	县工商联	徐光宇	王克宾
64	县市场监管局	曹江霞	范春光	87	县文联	袁辉	袁辉
65	县住建局·房地产公司	翟正	杨中山	88	县人武部	孟磊、郝怀扬	王勇

续表

序号	单位	供稿人	审定人	序号	单位	供稿人	审定人
89	坎乡	谢新杰	张军	105	县人民医院	姜英	王春勇
90	县移动分公司	王永平	肖应军	106	县卫监局	陈西新	巴雪兰、唐秀珍
91	六十九团	刘春燕		107	县妇幼保健院	韩志伟	金凤
92	县扶贫办	赵生民	艾嘉琼	108	县中医医院	王丽霞	余伟
93	县调查队	文超	文超	109	县农业农村局	陶新燕	杨民山
94	县访办	吴健	陈林	110	县农业农村局	许尧	杨民山
95	县援疆办	赵英	左凌宇	111	琼博拉镇	张娇娇	董鲲
96	县武警中队	詹瞻		112	县卫健委	韩玉萍	姜雨辉
97	县人社局	焦梅	唐秀珍	113	县农发行	范甜甜	陈武
98	中石化(察县片区)	栾文渊	陈锡强	114	阔洪奇乡	张群	杨浩
99	县农业农村局	王玉洁	杨民山	115	县联社	方建强	周卫华
100	县农业农村局	赵宏新	吐尔汗坚·尼亚孜	116	海努克乡	木沙江·托合达西	贺泉源
101	县农业农村局	张秀珍	杨民山	117	加尕斯台镇	富永帆	玉山江·阿布都热西提
102	县农业农村局	李俊俊	温正勇	118	中石油察布查尔经营部	王启成	王辉
103	县卫健委	张永兰	姜雨辉	119	县新华书店	蒲鑫宇	赵冠伟
104	县疾控中心	代晓君	汪海燕	120	米粮泉回族民族乡	马晓欣	程博

(制表人:郭志君、柏红花)

后　　记

在中共察布查尔县委、县人民政府领导的重视下，在全县各组稿单位的大力支持下，经过全体编纂人员的辛勤努力，完成征集资料、补充修改、编辑加工、充实完善之系列工作，历时6个月，数易其稿，《察布查尔锡伯自治县年鉴(2020)》得以出版发行。

《察布查尔锡伯自治县年鉴(2020)》的编纂工作于2020年5月底正式启动。9月初，编纂成稿报送至伊犁州党史研究室(地方志办)审阅。9月23日，州党史研究室(地方志办)组织人员从年鉴体例结构、记述内容、文字规范等方面进行审读，并提出了反馈意见。根据审读意见，全体编辑人员又进行了认真的修改完善，最终形成定稿，送交河南大学出版社。

编鉴修志是中华民族的优良传统。《察布查尔锡伯自治县年鉴(2020)》充分发挥记录历史、知往鉴来、服务社会的作用，反映察布查尔县一年来自然、政治、经济、文化及社会各个方面发生的新变化和取得的新成就。

由于时间紧，加上疫情防控工作抽调人员多，《察布查尔锡伯自治县年鉴(2020)》在框架设计、内容归类、文字表述方面尚存在不少问题，祈望专家和读者批评指正。

编　者

2020年12月